泰州文獻

第四輯

海陵文徵
海陵文拾
泰文録
海陵六家詩鈔
海陵詩彙

鳳凰出版社

ISBN 978-7-5506-2275-3

9 787550 622753 >

圖書在版編目（CIP）數據

海陵文徵、海陵文拾、泰文録等 / (清) 夏荃等輯
. -- 5版. -- 南京 : 鳳凰出版社, 2015.10
(泰州文獻)
ISBN 978-7-5506-2275-3

Ⅰ. ①海… Ⅱ. ①夏… Ⅲ. ①中國文學－古典文學－作品綜合集 Ⅳ. ①I212.01

中國版本圖書館CIP數據核字(2015)第279507號

責任編輯　王　劍
裝幀設計　姜　嵩
出版發行　鳳凰出版傳媒股份有限公司
鳳凰出版社(原江蘇古籍出版社)
發行部電話 025－83223462
出版社地址　南京市中央路165號　郵編:210009
出版社網址　http://www.fhcbs.com
印　　刷　揚州文津閣古籍印務有限公司
揚州市開發區鴻揚路22-2號(6幢)　郵編:225009
開　　本　889毫米×1194毫米　1/16
印　　張　49.5
版　　次　2015年10月第1版　2015年10月第1次印刷
標準書號　ISBN 978-7-5506-2275-3
定　　價　720.00圓
(本書凡印裝錯誤可向承印廠調換,電話:0514－87969255)

《泰州文獻》工作委員會

主　任

藍紹敏　陸志鵬

常務副主任

盧佩民

副主任

戴勝利　王學鋒　張培成　佘江涛

委　員（按姓氏筆畫为序）

丁少華　方標軍　成愛君　季春芳　周興安

查學斌　姜小青　奚愛國　陳士宏　黄林華

曹茂良　曹學賦　許大才　張國祥　萬永良

程榮穩　鄒祥龍　費振鐘　劉　玲　劉仁前

劉宏鳴　潘時常　薛金林　顧維中

《泰州文獻》編纂委員會

主　編

盧佩民

副主編

黄林華　姜小青

執行主編

成愛君　費振鐘

編　委（按姓氏筆畫为序）

王　飛　王　劍　王正奎　卞惠興　朱長順　全　勤

李文華　李明官　吴　迪　吴小晴　吴雙林　汪　政

沈　俊　林世田　莫其康　倪培翔　徐一清　徐同華

高　峰　陳　立　黄　靖　曹學林　常　康　張　定

張永龍　劉仁前　劉春龍　潘浩泉　薛　飛　謝冬榮

竇立成　顧寄南

《泰州文獻》學術指導委員會

（按姓氏筆畫为序）

江慶柏　金良年　茅家琦　華學誠　徐　雁　畢飛宇

程章燦　楊九俊　魯國堯　劉玉才　顧　農

總序

泰州古稱海陵，漢初（公元前一一七年）置縣，晋末（公元四一一年）設郡，南唐（公元九三七年）建州，始稱泰州。

泰州濱江近海，物阜民豐。漢唐以來，糧鹽並舉，商貿繁榮，爲溝通南北的重要港口城市。泰州素爲文教昌明之邦。唐初立州學，北宋建貢院，明清開學政試院，産出大批科舉優秀人才。泰州自古人文薈萃。走進泰州的，從范仲淹、富弼、陸佃，到孔尚任、吴讓之、蔣春霖，都留下深遠影響。走出泰州的，從張懷瓘、胡瑗、施耐庵、王艮，到李清、吴嘉紀、柳敬亭、黄龍士、李鱓、鄭燮、劉熙載、李詳、梅蘭芳、高二適，都在各自領域爲中國文化作出巨大貢獻。

泰州遺存的文獻也很豐富。僅據《江蘇藝文志》所載，便有二千七百餘種，涵蓋經、史、子、集的方方面面。其中，尤以明清時期爲夥，占到百分之九十九以上。這當中不排除由於種種原因，致使元以前的一些著述湮没無聞，但明清兩代，確是泰州文化的繁盛期。在這些文獻中，如《書斷》（張懷瓘）、《水滸傳》（施耐庵）、《王心齋先生遺集》（王艮）、《宗子相集》（宗臣）、《陋軒詩集》（吴嘉紀）、《板橋全集》（鄭燮）、《藝概》（劉熙載）、《李審言文集》（李詳）、《黄龍士先生棋譜》等，在中國文化史上都有重要地位和深遠影響。

與此同時，對鄉邦文獻進行整理的也代不乏人。自宋至清，周氏（周麟之等）、宫氏（宫偉鏐等）、陳氏（陳應芳等）、徐氏（徐鳴柯等）等都曾致力其事，爲泰州留下了許多寶貴的文化財富。清嘉道間，鄉人夏荃編輯《海陵文徵》二十卷、附録十二卷，《海陵詩徵》十卷。民國初年，曾任江蘇省省長的鄉人韓國鈞歷經十餘年編成《海陵叢刻》計二十三種六十六册。

二〇一一年九月召開的中共泰州市第四次代表大會，提出了建設文化名城的任務。爲此，中共泰州市委、泰州市人民政府决定編纂《泰州文獻》。這是泰州有史以來對本土文獻最大規模的整理和彙編。它對於保存、利用、研究和開發泰州的歷史文化，尋繹泰州獨特的地方文化價值，爲泰州文化建設提供歷史人文資源，意義重大。

爲了保證編纂工作的順利進行，市委、市政府專門成立了工作委員會、編纂委員會和學術指導委員會。工作委員會由市委、市政府領導和相關部門負責同志組成，負責對編纂工作的領導和協調。編纂委員會由相關專家、學者組成，具體負責《泰州文獻》的編纂出版工作。學術指導委員會由江慶柏、魯國堯、程章燦、茅家琦、華學誠、徐雁、金良年等國内知名文史專家組成，負責對編纂工作的指導和把關。

編纂工作按如下幾個步驟進行：（一）進行文獻調查，建立文獻檔案；（二）精選有代表性、有學術價值的作品影印出版，選目由編纂委員會和學術指導委員會共同審議確定；（三）編輯出版《泰州文獻總目》。

《泰州文獻》分爲四輯：

第一輯『官修舊志』，收録泰州地區現存所有官修地方志。

第二輯『地方史料文獻』，收録泰州地區歷代重要的筆記和史料。按内容又可分爲史地類：收録有關泰州歷史地理方面的著作，包括小志、專志、雜志等；政情類：收録有關泰州政治、經濟等方面的著作；文教類：收録有關文化、教育、圖書館等方面的著作。

第三輯『家族文獻』，收録泰州地區重要的家譜、家傳、家集與名人年譜。按内容又可分爲家乘傳記類：擇要收録泰州家族譜牒中的譜序、家規、家訓、箴言、族約、族記、祠田記、塋田記、雜記、著述等資料；家族總集類：以家族姓氏筆畫爲序。

第四輯『泰州文存』，收録泰州地區作者的詩文著作及其他代表性著作。按内容又可分爲學術論著類：收録泰州作者的經史雜著；文集類：收録泰州作者的詩文集；地方總集類：收録泰州作者的詩文合集。考慮到《水滸傳》、《封神演義》（《辭海》云『一説陸西星作』）、《檮杌閑評》（學界多謂李清所作）等小説流傳甚廣，版本豐富，故不再收録。其他如堪輿、術數類著作，泰州人撰泰州地區以外的地方志、地理志類著作，一般性的彙編、摘鈔類著作，亦不予收録。

《泰州文獻》原則上收録現轄區内的作家作品。但從尊重歷史出發，泰州學派創派人物、明代思想家、哲學家王艮，平民詩人吴嘉紀等人，歷史上均屬於泰州地區，對泰州地區具有深遠的文化影響，他們的作品亦予收録。

前人給我們留下了豐厚的文化遺産，我們既要加以珍視和傳承，更要在前人的基礎上，創造出無愧於今天這個偉大時代的新篇章。這是我們更重要的使命，讓我們爲之努力。

《泰州文獻》編纂委員會

二〇一三年十月十八日

凡例

一、《泰州文獻》（以下簡稱《文獻》）分爲《官修舊志》、《地方史料文獻》、《家族文獻》和《泰州文存》四輯。

二、《文獻》收録範圍原則上爲現行政轄區内作者的著述和與泰州有關的重要著述，但考慮到歷史上曾屬於泰州地區的人物，如泰州學派的代表人物王艮、平民詩人吴嘉紀等對泰州文化深具影響，對他們的作品亦予收録。

三、所收著作成書年代限於一九四九年以前。

四、《文獻》所收著作，以學術價值、使用價值較高爲原則，適當兼顧版本價值。

五、《文獻》以影印方式出版。如有蠹損、殘缺、漫漶不清處，原則上以相同版本予以補配，以保證完整、清晰。

六、《文獻》對所收每種著作均撰寫提要，置於該著作前面，以方便讀者瞭解作者生平、主要内容、學術價值等。

七、《文獻》除保留所收著作原有頁碼外，均新編頁碼，每册頁碼自爲起訖。

八、《文獻》最後一册編有書名索引和作者索引，以方便讀者使用。

目録

海陵文徵

（清）夏荃 輯

《海陵文徵》二十卷《附録》十二卷，清夏荃輯，據南京圖書館藏清光緒九年補刻本影印。夏荃有《退庵筆記》，已著録。

本書輯唐朝至清朝泰州作家文章。始於張懷瓘，止於湯治昭。同一朝代的作家以時代先後爲次，以『别世運之盛衰、文格之嬗變』（本書『凡例』）。所輯文章四百餘篇，大多與世道人心或海陵史地有關，凡風雲月露之文，概行芟除。墓志、行狀、傳述等傳記文，凡人非名賢、事非倫紀者，一般不收，以避免與家乘相混。編者態度嚴謹，前人之文章原本誤刻，而文義顯然、證佐明確，可據以更正的，皆一一改訂。凡在疑似之間難以臆定的，則悉仍其舊。泰州，始名海陵，西漢武帝元狩六年（西元前一一七年）爲海陵縣治。本書在泰言泰，故以海陵爲名，從得名之始。編者自稱『是輯功逾一紀，稿凡三易。收羅爬剔，成此巨部』（『凡例』），故收羅極爲繁富。編者又將非本邑作家所作有關本邑之山川、古籍、鹽漕、水利、人物、著作之文章，輯爲附録十二卷。凡僑寓數世可稱土著、而籍貫仍隸屬他邑者，亦列於附録之中。

（江慶柏）

海陵文徵

光緒癸未
仲春補刊

海陵文徵序

荀子有云假輿馬者非利足也而致千里假舟楫者非能水也而絕江河君子生非異也善假於物也故君子居必擇鄉游必就士所以防邪僻而近中正也嗚乎荀子之勸學可謂至矣余嘗謂士之資於學以脩其身者尤莫若假於鄉前輩之書以得所則傚則其言尤易入而其教尤易從今年夏四月余權守揚州檄試八屬文童即刺取其鄉先輩之詩文集尤彰彰在人耳目者數十種令其歸而求之以爲矜式誠欲其漸積而蘄至於古之人也儀徵劉孟瞻明經以其友泰州夏退庵廣文所輯海陵文徵見示海陵在漢爲大縣意必有奇人偉士生於其間而史書罕聞夏君此書以唐張懷瓘書斷爲首至有明以來則著作甚多夏君所採皆取其有關於人心風俗者又一一著其所出蓋積數十年搜羅之力而後成此鉅觀其用力可謂勤矣倘郡中好事者舉而鋟之於木以廣其傳俾鄉之子弟得見鄉先輩之學問經濟以私淑其身是亦學者之輿馬舟楫也余故樂得而序之

道光戊戌季冬諸城李璋煜撰

敘 一

余與夏退庵訂交二十餘年生同地易同學性情同出處同而嗜好又同也文酒之會殆無虛日同社諸君子如沈芳園綵彬甫宮晴湖康伯山常高庵皆一時英駿酒闌燭跋相與上下其議論時方承平皆年力壯盛無窮愁遲暮之嗟忽忽不自知其樂也退庵既愛友若性命而又尚友古人於是有海陵文徵之輯上自漢唐以逮　國朝凡鄉先輩之鴻章鉅製及殘碑斷簡捜剔無遺蓋退庵之心力畢瘁於是書矣然此數十年中司總纂者退庵而採訪蒐羅則諸君子之力為多僕於諸君子年最後才亦最下當時亦不知其可樂者一俯仰間其可哀而可惜乃如此之甚也昌黎韓子之言曰士窮乃見節義平居里

敘 二

巷相慕悅酒食游戲相徵逐詡詡強笑語握手出肝膽相示指天誓日生死不相背負一旦臨小利害僅如毛髮比反眼若不相識落陷阱不一引手救之反擠之又下石焉者皆是也此宜禽獸之所不忍為而其人自視以為得計聞子厚之風亦可以少愧矣嗚呼使見退庵之高誼不愈汗顏乎哉今退庵之墓已宿草而彬甫高庵芳園晴湖亦相繼下世讀歐陽子之所作張堯夫墓表敘述河南幕府舊人以為自張君之卒其與同府而遊者蓋八九死矣其幸而在者不死則病且衰如余是也永叔側身廊廟位致通顯聲名滿天下而其言猶若此況余等山林枯槁之士哉古詩云所遇無故物焉得不速老回首舊遊故人寥

落僅存者唯伯山暨余耳皆頭童齒豁非復曩時意態而余尤病且衰今見此刻憮然久之老懷棖觸不禁泣下沾襟也寒月窺窗風聲如吼硯池已冰乃呵凍而爲之叙叙既成適吳君讓之至自邗上讓之亦退庵之誼友遂屬書之於此見翰墨因緣不勝死生契闊之感退庵有知當亦無車過腹痛之憾也夫

咸豐七年冬十月愚弟陳金詔譔

序

憶嘉慶道光朝邑重修志乘主者非其人舛訛百出而文藝尤剌謬廣業從先君子及諸鄉先輩後正其譌補其漏成勘謬一書豈其有門戶之見哉文存則人存此邦數百年風俗之盛衰人才之升降以及利弊沿革均於是乎在不綦重歟書成上當事者幸當時多賢大夫承
朝廷稽古右文意簿書之暇不輟儒業亦亟亟以此爲重令勘謬一書與新志並行而後是非黑白乃幸而得直顧其書意在訂新志之失與志無涉者屏弗錄而是邦之文獻仍缺如也夏君退庵邑之宿學剟拾廢墜成海陵文徵近數十年典守者失職板漫漶殘缺不能復完轉徙歸陳氏陳君守吾請於邑佐鄧君孔祥曰古者家無私書士得以取著上之官府今此典遂廢而搜羅文獻守土者之責也亦有意乎君慨然出俸餘鳩工補葺既成以示予方悔勘謬一書體例未廣而不意夏君之先得我心也夫士亩齒牙振唇吻樹頰頷搖頭咿唔欲藉文以壽世不獨無以及遠並生同里閈者未幾而不識爲何如人此固文士之不幸抑亦風俗之陋也鄧君以冠蓋將迎之不暇鋭然思奮得自附於賢士大夫列此非獨廣勘謬者以所未及或亦勸俗之一助

乎予故樂得而爲之序

賜進士出身

誥授光禄大夫　賞戴花翎頭品頂戴重宴

恩榮按察使銜前福建汀漳龍兵備道邑人王廣業謹序

序　二

凡例

一是輯上自李唐迄於　國朝近時作者千年文獻都爲一集名曰文徵其人存文雖佳不録

一編次諸家以時代爲次不以文體爲别世運之盛衰文格之嬗變使讀者瞭然

一編輯邑賢之文爲正集二十卷其人非邑人而文則有關於邑之山川古蹟鹽漕水利人物著述者爲附録十二卷嗣出就中有僑寓數世可稱土著而籍貫仍隸他邑者今亦列於附録之中而不編入正集蓋悉心審定不欲自亂其例也

一邑人物自番禺侯而下至宋代查周稱極盛宋以前靡得而稽以余考唐竇泉述書賦其下篇有云滕子擁決張氏旁求泉弟蒙注懷瓘海陵人皇鄂州司馬　欽定佩文齋書畫譜　欽定全唐文皆據蒙注訂懷瓘爲海陵人惜新舊書未爲立傳無從考核生平然其爲邑人審矣茲採所纂冠諸卷首俾邑之談文獻者知所祖焉

一宋賢文集見於州志譔述及各人本傳者按圖索駿百無一存祇周樞密海陵集採入　四庫然非讀中祕書者無從得見頃從浙省　文瀾閣抄出

樞密奏議碑銘雜文數十篇展轉購求煞費苦心
吉光片羽永堪寶貴
一前明邑中諸鉅公淸操碩望當以儲文懿爲稱首
柴墟集各體文淵雅醇茂同時作者罕有其儔他
若淩僉憲舊業堂集陳太僕敬止集其關係桑梓
水旱災傷尤爲切要爲後學必不可不讀之書故
三家之文各爲二卷
一國朝邑以古文名者首推張海房太史且其文
多闡揚忠臣孝子烈婦義夫之事有功世道人心
不淺故所收極富若石砲諸製氣勢灝瀚洵是海

房勍敵故二家之文亦各爲二卷
一海陵之名始於漢孝景之世迄於明初其名最古
歷代建置沿革不一近邑如鹽城泰興興化如皋
舊皆隷於海陵其隷之最久者莫若皋皋之隷始
于劉宋至　國朝雍正三年乃分屬于通然皋究
係泰屬邑　僕此輯在泰言泰凡皋人之文不敢闌
入其仍名曰海陵文徵者溯得名之始從其朔也
一中十場向屬于泰東臺場其一也自乾隆三十三
年割泰境分建東臺縣今錄東人之文斷自乾隆
三十三年以前其在分縣以後例不錄

一是輯得文四百餘篇大率有關繫之作居多凡風
雲月露之辭芟除略盡他若游戲寓言縱有閒登
亦百無一二昭矜愼也
一是輯專爲桑梓文獻起見諸家譔著安得一一精
能然其事果有關繫文即不工例得採入若必律
以先秦兩漢唐宋八家之文吹毛索瘢則非　僕　所
敢知
一墓誌行狀傳述所收極隘人非名賢事非倫紀不
敢濫登所以避家乘例也
一諸家文中間有原本譌刻而文義顯然證佐明確

可據以更正者如卷四儲巏漢關將軍漢壽亭侯
廟碑紛紜旗兮風馬紜爲雲之誤雲旗風馬本文家常用之語且紛紜旗兮語亦不詞卷七沈艮才迪功郎蕁溪顧公墓誌銘
廷對廷策郡學生對爲謂之誤上文云次廷對卽平湖尹則此處不應又云廷對下文云夢臣謂出則對當作謂可知卷十一陳應芳修學濬
河記羣情日盻盻然盻爲盼之誤盼乃恨視之貌而盼則期望之意下文有引領而望之語則不當作盻明矣卷十二劉宏宇熊兵憲去
思碑記野無萑葦之驚葦當作苻左傳鄭國多盜取人於萑苻之澤文甚用此事若作葦字則無本矣今皆一一改訂以免傳訛至於
介在疑似之間難以臆定者如卷五儲巏張存善

墓誌銘公私嘗口進服之所闕者疑是藥字上文云奉直難其藥卷六儲洵請築隄防疏熊家淠潭淠字疑潭字重出或旱字之訛字書水部無淠字卷七闕名濬通學渠記習淵浣句疑有脫字上下文皆四字爲句不應此句獨三字卷十陳應芳論減水隄牐費金錢數十百計句疑有誤字此句本極言費用之多似十字爲千字之誤今則悉仍其舊以守不知蓋闕之訓焉

一邑自唐迄今名篇鉅製代不乏人其時代較遠者無論矣卽近時諸公身沒未久遺集隨湮此雖其子孫之咎亦由邑無纂輯之家爲之苦心收拾以致澌滅無聞良堪悼惜　國初鄧孝威徵君輯詩觀三大部然所輯乃天下名家棃梓諸公什纔一二且於古文一道未暇輯錄今文徵開雕後有海陵詩徵十六卷嗣出非敢突過前人實欲補其未備

一是輯功逾一紀槀凡三易搜羅爬剔成此巨部然家尠收藏學慚淹雅見聞苦隘罣漏尚多敢布腹心敬告同志或名賢之鉅製或先世之遺編錫我百朋以登續輯幸甚幸甚

海陵文徵總目

湯治昭一首

海陵文徵目次

卷一 唐 南唐

海陵文徵卷一

鄉後學夏　荃退庵輯　陳寶晉守吾校

書斷序　　　張懷瓘

昔庖犧氏畫卦以立象軒轅氏造字以設教至於堯舜之世則煥乎有文章其後盛於商周備夫秦漢固夫所由遠矣文章之爲用必假乎書書之爲徵期合乎道故能發揮文者莫近乎書若乃思賢哲於千載覽陳迹於縑簡謀猷在覿作事粲然言察深衷使百代無隱斯可尚也及夫身處一方含情萬里標拔志氣黼藻精靈披封覩迹欣如會面又可樂也爾其初之微也葢因象以

曈曨眇不如其變化範圍無體應會無方考沖漠以立形齊萬殊而一貫合冥契吸至精資運動於風神頤浩然於潤色爾其終之彰也流芳液於筆端忽飛騰而光赫或體殊而勢接若雙樹之交葉或區分而氣運似兩井之通泉麻蓬相扶津澤潛應離而不絕曳獨繭之絲卓爾孤標竦危峯之石龍騰鳳翥若飛若驚電烻燿爗離披爛漫翕如雲布曳若星流朱焰綠煙乍合乍散飄風驟雨雷怒霆激吁可駭也信足以張皇當世軌範後人矣至若磔髦竦骨裨短截長有似夫忠臣抗直補過匡主之節也矩折規轉卻密就疏有似夫孝子承順慎終思遠之心也耀質含章或柔或剛有似夫哲人行藏知進知退之行也固其發迹多端觸變成態或分鋒各讓或合勢交侵亦猶五常之與五行雖相剋而相生亦相反而相成豈物類之能象賢微妙而難名詩云鐘鼓欽欽鼓瑟鼓琴笙磬同音是之謂也使夫觀者玩跡探情循由察變運思無已不知其然瓌寶盈矚坐啓東山之府明珠曜掌頓傾南海之資雖彼迹已緘而遺情未盡心存目想欲罷不能非夫妙之至者何以及此且其學者察彼規模采其元妙技由心付暗以目成或筆下始思困於鈍滯或不思而製敗於脫略心不能授之於

手手不能受之於心雖自已而可求終杳茫而無獲又可怪矣及乎意與靈通筆與冥運神將化合變出無方雖龍伯挈鼇之勇不能量其力雄圖應籙之帝不能抑其高幽思入於毫間逸氣彌於宇內鬼出神入追虛捕微則非言象筌蹄所能存亡也夫幼童而守一藝白首而後能言固不可恃才曜識以爲率爾可知也且知之不易得之有難千有餘年數人而已昔之評者或以今不逮古質殊醜妍推察疵瑕妄增羽翼自我相物求諸合已悉爲鑒不圓通也亦由蒼黃者唱首冥昧者繼聲風議混然罕詳孰是及兼論文字始祖各執異端臆說

蜂飛竟無稽古葢眩如也懷瓘質被愚蒙識非通敏亥先人之遺訓或紀錄萬一輒欲芟夷浮議揚搉古今拔孤疑之根解紛拏之結考窮乖謬敢無隱於昔賢探索幽微庶不欺於元匠爰自黃帝史籀蒼頡迄於皇朝黃門侍郎盧藏用凡三千二百餘年書有十體源流學有三品優劣今敘其源流之異著十贊一論較其優劣之差爲神妙能三品人爲一傳亦有隨事附著通爲一評究其臧否分成上中下三卷名曰書斷其目錄如此庶儒流君子知小學亦務焉

書斷評　張懷瓘

葢一味之嗜五味不同殊音之發契物斯失方類相襲且或如彼況書之臧否情之愛惡無偏乎若毫釐較量誰驗準的推其大率可以言詮觀昔賢之評書或有不當王僧虔云亡從祖中書令筆力過子敬者君子周而不比乃有黨乎梁武帝云鍾繇書法十有二卷世之書者多師二王元常逸迹曾不睥睨競巧趨精細殆同神機逸少至於學鍾藝巧及其獨運意疎字緩譬猶楚音夏習不能無楚子敬之不逮眞亦劣章草然觀其行草之會則神勇葢世況之於父猶擬抗行比之鍾張雖勍敵仍有擒猛之勢夫天下之能事悉難就也假如效蕭子雲書雖則童孺但至效數日見者無不云學蕭書欲窺鍾公其牆數仞罕得其門者小王則若驚風拔樹大力移山其欲效之立見僵仆可知而不可得也然小王嘗與謝安書意必珍錄乃題後答之亦以爲恨或云安問子敬君書何如家君答云固當不同安云外論殊不爾又云人那得知此乃短謝公也羊欣云張字形不及古自然不如小王虞龢云古質而今妍數之常愛妍而薄質人之情鍾張方之二王可謂古矣豈得無妍質之殊父子之間又爲今古子敬窮其妍妙固其宜也並以

小王居勝逵人通論不其然乎羊欣云右軍古今莫二虞龢云獻之始學父書正體乃不相似至於筆絕章草殊相擬類筆跡流澤婉轉妍媚乃欲過之王僧虔云獻之骨勢不及父媚趣過之蕭子良云崔張以來歸美於逸少僕不見前古人之迹計亦無過之孫過庭云元常專工於隸書伯英猶精於草體彼之二美而羲獻兼之並有得也夫椎輪爲大輅之始以椎輪之朴不如大輅之華蓋以拙勝工豈以文勝質若謂文勝質諸子不逮周孔復何疑哉或以法可傳則輪扁不能授之於子是知一致而百慮異軌而同奔鍾張雖草創稱能二王乃

差池稱妙若以居先則勝鍾張亦有所師固不可文質先後而求之蓋一以貫之求其合天下之達道也雖則齊聖躋神妙各有最若眞書古雅道合神明則元常第一若眞行妍美粉黛無施則逸少第一若章草古逸極致高深則伯度第一若章則勁骨天縱草則變化無方則伯英第一其間備精諸體唯獨右軍次至大令然子敬可謂武盡美矣未盡善也逸少可謂韶盡美矣又盡善也然此五賢各能盡心而躋於聖或有侮毀亦猶日月之蝕無損於明白雲在天瞻望悠邈固同爲終古獨絕百世之模楷高步於八倫之表棲遲於墨妙之門不可以規矩其形律呂其度鵬搏龍躍絕迹霄漢所謂得元珠於赤水矣其或繼書者雖百世可知然史籀李斯卽字書累葉之祖其所製作並神妙至極蓋無等夷八分書則伯喈制勝出世獨立誰敢比肩至如崔及小張韋衛皇索等雖則同品不居其最並不備載較量然各峻彼雲峯增其海派使後世資瞻仰而露潤焉趙壹有貶草之論仍笑重張芝書爲祕寶者嗟夫道不同不相爲謀夫藝之在己如木之加實草之增葉繪以衆色爲章食以五味而美亦猶八卦成列八音克諧聾瞽之人不知其謂若知其故耳想心識自該通審其不知則聾

瞽者耳庾尙書以臧否相推而列九品升阮研與衛瓘索靖韋誕皇象鍾會同居第三等此若棠材之樹植橘柚之林又抑薄紹之與齊高帝等三十八同爲第七等亦猶屈鹽梅之量處掾屬之伍李夫人以程邈居第一品且書傳所載程撰爲隸法其於工拙蔑爾無聞遺迹又無何以知其品第又云梁氏石書雅敵於韋蔡以梁比蔡豈不懸絕又張昶伯英之弟妙於草隸八分混兄之書故謂之亞聖衛恆兼精體勢時人云得伯英之骨並居第四仍與漢王同流又黜桓元謝安蕭子雲釋智永陸東之等與王知敬同居第五等若此數子豈與埒

能嗜好不同又加之以言況可盡之於剛柔消息貴乎適宜形象無常不可典要固難評也蕭子雲言欲作二王論草隸法言不盡意遂不能成又云頃得書意轉深點畫之間所言不得盡其妙者事事皆然誠哉是言也藝成而下德成而上然書之爲用施於竹帛千載不朽亦猶愈沒沒而無聞哉萬事無情勝寄在我苟視迹而合趣或循幹而得人雖身沈而名飛冀托之以神契每見片善何慶如之懷瓘恨不果遊目天府備觀名迹徒勤勞乎其所未聞訢求乎其所未見今錄所聞見粗如前列學慙於博識不迨能繕奇纘異多所未盡且如抱

絕俗之才孤秀之質不容于世或復何恨故孔子曰博學深謀而不遇者衆矣何獨某哉然識貴行藏行忌明潔至人晦迹其可盡知開元甲子歲廣陵臥疾始焉草創其觸類生變萬物爲象庶乎周易之體也其一字褒貶微言勸戒竊乎春秋之意也其不虛美不隱惡近乎馬遷之書也冀其衆美以成一家之言雖知不知爲上然獨善之與兼濟取捨其爲孰多童蒙有求思盈半矣且二王既沒書或在茲語曰能言之者未必能行能行之者未必能言何必備能而後爲評歲洎丁卯荐筆削焉

書斷論

張懷瓘

夫卦象所以陰騭其理文字所以宣載其能卦則渾天地之窈冥祕鬼神之變化文能以發揮其道幽贊其功是知卦象者文字之祖萬物之根衆學分鑣馳騖不息或安其所習毀所不見終以自蔽也固須原心反本無漫學焉今欲稽其濫觴不可遵諸子之非棄聖人之是先賢說文字所起與八卦同作又云八卦非伏羲自重夫易者太古之書夫子之文章可得而聞也彌綸乎天地錯綜乎四時究極人神盛德大業也子曰學以聚之問以辨之盍欲討論根源悉其枝派自仲尼沒而微言

絕諸儒之說是或不經左邱明恥之愧無獨斷之明以釋天下之惑孔安國云宓羲造書契代結繩非也厥初生人君道尚矣應而不求爲而不恃執大象也迨乎伏羲氏作始定人道辨乎臣子伏而化之結繩以治孔子曰三皇伯世叶神無文洛乙紀命頡字胥合又班固云庖犧繼天而王爲百王先並是也易曰庖犧氏之王天下也作結繩而爲網罟以畋以漁蓋取諸離離者麗也日月麗乎天百穀草木麗乎地重明以麗乎正乃化成天下離也者明也萬物皆相見南方之卦也聖人南面而聽天下向明而理蓋取諸此也庖犧神農氏沒軒轅

氏作始造圖書禮樂度數甲子律歷自開闢之事皆先聖傳流於口黃帝已後紀錄言之無幾故春秋國語唯發明五帝太史公敘黃帝顓頊以下事孔子撰書始自堯舜尚年月闕然詩人所述起乎虞氏其可知也巢燧之時淳一無教故言上古昔者俱是伏羲神農之時言後世聖人者即黃帝堯舜之際易曰上古結繩以理後世聖人易之以書契此猶太陽一照衆星沒矣史記及漢書皆云文王重八卦為六十四卦又帝王世紀及孫盛等以為神農夏禹重之並非也夫八卦雖理象已備尚隱神功引而伸之始通變吉凶成其妙用觸類而長

天下之能事畢矣故易曰聖人立象以盡意設卦以盡情八卦成列象在其中矣因而重之爻在其中矣剛柔相推變在其中矣伏羲自重之驗也又曰昔者聖人之作易也觀變於陰陽而立卦發揮於剛柔而生爻是以立天之道曰陰與陽立地之道曰柔與剛立人之道曰仁與義兼三才而兩之故易六畫而成卦六位而成章又伏羲自重之驗也若以後世聖人易之以書契謂伏羲即昔者聖人之作易也謂誰矣則知伏羲自重八卦不造書契煥乎可明不至疑惑也又曰河出圖洛出書聖人則之孔安國云洛圖八卦是洛之九疇馬融王肅

姚信等並云得河圖而作易禮含文嘉曰伏羲則龜書乃作八卦並乘流而逝不討其源滋誤後生深可歎息去聖久矣百家衆言自古非一正史之書不經宣尼筆削則未可全是況儒者臆說邪悠悠萬載是非互起一犬吠形百犬吠聲一人措虛百人傳實按龍圖出河龜書出洛今或云法龍圖而作卦或云則龜書而畫之假欲避之何者為是案左傳庖犧氏有龍瑞以龍紀官非得八卦八卦若先列於河圖又文王等重之則伏羲何功於易也又夫子不言因圖而畫卦自黃帝堯舜及周公攝政時皆得圖書河以通乾出天包雒以流川吐地

符是知有聖人膺運則河洛出圖書何必八卦九疇九疇者天始錫禹而黃帝已獲洛書易曰蓍龜神物聖人則之然伏羲豈則蓍龜而作易言聖人者通謂後世易經三古不獨指伏羲也夫蓍龜者或悔吝有憂虞之象或得失有吉凶之徵或否泰有陰陽之辭或剛柔有變通之理若河圖洛書者或天地彝倫之法或帝王興亡之數或山川品物之制或治化合神之符故聖人則之而已孔子曰河不出圖洛不出書吾已矣夫是也故知文字之作確乎權輿十體相沿互明創革萬事皆始自微漸至於昭著春秋則寒暑之濫觴爻畫則文字之兆

朕其十體內或先有萌牙今取其昭彰者爲始祖夫道之將興自然元應前聖後聖合矩同規雖千萬年至理斯會天或垂範或授聖哲必然而出不在考其甲之與乙邪按道家相傳則有天皇地皇人皇之書各數百言其文猶在像如符印而不傳其音指審爾則八卦未爲雲孫矣況古文乎且戎狄異音各貌會於文字其指不殊禽獸之情悉應若是觀其趣向不遠於人其有知方來辨音節非智能而及復何所學哉則知凡庶之流有如草木鳥獸之類或蘊文章又霹靂之下乃時有字或賜貺之瑞往往銘題以古書考之皆可識也夫豈學之

於人乎又詳釋典或沙劫已前或他方怪俗云爲事況與卽意無殊是知天之妙道施於萬類一也但所感有淺深耳豈必在乎義軒周孔揩釋老之教乎況論篆籒揩草隸之後先乎縷而分之則如彼總而言之其若此乎

六體書論

張懷瓘

臣聞形見曰象書者法象也心不能妙探於物墨不能曲盡於心慮以圖之勢以生之氣以和之神以肅之合而裁成隨變所適法本無體貴乎會通觀彼遺蹤悉其微旨雖寂寥千載若面奉徽音其趣之幽深情之比興可以默識不可言宣亦猶冥密鬼神有矣不可見而以知啓其元關會其至理卽與大道不殊夫經是聖文尙傳而不祕書是妙跡乃祕而不傳存歿光榮難以過此誠不朽之盛事大篆者史籒造也廣乎古文法於鳥跡若鸞鳳奮翼虬龍掉尾或花蕚相承或柯葉敷暢勁直

如矢宛曲若弓銛利精微同乎神化史籒是其祖李斯蔡邕爲其嗣小篆者李斯造也或鏤纖屈盤或懸鍼狀貌鱗羽參差而互進珪璧錯落以爭明其勢飛騰其形端嚴李斯是祖曹喜蔡邕爲嗣八分者王次仲造也點畫發動體骨雄異作威投戟騰氣揚波貴逸尙奇探靈索妙可謂蔡邕爲祖張昶皇象爲子鍾繇索靖爲孫隸書者程邈造也字皆眞正曰眞書大率眞書如立行書如行草書如走其於學趣蓋有殊焉夫學草行分不一二天下老幼悉習眞書而罕能至其最難也鍾繇法於大篆措思神妙得其古風亦有不足傷於疎瘦王羲之

比鍾繇鋒芒峻勢多所不及於增損則骨肉相稱潤色則婉態妍華是乃過也王獻之遠減於父鋒芒往往直筆而已鋒芒者若犀象之有牙角婉態者若蛟龍之恣盤游夫物負陰而抱陽書亦外柔而內剛緩則乍纖急則若滅修短相異巖谷相傾險不至崩跌不至失此其大略也可謂元常爲兄逸少爲弟子敬爲息行書者劉德昇造也不眞不草是曰行書晨雞踉蹡而將飛暮鴉聯翩而欲下貴其家承躡不絕氣候通流逸少則動合規儀調諧金石天姿神縱無以寄辭子敬不能純一或行草雜糅便者則爲神會之間其鋒不可當也宏逸遒

健過於家尊可謂子敬爲孟逸少爲仲元常爲季草書者張芝造也草乃文字之末而伯英創意庶乎文字之先其功鄰乎篆籀探於萬象取其元精至於形似最爲近也字勢生動宛若天然實得造化之姿神變無極然草法貴在簡易而此公傷於太簡也逸少雖損益合宜其於風骨精熟去之尚遠伯英是其祖逸少是其父子敬是其子若乃無所不通獨質天巧耀今抗古百代流行則逸少居最所以然者古質今文世賤質而貴文文則易俗合於情深識者必考之古乃先其質而後其文質者如經文者如緯若鍾張爲枝幹二王爲華葉美則

美矣如彼桃李戛兮鏗兮合乎宮徵磊落昆山之石嵯峨碧海之波奔則激電飛空頓則懸流注壑雖貫珠之一一亦行雁之聯聯求之於希微見之於無物或儼兮其容或敦兮若樸或渙兮若冰之將釋然後爲得矣故學眞者不可不兼鍾學草者不可不兼張此皆書之骨也如不參二字之法欲求於妙不亦難乎若有能越諸家之法度草隸之規模獨照靈襟超然物表學乎造化創開規矩不然不可不兼於鍾張也蓋無獨斷之明則可詢於衆議捨短從長固鮮有敗書亦探諸家之美況不遵其祖先乎臣數對龍顏承聖旨修書擬敎皇子小

學亦在幼年又承諸王學書不習古本今不遵古理在不疑如學文章只讀今人篇什不涉經籍豈成偉器又如不知東都惟須指示洛陽之道日行遠近隨其筋力若令蹇者引去自然不越其前亦猶踴驥子於櫪中閉鴛雛於籠下而望其遐遠實謂難乎若使其出籠去櫪刷勁翮整蘭筋垂長風躡修路可以摩霄逐日豈惟千里萬里哉如人面不同性分各異書道雖一各有所便順其情則業成違其衷則功棄豈得成大名者哉夫得射法者箭則中物而深入爲勢有餘矣不得法者箭乃掉而近物且不中入固不深爲勢已盡矣然執筆亦有

法若執筆淺而堅掣打勁利掣三寸而一寸著紙勢有餘矣若執筆深而束牽三寸而一寸著紙勢已盡矣其故何也筆在指端則掌虛運動適意騰躍頓挫生氣在焉筆居半則掌實如樞不轉制豈自由轉能旋迴乃成稜角筆既死矣寗望字之生動獻之年甫五歲羲之奇其把筆乃潛自後掣之不脫幼得其法此葢生而知之是故學必有成則無體欲探其奧先識其門有知其門不知其奧未有不得其法而得其能夫好事之人廣求名書以教其子察其所入便遺習之亦如商人以停百貨色曰既衆必有善於人者所貴多本本立道生貧者

咨嗟必不能遂伏惟陛下有萬國之富而同庶人之貧天府妙書寶惜何用若恐損污眞跡搨本亦可師模寸有所長自古大有佳手各稟異氣亦可參詳伏願每季之間一兩度悉召諸王遍示古跡商榷諸家工拙必大開悟心靈習其所便從此豹變豕乘於水昔有誠信況復天人神縱者哉豈可許鍾張二王獨高於往日也且一食之美惟飽其日傷一覩而悟則潤於終身夫主人示書謂之設寶縱一聽鈞天之樂覩明月之珠竟何益於人也若順其性得其法則何攻不克何業不成侍書之人惟宜指陳妙理亦如侍講敷演聖旨當今大化滂流四表無事士無棄置官盡材能臣及弟懷瓌叨同供奉臣謹進懷瓌書大小篆及八分臣書眞行草合成六體自書契之作三千餘年子孫支分優劣懸隔今考其神妙捨彼繁蕪當道要書用此六體當道要字行此千文比而覩之見其始末探賢哲之深旨知變化之所由

臣敢罄庸愚謹獻書論

評書藥石論　　張懷瓘

臣聞率土作貢任其所有率身事主罄其所能心存口忠無所避就況今蕩然不諱忠臣義士咸肆其辯可謂開大通之道陛下亦以臣知於書也論於書道是臣之職知而不說用臣何爲臣之所言不敢不盡假如欲學文章必先覽經籍子史其上才者深酌古人之意不録其言故陸士衡云或襲故而彌新美其語新而意古其中才者採連文兩字配言以成章將爲故實有所典據其下才者模搨舊文迴頭易尾或有相呈新製見模搨之文爲之愧赧其無才而好上者但寫之而已書道亦然臣雖不工書頗知其道聖人不凝滯於物萬法無定殊途同歸神智無方而妙有用得其法而不著至於無法可謂得矣何必鍾王張索而是規模道本自然誰其限約亦猶大海知者隨性分而挹之先哲有云言相攻失以崇於德故上下無所不通若面是腹非讓左忌右則匿惡之名尋聲而至夫馬筋多肉少爲上肉多筋少爲下書亦如之今之書人或得肉多筋少之法薰蕕同器十年不分甯知不有藏其知能混其體法雷同賞遇或使之然至如馬之群行驥子不出其外列施銜策方知逸足合識之物皆欲骨肉相稱神貌洽然若筋骨不

任其脂肉者在馬爲駑駘在人爲肉疾在書爲墨豬推其病狀未即已也非醫緩不能爲之惟題署及八分則肥密可也自此之外皆宜蕭散恣其運動然能之至難鑒之不易精察之者必若庖丁解牛目無全形折枝分理其有一點一畫意態縱橫偃亞中間綽有餘裕結字峻秀類於生動幽若深遠煥若神明以不測爲量者書之妙也是曰無病勤而行之益佳其有方闊齊平支體肥腯布置逼仄有所不容稜角且形況復無像神貌昏懵氣候蔑然以濃墨爲華者書之困也是曰病甚稍須毒藥以攻之古文篆籀書之祖也都無角節將古合道理亦可明焉欲方而有規圓不失矩亦猶人之指腕促則如指之拳賒則如腕之屈理須裹之以皮肉若露筋骨是乃病也豈曰壯哉書亦須用圓轉順其天理若輒成稜角是乃病也豈曰力哉夫良工理材斤斧無跡才子敍事潛刃其間書能入流含於和氣宛與理會曲若天成刻角耀鋒無利除害萬事拙者易能者難童蒙書有稜角豈謂能也共人相知若始疎而終密者則大同始密而終疎者則大異故小人甘以壞君子淡以成耀俗之書甘而易入乍觀肥滿則悅心開目亦猶鄭聲之在聽也又若臣之事主獻小利敍小能則非大材於理

無用諂諛者必有順情之說忠讜者必有逆耳之言雖知其忠而不親者以忤其意也雖知其諂而不忍疎者以會於情也惟明王聖主則能覆思審察勉循古言親近忠良增益明聖是以遠大無以淺近取稜角者書之弊薄也脂肉者書之滓穢也婆斯疾弊須訪良醫自非滌蕩心智除其煩憒古人妙跡用思沈鬱自非冥搜不可而見固大巧若拙明道若昧泛覽則混於愚智研味則駭於心神百靈儼其如前萬像森其在矚雷電興滅光陰糾紛考無說而究情察無形而得相隨變恍惚窮深杳冥金山玉林殷於其內何奇不有何怪不儲無物

之象藏之於密靜而求之或存躁而索之或失雖明目諦察而不見長策審逼而不知豈徒倒薤懸鍼偃波垂露而已哉是知之也蓋麤以言詮而假於說若精以心了則無寄詞心之通微貫之而已其得之者心手相應如輪扁之斲輪固言說所不能是以鍾張二王亦無言說雞鶴常鳥知夜知晨則衆禽莫之能及非蘊他智所稟性也臣之愚性或有近於雞鶴乎昔文武皇帝好書有詔特賞虞世南時又有歐陽詢褚遂良陸柬之等或逸氣遒拔或雅度溫良柔和則綽約呈姿剛節則鑑繩執操揚聲騰氣四子而已雖人已潛靈而書方曜迹考

能錄異頓越數朝是知君臣之間榮辱相及也帝者務尊賢貴道亦有邀虛譽以自飾聲實相半足稱賢君知道味者樂在其中矣如不知者妨於觀賞百未減一但不能割其少分耳厭飫生前之樂孤負身後之名使達人君子議之豈不惑哉且堯舜之至德不被於今時聞者欣而戴之桀紂之君毒不流於今日聞者怒而怨之名固不可不存德固不可不立當今聖化洋溢四海晏然俗且還淳書未返樸今之書者背古名跡豈有同乎視昔觀今足爲龜鏡可以目擊夫物芸芸各歸其根復本之謂也書復於本上則法於自然次則歸乎篆籀又

其次者師於鍾王夫學鍾王尙不繼虞褚況冗冗者哉自草隸之作書斷詳矣從宋齊已後陵夷至於梁陳執綱者失之於上據耳者惑之於下肥鈍之弊於斯爲盛貞觀之際崛然又興亦至於今則脂肉稜角兼有相沿千載書之季葉亦謂澆漓之極物極則返陰極則陽必俟聖人以通其變窮則變變則通通則久事或可應庸夫儕賢哲之功道或可行明主納芻蕘之議皆謂得於時也陛下宏至聖德講論六藝邁蹤上古化行堯舜之風書盛漢魏之日臣願天下之事悉欲盡美盡善儻以書道獨能謝於前代乎然大道不足崇若忽之則工拙

之一也若存之亦當年妙有固富有之謂大業日新之
謂盛德伏願下明勅以召之必草澤蒙庶涓涓之流成
河海菱艾之蕕爲蘭杜豈非盛事豈不美矣往者屈也
來者伸也不爾非今之體悉不敢來或有過之人亦不
敢進夫風者聲也風以動之聲以化之固天下之風一
人之化若不誨示已謂得其元珠瓦釜鐘鳴布鼓雷吼
至若曲情顧旨必無過患臣深知之不忍爲也志士含
忠抱義百鍊不銷人皆有死無所追悔貞觀之時文臣
無限蹇蹇者魏徵文皇重之良史書之後代美之夫簡
兵則觸目而是擇將則萬不得一固與衆同者俗物與
衆異者奇才書亦如然爲將之明必不披圖講法明在
臨敵制勝爲書之妙必不憑文按本妙在應變無方皆
能遇事從宜決之於度內者也且軍之興亡由將之明
闇人之成敗惟師之賢愚智不居心則不知道不知道
則無以訓人師之與將人之耳目耳目不明其可知也
是以君子慎其所從白沙在泥與之同黑狂者東走逐
者非一京邑翼翼四方取則俗風且行舉國相斅迷遊
忘返深浪何歸仁覆子育豈不顧念伏願天醫降藥醒
晤昏沈導彼迷津歸其正道弊風一變古法恆流神而
化之黙而通之反掌而盛行之別是疑冀夫天府之丙

海陵文徵　卷一　三二

有聖朝妙書宛然得千百數載已前氣象比肩鍾王列
美竹帛微臣所願足矣陛下之能事畢矣古人有云窮
則獨善其身達則兼濟天下雖陳愚見甯望可闕一字非
臣所知事出聖斷人皆欲順己不欲從人者情也惟明
者能以理割之且聲利之大端貴師所共有其生也風
猷可嘉當代擅美其功也徽烈可紀身後垂名亦人情
之何遠語曰以心聞不容針臣謂此言之良者理國其
道一也有一善身之榮有一惡身之恥恐後代議今之
書雖不足累於明時終非有益昔伊尹以再飪干主意
不專乎食臣以小學諷君道豈止乎書臣伏巖藪久無
榮望干預求進亦非公卿薦聞陛下天聽低迴勞羅草
澤選材於棄木擢臣於翰林是策駑駘敢不竭力兢
惶疑命恐塵天聽之明鴻飛冥冥無患飲啄譬如爲樹
置之於野則繁柯茂葉蓋其所蔭取之於材則梁棟輪
轅適時爲用臣違親事主移孝於忠忠不竭誠孝可知
矣侍奉日近輒有評論隱而不言臣之罪也言而不隱
干犯天威冀增涓塵無可顧念不能隨衆碌碌孤負國
恩人皆取容甯履危懼行於正道忘生區區之心願垂
聖察不勝愚直之至故獻評書藥石論云

海陵文徵　卷一　三三

文字論

張懷瓘

論曰：文字者總而爲言，若分而爲義，則文者祖父，字者子孫。察其物形，得其文理，故謂之曰文。母子相生，孳乳寖多，因名之爲字。題於竹帛，則目之曰書。文也者，其道煥焉。日月星辰，天之文也；五嶽四瀆，地之文也；城闕朝儀，人之文也。字之與書，理亦歸一，因文爲用，相須而成。名言諸無，宰制羣有，何幽不貫，何遠不經，可謂事簡而應博。範圍宇宙，分別陰陽，川原高下之可居，土壤沃瘠之可植，是以八荒籍焉，綱紀人倫，顯明正體，君父尊嚴而愛敬盡禮，長幼班別而上下有序，是以大道行焉。闡

墳典之大猷，成國家之盛業者，莫近乎書。其後能者加之以元妙，故有翰墨之道生焉。世之賢達，莫不珍貴。時有吏部蘇侍郎晉、兵部王員外翰，俱朝端英秀，詞場雄伯。王謂僕曰：文章雖久游心，翰墨近甚留意，若此妙事，古來少有知者，今擬討論之，欲造書賦，兼與公作書斷後序。王僭虔雖有賦，王儉製其序，殊不足動人。如陸平原文賦，實爲名作，若不造極境，無由伏後世人心。不知書之深意與文若爲差別，雖未窮其精微，粗欲知其梗槩，公試爲薄言之。僕答曰：深識書者，唯觀神彩，不見字形，若精意元覽，則物無遺照，何有不通。王曰：幸爲言之。

僕曰：文則數言乃成其意，書則一字已見其心，可謂得簡易之道。欲知其妙，初觀莫測，久視彌珍，雖書已緘藏，而心追目極，情猶眷眷者，足爲妙矣。然須考其發意所由，從心者爲上，從眼者爲下。先其草創立體，後其因循著名，雖功用多而有聲，終天性少而無象，同乎糟粕，其味可知。不由靈臺，必乏神氣，其形悴者，其心不長。狀貌顯而易明，風神隱而難辨。有若賢才君子，立行立言，言則可知，行不可見，自非冥心元照，閉目深視，則識不盡矣。可以心契，非可言宣。別經旬月，後見乃有愧色，云：書道亦太元微，翰與蘇侍郎初並輕忽之，以爲賦不足言者，今始知也。極難下語，不比於文賦，書道尤廣，雖沈思多日，言不盡意，竟不能成。僕謂曰：員外用心尚疎。在萬事皆有細微之理，而況乎書？凡展臂曰尋，倍尋曰常，人間無不盡解。若智者出乎尋常之外，入乎幽隱之間，追虛捕微，探奇掇妙，人縱思之，則盡不能解。用心精粗之異，有過於是。心若不有異照，口必不能異言，況有異能之事乎？請以此理推之。後見蘇云：近與王員外相見，知不作賦也。說云：引喻少語，不能盡會通之識，更共觀張所商搉先賢書處，有見所品藻優劣，二人平章，遂能觸類比興，意且無限，言之無涯，古昔已來，未之見也。若其

爲賦應不足雜蘇且說因謂僕曰公於書道無所不通自運筆固合窮於精妙何謂鍾王頓爾避闊公且自評書至何境界與誰等倫僕答曰天地無全功萬物無全用妙理何可備該常歎書不盡言僕雖知之於言古人得之於書且知者博於聞見或可能知得者非假以天資必不能得是以知之與得猶書之比言俱有雲塵之懸所令自評敢違雅意夫鍾王眞行一古一今各有自然天骨猶千里之迹邈不可追今之自量可以比於虞褚而已其草諸賢未盡之得唯張有道創意物象近於自然又精熟絶倫是其長也其書勢不斷絶上下鉤連

雖然如鐵並集若不能區別二家尊幼混雜百年檢探何知是其短也夫人識在賢名用在斷割不分涇渭餘何足云僕今所制不師古法探文墨之妙有索萬物之元精以筋骨立形以神情潤色雖迹在塵壤而志出雲霄靈變無常務於飛動或若擒虎豹有强梁拏攫之形若執蛟螭見蚴蟉盤旋之勢探彼意象入此規模忽若電飛忽疑星墜氣勢生乎流便精魄出乎鋒芒如觀之欲其駭目驚心肅然如可畏也數百年內方擬獨步其間自評若斯僕未審如何也蘇笑曰令公自評何乃自飭文雖矜耀理亦兼通達人不已私盛德亦微損其後

僕賦成往呈之遇褚恩光萬希莊包融並會衆讀賦訖多有賞激蘇謂三子曰晉及王員外俱造書賦歷旬不成今此觀之固非思慮所際也萬謂僕曰文與書被公與陸機已把斷也世應無敢爲賦者蘇曰此事必然也包曰知音省文章所貴言得失其何爲競悅耳而諛面也此賦雖能豈得盡善無今而乏古論書道則妍華有餘考賦體則風雅不足纔可共梁已來並轡未得將宋已上齊驅此議如何褚曰誠如所評賦非不能然於張當分之中乃小小者耳其書斷三卷實爲妙絶猶蓬山滄海吐納風雲禽獸魚龍于何不有見者莫不心醉後

學得漁獵其中實不[illegible]之盛事

二王書錄　張懷瓘

夫翰墨之妙多以身後騰聲二王之書當世見貴獻之嘗與簡文帝十許紙題最後云下官此書甚合作願聊存之此書爲桓元所寶元愛重二王不能釋手乃選縑素及紙書正行之尤美者各爲一帙常置左右及南奔雖甚狼狽猶以自隨將敗並投於江晉代裝書真草渾雜背紙皺起蔚宗裝治微爲小勝宋孝武又使徐爰治護十紙爲一卷明帝料閱舊闕并遣使三吳鳩集散逸詔虞和巢尚之徐希秀孫奉伯等更加編次咸以二丈爲度二王縑素書珊瑚軸二帙二十四卷紙書金軸二

帙二十四卷又紙書玳瑁軸五帙五十卷并金題玉躞織成帶又扇書二卷又紙書飛白章草二帙十五卷並旃檀軸又紙書戲字一帙十二卷並書之冠冕也自此以下別有三品書凡五十二帙五百二十卷並旃檀軸其新購獲者爲六帙一百二十卷旣經喪亂多所遺失齊高帝朝書府古跡唯有十二帙以示王僧虔仍更就求散逸僧虔以帙中所無者得張芝索靖衛伯儒吳大皇帝景帝歸命侯王導王洽王珉張翼桓元等十卷其與帙中所同者王恬王珣王凝之王徽之王允之並奏入祕閣梁武帝尤好圖書搜訪天下大有所獲以舊裝堅强字有損壞天監中敕朱异徐僧權唐懷允姚懷珍沈熾文等析而裝之更加題檢二王書大凡七十八帙七百六十七卷並珊瑚軸織成帙金題玉躞侯景篡逆藏在書府平侯景後王僧辨搜括並送江陵承聖末魏師襲荆州城陷元帝將降其夜乃集古今圖書十四萬卷并大小二王遺迹遣後閤舍人高善寶焚之吳越寶劍並將斫柱乃歎曰蕭世誠遂至於此文武之道今夜窮乎歷代祕寶並爲煨燼矣周將于謹普六茹忠等並摭拾遺逸凡四十卷將歸長安大業末煬帝幸江都祕府圖書多將從行中道船沒大半淪棄其閒得存所餘

無幾弑逆之後並歸宇文化及至遼城爲竇建德所破並皆亡失留東都者後入王世充世充平始歸天府貞觀十三年敕購求右軍書並貴價酬值四方妙跡靡不畢至敕起居郎褚遂良校書郎王知敬等於元武門西長波門外料簡內出右軍書共相參校令典儀王行眞裝之梁朝舊裝紙見存者但裁翦而已右軍書大凡二千二百九十紙裝爲十三帙一百二十八卷眞書五十紙一帙八卷隨木長短爲度行書二百四十紙四帙四十卷四尺爲度草書二千紙八帙八十卷以一丈二尺爲度並金鏤雜寶裝軸織成帙其書每縫皆用小印印

之其文曰貞觀大令書不之購也天府之內僅有存焉古之名書歷代帝王莫不珍寶齊宋以前大有散失及梁武帝鳩集所獲尙不可勝數並珊瑚軸織成帙金題玉躞二王書大凡一萬五千紙元帝狂悖焚燒將盡文皇帝盡價購求天下畢至大王眞書唯得五十紙行書二百四十紙草書二千紙並以金寶裝飾今天府所有眞書不滿十紙行書數十紙草書數百紙共有二百一十八卷小王四十卷張芝一卷張昶一卷並檀軸錦褾而已既所不尙散在人閒或有進獻多堆於翰林雜書中玉石混居薰蕕同器然書跡不易得不以寶之則工棄之則拙登徒書也人亦如之用舍行藏言行之閒不可玷缺亦猶蘭桂雖在幽隱不以無人而不芳也往在翰林中見古鐘二枚高二尺圍尺餘上有古文三百許字紀夏禹功績字皆紫磨金鈿光彩射人似大篆而神彩驚人非其時不敢聞奏棄於泥土中與瓦礫同也然濫吹之事其來久矣且如張翼及僧惠式效右軍時人不能辨近有釋智永臨寫草帖幾欲亂眞至如宋朝多學大令其康昕王僧虔薄紹之羊欣等亦欲混其臭味是以二王書中多有僞跡好事所蓄尤宜精審倘所寶同乎燕石翻爲有識所嗤也乾元三年五月日錄

古賢能書錄

張璀

我唐四聖高祖神堯皇帝太宗文武聖皇帝高宗天皇大聖皇帝鴻猷大業列乎冊書多才能事俯同人境翰墨之妙資以神功開草隸之規模變張王之今古盡善盡美無得而稱今天子神武聰明制同造化筆精墨妙思極天人或頌德銘勳函耀金石或恩崇惠縟載錫侯王赫矣光華懸諸日月然猶進而不已惟奥惟元非區區小臣所敢揚述

書議　　張懷瓘

昔仲尼修書始自堯舜堯舜王天下煥乎其有文章文章發揮書道尚矣夏殷之世能者挺生秦漢之間諸體間出元猷冥運妙用天資追虛捕微鬼神不容其潛匿感通應變言象不測其存亡奇寶盈乎東山明珠溢乎南海其道有貴而稱聖其迹有祕而莫傳理不可盡之於詞妙不可窮之於筆非夫通元達微何可至於此乎乃不朽之盛事故敘而論之夫草木各務生氣不自埋沒況禽獸乎況人倫乎猛獸鷙鳥神彩各異書道法此其古文篆籀時罕行用者皆闕而不議議者眞正稾草之間或麟鳳一毛龜龍片甲亦無所不錄其有名跡俱顯者一十九人列之於後

書估　　張懷瓘

有好事公子頻紆雅顧問及自古名書頗爲定其差等曰可謂知書矣夫丹素異好愛惡罕同若鑒不圓通則各守封執是以世議紛糅何不制其品格豁彼疑心哉且公子貴斯道也感之乃爲其估貴賤既辨優劣了然固取世人易解遂以王羲之爲標準如大王草書字値一百五字乃敵一行行書三行行書敵一行眞正偏帖則爾至如樂毅黃庭太師箴畫贊累表告誓等但得成篇卽爲國寶不可計以字數或千或萬惟鑒別之精也他皆倣此近日有鍾尚書紹京亦爲好事不惜大費破産求書計用數百萬貫錢唯市得右軍行書五紙不能致眞書一字崔張之跡固乃寂然唯天府之內僅有存焉如小王書所貴合作者若稾行之間有興合者則逸氣蓋世千古獨立家尊纔可爲其弟子爾子敬年十五六時嘗白逸少云古之章草未能宏逸頓異眞體今窮僞略之理極草縱之致不若稾行之間於往法固殊大人宜改體逸少笑而不答及其業成之後神用獨超天姿特秀流傳簡易志在驚奇峻嶮高深起自此子然時有敗累不顧疵瑕故減於右軍行書之價可謂子爲神俊父得靈和父子眞行固爲百代之楷法然文質相沿

立其三估貴賤殊品置其五等三估者篆籀爲上估鍾張爲中估羲獻爲下估上估但有其象蓋無其蹟中估乃曠世奇跡可貴可重有購求者宜懸之千金或時不尙書蕭蕷同器假如委之衢路猶可字償千金其杜度崔瑗可與伯英價等然志乃尤古力亦漸大唯妍媚不逮於張芝衞瓘可與張爲兄弟索靖則雄逸過之且以右軍眞書妙極又入間切須是以價齊中估古遠稀世非無降差崔張玉也逸少金也大賈則貴其玉小商則重其金膚淺之人多任其耳但知以王書爲最眞草一概略無差殊豈悟右軍之書自有五等

玉堂禁經　張懷瓘

夫八工書須從師授必先識勢乃可加功功勢既明則務（闕二字）遲澀分矣無繫拘跔拘跔既亡求諸變態之旨在於奮研之理資於異狀異狀之變無溺荒僻荒僻去矣務於神彩神彩之至幾於元微則宕逸無方矣設乃一向規矩隨其工拙以追肥瘦之體疎密齊平之狀過乃戒之於速留乃畏之於遲進退生疑否臧不決運用迷於筆前震動惑於手下若此欲速造元微未之有也今論點畫偏傍用筆向背皆宗鍾元常王逸少兼遞代傳變各有所由備其軌範並列條貫

顯密圓通成佛心要集序　陳覺

昔如來居出世之尊垂化人之道闡揚大教誘掖羣迷開種種之門方便雖陳於萬法入圓圓之海旨趣皆歸於一乘然而顯教密宗該性含相顯之義派分五教總名素怛囕密之部囊括三藏獨號陀羅尼習顯教者且以空有禪律而自違不盡究竟之圓理學密部者但以壇印字聲而爲法未知祕奧之神宗遂使顯教密教矛盾而相攻性宗相宗鑿枘而難入互成非毀謗議之心生焉竟執邊隅圓通之性懵矣向匪至智孰融異端事必有成人能宏道今顯密圓通法師者時推英悟天假

辯聰髫齓禮於名師十五歷於學肆參禪訪道博達多聞內精五教之宗外善百家之奥利名不染愛惡非交旣而厭處都城肆志巖壑積累載之勤悴窮大藏之淵源撮樞要而成誦在心剖義理而若指諸掌以謂所閱大小之教不出顯密之兩途皆證聖之要津入眞之妙道覽其文體則異猶盤盂自列於方圓歸乎正理則同若器室咸資於無有而學者妄生異議昧此通方因是錯綜纍編纂集心要文成一卷理盡萬途會四教總歸於圓宗收五密咸入於獨部和乳酪之味都作醍醐采雲霞之滋並爲甘露誠諸佛之會要後人之指南使披覽者似獲如意之珠所求皆遂遵依者如食善見之果無疾不瘳覺學媿荒虛辭非華麗曾因暇日得造吾師每親揮麈之談頗廣窺斑之見屬當傳世爰託撰文素慚舒理之能聊著冠篇之引

海陵文徵目次

卷二宋

海陵文徵卷二

鄉後學夏　荃退庵輯　陳寶晉守吾校

宋故將仕郎試將作監主簿姜君墓誌銘

史　原

君諱諤字正臣家世海陵曾祖珂祖再遇皆隱晦不仕父仁惠守本州司馬以富聲聞東南君資致少穎好學長能求里中聞人而師友之執經庠序曾不懈倦誠有志於起家者然司馬君方高年將付家事以君終鮮而懼爲學廢遂以資授試將作監主簿君實踈財尚風誼樂善喜施急於致爲凡孤惸而無歸者多賴君以濟尤能禮重儒雅始慶歷中詔郡縣立學君時未冠已能贊司馬君輸財於官而助成之又數年白州願置全監書學者至今賴之每會鄉老貢士則又人賙其行大爲宴豆以樂之而比年登第者蒙覆君賜不爲鮮矣故四方之來者仰之如歸焉居常歎而謂人曰財者人之所共欲而吾家素厚藏未知所以散將何以厭其欲於人而成吾先子不專於已而有施之之心也於是治館於所居之南且將延士人之賢者朝夕絃誦講習於其間館之成君既已得疾矣嗚呼天豈欲厭人之善而必欲其夭邪抑其命之固然而然邪嘉祐三年閏十二月十六日終于正寢享年三十有四又五年而後葬於招賢鄉之原祔司馬君之塋也毋夫人彭氏妻史氏男安祖攝本州助教二女未聘安祖者錄其前之所爲請銘於予予以其親而不得辭銘曰

人孰不富富而能施者有幾富或能施施而不妄者鮮矣君之殖財非以封已惟貧之資惟善之喜不延厥齡斯可嗟已

祭柳侯文　　曹輔

維紹聖二年歲次乙亥十有一月癸巳朔十二日甲辰朝奉郎權提點廣南西路刑獄公事兼本路勸農提舉河渠公事飛騎尉借紫曹輔謹以清酌時羞之奠敬祭于柳侯子厚靈文之祀惟三元之黙運兮初渾淪而絪緼惟萬生之並騖兮悉坯陶乎一鈞物有小大之不齊兮人亦智愚之莫倫何夫子之毓質兮獨爽邁秀發而不羣其學也囊括今古而該百氏兮或參之駮雜而取之粹純若大田之擎斂兮莫知其千倉與萬囷其文也若秋濤之鼓雷風兮洶湧澎湃而無垠若八駿之騁通

衢兮王良執策而造父挾輪老韓駭汗以縮手兮翱湜喪氣而噤唇夫何天命之不畀兮寘遇蹇而羅屯三湘一斥之十年兮悵遠符之再分意冥冥以卽夜兮志鬱鬱而不伸彼高爵厚祿以夸耀於一時之人兮皆泯沒而無聞惟夫子之名不可以既兮愈遠而彌新柳江演漾以清泚兮鵝山奇秀而嶙峋惟夫子血食於此于祀兮民至今而懷仁余幼服夫子之遺言兮不足以追逸軌而襲游塵刺嶺嶠之荒服兮弔蒼梧之愁雲奠桂酒之旨潔兮薦蘭肴之苾芬物雖至薄兮吾誠甚勤嗚呼其來享兮靈文尚饗

論乞修神宗以後寶訓　　周麟之

昔唐史臣吳兢嘗採太宗與羣臣對問之語爲貞觀政要三百年治亂之龜鑑舉不出乎此洪惟國朝以聖繼聖傳襲一道故亦有寶訓之書追倣前制發揚光烈陛下紹隆丕緒祗遹燕謀立政立事未嘗不以祖宗爲法臣職在東觀修纂日歷之暇竊覩祖宗寶訓自太祖皇帝至英宗皇帝五朝並已成書惟神宗皇帝以後修纂未備喪亂以來舊本不存將何以昭示萬世自陛下中興屢降睿旨委官纂次因循迄今未應明詔憲章祖述庸有闕焉臣愚欲望聖慈申命史館速加研考以次條

類續爲成書庶以彰累朝重規疊矩之懿明陛下繼志述事之美

論禁小報

周麟之

陛下自更化以來整飭百度鼎新庶政登用賢儁屏除姦回凡積年弊事固已一切剗革而釐正之矣方陛下頒詔旨布命令雷厲風飛之時不無小人譸張之說眩惑羣聽如前日所謂召用舊臣者浮言胥動莫知從來臣嘗究其然矣此皆私得之小報小報者出於進奏院蓋邸吏輩爲之也比年事有疑似中外未知邸吏必競以小紙書之飛報遠近謂之小報如曰今日某人被召某人罷去某人遷除往往以虛爲實以無爲有朝士聞之則曰已有小報矣州郡間得之則曰小報已到矣他

日驗之其說或然或不然使其然邪則事涉不密其不然邪則何以取信此於害治雖若甚微其實不可不察臣愚欲望陛下深詔有司嚴立罪賞痛行禁止使朝廷命令播之天下天下可得而聞不可得而測可得而信不可得而詐則國體尊而民聽一臣不勝至願

論戒守令遵成法

周麟之

陛下厲精爲治勤求民瘼芻辭輿誦博采兼聽孳孳如不及故邇者士庶上書陳獻利害及守臣到任條具裕民事宜進降者甚多看詳者不一然以臣觀之大要有三或施之於民而民利槩之以法而法通若此類者固無所疑朝廷皆以次施行矣有行之可以利民而於舊法及一時指揮或大相牴牾或小有不合言既不可盡廢法亦不可輕議若此類者臣亦各權其事之輕重乞從朝廷隨宜參酌可否矣其或自有見行成法州縣所當奉行而猶申請不已言者猥多覽者易厭臣每看詳

至此謂之無可施行則實有其弊設或一一申嚴則不勝其繁凡若此者臣今欲並行類聚總其條因取自聖裁特降明詔戒諭郡縣之吏使之明習條令罔或容私遵守成憲毋致違戾究心夙夜悉意奉行庶幾使陛下愛養元元廣謀從衆之惠徧及寰宇無一夫不被其澤天下幸甚

論臣僚奏對令備錄聖訓詳盡　周麟之

臣頃在東觀以修纂日歷爲職因得覽陛下臨御以來三十餘年間事業之富謀斷之偉謨訓之大布在方册赫然與日月爭光臣闚天之智狹而戴上之情切嘗考其間所載聖語大抵詳於前而略於後臣深求其故蓋由頃歲左右史多缺起居注不修三省樞密院時政記於聖語亦或闊略而不致其詳近者陛下總攬權綱修廢振弊更化之道粲然一新睿謨明訓發於九重密勿之間而風動乎天下贊襄之輔獻納之臣內外進對之官所得多矣臣區區之愚欲乞申嚴舊制自今凡與奏對備錄所聞毋致漏逸使史官皆得以具載功令記時政者尤務令加詳以此授之國史著之日歷用傳信于億萬世臣不勝至願

論命令必經兩省　周麟之

國朝稽古建官分三省以釐天下之務凡布命令則中書省取旨門下省審駁尚書省頒行三者相參而後百度正紀綱舉所以致其愼示不專也然自累朝以來號東西二省爲維持政本之地尤重其選或政令之罷行失當人才之進退非宜其在中書則舍人得以封繳其在門下則給事中得以論駁皆於命令未行之前而彌縫正救之則朝廷不至有反汗之嫌天下不見其過舉之迹爰自近歲事與舊違當軍興之時則有事於機速不可以少緩及休兵之後因仍不改用事者又以私意自任廢棄成法故有所謂報者有所謂中入報者有所謂尚先行者有所謂人已者往往皆成定例自陛下銳意更化登用正人前日數者之弊固已十去八九然以沿襲之久狃於故常習熟見聞或未暇一一釐正若使詔旨一頒勅劄隨降所謂給舍者但書押已行之事而已設或事當論奏則成命已付於有司除目已布於中外使士大夫進退失據在朝廷亦爲難處甚非祖宗所以分三省建官之意臣愚欲望聖慈申明舊制凡命令之出如委非急速不可待時者並經兩省或無封繳即皆書時行下庶幾盡鋤宿弊昭示至公復祖宗之成憲

論禁傳寫先朝實錄　周麟之

臣伏見國朝會要嘉祐四年史館修撰歐陽修言史之爲書以紀朝廷政事得失及臣下善惡功過宜藏之有司往時史官書成進入則焚其稾又詔龍圖閣別寫一本下編修院以修討閱從之然則史事在祖宗朝其嚴如此豈容輕示人也今者徽宗皇帝實錄成書奏篇疏上儲於內閣中外士大夫欣聞盛事咸思以先覩爲快臣竊惟先帝之盛德休烈良法美意布在方冊固當廣其傳以昭示天下後世然其閒所載多涉國體與今日致論有相關者臣愚望聖慈申嚴舊制令副本之在有

司者必謹其藏仍不許諸官司關借謄寫及臣僚之家私自傳誦庶可以嚴宗廟尊朝廷遵祖宗之成憲

論變文格　周麟之

臣聞文章經國之大業體尚不一從古而然故論世者以是識風俗之盛衰觀人者以此別材智之遠近猶所謂見禮聞樂而知德政不可不察也西漢二百年名儒鴻生蜂起閒作雍容揄揚著錄於後則炳然與三代同風唐有天下文亦三變至於美才輩出嚅嚌道眞反剗劃僞薰釀涵浸然後天下化之粹然一出於正何其盛哉我國家恢儒右文列聖一揆取士之制不過曰經義詩賦然或偏廢而獨舉或兩存而並行或兼用而通試三試所向雖異及夫得人則奏賦擅場者無不精其能

談經析理者靡不臻於奧累朝名臣悉由此出致治之美遠邁前世臣伏見昨降明詔用經義兼詩賦合二者之長以作成多士永爲定制可謂善矣今肄業之士服勤有年秋試不遠臣愚欲望聖慈申飭儒官愼勸士類戒志尚之不一革文體之未純毋好高以異論相矜毋固陋以陳言自蔽毋泥迂僻之習而失其正毋縱浮靡之說而溺於夸坏治一陶聖風雲靡將見四方俊茂試於有司者無不丕應傒志咸知以體要爲宗文弊旣除而文格益勝用之以黼黻一代羽翼六經實斯文之幸

論乞進讀本注音切　周麟之

陛下退朝淸燕躬御邇英博延儒流敷繹古藝方且以西漢一代之史命官進讀是將以因事立教鑒往知今參求化源恢張國紀固不在於考文義辨音訓爲書生章句之習也然臣竊謂三代而下惟西漢爲近古諸史之作惟班固爲名家讀之者考文義而後見紀事之本原辨音訓而後知立言之法則然文義或有難見非註解無以發明音訓或有難知非翻切無以辨證多聞之助或有取於此也臣叨讀誦苟不盡心或迷金根之義或誤雌霓之呼以上昧天聽臣則有罪夫服應曩說疎

紊既多蘇晉衆家剖斷亦尠蔡氏纂集尤爲牴牾顏師古激揚鬱滯釐正暌違援據精詳有補學者然則註解不同臣欲以師古之說爲正漢書舊文多用古字閒從假借其類實繁古今異言方俗殊語本音他切互見其中顏師古備著科條剖析無滯字涉稍異隨卽翻音字協音諧舉當乎理然則音訓不一臣欲以師古所立爲定

論守應之策　周麟之

陛下察問如虞舜憂勤如文王總攬權綱綜核名實則又如漢之宣光比立國於此固自有一定之計而近之言時事者乃紛紛而不一軍旅之言厲閭巷之言慼士大夫之言惑厲有所憤慼有所憂此其常態耳未至於大害治也惟惑之爲害蓋有不可勝言者此無他銳與怠之謂也銳者言兵而欲用怠者諱兵而不言言兵而欲用是喜功也諱兵而不言是偷安也自講和以來九廟甯矣東朝安矣赤子休息矣成功著見昭昭可知陛下方且愼遣重臣厚將信幣以堅永好以釋羣疑而沮

之以喜功之說其可乎渝盟棄好陛下所不爲也當朝廷開暇修明政刑振舉綱紀簡練將士此不可一日忘者陛下方且頒明詔飭庶士懲緘默之風革驕怠之弊欲人人相與協濟國事而委之於偷安之說又可乎覘漏忽傾陛下之所不取也如臣所見粗有確論曰守曰應兩言而盡之耳當無事則思所以守有不虞則思所以應思所以守自治之謂也思所以應不得已之謂也守之者在我應之者在彼在我者有常者也惟其有常則雖信睦交通不能廢吾之所以守在彼者不測者也惟其不測則雖事變猝至不能逃吾之所以應今夫千

金之家固其垣墉常人之所及也若曰吾與親黨爲鄰不吾害也至慢易其固守之具而弗之理豈不備他盜哉所謂自治者如此詩曰迨天之未陰雨徹彼桑土綢繆牖戶今此下民或敢侮予孔子曰爲此詩者其知道乎能治其國家誰敢侮之此言自治之爲可畏也漢元康中乘匈奴之衰議欲擊之魏相不可曰救亂誅暴謂之義兵兵義者王敵加於己不得已而起謂之應兵兵應者勝爭恨小故不忍憤怒謂之忿兵兵忿者敗非但人事乃天道也亦言應敵之不得已也蓋能守者能應之道也守之無不固則應之無不勝矣守之既固則銷

萌折衝人莫予侮且將無敵之可應焉昔人所謂善之善者理固如此臣願陛下增修德政厚施於民蓄材俊廣儲峙敦本而抑末去華而務實明賞罰而一於信振威令以致其嚴考將帥之能否而爲摩厲之方察士卒之勤惰而求養用之實凡可以爲守國之具者靡不恢張而偏舉如此守無不固矣度山川之遠近視道途之險易孰當其阻孰當其衝孰爲之聲援孰爲之犄角孰爲之統一凡可以爲應敵之機者靡不素定而默論如此應無不勝矣守國之具皆可以熟議而應敵之機不可以豫言惟在陛下力行之心識之執中自信而已矣

論乞置巡綽私渡軍

周麟之

臣伏見國家自講和以來凡疆埸之事專務愼重冀其不聳近年兩淮罷榷場之後禁止私渡尤爲嚴切昨聞北界屢形於言欲得彼此巡綽陛下惇信睦之好垂宵旰之慮累降詔旨戒飭邊郡丁甯切至臣頃以使事附奏於彼有語及此臣嘗告之以本朝約束甚嚴立賞已增千緡守臣失覺察者同其罪又令提刑司旬具結罪狀申彼亦樂聞朝廷之能順承其令也比者兩淮雖團結山水社亦欲鳩集保伍互相覺察尙慮封圻曠遠愚民趣利冒法越禁死不知避監司守臣按行有時巡尉

出入徒爲文具如山陽一郡瀕淮界分延亙三百里安豐濠蔣之間地廣人稀豈能一一巡捕禁防少弛或啓釁端不可不預爲之計臣謂不若於兩淮要地各置巡綽私渡軍專董其事淮東委之劉寶淮西委之王權分撥屬將之有方略善撫循者各率數千人以往命之曰巡綽私渡軍兵其營塞旗幟皆以巡綽私渡爲號文移則曰巡綽司將佐繫銜則曰專切巡綽私渡事名順理得了無可疑徐於歲月之閒漸增人數亦復無害小可以謹邊防大可以固國勢久而習熟又可以安南北之心如臣瞽言粗合時論願下臣章付三省樞密院熟議

而行之

論賞罰名實　　周麟之

臣聞自古中興之君惟漢宣帝允爲得治道之要史臣稱之曰孝宣之治信賞必罰綜核名實嗚呼斯言盡之矣陛下以英睿之姿系隆景祚躬履多難式遏寇虐事同乎創業整飭百度躋登丕平功兼乎守成盛德丕烈固已超出百王上矣而臣猶區區以宣帝爲言者以陛下方厲精聽斷剗除宿弊用更化於四方施之於今莫此爲急信賞必罰則公道舉綜核名實則眞賢興二者國家之先務雖堯舜三代之治不外是而宣帝能用之以救弊願陛下取法焉若夫雜伯術尚刑名此則宣帝之失臣不敢爲陛下道

辭免除兵部侍郎直學士院劄子　周麟之

臣今月十九日准尚書省劄子三省同奉聖旨除臣兵部侍郎依舊直學士院日下供職臣聞命震驚罔知所措臣嘗謂詞臣不當以翰墨言功臣濫竽西垣日賛書命曾不能敷宣聖意潤色皇猷坐閱歲時絲毫無補恭遇陛下恢天縱之學以作興斯文如臣菲才第慚不稱早獲以史事進對忽蒙天慈襃諭謂臣久掌內外制宜力爲多中外士大夫咸稱得代言之體今武部淸資當除貳卿仍兼玉堂之直臣仰聆玉音感懼交至旣退踴躍不旋踵而成命已頒欽惟聖造恢洪與天同大而於

臣下尺寸之勞委曲存記如此固當體眷知之殊遇思親擢之異恩亟踐厥官勉圖報效然臣竊自念典戎華省實峻班聯視草禁林匪同寓攝并叨寵渥益重僥逾伏惟皇帝陛下回旁燭之明寢已行之令俯矜悃愊改授眞賢不惟安小己之私抑亦示大公之舉所有恩命臣未敢祗受

論革泉司弊劄子　周麟之

臣伏見朝廷復置提點坑冶鑄錢司旣已參酌舊制條其事宜措置施行纖悉備具惟是戶部提領所見有吏人十四名發赴本司復置之初不可不察蓋泉司職事散在諸路舊例分遣官屬催督採鑄置局他郡往往有終任不識官長面者每有申請必爲吏輩所格舞文弄法爲害非輕鑪戶鑄工刋剝殆盡百端規取必至充其所欲然後爲之行移官司遞筒積而不折或盜發以窺事宜或隨意以生沮抑屬官俛首唯唯聽命至以書問與之往來中經廢罷之後專命戶部置所提領又以此

輩爲諳曉取充吏役事權在內遠近畏之奸計得行動作威福屬官旣多差出其弊益甚於前至有一吏用白狀就信州借請數百千則鉛山一場課利置而不問贑州錢院供需不如意則并通判廳例送取勘玩習恣橫略無忌憚若此之類其害甚多今來朝廷復置此司臣竊謂諸路利害士大夫嘗更歷此事者不爲無人但當精選屬官不必多求舊吏欲望聖慈以臣所奏行下提點司稍汰猾胥矯革前弊以弭吏彊之害庶幾貨泉流布不至於蠹國害民其利甚溥

乞宸翰劄子　　周麟之

臣伏覩國朝典故淳化二年十月太宗皇帝以飛白書玉堂等四字賜翰林學士承旨蘇易簡告殿求此數字卿可召至中書授之他日爲翰林中美事字徑二尺餘以素繒二幅書之龍鴞之勢曲盡神妙曩經變故石本亦不可復得恭惟皇帝陛下聖筆天縱超冠百王萬幾燕閒染翰弗輟龍文龜畫刊在翠珱布列中外焜耀羣目學宫儒館賁飾尤多惟是玉堂密邇清禁而臣愚猥以末技誤膺簡擢典司内命私心拳拳深有望於奎壁之光今者輒控丹誠仰干睿聽援淳化故事以爲請方明天子典學崇儒潤色鴻業儻于肆筆之際使得與被大賜則是中興以來復見禁林盛事儷美淳化垂休無疆一時詞臣永有榮耀實千載之遇

乞以御書上石劄子　　周麟之

臣近蒙聖恩降到玉堂宸翰臣既拜賜士林歆豔爭先覩之爲快臣伏見淳化中太宗皇帝玉堂御書嘗付宰臣李昉以下皆得觀瞻學士承旨蘇易簡又會侍從館閣官觀于本院臣欲以今來御書就都堂宣示宰臣依本院故事摹勒上石所有侍從館閣官緣近來燕設例罷止乞俟石刻成日於祕書省暴書會宣示并以石本分賜

辭免除同知樞密院事劄子　周麟之

臣伏蒙聖慈除臣同知樞密院事特降中使宣押臣赴院治事者臣竊惟右府本兵爲國樞鍵參贊基命通號籌帷之臣非德望素優不能厭服中外非材識兼裕不能洞照幾微若時詢采當慎厥與如臣一介器質吝蒙了無寸長濫竊名器叨塵簪橐貿歷歲時殊未能少效涓埃上禆海嶽而受祿過量顛覆是憂敢謂聖度并容睿聰過聽驟加甄拔登贊事樞內循眷冥莫敢皇處伏望皇帝陛下念駑蹇之乘不足以議遠途哀矜悃誠許辭重任仰惟聖天子垂衣御治四方黎獻雲集在廷一時名流底績者衆簡能而授殆不乏人倘回渙恩改責者彥使天下享任賢之福而朝廷由進德而尊則反汗雖若有嫌在盛時不爲無補

輪當轉對奏狀　周麟之

近以實錄院修進徽宗皇帝實錄慶大典之崇成第史官之勞效凡譔次編摩之士下逮掌故例霑醲賞恩至渥也繼又以故翰林學士汪藻嘗修元符以來詔旨等書八百餘卷於實錄最爲有功特加褒贈優卹其子陛下此舉可謂深合公論明燭幽隱矣然臣伏見紹興初嘗降指揮搜訪先朝文字投獻之家與斟酌高下推恩今來實錄成書竊慮二十餘年間臣僚子弟有以其父祖逮事先朝所得聖語等來獻事繫國體可以爲萬世法者不可不少加甄錄伏望聖慈申詔有司檢會元降指揮令實錄院開具人數考覈事實擇其顯著者量與推恩以示勸奬是亦信賞不遺之義也

辭免修國史奏狀　周麟之

今月二十五日准勅以臣新除翰林學士知制誥兼修國史者臣聞命悚然益深戰懼臣竊惟史職有序皇朝率多以從臣兼之因其官遷亦俾類進茲爲故事實待異能有如微臣器劣材譾[illegible]之鼇禁既未能昭一代之文章授之麟毫豈足以訂三朝之筆削若叨璽組之命愈貽素餐之譏敢[illegible]列悃誠薦祈淵聽亟鐫踰分之寵別選兼人之才不惟於授受協公亦可使器名增重所有恩命臣未敢祇受

謝宣召入學士院奏狀　周麟之

今月初四日武功大夫翰林待詔錢奕至臣所居奉宣聖旨召臣入院充學士者忽奉除書首紆璿札遄膺召節趣直玉堂側聆温詔之傳踧就禓門之入光榮過分感懼交顔臣竊觀歷代聖仁之朝深慕當時翰墨之選承明廬之敞於漢並萃軼材供奉官之更於唐始專內命惟其出入侍從得以雍容揄揚故金馬之文炳同於三代而黃麻之作深似于六經雖云所遇之殊時頗著能言之實效相如不以俳優畜人懷來於喻蜀之辭陸贄與有戡定功士感泣於奉天之詔迨本朝之稽古亦公選之得人況値熙辰尤資碩望如臣末學於道寡聞誦先人之清芬第拘口耳奏從官之薄技何補涓埃姓名誤簡於九重職業徧揚於二省代言寖久罕有發明論事雖疎必蒙開納方懷未報之慊復冒非常之遷此蓋伏遇皇帝陛下學統聖眞道經天地幹獨化於鈞陶之上器羣才于槖籥之間既灼見於愚心遂曲垂於聖奬禮優詞苑光動禁涂雖知稱職之難敢負酬恩之素一心自誓九殞爲期

封事 隆興元年

周麟之

臣聞爲天下立事要當順天下之心明天下之勢然後能易亂爲治轉敗爲功古聖王所以安中夏馭外國也莫不皆然舜之格有苗禹之敘西戎高宗之伐鬼方文王之事昆夷宣王之平玁狁率用斯道也下至漢唐其跡異其理同在高文則結和親在武皇則事攻討在宣帝則受朝賀在武德之初則詭臣突厥在貞觀之盛則生擒頡利夫豈樂爲是異同哉視人心之所向度國勢之所宜有不得不然者耳由是言之聖人應世初無私心也立國本無定勢也因人心之所喜爲之喜故樂民

之樂而天下不以爲驕因人心之所怒爲之怒故一怒而安天下不以爲暴因國勢之强有以成吾强故日闢百里而天下不以爲貪因國勢之弱有以處吾弱故以大事小而天下不以爲怯拱揖指麾之間衆心樂歸大勢堅定而國計成矣世之懷偏見與執異議者又烏能伸其喙以撼吾之所守哉紓一時之急收百世之利凡以此也敵人之爲中國患數十年矣自其太祖之起繼之以其太宗又繼之以東昏王亶又繼之以岐國王亮迨今葛王蓋五世矣時異事變勢亦隨之其太祖一舉而吞遼人其太宗再舉而蹙中原當是時也掩中國之無備乘民心之久安長驅擣虛所至輒下猝然有迴山倒海之勢其孰能當之亶之立也命將興師入侵屢矣踰江南瞰海上而終不得志於我烏珠之歸師徒耗傷僅以身免士馬物故者大半用兵連歲所失益多彼知事力之屈可以圖休息也亶與烏珠等謀則曰吾國天下大讎也使吾子孫亦不振宋必報焉則吾國覆矣不若以恩解之此和好之所以通也和好既通則許我納幣屈我稱藩畫淮爲界然後慈甯就養永祐復土南北生靈各安其業聘問往來情文周密自締好以來講信修睦無若此時之歡者使亶不被禍凡我有求無不見聽雖列聖諸陵白溝故地皆可以次第而得之惜乎不

十年間肺腑之禍起而亶戕矣至今北人類能言之是則和好之道豈非勢使然乎亮之立也大惡昭著內懷危疑握兵重臣多不受詔朝夕惴惴焉惟恐討賊之師四面而至我方遣朝賀之使以安之於是遂偃然南面號令諸國而侈心肆矣狂愎自用以殺爲嬉動戚諸王翦滅殆盡彼之汰虐日甚我之順事日嚴休兵歲深生齒蕃息彼知事力之全可以肆欺陵也亮與馬欽等謀則曰吾國天下大讎也使君子孫一不振宋必報焉則吾國覆矣不若以力取之此和議之所以變也和議將

變則罷榷場詰私渡邊釁橫生害謀遞發遂欲割我兩淮要我近輔而又拒我行人一不如意掃境南下王室震蕩危若贅疣自交兵以來生民被害無若此時之慘者使亮不見殺則投箠濟江蓋無難焉顧其積惡天地之所不容神人之所共憤變生肘腋腹敗支披潰散逃奔惟恐王師之躡其後也是則和議之變亦豈非勢使然乎太上皇帝仁天智神臨御三十六年躬履多難洞照事幾其於禦敵之道固嘗深思熟計歷試而兼行之矣陛下以大有爲之資光奉慈訓嗣守天位治民事神恭儉遜懿德無不周明無不燭惟疆場未靖上貽宵旰

之憂抑嘗有以天下之心天下之勢告陛下者乎自踐祚以來建議之臣有爲陛下言戰者矣必曰金鼓一動雷厲風飛則兵不血刃可以收疆土復陵廟活萬姓然王師所至城邑一空破蔡州則殺蔡州之民入海州則殺海州之民奪宿州則殺宿州之民京西陝右往往皆然非所謂拯民於水火之中也繼之以士無鬬志棄甲來歸中原寸地了不可得烏在其爲戰有爲陛下言和者矣以厚禮將幣以卑屬寓書休兵息民庶乎兩得然使命數遣有延至於國中而不得伸其志者矣有見止於境上而不得通其辭者矣以此欲和不啻如方枘圜鑿之不相入也烏能必其和有爲陛下言守者矣以增陴浚隍遏其衝以積粟聚兵固其本來則勿與角去則勿與通然長淮東西延袤千里兵少則戍不周民貧則用不給比者築城羣修堰壩皆取辦於兩淮之人凋郡遺黎不堪其擾而守未必能固也設欲固守非經營數年不能就緒大敵忽至其何以支守雖長策亦未易以一朝集也故欲戰者以和爲姦謀爲辱國之舉欲和者以戰爲危道爲殘民之徒而欲守者又以戰爲邀功和爲怯敵謂和戰皆非萬全之策三說紛然互相矛盾得此則失彼舉一則廢二國論未定主聽未專斯民盼盼

然不能自保嗚呼胡不觀天下之心審天下之勢參三說而用之乎昔亶之請盟也太上皇決策講好遣使以先之而邊鄙遂定知其勢可與通也非用兵之時也及亮之敗盟也太上皇出不得已發兵以應之而兇主自斃知其勢不可與通也非遣使之時也以此論之和戰守三策善用之皆足以收功不善用之皆足以敗事使勢可戰也雖樊噲以十萬橫行李靖以三千蹀血吾亦爲之無不勝者勢可和也如魏絳之五利可致賈誼之三表可施吾亦爲之無不諧者勢可守也如宣帝之罷兵留田光武之閉關謝質吾必爲之無不濟者又胡可

外天下之心忽天下之勢區區焉操一説而自以爲得乎臣頃歲出疆至河朔見所過州縣全盛如故入則人物繁夥閈廛充溢出則耕桑彌望牛馬被野然後知二十年息兵之效不爲無益於斯民一旦敵人棄盟赤子又復塗炭前冬師退淮甸白骨如山迹其殺人之禍蓋皆起於亮一念慮之閒而流毒至於如此豈不甚可戒哉今彼勢虧矣彼計窮矣兩軍相角而所喪均兩國相持而其患等欲戰者少不欲戰者多蓋兩軍之心也欲和者衆不欲和者寡蓋兩國之勢也臣聞之北人則曰彼中簽發人丁其下莫肯聽命又聞之士大夫則又曰

近彼帥移書於督府致問於廟堂甚有通和之意陛下覘人心之所向度國勢之所宜不知所以應之何如哉臣願陛下因天下之心乘天下之勢特遣信使諭以至理告以誠心與委曲訐議使知和好之不可以虛辭合又知和好之不可以舊例拘則吾事濟矣或曰比歲而遣使矣其如不諧何其如不見納何臣應之曰使之不諧非使者之過也使之不見納非使者之顧也顧當時所以遣使者失其序耳何謂遣使失其序曰遣使一也而所以遣使則不一也有和議未定而遣者有和議已成而遣者和議未定則以未定之辭與之通慶賀有所未修也報諭有所未及也如紹興之初遣韓肖胄孫近之類是也和議已成則以已成之禮與之接名分有定論也書辭有定式也如講和之後遣何鑄之類是也自亮之渝盟和好絶矣和好既絶今始通焉故遣使以議之則是和議未定之時也我方有所議而損益之未可必又安可遽爲賀慶報諭而遣乎其曰賀登寶位則是和議已成矣往年以賀爲使者有舊例焉彼復以舊例取必於我又焉得而見納哉今臣之所謂遣使則不然當以審議爲名以韓肖胄孫近爲例審也者欲審而後交議也者欲議而後定和其本於誠心乎在所議也其

出於詭謀乎在所審也名數有未定者乎在所議也疆界有未定者乎在所議也禮幣之厚薄有未齊者乎在所議也爲此遣使彼安得不納舉此詳議彼安得不諧和議成矣然後有所賀則賀之有所報則報之此之謂遣使得其序或曰遣使得其序遂可去兵乎徹備乎臣應之曰遣使所以議和也和雖可必亦當待之以不可必使者出境朝廷申命諸將各整其師淬礪鋒刃振飭旗鎧蓄鋭待敵尚若兩陣相當者則是使者之行自不妨治戰具也大軍列屯分據要地修障隧正營部遠斥堠力控江淮之險則是使者之行自不妨繕守備也夫

戰和守固相須而並用者也善爲國者可戰則戰不爲戰而廢和也可和則和不因和而忘戰可守則守不膠於守而絕和戰之利合而論之則一析而言之則三胡可忽哉昔唐之平賀魯也駱宏義獻計曰安中國以信馭外國以權理有變通也噫斯言豈爲一時設哉惟陛下博覽兼聽詳究利害觀人心審國勢與時變通權以濟事允執厥中而行之天下幸甚

仁宗皇帝賜楚建中御飛白記　　周麟之

臣仰惟仁宗皇帝在位四十二年治蹟之懿與天地同功原其本治不過以德爲元氣然後揭政令而日月之霈利澤而雨露之萃人材而淵嶽之至其心術之妙形於筆墨者則又星斗爛而雲漢倬也今奎畫垂耀後世金石之刻惟飛白爲多此非獨天縱之能蓋胸中之所經緯筆下之所卷舒見於治道皆一理爾觀宸札之運也騁而安迅而紓婉而勁揚之者若翔抑之者若墜放之欲周乎八極之表斂之靡失於一毫之間則凡所以綱紀庶務斡旋至化者實於此乎見之一時在廷多被褒賜若龜龍二字晏元獻得之端敏二字王安簡得之傳記所聞不可殫舉而諫議楚公所得乃帝字也嗚呼帝其有深旨乎豈不曰堯舜之所以帝其弼直也其謨明也其嘉言罔伏也諫議公當是時位在言責論事剴切侃然無所避是能承堯舜之道以帝其君者也賜書之意其在茲與惟楚氏自昭輔事藝祖開國爲佐命大臣勳在盟府至是公復以名德進踐歷四朝爲時顯人以出處之槪考之不惟其直聲著聞也往者薛老峯以三十萬衆納款詔許之公力疏其詐未幾果劫受降使叛去其識慮之精蓋如此將漕者更數路會朝廷考諸

道殿最奏課爲天下第一遂除三司鹽鐵副使其材力之敏又如此晚年辭樞臣之召歸老於洛與文潞公司馬温公游觴詠高會列於耆英終身樂之則志節之清又如此公之孫興年懼先德之湮汩又念其家藏書詔漂蝦殆盡惟存此寶墨思所以昭示於無窮迺磨崖勒之且俾爲之記因備載顛末以侈休烈庶使公之來裔見此者皆知自勉以世其家焉公諱建中景祐初舉進士歷官諫議大夫天章閣待制後累贈少保云

圓通閣瑞光記

周麟之

杭之俗尚佛樂施蓋自錢氏始承平時西湖三百寺號爲東南冠而城中亦名藍相望靈蹟勝槩往往與兩山爭雄寇亂以來蕩爲飛埃緇徒散亡三十餘年間復振起者鮮惟千頃廣化院首能即故基而新之有其人焉爾慧覺總持大師善彬敏辦嚴潔精意佛乘不溺他技舍其寺之東偏闢觀音道場修演教法憑大智力爲一方護念救民諸苦病者已死者超有禱必應遠近嚮之善彬以菩薩每示白衣像於夢慨然慕念營求累年因得圓通相適與夢合雕繪立成悉如素志讖語既新靈異不可勝紀然其規制尚狹善彬感焉思所以爲壯觀而聳動人耳目者遂發大願別建層閣重簷上加疊屋予竊怪之人亦曰善彬素無銖兩也此費無藝惡乎成閱再歲予過之則重簷飛栱已傑出乎樓殿之上矣瑞像莊嚴百用具修蓋糜錢萬餘緡皆士庶欣然助之善彬於落成之初期以四十九晝夜修行佛會用報恩布既踰月矣感通非一夢天竺山煙雲四合中有五色光湧出又夢衣白者以寶瓶授舍利三善彬心異之不懈益虔忽於第六七日五鼓初懺禮之次讚歎之間道場中現大瑠璃色放百寶光晃耀煜爚經數刻不散善彬

呼其徒瞻禮無不肅然動心焉有僧自外至見是夕闍中有光燭天如晝善彬亟以是告予而求爲之記噫日月燈皆光也日烜乎晝月昱乎夜日月所不照燈燭揚其光故經有日月燈佛是三者不能皆具具之者佛菩薩也日過酉則入月遇晦則伏燈無膏則熄而佛菩薩之光常在也常在而不常見由人心之有操舍存亡也予故以是記之而繫以贊曰

諸佛觀世間光滿十方界衆生弗知覺皆由執迷故人能振塵淨諸闇悉朝徹垢盡見明鑑雲開睹白日始知諸佛光無來亦無去念彼寶閣成一一精進力乃於脩

禮次示現大光明諸佛本無疑惟以爾心得是心不退轉光乃常在目光本不可名而我尚何贊爲一切衆生掃除顛倒思同歸一光中永劫不斷滅

舉賢良詔　周麟之

昔漢設賢科欲聞大道之要唐開制舉以待非常之才沿及本朝參用前憲故所得多天下豪傑之士而所言皆國家治亂之端其在當時豈云小補朕自紹履休運旁招雋能圖治功者逾三十年猶懼有闕下郡國者已八九詔未見其人屬當大比之期敢廢詳延之舉凡茲邇列各爲明揚俾褎然而造庭將諏爾以當務必有崇論竑議可行於今庶幾博問遐觀無愧於古

建立皇子詔　周麟之

朕荷天右序承列聖之丕業思所以垂裕于後夙夜不敢康甯永惟本支之重彊固王室親親尚賢厥有古義普安郡王（壽皇舊名）藝祖皇帝七世孫也自㓜鞠于宮闈嶷然不羣聰哲端重閔義有立亢于宗藩歷年滋多厥德用茂望實之懿中外所聞朕將考禮正名昭示天下立愛之道始于家邦自古帝王以此明人倫而厚風俗也稽考前憲非朕敢私

姚仲除神龍衛四廂都指揮使御前諸軍都統制知興元府制（隆興）　周麟之

安邊而擇良將蓋先務於戢戈承德以撫成師茲莫嚴於謀帥乃眷蕃宣之舊夙高牧御之能用趣賁於恩綸俾進頒於閫制具官某忠謀自奮勇略無前屹然飛將之才兼有藎臣之節搴旗數矣身更矢石之勞結眊光之氣壓虎貔之旅自師干之偃息勤疆埸之鎮臨賦政累年已袴襦之可詠總戎數郡亦桴鼓之不鳴永念長才宜膺重寄亟升華於廂部肆改命於轅門皁蓋朱幡易鎮漢中之會伍符尺籍分提蜀道之屯萃此寵光寬吾憂顧噫萬福之威聲久著諒草木之知名臨淮之號令一新想旌旗之動色惟綏懷可以惠一路惟謹重可以律三軍若時壯猷奚俟多訓

張綱除資政殿學士知婺州制 隆興 周麟之

舊德爲元龜時乃格王之丕訓故國非喬木視吾當世之老臣雖或去而莫留亦所臨而增重宜極股肱之遇式昭禮貌之隆具官某禔身裕和立德睿大學皆本乎六藝疏通知遠而深於書文自成乎一家左右逢原而造於道早魁俊造之選徧歷清華之塗服兩禁論思之勞久參聯於簪橐行二疏止足之計嘗息駕於林邱屬當更化之初惟務招賢之廣特起壽儁以尊公朝昔投佩而去甘泉已高風之可仰及鳴騶而出幽谷斯衆望之咸歸擢自從班入陪機政以妙用彌縫之密知期年協贊之多俄洊貢於需章至力辭於著位温言加勞雅志莫回既俯徇於懇祈仍曲加於眷禮是用通籍祕殿剖符近藩倘冀聞君陳之嘉猷入告於內亦徒得汲黯之重望臥治斯民示予有志於貪賢想爾未忘於報國儻能共理何異在廷

海陵文徵目次

卷三 宋 元

海陵文徵卷三

鄉後學夏　荃退庵輯　陳寶晉守吾校

張循王神道碑　周麟之

惟循王既葬之四年其子子顔泣而言于朝曰先臣幸備位三公僭爵析珪勳在盟府今邱木拱矣圖所以較德焯勤者猶未稱懼弗紹以泯前人光請得以碑立于隧皇帝曰噫惟爾父有勞于我國家予弗爾忘惟爾從遂詔臣曰汝典内史近命爾直寓于禁林宜爲之銘後數日諭宰相曰功臣張某宜賜給朕念其蚤以忠力屢經委任平寇扞難功勤尤著可取危身奉上安民有功

之義謚曰忠烈翼日臣進對于垂拱殿上曰張某自元帥府提兵從衞備罄心膂至爲大將總戎旅于外獨知奉君上尊朝廷及釋師而歸受命惟謹其終始恭順誠不與他帥比故報䘏追榮恩禮特異汝其志之朕將有勸焉臣仰佩聖訓既退歎息然後知公之明光盛大福祿永終葢一本于恭順以是而著之碑章視來世用爲天下勸臣不敢辭洒端拜而言曰自古帝王之興所與戡定禍亂葡攘四方捍固丕業必一時人豪感會風雲翼戴其上助成萬世之功嘗觀漢唐開元勳宿將以異姓王顯者彪列簡冊代不乏人然求其能以功名克終爲後世稱慕實無幾在高祖時惟酈君不失正道慶流支庶甲令書其忠至德以後惟郭尚父全名高節爛然獨著議者莫之貶今聖主中興總挈英傑克翦多難惟故循王張公以忠誠衞上保有成績富貴壽考哀榮無窮居一代之冠海内崇仰之而莫知所以致然者此其爲恭順之至歟公諱俊字伯英其先鳳翔人五世祖徙秦州子孫遂爲秦州三陽人曾祖守明贈太師吳國公曾祖妣石氏吳國夫人祖慶贈太師韓國公祖妣田氏韓國夫人考密贈太師魯國公妣謝氏魯國夫人公少孤事母孝謹祖母田氏夫人器之謂其母曰是兒必興吾門既壯負氣節善騎射里豪不能詘初從官軍討南

蠻再攻夏人皆賈勇先登累授保義郎宣和五年邊事興郡邑多盜主帥种師道以沈毅有勇使當寇衝遂破鄆賊李太于酸河子追至洺州擊平之六年破大名賊于超化寺追至内黄又破内黄賊數千人七年破沂賊三萬人追擊至密州襲密賊于莒縣及南樓山又破之還沂破賊張先于礌鼓山又破濰州羣賊于地方村以前後戰功遷官至武德郎八年濟南賊孫列翦據鐉子山衆號十萬公討之未陳以一矢斃其挑戰者破之餘黨亦平自是河朔山東無劇盜公威名益震靖康元年

以隊將從种師中救太原次榆次與敵遇公乘便擊之奪馬千疋公力請要戰主帥以日不利退保敵諜知之悉兵合圍攻且急榆次陷師中死之公與數百騎潰圍而出至烏河川敵尾之公大呼斬首五百授武義大夫權河北十三將時上爲天下兵馬大元帥檄諸道兵入援京師公乃勤兵勤王以十二月二十二日至北京見上擢元帥府統制每語時事無不當上意日親近待以腹心出入帷幄初元帥府兵尙單寡至是軍勢乃壯進武功大夫榮州刺史二年盜李昱據任城公爲都統討之公控險伺閒與麾下將楊存中數騎馳入賊壁大軍

繼之賊殲焉轉右武大夫桂州團練使上以公忠實可用尋遷貴州防禦使獨倚公爲重會左丞張邀自京師來詔大元帥趣入覲公曰此敵人詭謀爾大王居外此乃天授非人力所爲愼毋往因請進兵自濟之鄆或告高才欲爲亂公伐其謀才遁去加左武大夫徐州觀察使二帝北狩諸軍議勸進公言于上曰大王人心所歸願早正位號以慰天下望且自白耿南仲奏之表三上上乃發濟州至應天卽皇帝位遣公迎隆祐太后及六宮以歸上悅命帶御器械是役平杜用于淮甯又平趙萬郭靑于鎭江定杭州擒陳通取婺州射殺何三五縛

秀州賊徐明斬之聞者讋服進甯武軍承宣使建炎三年上駐蹕維揚召諸將議事公曰今敵勢方張宜南渡據江爲險練習兵政撫安民心俟國勢定圖之時相不以爲然未幾敵人至公亟扈大駕濟江上幸臨安公屯吳江入平苗劉之亂拜鎭西軍節度使及敵人犯江浙公率衆軍從上至明州鑾輿御舟師巡永嘉留公禦之賜親札曰惟卿忠勇事朕累年朕非卿則倡義誰先卿捨朕則前功俱廢卿宜戮力共扞敵兵一戰成功當封王爵敵至公乃扼險爲陣令將士曰若等于此當以死報國家不用命者斬部曲聞之爭奮公親鼓之人人殊

死鬬敵大奔殺獲數萬人四年正月敵悉精銳復至公先以輕舟強弩匿其旁自高橋縱兵擊之一日數戰敵失利而還詔入衞拜檢校少保定江昭慶軍節度使紹興改元李成以江淮湖湘十餘州連兵百萬與羣盜合欲內嚮聲勢撼中外孔彥舟因之據武陵張用據湘漢朝廷患之議遣將未決公慨然請行乃以公爲江淮招討使卽日就道抵洪州徑濟生米渡遇賊前鋒擊走之追及筠州成曉騎馬進以數十萬衆決戰公以兩軍分道翼之預戒其下秣馬蓐食視旗旂所嚮公冒雨陷陣金鼓俱振兩道精騎自山馳下賊駭亂死者數萬人俘

二萬人逐至奉新敗之于樓子莊又敗之于江州賊怖
走號公爲張鐵山上以親札賜之曰以李成之狡猾馬
進之猖狂盤踞已深根連已固卿奮厲決策頻有克復
快士民之意釋朝廷之憂且朕待卿最親卿事朕最久
君臣之際休戚是同宜乘賊勢之已衰當官軍之已振
驅除勦戮連收全功時成在蘄州公亟引兵至黃梅攻
之賊潰成以匹馬奔僞齊諸郡悉平江淮之民德公至
今祠之凱旋拜太尉四年以公爲浙西江東安撫使屯
建康時敵人陳江北公遣將張宗顔潛渡出其後敵窘
蹙又遣王進等邀擊之薄諸淮敵大敗獲其二帥以獻

五年正月拜開府儀同三司江南東路宣撫使六年劉
豫遣子麟猊以十萬衆寇濠州詔并以淮西兵馬屬公
駐盱眙公遣將楊存中先擊猊左右軍勝之會大兵鏖
戰終日所殺不可勝計麟猊僅以身免僞齊由是遂亡
班師拜少保加鎭洮崇信奉甯軍節度使上親賜詔曰
卿專意報國如此朕復何慮改淮南西路宣撫使九年
金國通和上眷公忠勞之績拜少傅加安民靖難臣十
年敵人再陷河南圍順昌公被命援劉錡卽督軍渡江
與錡勢合敵引去公又命將收宿亳二州盡復衞眞鹿
邑等地遣其校獻俘闕下明年正月敵將以步騎數十
萬自合肥取和州將渡采石江浙大恐公先引帳下數
十騎夜絕采石奪和州衆心始安明日大軍至敵退守
昭關公又奪關師次柘皋敵人斷石梁面水爲壘解鞍
休馬公謂諸將曰急擊勿失公時有寒疾諸將欲止之
公不聽乃力疾涉淺流登岸與敵合戰士馬激厲無不
一當百獲萬戶長千戶長數百人牛馬鎧杖以萬計上
遣中使勞軍公感泣俄而敵將復犯濠州王師乘柘皋
之銳馳赴之敵以步騎三十萬相持于濠南公麾兵進
擊敵宵潰橫尸數十里敵將逃歸進少師封濟國公兼
河南北諸路招討使十一年和議成四月詔大將詣行

在拜公樞密使賜玉帶公聞命而乞納兵自謂不當復
領宣撫使章再上論者以爲得大臣體加太傅廣國公
方是時朝廷以山陽武昌諸屯不安命公拊循之或曰
彼多反側盍爲備公笑曰何自疑如此至則慰勞士卒
宣布德意遣人諭武昌軍帖然安堵還次鎭江因調護
南北使之在道者上知其能體國益嘉之明年春還朝
四上章乞解樞務不許秋梓宮歸祐陵皇太后御慈甯
宮公復理前章又面懇切至上不能奪乃以太傅鎭洮
甯武奉甯軍節度使進封清河郡王充醴泉觀使奉朝
請賜第一區繼以郊恩改靜江甯武靖海軍二十一年

上幸第存勞甚篤拜太師子孫各進官加等二十四年六月以疾聞上遣中貴人撫問命國醫朝夕診視七月二日薨于正寢享年六十有九上震悼輟視朝三日追封循王賜一品禮服親奠于賜第勞恤其孤及宗族恩各有差命內侍省押班張去爲護喪事以是年九月十一日葬于常州無錫縣堠灣山配秦國夫人魏氏先公薨繼室榮國夫人章氏五男子琦武義大夫子厚左武大夫康州刺史帶御器械皆早世子顔子正右文修撰子仁祕閣修撰四女長適武功大夫秦公僅先公卒次適直徽猷閣韓彦樸次適右承務郎程湜次適直敷文

閣劉堯勛孫宗元尚書駕部郎中曾孫鎡直祕閣公貌雄偉性渾厚嚴重家人莫見其喜慍臨敵應變謀無遺策大小數百戰未嘗言功征行戍守師律整齊納亡撫降至得其死力尤善任使今之名將多出其門如楊存中田師中趙密皆公所識用餘雖偏裨布在諸路分按營壘者亦甚衆待同列謙下唯以國事爲先不校小嫌此公平生大概顯顯在人耳目者若夫密謀祕畫有以契上心禪廟算公終身固不以語于人人亦莫得而闚也初諸大帥各將屯要地一旦歸授以樞筦四方無不聳動公恬然就列以身先之安其所處若未始有兵權

在手者蓋公平日用心惟在于尊奬王室故能忘私狥公自始至卒秉節不渝無非恭順之實云嗚呼公之積功固多矣天子之報功亦備至于襃表恭順則又當具論而顯書之使握兵者知所法焉夫恭順臣子之大節也事親非此不能致其孝事君非此不能成其忠況爲帥者乎將帥顓閫外之任權盛則勢多陵功高則志易滿其可不以恭順持之彼拔劍擊柱者束之以禮然後定背闕譁語者繩之以法然後戢又烏知所謂恭順者哉昔之論將者曰富之而觀其無犯貴之而觀其無驕使之而觀其無隱誠有取于此也今公之功暴耀當世

街談巷議之徒識與不識皆得以縷數惟恭順一節有諸將之所難能衆人之所弗察者臣故表而出之用對揚明天子之休命系以銘曰

多難啓聖維天之仁是生傑才佐佑人民如龍之升滃然其雲維皇中興有此虎臣虎臣維何王胙于循矯矯維王孔武且洵自帝初載執羈扈巡入衞宸扆出澄寇氛大敵之乘虎貔爲羣舉麾卻之笑談策勳來歸于朝避權納軍諭我德意撫安列屯密勿機地委蛇其身身則不有所尊者君帝曰恭順時莫與倫人知其功我念厥德維恭維順斯德之則向也諸帥怙衆而愎公居其

閒謹度自抑向也諸帥動曰吾力公居其閒㦸巽㦸默晚焉奉朝夙夜祗飭宜壽而富保厥成績何以寵之受瑞南國一命賜袞帶裳幅舄三鎮聯麾纛鉞旂戟匪伊寵之用勸羣辟錫山之峩佳城鬱鬱豐碑在道絢若金石垂光無窮過者必式

葛文康公神道碑

周麟之

文康葛公自元符末以文章名天下登朝歷學校禮樂之任至國子長貳爾後二十年數躓終不苟合宣和閒親黨柄國聲欻震中外人謂公卽大用矣公時已久謫爲郡繇汝徙湖聞將有燕山之舉亟以書遺之其略曰今東南負枕西北歡盟公之功莫大于此然天下無事則宰相安宰相生事則天下危願公享宰相之安毋使天下至于危也是行實過闕例得入覲相省書不說乃畫旨令便道之官未幾燕山之役興斂民閒免夫錢以助軍用急若星火比屋駭懼浙西仍歲水潦公持檄蹙

然有憂色顧佐吏曰吾民方艱食奈何議欲減其半衆爭言不可公曰苟利于民死且不辭卒奏減之公平生以氣節自負議論鯁挺未嘗一俛首爲貴倨下雖位不補德士大夫深惜之然識者多其有守以是尊仰焉公既沒十餘年公子立方以墓隧之刻來請銘于某某生也後不獲洊公之門然頃以史事與修纂先朝實錄見公出處大槩矣又嘗讀公遺集及諸先生長者言所聞蓋如此今復得公之壻章倧所爲狀而考之益不誣銘不可辭則舉以冠其首然後按公之世次官閥行治掇其大者追序而顯論之公諱勝仲字魯卿其先嬴姓夏

后世封國于葛後因以爲氏漢魏之際著籍廣陵唐天
祐中有諱濤者避孫楊連兵之禍徙江陰家焉其子彪
太宗時以高年有德賜爵公士彪生詳公高祖也隱居
不仕曾大父惟甫贈吏部尚書配曰陳留郡太君吳氏
大父密承議郎贈通議大夫配曰胡氏陳氏皆碩人父
書思以朝奉郎致仕累贈少師母侍其氏秦國夫人自
尚書而下三世踵登進士科通議早棄官悟性理之學
自號草堂逸老少師以清德純孝聞旣卒州上其事詔
特謚清孝公幼警慧誦書日數千言九歲能屬文時出
驚人語少師異之年十六應開封舉中其選紹聖四年

擢進士第律學方興公洊其閒纔閱月于法令貫通若
素習一試卽爲冠調杭州右司理參軍杭爲劇郡多訟
訴岸圄往往充斥吏習爲舞文市獄公至痛繩以法而
于推鞫必委曲詳盡因感公之哀矜咸吐情無隱旬月
閒囹獄一空吏畏懾不敢以儒生易之府帥豐稷知公
爲偉人屢薦于朝文節林公希赴召京師一見公謂曰
君文詞經術宜範模多士獄訟宂職溷君爾因薦試學
官公以詩書禮三經試于有司又試宏詞俱第一士林
歆豔見其文以爲不可及公之聲聞自是彌大矣除敎
授兗州學公以袞先聖國益自刻勵朝夕講學訓諸生

人得所未聞靡不悅服鼓篋踵堂者輻輳至弗能容乃
移書部使者丐錢增闢而新之且豐其餼廩鄉校之盛
遂冠諸郡入爲太學正少師書謂公曰士積學非獨爲
己蓋將淑諸人汝其勉旃公旣迎養不以官卑祿薄日
營脩髓之奉極其誠至上幸學四方士獻歌頌者甚衆
公奏賦數千言祕書省第名上之公居其首已而丁外
艱毀慽過制終喪屏酒肉弗御閱浮屠氏大藏經周某
卷帙服除爲提舉議歷所檢討官是歲行明堂禮官陞
朝者例封贈公居職若半歲則于格當改奉議郎預計
之適在秋享後乞減秩一等前期受命朝廷嘉之特改

通直郎由是恩及泉壤繼知大宗正寺丞事檢討如故
議歷所初以從臣提舉至是郭天信代之公深嫉其人
弗欲與共事力求去天信曰公豈久于此者能蹔屈相
從正字指日可得公曰富貴在天儒者但當顧義耳遂
罷歷局縉紳稱公爲難能除祕書省正字遷尚書考功
員外郎以親嫌改禮部時郡國上符瑞者還至公掌南
宮牋奏或日草數牘無滯思人皆服其敏而工會御史
中丞石公弼上言僖祖原廟增置殿室違元豐之舊詔
禮官議公謂有其舉之莫敢廢也子而復奪在常人猶
難況在天之靈乎與時論不合責知歙州休甯縣歙在

江東號難治而休甯巖邑也民鬬很尤甚公視事親決疑獄洞見欺隱姦吏不得肆邑中以爲神明聽訟先與辯曲直徐告以慈孝禮遜之節民多感泣息所爭未踰月獄虛課爲一路最部刺史交薦之更數歲復召爲禮部員外以預議元圭進一官遷吏部擢國子司業公嘗患成均之士爲文率一律恐其寖入卑陋考試必取卓然不羣者置前列由是文格一變諸生習雅樂既成上御崇政殿按試大悅謂輔臣曰士成于樂可謂文物之盛聲調與工師不同手詔褒諭增秩遷太常少卿國朝自歐陽文忠公以建隆訖嘉祐禮儀沿革纂成一書凡

百篇號太常因革禮至是命公續之公用前書條目增修爲三百卷于是治平以後五十年禮文之事粲然在目詔藏于奉常太子府初建以公兼右諭德公每見太子必言治心脩身之要爲仁孝學三論獻之太子嘉納復採春秋戰國以來歷代太子善惡成敗之迹日進數事久則成書十卷號承華詔媺云徙太府少卿盛章以諂附權貴驟用爲開封尹忽遣其子并謂公曰外府左遷吾能爲公卽還舊物許之乎公正色曰進退百官當自宰相僕不佞顧肯由他岐進以重速戾哉并歸以告章大慙恨聞者韙之除國子祭酒遷大司成賜對衣金帶入謝上曰卿在朝不惟以文字著稱實有靖共之操且曰觀每月私試程文高下甚當其爲上所知遇如此公退而語家人曰吾自布衣致身侍從當有以報國前此不敢越職論事今豈宜默乃數求對言治亂大計與時政得失貴要咸切齒公自是不安于朝矣俄提舉江州太平觀宣和元年朝廷明公非辜復右文殿修撰知汝州京西多曠土寶元康定閒特輕其賦募民墾闢歲久地無遺利而民益富政和初言利者始議增稅民不能支其後宦官李彥謂京西之民率冒占官地括其田而籍之號西城所破產者紛紛或朝爲豪姓暮乞丐子

市公下車數月適彥至大肆苛暴人多逃匿避禍公見彥泣曰斯民離散深所不忍願公少寬之且請蠲數千戶不當括者彥大怒曰是欲沮壞西城新法邪草奏劾公朝廷壯公敢爲寢其奏不行大河歲修埽岸費稍草不貲皆取辦旁郡而汝特倍民罷不堪命公喟然上疏乞免且令民緩輸待命轉運使以不及期督日峻公奏免益急僚屬惶怖莫知所爲公慰撫之曰諸君第勿書紙尾吾獨任其責頃之免符下民叫讙交賀晝公像歲時率子孫羅拜相語曰微葛公吾儕非餓死卽流徙異鄉能復自保于此乎前太守嘗建言崆峒山實黃帝問

道之所宜築宮奉廣成子既得請則竭力以事土木工未究公至主觀道士出大言脅公繼前役叱之曰歲饑民匱可困以不急乎即上疏乞須豐登有旨特從公之內剛不畏強禦類如此復顯謨閣待制徙湖州六年又徙鄧州公在湖朱勔嘗求瀉鶴白雀之屬公弗與勔銜之繇此橫加媒孽遂落職提舉江州太平觀靖康之冬金人再叩闕二帝北狩公時寓平江聞之西嚮號慟白郡守曰趣師勤王又曰大元帥在濟南以表勸進不可緩因呼左右索紙筆立草數百言俾守即遣官持詣元帥府詞旨懇切讀者流涕建炎四年復集英殿修撰再

知湖州自金人蹂江浙盜賊蠭起人情恟恟朝不謀夕民見公復來懽迎蔽路會劇賊邵青欲道江入湖窺伺是州公乃大脩城郭作戰艦數百分部隊以綵幟別之日閱試陳法而加賞罰士卒皆精勇可用民恃以不恐賊望風引去有頃孫誠于烏墩鎮殺傷官吏居民散走公亟遣單騎齎樞密院旗牓招之曰今日降後自可得美官賊徒相戒曰葛使君至誠不吾紿也即投戈就降是歲大饑斗米踰千錢餓殍相枕籍公既發官廩又輸己穀數百斛遣官吏賑給之右姓爭出穀為助他郡之饑者咸襁負而至公于城內外闢僧舍若亭驛以處之

薪釜菅藉之屬無一不備全活不可勝計建炎初太守梁端嘗獲謀叛軍人童照并其黨數十被加職以寵告者皆命以官至是復有效之者公察其誣笑曰吾豈肯殺無罪而利己乎遂錄付獄果無迹狀因坐誣告者徙之闔境肅然公在郡能究心庶事雖甚微不輕委其屬視民惟恐傷之見利害施罷不俟日適時多艱疲于應接慨然有退休之志紹興改元復顯謨閣待制提舉亳州明道宮乃築室寶溪之上山水環湊名人魁士杖策造門公為之賦詩飲酒樂而不厭去則觀書著文課子孫習儒藝商論不輟閨門之內絃誦相聞若庠序然

尤喜釋氏書謂其邃處多與吾儒合耽玩禪寂宴坐凝然終日或夜分不寐如是者十有四年易簀之夕數聞異香索水盥手合爪掌跏趺端坐久之北首右脅而臥薨于正寢蓋釋典所謂如來涅槃相者享年七十有三實紹興十四年九月八日也爵丹陽郡開國侯虛二千戶實食一百戶階自通直郎以年若賞及致仕十七遷為左宣奉大夫遺表上贈特進明年九月壬申葬于江陰軍由里山之原又明年太常考功以公之行實言于朝曰道德博聞曰文安樂撫民曰康宜賜諡文康詔從之以其子立方列于朝累贈少傅配張氏贈魏國夫人

金紫光祿大夫磐之女有賢行先公卒子六人立方左朝散大夫前權尚書吏部侍郎立中右迪功郎前河北路鹽香司幹辦公事而立器立卓立豫立參皆早卒今立方知袁州女三人長適左朝請大夫主管台州崇道觀許暘次適右承務郎監登聞鼓院劉封次適左朝散郎通判泰州章倧孫男五郛右從政郎臨安府新城縣丞郊左宣教郎江東路轉運司幹辦公事邵左宣教郎太平州州學教授鄰右承奉郎湖州歸安縣丞郯右承奉郎監潭州南嶽廟郛郯嘗預國子爲名儒孫女六長適左儒林郎臨安府司法參軍沈洵次適右迪功郎新

饒州安仁縣尉章湜次適左承議郎主管台州崇道觀張本餘未行聘曾孫四拚縉皆將仕郎次尚幼公學問敏博書無所不讀一過目終身不忘研窮經旨雖祁寒隆暑不廢文雄贍而復精深醇密衆製各臻其妙紀事尤不苟凡子之葬其親非得公文識墓則必歉然詩清麗有句法與賓客登臨宴賞卽席援筆立成文不加點坐者莫不驚異嗟服公在孕時母夫人夢鳳凰集于庭既而生公人知其爲文字之祥及中兩科歸清孝公又夢歐陽文忠公授公以巨硯自兹文益進信非偶然也有文集八十卷外集二十卷考古通論六十卷傳于世

公爲人坦蕩樂易遇物盡誠勇于義若嗜欲不靳財費賙人之急從弟濟仲貧甚官之先己子族女之孤不能自存者則爲之辦裝遣擇所歸租入悉推以畀同産于奇玩一無所好臨事敢爲不畏禍患遭權倖巧中屢致齟齬處之怡然或問其故公曰吾道當如是又何悔在太學爲師儒之日多禮闈試貢士必與考閱公于數句中輒知其學之淺深是以多得奇士誨人則先德行後詞章故諸生皆知自重薦士惟取其器識凡所汲引位輔佐禁從臺閣者相望天下咸推公知人四爲二千石所至有惠政治吳興民愛之尤篤去之日挽車號泣祖

送數十里不絕及聞其喪雖深山窮谷中無不流涕至今言公猶以手加額頌歎不已嗚呼天下無全才久矣綴學之士文豔用寡或劣于任劇至若嫺吏事則類多舞智趨勢爲幸進計不失節者幾希如公以英儒發身以循吏著績而又能以介特之守卓然獨立于當世可無憾于銘銘曰

葛爲名門世禪厥文祖也累科雲仍其芬自祖滀之既㵎弗施迨公發之浩乎莫涯匪直斯學惟德之卓實敏實博先民而覺甫登膠庠載煜其光勿毀勿荒士式而臧既屬既長既究所養始終不爽承帝之獎惟此吏道

治無弗優所試者小吏之師表勇于爲仁仁行如春我知愛民遑䘏吾身汝鄧之區棠蔽其廬民歌袴襦再騰于湖人孰不藝器則狗薮人孰不吏術勝則詭疑疑文康通乎大方內全吾剛靡忧于彊相彼回遹孰砭其失公弗與瞿曾莫我屈考公平生實大聲宏展如有成見道甚明晩臥林壑避囂自樂安禪澹泊心若雲廓瞻彼江干有山盤盤豐珉歸然千載之傳

中書趙舍人墓誌銘

周麟之

自中興三十餘年間廷策天下士其卓然號爲一時魁傑者往往皆出東南歲在辛未蜀人趙公始以瓌瑋博達之文入奉大對首論臣子事君父忠孝之大節言約意確洞見胷臆天子奇之親擢爲第一授左承事郎簽書劍南東川節度判官公事秩滿召爲祕書省校書郎明年自著作佐郎遷著作郎不數日除起居郎丁丑春正月同知貢舉夏六月拜中書舍人冬十月以卒後三年其孤謩自蜀以書來請曰先君仕于朝同出處者公也先君不幸死公哭之哀䘏之厚今葬有日矣銘先君以詔諸幽公爲宜予得書曰噫予尚忍銘公哉予與公

自東觀歷左右史掌外制皆同日並命爲僚久且密知公實深雖不忍銘銘不可已乃爲公敍之公諱逵字莊叔姓趙氏家本秦也八世祖銀青光祿大夫處榮徙居于蜀遂爲資州人曾大父可以季子贈官至大中大夫祖宗亮父衍贈右承事郎母馬氏何氏皆太孺人公少穎悟一讀書數行俱下甫冠嫺于文章所至求見者如市性廉靜不以世事介意居官行已安恬自有所守其在潼川簿書獄訟能以身親之符行中總領四川財賦暴横無敢抗者有子與薦意公必爲類試考官密以文

屬公公不啓緘旣試符氏子不得奏符怒以他事擣摭甚峻終莫能言公亦不少屈也及入館閣未嘗輒以私一至時相府時相欲出白金助公以家來公不答時相怒人爲公危之未幾時相死上親挈庶事屏姦擢良風俗一變忽有旨以兼普安郡王恩平郡王府敎授卽日引對上曰卿乃朕自擢秦檜日薦士曾無一語及卿以此知卿不附權貴眞天子門生也又曰兩王方學詩冀有以切磋之公因奏言路久壅願陛下廣覽兼聽勿以賤微爲間庶養成敢言之氣上嘉納洎爲侍從益以誠實見知嘗入謝上曰朕所以用卿卿已知之朝有闕政

無鉅細宜助朕也又諭近臣曰趙逵純正可用其爲上所知遇如此一旦公有疾子過之問焉公喟然曰疾其不瘳乎昨夢驅車若將入館者或曰此給舍養病坊也汝當爲祕書監居無何疾亟力上章請外弗許後數日予因進對上首問公得疾狀論方劑甚悉且曰庸醫惡知此遣侍醫視之而疾不可爲矣享年四十有一訃聞上悼惜不已出內府銀絹各三百賻之贈左朝請郎官其子揩各一人敕沿路漕臣護其喪歸蜀以葬是行也母老子弱旅櫬數千里浮長江上三峽間關險阻幾再歲始得至鄉邑道路聞者識與不識皆哀之公先娶汝氏未歸而卒贈孺人繼室支氏封孺人一子四女壻右務郎監潭州南嶽廟長女適右迪功郎新差監成都府商稅務支肅餘尚幼以紹興三十年某月日葬于普州安岳縣永康鄉東北山之原公旣沒哀其文得三十卷藏于家公平生無他好獨喜收聚古書考歷代治亂興衰之迹而權其至要爲文根據亦以古爲歸內行修潔不見過差嘗語人曰司馬溫公不近非色不取非財吾雖不肖庶幾似之上本以大用期公而公亦厚自涵養欲有所建明不幸死矣嗚呼士君子必有所不爲而後可與有爲有所不爲知所爲也知所爲者矜其所不爲

而安于所爲也可與有爲不必爲也不必爲者不待其有所爲而知其必有爲也曩者權臣用事附己者卿相可以立得公于此時有貴賤生死之變而處之泰然終不以彼易此亦不以是自高是不矜其所不爲而安之也聖天子秉哲臨下得其才于遠方稠衆之中察其賢于羣小競騖之際意其臨大事必將有所謂不可奪者而不克見也至今猶思之是不待其有所爲而知之也賢乎哉銘曰

蜀有偉人今之卿雲旣珪璧其身亦黼黻其文內抱道以全其眞而方榮親而方得君胡奄焉以淪書之幽石

尙不泯

祭竈文　　周麟之

具位周某以客舍修竈畢工用伸祈謝者居而借宅敢圖黔突之安食以養生雖廢治庖之潔既繕修之甫畢宜禳祓之惟虔嘗聞家有主神竈爲司命念飲食膳羞之自出當去故以從新故聰明正直之所臨可弭災而致福歷觀前志具著顯休託赤帝之靈威尙乘火王備黃羊之美薦或致財豐猶獲結比鄰之歡豈惟稱老婦之祭某萍流至止匏繫於兹囊橐不充恨未能數米而炊稱薪而爨簞瓢自適思欲以晚食當肉安步當車顧雖庖傳之蕭然所幸妻孥之樂爾屬臨歲暮將迓春祺撤觚竇之傾頹新瓦墁之盼飾聊陳不腆之具用冀有神之歆俾我一門膺時百順春糧有繼不至於甑中生塵含哺無憂靡患乎矛頭淅米若陶令瓶儲有繼則齊卿之列鼎何求約王大夫之羇奴每滌杯而整桉送韓吏部之窮鬼毋捩手而覆羹共慶新年卽還故里當與閭門之聚永嚴伏臘之祠

焚黃祭告家廟祝文　周麟之

逖惟我祖西蜀之英爰自國初起於青城召登諫垣以直著名德施九江式洪厥聲活民數千闔境既甯掩骼倍萬叢冢是銘繼易守符遂家海陵坡坨北原卜云其興三子甲科叔也晚成十餘年閒並建雙旌四枝騰芳五葉紹榮桂籍相望奕世用宏曩厄變故忽如流萍浮江而南伏於巖垌惟不肖孤困苦零丁更此百罹僅存餘生幸賴遺業安於筆耕孰陰佑之既塞而亨連叨兩科王畿始登迺游儒宫列於仙瀛紫微三年遽以罪行乙亥之冬主化頓更刬革蠹弊搜聘賢能時自郡貳亦

蒙弓旌召對褒勞佐譔承明主知既深歲一甄升載筆螭坳入侍紫清演綸鳳閣愈久弗勝俄兼內制正列貳卿帝曰汝嘉予方厲精汝實遠器用其敢輕東臺遂嚴大政所經汝往司之論駁必平既蹊夕瑣有言帝聽曾不朞年陞冠鼇扃恩禮具優懼弗克承含毫史闈何裨汗青擿句經幄但抱寶訾玉堂之晝大賜濫膺五雲擁笥鳳翥龍騰顯寵特厚光於在廷退惟寒儒日戒滿盈帝將屬任試之銓衡半歲區區姦伏是懲帝曰汝嘉屢見褒稱旋頒異禮擢貳機庭王人在門被命若驚屢茲控辭渙汗莫停豈伊庸謭堪此寵靈皋藉餘廕扶其孤惸實荷先訓發其惷冥罔極之報語塞涕零所幸重泉追典及曾念我三世皆以文鳴嗟嗟數奇老於儒黌曾門詩宗古律鏗鏘太白襄陽與之爭衡經明行修擅美鄉評授道里門莫振其翎祖也逮事幸識典刑厚德博施汪然淵渟春秋一藝先覺所聆晚發登科獨立無朋以黃綬終喪亂相乘惟先隱君實大聲閎氣壓崧岱學包滄溟潔己自修如玉壺冰振藻鮮麗協彼咸莖刻意忘倦殆逾雪螢困躓場屋曾弗中程義方所傳匪以金籯母氏淑慧率禮罔愆粤自總丱教之準繩口授書傳快若建瓴頃值多難僅逃弓矰德充於身天不與齡尺

波電謝永痛如酲及親之養三釜莫營既終罔艱隻影伶俜人所唾棄怵心勞形豈意自全抗於霄鵬視此鼎茵甯不兢兢得君之羹徒列於鉶讀父之書有涕如傾遙望邱墓惕焉以驚邈彼海濱孰芟其荊渺渺江濟緣野雲平銅官之南有山崚嶒方仕於朝官守所縈川塗阻修未獲展軨綸書既降爛若日星備述遺範潛光畢呈鈿軸金葩絲絡錦縢列布在廟耀於兩楹儲宫二品有華其纓副笄六珈湯賦且增具錄諸副以告潔誠徐當具儀遍走諸塋諒其監知來顧予烝永錫多祉惠於雲仍

檻泉賦有序　　周麟之

陽羡祖塋之左有泉正出，蓋詩所謂觱沸檻泉者也。暇日往觀，感而賦之。

君山之陽，大城之阜，松楸城乎其中，有泉出焉。於蒼龍之首，隱若蠡湫，豁若眢井，吹波若魚目，沸濤若湯鼎。吁！此何水也？若是其異乎！山人告予曰：維山之巔，峨峨巍巍，三峯環峙，中窪如巵，萬斛之水，瀦而爲池，蛟龍之所蟠，神物之所司。水滔天兮不溢，旱竭澤兮不虧。下灌注乎山隴之脈，上潛通乎天潢之湄，淼若波浸之在望，常未雨而生雲。霓泓汯兮淵淵，行地中兮冥然。值沖秀之所萃，乃奮迅而出焉。稽之古詩，是名檻泉。其正出也，萬竅互發，蘊淪洄漩，迸澄沙之金碎，激浮漚之珠圓。吹噓乎管灰之飛，眩轉乎風蓬之旋。其洩流也，潤道委蛇，如元蚪之觸石，遏流不平而鳴，鏗鏘乎佩玉之音，悠揚乎宮徵之聲。擁山川之秀潤，朝鬱鬱之佳城。若乃陰伏陽亢，害於有秋，萬竇源斷，千畦塩浮，大雲晝燎，燭龍夜遊，山岳焦，金石流，則是泉也，其澤涓涓，其聲濺濺，走綆綆於百里，溉稻秫於千田。其羡流餘浸，猶足以已道渴而灌園蔬也。出山隈，踰南阡，斯前抵於大澗之濱，而下會乎東瀉之川，則其澤物之功，豈淺淺哉！余乃憮然曰：夫天下之水，殊源異族，注川曰谿，注谿曰谷，灰出而泛則爲汎，懸出而濫則爲沃，湧輪口而淩空則爲汾陰之瀵，下萬仞而曳練則爲匡廬之瀑，弱水則鴻毛莫載，湯泉則不火而燠。或止或行，或見或洑，各隨物以賦形，紛莫數乎衆目。茲檻泉之觱沸，不槩見於編牘，豈先德之涵潤，故於此發長源而兆吉卜也？因相與植杖而坐，挹泉而飲之，且歌曰：泉之流兮流祖之德，肆其後兮沐靈澤。泉之清兮爲文英，泉之湧兮騰仁聲。世世兮承休，與茲水兮同流。

御書玉堂跋尾　周麟之

臣近於經帷奏事因言昨被旨撰皇子賜字上宣諭曰此學士院故事不欲廢也臣恭聆玉音竊仰聖主深略緯文遠猷繩武事無鉅細允迪前徽一出言不忘典故而禁林自祖宗以來優寵詞臣賚貺非一昔有巨麗今獨闕焉睿訓及之不可嘿已即具奏國朝淳化初太宗皇帝嘗以飛白書玉堂等四字賜翰林學士蘇易簡謂宰臣曰易簡告朕求此數字卿可召至中書授之他日爲翰林中美事字徑二尺餘龍鵠之勢曲盡神妙曩更變故石本亦罕有存者恭惟皇帝陛下聖筆天縱超冠

百王萬幾燕閒染翰弗輟龍文龜畫刊在翠珉布列中外焜耀羣目學宮儒館賁飾尤多惟是玉堂直廬密邇淸禁臣愚猥以末技誤膺簡擢典司內命丁辰晏淸書詔甚稀鈴絲不鳴惕日無補曾弗能考援故事俾緝闕典以爲萬年無窮之休臣則有罪敢昧死以請制曰可越翼日內出玉堂二大字以賜奎璧煥爛自天而下寶氣昭倬發蔀燭幽啓緘竦瞻舞躍詠歎覗前世所謂畫起平雲點蹲芒玉者不足以進於此顧臣譾陋大懼弗稱及入謝復得請於都省宣示宰執侯中祕暴書俾侍從館閣官咸得觀仰仍以石本分賜士林歆豔皇乎哉中興之偉觀一代之爾文也臣謹按玉堂本漢別殿名未央宮與淸涼宣溫神仙長年金華白虎麒麟列峙相望更不詳著而略見於李尋翼奉傳然則玉堂蓋殿名也待詔者有直廬在焉故尋自謂久汚玉堂之直易簡所乞太宗所賜實取諸此後避英廟諱至紹聖中始援取二字榜於院而識者非之謂不當以前代殿名皇朝寶札榜之於臣下止息之所今臣建請則所不敢惟是仰承德意勒石旌事以永億載之傳廣四方之藏侈儒生千一之遇使天下後世咸知皇帝陛下典學稽古迪文右賢藝並於道能潤色洪業不廢故事如此則渥恩

出於非常舊典振於已墜皆不失太宗皇帝本意豐功盛烈醲化懿綱魏乎與淳化比隆矣輒舉大概書於下方用對揚明天子丕顯休命

跋先君講春秋序後　周麟之

先君潛心春秋二十年得成說於鄆上孫先生莘老其書家傳三世矣兵火焚蕩遂爲煨燼及寓居江浙嘗誦其說以授學者予每得竊聽之一日先君爲余言初王荆公欲釋春秋以行於天下而莘老之書已出一見而有惎心自知不復能出其右遂詆聖經而廢之曰此斷爛朝報也不列於學官不用於貢舉儲積有年爰自近世是經復行而學士大夫亦罕知有莘老說也已而歎曰吁孫先生之書其遂湮沒已乎何其久而不顯也某應之曰此書豐城寶也隱顯亦各有時不幸而埋光鏟

采於今之世然而龍泉太阿之氣自當夜動牛斗復有達識之士如張茂先輩表而出之以爲天下後世刔蒙之器亦必有日矣後數年有文定胡公著春秋傳以進於上學者皆傳之而先君不及見也予近得之嘗反復其義蓋與莘老之說合者十常六七然莘老發明聖人之奧舉三傳以斷得失反復折中著爲通論其旨詳而明深而當異說不得而破此其邃處文定似不及也因暇閱講序并述於後

跋德友兄所藏後湖帖　周麟之

頃歲先隱君見養直於鷰洲之南山谷間以詩酒相從甚久予時尚幼亦熟其風度如遊張公壇及醉中失冠之作皆有和篇别數年客有以眞止軒詩來者亦繼其韻予竊笑曰是欲醉煙波弄明月者烏能止自此不復相聞矣舊亦有數十帖今不知何在而吾兄乃能寶藏如此眞好事之尤者先隱君嘗謂兄曰聞子之賢久矣子能與養直游賢乎哉此吾家月旦評也

海陵三仙傳　王禹錫

徐神翁

徐神翁名守信海陵人也生六七歲始能言父隸衙籍少孤無以自給年十九歲役于天慶觀常持一帚供灑掃盡力煩辱之事嘉祐四年天台道士余元吉來遊示惡疾過者面之公獨事之無倦忽於溺器得丹砂餌之元吉委化公喪之以師禮丐斂具於海安徐氏葬之日徐見公來謝甫出戶取金贈之相望數步而追莫及實未嘗出也自是常放言嘯歌默誦道書絕飲食至數日然供役未始乏事茹蔬取黃葉者自食曰此先生菜也舂白粲奉衆別貯秕稗與丐士同食治平中有客自蜀來號黑道人每至觀獨與公語既去謂逆旅人曰吾無以謝爾令爾邸暑無蚊耳已而信然會糧竭道正唐□嚴晨命公督租於遠郊既往矣晡時見三清殿後枕帚臥者公也怪而問之公曰來早米自至詰旦果然唐謂田丁爾自運至甚善皆笑曰徐二翁終日程督不少休何謂自運至也曰嚴大驚始命名置弟子籍熙甯九年以守金寶牌恩度爲道士公笑曰我只解掃地不事冠髦短褐力役如故素不閑書忽作楷字假度人經語爲人言禍福有謁而不見者有自往神遇者有不施而求

者有施而不受者若怒駡戲笑無非休咎所寓或薄暮斂殿堂籍香紙肆筆書置几間明日來者取而授之一不經意悉酬所問紙盡而人亦絕元豐中徐州獲妖人辭連淮上發運使蔣穎叔疑於公就見曰爾徐二翁邪曰然知道乎不知解何事解喫飯曰可幾米飽便住茹葷乎茹葷由此不疑公素蔬糲半歲前忽嗜鮮肥亦勸道流食至是乃省穎叔問我何如人也對曰宜省刑罰然而怒公自捫背曰瘡痛不能語穎叔再拜曰經云神公受命普掃不祥其公之謂矣因呼神公故神公之名布天下穎叔背有瘡盛怒則裂而内楚至不能言他人莫知也寢室附廚側因爲闢堂榜之曰守雌他日獨坐有憂憤之色俄穎叔來不得見竟日不出戶左右問之公曰藥叉羅剎五百人生於世間亂且至矣憲使范鍠問公有夢否曰自不受道正庸錢不復作夢江陰劉谷與公語于竈下藉葦而寢未旦光輝如日谷驚躍而起見公坐哆口瞪目聞空中語曰徐禧入蕃直立死呂惠卿食枸杞夾子是時禧圖西邊呂持母服皆谷所善者五年禧有永樂之敗呂常修敬端朝冠以拜公平視自若顧曰善守善守果黜知單州相繼官責至紹聖甲戌而還始悟枸杞之讖且以善守爲戒也七年郡貢士謁

行示字皆從火果貢院火王介甫居金陵求書示勑舒王三字而勑字不全且曰勑不須用人也未幾薨政和中追封王爵八年東坡先生起知登州來謁書來王守三字問學道之要曰毋作官卽好東坡領之至登召還泊守揚州馳書問方來公不書至南遷遣子過來亦不見繼從惠過海矣子由謂吾兄信其言而不能用也子由績溪寓訊求字書曰運當滅度身經太陰及歷侍從至門下侍郎實佐佑垂簾政元祐末出知袁州遣使問之書曰十遍轉經福德立降告其使曰過去十見在十子由聞之曰日者謂予戌運多福酉運多厄豈謂是乎

未至袁遷嶺表幾十年而復駙馬都尉張敦禮圖公像以進奏賜紫衣號圓通大師公不受公書字示人來者日眾主觀者因爲修造計置櫝以受金錢月吉起鑰開有端疋非函隙可投者知出神所得也江都姚叟見持帚扣門者曰我徐二翁也有帚在汝園中隨指見叢竹如帚狀往視已失其人因率眾來訪三清殿他郡助役者皆曰見先生行化吾里九年四月公在寢旬日或問之曰改元則出是月改紹聖郡人問鄉舉曰陸侍郎至滿城著綠陸農師來守郡次舉何昌言榜登科者甚眾三年郡大疫公扃戶六日郡人數百請之出曰作緣事

故爾疫者飲咒水皆愈居數月淮陽人獻紫花石柱四初淮陽有山而石頑不適用有老父謂常姓者曰山有紫錦石可取爲柱施泰州天慶觀言訖不見試鑿之果紫錦文也柱成道海來值大風雨舟師拱而慄霧雹中有物拏舟行甚駛一宿達海門泊至公迎勞曰驚怖不易不然不如此速也山陽楊生家聞異香見老父持帚入門傍有識者揖之遂隱遺椽於其庭生擕以至觀三官殿柱杪亡一椽卽所遺者公曰欲新此殿乃施錢數十萬農師除海州告別公曰榮又貴也自海移蔡召入爲右丞無爲湯氏繪公像奉供公見夢乞其孫女出家

覺語其妻秦秦惡之他日女死秦投像於江會疫發其左臂湯請見公數之曰爾棄我江至長蘆乃濟湯慙負請死繼潭商至公笑曰謝汝相救商袖出像云得之長蘆江中哲宗未立元子中宮遣寺人致禮以問書今日吉人蓋徽廟諱也元符中鹽城時叟有請告曰爾亟歸九月中有道者來宜善待仍布施至期暴客夜集其門詩悟出迎設酒犒金帛慰遣遂免陵暴三年上元張燈前二日公以杖擊之盡數日哲廟遺詔至崇甯二年八月忽於殿墀望闕致敬壬申詔曰朕聞皇帝問道於廣成放勳往見乎姑射蓋惟有道之主能尊全德之人以

爾體性抱神深不可測心通夙慧澹泊無爲不出戶庭閒方宗仰宜隆褒命益顯眞風亟其來思毋執謙退可特賜號虛靜沖和先生令運使許彥致禮敦遣赴闕至京師館于上清儲祥宮之道院屢召入常服白紵元都衫華陽巾麻鞵大絛與上從容言不替俚語每有忠規語祕弗傳也許肩輿歷嬪御閤投金珠盈其懷公解帶委于地而不受嘗小遺殿上人止之公弗顧三年乞歸會二月二十六日公誕日降香設于道齋賜五嶽金冠篆簡密雲銷金上清服詔畫像二命親書生身受度等語四年八月賜勑書令發運使胡師文禮遣赴闕既至

會解池水溢詔問之對曰業龍爲害惟天師可治召張繼先至投以鐵符龍震死而鹽復五年告歸大觀元年許大方攝郡事寫公眞求贊書曰身色不自在猶如肥瓦坯色盡還歸土神移別受胎籍如空裏月輪轉幾千回掉頭不識面元作阿誰來公詩頌不常作而援筆立就略無停思二月甲子出門望西北稽首大方問之公曰我欲去矣大方曰欲覩邪遂以聞是日詔建仙源萬壽宮及有召命外庭未知也行日過闔閭謂觀者曰二翁不來以蔡京素敬事公因設食公取菜覆于地問終身曰東明及將死于潭之境趣就館舍問其處曰東明

寺也是歲令侍童理髮或旬日不止問其故笑而不言二年正月默坐不飲食至六旬時云世上悠悠不如歸休三茅劉混康亦召至公曰劉先生去我亦去矣四月丁酉劉先生解化二十日庚子上清知宮晨夢人叱云起起天帝召神公亟起問訊無恙也日暮公擎手叩齒四顧長揖已曲左肱而臥白氣自頂出西北去空中聞鶴唳公逝矣壽七十有六値歲早熱氣已蘊隆七日而斂四體可屈伸如生異香達于宮外上聞駭歎久之贈大中大夫委內侍劉愛等視喪歸本部給葬用四品禮九月庚申葬城東嚮林原宣和中建昇眞觀以奉祀初

老農錢甲每見公呼鄰舍泊卜葬惟嚮林兆吉而未合制度東畛即錢氏也錢悟舉地以獻公三召至闕以恩度弟子三十八人賜紫及師名甚衆官親族二人再賜父穎宣教郎母張蓬萊郡君所生李永嘉郡君奏建妙眞觀度劉崇仙張貧女爲女冠二人者常至觀獻果實公取二果噓而與食遂辟穀容色如少女也公初修觀每日有大施主至崇甯末以片紙授張崇眞書仙源萬壽瑜年改建是宮公每行廊廡閒必擊柱歎息如有所恨者洎仙去上勑有司促成新宮至紹興辛亥火于兵無孑遺矣公再召後年七十餘灑掃淨穢無一日廢郡

人家有圖像事之事無細大咨而後行向化遷行不敢萌非心有過必憚見每戒人曰修福不如避罪廣求不如儉用若服餌求神仙不死術者尤不取所閙人不可備舉至驗於數十年後非特知來而已皆隨根器以示誨誘大要使人知賦分有定而乘除得以避就善惡可以消長一見卽書或示以言隱而顯簡而盡其以字假借離合增損及摘經中語首尾以告雖巧者注思不能到也其徒之四方者預求公字置像前俾來者射取無異親見凡有隱惡者見之必摘發使悔宿州陳生致禮虔甚公酌水使飲至于三辭曰不可强矣叱之曰汝不

能此河中人奈何陳訛顏錯愕不能對遂入道蓋嘗利人之財溺而不救也或欲詰盜問所亡幾何曰三十千公怒罵曰竊三十千汝以爲盜乎三十年後有朝服爲盜者矣其因事警世類如此小校濮眞病瘵數人掖而前公杖掖者走又杖眞眞不覺投杖而逃錢媪至公勞苦之媪曰髮白奈何公手拂其鬢皆變鬒黑陳護女疾公兩齧其頸復欲齧女啼而走公曰冤不可解也是夕縊死視之其繩三股斷其二而一存焉在觀應酬無虚時而神遊萬里之外無所不至有同日見者或非雅素夢授藥愈其疾他時望見敍舊其人所夢乃公也遇齋爲空無時攜數百錢畀主首市蔬厮輩意積鏹嘱亡入戶忽有盌水在地踐之而仆亟起振袂公儼然坐榻上形解後刻檀像于虚靜庵政和八年九月辛卯目有神光仍墮淚食頃乃止識者喻焉今禱于祠者探籌以代公語無不契合祈暘雨若響答雖亡猶存云

周處士

周處士名恪字執禮海陵人贈工部侍郎敬述五世孫和州法曹定國之子也元祐初再舉進士下第頗鬱鬱不得志旣壯不娶嘗從郡學釋奠方坐以待事忽大呼仆地不知人閱四日而蘇問之云吾誦老子書至谷神

不死若有人舁坐榻行數步吾駭而呼不覺其仆且久矣因取儒衣書焚之曰誤我此生者非汝也邪自此動靜顛異人直以爲狂耳先是徐神公語人云周家門前石生青毛當得仙矣已而果然人始敬之家武烈帝祠側未嘗遠遊忽有老農負瓦木爲葺精廬日向病亟賴先生至以良藥起死乃知其出神也族叔注爲推官常呼曰朝議後階逼卿監不求改官者十五年壽踰八十蔡卞守揚州遣使遺酒旬日不授報書賓至命酒寒酌曰喫箇令揚州使來請書問太尉面目端正乎使反命則一夕病風口目斜矣州士掾吳令璋告別迎呼相公

令璋心獨喜自負既從調乃相州工曹耳宣和中屢召不起謝使者曰吾太平衰末之人也蔡京嘗奉書且俾大漕與郡守勸駕先生臥不啓戶而危言譙京不肯就駕朝廷知不可致乃止復詔曰朕躬妙道以宰制萬有旌達士以表迪羣倫庶幾清淨之風丕變澆漓之俗爾精微自得淳白不踰守虛澹以爲常損紛華而無累宜加美號以示恩休可特賜號守靜處士視朝奉大夫仍賜五品服先生服命服常自號赤局右僕射燕服必衫帽破敝亦不修飾自贊曰周四十五衣破不補土木形骸神氣所聚四十五其行第也獨處一室臥起方丈閒

食酒肉如平時而無更衣之所畜一白鼠或去或來飲食同之賓至以杯酌茗或擷屋苫煮水以啜其甘如飴親族相率攜酒殽以謁先生曰何故無某物對曰無是曰物在某處皆相視而笑不能隱先生音聲如鐘不以詞色假人皆望而畏之行有負雖高爵重位一見叱罵不少卹故鮮有見者建炎二年三月戊戌裴渭陷城殺掠焚蕩民死什七八先生於是且七十矣攘袂詬賊一卒擊其首流血污衣先生曰咯血咯血不得洗須臾擊者至前嘔血死是歲不飲食歷數旬無疾側臥而化目不瞑神光射人煜如也初發殯重莫能勝漸輕若虛器然畧約兩夫荷之初元祐中有陳豆豆者不知何許人披方氊無他服冬夏不易行丐于市郡人朱醫見其死瘞之矣歷四十年復至朱識之始以爲異人也居福田院攜小籃貯書卷見可人輒付與得錢物復施丐者人呼陳氊被嘗與唐道人謁先生笑語竟日所言他人莫能解也宣和末示化葬神公之西先生與唐道人相繼同域號三仙墳焉

唐先生

唐先生名甘弼海陵人爲郡小吏廉恪無他伎一日晨出若有所遇者忽裂巾毀履解衣濡水滌橋裸裎褻語

見者遭嫚罵家人以爲狂閉于別室悉毀臥具爲坎穽寢處其間歲餘其母哀而縱之冬夏一布襦僅蔽膝負敝衾于左肩蓬首胡髯垢面跣足常以指按其頰彷徉井閭中人呼唐九郎或發語于休咎人始異之稍就占訊喜怒語默無不驗凡飲食或捐半于地或委溝渠而食其餘得炊餅漬渠泥啗之得酒或覆于几又祭之地復收飲無少損也所臨列肆是日必大獲競欲延致有以禮招之而弗屑者旗亭間以飲食爲博徒者數負不自活乞憐于先生或與之錢以爲博資則終日勝酤釀欲成而敗先生至甕下索飲釀者曰是不佳當別酌以

獻不從漉而飲之香味俱變未竟日而售常寓宿王氏米肆高廩上肆罵狂穢無所避其家婦子羞惡俟其他之竊相與詬詈先生不復往數日無所貿易頻悔謝乃復比舍火延其屋焮寢矣獨堅臥不動俄反風而火滅人家非常所游者亦憚其來其來也必有異晨至蔣氏舍排闥入婦寢取溺器翻袵席衣衾淋漓顧笑曰解了矣室中人頗怒既而聞一婢自經系絕得不死建炎二年忽持甓自擊其頰俄裴淵潰卒至摽掠無遺乃悟打頰者隱語打劫耳紹興元年語人曰上元夜觀燈時虜人陷城至上元日火仙源宮屋五百楹煨燼無餘矣張

榮來據城聞其神異執于酤肆大雪中露坐方數尺獨無雪膚容不霑潤乃積雪丈餘穿洞穴埋其中彌日出之怡然也人問寇亂何時已邪曰直待見閻羅聞者憂之謂不可逃死無幾何有裨將李貴過城下號李閻羅自是歲小休矣四年劉豫犯淮南郡守趙康直問之書日十三日硬齊又問書曰十三日輭齊蓋僞齊始肆猖獗終大敗而去七年冬十一月大呼于市日二十一日雪下二十二日唐倒皆不測其意至期大雪明日往河西張氏舍求附火潛抱薪自焚于隙屋張覺之體已灼爛索寢衣披之行至常所居米肆端坐手擷燔肉以食

且以飼犬須臾而逝有由夫自斗門至中途遇其西行問先生安往曰吾歸也入城既自焚矣住世六十餘歲葬磐林原歲餘後有鹺商見先生於江西而蜀人亦見之于青城云

清波雜志自序

周煇

煇早侍先生長者與聆前言往行有可傳者歲晚遺忘十不二三暇日因筆之非曰著述長夏無所用心賢於博弈云爾時居都下清波門目爲清波雜志紹熙壬子六月淮海周煇識

清波別志自序

周煇

煇嘗作清波志十有二卷復省記平昔見聞尚多遺佚雜肋棄之似可惜乃裒爲別志三卷若夫纂錄之意則有前序在紹熙甲寅九日淮海周煇

湛淵靜語序　　周暕

湛淵先生有德有言人也往子客江左得相師友始取惟文墨議論歷年多且遊其里久迺知文行之美出乎天性五歲能屬對八歲能賦小詩十歲能刺股肉起母之疾既冠益孤貧依多書之家者二十年晝繙夜讀無大故不出戶庭文聲獵獵起既仕喜推挽後來成就寒隱濟人利物事人能誦言之所交南北知名士如文本心何潛齋劉須溪牟獻之方萬里夾谷士常閻子靜姚牧庵盧處道諸公莫不禮遇相與爲忘年之游期於遠大而先生泊然以退爲樂將爲河爲海欲爲川瀆而止

可乎二畝之宅竹樹半之嘗鼓一篋自隨客至卽屏去一日臥內見之乃所著有餘師經子類訓集翠裘等書也引證嚴密言論醇正雖汎說調笑具有微意非若今所謂雜說無益於學徒玩物喪志惜汙塗竄益不加比緝予哀其勤慮其久致散軼勉爲次第倂詩文合百卷靜語其一也湛淵名滿天下嘗自謂平生受用全得謝上蔡去一矜字力文章翰墨所至傳誦藏弃如遇奇物子老矣尙懼美行爲文所掩故因其敘索言之庶知子取友之道不苟也先生姓白氏名珽字廷玉錢塘人今年六十有三湛淵其山居故扁云至大庚戌夏四月二日友生海陵周暕伯暘甫敘

禮經會元序

潘原明

周官六典周公致太平之書也然汨於漢儒之注疏使聖人之道千載不明宋之文明濂洛諸儒相繼以出易書詩春秋皆有成說周禮一經又得龍圖閣學士葉文康公會元而大義表章於世實可以緝濂洛之未備矣文康立朝正色與朱紫陽相友善則講貫之素有不苟然者余莅政之暇就其六世孫江浙提學廣居得其書而讀之其出入諸經援引明贍比事漢唐考覈精詳一洗漢儒之陋誠有裨於治化者舊版之廢已久因重鋟梓以廣其傳吁唐虞遠矣後之言治者莫過周公求周

公之治莫出於周禮有天下國家舍是無以法矣則是書之傳豈曰小補之哉至正乙巳中秋日榮祿大夫江浙行省右丞兼同知行樞密院事海陵潘原明序

海陵文徵目次

卷四　明

海陵文徵卷四

郡人夏荃退庵輯　陳寳晉守吾校

薦舉遺才疏

儲巏

臣巏竊念幸逢聖明而臣守官南京吏部政務簡少俸祿優游不能有所建明仰贊聖君維新之政旣慙且懼夙夜於懷邇者聞陛下軫念先年言事官員如林俊張珍賀欽等數人皆超改官資布列清要遠邇傳說罔不忭欣凡百臣工益加勉勸然聞之輿論謂言事官員如俊等者尚有數人未蒙錄用意者大臣論薦偶未之及葢將次第行之也臣有所見不敢隱默謹昧死以聞臣

切見前中書舍人今普安州州判丁璣潛心理學刻意躬行效法古人恥隨流俗前工部主事今景東府通判張吉學博行端諳曉政務當李孜省用事之日人爭附之吉亦江西人也獨指陳其惡不與往來觀此一節他可知已前進士今臨西縣縣丞敖毓元賦性介直學問深長前工部主事今思南府通判王純議論篤學負氣鯁直比因上言保留王恕措辭失當致蒙外除今陛下旣賢王恕而用之則純者亦宜略其短而用其長也此四人者求之時輩葢不多得天之生才難矣君人者長養成就之尤恐其不足而四人者乃皆棄之蠻夷嶺海之閒毒霧瘴氛與死爲伍瞻天仰聖情實可憐儻非陛下憐而起之恐終棄廢於明時矣至於前進士今咸甯縣縣丞李文祥當陛下御極之初文祥纔釋褐辦事乃能倡衆敢言此可爲陛下新政賀也當時大臣不能將順聖意謂其年少氣銳宜挫抑之天下之人皆知非陛下本意也邇者陛下增補諫官無非欲博聞讜言以恢至治臣謂五人者旣已直言以徇國豈肯變節以辱身伏乞陛下取而寘諸風紀論思之地則其言論風采必有可觀與其旋求敢諫之士不若先用已試之人孟子曰見賢焉然後用之此之謂也然此臣所知者其未知

者尤乞特勅吏部從前逐一查出陛下兼收並蓄較材量能簡而用之使天下洞然知陛下奬忠納諫之實賢才羣集忠言日聞陛下明聖之資又當鼎盛之年唐虞三代之治何不可及之有臣不勝大願然亦天下臣民至望也

請紀注言動疏　　儲巏

伏見陛下卽位以來屢垂清問召見大臣至於今歲舉行尤數或講究典禮或諮詢治道或綜核庶職或制御四夷邇者又親御午門讞審大獄盛德偉績垂耀無窮非臣之愚所能殫述臣聞堯舜之德文武之政所以布天下傳後世者賴有典謨方策之存使非史臣當時記載則後代君臣何所誦法故古者設立史官左史記動右史記言大率爲此臣備員班行每覩陛下宣召羣臣登對多係帷幄之語造膝之言近臣不得以聽聞史官何由而紀錄臣竊惜之夫前代史官追述往昔尙且網

羅放失捃拾傳聞以成不刊之典豈如今日宸衷睿想之所行聖謨神斷之所著明並日月炳若丹青顯然可書足以傳信且儒學里塾之士門生弟子更相問難猶有日錄年譜以備遺忘陛下履萬年之位臨九有之衆厲精圖治益大有爲將來延訪日廣政事日新蓋有不可勝書者顧乃無所纂記以貽來世非闕典歟失今不圖誠恐歲月縣遠耆舊凋謝或遺失莫存或傳聞各異事蹟無以究其始末月日無以考其後先後時之悔恐不能無雖悔亦無及已竊考本朝史職似與前代稍異臣愚欲乞陛下特勅在廷臣僚先後曾蒙召問者備錄當日於何殿下欽奉聖諭及奏對之詞具本進覽宣付史館如事干機密不宜宣露者御覽訖仍行封識付之謹密之臣藏諸深嚴之地所謂金匱石室者以俟將來庶聖君言動舉無所遺羣臣論說亦以附見洪武年間嘗有起居注陛下儻採臣言而行之正合祖宗之典貽萬世之模臣不勝至願

馬政利病疏

儲巏

照得本寺歲收各處馬價銀兩起自成化二年爲因南方一二府縣地不產馬暫收折色自後比例者衆日漸加增當時所積不多各邊不曾指取以後間有奏討量與亦不盡從緣各邊自有買馬之需如宣府餘糧陜西屯田等項銀兩是也利源一開潰不可塞查得宣府成化二十一年止奏討銀一萬兩自宏治十四等年至今則一十三萬兩矣大同成化二十年並二十二年止奏討銀二萬八千三十兩自宏治十等年至今則一十六萬五千兩矣延綏成化年間止共討銀三萬九千兩自

宏治九年至十八年則一十萬二千一百九十五兩矣甯夏宏治十八年以前節次止討銀二萬一千一百三十兩宏治十四年至今纔及六年則已七萬兩陜西布政司等處止是成化二十二年取銀三千八百八十兩自宏治元年至今則節次共討過一十五萬九千兩有餘矣他如甘肅遼東山西等處各節次奏討過一十一萬五千三百七十二兩皆數倍於前可謂費出無經糜費不貲矣及照本寺寄養順天等府馬匹起自正統十四年爲因虜寇犯順馬匹不敷歲取南北直隸等處馬二萬匹俵養近圻以便征調然本意備京營之用不專詞各邊之資緣各邊各有行太僕寺苑馬寺所畜馬匹足備征調故也其後馬政廢弛人心狃頑一遇邊警輒言馬少張皇聲勢奏請紛然橫議一興牢不可破查得宣府自成化十一年至宏治十二年止取馬一萬九千一百三十四匹宏治十四年至正德元年七年之間卻取過馬二萬一千四百五十匹大同自成化十一年至宏治七年止取馬一千九百六十五匹宏治十二年至正德元年八年之間卻取過馬一萬一千八百三十一匹除給銀買補者不計已數倍於前矣邊方官軍因見京師銀馬易以邀求遂將騎操馬匹不甚愛惜及至倒死

又不賠償鎮巡大臣多闊略文法豈能一一覈實把總等官惟乾沒貨利豈能一一盡公甚至貪黷之徒如近年都督莊鑑侵欺買馬價銀追贓罷官亦其一也其中弊病難以悉言若不計處國家之財物有限邊方之請求無厭歲復一歲何以支持臣等叨司馬政恆切憂惶然材識淺短素無經畫且事勢牽制又難舉行輒以愚見條陳稍逭不識之罪查得先年邊方討馬兵部奏勘缺少是實方行量給其後不知緣何不料邊情之緩急不計內馬之盈虛隨其奏討之數輒給與之而又不復稽考任其耗費合無該部仍照先年良法今後奏討者

嚴加覈實量爲給與庶幾邊方不敢妄求朝廷不致徒費彼知馬不易得亦肯調養用心又查得本寺未收折色以前邊方止給馬匹今給銀十萬作馬萬匹價少馬多似利於官殊不知馬價銀兩一入軍中既爲有司尅減又爲軍士花費及至買馬所餘幾何價既不多馬何從好隨買隨死終費官價隨死隨討終累朝廷原其本心非全爲馬合無今後邊方缺馬之時仍給本色以杜前弊若謂寄養之馬不敷聽臣等多方措置又查得各邊俱有餘糧屯田草場椿頭等項銀兩以備買馬之費先年不曾給與本寺銀馬邊無不足今歲給益多邊益

不足何歟必須查考方得其詳合無兵部奏差風力郎中一員與同本寺督理少卿前去各邊查勘前項銀兩歲入若干收貯若干各該城堡騎兵若干有馬者若干該補者若干近年本寺發去銀價買馬若干餘銀若干給過馬匹某城若干某堡若干如有姦弊聽其參究事完之日具數造冊收貯兵部預知其盈虧多寡之數臨期請給易以酌量若一時動衆興師暫添銀馬不在此數又查得邊方討馬開稱馬死或生災病或因馳逐理或有之然不應如是之多其間豈無作踐瘦損偷賣私借之弊並無一字聲說況生病亦由於水草之不時馳

死亦由於作止之無節要在得人專心牧養豈可盡諉之馬哉合無兵部行移鎮巡等官各以暴殄天物爲戒愛惜國馬爲心選委管馬官員督責養馬軍士務要飲餧以時蕃息有地疾病者委之官醫作踐者治以軍法及照本寺奉勅督理少卿止是每年到邊點察一次合無今後點察二次倒死者皮張鬃尾俱有方准朋賠買補者齒歲身材相應方准印烙但巡點之處不及大同緣大同銀馬一從本寺給與既有相關亦合查點合無勅令兼管庶幾人皆警畏事可責成又查得督理京營少卿奉有勅諭內開比較百戶指揮都指揮等官瘦損

倒失馬匹或按月住俸或奏聞區處天語丁甯俱有則例然遐邇一體內外一法合無勅督理少卿宣府大同各城堡等處悉照京營則例遵守施行使邊方將士惕然悚懼知朝廷修舉馬政法令嚴明庶幾變其舊習以圖後效又查得陝西各邊因是地方曠遠道途艱難不來取馬止是宏治十七年十八年於平定州給與延綏馬共三千五百匹其遞年奏討本寺馬價買補馬匹不下數十萬兩及彼處餘糧屯田官地椿頭各項銀兩亦合查究前項京營住俸比較事例亦合通行但原無本寺官員督理乞勅兵部另行議處或者所見謂邊方重

地鎮巡大臣閫外之事宜從寬大若每事較量多方綜核邊方將士恐有不堪臣等謂團營爲京輔之屯比之邊方尤重提督極人臣之貴比之鎮巡尤尊朝廷愼重馬政尙有科道點閘少卿督理況邊方乎葢鎮巡等官於軍士務結之以恩臣等典牧之官正欲裁之以法固並行而不相悖也臣等愚昧不能盡識時宜伏乞勅下該部詳其可否補其闕略畫爲長策爲邊方久遠馬政之利不勝幸甚

漢關將軍漢壽亭侯廟碑　　儲巏

古之英雄壯毅之士或以勞定國或以死勤事或禦大患捍大菑其沒也被其賜者則相與祠而祀之大者郡小者邑究其所及而止爾若夫肇于一方徧於天下則未有如關將軍漢壽亭侯之祠之侈者也侯河東解人也當漢末佐昭烈皇帝翊漢討賊及督荊州威振華夏吳人懼其偪也潛師襲之侯殞于難時建安二十四年冬十二月也侯在當時義勇雄槩稱萬人敵計其麾戈斬級之所在襄樊許雒間爲多其刺顏良虜于禁尤駿偉竦震故今小兒婦女皆知侯之爲烈而駭以神之然

子嘗考其所以祀則不盡如流俗所稱說也葢漢統之續絕昭烈其人焉而已而昭烈之進止視侯之存與亡焉方昭烈之西也侯以節鉞獨守江陵江陵距吳魏之衝侯拔襄攻樊降其郡縣數十自許以南往往遙應操稱兵議欲徙都以避其鋭何其雄哉當是時一軍向宛洛一軍出秦州恢復之勢成矣嗚呼孰謂侯賁志以歿遂使操奸大統權裂漢土而王之昭烈君臣始謀不集乃寓國於蜀憂勤經略竟不獲其祀漢配天之心志士仁人千載之下猶爲之悲嗟憤惜思欲起侯而從之者也由是論之則侯之祀夫豈荊蜀之所專也哉不然

吳魏之臣爲其主謀伐者抑多矣迄今皆祠亡社撤邈有聞者則國統之正閏民志之從違智力葢不可恃也已初江陵之難侯及子平死之及成都破孫彝又死之巋然大節與漢終始宗臣遺烈凜凜猶生也侯積官至前將軍漢壽亭侯漢壽城也亭侯漢列侯之次者爾今人謂壽亭者葢弗考也與又廟額所在稱王洪武初嘗詔例仍其舊侯仗大義以討僭竊其不卑侯而王稱也皦然矣予故悉書以正之泰之廟不知何所始予以事禱輒應且慕侯之義烈思以文字報焉乃爲碑載其所以係民心者而系以辭侑其享云辭曰

神之來兮夷猶遭雲中兮歷九州覽河山兮既改慨宗國兮悠悠鄴之中兮汀之左彼何人兮敢汙吾土叱余騎兮徂征忽反顧兮千古

神之去兮荆之野紛紜旗兮風馬閼廟兮洋洋髯如戟兮面如赭揚漢靈兮耿無方奄四海兮皆漢之疆驅癘兮降康民欽祀兮不忘

揚州府鈔關重修浮橋記　儲巏

揚州府鈔關肇建城之東南隅東七十里有河曰白塔江淮之舟私焉以其無所禦也迺徙茱萸灣以榷之既而河屢塞關仍舊而浮橋則故所無也宏治庚戌揚通判玘署征事始創之公私以爲便議者又謂鈔關利博而事殷非京官鮮克勝任於是南京戶部移主事一人往莅之主事者非久任視關梁如傳舍或頹敗輒苟完之歲滿得代去則已因仍積漸橋之不治葢久矣正德辛未春陳主事德階來視橋益壞喟然曰關與梁相須於此不亟治費將愈甚詢諸父老咸曰然迺因緡于訟

鳩工庀材杙水抵隄爲梁者四梁四舟於其閒凡長若干尺廣半之作坊於右榜曰通濟樹碑於左築一亭焉經始是年三月丁巳訖工五月戊寅甫三閱月而告成腐者新橈者直車徒以通開闔以固欄承楯遝翬飛翼舒揚人曰壯哉廣陵圖志復增此橋矣是宜有記使來泰徵於子巏聞之杠梁陂澤皆先王政之所不遺時儆諸民故其敎曰雨畢而除道水涸而成梁單襄公過陳火朝覿矣而川無舟梁歎其敎廢而亡國鄭子產聽政以其車濟人于溱洧君子惜其惠而不知爲政特舉夏令以詔諸人葢其所繫若此顧世之庸俗吏弗以爲先

也若德階者可謂力行先王之政矣或曰是役也職乎征而兼乎涉譏而不征亦王政也無乃偏廢與嚁曰政也此事之不可猝復而德階勢有所不逮者也今夫竭天下之常賦以供國家之歲費計曹廩廩常患於不給脫不幸方數千里有凶荒札喪師旅之變亦何以饋恤之征之於民固不若征之於商之爲愈也維揚江淮之衝商賈之會也關於斯梁於斯殆不得已焉爾司征者第平其政曰是惟佐百姓之急而已吾何與焉若然雖權輿於元狩附之先王之政可也然則王政卒不可復與曰賢良文學漢廷鹽鐵之議其略斯睹矣得其人時

宜而損益之奚不可也德階名墀閩縣人家世宦學蔚有材諝方嚮用於時予姑爲之記俾來者得以考其績嗣其成焉或者之言嘉其志於復古並記之

揚州儒學文津橋記

儲嚁

揚之學肇於宋仍於元至於皇明屢修建之殿堂門廡既飭既奐惟是東西行者出入委巷愜隘無以稱宏治己未春教授李師文諸生葉如欒百餘人白其事於御史劉君𡌫遂諉諸同知葉君元妥貨蚔盧橋諸水以屬於通途甫僝功知府許君節至曰是當遠大圖迺伐石爲梁爲翼而輒覆之東西峙以桓表元大書曰文津又明年御史馮君允中巡莅兩淮特藻絢其表且屬嚁志歲月於石無何王公恩擢自臺察殿守此邦訖其緒餘而橋遂成蓋皇有四極迄今百有餘年右文興學古莫

與東雖荒陬遐壤學宮備具揚爲江淮一都會冠蓋之萃舟車之衝謁廟肄學之使恆相望也而道隘弗治顧漫焉莫加之意雖非吾道隆污所係然郡望之重民志之同在物理有不當然者迺今始協羣議更衆力規而稱之豈非有待然歟天下之事恆毋乎舊而難即乎新蓋如此嚁於是有警焉今夫築室聚土而詔之者凡以學焉耳學之成在明體以適用是豈易哉姑喻之廟也學也其體也途也橋也其用也昔途與橋之未備也亦何病於學然人視之有歉然不自克者必既備焉乃已士學於茲苟體有不具用有不周吾豈無遺恨而無歉

望於人哉橋於斯途於斯者可以繹思而興起矣稽之郡志揚之橋多矣其間者唯昔人觀遊題詠所及而已今求其處又往往頹沒不可以盡識何哉橋固因人而重也揚故文獻之國也異時體用之士犖然出其間著道德於躬昭功德於時則人不將曰抑橋之助哉若然豈惟斯橋得傚寵以聞凡與茲役者與有耀焉而不腆之文或得附題詠者之後即諸橋之勝皆莫得與之倫矣或者謂橋之建初以堪輿家之說夫崇聖學隆教基進諸生於道迺良牧守名御史之意也奚取於是哉巏故略之援所宜言者爲之記

憲度餘思軒記

儲巏

同年友郴陽馮執之以御史按治兩淮即揚之察院搆軒曰憲度餘思既成巏適至揚肅子軒中飲而告之曰維御史官視他職最稱雄要凡建白移行中外者稍不合軌度利害輒係焉故莅事之頃宜慄然以思然天下之事各有職司相誘屬惟御史則宜無不知宜無不言以裨天子之耳目故燕閒之際則宜遐思深念以竭其餘允中無狀誤傚寵茲職日懼明命弗稱俛焉而未逮也用是榜諸楣出入俛觀省焉冀有以奉其職而追其從而子爲我記之乎巏重其請因歎今之仕者致思厥職者固有之矣思及其餘乃志於兼濟求之古人則陸

敬輿范希文之流蓋未之多見也夫思之於人大矣聖賢進德修業皆謹於思其語門人弟子往往以思配學履言之在艮之彖則曰君子以思不出其位若擬之御史人視之非有侵官之忌已視之非有越職之嫌極其所思亦莫非職位宜然也嗚乎莅是官者惟患其不思爾何慮乎出位之有執之之按淮也肅綱維剔私蠹凡郡邑河渠亭竈館傳之利病弛張增損其大者無慮數十至其抗章諍事屢發權貴人之私沒其利於官穀然見于色諤然形于言人皆異其爲猝然義烈所激而然

繇今觀之孰知其本諸中之有思故發之正行之勇而不可禦也哉傳曰國之將興也君子自以爲不足以是名軒執之其殆猶有不足者乎今宇內多事執之受更而還也豸冠衣繡立於殿陛之前進而思退而思惟以獻替于天子而兼濟乎天下未必不自斯軒而得異時持節於斯者追詠高風跂而慕之猶古人然則斯軒也又爲執之去思之地也巏姑記以竢

宜祿堂記

儲巏

補齋朱君存仁既謝事歸休氾水之上爰葺舊居甚陋完新榜其堂曰宜祿於是君年六十矣其子戶部郎中應登屬吳郡徐霖繪鹿以獻遂徵予爲記客有疑之者曰君宰三邑凡十餘年旦治于堂宵思于室期征會稅朱墨紛拏涖岸置辭法比苛嬈尊官貴使聲勢淩震將迎唯對顏低語諾或咈其膺訾毁歘至自鄧而徙莫知其由悒悒長陽江陵戾止牽車維楫載妻與孥長江巨湖濤浪吞吐怮心慄膽覬脫須臾若是乎危且勩矣鄙人視之皆祿之重而然也乃今獲家食復以是爲堂稱何歟巏曰客不觀夫鹿乎方其豐草長林清泉曲阿甡甡然以遊儦儦然以羣宜矣一旦騰上林蘙靈囿虞人獵師弦矢所不加掎角所不及抑豈非宜夫祿曰天祿初孰制之而孰養之易曰大亨以養聖賢則固君制之而養夫臣者朱君夙以賢能與掄用於時既宜祿矣仕既倦納其祿而歸所以宜之者固在也況有二子焉長者已給下大夫之秩少者方廩于學嗣而大之無已邪蓋學不篤而亟於祿者謂之干道不行而溺于祿者謂之竊是二者君子不由也茲曰宜祿乃鄒孟氏所謂修其天爵而人爵從之者以是自處而詔其子顧不宜邪

客起而謝曰聞中丞言洒然解吾惑矣因第其語記之并以爲君壽

送喬希大代祀西行序

儲巏

上郎大寶之元年太常喬君希大代祀西出嶐次其道路所經自京師而西由今之恆山道井陘至太原遂出雁門過雲朔循山而南泝汾走毹涉滎河抵蒲坂東望太行之脊歷猗氏諸縣容與參井之野抵皐落氏而憩焉希大晉產也從其先大夫少長京師及官省寺僅兩至其鄉晉之四封計足跡所及葢一隅爾乃今將嚴命秩羣祀駕軺乘傳獲徧遊焉壯哉茲遊全晉恢乎其胸中矣夫士之好遊豈直役景物矚山川而已哉博其見聞廣其志意抑有取於是焉耳今郎希大所之者言之覽虞唐之故都想其君臣之盛憂深思遠遺風尚有存者則慨然于千載之上徘徊故絳之封晉之卿士會盟戰爭馳騁一時者何其多哉則論其世以考其伯業之盛衰過首陽而軾焉孤竹二子之高蹈誰其嗣之西河縣上殆聞風而興起者乎俯長城臨廣野蜚狐之口句注之塞虜歲盜吾隘而入何邪則太息發憤思提戈以逐之而折其驕其衣冠大族文史世家汾之薛解之柳聞喜之裴近代如陵川之郝遺山之元過其里訪其子孫則憮然于懷脂車策馬思與並驟而齊馳若是乎遊非吾希大其孰能之予與希大同舉進士同官也久觀

游鷊詠慨與之俱曩在海陵嘗夢希大被溫詔出使燕晉聞車騎甚都尋以書報之至是乃驗豈非神交邪惜嚾之陋且羈於官不能結駟與之俱西也希大學廣才贍有兼人之資不出國門且十七年其胸中磈磊矶硉者顧無以盡發他日直追太史公之遊乃其夙志茲蓋發軔也予姑序以趣其行

贈胡公少參之陝詩敍　　儲嚾

今茲冬禮部郎中胡公伯堅擢參議陝省公薄於程期方隆寒遂備車以西廣陵人宦寓於京師者咸惜公去酒醵飲於嚾之舍以餞之觴一再行客有言者曰公自爲諸生時以文章才氣負當世之志部使者至膺其院試之文傳郡邑爲學者楷式聲名赫然動淮海間然七入場屋乃始發解當是時人固惜之及公登進士第筮仕儀曹佐主客長膳部凡國家朝賀封冊燕饗貢舉之大典公皆莅之循故實傳經義明練恭慎將事不忒者蓋十有餘年同時輩流與公科第相埒官秩相比者多聯翩躐常選躋膴仕以出而公以不事表襮不貫附麗乃今以日月資級遷是官焉夫參議一省承流宣化當藩垣屏翰之寄亦何負於公哉顧等而視之論年而較德程材而量功在公若有不慊焉爾以是故人尤惜之語既嚾因謂客曰稟於天而不可趨避者命也制於時而不可前卻者勢也是二者聖與賢無如之何也若夫人心是非之正好惡之公則非時與勢所能易也故古之怙勢乘時捷取寵利之徒幸而得之未嘗不侈然自視盛志意以驕閭巷及時異事殊向之奔馳以得之者適足爲人所訾議此守道徇義之士所以甯樂於此而

不羨於彼也由是論之則公之茲行乃所宜賀又惡用惜其不慊也哉況陝之爲地被山帶河西北控諸蕃在今天下爲雄藩要鎭士之慷慨立功名者皆思掉鞅結騎遊其閒公挾其才莅其事他日乘事幾之會得宣才猷建勳伐以究其所施使海內之人聞其姓名以驚挹其風聲以服則今日爲公惜者又安知不轉爲公賀哉於是客皆以嚾言爲然各賦詩以祖贈之以嚾與公同里閈視嚾爲晚輩故又屬爲敍乃次第前語以復於公併爲敍云

送華源潔遊南雝序　儲嚾

今天下之士試於內廷惟進士與歲貢士監以御史環以禁衛其嚴且重葢同閒有賢良遺逸被薦而至者不過試於有司以狀上聞而已國初進士之額未定有一歲放榜或僅取百十八者當時充百司庶府卿大夫之選稱任使而著功謨大率皆歲貢士也承平久積漸甄別之然士特立自負要其所樹立不減於進士者猶往往有之至於今則寖不逮矣嗟夫豈人才夐異於曩昔邪葢亦有繇然已何也祖宗得天下征戰殺伐之餘當儒學衰熄之日人才未盛隨所得而用之乘其彊富精明之時鼓以奮迅邁往之氣而又隨之以賞罰懲勸之實當是時人才豈可以方類分邪今則羣多士而養之學限以歲月而爲之貢既貢矣又限以歲月而注之選將選矣又限以歲月而授之官年徂而地拘業荒而志沮一旦課功覈績乃俾與新進之士等抑何怪其不相及也歟夫天生人才自足以供一世之用雖時君世主各以意尙設科分類以求之然大要不出其人也故在漢則曰賢良文學茂才孝廉隋唐以後則曰明經有道進士制科使易其時更其目吾見前之充賢良文學之選者卽後之明經有道其人也後之充詩賦制科之選

者卽前之茂才孝廉其人也夫豈借才於異代哉是則今之進士與歲貢士其初蓋均是人也特有司錄用之法與士之自待其身者不同故異時成就者遂差殊以觀爾脫今之世悉罷科舉而惟責郡國歲貢士焉則世之趨尚號進士者又胥藉是以出矣豈能避有司之求而悉他塗以自見乎吾友華君源潔篤厚而雅愼明敏而通練自少治進士業勤且精矣厄於造物者屢試場屋不利今年貢至春官及入試㡳然占前列詞翰燦然意氣壯盛縉紳多士皆器異之事竣復遊南廱揚人仕於朝及諸嘗往來者咸屬予言以贈巏與源潔同里閈

且有連交遊最久源潔母孺人居孀有節操今年垂八十矣源潔以年而貢非所好也姑以慰母氏之心巏故罄意所欲言者爲告南廱之士異時有擢高科列膴仕以才業聞於世使人不敢例以歲貢少之者其在於茲乎其在於茲乎

送鄭先生知博白縣序

儲巏

始先生典教泰之日巏年十七八在諸生後獨獎與之閒語巏曰春秋一經自先聖筆削後歷數大儒箋釋微辭奧義多闡白然尙有可議者予嘗脫去傳註直取聖經讀而玩之其詞簡其事覈其義深其理直凡當時國君卿大夫之功罪會盟征伐交聘之是非中國四夷之賤貴亂臣賊子之隱微莫不昭然簡冊有不待三傳而見者學者有得於是則爲子爲臣臨大事決大疑殆不難矣子質敏可更授之巏時方治毛詩工舉子業弗暇然蓋有待焉迨癸卯領鄉薦甲辰遂貢春官與賜進士

第欲往授其說不可得矣嗟夫學莫大於師友之益古之人有越境去國從之游者幸而卽之雖羅飢餓觸厄難瀕死不忍去誠以所樂在是也巏幸先生臨教之且欲授以所自得者挈而躋諸高明之域不可謂不遇矣而庸惰玩愒卒不果從事是可慨歎也已又明年巏授南京考功先生亦滿九載矣選於吏部當道者重其才超授知博白縣道過江東巏謁之先生曰子卑官也藉子稍有聞子奚贈我巏曰先生明春秋經剔去浮僞獨得聖人之粹精其用力勤且久矣巏雖不竟其業博白之衆必有豪特儁偉者在其閒又奚患乎無所傳也然

昔者惟見於文字議論之間今則得百里而治之措諸政事而行其所學矣是固先生夙願也論者謂五經之有春秋猶法律之有斷例挾而治天下有餘裕矣矧一邑哉敢以是爲贈

賀顧處士六袠貤封序

儲巏

金陵吳楚間一都會也大明興肇爲京師既七十禩乃爲南京視前代蓋東西都焉地據江山之勝高城深池包絡林麓與陝之河華洛之峭澠相埒俯臨仰矚使人氣象廣大神超而意壯其神皋奧壤崇臺閒館仙佛之所廬漁樵之所舍使人游閒騁放得以訪古而宅幽其閭閻巷陌都人士女被服袨麗車騎雍容歲時追逐謌舞愉樂使人永日而忘年其宮闕之壯府署之嚴周廬環衞之臚列凡祖宗謨訓之所在流風遺烈之所存使人悚然過其下慨然以思肅然其有言若是者雖陝洛不得而兼也故大夫士退老於家與幽人逸士之家食者多列第築室於其間而愚逸顧處士則故家於金陵者藏書千卷治田二百畝年甫六十拜仲子璘吏部主事之封褒衣博帶出與士大夫遊退則敎其子若姪耕且讀優游容與飫金陵之盛頹然以老焉蓋世之治也王者之化自泉而流溯既其久也自葉而流根其治常相因而勢亦相維徵諸三代蓋可見已憶巏未冠時挾冊來遊間觀金陵之盛聞諸長老猶以不逮宣正之際爲望及今四十年復來考政事諏民俗所不改者江山城郭而已嗟夫賦東京者必述陪都之盛記洛園者直

侯天下之盛衰此豈非有位者之責乎會璘之友戶部郎中朱升之請予文致賀處士予既有慨於中又喜衣冠之族猶有曩昔之風且愧圖回以復盛觀非予力之所及璘材偉而文雅志當世因其請乃屬而告焉稱觴之頃聞予言於處士當以爲何如也

張母節壽詩卷題後　儲巏

予觀節壽詩卷喟然言曰天人之合難矣古之壯夫志士暨烈女婦當變故厄窮之際毅然不變克完其天何可勝數哉迄今乃或名氏無聞及稍聞者或子若姓又藐焉隱愚罔獲紹大厥世遂顯揚之嗚乎天之所難能於人者人或致之人之於天攸賴焉者天顧莫之逮焉此予所難知者泰人張壽母周氏弱年棄諸夫壽甫踰晬母誓不它今七十歲矣享其婦女饋養迨五十年修於人而獲諸天如持左券此又何哉故君子亦徵於善而已至於悠遠得喪蓋非所計也母居之室戶曹冒先

生顏曰節壽既序其事且多詩之者復屬予題其後夫職文字以揚義烈予事也矧吾鄉人惡可辭歟

題李時行書卷後　　　儲巏

右東坡贈王定國詩鄉先生李公書也初聞中鄭公定以書名一時名流爭慕之公得其所書秦淮海小詞手模之二十年遂別出意態放逸閒麗成一家書公性最蕭澹獨嗜書不厭每過交游家不問其在與亡也輒易冠解衣䙝行坐哦壁間詩命紙筆疾書數十番欣然竟日以去妻嘗在蓐公爲治湯具就煬灰作字指畫腕掣不少休久之聞兒啼聲始悟其妻須飲也公名子字時行仕至青州推官其歿也妻子貧無所歸寓葬于青而家焉嗚呼可以見公行已前數十年公書流落人家者

尚多時人不省重之今購之者高價不可得已蓋古人雖文墨細事亦有泯沒當時者然其輝光精采終不可蔽故公之書亦暫晦而卒章也此紙爲西園邱本和氏所得既而貽其甥方生禾西園好古工詩歌行尤藉藉死六七年矣至今里巷間亦不復有斯人巏嘗慨吾郡前輩淪謝遺事往往不傳今人至有不省識姓名者況其大者乎竊欲訪而錄之未暇也適禾解試持此卷過余乃述所聞題其端而歸之庶覽者知公之爲人蓋予之所嗟慕者又不但如公筆劄之妙也

海陵文徵目次

卷五　明

海陵文徵卷五

鄉後學夏　荃退庵輯　陳寶晉守吾校

明威將軍指揮僉事喬君墓誌銘　儲　巏

君諱岡字世崇其先上都人洪武初歸附中國有爲百夫長者至諱完成者嗣其職永樂閒始賜姓曰喬君之祖也完成之子諱琳屢以戰多積官至明威將軍揚州衛指揮僉事君之考也君年甫弱冠明威公以防秋卒於京師君聞訃痛絕卽日杖而行家人請治裝君叱曰此何時尙從容邪跋涉數千里奉匶以歸成化庚寅乃詣兵部襲明威公之職莅官十有□年年踰強仕卽致其事退休於家課僮奴治田畝先之以勤儉不數年財雄里閈周貧已貸爲鄉人所趨暇則輒延文人名士譚飲以爲樂精悍之氣猶時見顏面閒蓋君本欲以武自豪承平久且隸於揚顧無以發俛首稼穡蓋非其雅尙也享年六十宏治乙丑五月九日以疾卒於泰州之舊第配王氏子男七人曰仁曰侃曰傑曰偉曰伸曰儀曰倣女三人淑端淑正嫁田欽王輣皆舍人淑好在室孫男三人女四人君之配巏伯外祖明昇之女先妣恭人之從妹也王氏望族動庸德隱世有聞人諸甥壻文科武級服金紫者至六七人郡人論婚姻之門閥必曰王

氏賢且貴君諸子業儒力田翹然有立仁襲君職尤以才謂自見今選掌衛事嚮用于時是雖本君之教然母氏之德善外家之源流所成就者多矣仁昆季以年月日葬君於泰之某鄉某原前以鄉進士王敞狀寓書來請銘巏發書而泣曰此巏應銘者夫復何辭銘曰

賜姓於國以開厥家累功於代載振厥華維君之材克纂前武櫜弓縛戈乃棄不取海陵之壖我佃我耘我食其力聊樂我員不究其施嗣也則顯不昌其年世也則遠最裔之初曁君之終刻銘于墓用耀無窮

張存善墓誌銘

儲巏

公張姓諱玫字存善號裕齋國子助教贈奉直大夫訓部員外郎頎之子奉直四子長曰文是爲遜齋先生起家進士累官浙江按察副使公與弟敦數自少胚胎問學內外資討務博以深舉儒士屢試不第既遜齋貴敦復游學獨任以家乃疆舍所業當是時淮之南公兄弟最以學行聞人不異其窮達也公性孝友奉直官臨邑時病痞甚有僧自代來謂能愈是疾奉直難其藥公私嘗口進服之遂愈母成宜人蚤世奉繼母許無閒言內仁九族完昏訖喪恩義斬斬嘗出見嫠婦抱幼子行以

泣問之則曰妾故王令之妻也卽推衣食與之葢公負材雅意仕宦既無以發故隨力所及爲之如此米鹽不可誌得年五十有七卒以成化丁未十二月六日配高氏得母婦道繼景繼陳子男三人霽霈霆一女瑞英孫男凡四人其葬在宏治元年二月八日唐莊之原公性闓直儀貌偉重善論事猝以禍福臨之不得初若不可卽處久迺益不厭語輒見城府面折人過而人不怨也晚築室城隅別號雲莊老叟鼓琴嘯詠其中意豁如也詩文閒淡有裕齋集若干卷疾革顧賓親訣語翛然而逝初成化壬寅遜齋捐館舍無何敦卒至是又及公年

率不稱所得迄今人語及輒悲焉嚾兒時辱公愛嘗欲妻以女子不果後竟以甥女妻余季嵐去歲過家詣拜公墓霈傫然廬其墓弔既以銘請曰先人遺命也嗚乎公墓予固當銘豈謂今遂銘邪銘曰

多學與行趁美父兄既處而家奚不久生伊今之缺既遠斯嬴尙茲來者以鴻厥聲

何處士墓誌銘

儲嚾

處士何姓諱似字宗輔其族系遷徙世德之詳在其考以行誌中誌處士之友遜齋張公所撰也處士長身皙貌譚吐明暢自嚾童子時見其所與游者皆老成名德之士于時處士從子艮貴仲子艮載游鄉校治舉子業嚾相繼師之日往來其家處士喜曰儲氏今有子矣後嚾再不第讀書郊寺中處士閒具酒食攜客相勞問指佛前熏爐謂嚾曰譬如是香人無異聞則中邊皆香矣嚾悚然感其言及嚾忝科第備員于官處士寖老且病矣得閒屢往候之坐予臥榻前或輿疾過予語竟日不輟一日愀然語曰某事子宜戒某事子何爲然邪詞情諄切惟恐嚾之行盭于素褱于成也嗚乎覘嚾之進止而忻戚勤焉如處士者豈多得哉處士讀書通大義不治章句其修于家施于宗黨者恆與書傳合天資闓爽明能知人交朋友不侵於然諾貲產不踰中人其周人之急若有餘者薛甲母死猝不能殯處士輟母棺與之或曰奈公老母何處士曰棺可卽辦渠母不可羸葬也歲饑輸粟若干石令得冠服如有官者處士曰非吾志也布衣巾帽終其身忻忻焉晚年益務謙晦郡大夫鄉飲以賓請輒辭謝不出耆舊故人結會以娛老請處士

祭酒則月赴之配孺人胡氏百夫長志學之女贈禮部郎中大經之妹陝西參議玉之姑也慈明裕順稱處士之配享年八十有五宏治癸亥三月二十有六日終于正寢孺人前處士一年生其卒在處士卒之明年奇四日焉可謂偕老也已二子伯瑛仲瓚瓚字艮載以毛詩發解授廣昌縣令一女適馬宏有孫四人勛勤來東曾孫六人孫曾女又八人以某年某月葬某鄉某原胡孺人同日竁焉初處士下世巏作詩寓哭之頃又獲哭處士於殯廣昌先生曰吾翁葬子宜銘巏敬諾之至是瑛走京師亟速銘痛惟處士遇巏特厚故巏誦其語愈久

而不能忘乃追識之以致巏之所以哀處士者既又掇其生平之槩而系以銘銘曰

是惟海陵何處士之墓有淑者人同穀而祔其藏宜深其封宜固嗟後之人孰其敢侮我銘諸幽永賁終古

吳處士大有墓誌銘

儲巏

吳伯瑜瑾卜宏治庚申冬十一月壬申葬考處士於場之老壩原前期手狀請予銘曰先人病且革謂不肖瑾曰愼毋以浮屠喪我若不死我其匄儲考功銘顧予不腆之文何足爲託重念處士屬纊語瑾又禮葬乃敍而界之銘處士諱完字大有揚之泰州人自其曾大父子茂大父孟安考文韶世家富安場積善于野文韶配夏氏處士之母也處士少有至性聞人言子爲父母劬勞報者宜素食三年卽斷葷肉如其言既長治家嚴肅勤儉爲子弟先愼交游重然諾里中人多善之女弟適某

甲甲死衣食之於家克成厥志族人腴田若干畝售既成劵矣慨然曰昔人買田以贍族吾乃盡吾兄弟恆產乎毀其劵不索其直轉運使建社學指長地以獻子之金辭不受判官徐鵬舉難之特書於冊亭民季選輩壯未有室曰吾渠長也爲料理之處士稍讀書篤嗜子朱子小學不厭每日是日不可離者觀其行得諸小學爲多可謂善讀也已享年六十有四卒於己未八月十有八日娶沈氏生三男子瑾玟璣瑾州學廩膳生女嫁崔乘一許謝鏞孫男二人鵬鶴女六人諸場岸海民恆以魚鹽爲業頃歲子弟多翹秀喜文學予固異之瑾敏而

文葢揭然者乃知多繫乎父兄之教也銘曰
維古小學聖作經蒙以養正斯蒙亨周衰教弛書焚嬴
後生倀倀如瞽盲中行獨復峙考亭箋詩註易羣言幷
謂聖有基繇弱齡喻彼大木培初萌爰輯此書垂範程
炯然萬古流日星猗歟處士篤且誠三復斂衽稱神明
童而習之老逾精豈徒誦說俾躬行載觀往哲揆平生
存吾不惰沒也寧高原膴膴窨有扃賁幽掇此鑱爲銘

范景儀墓誌銘

儲巏

君諱禹字景儀揚之泰州人與予同里閈故予知君行
系葢詳初君兄景立無子君憂之亟爲置媵妾數人居
數年寂莫有乳者立顧君以老求嗣意寖衰君不已益
出鈔幣物色宜子者得某氏女加勸而納之已而果生
子先是成化口年饑縣官募民粟散官寵之君曰此可
稍歡吾兄也慨然發若干石得拜其兄階某耶嗚乎立
之未嗣也年幾六十環衆妾而無子意且休矣非君切
切不忍獨其兄何以延續厥宗迄今而後哉此予誌君
之墓不及書它特書君友義之行示後之人子不忘也

范氏故泰之衣冠家君祖均實元領軍副使考仲先焯
有隱行祭酒吳公節表其墓君配馬氏鏜鑑欽所生子
也鏜以太學生竢吏部選君享年七十有一卒於宏治
己酉五月六日卒後月日葬郡城西某鄉乾山之原鏜
娶徐予祖姑女也迺寓狀屬予銘銘曰
觀人之行當取其大大者不渝其細可槩允義范君克
友因心左右其兄克嗣于今豈今之嗣將百其世俾爾
孫子胥受明祉遙遙大家有開必承我銘在茲庶其有
徵

陽武縣知縣許公樂墓誌銘　　儲巏

許君公樂以宏治十二年八月二十有八日卒于家殯蓋三年矣其子錕以未克葬不除喪禮也至是始得宅兆城西之原以十五年三月十日遷而窆焉君之友都事吳君述事狀錕肅之偕來請銘巏兒時挾冊從諸生後及見吾鄉前輩師儒之盛爾來三十餘年矣比過家訪之向之前輩或處於鄉或倦於仕存者蓋無幾人顧瞻里閭每有老成淪謝之慨若君者尤一鄉之特仕既不遂而又僅得中壽以歿則又何哉不能不重予之慨也君諱僖公樂其字經歷斌甫之孫處士宗善之子少

補弟子員長身偉貌秀出行輩長通周易務博覽爲文詞郡子弟多從之遊屢入場屋不第年幾四十以貢至京師卒業太學注選於吏部復家食久之始選知河南陽武縣君初莅官悉心民事夙夜張施不懈鄰境盜遂入陽舞者輒爲君獲之才譽稍起會有訟及君者臺察入其言逮君于理君曰民習素惡前令鮮有終任者吾雖力辯得白然豈能堪獄吏邪卽引咎棄官歸日以載籍自娛暇則與耆宿故人飲相率爲會士大夫侈其事圖詠傳之配周氏側室沈氏周生男錕也女子長者嫁王國泰次聘都事君長子宗武未行而夭孫男二人一淸一甯初經歷公未老蘄罷官閒以諸子廢舉汀准閒嘗泊礬山天大風波濤洶甚喟然曰力田不愈於末乎迺買田數百頃歲積穀幾萬石至君之世父宗裕遂發囷助有司饑詔旌其門君之伯兄信又緣是拜散官故許氏在海陵稱右族君雅負氣不受人軒輊自念大父恬退又顧田廬可老故一遭躓抑奉身而歸歸五六年迺病病幾一年迺卒卒時年六十有五於戲豈非命邪君丞善巏且家世有連君之爲人又不可使無聞銘宜不可辭銘曰

其才翹如父兄之澤其文匪如膠庠之碩成才孔艱亦

既于試牽車方馳遽褫其驂孰爲孰尸不竟其施相古先民恆鑿於斯嗟嗟公樂今也則亡不瑕有命銘永其藏

林文玉墓誌銘

儲巏

子居憂於家鮮過從妻周之兄之子瀛數晨夕焉一日介林氏子昇衰絰見曰先世父廷瑞雅善林文玉以女妻其少子旻文玉卒旻與其兄昇創痛惟所以厚其親者乃力營宅兆覬得顯者銘曰庶不棄吾親於埜也語未既出瀛所述狀再拜以請予嘗患世之野師談風水善禍福以惑人若伊川先生葬說儒者所當從者則又漫不之講林氏子迺然且圖文字託諸不朽是可嘉也已遂按狀序曰君諱瑄文玉其字世居揚之泰州考諱興母皮氏生四子君其暮子也父母歿兄弟異居踰十

數年君貲產日富諸兄私語曰天何獨厚四郎邪伯兄文質曰不然吾儕不如瑄勤不如瑄儉尚奚天之咎諸兄告不足君屢周之嘗值大寒往遺以錢穀曰毋侈費詰旦雨雪他人不相顧矣諸兄感感泣君力田於鄉有老農死無殮鬻棺以葬有壯未室者假貸以成之鄉人德君甚至則老幼遮迎曰翁來矣翁來矣晚年州大夫諉以稅長益惴惴敎子弟畏法平斂瀕終尤以克家爲誠得年六十有四生於宣德乙卯八月八日卒於宏治戊午冬十有二月四日妻沈氏生男二卽昇旻女子四王瑞張允唐湧邱承信其壻也孫男二女五長者許嫁賈經鄒鎮滕貫以卒之明年蜡月既生魄堋於下水溝之新阡瀛言其地視他處突出水從巽來旋繞其趾渟瀦悠揚匯流於坎葢堪輿家所謂吉壤也銘曰

兌之山巽之水樂哉斯邱完且美緊誰塴卜君之子甯君如斯君不死乘金穴土氣終此有來孫曾胥受祉厝維協洽歲遒止泐銘元石志其始

宜人王氏墓誌銘　　儲巏

太宜人王氏諱善果處士明遠之季女封奉訓大夫南京戶部員外郎冒公之配中憲大夫武昌府知府政之母也奉訓公少孤孱端慤可念處士屢目之日是故儒家子宜娶吾女家人爭沮之處士堅不可奪竟納于家旣而生中憲甫十歲乃改館於外宜人佐奉訓公持門戶典饋祭率有規緒中憲旣冠奉訓公命治舉子業人多以爲迂宜人獨慫慂之日詩書汝家故業也成化乙未中憲舉進士第踰三載考主事最勅曰政母其封安人升員外郎未及考會皇太后受尊號進宜人春秋旣

高紡紉不少輟服食儉素第如故常歲時之嘉一飾冠帔而已閭巷閒益高之相傳誦爲子女法享年七十有七二子長爲中憲次曰文明經飭行州學廩膳生女嫁何琋繆遵孫五人朗艮彤朏育曾孫曰繼宗孫女七人曾孫女三人俱在室初中憲在郡臺察屢以治狀聞吏部覈其然請誥封之中憲念親老亟馳疏乞貤封辭極剴切司封格以例不果尋乞便郡養巏曰于部郎中曰行且擢矣欲徙郡何邪爲寢其奏至是滿九載歸次南京聞宜人疾亟妻子舟中信宿馳以歸至則歛之七日矣卒之日寔宏治己未冬十有二月庚申也巏走位哭曰天乎先宜人蚤見背得見其女昴弟猶先宜人也今日亡矣悲夫以明年春三月庚午奉葬先塋之兆永吉鄉之原中憲持進士徐蕃狀哭語艮曰知吾母者宜莫若太僕弟汝往請銘惟我王氏爲世顯姓居海陵者族大而貴宜人諸父兄皆武功積官殿藩翼衞握兵四方姊娣從女之甥壻又多聞人大官蟬聯赫奕他姓莫與埒冒氏自仲智父名儒起家充郡博士至奉訓公父子遂以宦學顯庸于時合二姓之美以配故宜人在家爲淑女及嫁爲賢婦母盍教習然也而處士之明識迄今人僉稱焉法宜有銘刻諸元堂顧非巏任也巏雅師中

憲獲銘從母命其可辭銘曰

王氏著姓條遠益蕃婉婉宜人毓此德門伊誰相攸處士之識伊誰作配大夫之德篤生偉人直大而文留署南邦聲蹟焯聞帝嘉艮臣爰錫其母天監母賢載釐其後既多受祉而壽亦躋凡今婦女盛孰與夷巏作銘辭敬揚淑懿尙有龍光賁茲幽隧

錢孺人陳氏墓誌銘　　儲巏

海陵錢處士大有以儉勤靖退聞於鄉力農服賈類古自食其力者子嘗壽之以文曰翁之儉鄉之子弟宜師已處士長子浩克肖其德入貲拜散官稱義民予官京師時聞處士暨浩卒爲惋嘆者久之及予罹內艱歸處士之配陳孺人繼卒於是其季濟持成名狀詣吾廬請銘予以服辭濟再拜進曰先人雅善君濟之少也且辱君遊君忍不銘吾母予哀其意迺爲撰次之孺人姓陳氏諱善甯處士文玉之女郡博仲艮之孫歸於錢處士凡五十年生三丈夫子浩洪濟洪先浩卒濟今爲國子

生注選於吏部二女嫁王經孫鑑孫男七頁貫資賙貯貞賛女一人享年七十有七卒於宏治己未七月二日卒之年十一月二十有八日奉葬七里溝之原合處士藏焉處士性簡重面目嚴冷事稍忤其意輒斂襟危坐竟日弗語家人莫能測孺人勤明慈儉終老無懈克左右之故能閨庭雝睦底成厥家婦人行不踰梱自非奇異絕人者里巷閒或莫之聞設非其人毀敗其家業人固得而指摘也跡錢氏之興蓋多孺人之助予故特取以誌若夫澣濯洒掃之常筐筥錡釜之細雖繫於婦職不具載云銘曰

維儉與勤克順厥身梱德之艮天錫其有既富且厚猗錢之昌穀也好逑死歸其邱我心既臧嗟女孫子無忘其嗣百世之藏

儲府君墓誌銘

儲巏

伯考宗節府君年六十二成化丁未五月廿五日以疾卒于家卜以卒之年十九日奉葬招賢鄉之西原吾父承直君抵書諭巏曰爾伯父之行爾悉之爾宜速銘嗚乎天乎我伯考質行醇德既不紹厥後重弗永其年巏尚忍不銘以傷吾父手足之情巏乃抆淚序而銘之序曰府君諱禮宗節其字處士仲文之孫景榮之子儲氏舊毘陵士族分徙泰州嘗中微矣府君聯其兄宗德弟宗明曁吾父藝農服賈務張其家久之稍有集叔祖景昭性爽豁醉則拊先祖景榮背曰吾家獲復舊觀繄吾

兒諸子之力府君性謇壯恆慎于法閭巷間見醉人趣走避之里皁或至門懍懍然曰何爲撓官府也配陳氏生男趣死置一妾竟無子府君曰命也吾且老矣遺歸其家陳一女嫁戚氏子瑰初巏之幼也諸父特愛之異羣兒焉長伯父宗德嘗曰吾先詩書之脈幾絕是兒聲敏殆將繼之乎卒後十有四年巏始忝甲科府君跋涉暑月攜妻孥就之京師已而拜今官又護之南來葢死生苦樂相俱也巏賴先澤粗克有立嘗痛長伯父蚤世不及畢受其訓所幸府君與吾父稍及見焉今府君又不享其祿一日而棄之此巏沒世之痛也於乎銘曰

不盬其常何以弗後不傷其和何以弗壽刻誌銘哀庶幾不朽

母宜人董氏權厝誌　　儲巏

母宜人董氏揚之通州人皇封奉政大夫吏部郎中家君之繼室宜人爲處女二十五年而嫁嫁十有六年而卒寔宏治戊午八月之廿八日也初成化己亥先妣王宜人見背既免喪弗欲再娶巏與弟巖閒從容以請家君泣曰卽有德善如汝母者乎不聽久之聞董媼女既笄而賢乃因賓灼以告始諾而聘之宜人既歸凡家君食飲衣服之需視蚤暮燠寒恆當其會饋賓薦祀以式以時及巏竊位于朝封安人既又進宜人家君每罷酒輒泫然流涕曰先妻不及封而及汝庸非天乎汝其思

所以繼之宜人益斂戢不自勝家君曰是善事我有男一曰峻女三伯仲許嫁馬鎭王槐孫四洵湞滋汝女六一許周沐皆艮族也巏夙負罪委冠踰年天奪所恃居常慨慕抱終身之戚焉及宜人來母得以事先宜人者事之無何忝鄉貢往試進士遂拜官南京吏部再調吏部越至今官忽忽十五六年間得間過家者三晨昏宜人之側者僅十餘月而已所冀來日之長也孰意偏罰罪甚菑禍薦延醫藥不及侍含斂不及親終天之慟曷其與極奔喪抵廬卜以卒之年十月日祔葬先妣王宜人之墓卜人曰茲歲未可以祔家君曰其聽之乃厝於墓之東若干步俟改葬請太史氏銘焉

亡妹馬鎮妻壙銘　儲巏

妹行四以行名小字淑憐先繼妣董宜人出也自少性警慧習女禮輒通解宏治戊午秋宜人見背巏奔喪歸廬舍妹婉婉家君側襁衣槃食巏甚安之服除年十八巏爲飭裝嫁里中兒馬鎮甫三月病瘠而死初小弱弟嗲四歲瘡痘妹日夕保抱與之俱適姬之疾至私念觸其瘡不可飲冷水鬪之遂感疾百方莫能愈既羽堅請於夫遷寢室之東偏曰吾尸此榻新人殆弗用也臨絶家人匝視之遽請之出曰我更衣留女奴侍我少選入則目瞑矣嗚乎痛哉寔宏治辛酉夏四月十有七日也

鎮以卒之年五月十有三日葬祖塋北東若干步巏哀妹之明淑而夭也哭爲銘丹書于甎納以識其墓銘曰父母女之姑舅婦之夫也妻之胡弗宜之而已於斯

何處士宗輔墓表　儲巏

海陵何處士既卒凡郡之大夫者俊相與弔於廬四方之旅遊而賈居者相與哀於市田野村疃場亭之民相與奔走以驚問曰處士亡矣則又相向而悲處士無官於朝無俠於鄉無貲力以雄於里閈嗚乎果何修以得此哉初海陵前輩有張存節氏以雄文博學爲諸生倡方聞豪邁不汎交人有弟存善氏劬學惇行名次其兄兄弟皆偉人也偕友於處士而兄呼之存節氏歷官中外歲時致書物問起居不絶蓋既老而敬不衰焉有王禮莊氏讀書善談論嗔笑譏詆一發於詩布褐於家視

當世之事若夙習然者公卿罔浸聞其名晚年每謂鄉子弟曰我老矣何宗輔論事有識汝曹其往依之禮莊之後有本和邱氏焉本和工詩倣唐人諸體尤長于集句渾成可誦閉簾據几授里中兒句讀温然老儒也交於處士父子閒觀游嬉宴恆俱焉四人者人品有顯晦行輩有後先與處士友皆至懽而莫逆傳曰居視其所親處士之德善繇是槩可知已昔嚴君平在蜀因卜筮導子弟以善王烈居鄉里盜者慚訟者悔當是時大夫君長莅之於上顧獨不能化其民歟抑孰知民之感化者乃在於法象禁令之外傳所稱逸民隱士豈可盡謂

其無補邪吾州僻在淮海之間風俗自昔樸厚然人才鮮少不獲與名都壯郡齒嚾竊憾焉每一聞耆舊凋謝輒泫然悲念曰其存者復幾何前所稱四人者嚾猶及見之倏忽二十餘年處士復喪於是乎老成人漸淪亡矣後之來者豈無其人其賢於處士邪嚾固不得而知也祇若是其賢焉不及今表之於墓則前輩遺風日就湮滅鄉閭子弟何所觀法嚮於善哉將又誘於誰邪處士諱似字宗輔羣行顯然者嚾具誌於幽堂茲特牽聯書其大者以繫鄉人之思他固得而可略也

祭通政夏廷章文　儲嚾

昔我初仕與君同官壯年意氣相得甚歡君資茂明渾然在璞說詩論文皆本家學據今援古尤熟前聞有觸其緒談辭如雲維時留都多士攸集老成博雅相望林立君扳與友予亦追隨接席聯轡游歌宴嬉同署十年君留我去薊樹吳雲渺然異處君官再陟三詣京師每話夙昔竟日移時僧廬餞行城隅執別引領送君烏帽出沒丁卯之春我來自京聞君喜劇言續舊盟舟次留城得君之訃淚灑南天痛徹心腑憶昔結交升君之堂今來締好哭君之喪俯仰廿年悵焉今昔纍纍諸孤増我悽惻維君平生有行有言我無愧色銘于墓門歸葬有期君不可作薦酒陳詞淚與杯落尚享

挽張母詩引　　儲巏

巏兒時聞諸鄉鄰謂敬修甫之學成行修舉名進士多其母孺人之力稍長適敬修甫解邃安令而歸始獲與之遊初敬修甫有官時負其才具視一縣坐治之然性狷直不喜媚權貴人卒爲其中傷失職母曰官有命不可以吾養奪兒之直遂頹然與之歸焉母之賢由是益彰母享年若干去歲某日以壽終於家巏縻祿於外不獲赴葬乃請於知敬修甫者得詩共若干首以寄哀之夫古之賢母嘉婦多繫其夫子之賢因致譽於當世名人遂託於文字以傳不朽母有子矣其葬也紀行有狀

誌幽有銘不患乎無傳也又何假於是雖然憂其或無以傳而備爲傳之計乃敬修甫之志抑子鄉人之私也烏可少邪詩既成帙巏不辭序諸首

寄費閣老　　儲巏

巏備員無補閒中每念及時事姑以所急者奉瀆且如江西流賊初開劫掠出沒止百里之間合省固未罹其毒也自調狼兵以來征科供億已增一番民害矣然狼兵凶獷嗜利其淫污劫戮尤甚於賊養寇縱賊爲害日滋今當事者既不能節制土官其土官又不能斂戢其衆昨賊已散蔓徽衢閒矣禍將何時而已邪僕之愚謂狼兵既不可猝遣諸餘又不可變易莫若擢一大將如咸甯伯者領京邊官軍各數千人奉勑前去督同狼兵殺賊一則彈壓之使不爲害一則激勵之使速成功賊

平之日就護送狼兵出境使之知中國兵威不敢玩視以弭後患愚見如此未知何如附上以備采擇執事宰制四海使萬物各得其所況江西父母邦也諒軫諸思慮久矣奚竢僕言不宣

與張都憲朝用　　儲巏

弄兵潢池者所在未已長淮以南大江以北獨晏然無事皆執事撫綏之力也林下之人得一安穩與斯民受惠多矣近京兵復出賊勢愈堅竊恐山東饋糧不繼意外可憂且賊勢窮迫又復窺淮有城池者可以自保鄉村鎮市罹此慘毒奈何淮揚近日簡募兵民雖眾但主客之心不一且無善將者統御之若復窺淮京軍蹙其北淮師截其南亦一奇也此皆臆見想在執事軫慮中矣

再與張都憲　　儲巏

兩淮饑荒甚勞撫餒竊讀乞糧封事幷與東山先生書經濟之才忠愛之藴益深歎仰近蒙聖明憫惻免折色糧價免俵印馬駒恩甚渥也但不知廬鳳與揚米價徵起若干開種鹽價上納若干果如其數伏望執事傚曾南豐河北救災議損益行之巏所慮者前價未得耳至於各衙門諸餘銀兩亮皆以便宜發之不敢贅鄙見謂目前救荒簡便應急百方以思莫如截留漕運之米爲善今畿甸穀價殊賤若以太倉年積乏價召商糴納百萬餘石每年軍士月糧開支一月則三年可盡矣一則此間賤不至傷農二則倉銀不至他費卻留漕米五十萬石於淮又不下常年之數是一舉而三利於空白中得此若干糧以賑饑也亦有欲言者戶部以事干漕運爲詞謹奉白以俟裁擇儻以爲可馳奏之未晚也巏無補鄉郡甚切憂媿恃愛輒敢忉及伏冀鈞照不宣

與徐宣之　　儲　巏

吾鄉之災乃至此極哀哀元元罹此凶歲果沴氣召之邪抑天殺也巏前疏宛轉許力止得免印息馬當事者似不欲此事出於僕當蘇秦時儀何敢言民稍需澤巏之望足矣免折色糧價聖明寬大出司計之上萬萬但恐不能救燎眉之急近聞遂之御史增饑民之數發折色之價甚强人意今京畿粟價殊賤若司農請發太倉積銀召糴百萬石每年軍餉閏支一月則三年可盡處之有道諒亦無流言於道路者卻留漕米五十萬石於淮不惟此間不至傷農兼流通太倉之錢可以杜別項借支之弊且又不減歲漕之數賤極必貴貯粟既多又可備荒此姑就留五十萬言之若多多則尤善一舉而數利得所謂糞土中得此數十萬以賑饑也曾與張時行論之時行上言只欲將倉銀給軍糧兩月是欲白捐三十萬兩故司農未肯擔荷亦有書與巡撫矣宜之謂此議如何巡撫公各項財穀悉以便宜發之斷無長孺所不避者請勸之

與汪憲副　　儲　巏

敝郡荒歉百年所無暴骸中野殆數千計哀哉有生罹此厄運南望鄉園潸然出涕而已所賴執事竭誠殫慮多方賑救尤遺黎之幸近巡按李公疏稱本府盧鳳折色糧價兩淮開種鹽價大約已得幾二十萬巏謂若果有之南豐河北救災之議可行矣使饑民併得數月之費歸而護麥治田以須秋望乃善後之策請與撫巡諸公一論之巏亦具書奉白矣近廷議欲發餘鹽之價留漕船之米果得請尤爲一助竢再報巏待罪無補媿不可言竢還定之日當拜公道左爲生民謝爾

復王太守克承　儲巏

揚民之饑而泰爲甚幸賴執事陳言設法畢力賑救邇者聖明憫惻窮民免徵折色糧價免印孳生馬駒可謂薄征矣不知盧鳳與本府米價并兩淮鹽價果如御史遂之所言否如有之乞懇申憲臺分方計口併數月給之爲勝曾子固河北救災議甚當今可行也此外各衙門錢穀俱可便宜發之矯制之罪必蒙宏貸併乞轉達廷議又欲蠲免各項征科亦有請再留漕上米者行否竢再奉白

與葉貳守　儲巏

近辱手劄諭及饑民及抄得撫巡奏本讀之內有備執事所呈者令悽出涕不能自已哀哉吾民厄運參會奈何奈何巏待罪無補媿不可言佚佚然懇於當路祈多方以賑之如免俵息馬發鹽價蠲折色皆聖明仁政又有生民困苦朕甚惻憫之旨巏謂卽此一念可以變沴爲和矣近張戶部再請留漕餫米其說甚當下戶部議亮必有所濟但百姓無麥與禾苗縣官賑貸恐不可久耳鄙意欲行曾南豐河北救災之議使饑民併得數月食價一面使之護麥兼治秋田乃可以善後亦有書與行臺矣會際請及之憲副汪君與執事素相得同事于揚疲民之幸也

與朱亭之　　儲巏

久不得書甚切懷念部中兩次辦事官皆未回想有書在彼副總時源追賊至黃州止百餘人劇賊劉齊亦在其中源索舟過江湖廣官兵見賊少欲專其功止源勿過源回兵生壽州賊遂奪舟順流而下五六日至南京在和尚港住一日南京操江幷守禦者怯懦無謀賊守風至晚遂揚帆東下抵金山掠瓜洲鎮江南京官兵始去應故事追襲竟不敢發一矢可謂無人之甚其賊閏月十五夜過南京今日家人來說因鎮江調兵相拒賊東過泰興沙上人家已遭其焚劫聲言要入泰州過揚

州北上又捨舟從陸矣奈何奈何今日已發人回家探看幷搬移入城矣兩日酷暑病體正費支持又聞此不勝憂慼蓋老父在家干係尤重微官眞是何物也此賊料之大約要逃命江海之閒如往年施天泰之類費許多氣力纔得捕滅非旦夕可以成功若如此邊江沿海州縣何以克當所恨者黃州人不宜止時帥南京不宜輕放過耳此書煩與洵姪同看安葉諸公皆當言責亦與之商議早爲處之

海陵文徵目次

海陵文徵卷六

鄉後學夏荃退庵輯　陳寶晉守吾校

重修儒學兩廡記

張文

三代盛時以堯舜禹湯文武爲之君而有皐夔伊傅周召爲之臣斯道蕩蕩與三光並明四時並行家塾黨庠國學錯布於天下初無所謂先聖先賢者廟貌享右其閒也世至春秋戰國君不堯舜禹湯文武臣不皐夔伊傅周召權謀功利之説興而斯道日以否楊墨佛老之徒出而斯道日以晦陵夷至於三國兩晉五季而斯道喪亡無幾矣使當是時上無孔子曾子孟子以及七十子之流相與講明於洙泗下無關閩濂洛諸君子推其説而大闡之則斯道不幾於泯乎生人之類不幾於盡乎於此見聖賢之功之大參天地而等造化百世自不可忘者故今四方學舍必設文廟東西廡右享先聖先賢垂旒耀衮大者王小者侯天子而下咸北面尊之匪過也宜也泰州淮南巨郡郡有學不知肇於何時自入國朝一新於州守張遇林再新於御史蔣誠久之兩廡寖壞又新於本府同知趙玹且爲土像以易木主而規制大備矣奈何邇來霖潦衍期颶風屢作兩廡又敝像飾漫漶提學侍御畢公顧瞻弗稱乃檄州守陳侯重加

修飾侯顧帑藏磬如謀諸寮宋二守郎侯澄判官丁侯齡輝吏目張君懋學正鄭君貴訓導何君湘林君琚各出俸餘爲倡且屬耆民之有行義者劉敬葉林葉錦華鏞勸率於衆得白金若干兩既新兩廡復增飭諸賢諸儒之像望之翼如也仰之肅如也經始於成化十六年十月初一日訖工於次年八月初四日已乃立石於學徵予爲之記嗟夫國家建學養才必以聖賢廟貌爲重者匪徒尙德而報功也將使諸士子有所矜式觀感焉耳然則士之遊學其間者烏可不以聖賢爲法哉博聰明於問學之餘謹言動於操修之地居惡在仁是也路

惡在義是也進則以斯道膏潤生民退則以斯道敦善風俗隱然與古豪傑之士相先後夫然後不負賢衛史良有司修學之盛意而二三耆老亦與有光焉此則國家之所以待士子者故用書此爲勸婁公諱謙成化二年進士提學先大體略細故陳侯諱志薊門人景泰元年舉人兩任州守食從四品俸二守郎侯以下皆發身科目素有令望者故知所本如是云

三賢堂記

張文

大賢君子出爲世用也未嘗不以膏澤斯民勳業當代爲己任然志有在焉而力或不逮則能相其力而成其志者斯亦大賢君子之徒與宋有天下三百年光岳所鍾奇才疊出而議者則以范文正公爲稱首觀其言曰士當先天下之憂而憂後天下之樂而樂此其立志之高固與一世同其休戚而凡所以膏澤斯民勳業當代者豈故誇世而要譽也邪仁宗天聖初公監泰州西溪鹽倉時海堰久廢民苦潮夕良田不可耕稼公具書白發運副使張綸奏上以公知興化縣用董修築之役

而會大雨雪波濤洶湧役夫散走旋淳而死者百餘人於是羣相譁言以爲堰不可成朝廷遣中使安之將罷其役又詔轉運使胡令儀同公度其可否而令儀嘗宰海陵熟知潮患於是力主公議而不可奪未幾公以憂去綸表請身自董役踰年堰成民卒享其利夫海潮之爲斯患前此之爲守宰者凡歷幾人而公以鹽職之卑了不相係乃獨身任其責而昔之所謂先憂後樂者言豈妄乎哉當是時公有欲爲之志而無可爲之柄不有張公爲之薦達欲圖斯役難矣役事方殷議欲中輟不有胡公爲之主張又安望其成功哉范公倡之二公和

之蓋皆有功於斯堰有惠於吾民報本追遠百世自不可忘者此三賢堂所以建也歷載既遡堂不可復存巡宰闕右李君誠來莅茲土慨然有重新之志乃按故址而經營焉中作一堂十有七尺廣長稱之外繚以垣東西南北五十餘丈朴而不華完而孔固肇工於天順辛巳仲夏落成於明年孟春李君不鄙請文諸石以紀歲月予惟三君子之深仁霈澤灌溉民心與海波不息仰高山而遵景行者蓋不多見也君能新其廟貌表厥勳德以垂示將來其中之所存固異乎人矣且聞君嘗白州司修繕運鹽河隄百餘里殆聞范公之風而興起者

與昔者范公築堰時有張胡二公贊其成而李君之所未成尚有望於後之君子焉並記以俟

重修西溪三賢祠碑記

冒政

泰州治北百二十里而遠有鎮曰西溪三賢祠在焉所以祀文正范公仲淹轉運使胡公令儀發運副使張公綸也三公者當宋天聖中嘗修築捍海堰堰成而民患除患除而民食足食足而民性復故立祠以祀之夫自天聖迄今凡五百年而祠巋然存者豈必材之良匠之巧哉記曰能禦大災則祀之能捍大患則祀之然則西溪之民之祀三賢禮也禮固百世不可廢也正德壬申春朱侍御冠奉天子命來理兩淮鹽政行部至祠下出公帑易牲醴爲文以祭禮成顧瞻祠宇喟然興歎諭分

司謝公貴曰文正功業著當時文章垂後世爲有宋人物第一胡張二公能與文正協力以成大功則其心之正大才之有爲可知矣是皆吾人所景仰而尊崇之者也其浩然之氣流行於宇宙永永不息況其精神心術之所在如捍海堰者其神豈不眷眷於此哉祠之廢壞若此其何以妥往哲之神靈而啟後人之瞻仰修復之責其在吾與子矣分司承諭不欲損民財勞民力乃節縮冗費以其羨餘購材陶瓦伐木集甃工撤舊而新之凡再閱月朽者堅缺者完仆者立漫漶者治規制加於昔矣植桂木於隙地表其節也蒔名花於中庭馨其德

也西溪之民樂之從而歌曰惟茲堰之成兮惟三公之賢我黍既茂兮我食斯全作廟以祀兮匪禮之慾何雨泩而風虐兮俾既壞而將顛茲既葺而孔固兮樂奔走於年年分司知民之樂也於訖工之晨躬率僚吏及民之耆老以告其成且謂成之歲月不可不記諸石而以屬予予何人也而敢記三公之祠必有大手筆如范公子陵記之膾炙人口爲古今傳誦而後可予何人也而敢記三公之祠辭不獲遂爲次第其事以復若夫成堰顛末鄉先達張憲副文記之詳矣茲故略之侍御河南固始人分司江西新淦人政之可記者此特其一云

王孺人張氏墓誌銘

胡　玉

孺人姓張氏海陵人也父仲和娶於阮生孺人嫁泰州守禦正千戶王銈之伯父琮年七十有二成化十四年八月初七日卒十六年二月廿二日葬於城西之原孺人爲處子時天性最孝嘗因母痼疾久而弗愈憂戚改常三年芻豢不入于口惟茹蔬菜而已及歸王氏蒸蒸婦道凡麻枲酒醬之紅雖婢僕森列必躬親焉人或勸之則曰我自樂爲此殊不覺勞也其天性蓋如此其篤孝於舅姑如其親琮之父克敬修淸淨元默之教以不殺爲念孺人遵焉尤諄諄以訓諸子今王氏非祭祀燕享雖隻雞之微未嘗輕殺蓋不忍背其先人之故故人稱王氏之孝者亦莫不推本於孺人嗚呼至矣孺人爲王婦也別無娣姒子孫十數輩皆其所出然能以嚴肅勤儉治其家使門內秩然纖細畢舉室無廢事孺人之力居多子五人銓鏜鋭鎬釗皆娶名門釗先孺人卒女二人長適醫官何淙次適百戶吳遵孫十人載範轂軓軒輪輬輿軦轗轂補郡弟子員女孫四曾孫二嗚呼孝其人道之大者也孺人爲人子而致孝於父母爲人婦而致孝於舅姑厥德厚矣則其子孫蕃衍門戶昌大夫豈偶然銘曰

維皇上帝降衷於民卓爾百行惟孝之云婦於舅姑猶子於親無孝不報必於其身女淑宜家男秀盈門昭哉懿行用勒貞珉

廣容橋記　安豐

林正茂

二氣呼吸胥壤開而海之潮汐生焉聞者乘風洶湧奔走如山物之所攖罔不摧敗使無所捍禦則桑麻五百里之區溢而爲斥鹵不毛之地矣先正范文正公所由以築隄也垣亙千里其東也抵海僅百里許西抵泰州治所亦如之東以興鹽利西以事稼穡其閒若無橋梁壩牐以建水之蓄洩又何以備旱澇哉此橋與牐不容以不建也昔在宋元民物未繁居是者寡庶事粗略不過徒杠而已爾殆至我明御極民日益庶政日益舉垂至正統十四年東淘善士王文貴覩徒杠之圮壞由是廣市石材易小爲大下搆圈門上衞欄楯所謂輿梁者是已殊異於昔之陋也奈何歲久而頹王氏公美又從而修之時成化六年也迄今甫四十餘年復見傾圮義官王尚端與衆謀曰斯橋何爲而遽壞也蓋由上無定牐以節其水性下無橋梁以接其順流故致奔湍衝激回瀾旋於橋之左右此其所以弗堅也于是捐己貲而鼎新之制度之工規模之壯俱加於舊上流則增以石牐下流則鑿以直渠蓋有得乎法水之良法焉衆請勒碑以示後而謁文於子茲橋之建所惠者大而河牐之創又有垂於永固可紀也矧文貴作之而厥嗣公美述

之厥姪尙端又繼之王氏奕葉之輝功德之相望蓋實
有可嘉者焉

請修築隄防疏　儲洵

臣聞禦患不救其源則勞於爲役而徹壞日甚計大事或惜其小則功未及成而並棄其初未有慮之不深圖之不固而能與可大可久之利者也臣待罪沔陽伏見其地南臨大江北枕襄漢西南二百里至監利西北二百里至潛江北二百里至景陵東北二百里至漢川地勢卑窪湖泊相連正係江漢下流原無岡阜障蔽諸水奔赴若就大壑民田惟土築圩院防禦耕種成化宏治間湖池深廣隄防堅固雖遇江漢水發易於防洩爲害未深自正德十一二年大水泛溢南北江襄大隄衝崩

湖河淤淺水道閉塞院塍倒塌田地荒蕪卽今十數年來水患無歲無之上厪聖慮曲荷拯援賑貸蠲租恩至渥矣臣惟重厚之澤豈宜累覬而思患預防尤貴及時且江漢之水每夏秋之交鮮不溢發使沿邊之地漫無防護徒於諸院小小補塞則高水湍悍勢若土崩至則衝突何功之有臣聞南自監利車木隄水口衝塌每遇川江水發不惟其縣受害而沔陽後浲茅埠凡一十六村熊家滜潭凡四十餘院稅糧八千餘石高低淹沒尺土不堪耕種自潛江排沙頭班家灣新開便河及沔陽石碑鋪諸處水口衝塌每遇襄漢水發則潛江景陵二

縣沔陽保江西危凡二十七村運河柘樹凡七十餘院稅糧一萬五千餘石亦無尺土耕種加以房屋漂流牲畜溺死巢居野處動經屢月束手兢斃言之痛心前隄雖屢經撫按遣官修築但地方廣遠工力繁鉅增卑培薄易兢傾瀉以臣覩之大患之後徹壞已極使非補天之功而欲禦建瓴之勢吾民不爲魚鼈鮮矣伏望聖慈軫念生民憂患勅下戶部查照蘇松修舉水利故事轉行湖廣撫按並提督水利諸臣酌量計議遣官隨地相度大江則自監利而下以及沔陽襄河則自安陸而下以至漢口大約俱不過三百里之地沿邊隄岸何處可

以仍舊何處可以增修如車木隄排沙頭班家灣潛江新河諸處尤爲上流利害切要之地若舊隄不堪繕整客土卒難堅固則移入近裏或數百步或半里許度地形之高卑驗水勢之緩急創築新隄委曲延袤務使高厚堅完永堪障蔽雖遇水發不致衝漫如礙有糧田土勘實奏免非如虛當勞費所謂漢人治河之下策斯善矣然修築事宜工力頗繁卽今民窮財盡若復越外取給則患未及除而首先受弊祇益其狼狽耳臣愚伏請查撥均州香錢或借支司庫官銀或將沔陽監利潛江景陵起運稅糧每石連耗徵銀一兩比照災傷之例免解本色每石準銀六錢解京其餘扣留在官以備雇募工食之費仍候秋冬農隙每州縣起夫各數百名併力修築量支口糧卽充賑給庶公私兼舉力役易完從前沮洳盡成膏腴稅糧有資耕治不廢方千里之民受無窮之利轉災爲福端在於此矣臣又聞之宋臣張綸之爲發運也以通泰海州皆瀕海潮水日至城下田土斥鹵不堪稼穡請築捍海隄於三州之境長數百里以衞民田朝議從之踰年堰成不惟當時民享其利至今通泰楚海迄無風濤之患其利溥矣況今所奏比之捍海之役其易十倍工力之費視一年蠲免與內帑出給之

數纔十之三四而已記曰利不十不變法況法不必變而受利什伯甯忍坐視患害而莫之救哉

請嚴黨惡疏 正德十四年　　王紀

春秋嚴亂賊之黨國典重同叛之誅宸濠計不足以謀遠力不足以制勝實恃太監畢徵以爲應援徵在江西未踰年而遽有浙江之調正爲同逆計耳如先任御史范輅嘗劾宸濠之樂官矣徵則擠輅以快其心浙之巡捕者嘗獲宸濠之間諜矣徵則釋之以隱其跡舉宸濠之孝行以釋主疑賞宸濠之軍士以結心腹又令都吏發官軍具器械期三更齊集候三司官四更入揖且收杭州各城門之鑰遂至城中軍民驚懼奔走哭聲震地若非巡按御史張縉破其姦預令三司擁兵自衞其夜

不知何爲也又聞徵曾遣人齎金帛於宸濠府中賀壽驪弓匠十二人羿之令隨從親信者又皆江西之產其初至浙江盡出軍器堆積如山候江西調用又有周管家者淩虐軍士毒害人民勒取財物數踰十萬罪惡不可紀極況徵乃逆瑾餘黨積謀背叛今宸濠已就擒獲徵尚雄踞浙江伏乞械詣京師明正憲典以除逆黨以靖地方謹疏以聞

奏改歷疏 嘉靖二年　　華湘

臣聞自昔聖王承天御極必以治歷明時爲先蓋乾坤奠位之後四時七政隨天而運寒暑之代謝爲歲虧盈之互易爲月晝夜之還轉爲日經緯之錯列爲星辰步算之周審爲歷數而王者天之子也歷數在躬故能奉順陰陽時以作事事以厚生而世治時苟不明晦朔弦望失其節分至啟閉乖其期則無以該洽生靈而世亂矣歷之明否而治忽隨之聖王所以必慎焉夫歷之來由黃帝而訖秦末凡六改也由漢高祖而訖漢末凡五改也由魏文帝而訖隋末凡十三改也由唐高祖而訖

周末凡十六改也由宋太祖而訖宋末凡十八改也由金熙宗而訖元末凡三改也一歷之改集衆見而治之思無遺智法無遺術宜其行永久而不變然歷代長於歷者不數歲而輒差杜預曰陰陽之運隨動而差差而不已遂與歷錯歐陽修曰事在天下其易差者莫如歷夫所以差者由天周有餘日周不足也天周有餘則天常平運而舒日周不足則日常內轉而縮天日之差而於中星乎驗焉堯之冬至初昏昴中而日在虛十一度虛者北方之宿則日行北陸纏於元枵之子也今之冬至初昏室中而日在箕三度箕者東方之宿則日行東

陸纏於析木之寅也計今去堯未四千年而差五十度矣再以赤道黄道考之勝國至元辛巳改歷天止冬至赤道歲差一度五十秒今退天三度五十二分五十秒也黄道歲差九十二分九十八秒今退天三度二十五分七十四秒也故洪武中漏刻博士元統上言我朝承運以來歷雖以大統爲名而積分猶授時之數年遠數盈漸差天度距元辛巳至元統上言時歲在洪武甲子僅一百四十年迄今則二百四十二年也授時歷法每歲差一分五十秒約七十年差一度今合差三度餘矣年愈遠而數愈盈然則治歷者豈可不隨時修改以求

合於天哉夫不隨時修改求合於天則歷必差而不入數也是以正德戊寅日食庚辰月食時刻分秒起復方位多與本監所推不合山東道監察御史朱節爲明歲差以正歷學事濫以臣應之仰惟陛下應天順人入繼大統之年適與元之革命改憲辛巳之歲相符則調元正歷以定未立之差法固有待於今日也臣以凡陋之鲰生謬膺重任竊念班固作漢志以明治歷不可不擇者三專門之裔明經之儒精算之士臣於三者無一類焉蚤夜憂惶罔知所措然於治歷之法聞其槩矣古今善治歷者三家一曰漢大初歷以鐘律起者也二曰唐

大衍歷以蓍策起者也三曰元授時歷以晷影起者也惟以晷影則就日體測之毫忽微渺不可得而遁者元史所謂自古及今推驗之精蓋未有出於此顧豈誣哉今欲正歷而不登臺測影臣竊以爲皆空言臆見也伏望陛下以欽天道而授民時爲重准臣暫住朝參督率曾改歷中官正周濂及於疇人子弟中掄選諳曉本業善於書算者及今冬至之前親詣觀象臺辰昏晝夜推測日影赤道黄道中星分秒日計月書至來年冬至以驗二十四氣二至二分日月交食合朔弦望日纏月離黄赤二道及昏旦中星七政纏度紫氣月孛羅睺計都

之類視元辛巳所求委有所差備錄上之乞敕該部延訪四方之人能知歷理之揚雄善立差法之邵雍沈濳智巧之許衡郭守敬令詳定歲差以成一代之懿制方今天下涵沐聖化豈無其人哉臣雖不佞或可執一籌以供驅使也

重建望海樓記　徐　嵩

泰故海陵縣僞唐時改州瀕海而通漕時移世變湮塞日遠望海樓在郡城東南隅其西則佛刹與樓並峙黌序巍乎在中相去皆百餘步堪輿家謂龍盤虎踞係科第盛衰宋熙甯慶歷間人文極盛如許查周三姓高科膴仕項背相望周氏凡二十一人其他未能悉記至國朝斯樓惟存遺址而人才視昔亦衰則形勝制克之説似爲有徵歲嘉靖己酉南田鮑公龍以進士自南刑移守廟謁日廉得其由慨然欲以身任未遑也而竟成其志起數百年巨廢一旦盡還舊觀人情大慰夫王政散

在天下分屬於郡縣其關係學校人才者守令皆視爲先務堅完易守頹壞易葺至於廢久而不存者非其人未易舉行斯樓興廢歲代郡乘略而無考據當時題詠其創自盛宋之初而廢於有元兵火之後由今遡昔歷三世餘四百年黍離麥秀之感中豈無人而成功迄有待於今日茲土之遇不遇人文之幸不幸也公始與是役請命於諸司而必求其可取費於好義而不震以威借役於羣力而不斂乎怨畫方面離以定其位度材任能以考其成較然若運諸掌非經綸裁斷孰能與於斯樓成計其斷鼇爲柱凡四十有四基而上高三十六尺横從廣六十步可以建旌旗可以横講席重簷遂阿可以蔽虧日月而隔離風雨樓之前東西築室各數十楹車馬僕從之所經也樓之西别建一坊顔曰拱文龍光奎秀之所射也坊外有溝跨橋通路以通於學舍曰回瀾凡此皆所以羽翼斯樓一出於公之精思茲土何幸而人文能發揮之疑不若是烈也從其利達於風水縱吟賞以登眺而於前數者邈然一無取裁豈公之所以望於後學又豈後學之所以自望者哉是議初建作興於上而給終事者巡鹽御史楊公選奔走於下而受成不怠者同知張君鶴州判金君治吏目何君澈周旋乎

中而關白於御史臺者學正陳君克讓訓導鄭君相與生員王沐等皆公之初功也嵩嘉此舉有裨於教育而重違師友之請爰拓其義爲文以記之並書同事者姓名以垂不朽

王道論

王艮

孔子曰如有王者必世而後仁書曰刑期於無刑此王道也夫所謂王道者存天理遏人欲而已矣天理者父子有親君臣有義夫婦有別長幼有序朋友有信是也人欲者不孝不弟不睦不婣不任不恤造言亂民是也存天理則人欲自遏是故堯舜在位比屋可封周公輔政刑措不用是其驗也蓋刑因惡而用惡因無教養而生茍養之有道教之有方則衣食足而禮義興民自無惡矣刑將安施乎然養之之道不外乎務本節用而已古者田有定制民有定業均節不忒而上下有經故民

志一而風俗淳衆皆歸農而冗食遊民無所容于世今天下田制不定而游民衆多制用無節而風俗奢靡所謂一人耕之十人食之一人蠶之百人衣之欲民之無饑寒不可得也饑寒切身而欲民之不爲非亦不可得也今欲民得其養在去天下虛縻無益之費而制用有經重本抑末使巧詐游民各皆力本如此則生者衆而食者寡爲之疾而用之舒而財用無不足矣其三代貢助徹之法後世均田限田之議口分世業之制必俟人心和洽方可斟酌行之師其意而不泥其迹行之有漸則通變得宜民皆安之而不見其擾矣所謂人心和洽

又在教之有方而教之有方唐虞三代備矣昔者堯舜在上憂民之逸居無教而近于禽獸也使契爲司徒教以人倫三代之學皆所以明人倫也是故周禮大司徒以鄉三物教萬民而賓興之一曰六德智仁聖義中和二曰六行孝友睦婣任卹三曰六藝禮樂射御書數先德行而後文藝明倫之教也又爲比閭族黨州鄉之法以聯屬之使之相親相睦相愛相勸以同歸於善故凡民之有德行才藝者必見於人倫日用之間而一鄉之人無不信之者及其鄉舉里選之時比以告閭閭以告族族以告黨黨以告州州以告鄉而鄉大夫則以所舉

者以爲是而不復考其德行才藝悉以敬賢之禮遇之不若後世之猜忌防閑也鄉大夫舉于司徒司徒薦于天子天子拜而受之登于天府使司馬論才而授任是故在上者專以德行取士在下者專以德行舉士父兄以德行教之子弟以德行學之師保以德行勉之鄉人以德行榮之是上下皆趨于德行躬行實踐于孝弟忠信禮義廉恥之閒不復營心于功名富貴之末而功名富貴自在其中矣故在上者專取天下之賢以爲輔相不欲遺天下之賢是與天下之人爲善也在下者專舉天下之賢以爲己功不敢蔽天下之賢是勸天下之人

爲善也精神命脈上下流通日新月盛以至愚夫愚婦皆知所以爲學而不至于人人君子比屋可封未之有也後世非不知道德仁義爲美亦非不知以道德仁義爲教而所以取士者不專以道德仁義而先於文藝之末故上有好者下必有甚焉者矣在上者以文藝取士在下者以文藝舉士父兄以文藝教之子弟以文藝學之師保以文藝勉之鄉人以文藝榮之而上下皆趨於文藝矣故當時之士自幼至老浩瀚於辭章汨沒於記誦無晝無夜專以文藝爲務蓋不如此則不足以應朝廷之選而登天子之堂以榮父母以建功業光祖宗而

蔭子孫矣方其中式之時雖田夫野叟兒童走卒皆知欽敬故學校之外雖王宮國都府郡之賢士大夫一皆文藝之是貴而莫知孝弟忠信禮義廉恥之學矣而況于窮鄉下邑愚夫愚婦又安知所以爲學哉所以飽食煖衣逸居無教而近于禽獸以至傷風敗俗輕生滅倫賊君棄父無所不至而言犯五刑誅之不勝其誅刑之無日而已豈非古所謂不教而殺罔民者哉嗚呼言至於此可不痛心今欲變而通之惟在重師儒之官選天下道德仁義之士以爲學校之師其教之也必先德行而後文藝廢月書季考之繁復飲射讀法之制取之之法科貢之典祖宗舊制雖不可廢當于科貢之外別設一科與科貢並行如漢之賢良方正孝廉我太祖人才之類不拘成數務得眞才其賓興之典當重于科貢果有眞才而位列亦出進士之右其科貢之中苟文優而行劣者必在所黜行優而文雖劣者亦在所取精神意思惟以德行爲主使天下之人曉然知德行爲重六藝爲輕如此則士皆爭自刮磨砥礪以趨於道德仁義之域而民興可行矣夫養之有道而民生遂教之有方而民行興率此道也以往而攸久不變則仁漸義摩淪肌浹髓道德可一風俗可同刑措不用而三代之治可幾

矣然非天子公卿講學明理躬行于上以倡率之則徒法不能以自行而卒亦不可致矣苟不知從事於此而惟末流是務則因陋就簡補弊救偏雖不無一時驩虞之效隨世以就功名終歸於苟焉而已非王道之大也

與俞純夫　　王艮

只心有所向便是欲有所見便是妄既無所向又無所見便是無極而太極良知一點分分明明亭亭當當不用安排思索聖神之所以經綸變化而位育參贊者皆本諸此也此至簡至易之道然必明師良友指點工夫方得不錯故曰道義由師友有之不然恐所爲雖是將不免行不著習不察深坐山中得無喜靜厭動之僻乎肯出一會商確千載不偶

答林子仁　　王艮

來書所謂眞實二字足見切實工夫但其間微有毫釐之辨不可不察蓋良知原自無不眞實而眞實者未必合良知之妙也故程子謂人性上不容添一物

答劉子中　　王艮

來書云簡易工夫只是慎獨立大本此是得頭腦處又謂遇境動搖閒思妄念不能除去此學者通患子中只在簡易慎獨上用功當行而行當止而止此是集義卽此充實將去則仰不愧俯不怍故浩然之氣塞乎兩間又何遇境搖動閒思妄念之有哉此孟子集義所生四十不動心者也若只要遇境不動搖無閒思妄念便是告子不集義先我不動心者也毫釐之差不可不辨子中當於明師良友處求之成就此學

乞假疏　　林春

臣直隸揚州衞泰州守禦千戶所籍福建福淸縣人由嘉靖十一年進士任今職竊念臣少孤弱終鮮兄弟迄今長成皆母許氏劬勞寔多叨霑祿養自慶遭逢臣敢不勉效涓埃以報陛下但臣母今年六十有一早見衰頹兩目俱昏兼以重聽近又不耐風寒方春諸病交作非假扶持莫出門戶常投藥餌未獲全安日夜思歸踰年於此蓋耳目寡於見聞志慮難於解攄雖臣與妻子百方寬慰惟憂病勢日增莫知所措臣亦相對悲咽有不忍言者乞敕本部查照事例容臣給假送回待其調理少愈卽來如限供職臣烏鳥私情不容自已不勝恐懼禱懇之至

重修安定胡先生祠記　林春

宋安定胡先生郡之東皐人也其德行文章成物濟時之功傳海內而流無窮者蓋自有本非止蘇湖之教行耳至於今而人思慕之鄉里之風聞漸被者殆有甚焉以其心之同也夫惟人心之同則在人猶我在古猶今不以時異勢殊而泯追崇嚮慕之誠也是豈先生之神昭靈於後哉蓋嚮慕之至而如時見之則凡生於其心發於其政重其道而思善其鄉人者自不容已也嘉靖戊戌冬巡按直隸監察御史舜原楊公駐節如皐謁先生之祠而嘆其荒且隘也進縣簿曹君依司訓詹君仕

顯何君藎曰先生之生是邑有宋斯文之始也爾有司多士之仕學於鄉者得無追崇嚮慕之誠乎新其祠以寄思行其學以濟世固成俗化民崇德象賢之責也聞黎尹且至矣其將爲我語之樂溪黎侯至其追崇嚮慕之誠猶舜原也舜原助贖金若干黎侯義處者倍之門堂寢室視昔有加巍乎煥然足稱安侑仍以經義治事名齋恐學者歧而二也搆崇一之堂以一之若謂經義言心悟也讀者不可滯於言治事言實用也學者不可離於事所以名之者蓋就其質之近似成之非專於一也否則循循雅飭不問可知者豈言語文字之學哉當有不言之教入乎其心同心之感不聞亦式者矣經義治事亦成德達材之科條云耳曷足以盡先生之大邪是役也始於十一月二十七日終於己亥三月十五日不勞於民不傷其財凡所以祀先生者仍舊不侈又擇先生之子志康志甯配侑親親也夫禮以義起道待人行使舜原樂溪之相遇於今而從政立心者或相左焉則亦上下相狥簿書相期而已若此風學之舉人心之勸振高義而淑後生者胡能以暇及哉予知有司之繼至者將推類而有爲多士之尚友者亦反求而自得矣況入先生之里思見其成出其後而懷鄉人之愧乎則

萃然之發於政油然之生於心者當自忘其倡且和矣我公黎侯之相與有爲也不深有神於風教乎舜原名瞻蒲坂人樂溪名堯勳樂至人義當特書者也故爲記之

新開運鹽河記 小海　林春

自古煮海之利重於東南而兩淮爲最我朝通商惠民酌古而式於今者又非前代所及故兩淮轉運統鹽場三十而場之廣隘團之多寡皆有運河輸賦於倉載薪於團乃竈民所利以急公上者也惟草堰小海二場壤地相接合而居之故小海之運寄於草堰之河民苦於今者以役不容已安重於遷每一輸賦載薪往返倍行三十里積以期年妨功倍運其勞可知況小海草堰隔越水道而採薪以供用者以遠且勞率多棄之至秋竟成野燒而已課恆稱歉民日就困乃嘉靖丙申冬十月

覺山洪公來按兩淮聿新憲度加意窮民凡風教所關人情所願者修舉無廢蓋奉天子之命推一體之仁惟恐其或後耳監生宗部庠生唐滿輩狀事白公應曰可遂命運使鄭君漳運同胡君淪孫廷相運判王君冊相董厥事出贖金若干兩應賑者半焉從民請也召工開鑿不勞於民不取於衆計工食力計日程功而運河以成長三十九里廣二丈二尺深四尺因舊河之湮而開濬者二十里可以見今古所因人心所同也豈非久湮於昔而大通於今哉經始於戊戌二月四日訖工於四月晦日督工夫大使王瑞竈民宗郁輩皆與有勞可書碑陰即今勞者息鄰者利採入者便而地產弗遺課用是裕公之惠當與河流永長矣昔者文正公築隄捍海民到於今思之此河之鑿實嗣其後後之視今可與並觀矣況公場立諭長建義倉禮賢士禁遊民皆正俗康民因人心而利導之者也使後之來者無忘前功無侈己能利民宜時者相與修舉焉將視此而動深長思也豈惟小海之利而已哉公名垣字浚之婺源人登壬辰進士

别毛梅塘序

林　春

予祖出玉融至今以戍居海陵者五世矣故予自做秀才時卽有志於閩中弁訪其鄉大夫之賢者以效其依歸愛慕而未遂也嵗壬辰予官京師始聞鄉先生毛梅塘子者進謁之將扣其風聲氣習之自而償夙願焉梅塘亦不以爲愚不肖而盡與之故予得見梅塘若子之父兄與其子弟若子之儕輩也何其幸與葢平日之脩其身也思欲愛其親愛之而求其始也亦欲得玉融之人而一見之猶吾父兄儕輩之見也已況賢如梅塘又予之敬慕觀法者可弗喜且幸乎是故本於自愛以及

乎尊祖敬宗之心非有所謂納交强附以求知也今年春梅塘子奉明天子命出守紹興是予平昔之願見而偶得者又將遠予予烏能忘情於梅塘之去哉將自其愛於梅塘者而敬守之則日雖遠而心則近也心近則脩其身者卽愛吾親也愛吾親者卽敬吾祖也玉融之賢大夫不吾遠吾心之愛於梅塘者庶幾其有永矣否則盛於前者替於後完於吾祖壞於吾身予心不忍也梅塘子亦甯忍予有是乎予自分鄉人之望予者若此予亦不敢自棄以孤鄉人之望梅塘其與之乎人之不念其祖也久矣予之祖遠於玉融也亦久矣予考郡誌見玉融之諸賢皆予祖之習聞日見而獲與遊故諸賢之名至今可仰予從梅塘之後梅塘之德業聞望當不減於昔賢而予何如人也是則可憂也已梅塘子曰君子憂道之不至不憂乎名之弗彰爲名而爲道非玉融諸賢之所珍也子盍慎諸使無所待而自興焉則庶乎其可也子曰命之矣遂拜而别

明故林公德春墓誌銘　林春

從兄諱典字德春從伯祖彬之孫從伯貞之子也配習氏生二子長卽兄次旺蚤世彬福建福清縣方成里人繼高祖文閏公來泰者也泰之有林自文閏公與彬始世居東門裏街北前一段兄父祖居之後一段春父祖居之始洪武三十五年也前後相顧彼此相維或成或餉以迄于今距兄享年僅五十三月初一日生生時失記也配姚氏無出先卒繼娶王氏亦閩人子三長華應軍役次鎖兄次潮俱亡正德四年五月十九日兄以疾終時高祖塋無餘穴權厝於石橋東夏氏地越二十八年適兄冢婦李氏無出故華議買新塋王安地而改葬之易棺斂骨春與青弟華姪相向而哭曰二十八年不安之心於此獲遂矣計兄終時春年甫十歲青尙在襁褓不知其行何以爲紀但約計其長身具體足壓觔拳如蚓肰聞伯祖文理公性嚴事之甚謹接先祖父叔以下俱有禮曾侍先祖文達公取軍裝至福清族兄文泗來京師尙述其長身有力也華側室冒氏生男二長松次楷女一關女俱幼以嘉靖十六年十一月初九日遷葬爰述往行以紀歲月而繫之以銘銘曰

於惟吾兄亡廿八年不見其死今見其全長身具體仰瞻笑言再遷於此神安我安兄有子孫享祀緜延本源水木脩永曷愆

祭王干兵　林春

嗟子小子一介武人學同令子荷公深仁敎我食我既久且誠百爾優恤庶幾有成後予遊泮捐資以給喜溢須眉接禮尤密不以寒賤識予於先後公捐館予亦居艱績學十載始獲一舉孤苦零丁欲報無補公歸元室莫遂執紼緬懷舊恩淒其以惕壬辰一第慰公九泉今始歸來特拜墓前墓草幾青予淚如霰莫能起公以磬縷綣薄具牲醴將以初心不替於舊不間以新相勉令子庶底厥成公其有知相我二人允文允武並紀厥勳矢心圖報鑒於冥冥若或自棄不愧於公前言已多百

拜恐瀆不盡思誠爾此口續尙饗

祭王紀芳先生　林春

家居東瀛世居斥鹵心純且良貌樸而古孝友厥家慈愛厥子以讀以耕不儉不侈行重鄉邦信孚姻族不愛不求何雅何俗年躋九十恩命自天峩峩冠服允矣鄉賢精神內藏秀眉外變髮白漸黃黑者胥見篤生令子言有心齋古道自振頹波力排惟我後進來遊其門善誘時警誨愛循循教傳良知旁引曲譬六經諸子公斷正據天假至教大覺我迷失此遭際其終昏愚惟我後進咸德令子流溯淵源功歸佑啓九旬有奇永終正寢實哀我師涕淚如隕惟我後進情同此哀此知不昧此

意均懷於惟我公庶幾相我耿耿良知悠悠太古不睹不聞無逸無苦今此海涯曷殊東魯不與世變不隨人亡本來具足胡爲皇皇秉此執德矢心無已爰奠一觴侑以斯語幽明同心今昔掌指惟公監之此心而已

簡王心齋先生　林春

客歲胡東渠先生來承手教道及良知無不眞者一言點破眞病受益多矣但精神意思終不如在左右之爲得也近見此心果無一物可見亦無工夫可著只如此平等做去一步一步一事一事自有條理自有不容已處無許多智識計較如天之廣大高明其間之生生化化者自不費手段也如何如何仰慕甚深無由請謁伏惟時賜德音猶愈於已也

再簡心齋先生　林春

昨蒙至教啓發愚蒙眞如春風之坐不覺其枯槁之生色也精神日足夢寐夜清人生之樂何以易此信人人具足今始覺耳此番又較甯帖歸語同志無不欣欣則鄙人之面承於夫子者又可知也恩同生我愛若子孫敢不黽勉以副至意當官補過之言令人耿耿將說解而順快矣徐年兄來書求教甚切乞視其病幷可以領教處幸明切告之以慰景仰問道之誠仕途如馬步泥中足起足陷已自喫力況能尋求於此乎此人信不易得也隆吉兄聞教幾欲淚出此眞心愧悔今更潑潑不日來就講下

簡王龍溪　　林春

自得論學書後令人解脫省力許多眞猶生我者也同志遞錄傳觀仰切山斗鄙人亦長一番精神矣近與二三同志兩月一謁心齋師郡中士人稍稍嚮慕不敢强不敢棄也歸來覺得此學眞是性命有不容一時一念不爲者爲之自我率之無迹自然神泰意攄人與物洽眞如一體意思縱不能浹洽亦人已無失退無後悔蓋和氣充周不間宇宙於其中不著一毫私意參之坦坦平平隨事隨分盡心未接也不見人已之迹既接也不見賢智之先自然順適日用間舉無難處之事矣但會

朋友之時意思甚佳前侍心齋師覺得夜亦無夢氣亦充體吾渾身充塞無纖毫滲漏怠倦者眞氣足矣故如是耳緬惟平時教愛拳拳不能著實領悟甚虛至意惟面命舍己從人及隱惡揚善兩段迄今受用不盡何以報德何以爲謝惟法天之命於穆不已以報之耳前與彭山所論恐彭山一時未信蓋據其來問之意將自見意思硬作主張約見道體如此以自立說非虛心下問相觀相下者也據鄙人之見觀之必師友相處既久消其聰明之障去其自見之私氣不盛而意不生平平實實任自然之天眞以施於日用從無見中生出眞見乃可與言耳紙上之言恐不能服中之耿耿也

簡洪覺山侍御　林春

近聞鹽政禁鍋鐵止大鹽將來有損無益不可收拾聞此舉出自安厓老先生執事近亦行之衆議以爲何如鄙意謂善政者必以上下爲一體如有益於上下是爲善政故民之所好好之民之所惡惡之此之謂民之父母且鍋鐵大鹽之行二三十年矣一旦禁之使人無所措手足既遭洪水又值此變民情實亦不堪說者謂此禁爲聚斂者作可知刻民奉上者爲聚斂宜民宜人者又何禁焉當今之務戍邊爲重商竈邊儲之本而鍋鐵大鹽又商竈之本也是故鍋鐵之興不特餘鹽之利止

於益國各場無征鹽課二十餘萬皆賴補焉大鹽之行不特有益於餘鹽之利商竈亦藉以營生也昔太宗舊制二百五斤丁引過所宏治年間尚拖欠五六年正課今鹽八五六百斤各場補足當年拖欠鹽課商人始有餘鹽之利朝廷亦有餘鹽之資皆出自鍋鐵且竈戶煎鹽二百斤賣與商人商人至儀眞納官價銀陸錢亦是官煎矣又何必禁焉昔年戴道長鹽政得法朝廷一年得銀一百六七十萬商人得利竈民皆得營生上下咸激其中必有善法矣後來繼之者不得其法惟欲餘鹽銀兩爲功績不顧商竈艱難是故商竈有虧邊上無商中鹽故邊儲亦爲之虧矣此不得戴公之法不待一年功績有虧而竈民流亡之苦不能免且商利不行邊儲無人中納後必難處且惡民之所好禁民之所必犯而法不行徒使告詰紛紛率之爲暴耳苟能以上下爲一體必使益國益商益竈敢略述戴公至簡至易之法行其所無事者告之使商鹽仍舊五六百斤行至揚州上厓每十萬付儀眞所掣過必待此鹽賣盡然後收納餘鹽價銀方許再掣十萬是故前商知後商不來攙越安心不肯賤賣水客知後鹽不來攙越安心添價買去是鹽價不期貴而自貴矣昔戴道長初政之時鹽價或二

十餘斤賣銀一錢後得此法賣至十二斤是故商人得利竈戶餘鹽有所售賣朝廷得此餘鹽價銀一百六七十萬故爲益國益商益竈也若貴至十五斤便可多製多則必賤庶不虧於食鹽地方後來不知此法只要餘鹽價銀將鹽擁至儀眞一邊掣過便要餘鹽價銀受此逼迫只得賤賣水客知後鹽無禁必擁至攙越只圖賤買商人不知此意故鹽價日賤仍復買至二十餘斤商人折本上下艱難矣鄙人在告不當與此因執事同年同鄉又同志敢述所聞以俟采擇施行未敢以爲必可行也

復洪覺山侍御　林春

向承手教厚惠已具小啓奉復並謝諒須呈徹適荷再諭疆界一節鄙人以仰執事愛民之仁虚心之受無所偏倚非故薄於泰而厚於彼也但獨爲執事思之似有所未可耳田賦定於國初各處公案籍冊可查人言未足徵也如敝州果占興化之田亦須究其何時何人某占若干明白退還則人無容辯矣若不究明實迹來歷欲以興化稅糧加於敝州則興化更改元額正數而敝州於原額外加損不合於定制矣辱愛厚不敢不以告必欲事理明當謹始慮終直行兩處官司查勘田賦籍

冊都圖里區坐落住所的實果有侵占者責令退還若原額稅糧恐未可更易也如何如何此意鄙人敬持來書見定軒老先生面議其事如此伏惟體聖人無成之意擴斯民一體之心使興化腹裏之田均則腹外者可略君子於事之略費力者亦姑已之徐俟其成不遽責效於旦夕也合州官俱先是往勘不日當指實躬報臺下恭承下問不敢有所隱諱以欺此心以私鄉曲以負執事斯文骨肉之愛以重得罪於名敎以貽後世之議如今日也執事其採擇之幸甚

復須憲長　林春

兩所無田子粒承執事毅然擔當具疏請免前輩舉而未遂者今始遂之其用心之勤任事之勇周悉委曲以成其志又可見久困之軍得甦於今嗣後鄙人孫子實受其惠蓋前輩此法度時制之意在足食想因軍丁有餘或亦殷實易辦故令之易行行之難變無非爲國計也年來軍伍日虛賦役日重兼以流亡離散又異往時壯者無妻老者無子兄弟父子更番操運往來不息其何以堪故此子粒雖具花名實爲鬼錄催徵無措故扣除官軍俸糧苟完處補此積弊由成莫之能改也近幸朝廷准免執事奉宣德意之力居多蓋非矯前輩之失

以騁己能亦以權今日之宜除此弊政故耳彼時此時爲上爲下雖有不同然其用心亦一而已使其軍士益庶土田日增照丁量田取盈此數有何不可惜天下之兵苦於剝削往役者日益困弊不惟淮海爲然而西北尤甚有識之士思之寒心恭念執事握此憲符兵民攸賴其所以轄甯休養者當自有道如愼求良牧與擇方帥亦不可緩蓋此既得人倡之易和澤之易流否則徒存此心坐視其弊敝所子粒一事行之數年而始成之亦以不得其人耳聞兩所已爲立碑紀德此亦鄉人永

懷之誠但恐執事初心或不如是天下之事分當爲者吾自爲之爲之有成只是一事使或無成亦無可奈何盡心而已故君子不計功而作事不擇事而立名此盛德事也敢爲誦之

海陵文徵目次

卷七　明

海陵文徵卷七

鄉後學夏　荃退庵輯　陳寶晉守吾校

寄盧山胡侍御　王　襞

近入畱都得侍同志諸公教頗覺有訂證處見尊諭中正之旨知門下憂道之心必固有此發明也亘知即乾之體剛健中正純粹至精本無聲臭攙搭些子不上更萬古無有或變者也不容人分毫作見加意其間自有本分天然之用神觸神應原無壅滯與鳶飛魚躍同一活潑潑地蓋天命之性原自具足故也此中庸之旨至易至簡雖愚夫愚婦可以與知與能而天地聖人有不

能盡者所謂先天無爲之學也纔有纖毫作見與些子力於其間便非天道便有窒礙處故愈平常則愈本色省力處便是得力處也日用間有多少快活在故易曰變動不居周流六虛上下無常剛柔相易不可爲典要惟變所適原是活活潑潑的此中正不中正毫釐之辨耳賢知者之過只在這裏蹉過了正要吾人不惜口脣倡明之使人人易入不沮後進則庶乎聖學源頭本可以開萬世太平者也何待務爲高論翻作繁難自生歧徑高明以爲何如

勉諸生　王　襞

世界上有兩般人子知之乎成就人爲善者君子也破敗人爲善者小人也子識此兩般人而向背之則子方是聰明之士子慎察之子知爲善之人天厚之乎芝蘭生於善者之庭而麟鳳產於善者之宅所謂賢孝人生賢孝兒是也所謂門內有君子門外君子至是也子知之乎

勉諸生　　王襞

不打點不計算不安排不布置此老實敦樸淳厚之心保之以裕吾身以裕吾家以裕吾交接應酬人貪富惡貧而我忘乎富貧人愛生怕死而我忘乎生死人寶金玉而我寶惟賢出一言務足以感人興善之心發一語務足以長人慕德之念庶幾其爲人傑也哉

請愼簡輔臣疏　　沈良才

臣等於本月十五日伏覩勅吏部成國公朱希忠駙馬崔元輔臣翟鑾大宗伯嚴嵩日侍朕躬忠勤罔懈希忠元各加太保鑾加少傅兼謹身殿大學士嵩著兼武英殿大學士在內閣同鑾辦事仍且掌禮部事免其奏事承旨餘官俱如故如勅奉行欽此欽遵臣等照得簡命輔臣朝廷重典皆由聖明英斷非臣下所敢輕議臣等竊惟內閣之職論道經邦調元宏化上以表率臣工下以保安黎庶其任甚重必得人品心術爲天下第一流者始克膺茲選陛下御極以來每有員缺愼加推選未嘗輕授誠聖王進賢如不得已之盛心也臣等查得禮部尚書嚴嵩叨掌南宮于今六載其貪汙姦諂俱有指實屢經言官論劾章疏甚多人品心術卽是可驗皆莫逃聖明洞察之下矣今一旦驟膺簡命首率百僚不惟輕朝廷絲綸之寄亦恐失天下仰望之心書曰官不必備惟其人所以愼選也伏乞陛下收回成命仍留禮部辦事使其勵忠貞之節庶可挽鼎餗之議陛下若念其供侍之勤則兼官華秩恩賚逾常亦足酬矣況夙夜匪懈以事一人亦臣子職分之常豈足爲勞哉臣等待罪言官不敢隱默伏乞聖明垂察

廣時議以防倭患疏　沈良才

竊謂賢才以效用爲心明君以得人爲務故旦奭相而周興管晏舉而齊霸此明驗也矧今島倭犯順寇我中原上廑宸憂下貽民害正臣子致命之秋英雄立功之日也若不大破常格何以共濟時艱我國家文教覃敷諸賢布列休休良士濟濟在公但修飭廉隅者或乏統馭之才俎豆從容者或昧修旅之事且兵機闔闢貴於有謀疆埸險夷取其已試材質不同器使自異也蓋兼收並蓄廣天地曲成之仁而使過使功妙聖神鼓舞之術除見任及文學清修者不敢槩舉外今將養病乞休

廢棄等項遵奉明旨曾經履歷邊方練達戎務謀猷才望素孚衆論者從公延訪得十有三人焉如原任刑部尚書起用唐龍原任總制都御史劉源清原任戶部左侍郎任洛原任都察院左副都御史張珩原任巡撫都御史陳九疇韓邦奇李珏原任都給事中曾忭鄭自璧原任右給事中錢薇原任御史程啓充原任副使張庠王獻之數臣者或沈毅有謀或忠勇可任或風節素著於朝端或聲名久揚於閫外或剛方特立不奪於權豪或遇事敢爲不撓於羣議原其廢棄俱各有因即其才猷足堪任使況懲艾於久廢之餘奮發於再起之後如蒙擢用必能建立奇功以副陛下拊髀之思也伏乞勅下吏部再加詢訪果臣等所言不謬遇有員缺次第推補庶合抱之才不以寸朽見遺而感恩圖報之心倍於尋常萬萬矣再年來寇患山西爲甚荼毒之慘眞可寒心故捍禦驅逐固當責諸總鎭之臣而勞來安集不能無賴於守巡府縣等官也再乞勅下吏部凡見任推選沿邊守巡府縣員缺必揀其謀猷忠勇可任事者布列於諸郡平時則各盡其職寬征薄斂以豐民衣食之源寇至則各保其城協力齊心以倡民勇敢之氣兵衛於外民捍於內總制綱維於上諸郡聯絡於下則風聲鼓

煽軍氣自揚地方備豫而玁狁於襄矣

條陳應援事宜疏 嘉靖三十五年　沈良才

臣本以庸材幸逢昌運叨居卿貳贊理戎樞適值倭奴犯順吳越傷殘近復延蔓江洋勢更猖獗陛下不以臣爲不肖畀以應援之命臣敢不矢心自奮仰仗天威期靖海氛以圖報於萬一恭候勅命星馳外謹以行軍切要三事上塵睿覽伏乞勅下該部作速詳議以便遵行臣愚幸甚地方幸甚

一處調募查得本部原議調河南睢陳兵二千復召募民兵一千陝西鳳縣銀兵三千又欲差官那借兩淮鹽銀選募徐邳民兵三千俱奉欽依遵行意固善矣但應

援之衆事在然眉陝西銀兵道里紆遠未能卒至且未開有統領之官誠恐沿途騷擾致生事端必得兵備參將各一員統之方爲穩便睢陳存留之兵分隸各衛已久勢難遽集查得入衛民兵一枝見有參將統領衣甲器械俱亦完備合添差兩司官一員催督啓行卽將存留之兵以充入衛庶乎兩便其召募一節取揚州之銀以至徐邳道經千里不無耽悞合暫借本部太僕寺見貯馬價銀三萬兩差官運送前去隨催鹽銀還補一面先行文兵備作速招集以便本官至日挑選但近該漕運都御史陳儒奏稱賊勢緊急已行徐邳挑選卽今堪用之民恐亦不多合聽本官權宜於山東等處經過地方卽會同撫按兵備官召募務足三千之數芻糧器械悉令齊備不許視爲泛常以誤大計

一議軍餉竊惟師行糧從事不可緩臣叨承簡命職守與督撫不同應援之師係是客兵經過地方官員亦以客視之行糧料草犒賞銀物一時不能接濟萬師雲集張口待哺勢甚不便查得先年大臣奉命征討選委精力心計司屬官一員請發銀五萬兩隨臣向往以便支給後有匱乏容臣於各該司府州縣見貯本折錢糧并兩淮鹽銀便宜取用隨具題知一應出納數目悉聽委

官造冊登記以憑查考

一議任使竊照運籌決策固在主帥發謀獻慮必資庶官故古之記室參謀所以集衆思廣忠益也今軍中事務繁多臣之智識有限查得先年大臣奉命征討經略地方俱奏帶司屬官二員隨行以備咨議訪得本部車駕司郎中郭仁員外郎王遴俱風力老成頃郭仁已經本部題奉欽依召募民兵事完之日一體隨臣前去再臣所領各兵一時烏合俱非素練要在將領得人方能習服况每枝三千以一參將領之分調截殺恐不充用訪得閒住總兵官徐珏老成練達革任守備何鳳精力

尙強許其隨帶家丁以備差遣幷其餘堪任人員容臣取用

修儒學泮池記

沈艮才

皇明以文教立國自京師以及郡邑皆建學以養士師孔子而祀之禮典尊隆前世莫及泰州儒學在城東南隅有司閒嘗修葺其因革遷徙之詳殿廡堂齋之制載諸郡志可考獨泮池在黌門南堤岸傾圮蕪穢不治嘉靖乙巳春侍御雲汀齊公奉天子璽書督理兩淮鹽政按泰臨視曰凡學有池取辟雍之義以水流無極喻進德不已也或曰其水半之或名泮宮宛彼淸漣實藏修遊息之資也可弗飭乎遂捐官緡若干時東山陳公以郡判署州事奉命唯謹迺擇日鳩工薙除蕪穢疏濬淤淺環以甎石廉隅遂崇深廣凡若干尺池中有亭因餘力而營之亭北建橋以達於泮宮坊向之廢者興舊者新不閱月而告成時臨乎池則天光雲影萬象森列登乎門則朱檐華棟虹繞鳳翔恢乎大觀也迺申訓多士曰修泮池者壯學宮也壯學宮者尊孔子也尊孔子者崇其道也孔子之道布在六經溫柔敦厚詩教也疏通知遠書教也廣博易良樂教也潔靜精微易教也恭儉莊敬禮教也屬辭比事春秋教也我朝損益三代之制始設弟子員各明一經以養於學董以師儒優以廩舍課以章程嚴以法制折衷於諸儒之傳註教之可謂密

而人材成就終不逮古者何哉夷考古者始敎皮弁祭菜示敬道也宵雅肄三官其始也入學鼓篋孫其業也夏楚二物收其威也未卜禘不視學游其志也時觀而不語存其心也幼者聽而弗問學不躐等也學之有道進之有序邪僻暴慢之習無自入焉後世失先王之意計巧謀利忘本逐末視六經爲虛文而不務踐履躬行之實以學校爲捷徑不求道德政理之原間有脱略文字頓悟本根者謂之致知不樂拘檢放縱禮法者謂之率性假佛老之似亂周孔之實若航斷港絕潢而望至於海也豈得哉傳曰古之學者爲已今之學者爲人正

斯謂也多士沐聖王之化遊夫子之門可不知所擇乎多士感悟咸蒸蒸然趨正矣陳公圖彰盛美備求訓辭致書於余請紀其事余按敬敷五教帝典所先既作泮宮魯人頌之君子之政務其遠大者侍御公按甫朞年貞慶肅紀禁暴鋤奸時方阻饑申令賑恤威行惠流美不絕書尤拳拳以興事育才爲務可謂知本矣慨今時學術之偏著古人敎法之善扶翊人心培養元氣可謂知學矣知本則敎立知學則化行王道之成易易也雖然吾泰僻處東南帶江枕海人才稱自古昔由今觀之似亦少異說者謂東有望海樓西有南山寺塔夕影入池形如筆立故風氣鍾焉雖堪輿家說不足深論然由甫自嶽太王肇岐理有或然者今遺基尚在嗣是者能次第興復之人傑地靈必有名世之才出應休明之運鼓舞作興之機實自今日始此侍御公修池之意也夫書此以俟是役也經理有勞則陳公坦前戶部郎中克相底績則知州劉奈督率不怠聿觀厥成則同知章沂判官熊珂吏目張奎訓導林公明周凱鄭一鶚法得附書侍御公名宗道遼東人戊戌進士

兵憲白川劉公生祠碑記　沈艮才

嘗聞懷謀國之忠者建英偉之勳有爲民之實者垂悠久之業君子秉機握鈞以照臨一方孰不欲全此四德以流光於無窮或上信未孚而非有爲之時或下澤未究而無可乘之勢求克濟難矣是故相時審勢以固其謀猷萬全之道也淮揚舊無憲司嘉靖乙卯島人犯順荼毒地方朝廷采廷議設海防憲副以鎮之開府泰州丙辰丁巳賊再至縱横江淮迄於泗上雖設師增兵卒無能阻其奔突者戊午崇陽白川劉公奉璽書以來適水旱相仍公私困憊公曰司之設備倭也民不安則外

患何禦銜以憲昭風紀也法不振則奸宄何懲於是蠲不急之務罷無名之征與民休息阜財興利之政次第舉行惟貪暴干度者罰無赦一時流移漸復民獲稍蘇間歷海上修城堡謹烽堠塞要害選將練兵爲戰守計是歲倭不敢犯豫與中丞李公議奏調邊兵二枝令參將領之以便策應己未春汛報至公從容畫守備之策定應援之規革軍餉大戶減召募義勇申嚴保甲劑量經費雖干戈倥偬之際撫摩小民如保赤子而士民亦依依然如愛戴父母也五月倭果百艘並進狼山主帥不支次第登岸沿江焚劫先自楊樹港入者會合周寵港之賊越通州而西公曰事急矣使賊過如皋維揚震驚前事可鑒也兵法見發制人卽率麾下並遊擊邱公疾馳白蒲會諸軍以待賊遠來利於速戰公堅壁不出候其稍怠乃擐甲誓衆直斫賊營遊擊騎兵分兩翼銜之順風縱火自辰至午數十戰皆捷斬金盔乘轎酋首一人賊遂潰亂由富安東掠公與邱公統水陸之師追襲至姚家蕩幾盡賊欲分我兵力先後繼進自廖角嘴入者出丁堰公殲之於曹家堡潘莊自青墩港入者出西亭公殲之於小麥港新河口白蒲餘孽徑趨廟灣公合中丞師破之先是三沙有賊千餘焚劫江南官軍失

利假舟潛渡寇我通州公檄諸軍敗之於舊場敗之於仲家莊又敗之於茆花墩江北之賊悉平是役也斬首級二千有奇捷聞超拜憲使將大用也於是泰之士夫顧珙等鄉進士唐洪度等國子生盧炳等義義勇吉賢等耆民蔣圻等商人陳時等僉謀曰往者倭奴猖獗虔劉我人民蕩焚我貲產倉皇遷徙肝腦塗地今行旅安於途商賈安於市士民安於居公之賜也願祠而祀之各蠲貲擇吉地於城中務本坊街東泰州知州陳言等欣茲義舉出俸以助封君淩可楚府引禮舍人沈艮士相度規制鳩材勸工陰陽學典術劉昆專督焉外爲大

門知州陳言書扁曰報德內北向爲中門東隅爲碑亭南向爲儀門次生榮堂次正寢塑像在焉廊廡庖廚旣固且安費不出於官役不勞乎民經始於己未之冬庚申春告成泰州儒學學正樊城訓導周濂周希朱簡籍弟子員胄儀劉巖等謁予請言紀其事夫天下有是非之公人心有眞切之感易曰鳴鶴在陰其子和之言感應神也白川公爲天子憲臣不有其躬提一旅抗方張之寇親冒矢石跋涉險阻蒙犯霜露凡四閱月矣謀國爲民之心剛毅果敢之氣眞足以貫金石而格鬼神使當時萌一毫自顧之私覩旌旗而色變聆金鼓而膽落

不若是烈也祭法曰以勞定國則祀之能捍大患則祀之諸君不戒以孚成此盛舉亦秉彝好德之良也昔召伯布政南國後人愛甘棠而勿伐羊祜樹勳襄西行者望峴山而興思巴郡之祀王堂荆州之祀呂諲理之在人心古今一而已矣或曰公春秋鼎盛宦業日新行將出將入相豐功偉績銘太常圖麟閣固其所也何栖栖於泰邪衆曰不然人之仰名山勝槩者必曰恆嶽太華而山之在天下未必皆恆嶽太華也峙於一鄉者一鄉之望也峙於一國者一國之望也而仰止之心同公仕於茲吾人奔走服役覩繡裳章甫以慰鴻飛遵渚之懷矣異時鳴騶入朝瞻遺像而朝夕焉用繫無涯之思亦泰之恆嶽太華也公何與哉予曰然並記之姓名不能具載者列於碑陰

案此記今載沈少司馬文集劉大參志作徐公嵩作未知何據考司馬集中有送大中丞李克齋擢南少司馬序嘉靖己未倭夷之役中丞實與兵憲同事序中鋪敘與此記大略相同似出一手今從司馬集訂爲沈作爲正　退庵

將軍邱陛一戰敗之地方底甯時臨安童侯蒙吉來尹茲邑寬賦稅恤民隱三月化行鄉士夫薛綸等弟子員錢相等請曰如皋無城草昧不甯鄭公請於上而上信之謀於下而下樂之成此金湯之固士民得保田盧商旅得安廛市風氣完聚科甲雲仍戰守有恃惠甚大也今雖遷秩吾人敢忘乎謀所以永其思願捐資建祠祀焉侯曰義舉也乃擇地於某坊某里築室若干楹有寢有堂繚以周垣巍然一坊之表也乃束幣致書於海陵屬予記其事予曰君子建久大之功故人心有真切之感非聲音笑貌爲者公文魁兩浙名動天下銓司著公明之譽國㡳厲廉靖之操來鎮淮南也身端政肅吏畏民懷甲寅春賊鋒甚鋭沿海之師披靡公厲兵養士一敗於雲梯關再敗於清河口當時論功淮南爲首公撝謙不居歸於將士輿論韙之循資擢拜少宰其文以經國武以戡亂蓋素定也鄭子産以乘輿濟人於溱洧孟軻氏譏其小惠必曰十一月徒杠成十二月輿梁成春秋城楚邱特大書之君子爲政先其遠大者公知體要類如此昔召伯循行南國江漢有甘棠之思羊祜樹勳荆襄後人建峴山之祀然皆出於身後今公受帝簡注擢大中丞總戎政繼拜大司寇周遊八座幾三十年今

右副都御史澹泉鄭公遺愛碑記　沈艮才

先王彊理天下體國經野必內有所備外有所衛斯民得遂生全之樂而後敎化可行也易曰王公設險以守其國又曰重門擊柝以待暴客蓋取諸豫我明臨御海宇綏甸要荒悉歸幅幀大都重百雉衛所羅布郡邑關寨遍於天下王制偉矣如皋爲揚州屬邑帶江枕海最爲要害考之郡志自春秋以來無城我太祖設衛掘港場以禦之慮甚遠也太平既久海防漸弛一有桴鼓之警人心震驚任茲土者往往欲築未果嘉靖甲寅島夷犯順醜類奔於江皋烽火達於淮甸時巡撫澹泉鄭公檄海防憲副李公天寵至海上禦之遇賊於如皋近郊率兵迎戰親冒矢石擒渠魁一人遂遁民免流移邑賴以全未幾公撫臨賑恤殘傷諭父老曰賊雖暫退焉保其不復來禦寇無城非計也乃躬臨相度計畫規制動公帑三萬五千金會巡按御史馬公斯臧巡鹽御史莫公汝思條列上聞予叨貳本兵贊大司馬以行制曰可公令海防憲副張公景賢知府吳公桂芳監視通判史公朝賓專督知縣陳雍閭士奇分理焉外立四門周圍七里高二丈五尺上闊五丈下闊七丈城樓窩鋪濠塹悉備六閱月而告成庚申夏四月賊薄城下山西遊擊

養高林泉偉然係東山之望異時帝思艮弼入掌台司霖雨天下爲社稷倚重淮南實過化之地又將蒙其休澤也夫舉重大之役不煩民力不動民財以奏膚功大臣謀國之忠也夫十數年士民仰戴如一日不戒以孚合謀奉祀秉彝好德之誠也賢侯倡此義樹之風聲以勸忠起懦人心之公也上施下報無所爲而爲王道也王道行而風化美矣憶在京師侍公教每日大臣臨事當正直忠誠不懾於權利乃濟故公所至功業顯著蓋亦有所云子知公之深嘉侯之請而喜邦人不忘所自也謹書之使欲異時國乘有考云

海陵文徵　卷七　十九

送大中丞克齋李公擢南京少司馬序

沈艮才

淮揚東控江海南接留都西通滁潁北拱京師舟車商旅之往來貢賦鹽貨之叢集重地也嘉靖丙辰島人犯順皇上採廷議開督府置都御史春夏駐劄淮揚秋冬駐劄廬鳳保護運道防守陵寢總理兵儲振肅風紀重任也丁巳員缺起豐城克齋李公蒞其事是時建設日淺規制未備兵旅餽饟相仍採辦征需百出公私騷然公至先撫字而緩催科革軍餉大戶減排門鄉兵禁有司科派抑刁訟投獻又條列所當施行者數十事上之

海陵文徵　卷七　二十

制曰可乃選精銳備器械量征調處錢糧立什伍以練兵團保甲以糾衆分布將帥謹守要害水具戰艇陸增戍兵修沿海諸堡築天長寶應二城淮南數千里星羅雲布遠近連絡軍聲大振戊午夏賊諜知有備遂不敢近今年春防禦益嚴又奏調邊兵二枝令遊擊邱陞領之以便策應夏五月倭乃大舉百艘分道並進通州主帥不支突入焚掠公馳至泰州諭海防副使劉公參將邱公屯重兵於如皋先遣精銳趨白蒲據勝地以待賊果大至利於速戰時東南風急公堅壁不出竭誠致禱頃刻風回乃擐甲誓師斬一二不用命者由是人人思

奮順風縱火直斫賊營遊擊騎兵分兩翼衝之自辰至未連戰數十皆捷斬金盔乘轎酋首一人賊乃奔潰由富安東掠海道遊擊受公方略以水陸之師躡賊追襲公親提大衆閒道詣淮安馬羅以期夾攻賊欲分我兵力復以千餘一出西亭一出丁堰公分遣偏裨殲丁堰之賊於潘莊殲西亭之賊於小麥港白蒲殘孽直趨廟灣意淮安之無備也公先至乃合諸軍一鼓平之三路之賊俱絕公乃班師先是三沙有賊千五百人焚劫江南官兵攻圍數月累戰失利乃假舟潛渡七里港寇我通州公檄諸軍敗之於舊場敗之於仲家莊又敗之於

茅家墩三沙之賊又絕是役也大小數十戰前後斬獲首級四千有奇子貳本兵時四方奏報者或擊墮歸或掩不備未有堂堂正正如今日之烈者捷書上聞天子嘉之擢南京少司馬士民父老感其生全之恩扳留莫得也相與建祠祀之寓遐思也於是海防徐潁三大夫請言爲贈予曰才野人也聞海上之捷偉矣諸大夫馳驅兵閒果得聞其詳乎海防劉大夫曰兵貴萬全多算者勝公凝神蓄智炳於幾先微乎動於九天而不知其高浩乎沈於九淵而莫測其深故運籌帷幄變化若神公善謀矣徐翁大夫曰兵凶戰危猶豫則敗公剖決詳

明志慮堅定悉事理於毫芒識事幾於俄頃勿貳以二勿參以三公善斷矣潁胡大夫曰好惡異情常變異勢厲禁則爭姑息則玩公推誠心以御下嚴紀律以統軍號令之布凜若秋霜賞罰之行堅如金石公篤信矣鳳岡子曰有非常之人必有非常之才有非常之才必有非常之業公文章氣節海內所宗方其高臥龍門也讀書講學以樂先王之道然覩時勢之艱憫斯民之溺胸中固已籌之熟矣及感三聘之勤際風雲之會指揮經略動中機宜故能殄滅方張之夷發舒華夏之氣夫謀者勇之倡也斷者智之決也信者誠之貞也能是三者

致勝之道幾矣昔郭汾陽起於閒廢募散亡以破吐蕃而著克復兩京之勳裴晉公誓不與賊俱生親詣淮西而成平蔡之績垂名竹帛照耀千古白蒲之役若非公先事豫謀以遏其鋒使賊過如皋江淮震驚其害可勝言哉摧陷廓淸之功眞與裴郭比隆矣方今主上宵寐賢哲而公特蒙簡知南司馬之命亦試蕭望之三輔意也公何讓焉公行矣諸大夫疏附先後同其有功朝廷旣蕃錫有差矣知海上之利害險夷者莫諸大夫若也今妖氛雖熄餘孽猶孳中丞設施措置之方蓋已試之效也諸大夫其熟思而預籌之詩曰不愆不忘率由舊

章易曰神而化之使民宜之相與建久大之業以貽淮
南無疆之休野人所深願也諸大夫曰疆場之事得著
龜焉敢不拜教請書之以爲行贈

右副都御史徐公墓誌銘　沈良才

海陵有博雅君子小石公者工部右侍郎北屏先生冢
嗣也公諱嵩字仲望小石其號也徐之先姑蘇人國初
移籍於泰有仕元提舉者爲始祖譜逸諱高祖珪不仕
曾祖演祖達浙江鄞縣丞俱贈通議大夫都察院右副
都御史曾祖妣戴氏史氏祖妣張氏王氏俱贈太淑人
考諱蕃即北屏先生登宏治癸丑進士歷官南京禮科
給事中參議提學副使參政左右布政都察院右副都
御史提督撫治鄖陽工部右侍郎母張氏封孺人加封
淑人以公貴加太淑人生二子長即公次岱以廕授南

京都察院照磨公性聰慧八歲能屬文長益該博正德
初侍郎公在諫垣劾逆瑾罷官家居篤於庭訓擇郡庠
秀異延四方名士日與講習先達憲副臨海秦公從简
南京吏部少宰柴墟儲公皆從之游故學有源委關中
空同李公見其文奇之歎曰吾同年徐君有子矣正德
丙子舉於鄉庚辰舉於禮部武廟南巡辛巳始得廷試
賜二甲進士今上嗣位嘉靖壬午授戶部浙江司主事
時大司徒鳳山秦公少司徒紫山胡公見公器宇沈靜
文議雅贍選入本科凡章奏悉出公手與議帝與獻大
禮伏闕受廷杖爲大同軍士賊殺主帥上命少司徒胡

公往平之奏選官屬督軍督餉公與大司馬守樸趙公錦時爲兵部郎中偕行軍中一應章疏機密胡專委公趙浸不悅公開誠勸諭卒和衷竣事文選鄭公傑屢薦其才將改官吏部公力辭甲申陞本司員外郎丙戌陞本部雲南司郎中會考選漕運軍職甄別允當人服其明戊子陞保定知府保定畿輔郡舊皆臺諫轉遷銓司掄材畀公地鄰邊關官舍與民雜居萬全都司復統軍衞月糧仰給於府又地多貂璫衣蟒橫玉者以百數往往漁獵小民號爲難治公至聽斷明敏淸獄緩刑鋤吏之不法者劑量糧賞給散惟時接人以禮故上下無怨

士夫子弟有犯不孝者治如律豪右斂戢地方巨盜肆掠設法擒元惡餘黨散去歲大旱公率僚屬徒步三十里虔誠祈禱甘霖霑足未幾蝗飛蔽天下令曰捕蝗一斗者與斗粟由是積蝗如山禾得不害鄰郡傳以爲法撫按交章薦之庚寅侍郎公訃至卽日奔喪行李蕭然士民泣送後立祠焉壬辰太淑人繼卒守制服除赴部乙未補河間路衝民貧適饑饉之後供餽方殷公請革各驛庫役省財鉅萬有推官李某性行乖僻公推誠待之不得其歡屢譏于上官公不較更薦其賢久之媿服上官稱公長者而斥絕之郡人大學士序庵李公大司

馬東瀛張公方得君有所屬歎曰敢以吾民膏血爲進身階乎不聽丙申陞湖廣按察司副使分巡江防時牛首山礦徒猖獗辰衡二府騷然撫按屬公調集官兵擐甲督戰一鼓殲其渠魁反側悉平捷聞獲白金文綺之賜戊戌陞山西布政司右參政督理糧儲民俗狡嗇逋負居多公先撫字而緩催科民感之爭輸爲常年最己亥陞本司右布政督築沿邊墩堡迄今爲平定諸州之利庚子歲當鄉試右轄例不入簾侍御連公鑛知公博雅屬以提調錄文多所裁定校閱公明號稱得士辛丑陞本司左布政晉藩王府衆多祿米歲支十餘萬且預

祿子亦具名號冒支銷稽卽閱于藩司撫按從公議減祿米有差疏允宗親仇之摭拾浮詞誣愬賴聖明停寢四月順天巡撫都御史員缺部疏四人弗允上特授公蓋異數也公奉璽書赴鎭時勳臣建開礦之議畿輔震動公條列利害事竟不行承平日久邊人知我虛實陽順陰逆少有不慊卽喧然啓釁搆結蕃落聲言入貢將圖不軌顧兵糧未措公深憂之迺盡心籌畫宣諭賴以款服朝廷從建議者添設總督大臣而憸人胡守中以往播弄威權貪很不法爲言官劾奏下廷尉命撫按查勘事實時相以公致位通顯爲己功有求弗遂及撫按

疏上獨公奉旨罷官縉紳咸冤之後守中欲薄已罪誣公訔破逮理三年幸案牘具存駁覈明白守中伏法公竟謫戍宣府公怡然就道至則屏居絕口不言曲直後以差歸閉門高臥監司郡守罕得親接城西闢小園構亭植花讀書其中間與親知遊樂談碁觴詠卜夜不倦公素強健少病善飲餤秀眉下垂人以百歲期之偶感脾疾不食十有八日猶巾櫛如常問候者必延入談論詢家事不荅惟曰幸弟在百爾必備齋醮無益勿爲也端坐而逝戊午四月九日也距生成化壬寅享年七十有七配錢氏贈安人繼高氏封安人少保文義公孫女

側室周氏子男五長象賢任福建布政司都事娶張氏少司馬聽女繼曹氏憲副某孫女次景賢周出庠生娶王氏單縣尹廷祀女啓賢國子生娶儲氏僉憲洵女夢賢娶吳氏京衛經歷杜女允賢庠生娶蔣氏國子生勤女女二長適典術淩霄鶚次適庠生韓祖允孫二永錫永宗公性至孝侍郎公以瑾故械京公甫冠率僕一人從陸往省及尹京兆佐冬卿公爲尚書郎朝夕承懽寒暑不易比二親終承卹恩諭祭營兆域于城東經營晝夜不間尤篤友愛家事悉付照磨君了不問照磨君亦善事之西園賓客燕會終日相對怡怡閨門雍肅待諸

姪如已出族屬繁盛諸父間有不睦解忿息爭俾交懽如初子姓不足者周之才賢者敎之急難者曲爲拯救疾病者躬爲調視接人和氣沖融不立城府愈久而愈可愛其中之所存介然如石不敢以非義干之言行交際一無所苟平居服食儉素至奉賓必豐自任滿歸俸餘纔數十金而已徐氏閥閱之盛甲於維揚父子位列九卿皆以清德著聞尤世之所難者公之學自六經子史稗官小說無不窮究文章溫醇典雅根據理要詩清新藻麗有悠然之味文集若干卷藏于家書備諸體時出新意自成一家俊逸可玩文人墨士得殘篇斷簡者

皆珍藏之故屬纊之日識與不識皆涕泣咨嗟傷老成之淪謝也予少公二紀辱爲忘年交受愛最深照磨君又託姻婭之好薊鎮被誣顛末余在中朝知之獨詳今幸家居方圖日侍教範以匡不逮今已矣嗚呼痛哉卒之前二日予候於寢猶從容曰先君六十有七吾亦無憾矣豈謂遂爲永訣之詞邪訃至予往哭盡哀適都事君以差歸人以爲孝感云照磨君卜今年十二月十二日奉葬於城東侍郎公塋之次持少參宗公臣狀率子姪詣予泣曰知兄惟公敢以誌石請予義當銘豈忍遽銘邪銘曰

熠熠徐氏海陵巨宗積德深厚發于司空先生繼之益大以肆甲第傳芳父子進士始司邦儲巡邊樹聲繼守畿郡瑩然冰清藩臬旬宣克紹世美簡拜中丞天子所與中比匪人志未竟施逮理三年甘心受之柄臣不臧黨邪嫉正白日青天國是自定有孫有子壽考歸全惟彼凶殘一蹶而顛佳城蔥蔥兆域之側我銘於幽昭示無極

迪功郎蕁溪顧公墓誌銘　沈艮才

嘉靖辛酉十月二十日迪功郎江西南康府都昌縣縣丞蕁溪顧公卒于正寢訃至余往哭之鄉之少長皆悼惜焉壬戌十一月長子雲南楚雄府廣通縣尹雲鳳自述行實詣予再拜曰孤不孝禍延先考殯朞年矣惟暴露是懼先妣張氏繼妣張氏葬於城北許原合窆于茲孤之願也奈阨於豪强合葬地不能容遷葬勢有不可近擇地於生村西南著龜協吉涓二十一日奉考靈葬焉惟墓石未有所託敢請太史氏一言以永其傳余念先伯兄艮臣爲公之甥義不可辭謹按狀而銘之公諱玑字守中蕁溪其號也世爲泰州人父諱行字允實由國學任浙之金鄉衞河南信陽衞經歷母田氏公甫十六齡經歷公見背弟瓏尚在襁褓公天性孝友即能撫孤治家凡百井井勵志儒業弗果歎曰蕭何明律令以相漢大丈夫立名澤物奚事章句哉遂精通刑名爲郡掾立心正大處事公平鄉人重之嘉靖甲申授江西南康府都昌縣縣丞地隘民疲號稱難治公悉心撫字救弊補偏適尹未至遷學校改城隍修烽堠時有黃曉源者草寇千餘人嘯聚爲患屢年未能除公設謀畫策率土兵不避矢石旬日勦平當道嘉獎歷任六年母老乞

休撫巡勉畱不得百姓攀轅臥轍者幾千人乃立思碑建祠祀焉庚寅抵家以囊橐示子姓俸資不滿百金衣數襲而已弟既長卽爲婚娶家宅一區俸若干付之無難色甲午都昌士民具呈移文遣致仕官陳養廉走數千里造廬問安鄉邦傳爲盛事後凡詣泰者皆備儀展拜述合郡先達景仰之意公性儉素厭紛華足不履公門常愛村居與鄉士大夫結社會集投壺雅歌飲不至亂管絃之宴絕不赴時和景明道冠鶴氅偕同志登泰山遊院寺以自適閒居焚香默坐讀玉樞等經閒延元緇之流談清虛物外之趣頤養性靈曠達襟度非慕其

道也辛卯郡守南昌胡公延鄉飲賓位歲儀有加平生好義凡廟宇街渠圮壞者卽捐資倡之如北山寺井巷街招賢橋至今完好里人稱便親戚吉凶事極力周旋之不啻切身也食指日繁歲或不登資用弗裕怡然自足遇令節命治酒殽戒勿過豐子孫序昭穆列侍談論世務聞人有善樂道之欲其勉也聞一不善嫉惡之欲其警也酒三行五行卽止孫廷對廷策遊郡庠文譽日著暇則主館中稽其課業每文會丁甯勿飲及暮薄設以節其勞廷對舉戊午鄉薦登已未進士授浙江平湖尹手書居官節要數十條命揭之私衙俾朝夕觀法訓

族人謹守禮度遇卑幼曲盡情款疾言厲色不加于臧獲如有過弗貸故內外整肅已未雲鳳選雲南楚雄府廣通縣知縣憚行公切責之不得已之任一年依依北望偶値進芝之差懇求上官得便歸省辛酉竣事謁堂下承懽幾百日而公逝矣萬里適歸聚首永訣人以爲孝感云公生於成化戊戌十二月十一日享年八十有四配張氏泰之望族繼配張氏皆先公卒子二長雲鳳卽廣通尹娶徐氏次雲鵬娶王氏繼虞氏孫男五長廷問庠生早卒次廷對卽平湖尹廷謂廷策郡學生俱鳳出廷幹鵬出孫女六淑英淑蘭淑賢俱鳳出淑芳淑儀

出廷幹鵬出孫女六淑英淑蘭淑賢俱鳳出淑芳淑儀思女俱鵬出曾孫五夢圭庠生夢麟夢熊皆問出夢臣謂出壽孫對出曾孫女八七女京女登女元女更女宜女鸞女官女吾鄉科第甲於維揚然祖孫三世萃於一堂宮袍戲綵目睹其顯榮者葢少則顧氏祖宗積累之厚可徵矣銘曰

位無崇卑居之有則民無智愚感之惟德偉矣萬溪佐邑何施歸休三年千里問遺景倩之淸唐臨之恕兼茲二美庶永終譽壽踰大耋養高林泉性行純謹操履淸堅名在鄉評慶詒孫子存順沒甯克全終始新阡鬱鬱旣吉且安我作銘詩百世不刊

齊物論　沈艮才

始予讀莊周書謂其離經叛道果於非聖人者及澄心靜思究極微旨而後歎曰嗚呼彼其有激之言乎若茲齊物論是已今夫上古之民蚩蚩故其詩曰不識不知順帝之則不言而治者也中古之民渾渾故其詩曰德音孔昭視民不恌言而後治者也季世之民察察故其詩曰民之訛言亦孔之將訛言出而大亂興矣夫承大亂之後而吾日擾擾焉弊精竭神以求其治其勢將有所弗給不若泯其是非得失之故而一歸之無何有之鄉此莊周所以爲齊物論也嗚呼物論可以齊乎哉吾

聞太上忘言其次立言其次不及言夫忘言者非蚩蚩之民乎近乎帝之世矣夫立言者非渾渾之民乎近乎王之世矣夫不及言者非察察之民乎近乎春秋戰國之世矣今也處春秋戰國之世而欲返乎忘言之治不亦失之遠乎然而有所激也彼誠見夫大道隱而民之膠利慾也思以救其弊而返之正于是以民位爲桎梏以死生爲贅疣以天地爲蘧廬以萬物爲蜉蝣舉吉凶禍福窮通榮辱之事一付之羊亡蝶化而無所謂是與非得與失者以爲如是而物論齊矣抑孰知其言之過於激哉激則變變則矯矯枉而過直是周之失焉然其稱詩書述禮樂談道德而說性命亦不異於聖人者使得聖人爲之依歸雖謂之聖人之徒亦可也善乎蘇子曰莊子之言蓋知尊聖人而未得其道者也其亦善讀莊子者歟雖然周嘗爲漆園吏矣退而返乎濠梁之上有輕世肆志之心蓋處士之流也故其言如此嗚呼周不得爲聖人之徒將不得爲逸民乎

濬通學渠記　　闕名

泰隸揚舊稱樂郡圖山峙坤雉皋衍震咽背江淮皆下泄歸墟悖珠光邗溝之水滙澤平沛分匯縈帶水經謂中瀆出白馬湖東西小水流注之又東至廣陵則揚之通泗泰固支流入焉南唐既州海陵周顯德中駐師瀕江益壯城濬隍樹表險要迄治平土著市廛舉盤互城外劇衢倍扉承習生常內城東偏則官司之所治黌序之所宮龍氣亢爽形萃鳳上先朝陽而破氛霧宅土之勝衢右徑市渠水通北關流再西經新倉別演武臺循山而南道太子港與南關水會東注學之泮池委延周瀆洋洋重護水搖山動於窈窕閶闔之麓故一時民物

阜殷靈鍾才賢奚啻科甲後先炳望也歲久湮蕪闕塞如玦士論鬱紆山陰朱公之守泰一年始洽二年通和三年治成聽輿人之誦曰始民嗷嗷土穢水煩公撫祛之流水迺還汙茭盡開我飲我飧更始麋沸屏除靡靡公制馭之簡裁百需約以鍵矩揚清決泥渥澤如川流教若水昭德塞違均賦平砥習湔浣淬鋒砥礪維日濯新道以仁禮青縈碧聯君子莅止鼓鍾于堂豈樂燕喜公曰有是哉傳不云起塞從時且水性能下不道則不通人性能智不教則不達舉廢以興學兩利存之豈西渠附召鄭之美乎迺卽日鳩庸開之以簡便約之以勤省費十八未浹旬而卽工巖巖西山惠我瞻止湯湯東流取子逢原隱訕發舒宛問津啓泗而探其瀚海也鄉大夫命記于某某曰吾民習公治而治之所善或莫之言公浙之甲族家學淵承行潔而言道仕以登義廉慎自牧好惡公于幾微不畏不侮以齊于政可不謂循良哉茲役之成潤滌多士方今天子享明堂禮辟雍邇三代之舊狩河洛疏呂梁纘禹之績庶將鼓仙舟之檝以業以庸發泄乎太淸乘萬里而遠上哉若詠游之樂奉杖屨從先生長者進于聖賢之教媿記者不學也姑俟

之

此記舊志不著撰人姓氏亦無年號時代可考祇山陰朱公守泰句略可依據攷州志秩官州守朱簦山陰人嘉靖十七年任又嘉靖三十五年州守朱公節亦山陰人二朱未知孰是公節名宦有傳並無修學濬渠之文而州志學校門稱嘉靖十六年巡鹽御史洪之垣知州朱簦大修廟學呂柟有記據此則濬通學渠當是朱公簦公初佐御史洪公修治廟學越二年又續爲濬渠之舉蓋公始終留心學校如此然則此記爲州守山陰朱公簦撰無疑其撰之歲則嘉靖

十八年也玩記中吾民習公治句撰文者必是邑人
惜無可攷是則舊志之闕也 退庵

新建儒學義倉記 王陳策

泰州安定之鄉也士知學而敦義自元及今號小鄒魯比歲兵荒育鞠未紓雖有學田名存實亡事無從給禮節遂衰識者慨息焉嘉靖甲子冬龍津姚公以廉平調守首進諸生而詢闕失慨然以興學自任優文行賙貧之立文會給以筆劄有差復自計曰是有限而難久無將思廣之迺括俸貲商羨若干糴平米三百石倣文公社倉法貯之以貸諸生每石加息三斗四月受米十月還倉歲計得息九十石以需諸公費仍存本米以貼來歲傳之無窮始受日公率師生戒牲陳詞盟於司庚一

時士類祇歡以趨復具條約聞於督學侍御楚侗耿公報之曰是嘉惠學校雅意也無何學正張君拱明至謂此法行而吾施致益輕奈何令其泯泯俾生員馬恕徐壽昌輩求紀於石策謂學者治生爲先而菽粟水火人斯興行緣情之治也釋此弗用防範孔嚴而豪傑輩出甯枵腹以學乎而或人授之金亦一日盡也惟義倉設則米以濟之不貸民間息以周貧不求臺府公私攸賴而頫仰無慙以固良心以立廉節以復在昔人文之美公惠實多公守泰半載清白之操通於天日故首務此至集流亡治田野裁冗費讋吏胥宛然濂閩規畫達於

王政爾矣循良奚足方哉公名篚平湖望族理於信守
於宿所至有善政今且奉擢刑部員外郎其嚮用蓋未
艾云

重修南山寺記　嘉靖三十年　李鵬

泰城內東南陬有南山教寺蓋建自南唐乾符三年僧
鐵心堅禪師之緣賜額護國寺宋治平元年改資福禪
院正和七年改神霄玉清萬壽宮建炎元年復名資福
禪寺紹興三十一年虜騎至僧覺如捧金剛經一卷見
之虜問何恃不避覺如舉手曰恃此爾虜皆羅拜而去
淳熙十年燬至紹熙間僧紹信覺妙重建嘉定三年僧
圓珍惠文奏立戒壇於口口元年僧主信重修國朝洪
武十五年開設僧正司於內天順八年僧正行琪新之
東側有浮圖一坐失其創造之年高可眺數十里日西

景落泮池宛如大筆州志八景此其一也風水家取兆
人才科第之盛今遺址尚在殿堂以久圮壞閒有補葺
粉飾之施皆非堅緻之舉以故敧楹腐棟凋桷殘椽斷
垣頹瓦日見其積翹翹然殆不可禦風雨見者太息首
僧眞澄慨然以飭弊起墜爲已責每晨昏焚香佛前必
祝曰弟子有增修之念第力弗逮爾奈何既而曰吾輩
亦僧也獨不能事事繼前人乎乃以其事白州大夫大
夫知其舊爲祝聖道場聽其請弗之禁於是眞澄罄所
藏得白金三百兩鳩工庀材又命徒衆募勸以助匠費
其材榦惟可存者仍其舊其敧腐凋殘斷頹者悉更之

復黝堊而丹漆之由是正殿及金剛殿次第就緒侈然一新視前益壯麗以山門卑隘不足以肅觀瞻也越明年又撤而新之卻舊址而進之可二丈許從筮史也高廣稱是佛像金彩剝落千戶王君烈飭其中尊外此諸像及寮廡法堂浮圖牆垣之屬尚有所待意者遠邇衆信豈無聞風而興起者乎於戲壞於百年而新於一旦謂非眞澄之力不可經始於嘉靖己酉夏五月落成於又明年夏四月欲紀其歲月爲後之張本是爲之記以應鎮撫王君樞之請善士蔣秀蘇乾王韓花相皆有董其事之勞法得附書

讀沈少司馬疏草題後

林曜

余尙論名臣嘗有感於以諫顯者度其衷期於諫必行也衍爲諫法參以權術迄今炳烜簡冊第術可以事人主乎哉藉令探驪龍之珠而馴擾之非盛世君臣所有矣先朝大司馬鳳岡沈公由諫顯蓋稱我明名臣焉公同先人游膠庠歲戊子同鄉薦先人居銓部公乙未成進士讀中秘書改授給諫同官京邸公器負公輔早於朝廷天下之故靡不洞晰其幾而深究其委先皇在御慮已聽政乃大臣奸貪閹臣狂悖恃寵竊權擅作威福公屹然弗顧也所條上應機而發中竅而施激切汪洋

悉蒙先皇俞旨當是時朝士至縮頸吐舌而懷不測者亦潛遯遠移公資望兼隆朝野倚重從諫垣晉大理陟大司馬憂盛危明復疏重簡命防虜患安內攘外亟宜先得人若近在眉睫而患貽旦夕有不容一刻緩者樞臣中有先時愛君憂國如公者乎未幾虜果跳梁中外騷動先皇抱南顧憂遣重臣代斧鉞以往滔天之勢一人未能撲滅也從特簡授璽書公拜命身先士卒燭照幾宜條陳應援事務目中已無虜矣適忌者從中阻之國家由茲多事噫以諫垣越歷者嚴之乎尸居淵默積之乎精神肝膽矢之乎焚香告天之時倘以身寄社稷

獨不可貽萬世治安乎何廟廊依違遂致失策也公陟華躋膴原始要終所指諫法權術者毫不入其胸臆卒之格皇天標青史樹幟諫垣而垂憲本兵也孰非精忠流貫也哉名臣中蓋一二數矣往余跋涉夷梁目擊洪河衡決得公疏濬山東諸泉遺稿讀之緣是探龍門詢砥柱遡流窮源中州稍稍免患謂非公遺澤可乎泉疏頒布河濱已纘禹績今復睹全疏纍纍幸卒業焉安得不諷誦珍襲請付剞劂氏爲萬世位司馬者石畫云

海陵文徵目次

卷八　明

海陵文徵卷八

鄉後學夏　荃退庵輯　陳寶晉守吾校

條陳四事疏　　淩　儒

臣愚無知待罪言責久矣茲者伏遇聖明夙夜孜孜以求治理而大臣亦多精白以承休德臣偶有所見敢復避忌而不一吐納於君父之前哉臣竊見今日近臣清肅矣而外臣之貪墨者未見回風選將公明矣而操軍之虛冒者未聞改轍奸慝屏除矣而賢哲之伏處者未遂登崇譽髦嚮用矣而忠直之沈錮者未蒙昭雪此皆海內日晒晒焉延頸企踵以俟而不容不亟慰其心者

也臣謹據事條列伏望聖明俯賜採擇施行臣不勝冒昧悚息之至

一曰重貪墨之罰以勵頹風蓋國家建立在外大小臣工凡以為潤澤生民保安地方之計而其最切且要者則在布政與知府知州知縣等官苟此輩不貪卽貪不甚則保釐司牧咸得其人民瘼庶幾其有瘳矣奈何此輩提方寸之印任私意以伸縮錢糧執敲朴以鞭笞百姓其所以括取常規舊例火耗秤頭與夫因事受贓指公科斂甚至假借軍餉名色動罰大家富戶輒至幾百幾千椎髓剝膚民不堪命至是極矣然其所以肆無忌憚者亦以贓吏之罰太輕蓋曰縱或敗露彰聞重不過為民次亦不失冠帶以去此外更無憂矣則其所以嗜利殉財惟日不足又何所顧而不為哉臣謂今日在內臣工率相重名檢而遠苞苴而明旨屢頒復諄諄乎私餽是禁乃日聽外官之貪墨如故不為破格一處如吾民之倒懸何合無勅下該部通行撫按將屬內貪墨異常者不得優以藩司官尊甲科可惜不得待以朝覲罷斥差完論劾卽不時指實奏聞仍令該部今後遇有指名特參者不得概擬閒住為民務須重擬以憑拏解來京追贓治罪其事情稍輕應行提問者該部仍酌量地

方遠近限以具奏之期不許歲月遷延使在網者復以倖免其有先經論劾見行提問久而未報者通行切責為何姑息長奸如此則禁例之中飭益嚴風聲之感召自別而懲一警百之餘庶貪黷者稍知改絃易轍矣

一曰革虛冒之兵以求實用蓋國家設置春秋操軍凡以護衛都城卽古所謂采薇之戍其初未嘗不善也奈何法久弊滋有空名而無實用除河南山東二省向依限赴營積弊頗少者姑不論外獨江北直隸臣自束髮以來未聞每次有一軍上班每年有一批迴附卷者雖邇來立法稽查甚嚴而領操官參提降罰殆盡卒不能

使一人來京何也蓋中軍留守都司所轄凡操軍共四
萬四千有奇通計行糧銀共一十四萬餘兩每年各在
州府關給百計留難如該班應給銀一千止先給與三
百即三百之內又皆加一扣除領操官得此止帶一二
管事人役逡巡赴京隱姓諱名上下打點於以東支西
吾萬一稽查即便棄營而走矣其所以頂名代役者又
多在京積猾之徒專一用强包占而營官則以納賄爲
便該吏則以得財爲常左右通同尅減賣放者且十之
八九矣此其行無所資勢不能來而奸有所售且不必
來其爲弊豈一朝一夕之故哉夫朝廷外則歲費銀十

餘萬兩以給軍內則歲費米數萬石以養軍乃竟無分
毫之用而或者猶謂法不可以卒變是徒知愛禮存羊
而不知採華忘實者也合無勅下該部再加議擬將江
北操軍免其赴京止將原額行糧銀兩如數徵解仍於
應操各軍名下每名量追銀一兩謂之免班責令衞所
掌印官依限徵收批差領操官一並解部則內外所積
歲可得銀十八萬兩有奇然後付工部以十分之三以
爲各營夫役之費貯兵部以十分之七以備緩急召募
之需葢所謂一舉而兩得之矣其在山東河南附近常
來者則嚴行清查一如該部所議如此則實旣覈而名

亦存財不斂而用自足酌權通變之餘而官軍公私兩
利俱存矣
一曰拔隱逸之材以振士氣葢人主遠奸爲其妨治纇
俊將以維風固有並行而不容偏廢者也我皇上臨御
四十二年以來壽考作人凡布列在位者固濟濟多譽
髦之士然其砥礪名節伏處山林者求之海內可謂盡
無其人哉舉臣所知則充養純粹輿論久孚有所謂吉
水羅洪先其人者行藝優長鄉評推重有所謂華亭林
樹聲莫如忠臨川徐艮傅其人者廉正自守終始弗渝
有所謂汝上吳嶽其人者彊毅有爲盤錯不變有所謂

金谿吳悌其人者此數臣者或懲創已深而行能可用
或沈疴久起而年力方强即今身處畎畝之中非不忻
忻然幸有昇平之遇而思欲一置身於聖明之朝也苟
失今不蚤爲錄用而使少者日以壯壯者日以老焉則
沒世而風采不表見於後固若輩之所甘心者而野有
遺賢其謂之何臣謂頃者旣多罷斥匪人而將來復考
黜不肖人材亦幾於乏矣於此而舉隱逸以接續之誠
今日之所不容緩者合無勅下該部再加採訪果臣所
舉或非謬妄將羅洪先等隨材器使及時登庸旣不使
臣冒知而不舉之嫌復不使臣抱舉而不用之歎若夫

限於耳目未周聞見未悉許地方撫按各拔其尤疏其名以聞如濫舉以樹私恩若三十七年借邊材以希進用者連坐所舉如此則江漢鮮垂綸之士四方集千里之材而拔茅連茹之餘庶在列者咸知所觀感興起矣

一日寬挂誤之罪以垂曠恩蓋王者操威福以馭天下如天之雷霆雨露奮之以義而濟之以仁故議罰之典常申而宥過之恩間一行之無不可者我皇上自御極至今刑罰悉中凡封疆議論之臣以事而自罹於法者固咸伏其辜矣然事久論定中閒豈無一二尙在矜疑可憫者乎故功多過少入以爲冤則巡撫曹邦輔是也

罪重情輕入猶可錄則巡撫郭宗皐是也心是迹非偶被繫逮則給事中沈束是也冒嫌觸禁誤入網羅則御史黃正色桑維喬是也此數臣者或年垂白首而望斷鄉關或忠抱赤心而魂驚邊塞俱宜闓然傷之而不忍使之禁錮終身者也苟當此伊呂之朝再不獲霑湔之澤則此輩生還之望以孤臣謂聖明曠蕩之恩遠近沾濡而獨此有遺焉非所以燭幽情而啓蟄戶也合無勅下該部再加議擬如果臣言不盡乖舛將曹邦輔等寬其戍守出之囹圄悉令還鄉以廣聖明欽恤之德矧內如邦輔宗皐已經撫按薦用而沈束者又經伊妻具情哀懇臣非漫無所據市恩沽直冒昧以聞誠有以寬之則光復生於腐草之餘心未熄於寒灰之後而凡懷犬馬之忠者皆知感恩圖報矣

科場條議疏　凌儒

臣等奉命監試科場其於綜理釐革固已勉竭微勤亦既竣事矣關防之餘復當巡視垣壁周遭登高瞭遠以至堂房廚側凡足力所到靡不目窮而心計始知夙蠹難除衆美未備皆由創建簡陋關節易通其在今日所宜亟爲鼎建以成潤色之猷者也請爲陛下陳之臣等謂貢院之地基廣則形勝有餘量地經營結搆宏厰周廬森列靡所闕失然後經制備而百慮可消今地方湫隘窘迫民居東西僅百有六步南北僅百有十三步度以準繩纔四十五丈許耳雖經前歲開拓南面一方而

四至終難展布此基址所宜增廣者也庭宇軒豁堂室爽塏然後居處得所而校閱精明嫌疑隔別今體制卑淺至公堂幽晦狹窄不獲仰視日光內簾各房小同厠厦實以箱笥旋足不能坐致縛束執事各所鱗比星密鑽隙可窺而謄錄一處納以書吏七百餘名人多地少每接趾摩肩縮手操筆且陰沈卑溼一過亭午黑白不分此堂室所宜崇高者也室宇四壁磚石爲堅不但可遠穿舍鑿壁之嫌且可祛風雨鳥鼠之患修築既省粉飾不煩所謂一勞永逸者也今偏索諸壁更無塊石片磚壘以土坯墁以汙泥而薄塗之以粉羊質虎皮殊可嗤訝每震風淩雨漂搖爲患莫不凜凜懷顛覆之憂又何能行坐委蛇安心所事此室壁所宜堅固者也東西席舍必寬大疏朗方住止稱便身安意舒且勢隔則風燭無虞坐遠則傳遞未便每舍置格三扇用則陳列畢則收藏一年有數十年之用是計之最善者也今則比密如茨一板而兩生共之不惟聲可相呼而面俱坐照且中空五尺坐板高低局影而居側身而立生儒困頓往往歎息咨嗟此席舍所宜寬厰者也供給一所飲食攸關每場士子及軍役數滿萬人應給粳飯湯餅率以三四萬計必廣建廚竈多設庖胥令其宵作晝用庶食

俱新美人不苦饑今則房止十間百需塡塞不獲增置錡釜取辦臨時其勢不得不越宿先爲之備夫以越宿之味當辛苦之餘卽便給何能適口故諸生枵然一腹經歷晝夜遂至困病相枕不及終場此廚舍所宜更置者也周圍棘垣再重爲固然必石爲底磚爲中近顚稍用土坯數級覆以杉架加以茨針特高丈五方可峻出入之防革接遞之弊以及臨場揭曉踰垣飄瓦之凶今則高僅及肩可跨而越也雖該會試增設層牆要亦環築以土其土又皆取之牆下日挑月塹夾道成河土軟址虛一遇淋雨塌卸幾盡故每歲再築再覆不稱觀視

之美難保防範之疎此牆垣所宜高堅者也夫以各省舉場規模宏遠綜理精詳每歲修葺先期無所容奸足稱盛典乃京闈爲四方之極鄉會兩試皆在焉而二百餘年苟簡若是豈朴略之風踵襲未變抑經理之臣疎濶未講歟固宜積弊成奸致有今日屢厪聖明特旨注意關防臣等謂創制立法者難因舊爲新者易今場中室廬雖壞尙多可用之材地方雖褊復有可闢之勢因邱陵以爲高臣等固知其事之易辦也失此湊遲之漸不欲早爲之所聽其頽壞日甚方且歲歲樂爲補塞罅漏之圖何其計之左乎合無明春會試之後鳩工聚材

次第修建以待來科之用臣等查得每歲修理順天府該十之四用銀八百有奇工部該十之六所費殆倍其半大都兩處用銀二千是額辦者也再查得順天府庫內見貯銀二千餘兩係工部發修貢院錢糧其銀原出之提學屯馬三差贓罰是已辦者也再行省直三十差御史取什百於千萬之中各解贖金三百兩以助工費是可辦者也通計內外可得銀一萬三千有奇此其材用不患其不充矣預行十三省及南京各將貢院規制縱横向背命工繪圖上之禮工二部再爲斟酌損益使體勢宏厰室宇輝映經緯如式巨細靡遺此其制度不患其不精矣督理營務不必以咫尺之地自生藩籬專任工部主事一員素有心計幹才皭然不染者悉心經理而禮部該司官時爲秉公協謀細加商確不得如每歲部司府屬各據所分處所較量尺寸之間彼此推調以致曠時悞事此其責成不患其不專矣所需木植甎瓦及油灰顔料之類悉平市價招商估買躬率匠作人等寅集酉散計日程工不得如今歲信用奸商一概包攬致使壁灰青白揮帚以成腐板爲門應手可碎此其破冒不患其不淸矣選用委官廉訪勤愼派以執事責令夙夜在公時加檢點各行領銀務要如期給以足數

嚴禁該吏無染指其間重分例之法杜請託之門遠包賠之累不得如今歲委官朝至暮往此去彼來甚則假公營私以致百物苟且無裨實用此其督率不患其不嚴矣夫以鼎新兼乎用舊謀國一如營家則費減於前功倍於昔觀美可備奸弊可淸蓋一舉而百廢俱興者也伏乞聖明軫念斯文垂情盛典勅下禮工二部詳加擬議如臣等言有可採蚤賜施行臣等不勝願望待命之至

舉刺人材疏　淩儒

皇上御極以來外而邊疆事務內而地方災傷罔不夙夜憂勞致厪宵旰之慮近以東西虜報重大遠邇騷然復荷兩啓玉音咨詢輔臣欲令詳處無非爲社稷生靈至計臣等謂人君欲天下內甯外謐以成久安長治之功要在選擇人材以備經略撫綏之計乏人失計而欲求內外治安不可得已臣等謹以逸才可備邊防庸品不堪內地者爲皇上陳之茲者聖神撫運國固多賢但俎豆之士有餘而軍旅之材不足則夫早爲錄用以補失事應罷之臣以求破格禦戎之策誠有不容於或緩

者也臣等訪得原任三邊總督陳其學原任陜西巡撫戴才原任大同巡撫朱笈原任福建巡撫汪道昆原任延綏巡撫王輪原任兵部侍郎喻時吳嘉會凡此諸臣或偶因兵力寡弱遂致地方踈虞或小以檢束未嚴輒遭言官指摘或循常未聞炫赫而倉卒緯有紓謨或年力未見衰頹而調度儘多奇策責以全才備德未必兼能而各負所長容有不可以一眚棄者況閱歷歲久懲創日深當聖明御極之初孰不攘臂思奮以圖報效且今邊事日就頹壞矣不爲取長棄短錄用此輩以救將來是以貳卵而棄干城以寸朽而捐梁棟求之於新進之輩不逮繩之以拘方之器非宜邊防復何所賴以振哉臣等共謂諸臣之當用者此也頃者老臣嚮用吏治更新然材質之振作終難職守之陵遲日甚則夫亟爲更置以謹帷幄運籌之地以收江藩底定之功誠有不容於不早者也臣等訪得見任兵部尚書某見任江西巡撫某見任鄖陽巡撫某以上三臣或操守未汙苦寸長之莫展或根本既壞復一割之無能或備奸汙之狀而張施久壞於湖湘或負聾瞶之材而舉措大乖於江右責之投大遺艱皆非所據而輿情未協誠有不可一朝居者況本兵任重巡撫官尊茲當內外多故之秋豈

宜坐視因循狼狽以防賢路且開讀自陳既久矣不爲隨材授任甄別黜斥以厭衆心是使蚊蝱負泰山之重燕石溷荊玉之艮上之非所以爲國謀下之非所以爲民計內地復何所恃以安哉臣等共謂諸臣之當處者此也伏乞勅下吏部詳加議擬儻臣等言有可採將陳其學等遇缺推補某等調用罷斥則逸材勸於甄錄之公而致身之義愈切庸品安於旌別之當而官人之效自臻邊防有備內地無虞而聖明宵旰之慮可以少釋矣臣等無任懇切祈禱之至

劾薊鎮邊功疏　　凌儒

人臣之罪莫重於欺君而誤國殃民掩敗爲功皆欺君之大者邊臣有此罪固當誅苟查勘之法不嚴殺人之姦得售臣見無辜游魂含嗔怒覓頭顱叫鄉關呼風雨死者銜冤生者太息民怨日積國體日傷欲邊事稍振其陵夷生民得免於荼毒不可得已矧當聖皇御極之初正外夷窺伺强弱之際不大加威斷使揜敗爲功者明正刑章臣懼不知其所終也頃者强敵内侵劫掠撫甯昌黎樂亭三縣牛馬積畜百八十里之間蕭然一空殺戮男婦以數萬計身屍横野其子女被虜而去者羊

驅出境哭聲震天近十年來邊疆受害未有如此狠狽之甚者也臣於地方失事人員姑於小者不論外總督某巡撫某總兵某等律以明例罪復何辭當此之時正宜下罪己之令扶瘡痍之民待罪行郊慰諭孑遺收屍原野恭聽朝廷分别罪狀或議死或遣戍庶法紀尚在人心稍安蓋日事已無可奈何所可爲者此而已矣乃計不出此復揜敗爲功指漢人爲夷人避重罰以邀厚賞將平民被殺者盡割其頭顱揑報斬獲首級八百餘顆夫民不幸生長近邊又不幸遇督撫非人無可怙恃今皆父不得顧其子妻不得有其夫僵屍數萬枕藉郊

墟見者寒心聞者酸鼻兹又割其頭而去之彼諸臣亦何殘忍至是極邪國家制刑斬罪加絞罪一等蓋以身首異處不復完人罪大惡極者則加是以重懲云耳今無辜立就死地矣又皆不保首領與蒙顯戮服上刑者同科使含冤之鬼日號鳴於白草黄雲之下是誠何心邪前始聞捷音舉朝之臣疑信相半既而盡疑之今則悉知其僞狀矣詢之公差見各衙門者則曰伏屍田内者皆無頭之人也詢之鄉民至都下者則曰僵臥溝中者皆半段之軀也又聞總督某張筵置几邀二御史以待紀功未及登筵而號天乞頭於劉燾因哀鳴於御史

者則羅跪滿前矣夫有身屍則有頭顱今身在而頭亡豈虜人者亦以所獲頭顱多寡爲功次盡囊之而去邪可駭也可恨也然則八百顆中吾民之頭固十居其九矣眞邪僞邪功邪罪邪臣伏見先帝之時刑罰章明邊臣用命故其時疆圉固嘗失事矣未聞如此之慘邊臣聞有假功矣未至如此之欺今盡割在野平民之頭公然詐稱八百功於闕下豈以地方去都城遼遠聲聞難達而僞狀易行邪抑豈以聖明寬仁天覆即知其姦亦姑從輕典邪赫赫朝廷慶賞明威紀法森然具在數百里之内尚敢欺罔若此則千里之外如山西石州一帶

者生靈之魚肉邊臣之欺玩又當何如邪臣連日聞之大臣曰此事可恨也又聞之小臣曰此事可恨也又聞里巷之人曰此事可恨也此事者指督撫總兵割人頭充己功之事也知其可恨矣不聞之九重之高治其罪以泄人心之憤豈言官之職朝廷之法哉夫有功不賞有罪不罰雖堯舜不能以治天下況當邊方積衰不振夙姦未除而復欲假之以寬臣恐玩愒陵遲日甚一日後將有不可收拾者矣且總督素負姦貪屢經言官論列臣姑不復指陳但據某平日高談雄辯自謂籌邊綽有勝算若可以繫單于之頸而牽其庭臣又聞諸臣中

亦頗稱某有小才薊鎮可恃罷去則代者或難其人謂其有小才者亦據某紙上鋪張揚厲之言悻悻不能下人之氣耳今東虜大舉入寇得報日久竟無一策捍禦於先復無一籌挫辱於後乃左右觀望聽其飽掠以去復所爲若此猶謂某有才乎居薊四年一卒不練一矢未操其無事者幸耳某非有勝算也總兵某身居主將固守無能巡撫某職任撫綏調度失策欺罔之罪又與某等如某日割頭冒功非彼之罪則統馭節制者何人捏功妄奏者何人是猶分局盜之贓而曰我未上盜也其將能兇邪臣謂宜將某等失事情由嚴行御史查勘而此一節尤宜多方研究盡發其姦但某等在鎮則左右奔走皆某故吏下僚或畏其威或啖其賄左牽右掣襲故蹈常縱有神明之吏亦無能出某之手者矣伏乞

聖明早賜宸斷將總督巡撫總兵比照山西事體先令回籍仍勅下都察院劄行巡按巡關御史嚴加查勘若總督等僞狀果盡如人言當明正其罪以爲邊臣欺罔者之戒則游魂蘇息殘喘可望以更生夙蠹湔除將來猶幸其改轍內治既修外患自殄矣再照九邊諸臣情罪俱同四夷內侵爲患日甚失今不爲破格以求長策任其廢弛欺玩而本兵者復耽耽而居飽祿以嬉焉譬

之病者因循勿藥至形銷骨立方倉卒以求良醫即倉公扁鵲望之而驚且走矣合無併勅輔臣及九卿科道大小文武官員協謀殫思各攄所見數大臣者從中酌擬取其經權並用常變兩利者條列上請見之施行則戰守之鴻圖允賴安攘之駿烈可收矣臣無任隕越待

命之至

劾某大學士疏　　　凌儒

臣聞事親孝故忠可移於君遺其親而能急其君臣未之前聞也矧大臣爲治之表表弗端則寡恩之風與而子道壞子道壞則臣節衰其所關於綱常風化之故誠非眇小臣竊見大學士郭某昨因言官論其當罷遂稱病乞歸陛下屢降温旨勉留若不忍其一朝解組以去臣仰見陛下重惜先朝大臣之心德至渥也臣伏思之眷然慰留者君之仁毅然謀歸者臣之義使人臣於君不以情之最切者求去而託事之非實者求容則輕重倒懸進退迷謬其爲計似巧而實拙矣臣請以某可去

不可留者爲陛下陳之某先是爲吏部尚書不攜二親於京邸以承朝夕之懽一旦厥考訃音至某內不自安每對人爲終天之語似見本心之良不可磨滅及服未闋先帝聽左右之說復徵爲吏部尚書比報抵其家某之服尚四十九日未滿某於此時既非以金革之故迫之於前又非有奪情之旨驅之於後乃義不自裁遂忻然縞素就道此其心豈絕𥚃棒檄之心歟夫奪情起復古今達禮者猶譁然攻之卽先朝起用李賢修撰羅倫執奏以爲不可其詳今見扶植綱常疏中某起家翰林必嘗讀其書知其人矣豈獨無人子之心而忍於犯古

今之公議如此哉當煢煢在疚之日爲遑遑在道之行臣不知某之心何以自安也及至都門服猶一日未闋輒欲趨朝賴戚里之言姑且止臣不知某之說又何以爲解也今某母老且病歷年八十有二兩目雙瞽孤單另居起止孰與扶水漿孰與進試使某當婢妾懽娛之夕孫子笑語之時一捫心思之且有泫然涕下者也某正宜顯然以將母之情如四牡詩人哀鳴於陛下朝上書而夕束裝則某雖不知有父而猶幸知有母矣今不以是求歸顧因人言稱疾假遷延之拙計煩聖明之勉留濡滞三月日盼盼然窺言者之暫寢屬門生故吏左

右探聽徐爲再出之圖致爲舉朝識者所卑鄙不誠輕重倒懸去就迷謬也哉且一去不復返者親之年也今某母當朝露之年某不肯稍圖一日之養臣見某終天之恨將又無解於其母矣終喪之制無所奪而弗遵終養之情有所貪而弗吐是某怙恃俱失嚴慈兩負天下謂某爲何如哉晉臣李密曰臣報劉之日短事陛下之日長斯言也千載而下讀者罔不愴然興懷臣且不論某貪穢庸瑣輔弼非材終不能翊事陛下卽使能之倘且日長而其報母則日短矣顧不肯鑒東隅之失以圖桑榆之收其謂之何況邇來人心兢進子職不修重靡

臨之歌輕罔極之詠於古人所謂一日養不以三公換者蓋共嗤黜以爲灰塵而相訽病矣矧又大臣如某者倡之欲頹風之不煽俗薄俗之不薰人其將能哉伏望聖明察大臣之去留不在細行之不矜惟在大節之少玷俟某再本陳乞卽賜放歸俾其母得終其天年因以爲徇祿忘親者之戒則救某之失者陛下也風動天下使人人知有親知養之當終者亦陛下也其於世教將不大有裨哉

憲使胥公議疏淮揚水患稿序　凌　儒

淮揚稱域中沃壤自隆慶初河潰夾淮破漕治水使者迫欲固隄轉粟迺沿隄鑿斗門殺流卽灌山鹽高寶興泰數郡邑弗暇恤已復歲決黃浦范家口諸要害稻天漫地良田匯爲巨浸便國計不便民生爲淮揚大患前院道題濬丁溪白駒二海口宣洩不廣水患猶故今胥公奉璽書飭兵治河於淮揚首問民疾苦得縉紳士及民竈所訴詞憂切痌瘝咨求利害檄諸守令分行勘議總其任於節推李君遍歷各郡邑鹽場訪詢農者心計目睬其在下流則東濬三場穿范隄達苦水洋牛灣河入海北疏兩河從胡盧港戛糧河達新豐市入海上流湖水泛溢則闢惠政橋引趨芒稻河南注於江僉謀議定遂請撫按鹺三臺咸加石畫會奏蒙允卽受期與役次第舉工譚守錄前後尺牘疏狀刻之乞言弁首余曰遠矣公之晳於利害也憫其患亟圖其利幸其成復虞其害亡論行水故道洩水支河出海捷徑宏綱巨目厝注精審卽畚鍤閒纖悉靡孔靡不燭照豈非百世永利哉條晝臚列法令斧嚴不獨異議者息喙凡濫冒因襲一訖釐革讀是帙而國計民患與官箴之要畢悉矣公之明德鴻猷被淮海並天壤永永無斁至其補醫沴虐

人有未盡識者以儒杞憂梓念喋喋偲偲無當經濟萬一乃推信容納並採兼收是公之虛心大不可及也爲吏與民者方謀專祠俎豆礱石銘鐫報功頌德垂世不朽茲刻其前茅哉然余猶有慽焉百利斯興一害宜祛公之遠晳利害其興其祛有不可一日緩者舉其半則偏而不全輟其一則勞而罔績前事可鏡也奈何東工未畢天不庇民廟廊擢公參藩需代而行雖明旨憲令無敢變易而公不克觀厥成矣儒以譚守爲地方計慮有初鮮終剞劂成帙以永公之惠遂略序其概異日麗牲之碑當執筆大書細書有不敢辭者

山堂肆考序

淩　儒

粵自載籍充汗漁獵難窮矜能者食於耳廣采者窘於餘徵事者屈於寡而宏博之用益迫矣故左史倚相重楚公孫僑重鄭季子札重吳非重多聞乎哉然汲冢曾壁僅存煨燼兩漢糅以穢秕唐宋之代苑積絲棼至不可勝紀子墨客卿往往起田舍不得窺金匱石室之藏藉令優於力而豫於時卽惠子之五車能在在以充後乘否也由茲以譚而類述者不可少矣顧徐堅述初學記弗詳於唐祝穆彙事文類聚多溺於宋白氏六帖記代無次而海錄野乘蒐輯未徧均不足稱全書邇者海門彭大夫好古士也幼負穎質博覽自憙幽討冥搜不遺餘力上窺結繩下窮掌故直將探蝌蚪譯侏㑩凡柱下所未藏象罔所未獲微言奇事輒手書赫蹏而貯之總總林林若肴烝在庖狩獵在較大官上林舉納行祕書腹笥中艮工苦心歷三十餘禩北走燕冀南越蒼梧食以爲飴怠以爲枕未嘗一日廢卷卽浩然解組杜門海上凡耳之所聞目之所見口之所誦心之所維無不類分而臚列之集而成編總之二百四十卷名曰山堂肆考余讀之未卒業而歎者再夫三垣列宿足以經天五岳四瀆足以紀地假如舉一廢百其如管窺蠡測何

故必鏡兩儀囊萬有羲和御而神禹周章亥步而離朱測然後能窮其歷而盡其凡今是書自十三經二十一史三墳二酉四部九流以及百家悉囊括刃解葢覩日月而蔑眾星陟昆侖而俯瀛海舊籍之陋足可一洗當與之分路揚鑣等上駟而並駕矣余舊識大夫叔子取第茲來索言欣得託驥尾以騰於千里故不辭而爲之序云

此序舊業堂集未載故錄之

重修泰州儒學記　凌儒

明王宏建庠序以毓材賢要在翊經明道惇倫庸禮爲厚俗興理計而其盛衰完毀則士習升降世道汙隆繫焉葢崇尚之義薄斯振厲之氣衰上所往下所嚮若盂水然隨爲方圓無爽圭撮故古之學齒危髮禿之老含經味道之生咸於是在然其長幼相齒愛敬相生其倡有自其化易行也師儒之官曾不獲肩其責殫其力俾居肆者永有歸依上之人又往往忽其肆而傳舍置之視風俗治理之關如越人之髭盲者之鑑無適於用嗟夫習衰教微豈獨身範凌夷即文具槩觀且未稱矣是其責不在士也子慨然升降汙隆之際盱目津途久之會小蒲程公以淮揚兵備駐節海陵廉以宣威屹然一方保障鳴桴稀於江介茂草鞠於圜扉武備飭矣迺治兵之餘注意文事孔廟外環覩頹堂危閣圮祠壞垣憮然於懷遂錙贖金若干董其成於知州蕭君景訓鳩工庀材凡三越月事竣所謂頹者危者圮者壞者雲翊鴻翥煇煇煌煌士遊於斯猶之歸有家止有肆衣被公惠咸願有言將詔不忘葢三百士惟一心矣署州事同知丁法祖旣爲乞記諸士以事不與聞心不能已皇皇然日謀師長欲子廣其説以傳子屢難之孫守樾繼至增

繕御製碑亭者三制與地宜咸正罔缺遂復偕判官樊祐教授徐克純訓導昝鶴鳴王良棟劉廷育生員田有秋王好古儲案繆宗堯韓守仁等徵予文予曰衣冠禮樂盡在是矣予何言哉士修之家倫爲重倫明則百行修而六經也者倫之橐籥也尊之固以明之然服厥王言卽罔斁臣倫矧聖謨洋洋澤於道德凡以闡經弼倫者近是故堂曰明倫閣曰尊經亭曰御製其理一也學之爲義三者最先缺一焉弗修不得號爲完典程公司在五兵迺心在學校再止再舉竟使百年墜緒犁然一新且解任須缺揚舲而南挂服捐駒倥偬不自爲計獨

眷眷焉以葺所未完丁甯至再此其雅意在士誠勤是宜諸士懷德益滋請予益急也予於是有說焉崇尚薄振厲衰責不在下鵠設衡縣術業有所而職繇行㯃責不在上何也上之以文具節榮觀者旣整飭一時其深心厚望於師若弟子者端必有在沐其休庇其美能不撫而思之今夫干將莫邪良劍也砥礪不加利可一割曷由陸剸犀兕水斷蛟龍纖離騄耳逸足也必前有銜轡之制後有鞭策之威加以良樂之能然後一日致千里故砥礪學也在弟子者也銜轡鞭策敎也在師者也語曰尊嚴而憚可以爲師耆艾而信可以爲師誦說不淩可以爲師知微而論可以爲師是四術也非教邪語曰達師之敎安焉樂焉休焉游焉肅焉嚴焉則邪辟之道塞矣是六者非學邪世之爲師與弟子云者稽升散課文詞呻吟佔畢聚書而誦之非不勤也顧於所謂倫與經未知尊之明之宜何如至臥碑且弁髦土苴之矣況製文哉是敎與學兩虛也吾泰之學如師秉四術以馭千里之良弟子由六者以收利器之用要底於經明倫敘毋軼聖訓斯昜丹霄之價宏青冥之期將鎔鑄追琢曰蓄曰深璵璠之美跨越海內彼周寶鄭璞不得以其似厠乎其閒吾見根植華敷其所豎立允有光大不

然敎失則賢罔興學非則養弗豫夫士有修於家尙或壞於天子之廷者今並其所修無之亦奚以厚俗興理哉卽學之修也輪轅飾人弗庸名存實亡失其所業雖謂之文具榮觀也可且重爲盛舉累矣予故於茲請爲道崇尚者之深心而重有望焉程公氏里德政詳列他記不細載孫守豐城人字汝峻號肖泉發跡賢科由邵陵茂宰擢守吾泰初政雅意造士後績可臻矣於例得備書云

代巡姚公開丁溪白駒海口碑記　凌儒

國家東南歲運倚重漕河而廣陵迤北自邵伯迄寶應五湖之間俱係漕河要害大隄蜿蜒其上緜亙數百里隄外最下勢若建瓴而高寶與泰數十萬糧田與室廬咸在内行水支河無慮數十凡以串場達海道相絡也而丁溪白駒兩港其諸水從出之門哉是今之所謂海口也歲久日湮故道阨阻即通如白駒厪厪一線若丁溪陵阜矣是以浴隄減牐與伏秋霪潦諸水橫灌四州縣之間匯爲巨浸興泰尤甚蓋興泰地形窪下環視四方若釜底然十二年來所謂良田一望沮洳春且不獲

舉趾何望有秋游寶下而納溝中者所在呼父母垂涕泣未聞有司舉海口故告當津者夫自黄淮兩河衝決濁沙隨水由通濟入湖湖身墊高湖高水高非崇隄莫捍又非多建牐以減水則長隄孤懸顛風挾濤旁觸上騰隄必不固故印川潘公謂宜建牐壩殺水保隄然復慮分流太多興鹽難受欲免建二座諄諄乎不必多建且再致意焉今則齒相比矣語具先後疏中皆可謂先見至海口宣洩已嘗因科臣李公題上便宜勘覆僝工旋議罷由此言之海口與減牐其重蓋相等也不然停畜中央不潰不止此海道舒公謂皆以高寶興泰爲壑

泰州儒學新設義田記　凌儒

天下郡縣皆有學學則不皆有田士之游於學仰食於國家者惟廩膳日有給月有需餘則無所資藉若我州則地瀕江海且磽以鹵諸生尤號於貧幾二百年而學田未設每觀風者至輒相率籲鳴於庭甚則不惜貶損將庶幾升斗之惠有志之士亦或自困不獲表見於時會儒奉勅南巡請予以故事爲言當道迺白川劉公整飭淮揚海防慨然思爲之所隨以勤倭久居外至仲秋凱還乃命學正樊君城暨訓導兩周君濂希朱簡君籍

挪買都内外田凡後先五百四十有四畝歲入夏秋之賦以俟贍發掌典以入輸納以時稽覈以畫圖而造冊則以待攷在上不虛惠可謂曰仁所施得其宜可謂曰義諸生免屈膝之辱可謂曰禮一事興而羣美集白川之功將無有足多者與咸以弗鐫於珉以紀其事則無以取信後將曷徵襄嘗請言於予予時以田未多辭有待茲按浙至嘉禾樊君等於郵筒再請義不可復辭是舉也作輿自劉按察用財出官帑任勞在樊君等而予也則相而成之後之君子儻以田少而惠微從而增益之疇謂不從今日始邪乃爲文鐫諸石以告來者

讀其言可爲寒心哉夫上流不截下流宜通易知也至河既障一支未完易辦也乃或不然何以故時固有待焉耳公攬轡至泰時鹾院任公並至語及此惻然傷之遂題尺牘問疏通計此其軫念民艱必一朝去已斯稱快哉既以民竈詢謀未同乃會撫院淩公及鹾院公徧搜沿場諸河應濬應隄苟可減水先圖一筴而兩海口則俟利便再請然苦水之民蒿目陳乞以望永利者未嘗一日不在公公蒿目陳乞欲垂永利者未嘗一日不在民也乃六支河一東隄告成事矣即畎畝盈溢稍稍分受其十三而停畜中央者尚宛如昨公於是慢然謀

諸海道曰理身者譬其腸胃能不利其咽喉居室者繕其寢堂能無闢其門戶導黃淮旁入之水而海口不開則環隄三十六匯之所分流於下滔滔然不舍晝夜者安受邪安歸邪矧各地方伏秋霪潦更無算也古今稱治水者莫如禹禹嘗十有三年於外蹈橇乘樺排中國之水使有所歸則亦曰注江注海孟軻氏之讚禹也曰以四海爲壑如公所謂以高寶與泰爲壑非計也復與繼至撫院傅公鹾院孫公會題畢前議民竈始異者闢之終同者採之一疏累千百言罔非石畫疏上報可公奉命方鳩工庀事忽以丁外艱去海道公受公指開兩

海口濬二支河建匯置椿以畜以洩一如議越四月工竣以成功告之天子因語泰守李與化尹淩徵余言爲公勒石余何能言哉嘗取公疏伏而讀之仰見經世鴻猷與折衷至論矣大都破鹹水傷禾淡水傷鹽之說破海潮倒灌運河銷涸之說破鹽徒與販與倭夷出沒之說無非謂兩海口之必當開萬有所利一無所妨蓋確然不易者至疏終謂若不及時亟舉恐民竈昏墊之苦終無蘇息之期即歲報災傷日望蠲賑非人臣體國爲民之義斯語也何但愉快人心眞可以動天地泣鬼神矣夫公以深識遠覽直吐胸中計無反顧且以直指使

者觸暑折節馳驅沙塵數百里中躬自辨地形詢方言以成其獨斷其勤勞豈在禹下哉今觀與泰及諸場沮洳成田壅塞成河耕者煎者商者旅者懽然就業罔不稱利便入耳口碑洋洋乎東海上矣公殆庶幾哉體國爲民之義殫乎余溺中人也嘗曰人臣建衆與之功易而獨斷者難成未壞之功易而已壞者難暨勤始之功易而怠終者難是役也當議論未定之時出勘覆停止之後舉於大工竣事既久公不謂難竟成之易豈不偉然一大丈夫事哉古稱三不朽者曰立德立功立言公以執咎盈庭慨然發論皆根極理要切中肯綮足以雪

海道舒公開海口碑記

凌儒

今皇上御極之七年黃淮潰決沙停河塞妨漕長淮南北水行由陸漸漬疆宇妨民臺臣以狀聞聖天子乃眷南顧簡今大司寇印川潘公經略之越三載厎有成績然高寶興泰受湖隄減牐與伏秋霪霖諸水停蓄未有所歸而四州縣生民猶魚也儒因手大工錄三復之見主上之所咨謀與大臣之所登對往往以國計民艱並舉互言蓋兩重之矣漕利而民病有司不以報聞卽報聞亦規規蠲免賑貸莫知長計所出嗟嗟彼昏墊者將待命於天乎蓋高寶興泰居五湖下流水國也注水用

河不深則蓄淺而無所容東水用隄不高則障徹而橫潰四溢然海口不濬則宣洩未有路而分流者無所爲壑也三工俱要害而兩海口其襟喉乎不然河隄二工胥糜無益是地方至計所宜亟講者顧淮揚當南北孔道所轄院使與宦遊人臨莅茲土日月無虛東距海南橫江山寇島夷出沒無時莫可禁戢先時兵備公稍得治兵禮使郵車勿失於江介桴鼓不鳴於海壖足矣至四境沮洳廢耕失業民間嗟歎愁苦不獨耳目不及抑且時日不給蓋其勢使然哉公被淮揚兵備命初入境卽悵然興懷乃先敕五兵振刷營中諸弊百廢具舉已往詔來將使百世而下循其言可以袪惑足稱立言已以公復海上故道助大工益宏多若治室合龍口通溝渠然後堂構計畢將使百世而下四郡邑數十萬生靈免爲魚足稱立功已以公不激不亢委曲調停本之一誠要期於必濟將使百世而下被豐澤揚仁風足稱立德已兼茲三者以當名世是宜託之貞珉章示庥烈用垂永久余不佞備述始末復海道舒公之請爲之記公姓姚名士觀登進士第巡按江北兼督學廣信之貴溪人

指水患謀之按院姚公將以援四州縣於溺中而登之平陸因得其所移一尺檄多方咨之當是時竈與民二心也執異說百口撓之公勿聽持之愈堅復念人情謀始之難勿迫之使敗也姑以一東隄六支河先請撫院淩公按院任公與姚公會題而兩海口則紓徐待便既乃危言激論條別其有利無害者復請之後至撫院傅公按院孫公與姚公會題夫傷之至斯計之周蓄謀既深斯發謀益果於戲公之所以迴腸嘔心圖此艱大萬分費力視挽巨航逆衝流而上之也難且百倍焉夫八臣矢心矢力輿利一方隨所願欲易如發蒙何施不可

獨怪乎左有所繫右有所牽成謂喜功不成召怨於此周旋其間卒令合謀民竈兩利艮工心獨苦已且二工終始一經一畫罔不受成公算而其破羣疑諸解說具姚院疏中大抵不外公指非所謂燭照而數計哉故前工寶應串場兩河瓦店泰山兩牐劉家堡射洋湖則議挑濬凡爲注水計高與東隄計百二十里內決二十七日減水四座則議築塞凡爲束水計檄知州邵夢弼李裕知縣淩登瀛韓介楊瑞曾錦分理之後工丁溪姚家口止馬家壩則議修復建牐二白駒牛灣河止馬家橋則議疏導建牐一而海溝車輅兩河舊址則議挑濬深廣遠接丁溪凡爲海口洩水計檄李裕淩登瀛專理之其工費則議取諸備賑備儲銀粟罔以斂民夫役則辦諸召募無以勞民乃公則恪勤祗事往來畚鍤間躬拮据行勸懲致如期役畢四州縣數十萬生靈昏墊既去懽然樂生八皆曰茂哉五院功也余曰茂哉舒公功也五院功在地方公功在五院謂五院之功爲公之功豈不可哉知州李裕知縣淩登瀛來問記以彰鉅美余曰天地無爲風日雨雷宣力而成化也是故暄之鼓之潤之動之贊兩儀阜萬物蓋至萬物成神用章矣然則風日雨雷之於天地有功哉余觀公翊贊五院殆造化之風日雨雷也行不爽令至亡後期使跂足延頸苦水望

援之民一無所憾是宜荷生成者戴同天地荷幈幪者感並五公假令公當時亢激則謀敗事僨瞻顧則氣沮事罷舉前功弁髦之安在其謂事無遺策聲施後世哉故今滷海閒覩巍然長虹延袤百里曰是舒公隄也坐安流上下載重浮輕曰是舒公河也跨龍縱石塹宣滯導淫曰是舒公海口也計自今以迄百年儆壞則修皆自公始將與捍海范隄名垂永世矣余故次第其說鐫之貞珉俾後來知所考也公名大猷號錫崖通城人

憲使胥公修泰州城垣碑記　　凌儒

吳陵隸維揚爲劇郡東距百二十里帶海襟江島夷鹽徒飄忽出沒至險也據勝而控四方故有城隍廣厚不薄足當捍禦歲久守軍利所生荆杞可採而薪不從穉搔日聽其長且大故根連株蔓穿其壁孔多是以垣爲傷已軍販私鹽以昏宵出入而上下置鍤階之爲梯其爲鑿攀援處復不數是以闢爲暴已守禦者既不禁又從而利之歲以爲常加以風雨浸淫故屢壞屢修然其夫庸財用辦之官者什一割之民者什九是故郡富人往往苦之名領帑金實役竣仍歸之帑蓋陽與陰奪之

矣監督省試復加横索民之困憊與城俱壞其怨讟亦與隍俱深哉非監司惻然父母撫之又赫然神明臨之其能衞民而去所以害民稱兩利也哉萬歷歲丙戌夏秋淫雨浹旬郡垣牆睥睨周遭崩塌踰强半大家者風聞懼役相扶攜挈舟而走當其時居者無衞行者無歸令啼望我胥公行春還奚啻嬰兒暫離襁褓呼慈母意徬徨篤至公始得指揮王惟賢申地方擾狀切責僉報大家森森數法語嚴若斧鉞然遠邇人心稍定余聞之撫掌曰里中一役興於民爲害端於官爲利孔孔不塞奪不饜端不去毒無窮是在上人耳語曰衆心成城倘是役罷地方安即無城民心附將不險而固矣非便計邪公歸堅主前議不欲割民遂庭諭同知謝庭蒴從官估計始估得銀二千五百有奇公度虚冒數多復令知州譚默再估得減原估之五比用訖得減再估三之一公之料蓋一一奇中矣夫役取之召募銀粟取之公帑公庚六越月告成凡爲牆五百五十五丈爲雉堞稱是爲睥睨八百六十有三爲樓一爲鋪十有九用故埴少新埴多堊以丹鉛粉素崒若斷岸矗似長雲其巍然金湯之雄乎已念督察員役無絲横索取帑羨勞之有差人人喜復省令署所事千戶責守軍斬艾其所謂根株

及盛夏焦卷而斃一事而亘細注念至勤譚守甫至襄事悉受公指與有勞焉士民咸舉手曰茂哉胥公海上鉅功也余謂保障功易衞民而去所以害民功難里多富人郡得稱雄緩急可備周官論安富之政蓋燦然王道也獨奈何長民者以民爲魚以役爲餌坐令家痛楚而戶凋羸治兵使者急在飭五兵無暇民瘼即有之鮮有如痌瘝切身思以旦夕去者公且爲父母且爲神明無事子來畢茲重役不令闤闠間有一夫一錢擾計省富人金凡五千蓋官用一而足民用五而始足爲漁之者衆也公復取修船完賦胖衣諸額外差罷去大家官

自爲辯上其議各御史臺俱報可隨著爲令昭示所轄郡邑永永行之凡利孔害端一切釐革此與王政安富並稱烈矣嗟夫恤民比仁飭吏比義兼之爲難有恤民之政而爲不孚誠未至也有飭吏之政而令不行才未稱也公重違細民不重違彊吏輒舉其弊政去之不謂之誠與才合可乎使繼今監司有司心公之心不毁公法卽垂之百世可也然則受成先哲以貽地方安其在後人哉其在後人哉鄉大夫士與耆老謀所以記公功並以詔後余爲倡始復何惜不敏之言且庶幾異日者不得擅役以罷吾民民亦得指而訴之曰有石在則公之庇吾吳陵賜且不朽矣然往勒監司善狀類多有司循故事先期礱石徵文兹不煩紹介自交相勸而樂爲又曠典矣是故可以觀上可以觀下遂記之

王心齋先生祠堂記　淩儒

孔孟之學堯舜禹湯文武相傳心法之精其興廢繫治道隆污至要矣漢唐影響支離不絕如綫宋室伊洛閩師友淵源得窺堂奧明興經術論士本衰華盛是故繪章句妙悟難狥口耳實躋難去道遠矣卽學士大夫專門名家談之終身猶毫釐千里矧海濱無傳未嘗學問乃能超然默契確然允蹈直與孔孟曠千載而流光也嗚呼難哉吾鄉心齋王先生本農家子生長竈閒年三十纔可識字一旦見論語孟子伏而讀之恍然曰是孔孟之學邪何舊說與吾心相馳也時時出新得與塾師商之遂勇於荷擔慨然如孟軻氏願學孔子隨言隨悟隨悟隨躋由是義理日融踐履日篤乃游南贛謁陽明王公辯難所謂良知之學始不拜後執弟子禮因悟萬物一體仁人之心一夫弗向於善過在我也思以其道易之至輕車往京師冀風動四方啓其聾瞶道路觀者輒開誠誨之諄諄每日爲臣宜忠爲子宜孝如呼寐者使之醒聞者罔不泫然涕下旣去益去矜持就渾化洒然日新嘗自謂居仁三月不違庶幾顔子夫學難於妙悟實躋若先生蓋兼之矣海內士大夫慕先生日輻輳造廬請焉先生各因問指點字字句句皆吐自胷中不

事虛說一時神氣令人毛骨竦然去故即新不遑焉其開發所得則虛往實歸譬之飲江河者人人充其量也語曰默而識之學而不厭誨人不倦先生有焉先生不喜文詞所爲樂學說大成歌與勉仁方具載語錄雖先生所心得不盡是要亦發之一人可垂之千古者余嘗評諸里中曰好善人心之靈也古與今一也儒不學何能窺見心齋先生第自先生觀之其爲善也欲爲人善也斯一念如水之必寒火之必熱天下後世且無疑況里閈邪然則鄉先生歿而可祀於里者非先生而誰也當先生存時撫院梅谷劉公節按院疎山吳公悌交疏

薦之朝部寢不報迨先生之歿學院午山馬公天馭象岡胡公植初泉吳公遵先後追崇勅祠其鄉遣場官行如有司禮然泰山之祀德意自學院楚侗耿公定向舉之旋議中罷夫用舍行藏惟命與時無論已獨一祀事且不終先生之不遇蓋如此嘗慨之世有徒以口耳章句獵一第博一官跡其生平在朝在鄉無毛髮豎立苟其人稍在許可或布衣子孫顯貴歿後皆得占籍鄉賢有司者不問賢不肖春秋俎豆罔敢墜失視先生越俗之識亞聖之資妙悟實躋有功孔孟奚啻什伯與千萬也迺懿典舉矣卒以忌者之說罷之何心哉萬歷四年憲副小蒲程公學博來兵備海上修舉廢墜推楚侗公雅意特建祠州之西而知州蕭景訓氏祇承惟謹凡兩月工竣扁其祠曰崇儒屬祀事於州大夫主時獻享屬祠於王氏子孫主時修葺於以風示鄉人撫臺王公宗沐自湖吳公桂芳相繼移文申重復蠲贖金置祭田使不費有司永無紛張蓋至是天乃定矣嗟乎豈人心之良終不可泯先生之學久而益信也歟邇來俗變風移海內多不論學而里閈中亦漸陵遲獨先生之子東厓璧能意氣不摧世其家學時聚同志講明祠中人心稍稍復振厲異時標轉轍換安知不有聞風興起大能闡

明孔孟之學如先生者出乎是祠也固斯學之餼羊何可少也余故因小蒲公乞言垂石爲述先生宜祀不宜廢爲後來者告焉

海陵文徵目次

卷九 明

海陵文徵卷九

鄉後學夏荃退庵輯　陳寶晉守吾校

上虞公祖詔東書　凌儒

辱仁人眷注地方惓惓欲採見聞爲海上圖千百年利甚盛惠也儒既老且迂久懷漆室女之私憂無鄰毋可告祇承德意敢不勉效驅使夫海上之患莫重於河防既已仰藉經略鴻猷日就平成千里長隄巍然在望厥績懋矣顧捧土之區一寸有漏不可謂之完隄乃今百里內上河徑通下河洪流奔决患與高寶同者凡十有四處腹心之疾浸淫且六年蓋奸豪罔利弗恤其他官府居尊未聞其害即閭閻細民少有知者亦委曰高寶長隄版築未完縱早塞此無益也故置焉不講邇聞巨防則已題奏萬無一失矣而深入處所水患尚洶洶若此是糧與鹽二運道之河水既泄漏莫爲收輿與泰十餘萬之稅糧復災傷無可辦其所關係殊非眇小夫工力欲全當舉偏人情狃近故忽遠要水處乃使之不足患水處反使之有餘不謂之倒置不可失今不爲之處是使高低河勢不必分而泰州東西兩壩可無設矣是使洪流衝决復如故而高寶長隄尚未完矣儒以仁臺願聞一得之愚惟此爲最昨同里中二三知識並舍親

王指揮偏歷沿河一帶西至宜陵東抵海安計百五十里不徒耳聞必欲目擊因識利害本源分爲緩急別列條款一一上陳倘高明不以鄙說爲迂採而擇之見諸行事細者責之居民增修自守大者付之能吏堅築預防又財力不斂於窮鄉而委用必求其確當斯一勞永逸金城之固何啻范隄甘棠之懷允孚召澤河鹽海防均有裨益矣

上楊撫臺水道書

淩儒

儒竄首海濱伏聞仁臺自下車迄今惓惓爲地方謀銷水患一爲高邵湖西田計一爲山鹽高寶興泰下河田計芻蕘必詢葑菲不遺長慮虛懷蓋曠千載而一見者士民何幸復聞專任敝府節推李公身經五百里田水之間求開海口疏河道既得其地復得其人海上傳喧所以疏導下流計無遺策鑿鑿可見之行矣士民又何幸儒因念減水之法既疏導其下流又分洩其上流然後稱萬全也分洩上流之計在隄內開河南引之入江北引之入海而已今邵伯九牐所減湖水無處歸著盡注之江都興泰田閒汪洋三百餘里橫無際涯田不得耕夫高邵湖西田僅千而三州縣則十萬餘頃也高郵湖西糧僅千而三州縣則十萬餘石也卽多寡爲緩急相去較然茲聞臺下開越河減湖水令高邵田可耕開之誠是而江都興泰甯無雲霓之望乎借令就隄內開十丈越河從三溝出仙女廟包九牐在內卽土築岸巍然成隄導其水由芒稻河入江不獨高邵滿堂燕笑而三州縣且無向隅之泣矣今之談者有曰從露筋至仙女廟闊四十丈長四十八里開此一河九牐可包湖水可減似矣不知河太闊則水寬而勢復洶太長則道遠

而費必重大湖內增一小湖兩湖夾一漕隄漕隄可懼已況三溝至露筋計道十八里迤北至露筋二牐獨奈何以二牐之故開十八里之遠哉惟俟三溝河成移此二牐置之三溝斯牐不少費不多矣有曰開河從八臺鋪起有曰從東西灣起無論東灣較八臺已遠七里許要之皆牐盡處牐不包水仍東挽而之南則强弩之末耳必從東落盡從近洩盡然後遠而南行南行者不過餘瀝其爲無益八臺鋪與東西灣等也有曰再開芒稻河受水寬行水遠豈曰非計哉不知水出仙女廟一南洩芒稻故河一東洩泰州故道一東南洩白塔下江一

水而分流者三矣再開將焉用之夫由八臺開出芒稻河計程三十里也塗之人曰費非八萬不可由三溝開出仙女廟計程亦三十里也儒曰計二萬五千而足由八臺者僅洩高邵湖西水一利焉由三溝者截江都與泰減水而高邵兼之兩利焉費有多寡利有大小盈庭之議在斷道傍之說宜捐矣儒以暮春中旬拏舟躬從邵伯抵高郵目覩河形心揆河理遂據衆論就而折中不敢以出位爲嫌惜伸一喙且以仁臺拾取方言故僭以一得之愚就明秦鏡此亦開越河處邵伯九牐云耳至開東隄處高郵四牐尚有別幅倘蒙俯採末議早賜施行害去利興淮南百萬生靈世世沾溉美哉禹功明德遠矣

上張道尊治水書　凌儒

儒嘗謂士夫居鄉利在身家則義所不容害關桑梓則言所不諱矧上之人虛懷以訪民瘼而爲鄉之長老者值天災歲厄目覩里中愁苦之狀不列以聞是憂民者不獲見其災見災者不肯陳其說盍兩相負矣安所取於士夫哉儒故反復思之玆歲災傷不敢自同寒蟬安於緘默請一一爲臺下陳之揚州府所屬十州縣歲該額糧二十一萬有奇興泰獨居强半歲輸六萬七千者是泰州也而州形地勢南北高下頓殊壩以南謂之上河則上鄉也壩以北謂之下河則下鄉也上鄉高阜與

如臯鄰者田少糧惟七千餘石下鄉低下與興化鄰者田多糧乃五萬餘石是民之所恃以奉公足私者上鄉輕而下鄉重也奈何下鄉土雖沃而水深心願耕而力薄俗謂之板荒久廢其田葢不知幾千百頃矣二十年來開減牐以保湖隄四十八牐之水日下注興泰田間是以興泰之田爲運湖之壑此積水之所以未消患固不在天也加以霪雨異常十五年間田無疆畔蕩爲巨浸方春當耕田在水下曾不得施以耒耜者大較已十之五僅僅有岸可培而土疎底漏曾不得施以桔槔者大較又十之三四野之農惟指地坐觀臨流浩歎何田可耕何種可布何苗可覩謂之不必踏勘而災傷已抵其十之八也顧不然歟乃負郭微高之田萬苦千辛努力耕種期過分秧實不過十之二耳五月間苦雨不休浸淫淪沒復壞其二之一所幸僅存者特一分而已俚言曰草青之處皆舊荒之田水白之區盡新秧之地數語形容盡之環視通高江儀如臯泰興海門等處曾何有一畝不耕之田視泰州則天淵矣此被災泰州獨重而告災獨先也聞踏災申報八分而止豈嘗盡至其地歷覩其可憐狀邪亦據道路之言少加軫恤之意猶懼上人姑然之而未以爲信也然民知德意有終稍稍有

更生之望不意七月廿三四日顛風癡雨捲地傾盆一晝夜間水深三尺將些須待割粳稻塌倒飄蕩埋之水底且拔樹毀屋倒壩潰圍百里之間天翻地覆田塍場圃瀰漫成湖不但民無所居而雞犬牛羊棲息失所毀鬻城市日肆屠宰卽鄭俠流民圖誠不能彷彿其萬一嗟嗟吾民何辜於天而天若是之不仁邪嘗聞人言曰滷海沒天還沒地滄浪聞哭不聞歌以今驗之信非虛語然否泰者天行之數而捍禦盡力斯歲不爲災言補造化在經綸也伏惟仁臺負拯溺之任具拯溺之才畜拯溺之心七載淮陰百計爲民美哉明德世世永賴儒

蓋耳聞之稔躬逢之盛矣固知仁人於此惻然動心卽不全災當在九分之上不獨折之又從蠲之夫以仁人素所軫念何俟儒喋喋多言第不言受鄉人之怨怒言之則尸祝代庖不免出位雖然是亦申明老人之亭訴耳非無當也察之允之恃有仁臺天地神明在無任懇祈之至

與譚郡侯議海口書　　淩儒

修學事昨荷仁臺捐助今幸完工非任代庖極知僭越然念事在明公未任之前重違合庠之請故身肩之覩過知仁諒不深譴愧愧海上議將舉事工雖仁臺與他邑分任而地方利病非公身痛癢乎主持專關心切尤重有望也以明公神明兼照包舉何難顧簿書迫督時日劻勷誠不可以形用近道尊亦言之矣數日聞明公背面虛心欲分委之僕僕一割才耳何能當一臂之用哉伏思天下事智者謀之不智者嘗敗之往往如此作事者之不如法將歸咎創事者計或未深僕將何能爲解乎況桑梓情眞辱明公知己故不惜掃室布席欲與仁人建必利之策俾淪胥之民永永賴之當復何辭因論工有先後失次遺利委有小大非人長奸募夫遠近匪招致人不齊食指繁多不厚儲工難繼至買米宜於何地付其事於何人堆積何所支銷何法此皆首事當經營者乃若下手動工日應度水勢之淺深察地形之高下臨機應變務求河流歸海駛如建瓴蓋又一時不能轉目一步難委拙工者明公能安坐其處心計手指遲之數月之久乎吾知其不能也道尊所謂掌印官只好神用可謂知言由斯以談則明公之幫手當必有人

僕亦不能株守而匏繫也偶聞淸暇謾陳一得聊答雅意勤惓何時坐春風借箸按圖一一細論取裁可否期以殫竭未盡未盡

上李推府海口議

淩儒

昨晤胥老先生始知議開海口者以與泰下河積水不消欲多開出水之路爲宣洩計此拯溺之上策士民之渴望也懽忭可言然來水之源與淹沒之故一則以湖隄減牐之水分流灌注於下河者太多一則以上河奸豪之家私開壩港直通下河者不少一則以伏暑之間大雨時行下河水加上河水騰湧交作在天雨者無可奈何矣在減牐者漕運所關保隄爲重無容别議矣其在私開壩港諸處惟借胥老先生威令嚴行築塞之亦一舉手之力無難者也獨開海口一節爲工頗費然較

之曩時二工不過十分之二耳以三院主持於上列位公祖經畫贊襄其間其一吹毛之力乎茲舉近訪並素所飫聞應開濬者凡數處呈上電覽一曰河垛場北三竈茅墩港一曰草堰場鴨兒港一曰丁溪場馮家壩由范港濬至合洋港此三處有道里近而勢下應開有道雖遠而路直應開俱可洩水極稱利便至途次之遠邇河身之深淺工力之難易必須覆勘方有證據始獲精詳是爲目前禦災捍患之至計早行一日二州縣十萬生靈早沾一日之恩若夫欲閉減水諸牐圖塞來源是不知國家大計以蜉蝣而撼泰山者也必不能矣欲强

開邵伯四十里新河引水從白塔河下江是不審遠近大勢忘几席而求千里者也必不可矣議事之初最嫌此等說話因無益害有益智愚之辨難易之等少不諳地形者將不爲之一惑邪欲破羣疑復有膚說夫曰開海口者非謂就海邊上開一口也乃爲水之下海有故道或歲久湮塞或原開淺窄今日之議從而挑濬深廣之或中間少有不通量開幾十丈相接引導其水使之由近及遠去高就卑長流不住直送之下海耳然水行之中有要害之處就地建牐以防蓄洩以時啓閉計此處去海近則二三十里遠且七八十里許因即其處强

名之海口焉實爲行水放水之處耳豈如就湖隄鑿一口謂之減牐哉豈牐口外卽爲海洋勢相聯絡哉非然也非然也昔者所疑已盡載姚院一疏與鄙文二篇不復贅區區山人今日之見亦管窺一斑聊以答下問萬一惟仁人更加研審的確見之施行庶詢謀僉同議皆石畫自無當時遠引至龍開河之錯悞勢既便工易完二州縣田地可耕錢糧可辦仁人鴻澤當垂及百世矣

上李司理水道書　　凌儒

數日舉州士民聞仁臺疏水之意喜極生悲始而涕流既而鼓舞咸有更生之望孺亦悲喜中一人也少有見聞敢不敷陳以備採擇切念消積水以疏下流爲急疏下流以審地勢爲先地勢高則洩水難而爲力亦不易地勢下則洩水易而成功亦無難此二端蓋較然明著者本州地勢西南高爲上河凡五十三里東北下爲下河凡一百零七里該六萬五千錢糧內五萬取辦於下河田地其田地正當減牐下流四面俱高中央獨下若釜形然減水一入屯聚其中所恃以宣洩入海僅僅丁溪白駒二路每遇零雨下水加上水一望成湖更無別

處宣洩故欲消積水以救民困舍多開海口他無奇謀然必先審勘沿場地勢低下利便處所或疏濬或增開方費少功多足稱永利伏蒙憲臺上重國賦下軫民艱詢間海口務求形勢低下誠石畫之計也茲據近訪並先時習聞凡數處一河垛場茅墩港一草堰場鴨兒港一丁溪場沙河合洋港俱係低下俱可開濬者本州下河凡三路水會歸入海亦三路中一路由奮頭甯鄉至興化長隄出白駒口此爲最近最下稱利便者西一路由江門野營樊汊會歸興化長隄出白駒口此則稍近

稍下稱利便者東一路由孫家垛淤溪秦潼西溪丁溪至馮家壩出龍開港此則稍遠稍高亦稱利便者總計本州之水從白駒口入海者乃十之七從丁溪口入海者特十之三今日欲疏之道察地形求近丁溪者宜少求近白駒者宜多何也近白駒地形漸下且近近丁溪地形漸高且遠故也欲開海口興化宜多泰州宜少何也興化爲泰水之下流爲興化開卽所以爲泰州開也據所訪三處茅墩港出河垛場而入海地勢最下爲本州東路至近應開無疑且近場多係富竈田地恐其沮格須斷在必行少酬田價自然無梗鴨兒港出草堰場

而入海地勢亦下爲本州中路並西路至近應開無疑自在本地方人情亦願從樂開復何費力獨合洋港一路則出丁溪場道里既遠且形勢亦漸高而此處較稍下欲避龍開港之盤旋曲折故取道於此引丁溪馮壩之水從此宣洩乃以近就近不得已之計也使當時由丁溪之上於河垛場茅墩大加工力則丁溪且不必開矣況越四十里至馮家壩之遠乎出龍開港之難乎土人之言或有的據可信乃若河身長短寬窄工力遠近難易其間或故道可疏用或新路應接續與夫河身淺深脈絡向背必委官踏勘畫圖帖說方得其詳也儒於此復有懼焉曩開丁白二口費謀費力不止一端夫此猶數百年來舊口耳談者卽舊處談之開者卽舊處開之尚反覆稱難迄今馮家壩一處且有遺論今平白欲查議數處據一時之見成百世之功脫或非宜誰任其責儒謂任人不可不擇計慮不可不詳而創始一議尤爲要緊要在熟講後行方無後悔然事在求可謀貴慮心所委人員切勿膠固務多方博採期於有萬利無一害如三處俱稱利便可行並三處而用之可也如他處更簡易此有礙難行並三處而棄之亦可也烏可執己見拂輿情哉又本州中西二路之水取興化長堤爲出

路從白駒口入海當時興化無此長隄泰水消落甚速後因河工肇起乘機圖便大費官銀高築長隄直抵高郵計一百餘里期固民田遂使本州積水屯聚去海不利不知一經安一臟損矣此與病鄰之意相同合無行令興化將長隄近縣一截多開數十餘口使泰水長流無阻方爲兩利其本州地方海安牙橋等處江都地方宜陵赤蓮港等處俱係上河爲來水之源此等處所盜開私通卽疏下流無用容另行申請嚴令築塞夫下流既開上源復塞卽使天雨賠水難保必無而宣洩有門會歸有路水患可消田地可耕錢糧可辦本州數萬生

靈永永無魚鼈之患矣

海陵文徵　卷九　十六

上總院江年兄災傷書　淩儒

當憲節始莅淮陰某喜托宇下之庇矢心不欲以私屬獨念敝州頻年災傷閭閻蕭條愁苦萬狀有屢欲鉗口不能自禁者敢冒昧爲法臺陳之敝州方輿百六十里每歲額糧六萬七千有零蓋已占全府三分之一州田地下河居多而額糧下河則居十之九是下者上關國計下係民生至重且急也自隆慶三年河決寶應因循不治冉冉至萬歷二年來由邵伯而下不分疆理高下幾萬頃田盡成湖海而敝州較他邑且加數倍焉何也蓋鹽城之水有興化可注興化之水有敝州可注敝州之水則由北抵城瀰漫停蓄更無疏通處所雖返流歸海而道遠行遲其所謂海口者亦望洋中一針孔耳此敝州連年田疇禾稼緣水成災真在興寶山鹽之上固神明可鑒者也宜熙朝霑濡之恩首及吾泰乃夏初見邸報但云某處某年停徵某處某年全免敝州則兩無與焉致使奉法之吏旦夕鞭敲剝膚搥髓籲天無路夫上澤壅下政拙勢也奈何於時儒跧伏駁盼窮其故不得乃長吁曰豈百姓之莫告有司之不聞因致曠蕩之仁有遺歟不然敝州與興化比疆而耕同年受害一在衽席之上一不免溝壑之中苦樂懸殊何也弟故嘗

海陵文徵　卷九　七

解諸里中日患自下達斯惠從上流其責不在下哉夫事在既往勿論已迨今年隄堰雖築積水未消加以五六月間霖雨浹旬總計一州田地種者不及十之三而渰者又過三之一衣裝爲田典賣且竭矣而度日卒歲謀竟無成室廬爲水漂蕩且屢矣而變產輸官計將安出方臨流浩歎閒忽聞查災官至百里士民且悲且喜謂仁人垂手欲援將顛連有告矣何期委官入境官吏遲違接乏其人處非其地自失迎賓之禮遂乖恤鄰之仁以此身未經眼未到更不開具踏看分數坐落地方漫然同文卒使痛苦如敝州不得預題請之數嗟乎天

雨地水歲事交傷所恃者總臺之覆載也公聽並觀幽隱畢達所恃者遣官之巡省也今委官以迎接之故致令一方之苦鬱而不伸悲夫泰民何數奇遇窮往往如此先時道路傳宣云泰州災傷撫院不信不肯入疏豈敝州生靈非撫綏中赤子歟目有所不見耳有所不聞斯亦未見羊之義也儒故又解諸里中日恩將上覃乃不主聞其責不在下哉此其害在剝牀可恨也且茲八月中秋前復注雨三日夜不休平皋蕎麥豆穀盡行浥爛下河水添三尺復將禾穗絕無僅有者渰沒入水百不一存夫夏雨損方插之苗天既奪吾民入釜之粟矣秋雨傷已成之稼天又奪吾民到口之食矣嗟乎耕不盡其地斂又無其禾卽今大水淼茫無天無地可不謂之災傷也且拋荒渰沒二者成災姑不論細民試舉鄉官一二有力者故侍郎沈某一家計田五十頃以水不得種者四十有二矣其八頃已熟盡渰不收知府王某一家計田五十頃以水不得種者四十有六矣其四頃方種盡渰不收知縣陳某一家計田五十頃以水不得種者四十有五矣其五頃已熟盡渰不收如儒一家計田四十頃以水不得種者三十有三矣其七頃已熟盡渰不收夫鄉官卽窮在里中猶稱有力人也亦且如此

其他可知矣然則敝州在今歲謂之全災也亦宜乃以下不報上不知遂不得與高阜之泰興並冤哉冤哉昨蒙鹽院姜公祖慨然矜憐復弟書曰貴州災傷誠不減興寶水連一派是予所親見而痛心者公祖所見特客歲積水渰沒者爾猶且痛心使見六月雨之渰沒又見八月雨之渰沒其痛心又何如邪公祖之所痛心特以所見十中之一二爾使盡見新與舊之拋荒水與雨之渰沒其爲痛心又何如邪語曰失之東隅收之桑榆蓋言圖不早望在晚也敝州災傷雖偶遺於報災題請之日尚有徵於勘明奏覆之時以人勝天秉鈞爲國使敝

州百萬之衆絕紐得續死灰復然特在上憲一秉筆間耳不知閣下肯賜相信挂名疏內否乎天下事特患不真事苟真矣即前題無此一方後以此一方附入在理與法似不相違何也災有後先蠲無彼此也況以閣下碩德巨望實心爲民抑何言不荷聖明之俞允哉弟賤且疎一山中人耳何當爲不恤緯之事干冒尊嚴自取罪戾然又念之出位干政雖非山人所宜而隨例告災則人人可得而行之者弟之爲是也非干政也乃告災也處一廛爲氓之地值萬姓倒懸之時倚兄弟之舊盟希公祖之新澤災傷不言復何言也弟如不言又誰言

也兒鄉人之交責冀薄田之少蠲使頹齡垂盡之人得安枕於海上均係茲一舉惟合慈採而見之施行不任懇禱

上王太府書　凌儒

敝州下河田地歲該稅糧五萬八千西北與高寶連疆東北與興化接壤地勢同被水何異而拯溺覃恩宜均之也乃題請永折敝州不及豈謂敝州去隄稍遠先從其近者而後圖其遠者邪又豈謂加敝州累高寶先胥以急者而後徐售以緩者邪不知水來傷稼不分近遠被水成災何言緩急此海濱十萬生靈引領仁臺願手足腹心一體視之而已敝州糧重災頻竊聞達觀者未肯深信豈得於目所覩而失於目所未覩邪自揚之灣頭至敝州長亙百里乃沿河歲熟田江都已占八十有

五里從斗門界至州南門始爲本州地僅十五里有奇使者舟行河上見春苗被野秋穀盈疇往往爲民歡喜然以江都八十五里常熟之地指爲泰田是貫虛名而受實禍據十五里頗熟之地遂謂下河水中六萬糧田皆熟是謂以其小者信其大者夫目所得覩者且徒冒其名則身所未經者復何覈其實是宜告災致疑施仁不與斥滷之墟負屈茹苦非一日矣蓋士夫塞耳不聞有司縮頸不告致成此悞不遇仁人何敢垂涕泣而道之邪今欲得其詳在一踏勘合毋委官沿邱履畝逐一清查則收獲多寡瘠沒輕重與壤同患同虛實自燭照

而數計矣歲時稔而謬稱荒圖免起運謂之上欺朝廷不忠水有等而詭言同輒作連壤謂之下欺官府不實不忠不實甘爲𢘆悖之民不祥卽少有知者且不敢況安田里知分義如吾輩者肯吹形吹聲漫然談之自奸王化邪惟仁臺精心委曲殫力扶持卽永折祈請不能並舉於今尚可補偏於後斯覆盆之照徹向隅之泣收頌德頌功七井之民無異三州縣之民矣如謂吾輩之多言也爲杞國人之憂天爲漆室女之倚柱則不肖儒者非門下之罪人哉

上王太府災傷書

凌　儒

頃聞明臺懼水至決隄蘇近隄州縣題請永折患未至而圖之早覃恩渥矣第敝州與三州縣接境壤土鱗次受水不異覃恩顧殊將爲敝州有隄能阻水邪夫滿則溢流則通敝州六萬稅糧田土無一葦高岸與三州縣限隔而水性不平不止謂三方田可沒一方可全恐無是事何也地勢同而水無擇也卽今歲被災敝州較三州縣爲甚可睹已萬姓洶洶謂吾輩坐視不出一言不知尸祝代庖出位有咎也雖然爲魚之患行將與里閈共之又烏能默然已邪如泗水果來湖隄果決將千里之地一概無禾且當歲歲蠲之有不止永折而已者蓋養生送死民間所藉恃有田在田被水沈資用安出卽折亦不能辦矣況敝州折且不及何能不呼天訴之僕故謂厚築長隄多開水口令水北入海南入江不以田爲壑四州縣歲熟年登治本之說也上也倘修築未完時或一決暫行改折必四州縣同之治標之說也不得已也不然屢決屢折終至瘠國得此遺彼不免向隅伏惟仁臺收萬全於桑榆慰一方倒懸切望

與戴奎泉書　　淩儒

弟自幼至壯行能無可比數垂老欲稍闚道術以追往愆蓋以王林二師導淸源於前韓王諸公振芳塵於後兄復以明粹果毅與龍渠諸君子潤色盛美嗣響徽音即遲暮如儒不敢操戈於有道之室與世人同聲嗤鄙謂學爲利囮蓋日將終身焉可也比入都城初志益鋭隨以風塵奔走即茹食啜飲狼狽失常況瞑目靜坐使心息相依爲大公順應地哉既聞之君子長者曰某學以謀利某學以謀官閧然囂然視吾黨如鬼魅難狀怵惕反側恐影響不幽徐以其所指者察之果然又以其

所未指者察之亦然弟遂以未究之識不根之力摇動於嘵嘵閧私謂學之壞人如此因灰心絶口惟公餘取文清公粹言讀之見其切近有味種種皆對證藥石以祈免尤悔於遠邇所指某某者不能日遣諸胸中近復恍然曰千古聖賢相傳惟此一脈學何曾壞人乃人壞其學耳可慽也試使力學之士有如吾鄉上之而王焉林焉下之而韓焉王焉則與起振拔人己兩益所以緜延絶緒有德於斯文亦宏遠矣即議者且將降心而伏焉況不肖如儒復何所容其喙哉儒之暫開復蔽方信忽疑蓋亦不能自信吾心因人疑而遂疑之焉耳近轉官棘寺就此冷局每有朋心行且從事舊業以求所謂心息相依將以措諸綱常倫理辭受取與之實恨又不得明粹果毅如兄與龍渠諸君子日周旋焉以破弟百種之疑北望長淮益深悵悃何時解綏南下開扁舟之慮敞依故山以盤桓相與夙夜探元微窮味斯道以畢此生幸莫大矣臨楮詹馳

與李克翁公祖書　　凌儒

別去尊教未幾卽聞倭奴竊發已而之武林告急者日凡一二至遠邇洶洶將謂不免雖有識者亦以爲備兵之少憂之某計頗定亦數數以口舌爲臺下爭葢亦信我翁有制之兵運籌素具有不戰戰必勝焉耳旣果旋獲蕩平三吳兩浙用兵以來未有如此奏功之大豈天爲江鄉百萬生靈作福故得借重我翁大手如此功在社稷澤在淮揚當累世不磨矣久擬爲地方一申謝又以桑梓之故迹涉嫌疑不敢專遣復孱手敎遠惠增感增罪如何

與胡梅林中丞書　　凌儒

祇別台顏忽踰長夏寥寥旅署每切遐思計回省有期奉教不遠㫐慰㫐慰某實無似傳食所至仰奉德威每於閱武輒揚休美以鼓三軍之氣莫不振厲期以報效於翁第至台而軍食告匱之急頗同季春豈我翁精神念慮顧爾遐遺奈地方傷殘軍餉征求一時不給頗於我翁撫巡之心若有傷耳據道員呈稱亦復云云誠欲邀曠蕩之恩於臺下倘歲額不繼儒仍當爲我翁分憂卽行運司先借給商諸銀五千兩解充台軍之需不敢慳也恃在鄉晚弁杞人之私輒爾瑣瀆

與譚州尊書

凌儒

昨仙帆將發僕不能餞及遠送水滸無他避嫌祇緣小海河工一旦輒止僕無顏色因念門下旣歷相知者去矣何處可進一言遂托病不見人者四月矣夫以地方細故獨抱漆室女倚柱之歎不獲謝四年雅愛於離別間可謂太認眞矣此僕所以迄今抱歉也客歲冬月中撫臺鹽臺復究心於此蓋以門下去後四處書柬中惓惓留意僕亦以門下去後爲地方盛心言之上下聞遂各亟謀舉事然其指揮方略一委之僕僕仰體門下德意遂不敢辭蜡月廿一日躬至小海場經理廿五日開

工其分工監工查工買米收米放米較先頗一一有法故令行工緊夫役歡趨計三月中可竣事矣此俱遵照門下原議河工冊不敢增損毫釐夫成案具在委而棄之言昧以行此前工所以長奸而叢弊也門下功在地方屈指無算其至鉅而最久者在河工三場告成倘北兩河更得全舉美哉禹功誠永賴百世今方與新道尊及李四府公圖之鹽臺或可俞允生祠以報盛德其財用亦稍稍有次第不知竟如鄙願否凡役免點大戶門下良法美意勤有碑銘離任幾何時飭僉有十六家賴新道尊覩鄙文而罷其役然則門下之惠將無際涯而僕之言頗有微驗矣僕平生不能談人紙上之言字字俱實惟翁台照

上褚愛所撫院治水書　凌儒

儒伏處海濱無所比數猥蒙下問惓惓地方尤近世所無銘勒何已南服士習昔借文衡崇雅還眞迄今山斗之仰不替大造之鎔鑄深矣茲者漕運鉅任復寄之經濟鴻猷轉餉繕兵將倉庾大盈閭閻不困知利國利民又計日可待也然虛懷所及詢之芻蕘豈以艱大之責未殫永久之利未垂乎揆今之計所急者治水而已從寶應至揚之灣頭縣亙數百里一帶湖隄乃山鹽高寶與泰六州縣下河萬萬生靈室廬田土所寄三十餘萬稅糧所出百萬兩鹽課所產四百萬石糧運所關當時

水漲隄決破漕路淤下河極稱地方大害蓋修隄無法守隄無人苟且目前十年之間衝決不止過半每歲伏秋雨水大發民間恐恐晝夜愁歎不遑閒或不傾亦倖然耳夫琴瑟不調甚者必從而更張之故加築弱隄以防水湧令水障之南行不旁落下河一由江順注則今日第一事也又揚泰之間多開出江水口此最爲要倘湖隄堅厚固如金湯卽開周家橋放泗水過湖無不可者何也障水隄牢導水口多也不然周橋雖不開弱隄亦屢敗欲六州縣不爲魚鼈何可得哉況加以泗水大越高堰奔騰東注其爲數事患無疑矣管窺之見如此

謂因桑梓而籌之熟何敢焉若多開江口速令湖水下江儒尚歷歷有說俟之俟之

上兵道龔春所公祖書　　淩儒

高寶一帶河隄關係國計民生殊非細故其在今日最宜亟圖而深講者何也地勢西高東下河勢自北趨南非此河隄則黃河之水自西北盡注東南汚下之地而高寶興泰幾百萬頃良田一望成滄海矣隆慶之三年萬曆之五年是也夫自河勢變遷水壅沙漲在邳以上勿論已寶應湖西惟高家堰爲泗水之障水小堰高則湖水不騰湖隄可恃而高寶興泰可保無虞此在往時則然今非其時矣河水入泗直犯高家一堰每水長過堰且高三尺即見湖水泛漲與湖隄等而隄復不固則

高寶興泰百萬生靈烏得而不爲魚邪去年隄決邵伯要鋪主者懼新建石隄動搖崩卸無以杜往來之口姑置要鋪隄不塞將以殺水勢保新隄也不知洪水無情朝發夕至坐觀彌月卒使興泰巨萬良苗一粒不收冤哉冤哉然興化猶得題請全災而泰州則坐以全徵矣此係地方官未肯早聞而非主者之過也乃春時則剝膚椎髓逼完常賦致令閭閻賣鬻子女啼號萬狀籲天無從謠云鹵海沒天還沒地滄浪聞哭不聞歌此之謂也迄今田低者宛在水中勢不能種稍高者乏牛缺種力不能種見在佈穀者亦千萬中之百十耳畎澮在望歷歷可稽非如物在袖中可掩而飾者試一省踏則種與不種無所遁逃矣不知將來作爲全種否邪作爲全收否邪未能全種未可全收矣乃照舊全徵否邪嘗細究之湖隄之所以屢決者何也全河之勢日逼東南水泛踰常一也保新隄置舊隄不問二也歲月既久浸淫日甚舊土銷而新土無一撮之加三也湖西奸豪利己病人每水發懼淹己田盜而決之所謂以鄰國爲壑四也邇聞水利公廉訪獲寶姑寬諸豪之罪責令於要鋪築月隄一所此真能發奸摘伏究弊之源藉藉口碑已載道矣然自寶應而下一帶河隄俱係下河門戶又

安知無圮壞將決如要鋪口者乎前年決高郵矣去年決要鋪矣今年又不知水發將決何所也鄙云千丈牢一丈不牢千丈無用蓋物久則弊有孔則穿東固矣則潰西南堅矣則犯北勢也譬之人生元氣虛耗一患癰疽左愈右生上愈下生其所當防者蓋非一處所矣爲今之計石隄既堅守之固可也月隄令築促之早可也舊隄加土先培其根勿齊其末可也如不固其本卽日令加土上縱堅本且搖水到一決前功盡隳矣未可也然又日巡視高郵邵伯一帶河隄何者在所可恃何者在所將決何者低薄何者高厚何者狹而弱何者闊而

堅保一丈以敌千丈之功無忽一丈致潰千丈之業又任事者不惜財力視公如私椿木蘆葦凡河工所需預置其處一遭小小水決卽時修完斯用力省而成功倍矣使必待其大決而後爲之則襄陵之勢迅不可當其方衝則急難圖待其少舒則緩不救往歲之事固可監者此猶人之張口待哺乃徐謂之曰吾且爲爾樹五穀嗟夫其不致餓而死者幾希然此不特下河不登數州縣民生日蹙國賦日損卽漕儲大計且有賴焉且如今歲瓜眞抵揚一帶運船阻塞商旅不行何也水涸故也水涸之故何也以隄決宿水盡屯於下河故也河隄

之設正以防水下注運道不通故近有隄遠無牐使水聚中路春冬糧運挂帆如流先臣經世遠猷謀國如此今瓜州開有三牐矣高寶河防往往衝決矣防決則水注而東以入於海牐開則水折而南以入於江如之何運道不立而枯也書生常談曰瓜眞二壩係漕運咽喉萬一奸細之人決之則淮以北坐困而大事去矣今乃建牐瀉水與決壩同此姑不敢重論若復小視湖隄漫不存省其將輕國家之大計以爲無賴此爲邪議者曰多闢海口則水有所歸此亦一說又曰傍隄多建減水牐水湧則放之下河以免決隄此又一說不知海口去

水之委也勢緩而遠水牐過水之門也勢逼而洶遠則去遲必犯所經之路洶則竅便必穿旁引之門勢所必至者也與其導流遠趨於海孰若塞源無多開其門之爲便哉且建水牐亦費開海口亦費兩費俱在不免盡不移此兩費高固其隄一舉兩省哉此殆猶恃有治病之方而不知無病之尤良也況其方又非可使病卽瘳者如之何弗細而思也一得之愚冒陳其說希採而行之

海陵文徵目次

卷十　明

海陵文徵卷十

鄉後學夏　荃退庵輯　陳寶晉守吾校

議湖工疏萬歷十二年　陳應芳

奏爲湖工大舉敬陳募夫之議乞勅當事臣工虛心經理以蘇淮揚積困生靈事頃見邸報該漕運總督李世達一本開月河避湖險以利國計民生事大率謂寶應縣氾光湖風波險惡屢爲運道之梗比照高郵湖隄開通月河一道估計工程共用銀二十五萬兩貽運道無窮之利成湖防可久之功等因該工部覆議題奉聖旨開濬越河等項事宜依擬著漕運衙門督率所屬用

心經理務垂永利欽此臣淮揚人也家於寶應湖之東親見其事讀之不勝忻躍夫以積久之害艱鉅之工先後諸臣疏凡幾上竟爾中止今數年以來淮黃流安高堰隄岡河道之工所缺而未舉者獨此一月河耳漕河諸臣目擊其艱欲乘時修舉荷蒙聖明軫念東南俯賜俞允誠大聖人之所作爲而天下萬世無窮之利也臣以事關桑梓初捧邸報竊津津喜已而思及募夫之利弊則又愀然其不樂㦬然其有深惕焉幾得一言之而復懼撓已成之議罹出位之罪數日以來展轉於懷不能自釋去雖然芻蕘之言聖人擇焉集衆思廣忠益議

事者不棄也陛下誠寬其出位之誅臣請得畢其言而無諱今湖工所謂舉者豈非爲國計民生乎哉顧國計之安危在民生而民生之休戚在財力昔先儒程子曰養民之道在愛其力民力足則生養遂教化行風俗美故爲政以用民力爲重也其惜之也常至而其使之也常不輕卽不得已而役用亦必有撙節愛養之道焉今以事理度之月河不開則運道爲梗漂溺爲虞所以拯民於魚鼈而使其得安行之利者此國計民生之所係誠不可不亟爲圖也然月河一開則民力勤於板築民財困於賠累淮揚數十州縣爲之騷然所以還定安集

而使其無怨讟之傷者亦國計民生之所係尤不可不亟爲講也今詳考漕臣之疏其稱論方取土以丈計之約用工銀九萬六千有奇而木石之費則爲萬十有二焉至其派夫也則謂工程艱鉅必得五萬人而後可各州縣照數選募精壯者應役其規畫措置可不謂詳且盡歟然以臣管見測之姑置石工勿論其所謂土工之費是卽募夫之值也竊意夫以五萬每名日工食卽僅以二分則五萬之夫當一日千金矣一日千金則百日當十萬金矣是所謂九萬六千者止可供五萬人三月之費耳不識計方取土能令三月內可盡完乎又不識

二分之費能足一夫一日之用乎限本年九月起工萬歷十四年五月告完則通該一年零六月矣卽其中或有放工之期或有加減之數大約計之則九萬六千者可足一年夫役之募乎其不足者抑撫按自有處乎抑令民自爲賠也假令撫按別處則必有神輸鬼運之術而後可假日力役之征往役之分而令民自爲賠焉臣之惑滋甚矣王事獨賢北山且歎其不均未信而勞民以爲厲已淮揚之民一何不幸也卽萬不得已可偶一爲之耳乃連年淮揚之民情何如哉以臣目所睹記萬歷二年漕臣王宗沐議開瓜洲䑛河矣萬歷四年五年

漕臣吳桂芳議築高郵湖隄矣未幾而萬歷六年七年河臣潘季馴議築黃河遠隄與高堰石隄矣又未幾而萬歷十年鹽臣任養心議濬串場河撫臣淩雲翼議開淮安新河矣又未幾而萬歷十一年撫臣傅希摯按臣姚士觀議開白駒丁溪場海口矣之數者皆不可已之役俱經議有錢糧召募人夫量工給值非不犂然具也第如其所謂召募者豈眞以錢糧召募而一不擾諸民哉臣往見河工之方舉也撫按下之司道司道下之州縣州縣下之里甲里甲不足於是有排門之夫於是有牙行之夫於是有商賈之夫於是有管夫之長於是有

燒甎之長於是有運石之長於是有舟車之長以家私之上下爲出夫之等第籍名在官而趣之役焉方其籍名也則差人有需索之例房科有打點之例富者行賄以求脫貧者奔走以愬哀能者竟脫於倖免愚者駢首以應役甚至有望風而先期挈妻子以逃者矣有赴縊投水而死者矣有其父已死而逮其子若孫者矣牌票追呼之擾遍於閭閻鎖項牽連之衆滿於街衢呼號怨謗之聲盈於道路逮繫箠楚之人布於公庭其狀有不可勝言者矣此籍名之苦一也及其不可脫而爲之辦夫也一夫遠者月有一兩二錢之值近者月有九錢之

值有稱是而計月以安家之值以一家爲辦夫五名則月幾十金之費矣卽上之而多下之而少者可推也其運石運甎與出舟車者其費不貲又可推也往往傾貲以償其費傾貲不足則鬻產以佐之鬻產不足則賣子女以佐之數月之間閭閻一空其狀有不可勝言者矣此僱夫之苦二也及其以應僱之夫而往卽工所也總甲有飯食之需各衙門查工人役有科索之擾管工省祭業已日支官銀矣而又勒總甲輪流辦飯甚至有上役錢有放役錢有寬役錢多方影射百計需求一不遂其欲則督促而鞭撻之受值之夫往往多逃去則省祭

以逃夫呈而移檄州縣逮其原籍名之人矣則又僱夫以補其額而就逮之費亦復如前是重困也至於官銀卽使盡所議者給之猶不足以償十分之一而況所給者受值之人非出值之家也以故不才佐貳通同省祭以此往役之夫旣已先受有主者之值可以恣意侵剋而其夫亦視此爲分外之得也不爲深較他如運石運甎者又皆殷實之家敢怒而不敢言卽有告發多而置一人於理而其脫網者衆矣常見佐貳與省祭管工畢日有充囊而歸者此何處得來邪以故官徒有募夫之名而害歸於籍名者之家利入於管工者之手此赴役

之苦三也此三者爲狀甚巨而況當連年災傷之後其無窮之害又有不待言者在各州縣承上所督責而又希成功之賞則取盈於額派之夫將曰是可上首功矣而閭閻賠累之苦恐不得而盡知也在司道撫按急於報成事而因以察州縣之能則取辦於夫匠之速將曰是可謂能有司矣而小民包賠之害恐不得而盡聞也夫以錢糧原議之狹若此淮揚之民其積困若此而募夫之弊竇又若此使不亟爲講求則風波之險未避而數方已困於瘠瘝魚鼈之害未除而百姓先罹於塗炭其利害若不足相當者臣所以疾首痛心曠旣成而復

削牘既削而復綴不忍默默而已也若是則越河終不可開歟臣竊以為不然夫欲舉艱鉅之工必不可無艱鉅之費未有省費而可成鉅工者諺有之馬欲其千里也而枵其腹無米作粥即巧婦能之乎當事諸臣豈慮不及此哉事關錢糧動經掣肘使多議其費則首事之時駭於聽聞而不可其請成事之後訛於傳播而且議其後輿言至此諸臣之心亘亦苦矣今日之舉其機不在撫按而在廟堂請以三策籌之與其使當事諸臣陽有節省之虛名而閭閻小民陰受包賠之實害則孰若照糧起科明為每石派銀或一二分或三四分以江北

四府之糧可得數萬而以九年十年拖欠存留錢糧暫為蠲免則蠲免其舊而加派其新均於出銀而去於偏累人情未有不樂從者至於東南孔道各省協濟之銀揆之事理必不可無昨撫臣議五萬臣以為少奈何猶不允而使獨累淮揚赤子也夫錢糧足則官操其值以募人如各驛遞等夫則匪以厲民而且以養民此理之正也策之上也瓜儀巨商大賈往往有建寺修橋者向倭夷之變揚州外城俱係鹽商倡而築之不期月而集或懸旌表之令開事例之門以土石工有能願為修舉計丈尺或授以冠帶或給以旌扁則必有應之者矣此事之權也策之次也如其不責名實而日加派不可協濟不可事例不可而忍聽民自為賠焉則請以十數年以來河工緩急地方品第出夫不使偏重而撫臣設為方略專責之府佐知縣等官凡省祭州縣佐貳諸弊一切釐革則省無名之費嚴侵尅之禁寬一分民受一分之惠也此則可謂無策矣若日二十五萬儘可足用而不以累民則有求其説而不得者是在當事臣工虛心酌議而已雖然臣猶有杞憂焉康濟河開自侍郎白昂用七十萬金而高郵隄月河在老隄純用甎石其慮至深長矣此雖斜其根基固其椿包竊恐歲月浸淫不

至於再用甎石不已淮揚之民息肩未有日也此則私憂過計在今日且置之勿論可耳臣以生長地方親見其事故敢冒死昧言伏惟聖明裁察特下該部詳議施行臣無任戰慄懇祈之至

論漕河建置　　陳應芳

圖所列南起大江北抵山陽漕河形勢大略也漕河惟揚州城迄揚子灣一帶可四十里地勢高阜延袤至邵伯鎮而北內外東西則皆諸水所滙而外自高寶內迄興泰鹽城地形窪下共一沮洳之區也自宋天禧中江淮轉運使張綸因漢陳登故跡經畫就中築隄界水俾隄以西滙而爲湖以受天長鳳陽諸水由瓜儀以達于江爲南北通衢隄以東畫疆爲田因田爲溝高泰寶興鹽五州縣聯絡千餘里而遥而五州縣之水有廣洋射陽等各湖以潴之有廟灣石𡋯等海口以洩之不爲田

潦具稱沃壤矣此前代之所疆理而歷世因之不能易者也至國朝復大治隄以通轉漕是爲咽喉要害而鹺利民生胥於此焉依顧不重歟夫湖藉以資漕則隄以外不使水得出而後漕之通利也無壅遏淺澀之虞不然滔滔東注其有不決隄梗運者乎田因以定賦則隄以內不使水得入而後田之菑畬也無淹沒漂溺之患不然混混西來其有不傷禾廢耕者乎何也以五州縣之水溉五州縣之田其潴也有限其洩也亦有限一遇霪雨尙爾泛濫湖決而下勢若排山四望汪洋總成一海當斯時也潴不勝潴洩不及洩數千里之內幾何其不載胥及溺也而漕計且壞不可支矣是縷縷一線之隄者四百萬之軍需所藉以灌輸而國脈係焉百億萬之生靈所藉以待命而國本關焉故隄固則漕無害而淮南賴以平成隄壞則漕事阻而淮南胥爲魚鼈此其利害不啻燭照數計而龜卜也所從來矣

論地方形勢　陳應芳

圖所列距揚州二十里許至揚子灣漕河東為鹽河專為鹺運而鑿之渠由江都歷宜陵鎮一百二十里是為泰州州治州治而北不二里許則泰州之水田也從東西二壩而下入新城河港白口甯鄉司淩亭閣而北一百四十里為興化稍折而西南八十里為高郵再折而西北一百二十里為寶應又再折而東北九十里為鹽城是起自泰州以及興高寶鹽紆迴雖共四百三十里然阡陌連壤東漸於海西濱於湖而鹽場草蕩河泊湖港則周遭不下數千里而盈矣千里之內往來者止憑

舟楫之通略無牽挽之路其形共類一釜底古所為號澤國也然所由稱沃壤者徒以湖隄固而水利興耳隄一決則千里者壑矣沃則俱沃壑則俱壑未有一州被水而一州獨異一縣被水而一縣獨存者也故言其合也則五州縣者其利害其豐約鈞者也無彼此一也言其分也則泰州田於邵伯湖為近邵伯隄決先泰州而興高寶鹽次之高郵興化田於高郵湖為近高郵隄決先高興而泰寶鹽次之寶應鹽城田於氾光湖為近氾光隄決先寶鹽而高興泰次之水至有先後水害無淺深蓋射陽等湖所不勝瀦而廟灣等口所不及宣者也譬之人然諸湖皆喉也五州縣田皆腹也海口一尾閭也水自喉入必腹滿而後從尾閭以出而謂腹以內有一之不受者乎況大於喉小於尾閭多其入少其出而謂不漲滿於腹也有是理邪

論五方城治　　陳應芳

圖所列泰高寶興鹽五州縣各城惟高寶濱湖而治興化中央而居若泰若鹽則介於南北上下之間論水者急於高寶興而緩於泰若鹽無亦狥一隅之見而未嘗極原野之觀邪夫使錢糧而盡出於建城之一隅也則可如錢糧而必出諸田也則當問田之所在矣泰鹽兩州縣城治則誠高矣第高者城治耳泰之自南而北也鹽之自北而南也其爲田也幾何田之下也又幾何古之建國者相地築城居民輻輳未嘗不就高阜之所而爲之卽高寶誠濱湖矣興化誠中央矣然其城未嘗不

高也附城之地未嘗不厚也高郵古孟城謂其形若覆盂獨據揚楚之脊耳興化爲海陵地實應爲陽平郡論城治豈盡出泰州下哉鹽城在五代時南唐嘗屬泰州其壤地相接盈盈一水葢可知已矧湖水東決所瀰漫者在城乎在田乎卽田而治則其利不在城田而不治則其害亦不在城而獨以城治論水則惑之甚者也他不暇縷指圖內泰故設東西兩壩壩以南爲上河壩以北爲下河上河自運鹽河而來下河接興化縣而往地形高下不啻若樓上之於地下也壩以界之特以防上河水使不下洩耳頃年以來凡遇湖決壩下之水高壩上尋丈闤市不通幾及城門隆慶三年海防備兵使者衡水傅公登城望水見其汪洋之勢而歎曰民其魚乎此近事也不一而已往又聞諸父老嘉靖初湖隄大壞水暴東來淩注入城州堂莅事之所水深二尺此父老所親見者由斯以言湖水爲害豈獨在高寶興化而乃擯棄泰州使不得與彼同類而共論災也冤亦甚矣

論廣陵田賦　陳應芳

圖所列田高下下者宜稻上者宜菽麥然而大江之濱湖西之坂漕渠鹽河之間往往引水鑿渠以資灌溉此所謂甚美高腴之地也不特宜菽麥而已廣陵之屬爲州者三爲縣者七南有儀真有泰興東有如皐又東有通州有海門厥土皐而且厚多前所稱引水鑿渠者是已湖決而東不相及也可勿論論其在圖者江都之賦米三萬有奇豆麥稱是其在邵伯以下與泰州水田比鄰而界邵伯隄決江都此地亦嘗被災矣然以通縣計之不十分之一而由瓜洲以接泰興則濱江也由揚子橋以至高廟則漕渠也由揚子灣以至宜陵斗門則鹽河也由黄子湖以至諸塘及西山等處則舊洩無不利也故不得以邵伯一隅之害而並議四境膏腴之利然而邵伯之民猶然觖望一夫不獲時予之辜得不希當塗者一區別乎高郵西對天長寶應相與連壤高阜腴地多亦有之第最重者在下河自不應議及耳人亦有言江都美矣雖有邵伯之災不以蔽其美何也美之地百而災之地一其數不勝也高寶災矣雖有湖西之美不以蔽其災何也災之地百而美之地一其數亦不勝也若泰與興則異是維揚之賦二十萬泰與興一州一

縣者居其半彼三州六縣者居其半夫非以其地多水田偏宜稻也而特重之歟今田化爲沮洳而稻且屬烏有矣十萬重賦胡以供之然興化之不能供也當塗者鐲恤之疏屢上而逋負之誅常寛興化災民猶得延旦夕以冀將來平成之望而泰州則覆盆不白矣豈以興化不有旱地故以躋於高寶而泰州不止水田可以比於江都邪不然矣夫亦未酌其分數邪論事者當考其原恤民者必闘其痛泰州之痛不啻剝牀以膚矣試窮其源一相提而論上下二河足相當否滔滔汪洋止若邵伯之一隅否蕪蕪原野能如江都之四郊否以不耕之田共有常之賦將終不得擬於高寶興化三州縣否分數多寡可較而知也語具在後論中儻誠有若推之恥由溺之思懇懇然赤子其民不以秦越視之請一虛心詳督當不吝引手投足而必求所以援之者矣

論田賦分數

陳應芳

圖所列南界泰興西界斗門東界如皐此三面故泰州所稱高阜者其中惟鹽河一帶引水而田足稱腴壤可稻計科米三千九百石有奇而自兩岸入內則高亢無水不可禾矣計科麥六千石有奇豆八千石有奇再內則仰瓦而下不三里盡下河矣北界興化則科米五萬二千石有奇此夏秋兩稅上下二河田賦之大端也麥豆不論夫秋米者上河止三千視江都之三萬同乎下河至五萬視邵伯之一隅同乎其不可共日而論也明甚夫江都不得以一隅掩三萬泰州奈何以三千掩五

萬也甚矣論災者不考於分數之多寡以困此一方而令不得其平也吁嗟乎冤哉若又謂興化無上河泰州尚賴有此三千石也即大水爲患猶可藉手而豆麥所產亦足易米而輸之官邪則又誤矣上下二河截然兩地之民也夏秋兩稅判然二時之賦也漕糧兌運此三千石足乎豆與麥可充漕乎上河之民能代下河輸米乎譬之一家然兄弟分爨久矣戶役各自以身任之其役一人富一人貧而貧者役又獨重自非友愛之至欲强令富者代貧者而受重役也必不能矣又譬之兩邑然井疆區以别矣錢糧各就地所產者派之假令一邑豐一邑歉而歉邑賦又獨多自非父子之親欲强令豐者代歉者而輸多賦也必不可矣嘗考歷代沿革泰州唐初爲海陵縣後又分爲一州一縣州名吳州縣名吳陵其時未有如皐未有興化也至元始專爲泰州而以一州一縣之地於內稍析爲如皐又稍析爲興化以故上下兩河泰州兼有之而其有下河也又偏獨多今維揚諸屬編戶定賦未有若泰州之兼有上下河者今如皐盡以上河論矣興化盡以下河論矣兼有如泰州乃不酌其分數顧令同類於如皐而不得比災於興化豈不冤哉

論勘災異同

陳應芳

圖所列五州縣水患詳矣然被水無彼此而論災有異同豈當塗厚薄其間而泰州之民夫獨非當塗赤子哉必不然矣此何以故則多所聞鮮所見而見之者有所見又有所不見云耳何謂多所聞鮮所見高寶當南北孔道使節之往來如織濱湖苦水孰不流傳而興卽高郵屬邑言高郵則必言興化矣此三方者固世所指名也而泰州僻在東偏誰則見之而誰則聞之何謂有所見又有所不見泰州之僻往來者獨二三上司也上司以樓船從揚子灣入徒見兩岸禾黍穰穰洵美且都歎

賞不容口而安見江都泰州之分界也又安見下河之一望成湖也其有行縣入興化者故道又不由泰州往也而泰州之水安從見之然聞亦有勘災之委官矣委官之入境未嘗一遍歷也上下河多寡之數未嘗一通考也其以災報者往往雜於上下之間未嘗一分疏爲區別之也而與泰一體之義又何自而得轉聞於當路乎當路且不聞矣況廟堂乎雖然顧當路加意何如耳請以已事明之登城而歎隆慶三年有衡水傅后川公矣刻篆而鳴萬歷二十一年有烏程吳平山公矣以故兩年大水泰州得與興化共蒙蠲折之請民之仰之若嘉穀之有時雨也萬歷十七年嘗大水矣勢更洶於上兩歲者偶有當路從上河來父老羣聚而控之反逢其怒曰吾親聞兩岸栽秧歌聲不絕於耳若曹何自言水災也是誑我爲首者榜笞三十及如皋尹奉檄來勘而尹故善諛當路風旨州又適同知署事時屆端陽方駕龍舟戲水上爲樂屬視如皋不爲禮尹怒而去報如前當路言是歲也水盡滔天與則改折泰則全徵漕舟抵河下至鬻妻兒以供而民不堪命矣百姓爲之語曰登城望水無傅公龍舟戲水遇謝同滔滔水患如滄海賣子賠糧萬竈空嗟夫此見與不見之明驗已嘗謂名實

者論之辨也利害者事之審也五州縣一爾高寶與有災之實而亦有災之名有災之害而亦有災之利不幸之幸也泰州同有災之實而獨不有災之名同有災之害而獨不有災之利不幸之不幸也下河水爲祟上河掩下河水亦爲祟何也當路謂泰州之幸有上河也而不理其災百姓怨泰州之不幸有上河也而槩覆其災民隱若是苟一權於名實利害之辨尚其有痌瘝之思乎

論水患疏數　陳應芳

圖所列沈水者皆萬家承糧之田也業已沈之水矣雖不謂之田也亦宜積漸所至夫豈一朝一夕之故哉始自隆慶三年黃淮暴溢橫決高堰入灌諸湖遂成巨浸當是時猶曰數十年所僅見耳會當有平成之日也裔是以還凡遇伏秋水必長發屆指計之隆慶五年水矣萬歷二年水矣四年大水矣五年又水矣以至七年八年九年十一年十四年十五年又十七年十九年二十一年二十二三年無歲不大水矣黎民困苦流離之狀尙忍言耶天災流行雖國家所代有顧此一方也何天

之降酷如斯也予自童時聞長老言下河雖下然春而耕也秋而獲也如取諸寄耳今乃若斯矣隆慶而前下河爲樂國隆慶而後下河爲穽府陵谷未遷風景頓異則非以水患疏數之故乎夫水之來也必以伏秋伏則栽種之時也秋則成獲之日也農夫終歲勤動閔閔望歲當其時而失之呼號迫切如喪考妣有耳者所不忍聞也迨至冬深水落曾日月之幾何又當其始播穀之候矣仍復竭力而耕稱貸而作秧已插而甫醒苗方長而正茂生意盈野農夫望之喜溢眉端奈何荷鋤未及息肩而湖隄又報決矣俄而水至波濤四野資斧工力盡付東流年復一年長此安窮區區赤子能堪幾敗有不空杼柚而家徒四壁者乎老者死壯夫散稚子嚚大家破此孟子所謂救死而恐不贍令賈生見之有不痛哭流涕長太息者乎雖然亦豈無閒遇伏秋不水之年哉則又有不可爲焉者下河盡圍田也圍者謂四面有溝而中築土爲圩者是也圩以禦水聊足成匡非有長隄旱壩之固也大水頻年盡爲所齧而圩與溝平不復有田形矣田且烏有何地可耕就中彼善於此不十之三四而三四之中有力者幾何無力者亦竟棄置之譲爲閒田已耳欲復如曩者竭力而耕稱貸而作者又幾

何波濤暫息荒蕪過半卽不水之年猶水也不災之年猶災也嗟夫凶年樂歲民命之休戚關焉借如通十年而計九年而登一年而災民猶未病也七年而登三年而災民病矣五年而登五年而災民愈病矣三年而登七年而災民不堪命矣今十年而十年災矣民胡以生詩曰周餘黎民靡有孑遺今日之謂乎此高泰寶與所同然也而獨泰州覆盆難白綢恤不均舊逋新徵催科愈急此所謂如水益深者也而災之內益重之災者也故嘗執州之百姓而槩數之某也無田則其家必能自存者也某也有田則其家必貧窮徹骨者也某也有田

而多則其家必逃亡而擠於溝壑者也何也田廢而糧存不死水則死催科爾夫民有恆產乃有恆心今以養人者害人矣而謂有恆產乎民困至此抱杞人之憂者尙慮他日不可測如之何可終令其向隅而泣不平而鳴也

論減水隄牐　陳應芳

圖所列南起邵伯北抵寶應長隄計三百四十里而遙嘉靖以前未有牐也建自萬歷三年始葢隆慶而後水無年不發隄亦無年不決主漕計者患苦之思欲固隄則莫若分水而殺其洶湧之勢思欲分水則莫若啓門而通其流衍之途於是就隄建牐下以石板計五尺許實之而空其上水發則空處可出也水落則實處可留也命之曰減水牐三百里內星布棊列此豈不蓄洩之大利而保隄之長策哉然蓄於湖則利矣而洩於下其害之者誰邪保於隄則得矣而灌於下其受之者誰邪夫五州縣之地所害而難受者獨湖決耳今有一牐是有一決也計牐凡三十六座是計決三十六口也一牐計五十尺而闊是決者共一千八百尺而闊也源源而來歲歲而是而謂不以田爲壑乎故未有牐先隄之決也猶徼萬有一之幸而閒一值之也既有牐後水之至也是年例所必決之口而遂以爲常也民田安得而不沈地方安得而不災也所爲年年苦水非職此之故歟然雖損於民生實大關乎漕計是牐也何敢輕議徹顧頃年以來牐雖星布棊列乃隄又不能不時決耳何也水之減也止可減於常發之時而不能減於大發之日

胡不以近事觀之萬歷二十一年大水邵伯湖隄一決至二十七處而淯家灣口費金錢數十百計築之經年而不足前監司張念碧公胼胝焦勞至轉任而不得去也今伍越潭等處又決至九口矣豈邵伯未嘗有減水牐邪憶予自東髮從先人北宦往來其地親見湖隄不過護以木樁已爾先人指示予而歎曰土木之費至此乎不謂後且加之甎矣甎未已也尋又砌之石矣石未已也純取酒米汁和之以灰而彌縫其闕矣帑金糜於歲修民力殫於塞決曾不能保一年之無事者何也蓋先是洪水為災黃淮內漲沙停水積湖身頓高主漕計

者不得不增隄上新土以禦之增者愈高新者愈危西風怒濤震撼排空雖欲無決不可得已嘉隆萬歷之際其顛末固如此甚矣哉水之為害而隄之難守也今且欲益以周橋武墩高澗之水矣後誠不知何如爾能不譚虎而色變乎夫水常發則減牐時時漫矣水大發則湖隄歲歲決矣長淮再復南下利害不問可知以此論災於湖東郡縣而泰州之獨蒙棄置也豈減牐之水於泰州五萬重賦之田不相涉邪況邵伯隄頻年屢決泰州被災最先而論災反後於輿化無怪乎萬姓嗷嗷腐心而不得其平也已

論鹽場海口

陳應芳

圖所列諸鹽場濱海而錯居皆有海口而獨廟灣場通利無阻者何也地形高下天之所建誰能一之淮南鹽場二十餘上河屬通州分司者十之四下河屬泰州分司者十之六通州分司其地內多高亢於水患若風馬牛不相及也泰州分司外而海下矣內而田亦下矣而中則高阜橫焉蓋若天生之以界湖海而成內外之限者以故外者常苦海潮之入而不聞內者曾疏湖水之出也宋轉運使張綸修泰州捍海堰因命兼知泰州堰成流傭歸者三千餘戶范仲淹監泰州西溪倉築捍海隄亙數百里以衞民田世享其利春秋祀之此兩者地

形足以觀矣夫修堰築隄欲以捍其外而決堰穿隄欲以洩其內捐前人之已事幸目前之苟安誠未知其可也惟如丁溪場有龍開港白駒場有牛灣河皆通海宣洩之路故跡久堙萬歷十二年泰與輿患苦積水控之巡按貴溪姚公請于朝一疏濬矣建牐修渠費金錢萬計不兩年尋為竈丁所陰壞而當路不一問也其故難言之矣至鹽城之石㙩內地高於海數十百丈迅駛而下勢若建瓴宣洩之道此為最捷然而鹽城一隅之民惑堪輿家言惡其害已也屢議而屢尼之緣牐啓閉竟

屬故事無裨宣洩萬一而令二十年之積苦曾不得其毫毛之通利可勝扼腕也乎惟是廟灣一線之口雖行而不害然方千有餘里之水趨此而出何堇堇也所藉以綰轂者其與幾何盍就地形觀之此一尾閭也若專以此千里之地而設亦止令洩此千里自然之水則可耳一益之以淫潦則壅矣再益之以湖決則又壅矣何也流水之爲物也不盈科不行千里之內地既窪下勢亦平洋下則水所必趨平則水所必止趨則必盈而後進止則必囤而不行入海之口雖若建瓴千里之迂豈能直瀉非其不相及也而曲折多也語曰甯爲雞口毋爲牛後言出入之數也語曰雖鞭之長不及馬腹言遠近之勢也今茲之水其來也湯湯其去也涓涓其散也四望而平其聚也一線而出則奈何令不爲虐乎而中又助之虐者四楊子灣至海安鎮一路引水溉田因而穿渠直通下河自置土壩任意蓄洩甚至奸民句商船之漏稅引私鹽之公行爲利窟也而頻啓以縱水入是在在有決口矣漁人絕流射利遍下河之境以竹箔於要路密布而插之宿水至爲之不流環千里以內其爲漁人者不可勝數矣民間廢田蘆葦青草叢生其中水道因而蓁塞其流不得不緩五州縣之中其爲廢田者

不知其幾千頃矣水之行也往往視風爲進退風順則流往風逆則流來今日退尺寸明日復如故宿水未消新水繼至沉田破圩至不可救藥矣隆萬三十年之間無日不患苦水其勢固如此也以民之患苦水也日夜思開海口徹水道不啻飢渴之於飲食方引領而望曰庶其拯予於蕩析乎而今也長淮橫溢泗人告急陵寢爲重民生自輕議者且就今海口道淮矣周橋之水議由子嬰溝入矣武墩之水議由涇河入矣高良澗之水議由氾光湖入矣此當路萬不得已爲陵寢急而治其標也而又慮下流之昏墊疎瀹使入海甚仁術也至苦心也然而勢不能使兩利也竊恐淮南之墟且將爲溟渤淮南之民且將爲魚鼈已矣乎無復望有生之日矣說者曰嬰溝涇河由地中行也廟灣石𡎺放海而止也何爲病民而不知水一入湖四面趨下安得使由中而行之放乎四海是矣然不曰盈科而後進乎知其一未知其二見其影未察其形而況此千里之水一海口方洩之而不足益以三路之水一海口欲洩之而有餘而謂不漂廬舍沒糧田以病民也必無幸矣今夫大江之發於岷山也黃河之來於星宿也越數萬里而直達於海者以兩岸之高由中行也所謂掘地而注之海者是

已然黃至中州以下土鬆地平尚不能保其不旁決今淮由廟灣入海有高岸乎不四散乎能直達乎不橫溢乎則是水不必盈科而進也而謂水之性然乎即大闢廟灣重開石𡋯在百姓專望之以洩湖今官府兼資之以縱淮淮合於湖其勢彌大其出彌遲其出彌遲其壅彌遠其壅彌遠其害彌深不至於盡沈千里之田而泚沼之不止也如是而謂泰州之田不在列也豈別有隄防以界之使不相通邪論水者必觀其勢計事者必準諸理今勢窮理極特爲直言極論如此愚戇之罪尚遑他恤乎哉

論正改漕兑

陳應芳

圖所列五州縣歷年之水顛末業已備具論中矣洚洞之警平成無日賦役之數一定不移萬姓所日夜延頸而待者獨望有朝廷浩蕩之恩而已顧錢糧額派於縣官爲維正之供於百姓爲有常之賦則起運存留兩端耳起運如內庫上用及京邊軍需是已存留如官生俸廩及地方經費是已數者有一之可缺乎缺一不可奈何得輕言蠲大司農於四方奏報災傷往往急起運而緩存留而不知存留之於地方即起運之於京邊無得而緩焉者也故急起運者實徵也緩存留者虛文也然則所望浩蕩之恩者何由漕糧之改兑改折是已何言乎改折也漕糧正兑以石爲律有補閏二六等費計納銀一兩二錢有奇而改折重則七錢輕則五錢止矣何言乎改兑也漕糧正兑以石爲律有水腳過湖等費計納米一石七斗三升有奇而改兑則加耗米二斗五升又加變易米二升止矣改折之數年例若干漕司酌以待四方不時之災而改兑之數均派各省聽其臨時自相酌量調劑而已故改折非撫按勘實災至九分五釐以上者不得輕許然大司農猶有嚴禁之請改兑聽之司府就地方之原額爲派單之多寡大都不相上下子

不識漕計此其大略之數如是也今興化以頻年被水漕糧盡從改兌矣改兌未已並改兌盡從折色矣折色未已並折色又盡從永折矣浩蕩之恩廣被於興化者如此頃當路又因興化以及地方同有是災者俾高寶漕糧亦盡從永折之例矣是浩蕩之恩推廣於高寶者又如此而獨泰州一不與也士民思之不得其故相聚而扼腕曰使州田而異於興化也無怨也使州糧而輕於高寶也無怨也今田之沈於水也於興化非有疆界之別糧之出於田也於高寶且有輕重之殊何乃見棄當路不蒙體勘豈不沈冤於覆盆而號泣於向隅也乎

哉矧復使爲興化代糧抑又冤之冤矣請得肆言之維揚一郡三州七縣秋米共二十一萬八千八百九十六石二斗二升於內額坐起運正兌米六萬石改兌米三萬七千石以均平之法言三州七縣視額糧爲例每糧一萬當得正兌若干石改兌若干石此一定自然之數也以通融之法言三州七縣年視豐歉爲例豐者加正兌減改兌歉者增改兌減正兌此臨時劑量之數也於徵輸之內寓輕重之權要以不失維揚九萬七千起運之額以足國家漕運四百萬之儲而已漕規立法之善所從來矣故泰州額糧五萬二千有奇當得正兌不過一萬五千改兌不過九千二百而已嘉靖三十年以前此數未之或爽雖准通融之法臨時微有增減計於均平之法成數無不脗合各年派單由票府州見存卷案歷歷可稽也其後正兌忽派至二萬九千六百視原額驟增一萬四千石而奇矣改兌忽派止一千九百五十視原額驟減七千石而奇矣懸絕已甚奉單之日靡不駭而且疑然竟莫知其所自起聊一具訴而當路輒不報也嗣是年年因仍遂爲常例而不聞有所更訂者夫以一郡正兌六萬石而泰州至二萬九千是十分而五也一郡改兌三萬七千石而泰州止一千九百不十分

而一也增正兌一萬五千石歲計多徵銀一萬六千兩多徵米九千五百石則十分而又加七也民之重困不啻塗炭而倒懸矣顧不知漕規於各省果如是偏重而不均否邪假曰奉旨則必有題奏章疏可據也假曰額例則三十年以前不應有異同也假曰應增則維揚總賦未見部文奉有事例續派也三州七縣一也此既有所加彼必有所減此既蒙其害彼必蒙其利蓋嘗得其故矣先是興化政府及第篤厚桑梓維時水災尚不似今時之困然已力爲之地而當路因以一郡改兌漕額盡三萬二千派於興化餘五千有奇派於三州六縣爾

夫興化既以改兌易正兌則應得正兌原額仍就三州六縣公分之可也三州六縣既通減改兌則應得改兌原額仍就起運正兌內遞加之可也乃不一衡量而徑以興化一萬五千正兌舉而盡栽之泰州彼兩州六縣者正兌未嘗一失故物而起運驟反遞減有差此何以說也對興化言是泰州爲興化全代正兌也對各州縣言是泰州爲各州縣分代起運也揆之天理則不通質之事體則大謬不知當路何以會計也抑有由也蓋衆怒難犯加糧於衆邑則羣起而噪者必多殊費居解不如一邑之可欺也編戶之遠無如泰州也額數之重無

如泰州也挈而與之足可掩覆不如各邑之難敵也故興化宜言曰泰州有上河富郡也非興化所得望也當路信之謂泰州眞富郡也果興化所不得望也噫何其冤之甚也蚩蚩之民亦將何所控告哉當是時下河猶未沉水也民力尚未殫竭也耽燕雀處堂之安而無鴻雁集澤之感則亦因循已爾今則沈爾田矣傾爾家矣叫閽無自泣路堪憐誰生厲堦至今爲梗能不追怨當時之首事者乎今夫富室兄弟之析產也一取數多一取數寡然而皆不失富也心雖不平而猶以富故不之較爾一或貧矣則豈得不追怨於析產之多寡而求鳴之官也富室百姓之當差也前役原輕後役加重然而力尚可支也心雖不甘而猶以可支勉強應耳一或貧矣則豈得不追怨於輕重之不均而求脫於己也泰州今日何以異是糧非洪武之舊強代興化之賠興化政府所以爲興化則得矣其如貽怨於鄰境何勢窮數極返本還原不當復泰州之故物邪若終念興化之不能復也破格題請令兩有所存不亦無偏無黨之政乎如不其然則請當路親舉玉趾特詣泰州興化之境履畝而勘周詢而咨度焉地之高下同否田之被水同否正兌之獨加於泰州順否改兌之獨存於興化安否起運

之並代於兩州六縣是否然後以先年具題之疏及所以攤派之由的然示以當加當減之故毋使不知而暗賠曉然諭以公平正大之理務令心悅而誠服即雖不蒙一體蠲恤而亦可免退有後言矣操筆至此不知其憤懑之何從也惟仁人君子試留意垂覽焉

論泰州利病

陳應芳

一曰興化新隄夫下河水道緜邈無一可通陸者萬歷己卯庚辰閒興化尹偶謂高郵往來舟行艮苦始倡築隄之議而興化居民利有此隄可防邵伯湖水因贊其決遂築隄由興化至高郵長計一百二十里自有此隄以來泰州西方宿水不得宣洩遂受興化曲防之害矣蓋下河地昂於東而低於西大水瀰漫時東西一耳未可見也迨至將平之日西方宿水遂爲此隄中亙而不得去雖有水門數處然亦不得通流以故泰州境內西半沈田獨多職此之由耳夫使此隄而可以隔高寶湖

水使不至泰州也則泰州雖西當其害而亦北賴其庇可以無言然而水自高寶倒灌者其來如故水至冬春消落者其去獨後況邵伯湖決於泰州爲剝膚之災而頻年湖決不在高寶而在邵伯乎頃有興化西方成熟而泰州西方尚沈水底者甚矣興化之不仁也此其害獨在西前論故不著今時附見於此云

一曰荒廢虛糧夫糧因於田田廢久矣而糧猶如故雖束於額可同於熟乎蓋沈水之田或猶冀於水平之日而久廢之地終無望於復成之期卽令雨暘時若年和歲豐彼廢田者久已化爲湖蕩永無可耕之基矣計之不下數千百頃此數千百頃者糧不下萬餘石其胡以取盈也邪卽曰額數難蠲而酌量於多寡之分調停於緩急之序竊謂有司者不可不加意一覈之也

一曰民竈徵輸兩淮運司鹽課甲於天下竈場三十泰州居三之一有奇竈買民田十之三四其輸糧同也其論差以新舊爲則也蓋嘉靖二十一年以前爲舊竈二十二年以後爲新竈亦既體恤之者至矣乃新者詭而爲舊以避差役已屬弊竇而徵輸之法又往往束於竈而法有所不行起運存畱額數也竈稍完起運而不納存畱催科比較通例也竈專抗催科而不赴比較官亦

且無如之何專責民閒完及分數而其拖欠者盡舉而屬之竈矣歷年完欠數目可考而知也已往不論姑自萬歷十九年以後言之僅五年爾而竈閒拖欠者至二萬四千三百八十兩有奇民閒代竈那解者至二千二百六十兩有奇此可謂有朝廷之法乎哉夫被水一也民納不耕之稅而竈則自爲蠲也民賠無田之糧而況復代竈納也凡遇徵辦緊急則椎髓之苦專在民而不在竈幸値恩例蠲除則賜租之惠盡在竈而不在民嗟夫民亦何辜而至此也其閒弊竇殆難悉數竈閒里役往往多豪猾通同胥吏善爲姦利每遇催徵多方影射

聞有一貧者輪當竈里因而致富又聞往年竈里曾徵糧數百赴州上納而一吏反敎之攜歸因而瓜分由斯以言則拖欠之弊豈盡在竈戶之零星者哉可慨也已近在事者不得已有民竈分徵之請聞又格於議且中寢矣然則將終聽之而已邪竊謂分徵卽不能行而除姦祛蠹在董鹽政諸大人君子似當捐成心爲地方一畱意焉

一日包區累民州一百八十七里各立爲區以便催徵有定數矣自嘉靖丈量而後十年一造推收過割姦民猾書因而爲弊積有歲年遂至虛懸之糧數千石有司

不得已分之各區代納名曰包區此何政體哉曩者備兵使傅公曾一查之纔有端緒而內遷之報至矣并清出者尋復失之今又二十餘年矣不惟包區如故而虛懸又復增焉長此安窮此其弊在各里總算也卽欲清之亦自有法顧任事者何如耳語具前集與游太守書中茲不備論

海陵文徵目次

卷十一 明

海陵文徵卷十一

如皋後學夏　荃退庵輯　陳寶晉守吾校

修學濬河記萬歷三十年　陳應芳

今天下郡邑之有學也三代之遺意也至我朝黜百家尊孔子建大成殿正祀典以堂明倫以閣尊經以啟聖祠追崇所生外有櫺星門前有泮池規制視前代爲大備極盛願城中建置民居稠密未必盡皆幽靜宏雅之勝也就地爲池引水其中未必通江淮河泗之流也惟吾泰海陵郡學建在城之東方遠塵囂而居佳勝泮池水則由城內外河直達江淮往往相傳淮水入泮是年必發巍科若儲文懿公解會兩元林東城先生大魁天下具見徵驗若符非虛語也歷科至嘉靖以還代不乏人猗與盛哉邇者城以內河道日就堙塞泮水爲之不流而宮牆亦多傾圮久不修葺者若而年科第亦遂寥寥不振萬歷甲戌而後垂三十載無甲榜矣鄉試自丙子以下七科僅僅得三人父老私相指數謂嘉靖前科名之盛惟泰爲最蓋維揚九州邑無敢望焉隆慶後科名之衰亦惟泰爲甚顧反出九州邑下何也豈天運之有盛衰抑人事之有得失不然者如堪輿家所畫地理風水之說焉可誣也羣情日盼盼然引領而望曰安得

當路者加意人文爲一振興也乎而會今大中丞李公方自天子所拜命來巡撫時河漕合而一漕撫分而二業有成議假節鉞開府泰州蓋己亥六月事也撫臨之日揆文奮武飭吏安民百廢具興萬邦爲憲諸士乃相率以修學濬河請公毅然首肯發贖鍰若干金卽日選擇而使爲分任責成起辛丑三月越仲秋竣事宮牆以內頹者舉廢者興若殿若廡若堂若閣若祠靡不煥然改觀若新矣而宮牆以外由泮池達河渠塞者通狹者闢環城而水者靡不沛然通流若血脈之周浹於一身而罔或壅淤底滯也主者以成事告多士相與歡忻鼓舞詣中丞公謝余待罪藿巖下以職事忤異志者相與交訟於上連章求去不蒙俞允不得已借給假棄官歸多士迎余請爲記余聞而喜可知也樂觀厥成爲多士賀方思操筆而會直指使建議以合漕撫請若舊上報可於是中丞公當移節入淮行有日矣余爲起而歎曰事不偶然時如有待是役也前乎此者令漕撫而未有分也諸士安所得徼幸以遇中丞公來後乎此者令漕撫而早復合也中丞公又安所得久留以待諸士乃今事未舉而公適來事既成而公始去豈天將開吾郡之文運特假中丞公以來去若斯之奇也邪且中丞公非

常人也弱冠登朝卽用諫顯敭歷中外雅負鉅望建節撫淮千載一時豈可謂非天乎繼自今諸士所爲應運而興者當復與嘉靖前比隆若持左劵可矣抑予更有說焉廣厲學宮修舉廢墜以振起一方之文教是當路者之所爲修所爲濬也大有造於諸士也飭躬厲行求志達道以無負爲一郡之人物則諸士者之所爲自修所爲自濬也所以報德於當路也諸士勉矣異日者藉科第起家出爲名臣使人謂中丞公修學濬河爲一方開文運爲朝廷樹士爲天下得人其尙有名實榮施也哉余不佞明諸士所以德中丞公之報並推中丞公所以厚諸士之望以俟諸來哲不敢以不文辭中丞公諱三才京衞籍陜之臨潼人甲戌進士維時同事者監司則飭兵使者楊公洵山東之濟甯人壬辰進士署州事始終董是役者則郡丞李公仙品關中之高陵人乙未進士得備書以鳴一時之盛

重修泰山書院記

陳應芳

大江以北維揚自通州狼山而西故無山泰之有泰山非石也起自岳武穆王爲通泰鎭撫使兼知泰州於城西門中培土爲高臺以望金人軍後相傳遂名泰山云前乎此者郡先賢宋胡安定先生布衣時曾讀書齊僧泰山下後人卽借此建泰山書院並祀安定先生歷數百年來興廢不一而室遂傾圮中年幾化爲元君觀未成而黄州楚侗耿先生督學來郡諸生講學其上欲以安定與王心齋兩先生並祀議尋不果後有貧生者移家就此居因毁傷其薪木幾鞠爲茂草而泰山書院僅其名爾頃歲丙午浙武林雲臺張公奉天子命來備兵察吏安民百廢俱舉期年而化洽人和偶登泰山慨然曰是崇德報功盛地頹敗至此忍諸爲捐贖鍰若干金修廢舉墜而新之山之巔三楹爲室奉武穆王遺像正位乎其上以石刊諸奸秦檜輩像羅跪於其前王平日詩聯有潭水寒生月松風夜帶秋之句並刻而懸於室之左右讀者凜凜有生氣由山數十武而下山以前舊有堂三楹極偉壯祀安定先生位於中東西各有堂西仍舊貫而東則今所新構也題曰會心堂可備齋宿前東西又各有室中爲甬道門南向題曰仰止前有嘉樹

二盞數百年物蔭可數畝許樹之中爲搆開雅堂三楹中道鑿池樹屏而東西出大門勒坊曰崇德報功蓋自丙午訖戊申三載報成事數百年之大觀渙乎其有文章矣嗟夫道有體用安定先生經義治事蘇湖之學具有根本人爲之歌曰吳興先生富道德詵詵弟子皆賢才以彼其德天下之達德也武穆報國精忠自信君臣大倫根於天性當兀朮南下至以五百騎破其衆十萬中興可計日而待兀朮方欲棄汴去避其鋒何物書生逌叩馬而留謂自古未有權臣在內而大將能立功於外者天不祚宋不幸而俾書生言中一日十二金牌趣

令班師莫須有之獄金酋聞之酌酒相賀千載而下令人眥裂髮指有痛恨焉以彼其忠天下之達忠也兩先生一崛起海陵文爲百代儒宗一鎮撫海陵武爲千載忠將泰山書院並祀所從來矣雲臺公文武爲憲今特爲修廢舉墜煥然一新莫爲之前有美弗彰莫爲之後雖盛弗傳道必待人而行興廢之故豈偶然也乎哉所關世教不細都人士覩廟貌而瞻仰其立德立功所爲不朽有不奮然而興起者非夫也公所垂澤遠矣公又嘗謂余曰州近年科第寥寥士未知所向方吾將於茲山建號房數十楹選儁秀士而倡之學課其文異日或其望有興也乎余曰幸甚無何公以資望晉閩藩參知政事行吾道南矣公之意猶若有眷於茲未已也余故述以告多人士使知所興起不負公所屬望且並以告後之秉憲茲土將庶幾有成公之志者公諱鳴鶚雲臺其別號也己丑進士瀏之錢塘縣人

海陵修濬丁溪場龍開港碑記　陳應芳

大江以北長淮以南為廣陵郡其隸高寶邵伯之間諸水匯為湖者延袤數百里而遥號澤國焉而東則沮洳千有餘里蓋高寶與泰四郡邑田賦鹺利所從出地瓌其中國初平江伯陳公瑄因故道而疆里之北築高堰以障淮之南徙使合河入海東築長隄以障湖之東注使南坑入江是為東南轉漕咽喉而隄以內四郡邑之水各循其地形高下派分之以達於海泰州故海陵郡一稱吳陵若今丁溪場龍開港則綰轂海陵之口而淤溪秦潼西溪富鄉及東臺何垜串場河之水所由以宣

海陵文徵　卷十一　七

洩者猶興化之有白駒鹽城之有廟灣也正德己卯而後稍稍就堙塞然故不為害迨先皇帝己巳之歲河決而南淮受之高堰堤遂圮以灌湖而汪洋萬頃不復辨疆邑即故太史公宋濂所嘗謂隄防一決千里為壑者是已今皇帝御極赫然下明詔遣重臣經略其地修平江伯故事而兩隄復還其舊然水平沙積湖之高幾與堤埒而減水之議從起矣由淮陰達邵伯就隄為牐者四十有奇湖水自是歲歲減而東注而興與泰視高寶更若釜然內窪以下外昂而高其來也日積其去也日壅而膏腴奧衍之壤蕩而為萑葦瀦澤之鄉者垂一十二年老稚轉於溝壑壯者散之四方其不即死且徙者口困徵輸恨不能委而去之蓋幾無民已歲癸未按御史貴溪姚君士觀兼督學行部至士民遮道往訴而以開海口請狀累百千計御史下其事於海防兵備參政通城舒君大猷而以屬泰州守黃岡李君裕及高寶興化郡邑各守若令議已民有豪舉而狡黠者居場口盤據善因緣為奸則詭言於鹺御史曰是不可創而開也開之將不利於竈若商且啟海寇窺伺心而鹺御史苪城任君養心行郡縣歲遍當代去不果勘異議者益危言以恫喝人而衆論洶洶遂不能決李君毅然厲其耆

海陵文徵　卷十一　八

老而告之曰州賦歲六萬石佐縣官費而民不有田又安所從賦也事急矣議築舍無成守土者其謂何脫不幸有他請以身任之即日駕小舸涉海上周覽而咨度焉至丁溪之東由姚家口迄蔣家壩里四十測之水可五尺由蔣家壩迄馮家堰里方十測之水可三尺則歎曰此不入海故道乎而何云創始也由壩而下五里許是為龍開港其勢漸下其望彌遠測之不下百數十里而民竈田在范隄內遠不相涉則又歎曰此豈海潮所能至乎而胡虞鹺淡交以侵也誠目前五十里濬而深之即奰海者得不負戴而舟也其利豈在民後哉且若

能不田而食邪港而下不越一綫之河止矣非有汪洋開拓之勢也又安能受餘皇使浮海而入乎即入矣四望皆水也掠之何從今而知所以筴矣無已則下流施品樁以杜舟楫之往來而瑪家壩以上建石閘司啓閉使蓄水者過四尺而洩則慮且萬全備亦杞人之計哉於是詢之民民莫不曰善詢之竈則竈又莫不曰善夫役興於創□者則人情駭事艱於兼利者則人情貳今濬河也非開河也爲民也亦爲竈也奈何勘議者不察而徒曰海口海口使不逞者藉以駭貳人也歸而具其事於牘娓娓數百言辨析甚剴切上之按御史御史色且動謂將親按部則以三月發廣陵道府及運司而下皆從至則凡所議建置具如李君指而亞卿兼中丞衡水傅公希摯來漕撫公故備兵海防居吳陵久且目擊己巳之災者也曰嗚呼惟余所理賦乃以勤二三子於是會疏以丁溪白駒工並列以請而具李君文於奏中不遺一言及下大司空議而大司空覆議所建置亦具如李君指詔曰可其下之守若令於是兩郡邑晝地而治之經始於今皇帝之十一年秋七月凡三閲月而竣濬四尺者丈七千二百有奇濬三尺者丈二千七百有奇夫應募者三千有奇食若金六千一百有奇石閘一

品椿四食若金二百五十有奇皆取給兩臺贖鍰及倉粃之備賑者而白駒工在興化亦同時報成事矣蓋水自是以海爲壑而阡陌溝洫井井也報聞賓賚各有差時不佞芳備員蘭省爲桑梓有生色焉無何貢生曹君文魁至𠝹學博陳君軫書列庠弟子陳采周嘉魚等州父老葉政濱等數十百人名拜而請曰惟是州田不耕稼者十二年所矣歲癸未而斂十之三歲甲申而斂十之七今乙酉而播穀者盡畦也其皆李侯之睨乎與造物者均矣子其一言以志永永余謝不敏蓋嘗考覽載籍凡有民社者能修陂渠之政則一書再書不厭其煩此無他民食所天誠重之也曾文定守齊州爲石門以宣洩西北湖水民數世賴之史起之治鄴也驅遠水害至有舄鹵生稻粱之謠用能光昭史冊迨今稱焉不腆丁溪之役賴天子仁聖不遐遺萬里俞中丞御史兩臺言藉第令李君怵於䜛御史而不能明析於開與濬之議權酌於利與害之辨以身任之也則邦人之昏墊者靡所底止矣乃能力排浮議迄躋平康用垂一郡之利以方二君子事得專操之以利民者蓋又有難矣哉抑猶有說焉事固難其始之成而尤憂其終之壞即正德己卯去今六十年未甚遠也治水者用故事而修舉之

猶然滋多口讒自今歲改時移屬有譏人交亂其閒則安知後之視今不猶今之視昔也乎余故特爲詳其事使後之治水者有所考也無難輿也無避口也而系之以銘銘曰

淮南之壖衆水所趨其勢回旋滙而爲湖轉漕於賨通彼貢賦崇隄障之毋俾東赴孰列之東州郡四豐千里環帶派分其瀧曰維吳陵丁溪䗫阜龍開宣泄海以爲注已巳洪水瀰漫淙沖隄隨而圮有如山崩天子曰咨下民其憫𡧍命冬師來疏其梗冬師有言沙積爾原水不減焉隄胡爾垣乃闢其門石欄星布逝者潺湲不舍

晝夜況茲海津越歲久堙百川來奔盈滿民町膏腴沮洳十年不藝徒日號呼土毛何秇控於臺使黎元烝烝訛言僉興憂心怦怦李侯仁人不畏强禦力抗讒氛昌言排痼翦其荆蓁波其陸塵來自湖濱入於海汧阡陌謐甯平如其几禾黍有美以耘以耔頻歲遘害此年屢登捬己而思曰誰之功功在不刊非文莫紀詳而敍之敢告停史

送州大夫見吾譚公遷佐南甯序　陳應芳

嘗觀史漢所紀循吏寥寥數人至次其行事亦未有縷縷數千言者雖以子產爲政二十六年而久太史公不過載其民情所嚮注而已自蜀文翁以下班氏雖稍加詳然其中詔書全文及士大夫奏記間至採而序之亦不瑣瑣盡列其治狀二氏之意無亦以徵諸庶民乃見信從而璽書褒美之詞尺牘規戒之語庶幾孔子所謂文獻足徵者邪竊怪晚近世郡邑人贈行之章去思之碑盈滿天下即其諛文蕪詞將令在在傳循吏而人人軼龔黄矣孰知有大謬不然者余守曹郎在輦轂下最

久以耳目覩記四方直指使所舉劾及三年大計詮司所黜陟其於名實之際的然有當民情十不一二而其最以卓異稱錫宴大官者乃不崇朝而異議蜂起至言者鑒之欲一切報罷雖不無因噎廢食之病而因以知名實難辨益信史漢所列循吏寥寥不多許可抑有由也余不文不能修班史之業然不佞亦絶不欲效世俗贈行爲諛文蕪詞以貽他日覆瓿之譏今年春余以言職守事忤旨謫官暫棲遲里中而會郡守見吾譚君以最遷廣西南甯府同知報至日里中士民不勝咨嗟歎息若遽奪其所天然相率走監司張公所乞留不期

而曾者至千餘人已數日復走不佞之廬而請曰侯遷
矣吾輩何可一日無侯不得已白之監司監司許我矣
若甯無一言以贊其決乎余曰唯唯否否主上之愛民
甚矣豈其以得民如侯而必欲奪之以去留則未有不
蒙俞允者雖然成命已下非當事者大破拘攣之議修
兩漢故事甯能露章而請也若輩其再圖之又數日而
察諸里巷上自父老下至兒童以及婦人女子無不咨
嗟歎息皇皇恐其去且致怨諸家居縉紳不一昌言於
當路而余家兩大父長爲江陵丞年八十次爲南甯倅
年七十聞之謂余曰吾老矣吾生以來見前守或以強

明或以廉幹著聲代不乏人然未有得民而信若今日
者諸父老以義責子子甯得否否而已余乃踴躍爲作
書上之監司曰僕逐臣也且有狗馬病蓋杜門惟恐不
深何敢與聞外事乃頃見轍州守之遷也百姓皇皇如
有所失夫守之治狀在明公藻鑑中無俟不佞言獨其
節廉惠愛百姓孺而慕之不啻慈母今日民情如此其
切當路何以答之僕觀兩漢循吏朝廷往往下璽書勉
厲增秩賜金或爵至關內侯不知當時久任豈盡百姓
能抑闔而留於上哉抑豈朝廷能親見問而得之下哉
蓋必當時監司觀風采實以轉聞乞留耳史者作傳具
詔書褒美狀而不載其轉聞之由僕每每觀循吏傳未
嘗不想見其時上官之賢能課吏奉宣德意也今日所
望於明公者能使朝廷與兩漢之吏治吳陵蒙久任之
循良是在一舉手閒耳僕所中籍也一切糧差於州大
夫素無結納又方杜門待罪於州大夫絕不往來第耳
熟於康衢之謠而心切於緇衣之好輒因諸父老之請
敢以書上伏惟財察幸甚書已具會聞御史大夫以巡
察未至不欲獨疏請而代者又有主名遂不果上侯行
有日矣余家二老人謀爲大夫贈郎以不佞尺牘之詞
命子弟輩書以貽之儻後有修班史之業者釆民情所

嚮注其郎以余書當奏記之一未可知也乃若大夫不
難於守益無難於佐守而南甯爲古邑州伯大人具悉
其可臥治則無俟不佞言矣

少司馬沈鳳岡先生奏議序　陳應芳

葢余讀司馬公奏議而有感於人臣效職之難也公第嘉靖乙未進士讀中祕書授給事中已而都吏垣丞南廷尉晉廷尉少卿以御史大夫出撫鄖陽入卿大理晉右司馬歸其於仕不可謂不通顯矣而其歸也則陰中於權奸者之修隙而權奸者之修隙也則始于爲諫官之一疏葢其都吏垣也値分宜以大宗伯拜相公率諸諫官論其貪汚姦諂不宜驟膺簡命未報而分宜則已目懾而心銜之不能一日忘矣故事吏垣都諫用四品堂卿遷公僅遷廷尉丞而南且又終三年淹也則分宜

之以也公無幾微見於顏色久之公論不可掩稍稍用序遷入始得建節而公亦奉法循理無他隙可乘其後倭躪東南天子命公視師分宜門下私人自以疏請往分宜從中閧之遂收回公視師成命尋用考功法中公謂拜視師命畏愞不敢前票旨令致仕嗟嗟乎冤哉今其奏議中條畫視師諸便宜狀具在豈其畏愞不敢前者以肅皇帝之明聖威福不可測分宜乃敢以其門人上書自請始而阻公節制繼而用流言以中公去何其無人臣禮奈何天不盈其惡而降之罰也卒之分宜子世蕃日益驕橫至一敗不可收拾肅皇帝旨謂醜子者寘之法典籍其家分宜亦餓死蕭寺中始公疏所論貪汚姦諂敗露不爽分毫然後服公先見非具有人倫之鑒抱忠藎之節不能也顧其初也分宜之惡未稔肅皇帝之眷未深公言未行而其名亦未顯迨其後也分宜之惡既盈肅皇帝之眷尤篤一二言者非廷杖則論戍其名既章而其嚮用於後來者亦甚著余嘗謂公前之論分宜葢曲突徙薪者也於見甚高而其於忠則難見諸後之論分宜則焦頭爛額者也於事甚危而其於忠則易明公爲分宜所中雖三品滿考未得躋正卿以究其所大用家食時常鬱鬱不樂意有在於斯乎則甚矣

人臣效職之難也余少從先司寇於都下見論分宜者之被創先司寇居恆扼腕不平及長而備員秩宗署見論分宜者致位通顯其中有敗節末路甚至爲人所笑駡而不齒人品自有眞謂可借一事遂足盡信其生平也與哉公當都諫垣之時使其言得行則何至醜子播惡壞嘉靖末年之朝政分宜當敗類之日使公得大用亦何至敗節末路如一二以言顯者之盡喪其生平葢公之人品定而眞材茂也余於公有仰止之思焉今公家孫念毅君以任子能其官由别駕擢守沁州往官南戶部曾以公奏議問序今十年所余得請假居里念毅

君爲申前請始獲序而歸之或謂公諸議纍纍如貫珠胡獨於一事致詳不以及其餘余謂公有如是大節未得盡行其志特爲論著以俟史官之採若其他則具在兹編無庸借不文之詞贅述矣

簡蔣元軒代巡

陳應芳

惟大江以北長淮以南臺下甘棠遺愛存焉今承簡命復持繡斧而臨察之聖明重本原之地特畀以舊嘗經理之臣而東人懷袞衣之思于今得再見威儀之盛葢觀風問俗今昔雖殊而駕輕就熟有不煩諮諏詢度而具得其肯綮者頃聞維揚之境已奉有車轍馬跡矣不佞棲遲舊京無能隨諸父老率子弟伏謁驄徒東望瞻戀有懷靡及而已謹專人代布積衷其齋沐而請者則有一焉漕隄內外年苦洪水高泰二州寶興鹽三縣利害無兩此臺下所夙知也四方耳食往往言水但知高寶興化不知泰州幸而地方報災請蠲則前此未聞有爲區別者卽四方不知庸何傷頃所司議永折則迥然區別甚矣百姓皇皇謂自今以往泰州不得與高寶興化同論水也而反擠而列於江都通州等郡邑之閒覆盆含冤何日白之夫水患曲折不見知於四方豈亦不見察於守土者邪守土者懇懇爲地方誠亦無心顧未見其形勢曲折耳不佞慨然有感繪圖著論明五州縣一體之義反覆其詞說分別其門類代父老言詳具剖劂中伏惟留神省覽焉昨撫臺老公祖諭士民候臺下按部時更爲詳議葢永折之疏撫臺先已具題今必

待臺下補其缺略不致前後異同此事理之必然而亦撫臺不得已加惠地方之至意也惟臺下之留意幸察他如改兌之不均也泰州代賠於興化水利之不治也與起有待於專官此皆大害大利萬姓所日夜喁喁而望者儻蒙採擇不啻生死而肉骨也

再與郭一陽太守

陳應芳

永折之舉老公祖業已建議撫臺業已具題士民豈不知而必欲臺下再請豈不強之以所難哉昨年泰州亦從改折矣豈又不知臺下之恩而必欲為此無厭之求哉蓋改折之恩在江都通州是偶災也永折之議在高寶興化是常災也此水不水之別也泰州之水常災本與高寶興化同其實今日之論偶災則與通州江都同其名此名實不得辨百姓所為皇皇而不已也今春泰州水落高寶興化亦未嘗不落也高寶興化伏秋水發泰州亦未嘗不發也其地勢疆界一而無二者也其與通州江都自是不同此非親勘不可得其曲折親勘有一處不到亦不可得其顛末此百姓所以披瀝而敢請之臺下也夫上之與下血脈貴相通也通則下喻上之意上察下之情無壅閼而有貫徹一體之義也不相通則上厭下之聒下怨上之偏有隔絶而無洞達交疑之道也明臺條議偶未及於泰州百姓未嘗不信其無成心矣百姓皇皇而請自其不得已之情明臺虛懷雅度亦豈有不諒其民者哉卽先後異同適足以見臺下天地父母不偏不倚之公耳若曰業有成議不信泰州之同於高寶興化也則百姓之情無以自達於上矣僕固

諒臺下之必不爾爾也冒昧至此死罪死罪至水利專官一節似今日對證之藥臺下若能採納而行之則五州縣並受其福豈惟永折不煩再請即興化改兌且可復還舊額平成之利世世永賴其詳具在剳中伏惟留意省覽焉

上楊總河　　陳應芳

惟國家大政凡幾而其最艱鉅者無如治河葢天人之際難言哉他政專屬之人惟治河則天人參焉其初也天也而以人挽之其後也人也卒以人勝天矣然其挽之也與其勝之也又非可役其私知臆見以與天角也因天之道順地之宜利之而已矣故曰禹之治水也行其所無事也人之言曰禹之治水也易今之治水也難禹之治水也疏之瀹之決之排之任其入海而止故曰易也今之治水也上陵園中漕運下民生缺一不可必兼利而後爲治故曰難也不佞竊不謂然禹之治水在禹貢一篇矣不曰水而曰貢治水所以任貢也后稷教民稼穡與禹並時而興國計民生治水焉依兼利而治所從來矣奈何曰徒任其入海而止邪故知禹之所以兼利則知今之所以兼利矣知禹之所以爲難則知今之所以爲難矣其挽天運而以人勝之也未可以古今難易兩言之也禹之治河也主於分禹之治淮也達於河則淮之從河入海也自禹時已然朱考亭謂孟子排淮泗而注之江爲記者之誤一時牽於文勢而不暇考其實今人强爲之解終是可笑吳臨川謂禹時江淮未通揚州入貢由江入海然後達于淮故曰沿于江海達

于淮泗由斯以言則淮之合於河也與其不能注之江也地勢自天而建誰可違之禹行所無事正謂此類故以今淮南之地勢考之而益信禹之治水也水之道也吳夫差始開邗溝隋人廣之不過通水於淮設立閘壩以濟舟楫若今之漕運是已未有可因而導淮強使入于江者日河淮不靖震驚陵寢主上赫然下詔遣侍臣勘議爰简命名德鉅公使董振治之台臺胸有全河首事之初議分黃殺其勢以利淮之出也譬之挈裘而提其領操舟而握其柁雖神禹復生無以易此而一時羣口藉藉援孟子排淮注江之說必欲徹毀高堰縱淮東

下由是入江入海之議紛然矣信如其說則禹之治淮非歟台臺屹不爲動持論如金石此非秉神禹之智而運補天之力者誰是洞悉至是乎不佞每從邸報中讀大疏未嘗不舉手加額爲國議有人賀頃以淮南水利久苦昏墊而臨隄郡縣道里曲折往往有不見知於當路者不佞輒爲感懷繪圖著論曲暢其說此雖與治河之議無涉然而河不治水利不興水利不興貢賦不均此教稼穡平水土任職貢治溝洫古人所以相待而成也盍台臺疏詞有曰淮南連歲災傷非盡天爲之由河不治耳深有味乎其言之矣輒敢以小刻馳獻請教伏惟留神省覽焉

上褚撫臺

陳應芳

昨永折一事業已上瀆清嚴數月以來百姓恤恤乎靡有底止此其情非敢隱國計而病公家也則有故矣蓋百姓之言曰連年苦水十無一稔利害與高寶興化共之卽不蒙蠲恤顧未有驅遠泰州而過爲軒輊者今一旦擯其受水之實不使與高寶興化並論而且蒙以不水之名直令與通州江都同科此於名實之閒固已不辨矣自茲以往凡遇河伯爲殃將仍比於高寶興化爲請寬恤乎則永折之議業先區以別之矣將遂比於通州江都無事瀆請乎則剝膚之災必難比而同之矣失

今不一自明將來無所告愬有委其田而去之請總歸興化版圖已爾信斯言也迫切至情安得不皇皇也不佞甚哀憐之輒敢繪圖著書以轉聞於臺下伏惟留神幸察焉今道府難於覆請者大都以成議自限耳不佞竊謂事有定理議貴適宜如成議而盡宜於事理也可無更議如成議而於事於理未盡宜也卽十易議庸何傷要惟大公無我計安民生而已今日之計無如請勘必得刺史君親詣下河盡高泰寶興鹽五州縣之境無一處不寓目爲周覽其形勢辨識其疆界而後被水曲折之故可得其詳語具在論著中以備採擇夫泰州于興化一體也泰州受累于興化則若敵國然興化往往不恤其鄰災欲使之去已糧則推以與人集中所以有正改漕兌之說也蠲恤與水利不可同日而語水利誠興蠲折可無事矣水利不興日蠲折何濟集中所以有農政專官之請也芻蕘之見顧誠不知何如然仰體臺下虛懷求瘼之至仁輒敢布其腹心如此惟臺慈矜譬而貸其狂愚幸甚

再與蔣元軒代巡　陳應芳

前者著書上塵清覽尋鄉人有渡江來者傳聞士民呈詞業已行道府覆勘矣夫父老之詞不踰數行耳不惟紙上有不盡之情卽臺下霽威延見問其疾苦顧片時數語不啻若自其口出也昨付之剞劂擬於萬言書以佐其鳴甚非得已臺下儻不屑越而寓目之乎不知有當採擇否夫業蒙行勘當有定論道府兩公祖爲地方至仁也然不能不疑於先後異同而爲之躊躇也者不佞竊計天下事顧揆之天理人情何如耳如其理與情兩無拂也卽永永不變可也如其理與情未盡宜也卽

十更之可也適以爲虛適以爲公適以見其無我先後異同何病焉或謂一事兩疏廟堂不相信乎則一在未勘之前前者未詳一在覆勘之後後者始確非比例而請也或謂告非其時姑俟諸異日乎則此一時也既責其太急而不之聽彼一時也又責其後期而不肯從將奚適而可也若曰初失於議矣因是執有成心而遂終謂泰州不與興化高寶同也以實前言則非不佞所敢聞矣然不佞固諒道府兩君子必不爾爾今日之策必得郡守公親勘又必得盡下河五州縣之境盡勘而後曲折始無壅而不達之處涣然於先後異同之疑而慨然於先後詳略之故則一方幸收於桑榆而三方不偏於雨露斯大道之公已況自臺下爲之地方本其所夙按而眞知萬萬與耳食者有間疏補撫臺之所未備又於異同之嫌更渾然其無跡也哉機不易投時難再遘士民是以如是其急也至農政專官之議其利有十酒兒正改之說其害獨偏此理數已極窮則變變則通之時也統惟詳督寬其再三之瀆諒其迫切之情不佞幸甚地方幸甚

再與郭一陽太守　陳應芳

前以著書上塵記室書發之二日鄉人有至酉都者傳言直指公按部時臺下正臨泰州士民以永折事具告臺下謂此非告災之時也士民何急急乃爾此豈臺下有意拒士民之請哉謂非其時則誠然矣非其時而欲官府再議則誠難矣士民亦豈不諒臺下之心而體其難處之情哉第所謂非其時則似猶謂偶災者言耳是臺下終不信泰州同於高寶興化而列於常災之地方也以愛民懇切如臺下千載一遇而泰州獨不見信於臺下也則豈非泰州萬民之命致然哉夫永折之議原

起於興化歐陽尹彼一縣之主專爲一縣則然臺下一郡之主也不可同日語矣但度臺下之意先後異同難於覆請不無費躊躇者不佞終夜思之不若以高泰寶興遇水則改折遇不水則仍舊而後各得其平無不均之歎也何也蓋大水之年同災矣高寶興化獨蒙蠲恤之恩泰州將曰彼災則恤也我災則厲也欲無怨焉不可得已不水之年同熟矣高寶興化猶然享蠲折之利泰州將曰彼今熟也尚爾蒙恤我昔災也何乃爲厲欲不追怨焉亦不可得已則何如以高寶興化熟年之蠲折而移爲泰州災年之蠲折也豈不兩平而無感也哉

由斯以言不若概不永折之爲平也此後仍視水與不水之年臨時酌量具題則災有寬政熟無損國兩利之道無便於此矣此一策也不然者請以泰州近代興化正兌一萬五千改還而相與易焉蓋正兌折也改兌亦折也興化業永折矣何必分正改稍爲泰州甦倒懸之苦亦自公平此一策也又不然者請以一府改兌見存七千石爲泰州易正兌而通融之此自漕司酌派無煩題請一轉移之間而糧無失額民獲昭蘇無不可者此又一策也以此三者更議儻無先後異同之嫌否乎竊謂同其害者亦當同其利此兩州兩縣不可歧而二也

管窺之見如此惟臺下幸熟詧之不佞千戶所籍也於州民無相干涉先人遺有薄田强半在上河其在下河者止七頃二十七畝坐秋米十一石四斗有奇年該納銀十一兩四錢有奇三十年來曾無顆粒之入賠過糧銀通計三百五十兩有奇以不佞一人如此則編戶一百五十二里者可知矣以七頃有奇如此則三萬四千餘頃者可知矣以十一石四斗如此則五萬二千三百者又可知矣以不佞叨有祿食納不耕之稅自量此生尚能堪之其他細民惟見流離轉徙日不聊生而已惟是不佞親嘗其甘苦故言之親切而有味耳昔坐中有

譚虎者一人怡然一人色變則遭與不遭之殊也不佞固譚虎而色變者也以此深知細民之痛毒不啻倒懸故因父老之請敢布腹心若曰以此七頃之田而自爲求恤之計則惟天日共鑒此心不敢欺也若曰避此七頃之嫌而不恤桑梓之急則亦惟天日共鑒此心不忍恝也放筆無倫狂愚已甚幸臺慈曲貸而諒其心焉昔韓愈有言惟閣下可以聞此言惟愈於閣下可以此言進蓋進言之道視其人何如耳竊觀臺下具大公之度

而有咸虛之量好善如不及從善如轉圜不佞仰止有日矣何可當世而失諸侯自不佞之進此言也雖爲泰州一隅然而實非一家私事也自臺下之聞此言也雖止泰州一事然而實係一郡政體也且也非特一家一郡而已天下爲公之道亦若斯矣

與游振巖州守

陳應芳

頃審編告成上下適均貧富各安其業帖然無有譁者側聞康衢之謠謂茲舉也當事者爲之屢年而不足明府公取諸數月而有餘且是奸弊藪也向屢澄之而不得清今一洗之而徹其底如化工賦物并其情不得遁焉吏鮮伏奸民有甯宇一何神也蓋眞誠任事如老父母昔人謂不忍欺者是已仰服何如顧不佞更有所獻者循良之政須爲地方講求大利害而徐爲興除不激不擾乃爲異等敝州包匾糧久爲民害前聞已三千餘石近又不止三千矣蓋十年大造民間推收奸人上下

其手從中零星埋沒不可究詰年復一年積而至此當事者不得已令廒頭均攤里遞代納故名爲包匾此邇何法哉曩傅后川老先生備兵時曾一查之不數日而得五六百石再需歲時可盡得其要領奈何輒報遷去而五六百石者旋復如故影射矣可爲扼腕然其清查之法可尋也專責各里總書先懸賞罰開自首之門嚴鉤稽之法亦自不難顧力任何如耳然民間又苦竈戶竈戶糧輕而差寡曩黎父母丈田後斷自嘉靖二十七年以前爲祖竈田二十八年以後爲新竈田祖田仍舊新田編差其法甚善乃後大造新者詭而爲舊不可辨

識以故竈門買去民田不啻十分之三四一槩以竈田影射差徭而民愈病矣及至催徵竈戶不赴比較保家多爲包攬起運錢糧每年完不及十分之一存畱錢糧則全逋矣往往取盈於民間是民又代竈完分數而民愈益病矣聞遇例蠲免獨竈戶蒙恩而民不沾惠屢年冊籍可考而知也一或督責嚴切輒駕詞赴愬鹽法而鹽直指不能不右竈而左其民有司付之無可奈何竟成積習牢不可破此兩事者歙州之大利大害也非大破拘攣之議負彊明敢任之才而又本之忠誠懇惻之心流通貫徹宜未易語此雖然豈伊異人任昔人謂執

事事也執事責也門下得無意乎不佞不敢必以此望老父母第不可不存此議論以備採擇之萬一耳如何如何

報里中諸父老

陳應芳

畱京去里門雖不遙然長江天塹何可勞衆父老遠涉而來邪昨承羣然而顧我邸舍也責不肖以桑梓大義不肖甚皇恐愧縣薄何能仰承諸父老之命然諸父老里中斑白不肯即安于家而奔走道塗跋涉江表其愛鄉里甚厚而望不肖最殷也則何敢辭惟不肖之受父書也廩于庠父老輸之幸而一第也兩有坊父老又爲我助喜而迎之此纖毫皆朝廷之恩抑纖毫皆父老之賜也其何敢忘今日之事使隱正賦而損公家徒徇父老之請上欺朝廷下要譽於鄉黨朋友義之所不敢出

也不幸而頻年重災流離轉徙迄無甯止其狀乃不得盡知於當路歎覆盆而泣向隅父老之情亦孔棘矣使主上聞之恐亦動念以吾從大夫之後不體朝廷愛民之意而徒退託以拒父老之請心之所不忍恝也苟可裨於桑梓曾何愛於髮膚念父老控于當路詞或不能達意而又怵於威嚴口逡逡不能道詞謹述父老之旨而著之書以代父老宣言今特傳覽夫以一州百萬生靈當路豈有意棄置之天誘其衷豁然興泰一體之誼爲拯民而出於陷溺猶反手耳惟父老其安意待命焉毋徒自苦爲也

與淩海樓　陳應芳

序事之文詳略有體士民原情備載於前此詳乎其不得不詳者也看詳酌擬總括於後此略乎其不得不略者也如一槩以爲煩宂則士民之情何以上聞翁謂言之詳然後意盡其知之矣至謂荒廢沉沒之田開之不多則減之亦少此事理之必然無疑者不必拘定黃冊誠然誠然惟翁所裁定耳昨閱南河三橋二圖眞可謂百年長策酌道里之遠近計經費之多寡鑿鑿皆經濟實用當事者會有日計必出此也不勝仰服

海陵文徵目次

海陵文徵卷十二

鄉後學夏　荃退庵輯　陳寶晉守吾校

熊兵憲去思碑記

劉宏宇

嘉靖乙卯年倭夷內訌猖獗江淮肅皇帝特簡防海兵憲白川劉公奉璽書節鎮是時倭夷運艘颶風閒直薄我吳陵城公大創畫獮滅之封其骨爲京觀因是里中肖像建祠祀公其繼白川公者亦有名臣其繼尸祀者無白川公也我思城熊公飭兵茲土席安蓋久何嘖嘖復建公祠夫祠議已洊歲乃公以見任令毋干禁典璽卿之召里中齎金購祠地戒勿以聞及公竣事而行士民號泣而隨而未有已也於是遂經紀祠事以去思移不佞碑勒之不佞謂我公已有口碑矣口有碑碑亦有口惟蔡中郎爲郭有道作碑文乃無慙色公今之有道也請以付諸伐石而薦紳而將吏與夫宮牆佩敎者畎畝服耕者闤闠樂業者舟車出途者無不稽首各志所思是固不勝思者雖然以止修思公之學以清正思公之品以一意擔當不阿不阻思公之勁氣以綜事精毖臚分畛埒思公之長才以精神命脈盡注於百萬生靈思公之德政一貞矢日六載焦心目無全牛硎有餘刃公非錢穀兵馬簿書刑名之學也而錢穀兵馬簿書刑

名之事行之無敢隱匿無敢侵占無敢冗蠹無敢盲濫公嘗私謂不佞日某無所效止爲該州罷撤兵之增餉革溢額之侵徵例得歲免銀兩七千有奇爲可卽安而逐强璫驛騷之毒杜越江提問之關自覺爲所難者然公除奸剔弊已自任怨任勞刻骨刻心無毫假貸矣自公爲政宰多賢艮兵罕愒竄市絕吏胥之索野無萑葦之驚妖冶靚飾逢掖蹈渠固是我公磨礪時煎洗殆盡耳我公興學校禮賢儒月會諸士子於安定祠中闡發先天大明宗趣諸凡作用具是止修自謂生平心事事事可言言言可錄如彙刻諸稾問諸衾影可也公錢穀

兵馬簿書刑名之學也歟哉方今命下閱月猶自拮据動卽蠲贖鍰至支費不貲而餘鍰乃貯庫以充軍餉如濬學舍之濠水而繚以長垣置羣公之祭地而垂以會費此亦足以思公矣而里中人曰未也故宦有奠贈矣寒畯有賑卹矣義節有優獎矣掩骼有冢澤及枯骨矣公所少者臨戎血戰之勞紀績凱旋之碣而辛亥秋倭夷哈蘭金等犯我四港口恃公節制得以死戮生擒朝廷爲下恩賞賜勞固知我公甲兵百萬自足掃蕩妖氛以方劉公眞可謂文武兼馳後先相映者顧劉公定戎馬於倥傯我公密紀綱於整頓其經濟又倍蓰過之公行矣有公之祠在又有公之移抄在固不得計管轄之寬嚴謂奉行之難易矣公名尙文字益中號思城江西豐城人以乙酉解元登乙未進士汝中明刑歷刑禮二部尋督八閩學政轉維揚兵憲今內召爲尙寶寺卿

河渠考

劉萬春

海陵水利來自淮泗其自高郵邵伯灌入下鄉者爲下河田土居多而海爲之洩其自灣頭東折者爲上河田土無幾而江爲之洩此其大較也上下河俱爲運鹽故道蓋不獨民田藉其灌溉而鹽場萬艘往來如織實爲國家命脈之所繫云顧海陵雖號爲澤國乎然河腹甚淺易盈易涸聞萬歷二十二年以前鹽官三年一大開一歲一撩淺故因勢利導而飛輓裕如此其成彰之彰明最著者也今則挑濬絕響矣以故一遇暴雨亙畝皆盈若數月不雨而焦原鑠金又赤地千里矣考之府志

謂泰之水自運鹽河東來旱則宜築塞白塔芒稻二河庶無爲運鹽之梗夫非獨爲鹽病也漕運轉輸祇爭此一衣帶水而芒稻河奔江不息丞已決之於上流況潦時少而旱時多其可不爲爾心瀦蓄之計哉余故將上下河并市河三款臚列於左

一下河計水道有三其自新城殿折而東北者爲通場運鹽河經淤溪溱潼鎭西溪巡檢司以抵場下東漸於海鹽場萬艘自串場河裝運直達泰州西壩而止前此鹽官動費金錢歲歲挑挖不爲無見蓋泰形前高後低故州治北有東西二壩所以界限上下則十場轉運惟取給於淮流矣頃自牙橋閉塞則長淮斷脈別無支河可通惟寄命於下河如綫之帶水而已況此緩弱之水又一洩而盡數年以來則陸海揚塵運鹽通津且輪蹄相錯矣蒿目國計者計將安出乎其自新城殿折而直北者爲興泰往來官河經魚行北去十八里爲港口鎭過此則爲港口白矣此澤茫無涯涘似百川灌河平時深不可測雖枯旱水亦以數尺計爲海陵一古蹟云距白之東北者爲董家潭上溪下溪靳家潭數處其水雖竭不竭獨饒秔稻之利至於蓮沼參差菱芡歷亂在旱時亦然此亦一武陵源也過此則寧鄉巡檢司矣迤北

十數里則興化所築長堤一道在焉堤由興化至高郵計延袤百餘里昔以曲防遏泰之流者今則陸海塵飛亦不獲沾泰九里之潤惜哉過此則淩亭閣矣是爲興化之分界高竇之通津世相傳爲海陵溪者其在斯歟自新城殿折而西北者田近膏腴多富人之稼不可以里數計也西北直盡乎泰之樊汊通江都之永安鎭與邗江接壤焉

一上河此河始吳王濞開邗溝自揚州茱萸灣通海陵倉及如皐蟠溪時濞以諸侯擅煮海爲利鑿河通道運海鹽今其故道也攷諸芒稻河未設之先鹽官猶歲募

丁夫日以挑濬爲事嗣後芒稻河設矣湖淮之水洩之於大江雖治河使者日下閉塞之令而地豪貪竹木商販之利盜決如故也山洋河壩之在宜陵鎮者亦有名無實泰州之歲徵看壩夫銀至今不廢而地豪之緣爲姦利者亡從詰也甚至借竹木便民反告官給帖付照公然身充牙儈至私鹽夜行商船徑渡而江都有司不知其有憲禁也山洋河而上其直達下河者一曰赤灘港一曰藏家壩一曰徐家涵子（徐家涵在宜陵西二十里鋪汪洋大河地豪擁爲通津首爲上流害）各據爲利窟而不顧泰之肥瘠也然俱在江都境內者也蓋泰州西界最褊小起自斗門鎮僅僅二

十五里爲海陵賜履地今專以境內言之而潑綽港之通江者已洩之於斗門鎮海子溝之通江者以新鑿一渠又決之於九里溝此不獨憂在鹽漕而憂在農家之水利不獨憂在水利而並憂在風氣矣夫城西負郭居水之上流業已濫觴不可禁止又按父老盧惟寶所條陳一爲壇場西首之通江港徑入寶帶橋口岸大河略無限隔據稱於此通行商販決水入江此尤其遺害之最先者也一爲凌家閘在高橋東坐落夏家橋據稱司啓閉者鬻水爲利若此閘不塞則茫無底止又何怪遠在東偏者不獲沾上流之潤一遇歲旱三農坐困哉夫

日升檄諭看得本州蓋名鳳凰城也鳳頸不可斷而南門外有板橋一河剏自近年非舊設也而頸斷矣從形家言鑿斷鳳頸則風水漏洩人文委靡科第之晨星宦途之垂翅良有以也夫如臯保護風水尚塞泰之牙橋而不顧而泰固任風水之殘破乎云云遂毅然以築塞爲已任徐守又身親相度漏卮者俱實之及臻厥成新堤晏如而知兩公之留心於地方者厚且鉅也爰有雲路孔新坊之建爲徐使君手書以志甘棠云是役也幸賢監司州守主持於上而王鄉紳相說倡議曰塞之便自爲童子時卽聞其王父以亟斷此流爲言非待今日也余曰唯唯遂相與勉成之計畚挿各捐助所費殆不貲云監司鄭公命余萬春作雲路孔新記因敘次市河而記其略於左

外史氏曰龍門氏從負薪宣房悲瓠子之詩歎曰甚矣水之爲利害也而作河渠書泰之河渠蓋難言之矣揚屬賜履非江干則湖濱江干有江之灌溉湖濱有湖之灌溉而泰無是焉泰南不瀕江故獨無蘆洲沙田之利歲旱無從灌溉而江反爲之外洩北不瀕湖故歲旱亦不蒙浸灌之潤及一遇河決而此沮洳下澤又爲飲河之壑焉蓋水利與高寶興化異而受害與高寶興化同

日升檄諭看得本州葢名鳳凰城也鳳頸不可斷而南門外有板橋一河㓦自近年非舊設也而頸斷矣從形家言鑿斷鳳頸則風水漏洩人文委靡科第之晨星宦途之垂翅良有以也夫如皋保護風水尚塞泰之牙橋而不顧而泰固任風水之殘破乎云云遂毅然以築塞爲已任徐守又身親相度漏卮者俱實之及臻厥成新堤晏如而知兩公之留心於地方者厚且鉅也爰有雲路孔新坊之建爲徐使君手書以志甘棠云是役也幸賢監司州守主持於上而王鄉紳相說倡議曰塞之便自爲童子時卽聞其王父以亟斷此流爲言非待今日

也余曰唯唯遂相與勉成之計畚插各捐助所費殆不貲云監司鄭公命余萬春作雲路孔新記因敘次市河而記其略於左

外史氏曰龍門氏從負薪宣房悲瓠子之詩歎曰甚矣水之爲利害也而作河渠書泰之河渠葢難言之矣揚屬賜履非江干則湖濱江干有江之灌溉湖濱有湖之灌溉而泰無是焉泰南不瀕江故獨無蘆洲沙田之利歲旱無從灌溉而江反爲之外洩北不瀕湖故歲旱亦不蒙浸灌之潤及一遇河決而此沮洳下澤又爲飲河之壑焉葢水利與高寶興化異而受害與高寶興化同然自昔苦水而今日苦旱又無歲不苦旱平時不求水利而疏鑿不施瀦滙無術及其旱也揚之水不流束薪夫旣已中乾矣遠不具論乃密邇負郭而處處爲之濫觴莫爲隄塞雖欲與桔槔爭能而求戽灌其可得乎泰之河渠信難言之哉

泰州志序崇禎六年　劉萬春

昔周官小史志邦國外史志四方而又有土訓誦訓之屬郡乘邑志所從來矣弇州氏亦云一代缺而一代之跡泯如也一郡邑缺而郡邑之跡泯如也海陵古志斷簡僅存嗣是則有甲辰癸亥二志前志操觚者頗簡陋從事第失之固耳後志或謂其錯雜不馴出入失當且如楚人之談彀溷越人之譚卭笮百不得一焉是奚足傳信乎哉竊謂郡縣有乘倣國之有史史經館閣宏裁備一朝大政志則文獻之枯菀閭閻之瘠阜錢穀之登歉河渠之遷革累禩之民風土俗自爲一古今設猥以

吮毫伸紙汗青副墨之業而委之孤雲逸客野鶴山癯雅非身履目擊之人復恣乞米受金之態聽其自抒胸臆任情顛倒傳信之謂何史之大綱先在不虛媺泰爲王心齋先生倡明理學之鄉後來郁中學究方伎雜流動相慕倣聚講升堂吠影吠聲遂一概目爲理學如舊志所載崔殷梅月數輩不知其爲何許人皆盲叔敖之衣冠或竊孔林之俎豆猶憶鄉前輩劉念陽先生造余謂過情失實無甚於此此斷當折以大義亟爲駁正者余韙之又如循良傳所漏遺者傅後川兵憲之經濟傳在名臣劉彬庵州守之仁廉得於覩記今特表而出之借光簡編以補闕略亦一快事也藝文志寥寥數篇幾如嚼蠟至於李本甯太史修學記雄長詞壇林子仁先生誌銘屬唐荊川鉅筆吉祥殿碑記爲宋學士陸游名篇華公湘正歷元一疏遂爲後世言歷之祖此等龍象人物蝌蚪藝文應不易落於人間今搜得與之流通又一快事也甚如吾泰土瘠而民貧去州治數百武而北率沮洳大壑其郁落蕭條其手足胼胝其面目黧黑經轉盼已非惡在如枚叔所云東山之府海陵之倉先是年水火耕耨强半委之陽侯不則流金百里原田滄海陳僕少有敬止集著爲圖說談利病如剝膚此而不載

其何以使官茲土者留意於河渠恫然思維遷革之故乎又如民間爲竈里包賠錢糧最一秕政昔之賢明監司仁廉州守汲汲以民竈分徵請命當路僅能得之而後之不肖有司輒居竈糧數千之羨金爲奇貨猾胥利於包賠用此爲餌仍請合徵而良法遂罷今志攷具在不可不三復於斯也泰雖不腆澤國是昔韓范二公相繼過化茲土各有惠政高山景行豈槩異人後來者當不竊竊然望二公淇滓拜其北面矣如皐爲屬邑仍分系各類之後甯核毋濫焉爾他如綸音壽序與帳飲祖道之篇宅志或有存者然於郡乘猶馬牛其風悉置不

錄借曰史在不虛嫰不隱惡夫虛嫰所不敢出也乃居
邦有不非之義吾甯存厚道云

舊業堂集序

劉萬春

世廟時天子以威靈在御一時交戟之臣多以言得辠重則誅死輕亦杖謫士氣鬱結者若而年尋用嗣皇登極恩召還先朝遺直賁翹車之使醒滄江之夢士氣鬱結者稍以伸我郡淩海樓先生其最著者也先生以一逘灝然之氣冠惠文事嚴主權貴不畏雷霆不避竟以斥乘輿批逆鱗幾濱九死以俟河清迨再立朝端剛心獻識殺於楝柱天下方想望丰采希先生大用而柄臣尼之閶闔九重幽蔀難以盡通此亦古今之至鬱也先生歸則避居西墅絕不齒公府事而宅心忠厚然必發之正直爲鄉閭所倚重有大臣風節尤好延攬士人相與揚扢風雅故吟詠甚富今讀其集中諸詩或以婉約或以鉅麗或以勁直或以駘蕩凡盛唐諸法靡不兼之昔人評二謝詩獨謂池塘澄江之句匪復學問中來葢其妙處在於鼻無堊目無膜爾鼻無堊斤將曷運目無膜篦將安施非所謂天機駿逸絕不落人世蹊徑者歟蘇文忠公有言天下之所少者非才也氣也夫古今才人其虎變猷擾龍見鳥瀾葢亦不可量數矣若其補天浴日旋乾轉坤皆氣爲之士而無氣如曹蜍李志氣息厭厭直無當於比數耳詩文小技實覘大用吾於先生

亦云會沖上纘服俯採廷臣議將肇舉易名之典吾郡例有請謚一揭僉授簡以屬不佞不佞亟引先生大義以質之而名額有制吾州自心齋東城兩君子而外不能鼎峙而三無從表章先生也及再出一揭則先生巋然首列而蔽以忠肝蓋世之一言以聽司金匱石室者採焉乃說者以先生歿世久尚未易名與祠鄉爲慽嗚呼先朝有媚權希寵顯榮畢世之大臣而獨以身後謚法爲憂至得文正一語遂伏牀頓首以謝亦有變法亂國恩不容於名教而覥覥配享欲割孔林片席以血食若敖氏之餒魂此夫欲蓋而彌章與於頑鈍之甚者也

是惡足爲先生慽乎適聞公孫將刻其遺詩合諫草問世圖所以不朽先生者余素私淑先生而猶恨此舉之需至今日也遂削數語附書郵歸以趣成之

陳蘭臺先生崇祀錄序

劉萬春

自功名利祿之習熏灼於人心而世少撐天立地之士多依傍門戶隨時局爲頫仰卒也奉其道德節義一擲以殉之守道守官置不問矣神廟時我郡有冏貳蘭臺陳公者起家制科事業人品爲海內第一立朝矜砥氣節不肯舍所學以從人其官祠部時以銓郎侵職掌上書劾奏出爲郡丞皇祖督其忠尋擢爲學憲數遷爲清卿亡何再以臺諫侵職掌又上書劾奏請假歸皇祖督其忠後仍起爲太僕而公不及待賜環以歿歐陽文忠公嘗謂范文正爲政所至民皆立祠畫像則不待公之

歿與後世其生固已神明之矣聞金華暨龍泉皆秩祀公名宦而泉邑有專祠踞濟川橋之上歲久水漲橋圮邑人相與飭新宮而遷之此余聞之浉紳者度棠陰已數十年矣公能邀後福於歿世之人心乎公不侈慕講學之名不假竊道學之號要之於規矩準繩倫常物理尺尺寸寸不少踰越嘗視學兩浙則又嚴設條約身範物先令見者矻然泰山喬嶽生仰止之心其於蘇湖一脈不惟講說之亦既允蹈之矣雖然公所爲迴瀾砥柱稱純德不二心之臣者不在此也皇祖末年以來士風朝論大抵數年一變所繇畸重之權必趨之勢蓋亦可

徐氏族譜序

徐　耀

余嘗三復虞書而深有慼於敦睦之義也是道也帝王猶或先之況於臣庶乎乃世之降也族姓且有不知又何以求敦睦余謂睦族莫先於立族夫族以言乎其衆也人衆則不能無生釁雜又不能無滋鍥薄故貴使其合者分如立苗之鋤非種決瀆之疏細流是也又務使其疎者親如葛藟之庇其本根蔦蘿之施於松柏是也然總之不離本實者近是余有志斯道久矣但吾宗十世以前若存若亡靡可得而紀自茂盛公由姑蘇徙泰州東村乃頗著然相傳公以忠厚古樸創業子孫能世

守愨誠以故後乃寖昌而椒聊蕃衍至不可數則力本明農之可以延世也美哉始基之矣年來勤勞王事多有未逮丁丑奉命于役浙藩涼曹稍暇因取曾伯祖所抝族譜厓略詳核詮訂命記室綴而輯之前徵後述於是焉在備成一家千秋之業其中尚多闕略惟期後人集腋積鑛無遁吾祖德耳於是攜稾入都迨過里門而族子咸在焉有稱諸父者若而人有爲昆弟者若而人又有爲子姓者若而人某因起執爵前爲壽而言曰吾祖若宗世懋實德故子孫繩繩至有今日某亦幸在此位顧不肖涼德薄糈無以報我先人亦無以爲伯叔昆

徐氏族譜序

徐　耀

余嘗三復虞書而深有慼於敦睦之義也是道也帝王猶或先之況於臣庶乎乃世之降也族姓且有不知又何以求敦睦余謂睦族莫先於立族夫族以言乎其衆也人衆則不能無生釁雜又不能無滋鍥薄故貴使其合者分如立苗之鋤非種決瀆之疏細流是也又務使其疎者親如葛藟之庇其本根蔦蘿之施於松柏是也然總之不離本實者近是余有志斯道久矣但吾宗十世以前若存若亡靡可得而紀自茂盛公由姑蘇徙泰州東村乃頗著然相傳公以忠厚古樸創業子孫能世

海陵文徵　卷十二　十七

守愨誠以故後乃寖昌而椒聊蕃衍至不可數則力本明農之可以延世也美哉始基之矣年來勤勞王事多有未逮丁丑奉命于役浙藩涼曹稍暇因取曾伯祖所抝族譜厓略詳核詮訂命記室綴而輯之前徵後述於是焉在備成一家千秋之業其中尚多闕略惟期後人集腋積鑛無遁吾祖德耳於是攜稾入都迨過里門而族子咸在焉有稱諸父者若而人有爲昆弟者若而人又有爲子姓者若而人某因起執爵前爲壽而言曰吾祖若宗世懋實德故子孫繩繩至有今日某亦幸在此位顧不肖涼德薄糈無以報我先人亦無以爲伯叔昆

季祭炙費惟願自今以往各祗祗兢兢世守吾祖宗樸茂遺意止問若何孝友若何睦婣若何任卹期毋卽匪彝於躬毋作不善於家毋多行不義於國有一於此董狐將執簡而進之矣檮杌具在尚其愼旃以無負先人之明德於是族屬執斝以酬曰唯唯敬受敎今者士食舊德之名氏農服先疇之畎畝言念古者寤寐思之其誰敢負明命而以規爲塡是爲序

李孝子墓誌銘　　徐燿

李祜字守業號成宇州之三塘人也少讀書性至孝萬歷丙申冬父小橋忽搆癇疾百藥罔效祜齋沐告神求以身代乃引刀割左乳下一臠烹以進遂甦迨辛亥秋母王氏病厥祜日夜號泣嘗所遺以辨起色仍以報父者報母割左臂一臠以奉又甦當道聞而異之榮以冠服旌以綽楔歲給粟帛俾郡乘誌名實以爲孝友風于是人人稱三塘李孝子云

淮南中十場志序　　王相説

畫天下鹾運而六之兩淮處其中畫兩淮鹾政而三之海陵處其中畫海陵鹾地而十之則東臺處其中焉故分政於海陵者其署在東臺今姑蔑徐公實爲之牧以十場之未志也而志之語具所爲序中旣竣事乃魏生公輔走書過余而問所以序焉其言曰徐公之爲政三年矣百廢具舉罔弗飭於度而協於中其大者在屏絶一切若昔之附益常賦而陰歛之者公旣以酌水懸魚自勵於是亭戶之淳頑行政之緩急咸獨裁於心文第布之賦不失額而民不病肆初有奸儈藉訟以蔓及閫閾者公輙屏不省兩造質成或不能舉其要要在示誡而已不爲猛也曰嗟今之民愁苦甚矣奈之何其又淫薪束之也閒則以兩河苦澀亟請疏之諸祠失葺亟爲鳩之以時按部則又申明比閭族黨之誼肅將祖訓而孳孳焉爲之條誡雖公職專催科而居然撫字矣雖古之循吏何加焉茲亭戶之別業畝畝而名藉州邑者屢請諸臺使者願就公輸賦昔則畏而跳去棄本業而靡恤今顧睠而就之强所非屬而附離焉則公之爲政可知已諸場謂公績可紀將圖所以不朽則辟謝弗皇而王生則謂十場故無志籍錯出於郡乘雅多闕略宰場

者或不及睹胡以示之觀哉公謂是吾責也乃并以屬公輔今幸藉手告成事願一言引其端余初謝不敏曰郡有之矣彼要此詳則諸君子多矣余何容贅生復爲書請曰今軍國之餉强半資於鹽筴兩淮於海不足當一襟帶而逼處六轉運之中以賦之無藝日夕不支而虞有他此其勢豈特寢處積薪而厝之火哉徐公分政適丁其中之中將式於境而是則是傚由此其推矣毋甯俾海堧一席地猶可安枕也先生之閥閱相望而洽比其鄰甯無賴焉其以辭也先生毋讓余不獲諉乃受而卒業爰述魏生之論如此若志之寓託始而嚴裁覈則公與生旣辨之矣

覆鄧鹽臺　王相說

老公祖有見於竈苦商困此眞課逋之本而實弊隱之標也蓋竈皆自苦商皆自困耳譬如士子進文場多攜童僕護持護持之術愈工而擠雜之勢愈盛愈欲前而愈不得前使責鹽者如其應出之額支鹽者如其應入之額則利且不可勝用何困何苦哉然此入骨之病已不可除去其太甚在老公祖料自了了謬蒙下詢敢諱迂疎謹率筆數言唯祖臺笑而置之

海陵文徵　卷十二　三二

奏疏　宮繼蘭

臣濱海豎儒愚昧寡識每念民窮乃致盜起盜起乃至徵兵徵兵乃至抽餉抽餉乃至增額蓋至額愈增民愈困挺急走險如循環然上煩聖明宵旰憂勤臣子之罪不容于死臣河差告竣叨擢兗州計兗二十七州縣抵任時有來見者靡不攢眉泣告謂百姓流亡田地荒蕪租賦無從辦納臣始疑其借端飾卸嗣因病劇伏枕展轉思維一路目擊光景與科臣范淑泰臣鄉荒旱異常臣邑人民殆盡一疏猶有形容未盡者臣隨備行各屬察明原額人丁若干實在存留若干原額地畝若干實在墾熟若干具揭申報臣猶恐虛捏不眞復檄鄰屬印官互相糾察取有不致扶同甘結在案大約哀多益寡除死亡逃絕外人丁存留者十不及三截長補短除遺棄拋荒外田畝開墾者十不及二業經具數申報目今京邊告匱急若燃眉敢望蠲免然民生殄瘁誰任輸將田卒汙萊甯餘粒粒際此必欲取盈舊額竊恐煢煢孑遺救死不贍勢不能禁其轉徙轉徙而飢死情極堪憐猶可言也轉徙而不甘飢死嘯聚逞兇益滋多事與其敺民爲盜無補積逋何如審勢因時暫從寬緩伏懇皇上軫念災黎垂憐重地勑下部議據實覈酌就見在戶

海陵文徵　卷十二　三三

繪事微言自序

唐志契

蓋繪事小事也然鑿帝而通天地之德象形而類萬物之情噫微矣亦復鉅矣哉非周覽博古惡足與言之宣和譜云精神取於阿堵從非議論所能及澄叟曰史皇蝌蚪原以言不能紀而紀之於畫今子反以畫不能顯而欲歸之於言將毋難言之言而言之乎誠欲言難言之言則匪微言胡得焉予家世業儒儒事之餘旁及繪事自垂髫至今已非朝夕而無奈潦倒圜屋壯懷漸灰覺古來才逈高尚者得趣無過於茲則遂成癖子矣嘗自書小像云半生全力圖書耗三世微貲石塊消葢漫擬愛石不減米顛而繪事以不學而能恍恍猶之前身是畫師耳顛毛日星疎野日甚而點墨染素日拙特緣讀禮有暇遂述生平心手閒窺見一班者妄成數言並刪集古今廿六種畫史與夫名人語錄編成一書名曰微言時客有持儒事相商者詔予曰子何經心於不切要之務爲予莞爾曰畫妙天下總屬閑情豈不爲奔馳名利者所嗤笑但名利笑我我亦笑名利予既不言名利則安得禁子言繪事客不覺瞿然亦從吾所好

繪事微言自序　唐志契
蓋繪事小事也然鑿帝而通天地之德象形而類萬物之情噫微矣亦復鉅矣哉非周覽博古惡足與言之宣和譜云精神取於阿堵從非議論所能及澄叟曰史皇蝌蚪原以言不能紀而紀之於畫今子反以畫不能顯而欲歸之於言將毋難言之言而言之乎誠欲言難言之言則匪微言胡得焉予家世業儒儒事之餘旁及繪事自垂髫至今已非朝夕而無奈潦倒圜屋壯懷漸灰覺古來才逈高尚者得趣無過於茲則遂成癖子矣嘗自書小像云半生全力圖書耗三世微貲石塊消葢漫擬愛石不減米顛而繪事以不學而能恍恍猶之前身是畫師耳顛毛日星疎野日甚而點墨染素日拙特緣讀禮有暇遂述生平心手閒窺見一班者妄成數言並刪集古今廿六種畫史與夫名人語錄編成一書名曰微言時客有持儒事相商者詔予曰子何經心於不切要之務爲予莞爾曰畫妙天下總屬閑情豈不爲奔馳名利者所嗤笑但名利笑我我亦笑名利予既不言名利則安得禁子言繪事客不覺瞿然亦從吾所好
海陵文徵　卷十二　二三五

請停加鳳米疏 崇禎十一年　繆欽

南直隸揚州府泰州等州縣里長繆欽等奏爲泣懇聖恩停減鳳米以安衝疲要地以救數十萬生靈事切爲揚州府屬爲國家咽喉要地水旱兵荒七年於此而高郵泰州興化寶應受害尤甚蓋揚屬南枕大江獨四州居其下流勢如建瓴西連淮泗北帶黄河東濱大海所稱汙下瘠駁之區也欽等所居之屋所種之田一堤之外與蛇龍爭窟而處崇禎四年建義等口堤決興化盡沈水底高寶泰田土一望巨浸三歷年所向非我皇上慨允災民徐瑞等之請立勅修築欽等久被溺死又地

形前高後底稍水則江儀等縣盡以爲壑稍旱則尾閭所注立洩溯海以故四年至七年無不苦水八年苦旱九年又苦水十年又苦旱即今歲以四月離家又赤地千里蝗蝻叢生矣向非我皇上歷允災民揚元等之請立議蠲折則欽等久被餓死歷年流寇垂涎揚城戰守軍需屬邑敢不黽勉且水陸輸輓鳳米之後又加鳳米徵比之苦莫保妻子降罰之累上逮有司以致累死里長陳遵黄九龍等七十餘命里長韓陳姜等至今遣戍遐方其他剜肉醫瘡罄竹莫書萬歷年間南京巡倉陳御史痛悉此弊具疏積災郡邑賦重民疲等情奉旨停徵高興寶三州縣仍照舊原額獨泰州於原額外尚溢徵七千六百餘石彼時亦姑承認再俟呼籲迄今五十餘年頂戴國恩殫力勉輸惟以四方多事不敢求減今乃一旦議徵或亦未悉欽等李代桃僵之苦有如此耳據其大指謂足軍糈夫計缺額之糈必問全額之軍今日軍額安在即云湊募兵勇夫既用之募新兵則非需以養額軍可知矣何幸我皇上天日照臨特於部覆撫按之疏惠頒軍民兩便之旨百萬生靈一綫實係於此夫即請徵此米不需以養軍則今停徵此米必無不便於軍又可知矣或者曰議復非以議增豈今日之民力

顧絀於昔日之民力又或者曰今日因糧溢地何者不事權宜然正從實糧實地起科不累窮民盡繇孔道而白馬射陽等湖劫掠蠢蠢欽等日派牽挽夜輪護送較他屬尤苦向非我皇上赫然命師剋期勦堵則欽等即未被賊殺死亦久被賊累死此正如尪羸之人强支重擔稍爲減輕將來猶望撐持再一加益並前擔亦盡委仆矣乃南倉張主事頃有復徵久停鳳米之請聞命之日老幼驚慌進退無路已復竊念年來水旱盜賊皆荷我皇上大德生全乃延今日堯舜在上何幽不燭何傷不軫萬不得已三千里跋涉上叩九閽萬一邀聖恩浩

蕩而生猶愈於承加額敲朴而死也敢以四州縣鳳米加額顛末爲皇上陳之鳳陽倉米舊額高郵州壹千陸百壹拾叁石零泰州貳千貳百捌拾肆石零興化縣陸千壹百柒拾石零寶應縣貳千陸百壹拾石零歷年徵解止此耳嘉靖二十七年江南蘇州府偶值凶歉奚將彼地應解鳳米貳萬捌千餘石飛派高泰興寶四州縣而嶔等破身家累子孫之慘害始此矣嗟嗟沮洳水鄉膏血幾何漕米之外又徵鳳米也我皇上一則曰暫累一年再則曰姑徵一半猶惻然其不甯焉嶔等代人輸糧無田虛派歲供其見徵之半已屬偏枯併索以久停

之半將見立斃此其便不便之分數當有惻然於皇衷者伏乞聖明俯念鳳米原係飛派災苦委屬頻仍鑒此實情徑行兪免抑或以撫按見此酌畫併乞勅下查議照前停徵又臣等草野愚民泣陳災苦不識忌諱字稍逾額統惟聖恩垂照施行嶔等匍匐言懇瞻望天恩不勝戰慄激切之至

河渠論

宮偉鏐

泰城內市河三支一中市河一東市河一西市河卽李公駿所開西河此三河風氣所關居民浥注之資亦南北運行之便也先年開通至崇正丙寅丁卯而湮沒幾不可問皆緣南北二關腳夫倡言水關不可開開或多盜以至歲久淤塞若是則城門亦將重閉而後無事乎蓋河開則人物裝載小艇輕移河塞則凡水草貨物盤運腳夫得以索重價此輩之利居民之不利也來兵備陽伯在事廉知其實令在必行數十年苟合之地頓還舊觀惠莫大焉此河旣開南北二水關當依舊例以時

早夜啓閉庶開者不致復塞而諸美備焉三河川流而橫亙其中者爲玉帶河在察院與州治形家以爲玉帶橫腰在道治與學宮形家以爲水纏元武而迤西居民亦若是當年開市河元知玉帶河當開而開止東一半彼時爲黃公宛懷書室所妨然非黃公意也劉大參舊志謂城內市河南北徑直無瀠洄之意惟舊蹟所謂玉帶河者東自太河橋入八字橋從經武橋而出今八字橋東止於淤塞而八字橋西古河舊蹟地形卑窪者皆是實爲泰之人文風氣攸關宋查周之盛多此焉出匪獨形家言也故首志云

錢糧論

宮偉鏐

泰郡自黎公均田分列金銀銅鐵使貧困之民免徵無田之賦奸豪之民難隱無賦之田其間沃瘠滄桑之變固與河渠海口相表裏非夫法之有未善也而有未盡者泰以折畝爲例者也他郡邑折畝者比比是而吾泰先年易知一單必備列每石徵銀細數庶小民得以遍知自細數不開奸欺百出方州牧是以有浮票之設今以全書爲定所有里民封納簡明則例附載於書庶一見遍知無所遁於單之內矣至金銀銅鐵各有都圖地界今去其籍間有存者必須再爲刊布尤必以某鄉係

某都某圖注於均田錄之後則高下較然此更爲與均田錄相發明也而其間有最不可解者譬如某鄉某則每畝正糧幾升幾合外又派帶繆糧幾合幾勺此劉大參論稅糧推本陳太僕諸論而有繆糧代輪積累之說也又如鳳糧之說陳太僕痛切言之實因嘉靖三十年閒江南省屬凶荒將應納鳳陽糧米五萬四千石派本府各屬承辦以待豐年歸復本州派米一萬九千八百九十六石九斗三升逐年賠解累死廒遞陳遵黃九龍等七十餘命萬歷二十一年巡按高公具題減免一半尙遺九千九百四十八石逐年徵解鳳陽戶部分司接此原屬權宜一時今遂久而不還豈當年凶荒地界至今尙未復邪此所亟宜歸復者也又如正兌改兌之說揚屬十州縣原額糧米共計二十一萬八千九百有零每年額設起運正兌米六萬石改兌米三萬七千石如泰州秋糧五萬六千三百石以數計之當一府總糧四分之一以兌運言之該派正兌一萬五千之多自嘉靖三十年後驟加泰州正兌米二萬九千六十一石不知何故再三通算始知爲興化盡行改兌若泰州盡坐正兌興化起運三萬有奇俱係改兌泰州起運四萬以上俱係正兌計每年二八輕齎泰州比興化多派至三千

八百餘兩此陳太僕所以大聲疾呼旣具申各當事又於敬止集中詳切言之也今雖往事前人苦心不可不存留心民瘼者執成憲而問之其何說之辭至於水腳爲起解而設存留者無之例應分別而泰自海口不開頻年被水患蒙蠲蒙賑不一而足蠲賑於被災之後又必疏瀹於未災之先治於後者止以爲民治於先者乃以爲國此非創舉也舊志淩陳二公碑文蹟事班班可考前人任怨任勞力排浮議爲州民奠奕世安全坐令阻塞盡毀成功州民被切骨之害而莫之省憂究與國兩妨顧當事力行何如耳此又所謂沃瘠滄桑與河渠

海口相表裏者也

五米五銀議　宮偉鏐

前人立法必不留後人可加之端其謂法有未盡不得不加皆罔上行私之爲也使罔上行私而一加遂已焉吾復何責其意謂不有此一加則前人立法如泰山不可撓而吾私何自而入故有一加而再加三加始可因緣而起諸奸所利者勢必再加三加猶未厭而必以一加爲有閒甚矣前人立法之不可輕變也五米五銀各省直或有或無或少或多或在額內或在額外在泰言泰則童而習之無此名色也蓋上之人爲運軍計至周篤有屯田有運費立法甚厚一切名色已包舉於屯田運費中必不貽運軍不足之患自五米五銀之名立行之一二年浸假至十米十銀又一二年浸假至二十米二十銀矣至是始歸咎十米十銀二十米二十銀之厲而不知方五米五銀時識者早知有此患矣今欲一切報罷非不甚善無已姑就目前所奉刊立木榜懸示者五米五銀外分毫不許增益奉上法甦民困以稍稍厭服諸奸之心是亦不可以已乎而動則曰運軍跳梁噫未有五米五銀不過如是跳梁也既有五米五銀而跳梁不稍殺則何故其弊不在運軍實經承奸里串同使然也此其要著在實使軍民不相見不相見則彼雖跳

梁不見不聞無窮矣久且無所用其跳梁矣此五米五
銀初時所議也行之數年弊復生弊動曰跳梁則使軍
民得相見者誰乎故曰經承奸里串同使然也誠知運
軍跳梁經承敎之則以責任付經承而懸重法議其後
運軍跳梁息矣否則猶之瓜儀脑夫究竟一加再加分
毫於脑夫無益也

易知單議　宮偉鏐

易知單在泰爲難知單矣何則泰州有官民田地之名
無官民田地之實自黎公均攤土分輕重田五等曰金
銀銅鐵鉛各有歷科實係人丁民竈米麥豆桑起編丁
地起存本折漕鳳錢糧俱刊全書之内所以當年易知
單必開列應納細數每米一石該漕米若干該兵鳳徐
淮米若干該銀若干每麥一石該銀若干每豆一石該
銀若干每丁該銀若干其餘諸款項又必顯明彰著爲
畫然之論務令小人得以週知比年以來但開人丁米
麥豆桑總數每畝起科而細數不開因而奸里蠹胥積

書簖重簖輕無從究詰而易知單久已爲難知單矣康
熙己酉庚戌間州牧方公博采輿情開列應納細數設
爲浮票此患稍息但宜申飭人給一單即給一票單有
未悉票無隱情此泰州易知單從來利弊之大端也乃
今於十一年春所見大有異焉何異爾則以有流抵之
故有流抵則奸輩欲盡數吞肥分毫不與小民沾惠之
故七八九十四年節奏蠲災不等其已征未征已解未
解奏文淸算流抵約略總數硃簿與納簿存票不對納
簿存票不對則硃簿不可爲憑知硃簿從來不可憑必
依納簿存票而民始得沾實惠而奸里蠹胥積書者流

動日數自上司派發夫上司安得而知今必當事者著落七八九十四年催頭將各納戶納簿存票彙齊清算而流抵數目始眞流抵數目眞而易知單始可無誤此一弊也雜辦銀藩司扣數合將已征在庫未解之銀作數流抵而此銀久爲奸蠹侵用輒稱原款民欠追補嗟乎雜辦眞有民欠乎民欠可追以補雜辦乎此又一弊也七年溢銀若干流抵八年八年溢銀流抵九年九年溢銀流抵十年至十年溢銀既因硃簿不對納簿存票虧數又扣雜辦若干兩虧而又虧爲數無幾不及十分一二今又突稱無款可抵相應給還災民何處給還何

人給還此又一弊也且所謂民欠者係除蠲免外完未及額之銀今將奉蠲之先溢完之數抵足未完合將未完追抵溢數流抵下年非别項所可支銷此易明也民欠之不可支銷此一說也且不特此也七八九十四年溢銀即十一年正項錢糧也七年兵米久已征完輒敢詳稱動支八年溢銀買解唬船修造例於報數時正額開銷輒敢詳稱動支溢銀應解弊中之弊不一而足始知前稱無款可抵相應給還災民乃是如此給如此還如此而後爲有款可抵也日下兵米唬船二事已奉上駁其詳與駁一切不與里民得知計如此不與里民得知之事一年中又不知幾何也溢銀之不可動用此又一說也此皆專指十一年所見言也昨見高寶各州縣將易知單貼之通衢獨泰州從來深藏閟固人莫得而窺非慮窺見則民受其利誠以有此諸弊慮種種根究大不便於作奸犯科之輩也去前所列硃簿雜辦給還災民之三大弊正目前偶爾敗露兵米唬船二事弊中之弊又知民欠之不可支銷溢銀之不可動用而因二事以例其餘爲畫然之論以防其後庶十一年分邀惠於上者涓滴皆恩矣其十一年後庶其有瘳乎至泰州全書有官民田地之名無官民田地之實最易朦混作

奸與各州縣不同若欲更張誠恐滋弊必於易知單內開列細數則前任方公浮票之設亦其大端其餘諸款項又必顯明彰著爲畫然之論民始易知在上焉者充類而力行之耳

水災六議　宮偉鏐

為洪水浸沒州城饑民謀生無策急陳救荒首務通行以安地方事一請速委公廉以鎮地方本州人情洶洶有同鼎沸水鄉狂逞嘯聚時聞小舟萑苻漸薄城邑保釐彈壓全賴署官須得風力正印朝夕受事以安人心一請酌定時價以便貿易凡有穀之家照常出糶牙人不得從中射利抬價剋價致起爭端務使交易公平各從民便仍即給示發州穀價勅照府城早晚隨時長落如有故昂强買等情立行法究一請發賑稻以濟孤寒上年本州報災荷蒙督院發稻一千三百六十石分賑

泰州現貯官倉未經發賑凶年得此可活多人合無檄行該州著令經承羅應舉先將此項發出交付委官賑恤四民之無告者備造清冊繳報再具詳請慨發公帑以備秋冬煮賑并檄本州印官勸諭紳士商民量力捐輸共襄義舉但能實心周恤勿吝給扁旌揚一請給明示以通販賣本州積歲無收全賴豐稔地方客船往來可資糶糴無奈東西兩路截船强買不容入城商賈視為畏途州民幾處絕地務給嚴示張挂各鎮市口凡遇稻麥等船聽憑赴州發賣如有地棍攔阻許稟該管衙門立行重處一請速開海口以洩水患竊照河垛東臺白駒丁溪草堰五場各有海口及今不開餔底瀦水何由宣洩不但棲身無地將來佈種何期通勅興泰印官親臨開導旦夕成工雖恐人力浩繁實救災首務一請示息訟以杜擾害州民連遭水患謀食謀居救死不暇詎有凶年多事借訟為營以致地方擾攘合無俯恤災荒嚴示息訟以儆刁頑以上六款仰候臺裁

瓜儀牐夫議　　宮偉鏐

一瓜儀牐夫載在全書瓜洲牐夫五十二名儀真牐夫八十名每名每年給工食銀七兩二錢出自本州條鞭款內額徵銀九百五十兩四錢解交河庫給散應役其來舊矣突於順治壬辰間夫頭朋比作奸勒里民自募以至額外私加一倍及至十八年閒夫頭復串奸里又增一倍每名每年工食加至二十兩至歲加銀一千六百八十九兩六錢而牐夫閧鬧如故則當問當日所謂朋比串同者何人則經承奸里之所爲也據稱此項費用極多牐夫所得無幾情弊昭然矣但此皆九年後所

加一人爲之護持因而專利奸里經承且受其籠絡無甚實惠波及牐夫明矣今其人焉往而牐夫猶然閧鬧則經承與奸里謬欲以此肥己囊以至牐夫控告差提纍纍無虛日仍借里民自募爲名勒以不得不加之勢不知元是奸里朋比串同自控自名自提白身特借牐夫爲門面又云經承現蒙收禁誰爲收之又誰爲禁之卽經承朋比串同自收而自禁蓋此輩所欲有甚於此也嗟乎經承作奸上司所知而奸里作弊則上司所不知也今護持者已物故則是天之報施甚速此輩應喜色相告今而後莫予毒也已乃不自悔禍欲相繼專此不義之利可不謂愚謬之極哉目今民困甚百凡望居高者痛除前弊而瓜儀牐夫其一端也五米五銀諸款項可類推焉

社稷壇記　　宮偉鏐

泰志社稷壇在州治北門外西北五里洪武二十三年知州陳宗建舊正門北向今南向者後門也後門進有影牆祀神俱南向拜蓋以神在北向也先有神廚庫宰牲宿齋房各三間今廢予按宋志紹定元年守陳垓將以久雨禱於社甫涓日草祝文而晴遂不果陳侯嘗令興化禱水旱必在社皆遂應義正詞直神不得而辭其責云予又按癸酉志書今廢者謂神廚庫宰牲宿齋房各三間歲久傾圮不存故書曰今廢非謂壇壝可廢也康熙甲辰乙巳間不知何人建都天廟其上廟祀都天可也乃卽於壇壝之上志所謂正門北向後門南向者有無妨礙否乎夫社稷大祀也任人之譸張爲幻而莫之省憂若此其他侵牟僭越可知何惑乎水土不平百穀不殖此司風敎者之事敬書其略以俟釐正焉

山川壇記　　宮偉鏐

泰志山川壇兼祀風雲雷雨壇在州治南門外四里洪武六年知縣史遇林建二十三年知州陳宗修南向予按鄉先正仝英東軒雜記云圖山在大江之南屬江陰州然泰州與江陰相值圖山出雲泰州未嘗不雨如他方雲起山雲不接雨終散也英以此山地脈與泰州接連古人望祀之典當舉也附識於此

形勝盛衰關係秩官人物記　宮偉鏐

郡先達大中丞李公順衡精形勝之論鄔驥山其共事者而泰郡有桑華萍西洋人則兵備來陽伯公復延至來公蓋爲泰形勝延也先時大參劉公忠孚屢以市河請當道置若罔聞一二百年前人因循墮壞之要務至來公始毅然從事於其間來公賢矣哉歲久占越官民混淆賴公恩威竝用卒底於成是科丁卯鄉薦二人紀孝廉廷薦劉孝廉懋賢戊辰會榜一人徐都憲燿官是地者來公陞河南廉使旋陞山西方伯州牧李公自滋陞戶曹蓋已事之彰彰者也比鄭公二陽爲兵備徐公

日升爲州牧萬公濯爲學博劉公復以形勝請修復則今之尊經閣望海樓南山寺塔鐘鼓二樓光孝禪院諸處悉無不坡起岡縈風迴水聚生其時者不覺今屈指計之丁丑會榜家大夫儲年伯堪二人己卯則田毓蕙而余亦副車庚辰會試徐公燿以都垣分闈黃公太元自戶曹陞儀郎提調會試長安士夫莫不謂吾泰一時之盛徐壽以館卿陞僉院黃陞監司壬午余與季師來之兪同年鐸三人癸未余叨一第此後亦遂繩繩繼繼不絕而兵備鄭公陞安撫黃公家瑞陞鹽撫州牧徐公陞戶曹學博萬公陞國學壽陞戶曹當其時士服詩書之訓民安樂利之遺商賈鶩趨財貨輧集陵暴不作忭亂無聞三時順成百穀蕃植親族有酒醴之洽門巷起逋賦之呼致足樂也厥後兵備王公爾祿周公亮工尙游陟亞卿州牧劉公孔中亦擢監司去學博褚公承愚錢公化洪俱遷大令不可謂非數十年來元氣培護蘊崇之所致也最關係者爲望海樓始於破敗中於傾頹終於鼠竊狗偷無一存者此時兵備不駐泰知泰者卽如鍾公人鏡田公作澤劉公佑方公樹程故賢大夫也亦與王邵諸人同其淪棄一時士夫兪天木鐸張詞臣幼學田樹百顯吉卒於任李爾孚嘉蔭艾服遠折陳雁

羣志紀出關徐望侯我達謫累家食者又無論矣一二在仕籍者應無不期許遠大愛鼎寶躬及今修復已遲可不汲汲從事哉夫官之於紳紳之於士士之於民吉凶同其憂患者也官之利卽紳之利士之利民之利也乃謂其間有利有不利利於此不利於彼豈通論哉抑子更有進焉望海樓一郡大觀也不壯不麗不足稱形勝當年淩大中丞歲當決科必餞諸士其上樓之高下闊狹淺深與夫棟梁甍檻礎柱皆有尺寸見徐小石公碑記今議修復必如前製廓而大之庶乎無愧巨觀又近日吾泰精此理者不乏人僉謂城外東南隅綽子灣

一帶爲水去之處是以士夫家城中者多淸貧往往蓄而不聚居民富厚者多聚北關之外水去則宜有以鎭之而東南隅又城之巽位望海樓告成於綽子灣一帶建一浮圖高出南山塔之上數年之閒官斯地生斯地者必有公侯將相之器出乎其閒因論形勢並及之至市河當時時疏通南北水關不宜閉玉帶河故道宜濬安定講堂此時不葺將來不可問諸書已及人人能言之此不再贅

重修安定講堂序

宮偉鏐

鄉國大祀有三曰從祀孔子廟庭曰鄉賢曰特祠近皆溷稱不知義有分屬無庸混而一之也如安定則崇祀孔子廟庭者也先時惟薛文清陳白沙胡敬齋王陽明諸公得與賢如心齋尙有俟論定此一祀也鄉賢崇祀鄉先哲固矣然非文學不與卽中葉粉飾太平士夫多以此尊其封公然皆封公曾列子衿者何則升堂入室以理學登進僅文藻可觀猶鰓鰓慮有遺行李映碧公嘗謂曾論及門有四科今兩廡獨崇理學欲取漢唐宋明諸臣以道德勳名節義著者倣四科以配慮其狹也

而律以四科必嚴必愼蓋可知矣此一祀也至特祠義加重而途實稍寬或文藻可觀誼行茂著及有功德於民者皆與焉然必題請而後行非謂祀之賢祠卽可爲特祠以祀此又一祀也俗流失世敗壞言濫僭越比比而然不知何年溷而無別似乎鄉賢一席是人皆可因緣而升又似以賢祀於其鄉卽不妨詒特祠於鄉者失禮之中又失禮焉其爲天下後世笑可勝道哉安定泰之如皋鄉人旣從祀孔子廟庭爲特祠於如皋如皋隸泰州州城內東察院故址其特祠也後焚於火又嚮於官泰山墩前舊有安定講堂則宋陳公垓李公駿承有

宋崇儒理學昌明之後爲郡大夫都人士講學行禮之地非專祠也因安定講書東晉泰山得家書平安字即不復視故署講堂於此前有二杏則於杏壇之義有取焉又以岳忠武知泰州軍立祠其巔前人用意何其篤厚而温文也哉先年並祀范文正公王心齋公後奉文正人名宦祠奉心齋入鄉賢祠而安定巋然獨存即以爲安定專祠可也變亂以後不逞之徒附公後人盤踞其中飲博爲非學使張公玉甲廉其實因别求安定後人而泰無堪此者移如皋得胡生其遠茂年讀書無忝厥祀又其講田輾轉質人張公捐俸歸田於其遠以供

祀事此與陳公李公均之用意篤厚而温文者也講堂西北隅即先曾理學公祠爲萬歷時學使孫公六吉題建在當年典章至重以理學公生平泰志傳述者彰彰已如斯矣後予大父明經公予父中憲公雖卓行宏文叨入鄉賢會不敢入主其間何則典章所不載也而所爲特祠之重又可知矣每春秋上丁次日郡大夫及廣文先生博士弟子員講學行禮其間覩遺書考其蹟事不勝古處之慕焉實鄉國之上儀衣冠之盛節後生之模範也諸公志安定之志學安定之學際此鞠爲茂草其能漠然無所動於中乎予愧不文止以稍聞習事述其初末俾後之君子勿替所自云

火化僧行修紀事　宮偉鏐

行修僧之火化也在康熙乙巳年十一月初一日辰時千萬人目擊予久欲爲之傳顧念予治儒者業安能知師之深欲如韓文公送浮屠文暢文不如無傳顧師數往來吾家予雖不能知師之深而一二事迹有非里人所知者作紀事以傳僧俗陳姓泰之東鄉沙村人少嬰疾寄食姊夫時進家進工公輸業執事吾家有年謂師不事事稍薄之無以爲活欲赴河死輒有白衣人眇一目者救止如是者三遂祝髮爲僧法名行修居數年朝普陀海艘上人煙斷絕不克行中道無可棲遇老人攜

茶一壺餠餌一器引至家宿焉日明無有也餘荒地而已歸後龕坐南關外義冢中一日夜深擊龕門甚厲隔窗見南里許有大船張火鼓吹過高橋下向師大呼曰我去汝後來嗣遊揚州又年許歸移龕北關覺正寺西偏人見龕上有燈如日初出亡何示衆火化期移居覺正禪堂時州佐張泰人也以爲妖大設兵守焉方寄食進家時見輩皆熟識適大兒夢仁經過寺入問師何自苦答云春來覺得當如是至期沐浴取衣履與同行僧大拙及寺飯頭僧而自著一葛衣遍禮寺中佛敲魚頌佛號就龕屬舁者以繩繫龕以椸繫繩堅其椸郎爲大功德昇至寺門外東牆曰可矣時屬目者千萬人杳無動靜頃之覺龕內輕煙一縷人持楮焚其前火從龕內大發師魚聲不輟焚至兩腕魚始下兩耳出火若孔鸞尾風火揚龕蓋終六時無絲毫氣味觸發也師年三十有六已巳十一月初一日辰時生而以乙巳年火化月日時皆自定又相同異矣迹師平昔所爲皆困病無聊出家後作何參悟人亦不得知但見蓬跣行市中者數年遇僧俗人畜俱禮拜殆藏所謂行一切不輕慢菩薩行者與有銅板僧照智俗金姓以屠子出家師特親厚常留共飯臨時兩人密語久之以衲衣付銅板僧念珠

四十八付北斜橋僧國璽俗費姓師化後家家求所爲銅板者供奉醵金與建庵今所建道場郎其地相傳師龕坐南關時有丁姓者供養甚勤云寂後當至其家爲男至期丁果舉一男人以和尚呼之後亦殤師有畫像懸覺正寺壁神貌若生或云丙午丁未間邑人尚有見之者是說也余不敢信傳其信者

紫陽氏曰予聞之季師大來謂安豐場一僧平時涸俗了不異人一日向某家求棺具其家慨然應之僧素善心齋因詣心齋辭別示衆火化期至期留偈老僧今年六十六不分青紅與皂白今番脫卻這凡胎依舊靈山

還舊屋心齋就而拜之旬日後有見者師其流亞與

總鎮仰山董公哀詞　　宮偉鏐

翊運維功勘亂以武一代肇興誕錫良輔侚閫姬疆淮開漢土偉績鴻猷輝耀千古甲乙定鼎於爍　王師仗鉞揮旌東蕩西馳翳惟我翁厥功克咸膠東固始伯仲之間天錫我翁仁信智勇大敵小敵不懋不悚勢悉五旗兵明四機戈舂僑虺箭肉狻猊用嘉乃勳寄以龜梟小醜憑陵窺我輿圖我翁躍馬奪其蝥弧梅關臺嶺豫鎮之雄餘孽游魂蠢動其中奮臂一呼決圍數重僉曰嘉哉維公偉伐一日三遷閫開閩粵公駕艟艨出入溟渤極彼窮島覆其巢窟鎮閩數年海不揚波軍政肅清

囊矢韜戈擊石超距投壺雅歌動載旂常誓銘帶礪鐵劵金符爰及苗裔功高不伐從赤松遊上告幕府臣願封畱翳惟海陵維翁桑梓我翁衣錦來歸斯里築室耕田永娛孫子吾泰不辰連遭浩瀚洪波九載炊煙朝斷我翁憫斯急捐白粲活我泰人七十餘萬有此大德皇天報施應錫難老耄耋期頤遼東鶴至天上樓成一夕風雨我翁上升市者罷市舂者罷杵婦女兒童涕零如雨予與我翁共茲晨夕末流便辟閲交惟擇我公正直篤厚爲心申以盟誓重以婚姻西圃看花南樓吹笛弄斝傳觴洛英與匹傷哉我翁人琴俱亡予也何情能不

悲傷有殽斯旅有酒盈觴以安我翁鸞馭回翔

覆高念侶兵備　宮偉鏐

承問市河乃州城血脈猶人身然宜流通不宜阻滯歷來當事明知當開而聽其阻滯者傳係夫頭賄買工房作法阻撓蓋河開則城中舟楫可通糧草俱用小船裝運小民最便夫頭但欲搬運取利夫頭之利小民不利也昨同人謂市河當開水關不當閉似也而此爲蛇足之論何則市河有四道中河東河西河而橫亙其中者爲玉帶河今但云市河當開則三河及玉帶東一半現通略疏濬之便足不謂之開至水關因市河不通少經行者故不以時啓閉非有所奉行而閉也惟玉帶河西畔來陽伯公欲開未開則以黃氏別業在今沒入官故謂惟此時最便不意占業者交通簧鼓其中又賄買園丁梗上令當事爲所惑輒復報罷則不能不推服來公之人爲不可及也今不他論論其軼事當來公之開諸河也先太岳觀察袁九潨公園跨河之半不惜數千金移而東何則侵官道湮河渠律有明文特以流傳非一日有所受之猶或可原若更肆意把持罪之中又罪矣此已事之一說也中河自北而南欲稍折而西西爲陳氏園田則以廢棄官地易之究竟所易者未嘗遂損於其地陳氏稱便此已事之又一說也從前而言法有所

不貸從後而言情有所可通二者盡之矣至於諸河宜開不宜塞且勿遠論查周近自鄭渥庵兵備徐海樹州收萬行遠學正已蒙其效形家能言之而不然者其害又與城守相關蓋泰形前高後下若旄邱而水自南至北建瓴而下恃有東西兩壩當掘注之衝城之人賴以爲餘饎之用者惟此一線此可默喻不俟喋喋也

與進名卿郡守　宮偉鏐

福星咫尺十屬均蟾澤國惸民仰恩尤迫此情固臺下所素切也茲瀆者泰民三載奇荒此固天意不敢怨最可惻者八年全漕旱征原方州急公美意及聞蠲免後方州既以悖旨處分竟未有申明此項以不虛朝廷德意者今歲十室九空亦十田九廢倉皇現在煩難即天幸成熟漕糧萬難足額因思八年全漕蠲免在先至今此項現列蠲免之內是德意已頒之自上矣只因漕船過淮入幫例無中制遂至抵灣抵通而泰民不復問州司幸已具詳全仗勘語懇切爲萬民請命於督撫或移

咨戶部或具疏題明以八年分之有餘抵十年分之不足既足朝廷之賦又免敲朴之煩在朝廷非於正賦之中有虧損之額在小民即以已剜之肉醫眼前之瘡恩爲寶被之恩例非濫開之例泰民瀕死復甦皆鴻恩再造者矣夫揚屬高寶與泰四州縣同災高寶與俱被實恩而泰反以急公貽害向隅之泣上臺當亦有慨於中又近奉部咨揚屬被災十分九分者七八九三年全賦盡蠲前詔新綸悉蒙寬恤於例更爲有合

柬田司農沛蒼　宮偉鏐

泰民望恩之事至多其衆著者上年鹽城海口在廟灣興化海口在白駒俱已開通而泰州海口在丁谿泰志可據至今未聞聞有土豪盤踞阻撓以至上官俱爲所蒙付之不問亦未考其詳近見泰志所載碑文則先年已有此患在力行何如耳若謂志書爲紙上陳言豈其然哉此事求閣下加意庶水患永息奠億萬斯年之功造福生靈者多矣又最急者八年分漕米一案高寳興泰四州奉蠲在先而徽州衙蠹作奸非一朝夕將部咨撫行藏匿待征完解淮而始出之笥中以至三州縣俱蠲徽州獨違例徵解方州以此議處方州旣議處則此項應還民閒卽不然亦應比流抵之例以甦目前民困卽云漕米無流抵之例而此項情有不同目下撫雖持例未批而漕督批詳已有機括伏乞一言慫慂其成將來漕督具題部中議覆之時尚求一言加惠其爲膏澤百萬均沾皆仁人造福於生靈也

海陵文徵目次

卷十三　國朝

海陵文徵卷十三

鄉後學夏　荃退庵輯　陳寳晉守吾校

纂修靖江縣志序　王大經

王子曰甚哉郡邑之有志書也顧不亦重歟以辨星野則天度可明以界道里則封疆可正以紀山川則靈異可徵以別土產則物性可若以著俗尚則風會可稽以列室廬則民居可定以昭著述則人文可宣古今氣運之淳澆賢才之盛衰政事之得失皆可以考見齊民知所以力作士大夫知所以勵行有司民牧知所以職守皆於是有賴焉上之而百世之既往可以傳下之而百

世之將來可以信豈細故也哉周官大司徒職方氏皆掌天下土地之圖而又有外史掌四方之志前漢郡國計書先上太史後上丞相後漢公卿家乘始集公府乃上蘭臺是郡邑志即國史張本也顧禹貢記田賦高下墳壚黎赤以至篠蕩龜魚周禮則及於山藪川浸男女畜擾而班孟堅又詳於政治風俗俎豆筦絃厥後桂文襄輩復孜孜於形勢阨塞封疆壺檬其要歸於奠民生裨治化以維持斯世於不墜已耳然則志也者固所以置一方之掌故亦所以資生斯宦斯者之因時施救而爲之備也靖江從古不列輿圖四際環江中央突擁撮

沙隆然成洲相傳有白馬負土之祥事未可知至吳大帝牧馬其上因得馬洲之名而立縣則肇自有明成化草昧漸闢文明滋昌縣之有志創始於嘉靖甲子再修於崇禎辛巳迄茲將歷三百年所至是閩中鄭山公先生來宰是邑風清訟簡百廢具興而尤留心於往牒謂前事之不忘是後世之師也且清興近三十年勢異事殊不及時亟爲蒐輯懼無以徵今而傳後爰開館局博諏耆英而獨以執筆之役專委下走愚惟志者史之遺也作史之難自古記之天刑人禍之說既有以怵惕於中是非毀譽之來復有以搖奪於外而欲憑一人操不

律執簡書以求盡一邑之事變嗟何易言哉嗟何易言哉雖然踵故增新不阿不狥據事直書徵信闕疑而愛惜去取了不執以成見則亦可幸告無辠而上下三百年開地畝由狹而廣戶口由寡而衆賦役由省而繁財費由約而靡民性何良何窳俗尚何厚何漓人才何虛何實文教何振何萎緒理要會粲然明備俾後之親民設教者於是而求其故以盡更化善治之方誦讀尚友者於是而稽諸古以爲多識博聞之藉所謂論世而即寓救世之意者將不在於茲乎於是纂述建縣以來因革廢興升降轉移之故至今茲止夫畫野分州地有定

制封建廢而郡縣法猶是也作縣境圖第一王公設險以守其國禁暴止奸墉隍是亟作縣城圖第二國奉於君家稟於尊一邑之長厥有聽斷作縣治圖第三物極民彝匪敎不立高山在望景行不遠作縣學圖第四審方定宅相土肇基栅闢維艱功歸經始作建置考第五地有其形天有其象始以理氣終以應驗不可誣也作星野考第六土滿則爭人滿則鬭陵谷改觀滄桑互變作疆域考第七爭雄表勝作利萬物嶽降川毓英賢乃生作山川考第八垂象示戒感召有由調變挽回厥責蔑委作祲祥考第九習染在下化導自上貞淫淑慝捷

同影響作風俗考第十則壤定賦有國常經勞逸之分治亂攸伏作賦役考第十一爲官擇人人以官重名存實附歷久不渝作秩官表第十二人材高下與時消長網羅既備勳庸乃章作選舉表第十三居安其位事乃不廢視官如家無懐儌倖作公署紀第十四禮樂教化爲治之本師嚴道尊不肅而成作學校紀第十五封疆之守責在戎行綢繆牖戶無忘補葺作武備紀第十六存有惠愛去有遺思口碑在人公道不泯作循良傳第十七哲謀肅乂維邑之楨鑒往觀來儀刑伊邇作人物傳第十八升中肆類典禮昭然功德在人明禋不爽作壇廟略第十九載道紀事非文不宣利弊源流因之可考作藝文略第二十王子曰甚哉志之有裨於邑也星野有分祲祥有應天道昭矣圖經有象建置有據疆域有定山川有位地道著矣風俗有稽賦役有制秩官有守選舉有造公署有飭學校有設武備有嚴循良有稱人物有譽壇廟有載藝文有述人道章矣合之凡二十二篇一十八卷爲靖江縣志

重修中十場志序

王大經

余纂中十場志成草旣屬取次閱之掩卷而歎曰詳哉上下三百年之典故具備於此矣豈惟此三百年將前而百世俱於此可參稽後而百世俱於此可考鏡民生賴之以阜國計賴之以裕世道人心賴之以維持於不墜蓋非徒紀事增華所以寄挽回於運會施補救於遷流觀於因革損益升降盛衰之故而轉移劑量之法寓焉故曰禮樂備而教化行教化行而風俗美至於風俗美而王道乃底於成矣所慮典籍無存文獻莫考則雖有智者無所據以善其施於茲而欲有所準以爲治舍

海陵文徵　卷十三　五

志其奚以哉然而爲之則甚難矣上之人憚於更張而下之人安於固陋因循怠緩舉凡獻章文物悉視爲不急之務坐聽其沈淪湮滅而莫之省自非學古多獲以綱常名教爲負荷者固不望其留心於斯事也餘杭汪芾斯先生清才俊望筮仕得泰州鹺運蒞任七載仁風善政覃敷四訖其所以嘉惠斯人者筆不勝載公餘捐師儒耆宿而進之相與商酌古今揚扢風雅慨然興思於章往逝來以爲前事之轍跡乃後者之炯鑒也爰取舊志而訂正之踵故增新弗狥弗執不以余爲闇昧無文猥命以筆石之役敘次紀錄率本前人而規模梗概則稍爲變易要令不悖於史氏之法程而止蓋我於此滋懼矣夫人之情莫不以習見者爲常拗見者爲怪習安而拗駭也況加之以要求請託媢忌猜嫌章甲則晦乙遂此或拂彼一不愜而無端之訾議隨之矣此從來作史者之所以召讒貽謗叢怨基禍而逡巡畏避莫之敢任也然而千載之下公論不磨直道難泯是是非非卒之昭天地而揭日月當時之橫議適足以資後世之口實而已今茲論述大都皆出於憂患戰慄之餘嗟乎自古作者固未有不成於憂患戰慄者也所恃芾斯先生操黜陟於上而下走執簡編以從其後進退予奪了

海陵文徵　卷十三　六

不與聞或可幸無辠於斯世焉耳若乃使五十年來之風會運氣天道人事犁然該括備著於篇章之內生斯宦斯者遇禨祥而識感召之由撫輿圖而別疆理之異觀習尙而思化導之方審丁徭而興休養之念覩秩官題名而動懷於奉法循理慶譽髦登進而勤心於造就裁成固吾圉而綢繆於未雨恤民力而軫念其將疲則據事直書之中有可以因文見義者世之君子於此亦可以得其用意之所存而識其旨歸之所在也已是役也棃棗鋟鍥之費修脯聘幣之需與夫郵傳驛遞諮諏訪問之糗糒舉出自汪公之俸薪而一絲一粟曾不以

累其民是尤非常之異數不可以不書者也

徽州鄭氏族譜序　王大經

余往時客如臯嘗纂修范氏宗譜其先以許繼范事在宋元之際歷明至今傳世凡十有五幾四百餘年人莫不知其裔出於許然而率相與范之無異詞也去如臯百里爲東亭其地有徽歙鄭氏出其所藏譜示余則其先以洪繼鄭事亦在宋元之際歷明至今傳世亦十有五閱四百餘年人莫不知其裔出於洪然而率相與鄭之無異詞也王子曰繼續之義大矣哉父子迭傳祖孫遞代此事理之常也然其閒有時而中斷則其勢窮矣先王設爲繼之一法以濟之是故窮者可以通而斷者可以續予考鄭譜其上世有諱安字子甯者當宋季時元將孛木魯敬以兵臨徽郡勢且屠城安杖策詣軍門慷慨敷陳利害說止之城賴以全厥功懋矣當時廷議亦嘉其功卽署爲歙縣尹既歿而鄉人思之不忘爲立祠以祀今譜所稱令君者是也但令君雖有四子更一再傳而其子若孫皆絕無嗣使不有國英公以洪繼鄭則令君之澤未五世而盡斬至今四百餘年之後疇復知有令君也者國英之有功於令君猶之令君之有功於徽郡也其後似之昌且大也宜矣爲鄭之子若孫者無忘乎令君以迷其本始無忘乎國英以昧其所自出

則今茲之譜鄭也無異乎譜洪也是何也令君藉國英以永其傳而四百餘年上之鄭氏固皆國英一人之所蔓延而繁衍者也鄭子其周深心嗜古博學多能而尤加意於敦倫厚族徧訪宗人搜括其先代之世次圖系而詳注其謚號行第生娶卒葬於其下又究詰其人音容嗜好性情言語行事實蹟之大端而復收拾其累葉詩文誌狀敍記贊訟之類而統裒集之共彙爲若干卷以畀子爲之編輯纂訂焉於乎此在世俗游閒放佚者所不能爲富貴宦達者所不暇爲高年盛齒者所思欲爲而不及爲其周獨以英年妙質毅然發憤汲汲而爲

之其識量過人遠矣予嘉其志在務本也因受而竣業而序其大概於簡端

醫學集要序

王大經

昔東坡喜釀酒以飲客曰飲者沾醉吾爲之神暢又喜製藥以療人曰病者得藥吾爲之體輕至哉斯言得斯解者可以悟夫萬物一體之實際矣予嘗見夫冬月而泅者裸身濡沫沒頂陷胸時予方擁貉戴貂然不禁對之而寒慄又嘗見夫夏月而鍛者揚錘揮汗焰烈星噴時予方乘風搖翣然不覺對之而體蒸又嘗見夫操舟濟江者檣斷櫓折飄轉驚濤中其危亡在於呼吸時予方兀坐山巓然望之而儼若搖蕩於煙波浩淼閒恍惚震撼而莫定爲之目眩而神懾迨既久而追思其事向

客言之猶時欲齒擊口張而毛豎夫泅在他人而已爲之寒鍛在他人而已爲之熱險在他人而已爲之悸於此知坡公之言眞不我欺也豈有見他人之呻吟疾苦而漠不一切痌瘝於己身者乎切故思有以療之療又思有以廣之切之療之廣之當無有過於集方書以喩之之爲善也蓋集方書以喩之者俾家自爲急戶自爲救人自爲治而吾無所尸功焉是猶之乎療饑者而喩之以耕耨療寒者而喩之以桑麻療貧者而喩之以力嗇療愚者而喩之以詩書療梗頑悖亂者而喩之以禮樂教化在己未少費而於人己無所不惠豈以爲功哉

亦曰飲者沾醉吾爲之神暢病者得藥吾爲之體輕行坡公之志云爾

沈亦季詩稾序　　王大經

古今之論文者必曰才學識至於詩則歸併於性情之一言夫詩之貴乎性情尚矣然非馭之以才輔之以學參之以識其究至於馳騖汗漫乎不可知之域而弗軌於大道若夫才逸矣學裕矣識瑩矣性情深厚矣而不從世故人情天地事物之夥纖悉皆歷試而遍嘗之則又不足以窮其變而盡其化甚矣性情之未易言也乃今天下之言詩者弗深考於此而區區於文字之閒强從而分別之曰若者爲漢魏若者爲六朝若者爲隋爲唐而於唐之一代又從而區別之曰若者爲初爲盛爲

中晚夫古人之性情今人之性情也古人之事變今人之事變也舍吾身之性情與當時之事變而上從漢魏六朝隋唐之古人則猶然文字之見耳吳陵沈子亦季天資卓絕自六籍子史百家衆說陰陽兵律山經地誌旁及醫藥卜筮種植之書無所不窺而意見所到輒能解人之所不能解乃天嗇其遇使之偃蹇於考槃衡泌之閒至於今四十年舉凡耳之所觸目之所遭身之所經一切悲愁拂鬱懽欣愉快險阻反仄極不齊之境與夫人事之莫測天地鬼神事物之變遷日星風霆竹石花鳥魚蟲山谷草樹榮枯消息可歌可舞可駭可愕一

一皆發之於詩莊之而爲律諧之而爲謠渾之而爲古放之而爲歌截之而爲絕側之而爲拗工之而爲排散之而爲長短約之而數語無餘暢之而連篇莫罄馳騁乎六合而非汗也驅役乎古今而非迂也洞達乎幽深元遠而非鉤索也而總出之以和平以發抒其所嘗試其於才也豐矣其於學也該矣其於識也達矣其於性情也深矣厚矣其於閱歷也久矣其於文字之見也除矣則其於道也幾矣吾恐世之讀亦季詩者必欲指而目之曰此漢魏也六朝也隋也唐也初盛也中晚也則亦猶然文字之見耳夫豈作者之旨哉

王兩生字序

王大經

人之生也有氏以表族有名以別類斯可不憂無等矣乃我觀古人朋儕相稱往往不名而字者何居蓋命名從父以其命之自父則得而呼其名者亦惟父獨也然當其列在童稚則人之晉接者皆得以伯父叔父之分相臨名之而有所不必避洎乎長則將望以成人之道矣夫我欲望其成人而先處之以童稚豈所以爲責之之意哉於是乎爲之字以尊之若曰吾不敢名若也如此若之名令人不敢直說也如此令彼退而思曰人之望我厚也如此責我深且重也如此愛我以德也如此我之自爲宜何如以副之此古人相稱字而不名所以爲切磨也王氏昆季問業於予年及冠來請字予附其名之義而字之曰某某非長其躐等欲速之心也亦曰庶幾其自處於成人而不可復同於童稚之嬉遊也云爾然則爲二子者其亦尚思自勖以無失其可尊者哉

伯夷叔齊論　王大經

自古忠臣義士代不乏人而論世之士必以伯夷叔齊爲稱首其稱爲忠義必實有無忝厥稱者也當時太公稱之曰義士後世孔子稱之曰仁人又曰伯夷叔齊餓於首陽之下夫古今之人未嘗有餓而不死者然則夷齊當商周之際奮不自容於天地之間其餓而死亦既明甚矣即其時有采薇之歌亦不過猶詩家託興之詞耳非眞謂薇可養生采而食食而飽飽而遂可逍遥於山巓水涯之間也乃有漢季譙周者妄引不經之談謂夷齊采薇有婦人過之曰此亦周之薇也因遂不食死若爾則夷齊之見反出婦人女子下而仁人義士之稱夷齊不當之而愧甚乎且譙周所生之世去孔孟亦遠甚矣譙周之知夷齊應不若孔孟之知夷齊也乃孔子稱其求仁得仁孟子稱其聖人之清其於夷齊當日嚴氣正性生死不回之概亦可謂極盡形容矣使果有野婦之口則孔孟必先言之即孔孟不言其門人諸子亦必有言之應不待譙周而始論列也彼譙周者當漢亡不能死乃借夷齊爲口實曰以夷齊之烈也而逡巡畏死如是下焉者夫亦可委曲而苟活矣嗟夫譙周之偷生事人不足責也獨恨其創爲不經以傷古人之義非

聖者無法難免君子之誅矣

豫讓論　　王大經

或曰豫讓非國士也國士之在人國也勝於未敗存於未亡今豫讓之於智伯始不聞有諫諍之書繼不聞有料敵之智而僅於其亡也漆身吞炭奮劍三躍斯亦晚矣若豫讓者謂之烈士則可謂之國士則非也王子曰否此未足以責豫讓也禮曰謀人之軍師敗則死之蓋聞責人以必死不聞責人以必濟也竭智盡忠而事弗克濟則以死繼之雖力有弗逮功有弗成要期於臣道無損然則豫讓遂得爲國士乎則又曰否所可議者衆人畜我數語純乎戰國傾危之習其因利乘便輕去其

主將使世之爲人臣者執衡挾纊以忖量人主之意伺其厚薄以爲報之輕重君臣之際有市心焉嗟乎險陂可畏莫此甚矣或曰此非豫讓之言孟子之言也手足寇讎之說胡不聞焉曰否此孟子故爲危言以告天下之爲人君者非爲人臣言之也善乎有子之言曰喪欲速貧死欲速朽此非夫子之言若果夫子言之則是夫子有爲言之也然則手足云者其亦孟子有爲言之乎嗚呼自君臣之道不著而報施之見太明於是有交質射王入郢鞭屍者矣於是有羊羹亡國食黿兆釁者矣從來亂臣賊子初亦人耳豈其遽萌逆節正以稱量報施求責無已或功高賞薄而漸生嫌隙或恩不時加而變生倉卒或偶罹廢黜而怏怏觖望或用舍失當而漸輕朝廷其始不過含怒蓄怨而究且甘爲亂首而不顧也則總此報施之一見誤之矣若豫讓者哀其死事之烈而略其險薄之論君子於斯節取焉可也

魏斯韓虔趙籍論　　王大經

魏斯趙籍韓虔以晉大夫滅晉祀分晉地而周天子者非特不加誅且又從而寵命之故綱目一書託始於此說者曰惡其壞法亂紀自王朝始此綱目之書法也而吾則謂非直法紀也周之所以亡秦之所以帝全係於此矣何則天下猶一身西北首也東南足也秦襄有成周故土據天下之首天下之重勢固已在秦矣延至秦穆諸君簡賢畀能大廓土宇遂霸西戎然終不能出崤函一步與東諸侯爭利者則以有强晉爲之限也千里襲鄭而喪師於崤非其明徵乎欲與晉爭衡則力又不能是以有晉在而東諸侯可無恙東諸侯無恙而周室晏然爲天下共主迨至晉分爲三而晉弱矣彼韓趙魏者非今日請和則明日割地而六國縱横之勢遂成及秦之滅六國又必自滅韓趙魏始韓趙魏之於秦勢近且逼秦兵朝發咸陽暮及其國都因利乘便而燕齊楚不能救也既滅三晉地益廣兵益强數且倍於燕齊楚而燕齊楚不能支也此周所以亡六國所以滅而秦所以成帝業也不觀漢高與昭烈之事乎漢高與昭烈俱創基於蜀一則奮起於蜀而還定三秦一則雖以六出之武侯而終不能越蜀疆尺寸之土則以高帝所當者三秦如枯朽之易摧昭烈所當者全魏之强故終扼抑而不得出也然秦之帝業自滅三晉始而漢之帝業自定三秦始形勢固然無足怪者是故孔子删書而終於秦誓朱子作綱目始於三晉俱以誌秦之代周而興也則周之亡非亡於周赧獻地之日而亡於初命晉大夫魏斯趙籍韓虔爲諸侯之年也豈不然哉

范增論

王大經

史稱范增好奇計嗚乎增亦眞失計耳惡得稱奇計哉據增之初見項氏而首建大謀也不過曰立楚後而已取牧羊豎而尊奉之諸侯皆北面焉增獨何心歟或曰增楚人立楚後張良韓人立韓後將無同王子曰非也良也誠立韓後報韓也忠也增也詐其立楚後也不過欲借以牢絡羣雄控制六國增之計爲項非爲楚也然則爲項矣又曷稱失計曰爲其立而復弑也自立之復自弑之身冒一大逆不道之辠而予敵以名何異持刃授人而泥首待戮羽之當亡非一端而此則其速亡之

本也增之計豈不誠謬戾矣哉或又曰立楚後增之功弑義帝羽之辠功辠豈得相冒乎曰否增亦稔知項氏之爲人矣剛很暴戾如項氏者能終爲人下乎吾謂若梁若羽俱非人臣之器其於義帝不廢則弑耳與其立而旋弑孰若不立之爲愈也且項氏之霸果必待立楚後而霸乎方其率八千子弟鼓行而西其勇氣已足以吞天下所少者仁義耳非楚後也而羽立之立之霸不立之亦霸果不立而亦霸也則又何如不立之爲愈也且增不云乎奪項王天下者必沛公也是增之意中久矣夫以天下奉羽矣以天下奉羽而又立義帝意欲何爲耶則是立之之時卽已懷放弑之心增之本謀固如是矣彼方以沛公有天子氣而眈眈一劍從事此其胸中甯復容一義帝哉若以義帝爲眞帝也則亦當在沛公之列若以義帝爲非帝也增又何取非帝而帝之甯待江中剸刃而弑謀方露也嗚乎後世草竊不軌之徒無大志者往往假借名號推戴傭奴以思爲苟且目前之計如赤眉之立劉盆子新市平林兵之立更始不過攘名欺世以圖自利而最可哂者以李世民之英雄猶有隋恭帝之立焉況其他哉彼范增者殆始作俑者耳當羽未入關時懷王諸將卽皆謂項羽殘暴不可遣羽

之不可共事庸夫孺子早盡知之矣增以七十老叟獨昧於知人若此增之種種失計者又何可勝數甯僅立楚後一事哉而立楚後則失計之大者史稱增好奇計故不容以不論

韓信論

王大經

初韓信微時爲淮陰市餓夫受辱胯下何其憊也及登壇授鉞運百萬之衆戰勝攻取佐高帝定天下抑又何壯也夫以信之一身倏前愚而後智倏前怯而後勇豈信爲兩截人哉王子曰否信之受辱卽信戰勝攻取之略無二道也葢凡人之情所最難制者怒而所最難忍者辱也於人所最難制難忍者而制之忍之其人必沈隱陰鷙其氣必堅忍鎭定其性必深遠曠異莫眎其所好莫見其所惡無形之形莫或形之無意之意莫或意之夫是之謂藏九天而潛九淵靜專於不可動而隱冥

於不可測此則所稱制人而不制於人之將略也得是道者其唯張子房乎蘇氏有言曰圯上老人之事深折其少年剛銳之氣使之忍小忿而就大謀知言哉吾安見淮市兩少年非卽圯上之老人而出我胯下簡卽非以足受履也異日者召辱已少年爲都尉不幾與祀穀城之黃石同一報德之典哉嗚乎使信終守其道而永永無斁也則下齊時何至有假王之請王楚時又何至陳兵出入而奪爵爲侯時又何至羞與噲伍而稱病不朝也張良終用其道而卒以自全韓信不終用其道而卒以致敗悲夫

漢武帝論

王大經

王子曰亡漢之天下者武帝也日孝武經年黷武虛耗海內以是爲亡徵乎曰否虛耗有形之病也繼世賢休養生息一再禩可復耳惡乎亡曰巫蠱之禍國本搖而國運促乎又曰否太子雖亡國勢無損此一時急變非奕世之禍基也然則曷言乎亡天下也曰爲其相竇嬰田蚡而託孤於霍光也竇田俱外戚也漢世外戚之專政自田蚡始漢世外戚之禍自武帝相田蚡始而武帝之相田蚡則又從其相竇嬰始也漢高創制未有相外戚者祿産王於呂氏若高帝時直厮養儔耳以竇廣國

之賢而終不見相於文帝迨孝景之世竇嬰有武功甯侯之而不肯相也雖重以竇太后命諸廷論所僉歸而終擯不用夫豈以魏其非賢哉景帝之意固深遠矣獨奈何至武帝而竟相之也魏其相而田蚡之相不再計決矣田蚡相而外戚專政之禍遂與西漢相終始而莽卒以亡漢嗟乎除吏武庫之語帝亦明知其恣横不知而不斥猶可言也知之矣而不斥彼田蚡者復安所顧忌耶雖曰重違母后獨不可崇其爵秩而優以閒散乎且相外戚非制也卽賢且才猶不可況不賢不才乎若其託孤於霍光則終武帝之世惟此最爲失計矣說者

稱武帝知人善任英武有雄略專在於此而不知其利在一時乃害在萬世觀其詔霍光也曰輔少子君行周公之事夫武帝以周公任霍光而王莽卒遂援周公之事以篡漢彼其時中外安之而不疑臣民奉之而罔貳豈皆附莽而甘心黨叛者哉不過以爲祖宗朝先臣霍光業有行之者故於王莽遂相習爲固然而養成其勢馴至於坐移漢祚而不覺也則漢非亡於莽而亡於光非亡於光而亡於武帝之任光也且匪獨莽也後世之亂臣賊子謀篡逆者唯恐國人之不我與也則必先廢立以試之其廢立也必藉口伊霍之事夫伊尹何嘗廢

君而後世之爲亂賊者特慮霍光名微未足爲口實也因誣伊尹以爲霍光之援而遂誣伊尹霍光以爲亂臣賊子之援其爲千萬世亂賊之倡者霍光也而任霍光以倡千萬世之亂賊者則武帝也或又曰是奚傷哉彼篡逆之徒受禪則曰堯舜稱兵則曰湯武若以是辠光亦將以辠堯舜湯武邪曰堯舜湯武而後從未有擅廢立者有之自光始方其立一主廢一主又立一主如呼叱嬰兒其事不經其義不可爲訓而當時不非後世且歸美焉亂臣賊子爰有祖述之以舉事者矣廢立不已必有篡弒口實霍光不已必且口實伊尹口實伊霍不已必且口實堯舜湯武則皆霍光之辠而近流毒於君父遠并貽禍於堯舜湯武伊尹者也豈非利在一時害在萬世也哉

曹操論

王大經

古今奸雄以權智竊天位者無如曹操而操一生權智其最得計者又無如迎奉獻帝一事彼時田豐嘗勸紹迎帝矣其後孫策亦欲襲許以迎帝矣由此觀之挾天子令諸侯羣雄各有斯志特操爲捷足先得之耳然則操之此舉眞得計也耶王子曰否此正操之最失計者也何則天下紛爭三方鼎立較其名義惟蜀漢爲最正至若孫權亦叛據吳土未有訹其簒逆者簒逆之號獨歸之操千載而下操莽並稱古今同惡揆厥所由則惟其奉帝以獨受惡名也使操而伊尹周公也洵非迎帝

不可以篤棐之忱翼戴王室不避艱危有死無二操殆千古一人哉然而操非其人也且亦無其心既非其人又無其心則又安以迎帝爲也彼徒爭一時巧便甘犯大逆敗德喪名自貽唾罵智計之士固如是耶或曰爾時處操之局蓋不得不以迎帝爲急務操不迎而令策紹輩迎之彼方挾天子以向操操必無濟矣卽僥倖自立亦必不能翦滅羣雄撫有中土且卽幸而勝亦動有犯順名勢之難易迥若天淵操何愚而不迎帝哉曰若不然也獨不觀劉項之事乎劉與項俱北面義帝而劉去帝遠項去帝近項之弒義帝直代漢高弒耳假令項不敢弒而留待漢高漢高鼓行而西奄有天下其於義帝事之乎抑廢之乎吾意漢高此時必將爲項羽之所爲幸而項羽先代爲之而反資漢高以名使之縞素發喪負義聲於天下此則漢高之幸也彼獻帝者固與義帝不同然當列雄分割之局亦幾似之操獨不可自據一方遣一介以朝洛陽而徐觀其變乎何遽乃悻悻得計捷足奉迎以逼取天位彼止圖簒業之速成而不顧遺臭於萬世諒爲權智當如是耶漢光武之中興也初亦嘗北面更始矣使光武左右更始不離跬步非與更

始俱敗勢必廢更始而代立將終受惡名矣光武勝算在略定河北自闢門戶而貳於更始厥後更始爲赤眉所害不勞犯順干名之舉而坐享帝祚光武之局亦大略與高帝相當也彼曹操者素以簒逆爲心故其舉事舛謬動而犯難然天亦奪其衷不肯以高光之局付之矣嗚呼若操者烏足語權智之數乎哉

張氏女貞節傳

王大經

張氏女莫可攷其名因其後爲比邱尼也而號曰明貞羣稱之明貞父曰梓業力田世居吳陵之溱潼明貞年七歲許字周文達之子士英未幾文達夫妻相繼死士英固儒闇而達遺貲頗厚文望者文達之弟也利其有謂孺子可圖也謀斃之一日作食召士英士英且謂叔眞憐己也呼輒往往則闔雙扉而攣以緪椎殺之瘞其屍東園頹垣下封以瓦礫鄉人知其冤然皆怵文望之獰又以其殘在骨肉也置不問明貞時年十九矣聞其事哭極哀絕而復甦者數四既積日勸之食弗應問之

默不語蓋志在身殉也久之自思曰吾即死仇弗復忍令死者含冤九泉乎遂自髡爲尼垢衣敝履日持牘徧叩諸當事而與舅氏某偕出入同謀議事卒得達當事廉其情且感貞之節烈爲疏請於　朝文望遂擬罪如律時順治九年也事既直人曰明貞其可以謝周氏矣則曰否吾職未盡也忍周氏之骸暴乎其先人之在殯者緊我乎葬於是若祖舅若祖姑若舅若姑與士英之匶而五悉祭以禮而窆之加封植焉當士英之斃也其積之耗於吞者已十之三及仇之復也其積之耗於訟者已十之五迨乎葬既襄而積之耗者已十八九矣其尙存者僅傾圮之數椽及瘠薄之數畝耳人曰蓋至是而明貞眞可以謝周氏矣又曰否吾職未盡也忍周氏之鬼餒乎爰葺治其廬爲給孤園中奉佛左祀周氏之木主右設几案以誦西方氏之言而資其瘠薄之數畝以給晨昏蓋僅足以免凍餒而已今歷十餘年觀其志益堅守益固嗚呼若明貞者可以傳矣

王大經曰仲尼有言人能宏道非道宏人故綱常之在天地必賴有人以扶之然不望其見之於女子也女子而存綱常綱常之存者幾矣雖然使盡人而明貞也吾惟懼其不女子也惟懼其不女子而又何其須眉之多

也是固明貞所不屑者也

海陵文徵目次

卷十四 國朝

海陵文徵卷十四

後學夏荃退庵輯　陳寳晉守吾校

如皋縣令崔侯祠堂碑記　王大經

崔侯胡爲而得並祠於斯也曰以報功祠之告成也報功祠者何所以祀有宋之范文正公也文正公之食報海上也舊矣奚爲今日甫議創造也曰前此有祠矣歲久寖廢賴崔侯之力而得以維新也其維新之力奈何曰初崔侯之莅任也首問民之疾苦次問民之風俗而尤加意於前賢先達也有告以文正公祠者侯則急命具禮幣戒牲牢夙駕而往崇祀典也詢祠宇之所在則出自北門而隱然僅存於皇華館側也昔人之建祠於此者意蓋以便往來輶軒者之禱謁也侯既至而顧瞻榱桷之傾頹壇屏之圮塌遂慨然而有志修舉也歸而求范氏之裔時則有若振初秋卿汝馨諸君子出而儼然敬對也范氏故吳人其得爲此邦之土著者蓋自忠宣公始也忠宣公者文正公之仲子也忠宣從學安定先生久而不歸既歿而後世家焉雉皋緣此遂有范氏也侯聞言而色喜修舉之志是日因之益決也於是不謀於搢紳不告於士庶而獨專其責於范氏焉曰此爾之遠祖也有言舊基弗吉請擇地而更新者爰卜而得

城內西隅之隙地也隙地者故亦皇華館之遺址也莫知廢自何時而鞠爲茂草若或留之以待茲役者故惟此地爲甚宜且不悖邦人之初意也既衆議僉同乃請命於各大憲舉皆報可而後擇日以興也始事於丁酉之冬竣事於戊戌之秋凡十閱月而功乃告成也妥神有堂祭神有庭奉神者出入有門共計爲楹若干而廟貌巍如也惟時公則復命潔粢盛備牲牷親在而揖讓周旋於俎豆之間也禮既卒而周視棟宇之翬然輪奐之煜然而復念奉宗祀者之不可無人也因爲之申請於學憲欲簡一人而優以衿佩俾之世世主乃蒸嘗弗

替也凡此皆崔侯之力而化民成俗大有裨於都人士之雅化也於其終而范氏諸君聚族而謀曰崔侯之崇隆先賢也篤矣今茲贊勷之功宜不可諼也故議於祠之東偏搆堂而奉侯位於其中所以昭是祠之所由以成也崔侯者燕之淑陽人鳳賓其諱東渠其號以歲薦而來守於東皋者也書其事者泰州王大經也董其役者范氏振初秋卿汝馨諸君子也記之年月日戊戌秋八月之下弦也

改修靖江縣儀門記 代

王大經

譙樓之內爲儀門舊制堂皇與譙樓前後對注直射而儀門閒之獨稍偏而左昔之官此署者葢特有意爲之以求合乎堪輿家五行生旺之說夫司民牧者止知有民事已耳而他何計乎且門而偏焉則是入此門者曲而來出此門者曲而往固無行而非曲也爲令者直身以率物尙懼其弗喻也況坐視其曲而不一爲釐正乎至是命撤而改之視舊制加崇焉自是重門洞開內外朗澈下之情易以達而上之令易以宣於是集邑之人而告之曰凡入吾門者勤本業急稅課安分位者爲良

民務誦讀攻文藝飭廉隅者爲良士循法度供職役畏功令者爲良胥吏良民吾樂得而拊綏之良士吾樂得而譽髦之良胥吏吾樂得而成全之其或健訟好鬭懷詐挾僞負氣角勝而來者是莠民也請託干謁逢迎奔競僥倖覬覦而至者是稗士也舞文翫法行私背公因緣爲姦而前者是蠹胥吏也吾何樂乎莠民稗士蠹胥吏之入吾門也哉且其入也何利焉雖然令其率是邑之人者也其可自謂無責邪譬表焉形之弗端安望乎影矣是故門朝而啓啓而衆集焉令決焉儻善言之不入惠政之不出雖啓猶弗啓也門暮而扃扃而衆退焉

令息焉僥弊竇之不塞倖孔之不窒雖扃猶弗扃也令之一言一動出乎是門斯達乎四境矣利無弗屆也害亦無弗屆焉也其以騰一邑之頌聲邪由此門其以叢一邑之謗讟將不由此門也邪夫祇知正有形之門而不能致謹無象之門則又不若仍其曲之舊而無事乎改而直之矣然則今日之改是門而俾直也豈獨在門也與哉古之學者几杖戶牖悉勒箴銘欲其行坐往來觀之以自警使不至怠惰昏逸況爲令者出宰一邑而爲百千萬生民所寄託也哉故由前之說以冀爲吾之士民與胥吏者相觀而善由後之說用以時覽而自惕

焉或可免於自負負令以負此一邑之人焉耳且又可以告後之來令是邑者於是乎書

義冢碑記

王大經

古聖王之治天下鰥寡孤獨廢疾者生有養死有藏生其時者無一夫不獲其所後世養濟院之設蓋猶倣前聖之意而爲之可爲生有養矣然朝廷雖費金錢而有司奉行不力或有徒視爲具文者至於死者之藏則概乎未之及也仁人君子見之而惻焉愴懷故義冢之地在在有之其名之爲漏澤園者言獨漏於王者之澤也歙商方君于雲業鹺於南梁生平嗜善慕義於凡事之有濟於人者無不竭蹷以趨之如賑饑救荒修橋梁平道塗新祠宇種種諸善一切行之不怠至是又捐貲買

買地一區爲義冢吾每怪世人不乏富厚多藏視其所爲乃日夕醉醇醪酣歌恆舞溢分踰量極其暴殄不惜至一言及於利濟一絲半粟牽握固弗忍舍以較方君其念慮相懸奚可以同日語也方君之所爲如此死者之弗忍其於生者可知疏者之弗忍其於戚者可知不謂之仁人君子不可也宋王祐山行過古冢棺見其前和命從者撮土掩之而後去其夜夢一丈夫偉衣冠揖謝曰感君見葬當報公子孫其後祐子旦果相眞宗夫葬一人猶爾況多人乎吾於此卜于雲之後必昌矣又其事可以與人爲善且於以上補　朝廷德澤之所不

及其功不特在一人一時已也是皆不可以不書地在場之某所東西如干步南北如干步計地如干畝表以坊而豎之碑某年月日記

世耕莊記

王大經

世耕莊者蔡子公梅墾闢其先人穮蓘芟柞之所而廣之以自名其墅者也蔡氏爲南沙著姓由吳陵而東百八十里爲南沙而世耕莊在南沙西南二十里枕帶長河周以綠垣縱横二萬餘畝錦聯繡錯悉皆主人二十年來勤苦經營而締造者也莊居土田之中央小橋流水舟行屈曲透迤數里望之巍然而特峙者爲春求樓從外而入者雜樹叢篁交蔽互蔭一望翁蔚絕不知其中有室廬亭榭恍然引人入一異境蓋至其地而後見樓之內有隙地長可百丈廣半之寬平坦蕩可場可圃可馳可射入其門而左旋迴廊繞之拾級以登有堂翼如噲噲其正者爲世耕堂面堂有廳如相拱揖主人置酒高會詩賦留連圍棊賭墅雅歌投壺恆於斯堂之東有曲室十餘楹爲主人投轄止賓之所而商略古今亦往往在是其西爲小戶遮蔽掩映於欄檻之側可覓其徑而入者爲凌秋閣閣甃石爲級聚足而升既至其上啓牖而四顧焉則平疇曠野煙火人家雲光水色牧唱樵歌無不羅列於耳目之前閣之下爲斗室茗椀爐香鉼花供石雜置几案架上佛經道藏各數卷古畫名書時樂清曠檻外奇葩異卉無不備植聚怪石爲山雖小

不踰丈而峯巒秀拔殊豁人意盆魚砌草各自楚楚可愛主人遊間燕適每寄嘯傲於此堂之後爲室蓋主人寢處宴息之所也室之後爲樓樓之上有琴有樽有圖有史肅然以靜幽然以深當主人賓客既退詩酒興闌心閒無慮身倦應酬則北牖南窗酣然一枕栩栩然翩翩然不復知身外有世何論一切故額之曰高臥去莊稍遠而西有水泓然者爲池架橋以渡則蔡氏之先塋在焉蓋念先世之積累而因以拓充示不忘也凡此皆世耕莊之大概予嘗一再至其地如入桃源迥然與人間隔絶如遊天台山都不作凡間想徘徊瞻戀不忍遽

去蓋我於世耕之義而悠然有會也方此地未開未闢之先庸知非榛莽灌棘之區爲魚龍蛇虺之所窟宅毒蟲怪獸竄伏隱匿人之行過是者方且畏避退縮側足而不敢前雖有嘉種將安所用其播植今一經蔡子之區畫位置遂變爲樂土而創垂燕貽之業皆於是乎存甚哉地不可以不耕而耕不可以不世也雖然吾將於是而更有進焉夫心猶地也嗜慾内起物誘外來無異於榛莽灌棘之蔓延毒蟲怪獸之踞窟也使不時加耘耔而拔其萌蘖其不易美種爲荑稗變良田爲污萊者鮮矣蔡氏之後人其尚蘉耨此方寸之莊而毋徒事彼疆場之莊則庶幾其有得哉

核舟記　王大經

子往時流覽明文小品見有所謂核舟記者云刻桃核爲舟作大蘇泛赤壁圖窮奇盡變疑於神工鬼斧讀之終篇幾不信人間擅此技能恨未得一見其物後下帷雉皋於高子帽雪篋端見一物取視之核舟也但核似爲橄欖而非桃初殊不覺其有異再從而觀之見有如許人物纍纍然知爲午日龍舟競渡圖因之復詳矚諦察爲目不瞬者移時然後盡得其工妙蓋熟視之而始辨其人物手足頭面及其所捉之器具又熟視之而始辨其向背攲側臥立蹲坐之體態又熟視之則又得其鬚眉毛髮巾幘褌襪衣紋帶褶之生動又熟視之則又得其豐癯老稚之容修短美劣之狀與夫瞻顧應接之神情蓋每視加詳而作者之精妙亦因之以愈出舟之爲形長不及寸之二分高僅可兩黍而載諸多人備諸多器妙能綽有餘地絕不覺有雜沓塡壅迫隘難容之意楚有學射於養由基者養由基曰子先習吾視而後射可學也爲貫蝨於髮懸諸窗隙令遠立視之每日輒移至於三月從百步之外而遙望所懸之蝨則徑寸之牖幾廓如宮闕而蝨若車輪矣刻是核者其心目之間豈亦同具如是之神力邪舟之首象龍頭之形額角鱗

鬣宛轉逼肖龍脣下有齒齒內有舌舌上承珠一粒圓潔欲滾空透於喉望之窅然而深髯生胡下者絲絲可析而捋也舟首立二人各揚旌招搖又一人壁立正中一足履龍角而一手撫其膝其一手反向後則旌拂其肩背而因以挽之也在舟之中央者爲蓬篛蓆覆之蓆痕縷縷如織下施雕欄玲瓏相通雕欄去舷稍遠細察之見舷內檻外有竅如戶牡者尙存似原有窗扇可啓閉者或歲久磨泐而脫然不可得而知矣蓬上二人其一側身偃臥翹舉兩足而仰其面若喘息狀似甚憊而徙倚以休憩者一箕坐援桴以擊鼓蓬之兩傍執橹以搖拽者左右各四人或仰而望或俛而聽或接耳而語或舉手而指或岸幘或袒胸雖均之持橹而種種不同蓬之後三人一人挾橈騎龍尾而坐植大纛而立者一人在其前俯瞟植纛一人者之背而鳴鉦者一人凡舟之人共十有六而丰神意態曾無有一雷同者焉凡舟之物共二十有二而精巧纖細曾無有一不入微妙者焉向下舟底稍平處署曰虞山王遠甫製其色墨又篆章二塗以硃而文不可辨則予目力之不逮也神哉技至此乎因是思之夫人之具心靈智巧凡有所營使皆神而明之如此也夫何患所業之無成而惜也斯人其

僅用之於技也設移此心而用之於道德將不難登周孔之堂矣用之於文章將不難據韓歐之座矣用之於性命將不難發程朱之鎬矣用之於經術將不難造董賈之域矣而彼皆不然語曰作無益害有益書曰玩物喪志是舟有焉充斯技也將使人心日趨於雕僞轉相仿效古初渾樸之意無餘矣詎不大可憂哉高子進曰然則毁之乎予曰毁之不如其存之夫夫也冀擅其聲於技藝之場倘不難造神奇變幻之若此苟學者志聖賢之道思以立德立功立言而其所以研精析微於理窟者致力不及刻斯舟者之細入於毫芒也是又出夫

夫下矣然則世人視之以爲奇技淫巧者吾子視之何必不可以爲法物也高子曰善

祭黃仙裳母郁太君文　王大經

嗚呼吾今日臨太母之喪撫太母之棺奠太母以生芻而竊歎吾仙裳之孝爲不可及也今與仙裳相聞者幾三十年初余讀仙裳之詩而私恨不得一見其人後聞仙裳讀余文而其恨不見余者亦猶之乎余也至丁未春仙裳奉老母攜妻孥來東皋就升斗之館穀以給晨昏余始得登堂拜太母而仙裳亦隨見其二子蓋雖訂交伊始而余兩人固已儼然有三十年素心之誼矣余之生也與仙裳同年月而特後一日故得兄事仙裳因得以母事太母而太母亦遂子視余也既而私怪仙裳

以三十年知名士交遊半宇內宇內名公卿如婁東合淝櫟下北鄉諸君子具人倫之鑒者皆莫不虛上座爭欲致仙裳以爲客使其稍裹裳曳裾亦奚難立取富貴而顧乃淹蹇窮年株守一青氈久而始知吾太母之敎有素而仙裳競競奉慈母之訓於不違爲孝子之至極也聞太翁之卽世太母年四十餘耳仙裳昆季僅各十許齡其時親師取友課藝會文之務皆太母經營督責之及仙裳譽聞日起名噪甚四方賢豪造仙裳者車馬常塡委閭巷截髮剉薦投轄閉閤之舉無日而不有而太母悉應之無倦顧獨不顧其子走功名之捷徑以故

與仙裳同學者往往聯翩掇高科爲當世顯官而仙裳猶然一老布衣仙裳雖老於布衣而仰事太母無慼色太母亦不以其子布衣而微有愠容且仙裳倘義氣重然諾嘗傾囊罄產以急桐鄉之難而家爲之落太母無幾微有介于中與白門顧與治友善與治死無後仙裳爲奉其木主於別室以配桐鄉凡此仙裳之高節偉誼悉本於太母之家庭漸濡以成就其德業故至於今遠邇誦仙裳之義者莫不知仙裳有賢母郁太君是仙裳半生豎立祇以顯太母之令聞於靡窮而不必決爲仙裳博一第雲䄔霞帔始足以爲太母光寵也然則太母

今日逝矣而有不與俱逝者歷年七十有八子又有孫孫又生子壽考福澤享有令譽而最難得者在有仙裳以爲之子仙裳不磨則太母不磨矣倘饗

禱雨文

王大經

維癸巳之六月我下民弗率逢天震怒降旱災於茲土揚之海陵諸下邑實丁厥厄維時川盡竭草木罔櫱萌蟲蟲滌滌禾則盡槁萎淘封守則徧索羣神虔洒祀値帝怒未回罔有應我下民用茲懼爰率多人生於斯長於斯非生長於斯耕鑿於斯及弗耕鑿於斯者士紳商農工賈咸畢集一厥慮祗厥躬將以是月廿有一日昭告於上帝惟帝好生誕降茲下民植厥生惟帝戕厥生惟帝我下民實弗穀自作不類於帝威我則有以致天之罰爾乃陰暘愆雨暘弗時若寒燠爽厥序始則試以

潦禾悉渰民罔由得食冀用懲厥志乃氓蚩懵弗瘠潦乃渰又弗悛今則重以旱授彼魃以攻命殃此一方億兆如在焚匪帝則忍此緊我民之慝我民今既受帝罰乃始覺自今以往罔敢作不類以逢帝怒以自速乃咎帝其霽乃威用蘇我兆民惟帝不念舊惡尙矜此衆庶罔賢愚同在疚彼有不率惡弗悔帝另降以罰賞罰則惟均惟帝其念之假我霖苗則尙有甦我下民乃有生其弗假我霖卽或錫我霖霈以日民則靡有遺始帝降下民惟好生今弗回厥怒以重困此革心之民帝則不好生帝亦宜弗忍天處高而聽卑凡茲所言帝宜悉鑒

之哉

徐母鄭孺人墓誌銘　　王大經

鄭孺人者歙縣路川徐居易公副室也居易年四十未有嗣元配程孺人聞鄭氏女賢遂聘納焉生子廖程鞠養如已出廖五歲程卒鄭號曰幸有兒以承徐祀孺人力也竟弗待兒成立邪哭之痛廖甫弱冠居易客死秣陵公素豪邁裘馬服御甚都而雅重名節一時人士及搢紳先生多傾慕之門外車騎座上琴尊無虛日故殁後無餘財鄭母清約自守辮纑課子深山茂林之內夜燈熒然嘗戒廖吾願兒學以明理不願兒階榮梯貴廖奉教唯謹讀書懷古潛身菰蘆衷無希冀守孺人之訓也孺人登耄耋精神逾健茆屋清谿菽水養志欣如也卒年八十有七子廖年已望七矣孺人生於明萬歷丁亥年正月二十一日卒於康熙癸丑年六月二十六日先是程孺人葬鄭村有宋鄱陽令徐公嗣宗墓在焉徐氏遠祖也至是廖奉鄭母卜葬於其左盍與程母生死相依云銘曰

兩母共穴實同一子但衍徐宗何分我爾程兮鄭兮母兮母兮

復費此度問喪禮書　王大經

大經白此度足下聞此度名藉甚稱此度者皆謂此度詩古文辭直欲頡頏古人此其自命不小獨恨枯守一隅未獲識此度之面與此度把臂聯牀一快譚天下事耳頃更留心典制欲然以喪禮下問嗟乎喪禮道廢世之不講久矣非仁孝豪偉以名教爲己任豈能慕古斆俗毅然求其禮之正者而守之哉來示謂古禮與會典不同然先輩有一定之稱今家禮只有孤子哀子孤哀子而家禮所無者後人妄以己見爲稱宜考隆萬間先輩所行以補之甚善甚善愚謂古人制禮本緣人情郎

起古人於今日亦不過斟酌損益於人情之間故曰禮非由天降非從地出人情而已矣雖隆萬間先輩所行亦有合有不合未可悉依以爲據至於禮記中喪服小記祭義祭統多出漢儒之雜惟儀禮猶然聖經而情文不備故後世考古者無所折衷今就明問於每條之下各疏所見惟此度採焉明問禮父歿有繼母前母繼母俱有子古何稱愚以前母之子宜避繼母之嫌而去其哀子之稱蓋繼母亦母也亦宜服三年亦宜稱哀子故當其生存而嫌不敢不避惟前母之子在母喪中未及終三年而臨父喪則與繼母所生之子異稱焉可也異稱者或兼稱曰孤哀或止稱曰孤蓋各據其見在所遭而道其實也明問父歿數日後祖父歿古何稱祖父歿數日後父歿古何稱愚意二者均宜稱承重孤子喪禮孫爲祖父正服祇朞年父歿則承重若父歿祖父存而祖母歿者厭於祖父禮不得承重宗孫庶孫不得爲祖父承重雖庶孫當爲父後者承重夫父歿孫爲祖父承重者以父當爲其祖服三年今以歿在先則未得盡其情未得盡其情則是爲父者不得其子之報而爲子者亦遂不報其父生者死者均有遺憾於其心非所以教孝故令爲之孫者代爲之服以申乃父罔極之思也云

爾傳曰夫孝者善繼人之志善述人之事孫爲祖承重則代父報祖固所以成父之孝而成父之孝即所以孝於其父也故二者均宜稱承重孤子但父歿在先者先除父服仍服承重以終祖父之餘日其未除父服也稱承重孤子及乎既除父服則但稱承重孫已爾祖歿在先者先除承重仍服父服以終其餘日其未除承重也稱承重孤子迨乎既除承重則但稱孤子已爾然此其自稱於靈座神主之前者爲然也若逾乎三月而概施於交際亦只宜如近世一制字可耳蓋終喪王制也承重亦王制也故但一制字可概之又何事過爲區別乎

至於祖母歿數日後父歿祖父存孫既厭祖父而不承重則稱之朞服孤子夫豈有議焉若無父之庶子嫡母存而遇生母之喪斟量其稱亦曰不孝子而已禮父妾之有子者衆子爲之服緦麻言衆子則嫡子亦在其中矣嫡子且爲之服緦麻則衆庶子爲有子之庶母服緦麻固不問其嫡母之存與不存也稱名於古無可證即渾稱緦服似亦無傷耳凡喪服之得以其人存亡異制者獨指三年大故有關尊卑名分者設耳外此則無庸禁矣所以不必問其嫡母之存否也最後乃問及於繼續之一事謂爲人後已生子而其本生父母無他子復

歸宗所生之子未同歸宗而爲所後之人之孫若所後之人歿歸宗之子見存而所生之子爲人孫爲後之人又無他子古何稱愚則直以一言斷之以當同歸其宗而已矣是何也業出繼爲人後本生父母無子而禮得許其歸宗者不忍絕其本生父母而嗣他人也使此歸宗之子而有二子三子焉於其所生所繼分嗣而兩傳其緒是誠情禮之允當者矣若止一子而乃不挈之同歸則其本生父母仍絕無傳也又何取於歸宗哉然則如其嗣父何曰父子同歸而姑留其子以終所後父母之養俟其歿而殯斂葬祭以禮焉至於服則一準乎本人親疎之當然如絕遠無服則但素服以襄其事所後之人大率爲其祖父行有服則稱某服姪孫某無服則直稱姪孫某事竣而後返其宗是亦恩義兩全之道也來示又問麻冠衰衣服滿藏何處及父在子歿有孫立主否主祔廟否按喪禮第四日大斂乃成服朞而小祥設次陳練服再朞大祥設次陳禫服服除斷杖棄之屏處杖與麻冠衰衣固類也杖可以斷而棄之則服終之麻冠衰衣非古人之所重也明矣其言杖而不及麻冠衰衣與練服禫服者非略也言棄則可惜言藏則貯之無用非若祭冠祭服之當致敬而守也故不若闕之以

聽後人之自便已耳古人既葬皆題主使父在而孫不得爲子立主神於何依乎但止祀於家而不得祔於廟廟也者祖宗之所在其父四時當祭告而其子之神主儼然据其上其謂之何必俟父歿而後祔廟焉亦禮也愚所見如此非敢謂於禮有當遂深信而不疑特不欲虛明問故據臆直抒其管測以備採擇爾若有好古博學深悉典禮更有加詳於此者愚雖不敏願竚俟明教以匡我不逮幸甚草復不盡大經頓首

書自撰韻辨後

王大經

余乙未年館王其出宅上授其二子詩教之以專習音不得雜以韻爲其難識且恐亂義也其出初甚然余說後年餘忽向余發難曰小雅示我周行似當遵註讀周杭余答曰吾之所習者音也若讀作杭是又叶韻矣周行遵叶則當全詩皆遵叶集註俱在也卽宜讀曰呦呦鹿芒食野之旁我有嘉邦鼓瑟吹桑然後可其出曰顧麟士詩經說約一書專留心於韻因出說約相示曰麟士說詩較有理謂此章上四句自合以鳴苹笙爲韻下四句轉韻乃以簧將杭爲韻古人長詩類轉韻蓋至今

猶然觀此則又何必叶鳴爲芒叶苹爲旁叶賓爲邦叶笙爲桑乎余曰麟士論韻自宜爾余不論韻故不宜爾也其出曰韻自不可廢考之詩韻簧將杭字在七陽若讀作行行字在八庚爲出於韻矣余笑曰沈約作詩韻在何時孔子删詩在何時沈約之韻且不得以之繩漢魏之古體而以之律商周之雅頌乎其出曰註既叶杭雖讀周杭非過也余曰此章周行叶周杭讀杭誠非過然則三章和樂且湛註叶湛爲沈子不讀沈又何也且註於全詩之叶者甚多也子於全詩悉不遵其叶何以於此一字獨遵其叶乎其出無以應則豼然而起曰盡人皆讀曰周杭而一人獨讀曰周行則是私作聰明以亂聖經耳余哂其强辨默思此非口舌之所能勝也因退而著韻辨以相正

讞鴨辭　　王大經

歲甲午蒼崖老人下帷於閭人氏之圃主人有鴨一羣資其卵以易油烹飪之餘又以供老人之夜讀久之油缺燈火不繼遂至闇坐正爾幽寂忽聞有聲嘈然漸近余所迫而眎之羣鴨在焉老人顧而責之曰嘻爾來前聽予言爾實有罪予正爾罪爾尙不知避而來我側先數爾罪後正爾刑庶予用法可服爾心方予初至見爾羣遊或三或五載沈載浮始爲爾樂旣爲爾苦謂朝遊於沼沚將暮調乎鼎俎後見僮穉孳孟而走去則有卵來則有油甫知主人之廚待汝而供書室之燈待汝而明

短檠夜對口吟手披緊爾之功我不爾遺奈何無恆忽然中歇卵不冬生燈遂夜滅無螢可囊無光可窺無雪可映無藜可炊瞪兩目而莫視棲一心於隱微不能黑甜徒然冥坐或俛首而沈思或隱几而假臥寒風栗栗活眨陰山夜氣漫漫生遊黑獄不縲絏而幽囚非腐刑而蠶室非無朱提主人之寶破鉛事大黑坐事小亦有青蚨可以往沽旣入囊中其能舍諸惟爾所生得於意外用以易油庶幾無害爾忽不生貿油無從夜燈不張盡室蒙蒙手不能披目不能識審音聲以辨人循門屛而貿物感主人之多情念闇坐之不堪夕陽未入請濯請盥謂天實爽帷中差暖勉强解衣更長不寐四壁風來寒侵枕衾縈緒千端身如轆轤披衣起坐四顧躊躇一室斗寬茫無窮際還顧此身不知何處犬吠於戶鼠齧於牀孤雁宵征哀聲嘹喨入耳悽心中宵茫茫其誰無情堪此悵怏凡予所苦皆汝之戾汝罪旣甚予不汝貰豈主人之不虔實爾曹之遺毒使卵生之不歇奚至罹此慘酷行將礪吾之劒斷汝之頭剖腹出腸煎脂取油因惜一卵致戕厥生以小害大孰重孰輕爾勿予怨繄爾自取爾誠有知當伏厥辜老人言已拔劒將斫鴨忽引頸戛喙張翼而前作人言以答曰適蒙君責實予

之愆君怒方盛予不敢前雖亦有罪而不盡然予類十數朝乳夕孳晝遊於河夜宿於棲日拾予子可五六枚持以入市易油而歸可以充庖廚之烹飪可以燿書室之牀帷維春與夏魚鰕滿河予得飽食生子常多方今水冰予無所食腹不能充卵於何得必如君言以爲予辜是無米之可炊而無乳之可哺此理所無奚責於我且夫需油之家比屋皆是未聞盡人惟卵是資貨油之賈殆不可數不聞貿遷非卵不與學舍書齋所在都有豈其膏火必卵之求君夜燈之不張實惟主人之咎曾於此之不察輒於我乎是尤況乎君室則闇君德甚明

甯因無火遂掩君能君室自昏君心自昭胡不收眎返觀内照君室斯黑君操斯白涅不可緇晦胡能辱君室甚昧君行甚彰屋漏不愧暗又奚傷故雖晦君之室而不能晦君之德蔽君之身而不能蔽君之心操之既白室奚必於不黑行之既彰室奚妨於不光若夫信節昭昭情行冥冥外飾皎皎中藏汶汶貌雖燎燎心常涸涸面目可見衷情難問此孰得而孰失果何益而何損予嘗叩君之素窺君之情雖處幽獨無異大庭志無間於隱顯心罔隔於幽明斯皆君之大致甯藉力於微生是故秉燭焚膏實惟下學之事冥心默會斯誠上達之情

先生既進於此矣又奚俟藉明於燈哉不謂君怒遷及異類斧鑕之膏予不敢避爲主人而伏辜雖九死其何悔老人聞言悵焉失措舍劒長揖頓失其處起身覓之不見其迹舉目陰陰依然四壁之昏黑

紀物篇

王大經

鹽城宋氏有乳犬產三子爲三家乞畜去母犬戀其子每日輒往遞乳之子犬長能識家亦數來顧眎其母久之犬母老而瘺又甚則毛脫皮潰眠臥弗能起沾濡淋淋然三犬者則互相爲舐日夕口致食爲飼及且死三犬依其側嗚嗚作泣聲是知報本者其後子犬每聚嬉遇他犬嘷其一則其二率怒相助如急難然

西溪泰山有古樹雙鸛巢其枝有狡童戲探其卵而潛易以鶏子雛出鷇弗類也雄疑雌有私日啄而喧之不休雌無以自明懸頸於樹枝而死以示其弗辱雄痞其

冤也曉夜悲鳴於其傍哀音淒唳聞者弗忍聽凡數日亦不食而死蓋甚自悔其負之也

姑蘇市上有乞人弄獼猴覓食一日乞人死猴守其屍弗去伺道上行人過銜衣以丐錢度且足則聚錢往棺肆眾解其意爲殯斂舁郊外掩之猴隨往撮土爲封訖仍返市上乞人死所跽丐錢如故衆異之姑擲錢冀觀其所爲錢既多乃悉市柴薪積如廪然火熾薪躍身投烈焰中焚死猴以身殉古未之聞也一市人憐之爲幷瘞乞人傍别爲封表曰義猴冢

論曰犬吾聞之宋射陵鸛吾聞之沈亦季猴吾聞之曹

天尹三子者其皆有所感而言之與吾因揭以告夫世之人

王石袍先生傳　　闕名

先生姓王氏名大經字倫表號石袍一號待庵居士又號修水子原籍江西南康父本部始遷於東臺之安豐卽家焉娶李氏生四子先生其季也幼育於姑之壻楊遂冒姓楊氏長乃復其宗頟方頤多髯風骨倜儻五歲受父書有宿慧聞父與諸兄講解經義輒能記誦八歲父以貧老二字使賦詩應聲曰腹有珠璣貧不礙性如薑桂老何妨父奇之語人曰此兒後日當能勤學立品余有子矣十一歲習科舉業每拈題沈思默坐及得意疾書篇成無可加點者人謂王勃腹稾明崇禎閒兩應童子試爲執事抑其時以家貧驅去沈於市肆者六七年至年十八九始復肆力於學專精考注通六經子史百家言爲古文辭邑之大著作出其手者居多一稾甫脫江南北交相傳寫焉吳陵陸元升觀察稱之曰寸心以內有千古一卷而外無百年非虛譽也先生旣讀書負大志嘗誦范文正先憂後樂之言而遭時多故乃韜藏伏匿不復思見用於世昭陽李映碧中丞吳陵宮紫陽太史皆奇才鄙夷一時獨引先生爲忘年交於是名益重　國朝康熙辛亥靖江令鄭山公徵修縣志十八卷越明年泰州分運汪芾斯徵修中十場志十卷書成

自號蘆阜逸史侍御魏雙鳳巡鹽兩淮目先生爲當世軼才敬禮之會甲寅　朝廷舉徵辟之典侍御以先生薦辭不就太僕卿郝雪海嘗見先生文擊節賞曰此殆氣彌宇宙學貫天人者乎將薦戊午鴻詞科海陵陳菼庵射陵王笏長亦以書勸行先生又不可先生客邗江運使崔蓮生慕其才試之立就千餘言崔讀竟歎曰經濟才也延之幕中凡民生休戚政治利病多折衷於先生州牧段玉川分運張蔚生輩屢造先生廬或贈以金帛先生日安窮約久矣無所需此卻勿受其耿介如此居家孝友內外無間言不妄交惟洵上沈亦季雉皋邵潛夫昭陽顧成之海陵黃仙裳河東李又仙與之遊生平以名教爲己任故其詩文於忠孝節義國是民瘼所係尤三致意焉講學以宋儒爲宗教授生徒不厭不倦游其門者如陸椿齡張藻陳鳳皋徐發荄輩皆名噪一時晚年築堂於洵水之東顏曰獨善著有周易釋箋毛詩備考三禮折衷四書逢源錄史論字書正譌醫學集要柳城塾課茗罏續編皆散佚惟文集八卷藏於家年七十二而終無子以三兄大宗之子子雋爲嗣門人私謚文介先生

海陵文徵目次

卷十五　國朝

吉祥相跋　前人
跋周櫟園先生書影後　前人
與袁籜庵　前人
與劉津逮　前人
與孫豹人　前人

海陵文徵卷十五

鄉後學夏　荃退庵輯　陳寶晉守吾校

請開經筵疏

陳忠靖

臣竊見今日寇盜未靖財用不充黔楚用兵閩粵多事且中原之內地荒民貧河水橫流連年爲患加以南方奇旱北地霪雨種種可慮治平尙無成效此正　皇上宵衣旰食之時諸臣夙夜盡瘁之日也伏讀閏六月內　上諭云　朕朝夕乾惕冀迓時和又曰　朕當一意修省祗懼天戒臣愚以爲遇災知儆徒言修省尙屬虛文若不速開　經筵於前代所以格天勤民之學實實講求則雖　深宮虔惕日昃不遑而於　君德治道終爲無裨益　君德不日進則必日退義理治亂之言日疏一日則聲色逸樂之事必日親一日卽　皇上萬幾之暇未嘗不讀書稽古然而　聖主聆言察理大臣因事納忠皆於　經筵是賴非徒詞詁訓章句遂云所學在是也臣又讀五月內　上諭云著工部卽將文華殿作速起造以便講求古訓似有一刻不容緩者繼又以司空告匱暫許罷工是文華殿一日不成則　經筵一日不開卽使來歲必行建造而臣聞大禹惜寸陰豈容姑待來日　乾德剛健當與日俱新如此因循恐非汲

汲求治之盛意也伏乞　勅下內三院會同禮部議於
太和殿前後左右隨便擇閒曠殿閣一處酌定每月講
學日期令輔臣講官盡心啓導原不必效前代　經筵
故事必欲儀制畢舉以爲美觀則天下幸甚

請蠲逋救荒疏　　陳忠靖

臣鄉萬分饑饉籲懇速蠲逋負以救倒懸以早沛　皇
仁事竊照江北屢年奇災逐經督撫入告臣何容再贅
惟是臣係江北人所聞最眞最確有不敢不爲民命急
請於　皇上者則以逋負有萬難並徵之勢惟速　賜
蠲免以當　恩卹庶於殘黎有救也臣聞江北貧民有
一家數口饑寒難忍竟相率而投繯者有父兄不能相
顧竟哭別而各自流離者至於賣子鬻妻抄化乞食種
種情形又有鄭圖難繪者矣民困如此即本年額賦尚
折骨難完而猶欲追徵數年之積逋則非擠之塡溝壑

即驅之爲盜賊矣與言及此不覺有傾淚數斛者莫非
朝廷赤子頃者　畿輔受賑相慶更生江北一塊土
不敢望發　帑之仁臣請即以蠲數年之荒欠副另行
恩卹之　旨或亦　皇恩之所不靳也昨臣辦事垣
中見總漕臣沈文奎江北極荒望救一疏求免八年以
前積逋期以九年爲舊欠每年帶徵二分情詞迫切業
蒙　俞旨下部核議臣實見江北九十兩年災荒更倍
往時兼以去冬積雪凝寒二麥凍傷今春夏苦旱秋成
尚未可知若再帶徵舊欠在有司深畏考成勢必前後
並徵極力追比敲扑徒毆積欠如故臣不知煢煢孑遺

將何所底止矣伏乞　勅部並議槩與蠲免臣不勝激切請　命之至

請恤刑獄疏　陳忠靖

臣辦事垣中見刑部湖廣司郎中劉芳聲行蘇理沈獄等事一疏奉　旨著察議承問各官又　勅各督撫及問刑衙門一應獄情文卷未結者務作速審明不得延緩欽此仰見我　皇上好生至德雖解網泣罪不是過也但沈獄之弊積非一日而蘇理之法貴遣專官有不敢不急爲　皇上請者凡外省大小獄情有或經督撫批奪而廳縣不敢翻成案者有或經前官審決而後任模棱其定局者又或衙蠹叢奸捺案以致拖累歲月者總之事無專屬時無限期所以有案已決而仍未京詳

案未決而並沈獄底今蒙　聖諭勅督撫及問刑衙門作速奏詳臣以爲督撫所司有兵馬錢穀等務不止問刑一事雖嚴行督催勢必由州縣而道廳上下往返動經數月恐終不能起十年之積滯而使之立清也惟速舉恤刑之典方有實效耳蓋恤刑京官也既非原審承問衙門自無瞻狥且責有專屬又有限期報部自無稽遲查恤刑之典昨歲奉　旨著十二年舉行臣何敢冒請但盛典既在必舉何妨早行一日使奄奄獄底之民蚤沾一日之　仁否則一歲之遲有死於囹圄者有死於桁楊者待　皇恩下曁之日恐含冤地下者已不能

復沐浩蕩之　洪慈矣伏乞　勅下法司速揀清慎廉明司官題差恤刑早沛　膏露其於　皇上如天之仁非小裨也臣刑科也凡刑名所係臣得而言之倘管見不謬伏祈　聖明裁鑒施行

與客　張幼學

夫老死鄉曲達士所鄙顧遠游之難亦不可不知也風霜雨雹來集無時難在天崎嶇險阻風波盜賊難在地至于人情詭過山魈毒逾沙蜮其難有倍于天與地者而吾人以一葉之輕漂搖振蕩于中不幾以父母之身試于摧枯振落而無難者乎浮雲落日人生有涯孟氏正命之旨諸葛靜儉之說蓋不可不三復云

送曲沃令序　　陸舜

縣令爲古天子牧民之寄益重之也故伯之次有牧牧之下有監監之下有守守之下有令維令與民獨親而其任亦獨繁且鉅故天子益嘉賴焉今公之令曲沃也以贛令補其令贛也値金兵蹂躪之餘又接壤粤東南征之師如更戍焉南贛故上游地貨財甲天下爲豫章一大都會而一擾於金再衝於粤遂致城郭破壞人民流散里俗彫敝大反於有明盛時公至甯輯其人民增修其城郭招集而安全之不惟不至無贛且幾幾有贛全盛者公之力也贛距江南數千里余挾歲又復留都

下顧曷從知之而信之然豫章仕者多君子游吾鄉且接軫京洛類能爲其鄉之邑大夫良有司頌德政首公故余及知之而信之且公先贛爲吳陵尉吳陵者吾鄉也其爲尉賢故知其爲贛實賢而今且令沃固非儻然衢之尉吳陵以令贛者哉公令贛以憂去服闋補官枚得沃銓郎疑之奪使更枚之尋復得補者驚羨而公之客咸賀曰沃爲財藪願公得令茲土廉亦富矣且枚之至再而必得鬼神亦將有意於公乎公曰噫吾之視沃猶視贛爾沃故絳地兵革以來大創傷矣鼎新而後稍能安集民聊以生今茲方澤鴻而郊烏之相依爲理未能無罪而啓倖心爲民父母之謂何邑貧令之憂也於邑何求邑富邑之福也於令何與吾無以需沃吾有以謝客矣陸子聞之曰公言及此沃之福也吾無復相勉矣獨其枚之至再而得沃者客祇知爲鬼神福公而未知其所以福公之意也鬼神將愛沃人而畀之以公豈獨以利公爲哉福公所以愛沃也愛沃所以利公也公言及此沃之福也願公始終毋忘今日之言沃其有厚賴乎吾將俟公以循良之詔矣相與顧謝驅車去

獨善堂文集序　　陸舜

人知文章出於薦紳先生而不知出於布衣高士也蓋薦紳先生之能爲文章取富貴而止耳卽有傳者百不得一人焉而布衣高士其事簡其氣約其心澹其志醇其學專業精其値於境習貧故其力於文益工此牛馬走下室而著史記執戟登閣而草太元少陵七歌而爲詩日進平子四愁而治賦獨精也然則布衣高士其與薦紳先生爭此壇坫久矣顧薦紳先生之傳則易而布衣高士之傳獨難王子石袍所謂東海布衣高士邪王子豫章士而實產海陵之東淘其讀書好古下帷而不窺園者有年矣故爲文章駕韓而馭蘇若曾歐李柳諸大家且以爲口吃而舌强者流己出其集以示余蓋爛如披錦焉究極所學則原本六經根柢史漢唐之比偶且不足齒矧其在三晉六朝而下者乎故其炳烺如日星其滂沛如江河其清潔如冰雪其絢爛如銀漢一言之披駁如抽繭剝蕉焉一氣之瀠洄如發風湧泉焉筆墨之變化理窟之勃萃體裁之高妙篇幅之瀚演可謂至王子之文而極矣王子之文而至此極者又豈非以其窮愁而工者哉王子食貧於舌耕冬夏一裘葛而止寸心以內有千古一卷而外無百年出其聰明才智心思日月不以供他事而獨發爲文章利名若漚泡富貴如草芥也王子亦何幸而不爲薦紳先生而爲布衣高士者哉雖然天下之爲布衣高士者必如王子而後可稍不如王子者又安可自托於布衣高士而遂驕語薦紳先生者哉昔魯仲連東海布衣高士也高蹈溟渤以義俠而能文章千禩而後鮮嗣續矣王子其流亞歟何人地之相同也

方白英鄴隱園詩序　　陸舜

魏武殺德祖才人以爲恨恨其嫉且毒也咄哉生我爲阿瞞幾何其不嫉且毒吾亦殺德祖何恨乎阿瞞然才天之祕寶也人之私命也我推之不離人奪之不去人殺我才已隨我死不能生我才于人我殺人才又隨人死不能生人才于我然則老瞞殺德祖並殺其才也既殺德祖才又失一德祖究不爲我奪不如生德祖勿使後才人以舌殺老瞞余里白英方子楊德祖才士不少老瞞也其殺白英乎其生白英乎咄咄白英一才命生死寄人手詩其一班已

性論　　陸舜

性有體有用體一而用殊體稟天而處天無智愚貴賤之別故一也用乘氣而動氣有陰陽淑慝之分故殊也然則不特非其體殊也並非其用殊也用之著於氣者殊用之牵於性者仍一爾水之冽泉而出也其源則淸自其幽折散落泥汚之間乃有濁焉謂其源則已然豈流水之本哉然則並其所謂物欲焉者後天者也習也非性也不必辯也所謂氣稟焉者先天者也非性也似性者也宜亟辯也孟子之言性善去氣稟而言者也荀子之言性惡專言氣稟者也楊子之言善惡混兼性與氣稟而爲言者也韓子之言品有三上焉者言性中下言其氣稟也其引孔子曰唯上智與下愚不移孔子亦言氣稟也非言性也子貢曰夫子言性與天道孔子言性連於天道矣謂性不皆善將謂天道亦有惡乎哉且孔子曰性相近習相遠吾不謂其善與惡相近且以習指善言也告子之說反荀孟可善不善之或說近楊子有善不善之或說近韓子而失其中要皆雜言氣稟也孟子祇言性故其說是荀子祇言氣稟而不及性故其說非其他諸子言性而兼言氣稟故其說是非參而說者曰性之乘氣而發也猶火之寓煙而出也煙有輕有

重重亦不至遏火之明氣有清有濁濁即何至掩性之善乎余曰噫正如火然煙輕則火明稍重而火明暗半煙重則火暗而失明矣而究之火體之本明者則同則性體之本善者亦猶夫是也儻必謂人性有善惡將亦謂火固有赤黑乎且夫聞有瞽瞍而底豫傲象而克諧者矣卒未聞堯舜之變而爲桀紂夷惠之易而爲蹻蹠者可知性之未嘗以惡爲宿而必以善爲歸也何也本善故也

四皓論

陸舜

處士而盜虛聲秦漢之閒多有之彼四皓者不知何許人也傳聞隱商山年皆八十餘鬚眉皓然衣冠甚古夫抱道而老不爲世資其隱君子流歟漢高帝欲立戚夫人子趙王如意呂后恐與張良陳平輩謀謂有商山四皓者帝每欲召見不果致爲召侍太子帝見之知爲東園公夏黃公綺里季角里先生帝輒以爲太子羽翼已成卒寢廢立之意蓋四皓以高帝輕士嫚罵孝惠賢明仁恕故不應帝召而應太子之招誠有道者言哉雖然四皓誠有道爲隱君子者秦楚之際入山恐不深入林恐不密矣謂高帝不能致而孝惠能致之邪彼不事王侯高尚其志且廢君臣之義肯與人父子之閒邪抑高帝不能致而孝惠能致之實良平輩致之也良平輩能致之則四皓者直良平輩人也應奇計而出抑戰國策士之遺邪侍太子而後卒無所表見且不知所終得毋詭借名氏以愚好名之主歟則四皓者四老人耳匪眞商山四皓也

于謙論　　陸舜

謀人之國家於危急存亡之秋不得已而倡社稷爲重君爲輕之説以致去危而即安瀕亡而得存此於國家有不世出之功而卒未免貽一身以一旦不可測之禍讀史者未嘗不咨嗟太息於其際也明正統已巳土木之變少保于謙以爲太子監國不若郕王居攝既且迎立而即位焉其意或謂正統父也太子子也父子之親必急迎復之舉昔宋高宗南渡徽欽北轅日事迎請而卒不得於金今計出此不幾復蹈當日宋君臣之故轍哉惟擁立郕王則國有長君社稷賴之且將示以别立

新君有不復迎請舊君之意則乜先之覬英宗爲無所緩急焉故反有市恩送歸之舉然其苦心妙用爲謙一人獨得之見而未必合乎景泰之意且並不能遙諒於正統之心後此乜先日望其迎復而明之君若臣反絶意不及迎復焉是其始之詭爲不迎復者謙爲之後之果不欲其迎復者實景泰爲之也景泰爲之而謙卒無如何而不能復爲之計矣以故王直奏請迎復而景泰不懌謙遂不得不曰大位已定孰敢有議乜先以復駕爲名直偪京師謙亦不得不曰中國有君駕其無復此雖一時權辭以紓景泰之怒而阻乜先之謀而顧爲新君之所眷即安得不爲舊君之所銜哉前此景帝既立即不能不故遠上皇後此上皇雖歸其勢亦不能易置景帝夫何迎拜持泣僞爲推遜而卒送之南宮此雖景帝爲之而非謙爲之然觀後上皇復辟之詔有幽閉易儲之言是上皇一日不出南宮未嘗一日忘景帝而即未嘗一日忘謙也迨後丁丑正月景帝寢疾大漸之時紛紛議立漫及襄藩而徐有貞石亨曹國祥輩且將遵太后懿旨奉上皇復辟爲謙之計正可於此危疑改革之時思作轉禍爲福之舉則即不屑與徐石合謀而身爲本兵國柄在握何難奮臂而起迎駕南城反以奪門

之功委諸他人而自爲一一無所事之人哉即或以爲上皇在北初不迎請此時迎請復辟未必遂得上皇之懽心顧上皇亦人情耳初不議迎復即未免讐謙而卒議復辟或亦未免德謙耳儻疑上皇即復辟而亦未免讐謙則不迎請亦罪既復辟亦罪耳顧不復辟之罪之卒不可解毋甯復辟而其爲功爲罪爲誅爲賞尚有不可知之數者哉矧後上皇復位曹石羅織詔獄已成上皇猶豫謂謙曾有功或亦即謂其當日立景泰保社稷之功耳英宗哲后也使謙而出之南城復以帝位即始終奏明其所以立景泰之故而詭辭不事迎請者正所

以爲宗社生靈之計以安全太祖太宗宣宗之天下而爲皇上今日所以得也先送歸復位之機則上皇與謙君臣之閒嫌疑盡釋而卒成泰交未可知也且卽不計上皇之復辟亦當議及沂王之復儲卽襄世子之金牌符勑尙在宮中謙未必與王文謀而亦未聞有一言之及沂王之當復爲太子而當立者夫始也景泰之易沂王而立見濟未見謙之力爭卒也有議及迎襄世子而不及沂王亦卒未聞謙之定策是其父銜之其子亦銜之矣夫人而爲人之父子之所銜而復加以奸黨之所嗾抑又烏能善保其終者哉嗚呼謙皆見不及此徒令

有貞以無名之對進亨輩以意欲二字之獄成卒與王文及閹人王成舒良等俛首無辭戮於西市王文已矣爲于謙者豈不惜哉雖然謙之罪卽難見原謙之功終不可泯受知於景帝而見白於與安已巳丁丑本末始終之閒謙誠有萬難處置於其閒者可慨也夫

弭盜策

坒　舜

王者之治天下也太平無事之日臻而寇賊奸宄之不作誠上理也雖然物不能皆麟鳳而無猛鷙人不能皆夷惠而無蹻蹠是固不能使天下之人之皆良百姓而不爲盜所恃上之人之有以弭盜而究歸于無盜而已矣今夫天下卽晏安也而未免有殺人萑苻者矣而未免有膾人東陵者矣而未免有稱豪綠林者矣而未免有弄兵潢池者矣如是安得不思所以弭之然而弭大盜易弭小盜難大盜如斬木揭竿之陳勝吳廣也如赤眉之劉盆子也如黃巾之張角也如燒香聚米之劉福通韓林兒也如販鹽之黃巢王仙芝朱清張瑄之屬也

其醸禍有自其激變有由其稱亂有方隅其盤踞有巢穴爲之興師振旅摧枯拉朽以大敵臨之可以使之立就撲滅而不得以復振若夫穿窬之行漸而爲梁上之謀饑餒之餘積而成嘯聚之族其興也勃焉其亡也忽焉乘人之所忽以爲聚散故往往出于不可測大盜成其爲盜故弭之有方而可以立殲小盜爲其不成盜故弭之無時而不能遽靖然而弭之固難因其弭之之難而弭之抑又不可以不亟弭之維何是在擒勦之權而寓撫綏之術鉤致之法而行化導之方而後可以言弭

張敞之治京兆而以赭汚衣裾虞詡之治朝歌而以彩綫縫裙則擒勦之權也趙廣漢之治三輔而設鉤鉅王溫舒之治關中而設缿筩則鉤致之法也尹翁歸之治扶風而以知主名龔遂之治渤海而俾其賣劍而買牛賣刀而買犢則撫綏之術化導之方也操此數術不惟得盜之勢而并以得盜之情不惟得盜之情而且以得盜之心夫至于得其勢與情與心矣而尚不革心革面惟我是歸而猶相率而爲盜豈理也哉雖然言盜于今日則猶有難焉者有東南之盜有西北之盜則又以爲弭東南之盜易弭西北之盜難東南之盜多出于饑寒

西北之盜則皆出于飽暖出于饑寒者不得已而爲盜出于飽暖者則大得已而爲盜其情之苦樂不同其勢之强弱亦特異彼夫東南之民或苦征斂或苦水旱或苦疾疫或苦兵火衣食不足則禮義蕩然則足其衣食仍然一禮義之民而已矣故偶爾饑寒則民皆迫而爲盜使之飽暖則盜皆反而爲民若夫西北之民負質剽悍金革素衽以弓馬爲長技犯刑憲如飲食故往往有紈袴之子尚氣之徒其始慕爲任俠如朱家郭解之流其卒流爲大寇爲田虎宋江之屬則東南之盜兼用撫綏而西北之盜專用擒勦東南之盜兼用化導而西北之盜專用鉤致是在嚴馬禁併嚴弓矢之禁用保甲法併行之村堡之間而後可言弭也今馬禁已行矣從而加厲焉而後取弓矢之禁與夫保甲等法行之秦銷兵非策也而獨用之以治響馬則盜無所資宋王安石保甲非法也而節取之以治響馬則盜無所容予以甚窘之勢而不復有能逞之形驅之自絕之塗而亦未嘗盡塞其自新之路則響馬可以去而西北之盜漸息西北之盜息而東南之盜不足憂矣惟當事其採擇焉

雲山晦冥海濤怒立其亦可以自豪而無羨乎當世之富貴利達則南陽生之識賞良不誣也

邱柯邨詩序

鄧漢儀

憶壬辰客京師與諸城丁野鶴先生寓僅隔垣先生每于薄暮拉余入諸貴游家登堂大呼閽者不敢禁主人聞其聲輒倒屣迎命酒雜入座野鶴縱談詩及里門人物則亟推邱海石先生曰天下奇士也邱先生晚得高要令弗就旋捐館令嗣柯邨負異才于書無所不讀能取進士第爲江右撫州推官將貴盛矣已而奉裁循例補黔之施秉縣縣固在蠻荒瘴癘中君不鄙其民而教養之四年有成績擢水部忽滇中難作君移家入山旋冒風波虎豹之險閒道東歸則生平壯氣略盡爰閉門涓上讀書耕稼以自老所爲詩悲歌慷慨沈鬱頓挫聽者如聞伍員之簫雍門之琴高漸離之筑爲之裴徊感歎而不能已丙寅秋來訪舊交于淮上特棹扁舟訪余于鑾江出詩見示余讀之驚喜奇奧險怪偉麗清深無所不有總以發抒其胸中抑塞無聊之氣蓋得騷杜之深者然使柯邨登樞要揚揚呵殿于長安或擁節萬里爲鎭撫重臣詩雖工亦不能振拔如是惟余遭罹兵革久處困窮爲詩亦不肯苟且以悅俗故見君詩不覺有針芥之合焉余旣登君之作于詩觀詩品而復勒全詩以告當世君歸東武攜此冊登超然之臺而讀之將見

耐軒集序

鄧漢儀

余選天下名家詩竟而獨喟然歎折於張子桐僊之詩或曰天下大矣能詩之家衆矣郎以同里論工爲詩者不下十餘家而獨歎折於張子桐僊何與曰是非汝所知也夫詩道至大三百篇中列國之治亂繫焉民生之愉戚關焉上而揚祖德箴君過下而賢士贈貽僚友諷諫以至行役征夫里巷婦女莫不各言其情而朝廷采之被於管絃而不廢詩顧不大與近之爲詩者多爲細瑣柔曼之音甚而香奩昵褻麴蘗荒淫靡不播之篇章矜爲麗製詩道之卑於是乎不可問矣張子桐僊澹泊

甯靜久以斯道自期許未嘗亟有求於天下一切宮室田園輿服狗馬歌舞博弈之樂皆弗與焉而獨上下千古專精於讀書其所爲詩大抵憂時憫俗懷古景賢敦本念先越國過都之作諸凡淫哇之詞皆所不涉余讀之而不禁流連三復謂深得三百篇之旨者莫張子若也乃張子恂恂時訪予於委巷之中樵蘇不爨劇談終日而不倦何其懷之虛念之篤與天下雖定而太平之業猶賴有所諮訪焉郎淮揚一隅水災時告而隄塘屢築屢壞費以千萬計近又飛蝗蔽天失業者衆非得夙諳古義畱心民瘼之人未易知此而張子非其人與故

郎司里而論而人惟張子最郎詩亦惟張子最也此予之所以歎折而舉天下之大不能不爲張子屈一指也

樂圃集序　鄧漢儀

憶乙巳歲予有東郡之遊於時偕二三同志登少陵之臺連袂歌呼相樂也已而入闕里拜孔廟覽其車服禮器之盛更謁孔林觀輦道之猶存瞻檜柏之無恙竊歎讀聖人之書一旦遊聖人之里爲不虛此生也而顏君修來相遇適於是時修來固復聖之裔年方俊少而風格秀遠與予把酒縱談丙夜散去盍未嘗論及詩而心知修來思深好古有過人者既聞修來擬巍科官近侍旋自儀部擢銓曹聲華滿京雒而修來顧銳意著述思激揚風雅之教以抗衡於轀退荔裳西樵阮亭諸公之

閒曹升六舍人田子綸戶部實左右之而東國之詩於斯爲盛嘉禾曹顧庵學士自京師過維揚向予稱道不絕予曰是豈當日洙水之濱所與把酒縱談者乎而未敢輕以尺素相問訊已未秋予以金門事竣息軫邗江而修來惠然訪予於昭明樓畔覩其氣度儀表殊不似昔時而神益沖退穆乎君子有道之容與予敍論舊游如昨日事豈若今之得志於時者一朝高劍佩美騶從輒視故人爲不足比數者哉而修來更出其詩集一帙示予蒼奇渾奧能自出機軸而無一字傍人其刻畫山水而外每於國計民生安危利弊之大沈痛指切是以屈子之離騷賈生之奏疏合併而爲詩者豈復區分年代摹擬聲調之家所可及乎夫曲阜之墟吾夫子刪詩地也修來產於其鄉而能倡明四始六義之學以垂後世吉甫奚斯豈能遠過更其家世忠孝貽謀未遠以肅雍之範樹駿偉之業其又安可量乎而予深幸東郡之遊爲不虛也矣

湖海集序

鄧漢儀

湖海詩二卷乃國子先生孔君東塘奉　使淮揚之所作也先生以疏濬海口之役渡黄河越射陽下萸灣入海陵繼移昭陽駐草堰徧歷諸場亭是皆魚龍噴薄之區荆榛荒穢之域先生以　王事靡盬晨夕奔馳疑其無暇于詩乃憂國思親感時閔俗毎于雨雪綿延風潮激射禽鳥呼嘯之日援筆以思愀然長望蓋與古大夫奉命出疆四牡北山之什義有同符而況東南道誼之儔江山文藻之彦既聞聲而景附復命駕以來游有不把酒臨風聯吟寫志者乎而先生顧以詩授余余讀之

温柔雅麗慷慨紛綸允合古義兼抽新祕其斯爲聖人之後明始義而叶管絃者與而以湖海名其篇豈曰元龍豪氣之足尚當東漢時元龍守廣陵築塘濬畝爲萬世利揚人至今思之名爲愛敬陂今先生身乘檋橇上下川原俾淮黄順流功績殆與相等則其以湖海名其集也固宜而元龍苦無詩先生獨洋洋纚纚含經吐雅不又高元龍一籌哉

詩觀初集序

鄧漢儀

十五國名家詩觀之選成予反覆讀之作而歎曰嗟乎此眞一代之書也已當夫前朝末葉銅馬縱横中原盡爲荆榛黎庶悉遭虔劉於是乎神京不守而廟祏遂移有志之士爲之哀板蕩痛仳離焉此其時之一變繼而狂寇鼠竄於秦中列鎭鴟張於淮甸馴至甌閩黔蜀之閒兵戈罔靖而烽燧時聞此其時爲再變若乃乾坤肇造版宇咸歸使仕者得委蛇結綬於清時而農人亦秉耒耕田相與歌太平而詠勤苦此其時又爲一變夫惟變之之極故其人之心力才智亦百出而未有窮其歷

乎興革理亂安危順逆之交中有所藏類不能默然而已以故憂生憫俗感遇頌德之篇雜然而作一時公卿以迄韋布其號爲能詩沈雄古麗安雅柔澹以幾於漢魏四唐之盛者蓋指不勝屈而世之選者顧乃遺大取小專採夫一二花草風雲薑祝飲讌閨幃臺閣之辭以是諛說時人之耳目而於鋪陳家國流連君父之指蓋或闕焉烏在追國雅而紹詩史也予生也晚然適當極亂極治之會目擊夫時之屢變而又舟車萬里北抵燕幷南遊楚粤中客齊魯宋趙宛雒之墟其與時之賢人君子論說詩學最詳而猥蒙不棄其以專槀賜教者日

盈箱笥爰因家居寡營乃發舊簏取諸名家之詩芟繁就簡彙次成書不意此選之遂足紀時變之極而臻一代之偉觀也昔吳公子札來聘宗邦請觀周樂其論斷古帝王以及列國之聲詩得失升降錙黍弗爽故龍門氏稱其閎覽博物焉予才萬不逮吳公子而幸值鼎新之運俾草茅跧伏之士優游鉛槧以勿負歲時亦一樂也而　今天子且博學好古進諸文學侍從之臣臨軒賦詩以繼夫柏梁昆明之盛事然則太師陳詩以觀民風是編也其亦可以備咨諏而佐紀載也矣

詩觀二集序

鄧漢儀

甲寅春予復至廣陵選詩觀之二集於時藩兵弗戢烽達沅湘山藪羣盜罔知國紀並事草竊諸大吏嚴重封疆羽檄四出廣陵士女奔竄江上爨煙爲之不舉予時坐昭明文選樓日披四方所郵詩稾雖困餓不倦客有過之者曰時事孔棘子何爲者予曰不然夫亂固暫耳徐當自定鉛槧吾業敢自廢乎乃未幾而關隴平未幾而閩越靖未幾而豫章橫浦珠崖象郡捷書且日聞也七國雖強豈能越殽澠尺寸唐時河北諸將雖跋扈敢終失臣節乎此予所以當人情騷動時而選事未嘗或輟也迨戊午是選告竣值　天子下　明詔　命公卿

諸大臣各舉宏詞博學之士齊集　闕下以待策問若是書之成敷揚德化以助流政教有適合者顧予實衰庸淺陋伏在草莽惟百里負米以養八十之慈親而羣下過舉郡縣敦迫敢不奔趨以赴盛會賴　國恩浩蕩終放之江湖以裒集一代之風雅兼得勉將菽水以遂烏鳥之私情予也不重有慶幸哉

詩觀三集序　　鄧漢儀

詩觀初二集之選行世已久余擬築室羅浮優游暮年以養親爲志適　朝廷有徵辟盛典當事謬舉衰朽力辭不獲乃買舟北上于時奇魁俊偉之士鴻才博學之儒雲集京師飛詞振采皆極一時之盛獨余留滯都門深知衰朽之質不足以揚休　盛代日望還山得遂養親之志而四方之士辱家不棄咸以詩槖見投充盈篋笥開爲披閱不禁望洋而歎曰文章之道上關國運今

聖天子右文好士敦尚風雅共慶人才輩出其發於詩者或雄拔岸異凜乎如虎豹蛟龍之騰集也或清和

閒雅穆乎如琴瑟鐘鼓之諧聲也或高華典貴皇乎如鼎彝球圖之隆重也或老健蒼深挺乎如虬松怪柏之堅凝也諷詠之餘諸美畢集誠足以鼓吹休明爲不朽盛事夫漢魏四唐之詩雄視百代而我　朝人才蔚起詩學大興較之曩時何多讓焉余也不敏親提鉛槧來京又值天下名家聚會之日投詩滿案無異取琅玕於閬風之苑探奇珍於罔象之淵不誠一代之巨觀哉曁余還山寓居維揚擬有京華澄觀錄之選而同人見余囊詩甚富投贈愈多競勸復選三集曰子之初二兩集廣搜博採極廿餘年之精神命脈成此大部心力可謂竭矣獨是天地之儲才無窮愈出而愈新幸遭遇　盛時長楊羽獵之篇清廟明堂之什與夫里巷謳歌山林嘯詠之詞皆思獻之　彤廷遠嗣雅頌之遺音者是非有詩觀三集之選也不可余深然其言遂彙集天下名家詩槖細加評訂既慎且嚴歷五載始告厥成余也雖未獲登天祿石渠從諸臣後珥筆承明著爲詩歌以揚扢　熙朝尚得遂厥初願於萱庭承顔之暇而選一代詩詞俾天下魁奇俊偉之士鴻才博學之儒咸登是選以見　聖天子右文好士敦尚風雅有此人才輩出之盛卽繼漢魏四唐而起亦庶乎可也余不藉此仰報

聖恩於萬一哉

吉祥相跋

鄧漢儀

予讀坦然先生觀宅吉祥書既卒業乃復於櫟園夫子曰甚哉此書之簡而切覈而顯有關於世道人心不小也今夫食祿之家高第宅盛輿從鐘鼓喧闐珠珥雜遝主人貴重仰若神仙一二子弟皆走馬鬭雞翩翩作貴遊態此非吉祥乃衰徵也處極盛之時秉謙素之德庭無雜伎架有良書日葺先賢格言遺訓以自勵勵人此其吉祥蓋匪祇一世且將世世子觀坦然先生膺全福席盛勢矣乃其意常抑然有以自下者作爲此書警狂呼昧苦心哉詩曰貽厥孫謀以燕翼子又曰視民不恌君子是則是傚先生是書之謂夫櫟園夫子曰善爲我書之卷末

跋周櫟園先生書影後

鄧漢儀

因樹屋書影者櫟園先生昔在請室時所撰述也其書紀載精覈辨證明悉上自經史下逮聞見凡可以正人心翼世敎廣學識宏風雅者無不筆而記之洵五經之流別四部之菁華矣昔人有志林隨筆紀聞讀書皆足以備攷訂益神智豈若是書之博覈而正大邪先生事既白復官金陵公子雪客龍客爰發舊簏取囊編而剞劂之以貧當世儀于丁未十月既望覲公於秦淮公飲之酒酒閒出是書授儀卒讀之因不徒歎先生是書之博大而深服先生之天定而道全也夫人小有利害則聰明憒亂舉動卒失其常儀求其從容如平時也實難至欲其親篇卷操鉛槧著盈尺之書而死生禍福絲毫不以介於衷者自非天定而道全其孰能幾于此昔先生之獄事蓋亦急矣其利害所關在恆人未有不動于中者迺坐因樹屋中泊然守靜如深山中人露鈔雪纂於桁楊影中孳孳不輟未及浹旬著書早已成帙衞士覩公有太息泣下者聞候讞之日鋃鐺被體尚搦管作送客詩翌日而流傳都門嗟乎此豈勉强而爲之邪吾益知先生天定而道全故患難不足恤而確然有以自持昔坡公爲黨人所搆至遭縲絏徙瘴鄉而讀書不倦

渡海之僭耳之夜星月皎然公于舟中書賦不錯一字非其素守豈能至斯以方先生正復如是故讀是書者漫以新都之雜著相況非知先生者也卽是書之博覈正大後學指南端在於是而自擬以老人讀書祇存影子者蓋先生謙而又謙也夫

與袁籜庵

鄧漢儀

承示諸箋得吳梅村太史奉贈四詩風流婉約眞如張緒當年又如商女隔江唱六朝新曲可妒亦可憐也至讀曹秋嶽先生老淚霑歌板歸裝儉秫田之句又爲黯然世有一代才人如袁令而竟乏司業酒錢之贈乎可爲世道歎並可爲遊人戒矣

與劉津逮　　鄧漢儀

弟與申子鳧盟素未謀面乃鳧盟寄江南友人書屢屢稱弟不置弟豈忘情於鳧盟者哉鳧盟寄托高遠所爲詩蒼渾之中乃復秀潤此正河朔所少葢太行滹沱之間風氣剛勁詩不難於壯而微患莽若鳧盟者眞矯然獨出者矣弟夙昔爲詩伯落齊梁人聲口累年北遊諸作頗雄健絕無綺羅花草氣其得之山川之助邪恨未繕寫不能呈足下並寄鳧盟讀之

與孫豹人　　鄧漢儀

竟陵詩派誠爲亂雅所不必言然近日宗華亭者流於膚殼無一字眞切學婁上者習爲輕靡無一語樸落矯之者陽奪兩家之幟而陰堅竟陵之壘其詩面目稍換而胎氣逼眞是仍鍾譚之嫡派眞傳也先生主持風雅者其將何以正之

海陵文徵目次

海陵文徵卷十六

鄉後學夏　荃退庵輯　陳寶晉守吾校

礦洞必不可開疏 康熙十四年　宮夢仁

臣疊荷　聖恩拔居言路自顧譾劣勉圖報稱罔識忌諱知無不言謹先就見聞所最異者爲我　皇上陳之方今　天討四征軍需孔亟議捐議省不得不爲先事之綢繆乃一二奸民遂意度支不足藉口開礦希圖進身生事之階始自本年春山西應州民武應元等呈控差官開採約算多不得實未行治罪因而王惠臣等以河南叩　閽馮瑞河等以山東具奏口供支吾部議不准奉　旨一從寬免責矣一行該撫察明矣頃見部覆欽天監右監副劉蘊德據呈代題一疏奉有賢能司官同往採驗之　旨虛實尚在未定何敢遂爲瀆陳但臣區區爲　國爲民之愚衷有不容緘默待者稽古王制三十年之通制國用不過日耕九餘三而已三代而後國用虛耗莫如唐而武功最盛闢地最廣用兵最久師行最勝亦非於租庸常調外別有所取盈也苟謂礦爲天地自然之利下不瘠民上不損官採之將與鑄山煮海同其奇贏何太公圜法管子正筴而外未有以採礦富國稱者卽輓季閒一行之又何迄無成功旋復報罷

也蓋礦之生也非若耕桑之可以歲殖也又非能挈而取之無所費而自成也且所使開礦之人又非饒衣食知禮義類皆饑寒奸宄烏合而偷爲利者也無論生長不常入不逮出貪邪竊盜流弊多端當此叛逆未盡誅滅保無賊黨竄入其中積日累時莫可究詰一聚難散深爲隱憂故較銷金之費於取金之利十不償一較已然之費於未然之利百不償一較無稽之利於不可稽之弊千不償一而較呼朋引類之害於搏砂鍊土之利又萬不償一此其必不可行者也況自滇黔首亂以來所在煽惑民半死於鋒鏑半瀕於逃亡所恃供億奔命

以衛　京師者惟此山之東西河之南北江浙楚粵之半壁耳固生聚教訓之不遑而乃請開採將依官民四六均分之說添設官吏雇募人夫守護輓輸繹騷種種一不及額於何取償報認攤賠勢所必有至於捐貲辦工其說愈不可信蓋殷實百姓有恆業者必有恆心此等奸民游閒無賴非圖利己又何所希冀而爲之甚或指富家大族曰私開指田宅墳墓曰有礦土著豪强挾讐報復不肯官司任意索詐民必坐困無樂生之心矣利則歸下害則歸上名則上受其損實則下遂其私此又不可行者也夫有礦地方大約皆氣脈所結聚畿輔八郡尤天下本源　陵寢之擁衛　京師之股肱王氣鍾靈宜加培護若肆行掘挖定於龍脈有妨今劉藴德旣稱爵門實司地理素得坤輿格致書之傳何不審其重者大者輒敢出位妄題使相視而虛固已多此一遣相視果實多寡亦難預期乃以甸服小民方給兵馬之芻糗應驛遞之往來復興是役此又更不可行者也若謂　成命在先似難反汗萬不得已懇　皇上面飭部遣官員不許借採驗之名虛張聲勢肆行射利騷擾經過地方仍　勅下直隸巡撫檄令該道或各府佐貳會同相度使有司有所憑以應副恐防伏莽之奸詐冒差

使乘機妄動實於封疆有關且止就疏內境界踏勘不得節外生枝亦止論礦之有銀無銀而銅鉛在所不必倘或不符立置欺誑重典庶懲一儆百後此不敢效尤不然奸民實繁有徒改名換姓變幻百出致言利者紛紛盈庭大非　聖世所宜有也臣確從今日時勢起見冒昧披瀝伏乞　皇上乾斷施行

請理海口疏 康熙十五年　宮夢仁

臣本年正月間具有恭繹　恩詔專河工之責成一疏部覆請　敕總河會同總漕江南總督逐一詳議具題此特從淮揚上流起見就平日而言也昨總漕臣帥顏保恭報異常水災疏稱自揚至淮兩岸石土隄工處處告急衝決多口河湖相連汪洋一望民舍盡行倒卸田土皆沈水中又船從江南來者云自揚至淮在常時不過三日程今且非半月不能達輕舟如此則糧舟可知上河如此則下河可知其關係輓運之咽喉東南之財力誠非淺鮮此固不可以一日不治者治之而不審厥

水歸墟之勢徒爲逐節小補之謀等水衡之金錢於泥沙化百姓之膏血爲藪澤旋衝旋塞再塞再衝欲冀安瀾以紓　宵旰之焦勞殆亦必不得之數矣臣請得而詳言之夫黃水視淮水爲通塞所以捍淮水使專會黃水者高堰翟壩一帶隄岸耳其上流爲阜陵洪澤湖淮水於此停蓄堰壩迤之西注會黃水以滌淤沙下流爲白馬諸湖五湖之間皆爲漕渠要害漕渠自清口對岸入天妃牐南下六十里達於山陽折而西南經黃浦八十里達於寶應逾氾水越清水潭百二十里達於高郵沿邵伯湖隄折而西流歷金灣茱萸灣百有十里達於江都又折而西南十里由三汊河分二派於瓜洲儀眞入江曰裏河亦曰上河自茱萸灣牐東南從芒稻河百有十里訖於泰州曰鹽河自泰州東西二壩過港口而北百四十里爲興化稍折而西南八十里爲高郵再折而西北百二十里爲寶應又折而東北九十里爲鹽城其間膏腴錯繡阡陌比鄰草蕩鹽場星羅碁布周廻千里祇憑舟檝爲往來而出廟灣白駒丁溪諸口入海曰下河上下兩河惟恃一綫河隄蜿蜒間隔登隄而望內如釜底外若建瓴淮揚兩府數十萬之田賦鹺利由茲出焉淮揚六七州縣數百萬之戶口室廬由茲存焉故

內開行水支河無慮數十凡以串場達海道相絡也人知高寶邵伯河隄爲下河州縣之門戶高堰翟壩又上河隄岸之藩籬藩籬不用門戶因之失守固已殊不知昔人云射陽諸湖喉也高寶諸土田腹也海口尾閭也灌於喉而漲於腹所必至者況多其入少其出大於口小於尾閭而謂不洚洞滔天也有是理哉古今稱善治水者莫如禹禹貢一則曰入於海再則曰入於海孟子亦曰禹以四海爲壑是海之能受水而爲水所歸也明矣豈歷官河上諸臣獨不見不聞而故爲是泄泄從事乎歲久日湮漸積壅塞民之豪有力者盤踞其間滄海

桑田每多安土重遷之慮因緣爲奸煽惑衆聽謂此不可挑而開也開之將不利於商若竈且恐生奸人窺伺心固不自今日而多聚訟矣抑思黃淮入海以雲梯關爲首稱其自淮安廟灣海口以南有新興之匣子港鹽城有天妃口石䃀口之新洋港伍佑之老人港興泰有劉莊之新團河白駒之牛灣河草堰小海之苦水洋滷河口丁溪馬家蕩之龍開港以及車兒浦載在志乘舊跡可循而何云挑始也卽欲爲居人計獨不可就附近之地因下而別爲澤邪至民竈田在范公隄內豈海潮所能遽侵又何有於鹹水傷禾淡水傷鹽之說乎況濬

而深之貲海者得不負戴而舟焉利當不在民後抑海而曰口僅取其爲出水之門勢不等於大洋帆檣難以競渡也無已更施品樁於上流杜其出入而建牐以時啓閉慮且萬全此誠千古不易之理而萬世永賴之休外此類皆因循補苴苟且塞責不則變通之術亦必不得已而後行者矣前聞總河臣王光裕由泰州有海口之行或亦逆料水之必來隄之難保雖康熙七年開略經開濬而一地有一地之海口一口有一口之分流此之通不能代彼之塞故欲爲是舉耳乃數月以來未聞題請保無難於慮始格於浮言可開可不開二者相持

而卒未有定邪臣非不知此時而建此議或者笑其迂謂猶之饑而植禾渴而穿井雖疾無所及也顧今日勢縱等於然眉計猶可以徙薪及此不治遂甘委之無及恐不至水患日甚一日故道年廢一年不止又或者謂諸途雖漸蕩平餽饟尙煩經畫木石夫役之費於何取資兼以一面修築堰隄一面開濬海口諸工並舉不無顧此失彼之憂或卽於淮揚兩府間 敕部別議一二事例上不病 國下不病民以助成功猶可幾幸萬一不然無論已決者難期堵禦未決者必至懷襄卽幸而堰隄得治而宣洩無由民生終無蘇息之期 國計更

無取盈之道卽目前軍需所倚辦先盡付之空言猶且歲報災傷日冀蠲賑豈爲人臣者實心任事體 國爲民之義所敢出哉臣蒿目時艱粗明水利不敢緘默不言亦不忍隔膜相視爲此條陳並繪漕隄海口被水州縣土田圖進 呈如果臣言可深伏乞 皇上俯賜全覽乾斷施行

泰州新修儒學記　宮夢仁

從來人材之盛關乎學校而形勝實司之吾泰稱淮南鉅州州有學蓋自唐置吳州始宋慶歷紹興中屢移建於城內東南更於學東南城上建海陽樓左右傑麗譙屹若三峯鼎峙精形家說者莫不以巽爲天地文章之府虎踞龍蟠而樓又學之文峯文峯得其地地靈人傑應若桴鼓由宋元明迄我　朝歷考志乘所載其生斯土官斯土者高科膴仕代不乏顯庸之人而理學經濟節義文章率多後先輝映談者豔之蒸蒸乎稱極盛矣中間歲月既多成毀不一識者深以爲慮而人材視昔

亦少衰先大夫纂修泰志時所以有形勝盛衰關係秩官人物記也嗣余校士山左下車卽葺學宮復書院製祭器設樂舞生一時煥然惟新念桑梓廢墜先人有心修舉而未遑屈指如城內之三市河玉帶河及海陽樓形勝皆於學宮爲表裏而最急者莫如樓樓成則學宮之形勝得不特可以挽回氣機將學宮亦必有鼎新之候而諸形勝皆可次第以望有成因捐俸寓書於州牧施溽江公及一二同志親友起數十百年巨費甫將落成溽江公旋膺　特擢行而士氣亦稍稍振焉議者僉曰此一驗矣其如聖人之宮翦焉弗治何遲之未久學博汪君來不覺奮髯抵几慨然太息曰每見士大夫之家修治其俎豆者其裔必昌童蒙之子灑掃其家塾者其人必慧十夫之聚農功既畢歲時伏臘必葺其所常祀況於　國家立學設官崇教育才之地吾實當之而顧任其風雨不除鞠爲茂草釋奠講禮登降無從曾二氏紺宇琳宮之不若何官之爲也會柯君以三輔治行擢牧吾州謁　廟之次不介而同遂各捐俸爲先聲而登高一呼州人士不少好義者得緡錢若干鳩匠度材諸以楹計凡爲正殿者九爲東西廡者二十有八爲戟門者五爲名宦鄉賢祠者各三爲櫺星門者三爲斯文

在茲坊者一爲西黌門躍龍門者各三爲明倫堂者五爲東西齋房者十有八以及垣墉唐道莫不徹者撤撓者易傾者築隘者闢穢者通華檐廣衍翼翼言言始事於康熙四十二年某月日竣工於康熙四十三年某月日爰立貞珉於學屬余序而記之余謂天下無不可興之役無不可就之功特不得實心任事之人則勞而寡效前乎此者未嘗不有事於斯往往傳舍其官秦越其事一委之吏胥之手上下塗飾旋葺旋圮今專遴弟子員之幹力而有行者量能分任而汪君潔清自好日莊莅公所不少間每募金必令署名籍記隨給工價絕胥

滯杜侵漁出入瑣褻筦鑰互掌有一不至汪君不啓視也甚至竹頭木屑亦儲偫以待公用無纖毫破冒弊以故費較減於前而告成則倍速而且堅焉時當癸未南宮之捷吾州列正魁者三人他邑莫能及卽此觀之得不謂形勝之說信而可徵乎且學故有田幾爲覬覦者所奪汪君出全力爭之而柯君亦樂與爲恢復自今以往諸弟子以時肄業其中出田所耕穫之餘購書籍贍餼廩賑貧乏以造就多士盛更有踰於今日佇見兩君子令聞廣譽一歲九遷　先師實式相之應形勝而起又甯使潯江公獨專美於前哉而凡諸形勝之宜次第修舉者余更不無厚望焉

泰州捐修試院記

宮夢仁

今之試院昔鳳撫軍使院也撫使者移撤不常後遂得爲校士之所每學使者按揚必莅止焉匪一日矣蓋以地當十屬之中道里均而往來便也無如傳舍視之有司不暇顧問而典守者因緣作奸中閒風雨之飄颻城社之狐鼠日甚一日其不淪爲瓦礫之場者幾希及此不修無論行部校士時處非適中則文移期會動需時日而呼應不前所居不高大宏敞則不能除燥溼遠塵囂而繙閱難以怡情在應校之士舟車跋涉館舍飲食之所費頗大不貲舍逸就勞既爲吾州之士之憂而龥近卽遠更爲九屬之士之憂然此猶其小者也從來一邑之建置實關一邑之形勝而生斯土官斯土者輒相與爲盛衰之運此而莫之省憂甘聽其與前此之鼓樓道署同歸烏有市河玉帶河漸盡汙萊試一登高而望校圖經質之青烏家宜乎不宜乎記曰有其舉之不可廢也　丙戌會學使者檄至州牧柯君時欲以病去置之漠然紳士倉皇無所出不得已創捐修議不煩在官之設法請於州又不得請於府乃得之當是時視府事者實維東粵左公以清卿之貳　特旨簡刺揚州公視民如子知無不爲而愛士憐才於文章尤有篤嗜一聞

紳士言獎勸備至往時諸童子應府試咸詣郡稟十屬分場如學使者故事公又借箸而籌止泰邑童子勿西兌其束裝就道之用得十一可以襄盛舉於是九屬旣試卜日減從扁舟野次於州之南津屏去一切供帳黎明城扉啓而入集多士於學宫試之法加嚴畢試而返纔兩日耳以故人心歡悅莫不踴躍爭趨收諸童子捐金合之闔邑紳士所佽助共若干金汪學博姜僉判董其事而庠之諸子分督之其爲大門二門也各三爲大堂穿堂内堂也各五爲東西樓也十有二内而廊廡祠竈外而轅門坊牌大而垣墉唐道細而戶牖屏欄之屬

或創或葺次第完好不五旬而旣圮之試院煥然改觀使其時公亦旁委不問則紳士之議寢寢則棚場無措勢必涉江而南一試已不堪後再因之爲例暑雨祁寒輒數往返關津道路間其荼苦伊於胡底公蓋不特爲今日士計且爲士之子若孫計並爲九屬士之子若孫計而更爲吾州億萬戶計至深遠也吾州疊罹水患凋敝已久公復計及三年兩試中僦居有邸閣之費列肆有奇贏之獲泰之人利可百千焉以三十年之通計則百萬可致爲民興利孰大於此而況此校士之所尤關一邑之形勝乎哉落成之日口起而言者曰茲役也旣爲事先之慮必有善後之圖倘試竣而蠹蝕之弊又生修猶不修也仍當請於公碑榜嚴飭勿毀墻宇勿肆芻牧勿作吏局雜場卽旌節至止亦必稟命於州於學隨啓隨閉隨捐隨修著爲甲令責在專司庶自茲以往闔郡之力不致敗於一二人而司牧之仁不致替於數十載行將勒之貞珉以誌不朽屬余爲文記之余邁齡卻掃不問外事久矣特以占籍瀛州子姓中猶多在南者禦聽之人聞斯言也不覺欣然喜其入耳謂一舉而數善備焉則今日之樂於觀成者名爲試院實召伯之甘棠也爰操不聿而書以寓勿翦勿伐之意且以示後之

官斯土生斯土者使知所取則進而講求典故安見修舉廢墜無一不與爲復古也哉

別沈國望序　　張琴

朋友難聚而易散余與沈子國望少同里長同學甲午沈子貢京師試吏部入中翰數年以太夫人憂歸里門服闋復補官去余甲辰公車至都而沈子又以隨征西山不得見復數年遷括蒼府倅歸烹榆肉餉同人而余與焉官括蒼四年沈子遷保定太守是年余適有事邗上而沈子至餞之河干癸丑余又公車成進士五月始過上谷候之入署病相聚甚久方沈子之官括蒼也多異政不能殫述處之城居萬山巉巖之中素多虎踰城入爲民患沈子艴然曰虎暴於城而縱之烏在其爲民

上也每夜獨率衙丁往逐之將曉虎又踰城出卒無得遂下令百姓登城守授以意虎又將踰城出一人火城者盡火虎畏多避入民家一日而獲五虎虎患息虎之外尤多盜有盜斫傷人而掠其貲以去其子弟訴於縣而令以爲讐弗問也沈子遽命役緝之二役出城東南行數里有巨鼈如釜趨之鼈入河二役睨焉見一屍縛石而沈沈子訊其地之居人無所明因覈寺僧而寺有鍵門無僧者遂得僧一訊而服其同謀則僧之昆弟也他日又得僧之昆弟訊之初不知其爲同謀也以爲因盜而擒逮又自服其爲盜一境歎其神其他異政多類是當其官於處也余不知也至上谷署中而始聞之今天氣少源病痊余可以歸而沈子之爲保定方廉介自守與民休息清靜而晝一其異政將不勝書余歸相隔二千里外又不知聚晤何時復得聞之而復爲紀之也故於其別也爲之序

禁革馬蠹碑記 康熙九年　王孫驂

走遞之設各邑皆有之而走遞之害未有甚於吾邑者吾邑僻在海隅舊爲撫軍駐節地設馬五十有三號歲用銀共一千九百八兩芻秣出其中顧牧出其中槽櫪醫療廠棚膏火買補亦出其中里民斂金以服其事州牧督察而驅遣之馳檄往來送迎絡繹裕如也乃法久弊生市猾胡玉江龍王祚等二十餘家規爲利藪網羅布置谿壑日深表裏奸胥憑依城社分肥勒索窟宅貪饕不啻水深火熱矣每領牧一馬必於常費外苛索百二十餘金會計通都歲糜五千六百有奇然且橫取誅

求私立名字曰馬草銀每里民輪值現年先馬草後國課微不如意則懸馬鞭於其門婦子無敢出入炊煮輒驚屋以餧之否則縶人於馬矢之中惡氣薰蒸蚊蚋唶膚盡日飢餓往往賣兒女以自救又或縱羣馬躪入田園禾麻黍稌瓜瓠葱韭須臾立盡嗟乎里民膏血幾何堪此無窮咀嚼乎二十年來撫軍已徹遞騎大減而蠹焰未熄也我　聖天子御極之八載里民王張陳等上卯輪值草銀不以時至郡蠹忿甚大肆咆哮時州牧以他事去官里中人又或爲羣蠹左袒遂盡匿廐馬驚歸私槖相率抱旬日官書塡委於里民之家而詬其稽悞里民倉卒計無所出則棄家走愬於同知陳公陳公曰吾忿此事久矣民事卽我事也奮身偕諸里民上請於賢郡侯淩川趙公公毅然任其事情弊纖悉無如觀火傳集各鋪遞驛卒分路發行而旬日之官書無片紙留矣且諭州同曰泰州無驛安得有馬自今以後馬之存者歸於官文移之上下官自任之不得擾民向之加派於民者悉與豁除民慶更生公力至勇公德至厚吾邑可一日忘乎後緣匿馬故里民控羣蠹於上臺上臺之齒切髮指猶趙公也聽斷至再贓證顯然羣蠹引服問擬贖遣一一如律卷案存州司處霹靂手不且日星

光乎里民又恐羣蠹之灰然也請趙公爲善後之計趙公轉請於上臺上臺許勒石以紀其事垂示久遠里民以碑文屬余余樂於紀趙公之仁勇因以見陳公之率民以赴上其功亦不可泯也遂徵實爲文志功德於不朽且使永革之弊無敢櫱芽其間後之覽者孰不懷德而畏威乎哉

康熙初季超先生以諸生奮然除邑馬蠹之害時豪猾鴟張幾攖奇禍先生決然不顧事卒以濟功在桑梓甚鉅其見於州志本傳者猶略也越五十餘年雍正改元子雪樵先生裒然首舉於鄉報施之理殆不

裘駛而陳氏家乘以此記爲陳公忠靖作者此必季
超先生撰文及勒石則托名于給諫不自有其功且
給諫昔官于朝敢于論事居鄉無私謁風骨凛然固
鼠輩素所心悸目懼啓然罔敢思芽孽于其間庶死
亦不致復然此則先生托名之微意也夫退庵

余記焉余謂昔之建祠也以道學方盛之時諸公淵源
士過而頌之聲曰斯舉也不可以忘乃爲樹碑志德屬
巋然復完堂廡翻爍俎豆豐潔無復前之荒廢矣州人
復捐二十金歸其祭田之他屬者於是心齋先生之祠
之工始前六月迄八月而竣物良材備人勸程速殿公
請以報殿公素仰王先生又重孫子言乃分百金俸修
王先生祠乃至是乎今權部殿公理學干城也吾當力
至至則呼小舟趨泰重拜祠下仰觀而歎繫故人議曰
孫子訓其兒子後內遷旋以銓部權揚州關而孫子適
翔遴葦文先是殿公官西安好學問雅重李徵君因延
孫子慕之壬申遊泰禮先生祠與吾族子壯猷之子龍
曲徵君高第弟子也徵君倡道關中常誦述心齋先生
階近邗上客權部殿公所乃有茲役孫子者盩厔李二
裔孫鳴謙日號於人莫之應也辛巳冬富平孫子長
日益廢遺像及主且剝落黝折無以安先生之靈先生
寖假至是則又十年棟宇之傾者日益隳門牆之圮者
詣祠肅拜慨焉太息謀所以新之而吾州復歲患務議
宇衡傾門牆漸圮祭田半屬他姓余適自秦中請老歸
王心齋先生崇儒祠建自有明萬歷初距今百餘年棟

新修崇儒祠碑記

沈喬生

之近其爲事也易今則吾道日微士大夫溺於名利歲月逾遠聞心齋之號則嘻然笑而走葢斯人之失學久矣而況其祠已圮肯捐有限之俸擲之迂闊之地哉殷公一聞孫子言毅然自任無所回惑非實有得力於心性天資良而信道篤不能也而孫子以書生數言感動當事幾廢之祠一旦修舉使見者皆有所觀感激發則孫子之裨於人心風俗豈淺鮮乎哉是役也督其事者爲汪司訓偉業鳩工則諸生兪子之驊鮑子鎔及余族子壯猷猷之子龍翔遴咸敬乃事殫厥心昔年倡始者爲黃處士雲張遊戎升肥鄉令如皋范子大士皆好義人也例得附書

對數表根序　　陳厚耀

表之作也始於歷書所以便推步也一變而爲割圓八線則已奇再變而爲比例對數則尤奇其法以加代乘以減代除以折半代開方以歸法代開諸乘方皆以今有之數檢其所對之比例數謂之假數（乘除用兩數因開方用一數）置其比例之數以加以減以半以歸以檢其所對之數卽得所乘所除所開之數謂之眞數法最精而且便已具詳表端茲不復贅耀素購之不可得戊子歲　皇上命刊之江南辛卯夏耀奉　召入京蒙　恩賜表一部如獲拱璧其書以朱墨別數之眞假一檢卽得瞭若指掌但究其所以作表之根則未之晰也研精覃思莫適所由乃與一二精算者繹其理而推衍之始稍會其故大約以一數之前後兩數相夾相比而一乘一開以漸得本數而假數亦隨之其故何也凡前後兩數相乘之數較本數自乘之數必欠其一平方開之則其數必縮縮而以後比數乘之則其數漸贏贏而累開之則漸及本數而假數亦如之檢其相乘兩數之假數相加折半卽附於開數之下乘一次開方得眞數卽加一次折半得假數迨至眞數下多空位（表萬者須三四空十萬者須五六空百萬以上倣此）而假數卽其數矣其最難者莫加先求之二其前一後

三皆未有假數則將以何爲根故不得不變用借法借十爲後比之根開方得數卽以前比數一乘之又開方得數因借十之假數一以爲根折半得五又折半得二五（表中逢十則假一百則假二千則假三萬則假四十萬則假五百萬則假六餘倣此）以次漸求而得二之眞數卽得二之假數二之假數得則倍之而四倍四而八而十六而三十二而六十四以至百千萬億之外其假數皆可得而知矣再求三之假數則其前二後四之兩假已知亦如法求得之則倍之而九而二十七而八十一而二百四十三以至千萬億之外其假數又可得而知矣又或以二之假併三之假而六而十

二而二十四而四十八而九十六以至百千萬億其交疊互併之數又可得而知矣其他求得一數則生生不已皆可例推大約可倍併者十之八不可倍併者十之二遇數之偶者不必求卽倍已併得遇奇數則須求者尙多聞西人作此表者三年而後成經數人之手而後定職由此故也今表亦不能悉推第卽一百之內有須求者二十四條稍衍之以爲概至百數之外有奇數當求者但合其前後兩數之假折半卽得至於畸零不合者以原表收尾法乘之亦合夫數之爲用尙矣始於乘除極於開方其用已溥至變乘除開方而爲對數其理最奇然乘除開方猶可不藉此表若開立方三乘方四乘方以上布算愈類則莫如此表之捷其用心亦苦矣夫安得盡億兆京垓之數而俱列之一表中邪是又非表之所能括也若之何其

春秋世族譜自序　陳厚耀

往余比次左氏春秋欲求釋例十五卷備杜氏一家之學訪諸南中藏書家訖無傳本迺私擬采羣書用補先儒墜緒會蒙特恩入史館領書局直廬餘暇稍得縱覽於一行姜郭之書先成長歷六卷質諸善算家或蒙見許其元凱釋地雖雜見史傳注家中猝不可收拾同館高編修巽亭出其先宗伯澹人左傳地名四冊薈萃沿革頗續杜京之所未備竊意略加增損可用鈔傳獨世族譜中外所行皆坊閒陋刻學舍承習譌舛實多遂本孔氏正義傍及他書句塡塗乙凡七易稾而後定丁酉臘月下直迺得寫成正本其經傳中名氏略具而世系無攷者依杜例別出雜人一類其杜說不詳而傍取證佐或彼此小有異同者甯曲從杜氏以存古人謹守師傳之意他日鉤撥參互滙成全書以扶缺學祛疑義匪敢同之作者庶幾存諸家塾聊資辯覽云爾

張海房詩集序　俞楷

吾友海房張子以今古文妙天下蓋自震川以還無敵手者又好苦吟疾書動成卷帙其詩在仲晦文房之閒而或者輒疑之嗟乎是何厤詩文而二之也班范以詩賦名而三代下以文稱孰有踰于二史者退之文起八代之衰而四唐以詩鳴自退之外誰與子美抗行章柳齊名其詩又直嗣靖節矣臨川歐王并稱皆以詩雄于北宋眉山萬斛滔滔詩與文相伴後世論定猶且重其詩而輕其文雄於文者何遽不雄于詩乎哉北渚記聞有呈以文者揮之曰是一部曾子固文集耳蓋鄙其無詩也而子固實未嘗不工于詩試讀幽谷地動自與伴山倡喻諸篇渢渢大雅班范之遺音也則吾海房之雄于詩豈不信哉余詩學弇陋率爾有作幼時流布百有餘本章句未安深自悔恨近頗好古文與海房有宋史之約恐自此庀儲無暇不復能討論夫詩將欲輯海房之詩菈子百餘卷中存其什一爲淮海二家以俟後世俾知詩文之道本非有二也

請飭沿江塘汛以安商旅疏　繆沅

欽惟我　皇上明目達聰無微不照　軫念直省盜案遣員查緝近湖南撫臣具題請編船隻照依沿海商船之例以便稽查業經奉　旨交部仰見我　皇上睿慮周詳無時不以安輯地方爲念臣生長海濱常見江湖之內匪竊往來較陸路爲多商賈行舟絡繹所恃以晚泊曉行全賴兩岸塘汛稽查防護乃多疎虞失事則塘汛兵丁宜嚴行禁飭也臣於湖廣江西等處見有塘兵稀少一塘止三四人又有經年並不換班攜家久住又塘汛兵丁多就汛地貿易佃種民田與土著無異塘汛

前後相去不過十里此塘失事彼塘罔聞所以奸宄未能盡獲方今　功令嚴肅山海澄清間有盜竊往來多者八九人少者五六人汛兵之數必力使相制庶知畏懼各營汛兵或有缺額及老弱宜更換者應行令該管上司清理如汛兵額少量增數人至於匪類外來先有地方奸民鉤致各處汛兵留心稽察不許容隱外來匪竊何處窩藏臣愚以爲汛兵宜於更替不宜久住者取其與匪類不相習熟若久住則互相狎比容留所以一年必須更換又巡緝之法晝夜稽查不可有他務紛心庶船隻往來崖岸窟宅得熟視情形時加盤詰倘攜帶家口以及貿易耕種各塘汛兵經營私務尚且不暇何暇於盤詰防緝應令該管營弁嚴加約束禁止其貿易諸務分班輪換爲尤要查汛地相去彼此接應本不甚遠臣於康熙五十七八兩年經過湖廣地方一路塘汛間有疎虞惟武昌黃州交界之處地名道士洑方圓數十里內盜竊稀少商船安堵詢其由來該管武弁逐日令塘兵傳籌交代如當晚泊船船戶挂號次早開行卽將所挂之號傳送前一塘以便查對如一塘有事卽傳知前後左右塘汛合力追捕傳法各用一籌爲信頃刻間各塘兵齊集雖有盜竊立見捕獲查道士洑地方額

設守備一員傳籌一法不記始於何人而用之頗效塘汛既無廢弛沿途皆有策應江流迅疾無隙可乘近見邸抄湖廣督臣爲協將慢令廢馳營汛參劾具奏如道士洑傳籌之法可備採擇其成效卽在湖廣地方請　旨飭湖廣督撫提鎮諸臣查議舉行或於塘汛不無小補臣愚昧無知就身所經歷之地耳目所及者冒昧瀆　奏臣不勝悚惕之至

請除鹺政積弊疏　繆沅

欽惟我　皇上念兩淮鹺政向多積弊　特差大臣察審恤商剔弊爲德莫大惟是鹺政當澈底澄清之時一清則無弊不清如加增根窩欺隱積欠苛斂賦費諸大弊久在　睿鑒之中不敢贅陳其餘稍有所聞敬爲我

皇上陳之

一主名之人宜除也兩淮積蠹權歸商總商總雖多原有主名管事之人各項加派皆一手握定事不發覺利歸諸己事一發覺害歸諸人倡首包攬公同夥認至於對質則議出商棍直身承當其主名則堅不供招及本

案審結之後主名管事數人照常管事侵課害商莫此爲甚

一影射之弊宜清也凡審事出京關涉鹺政者商總早已借端私派名曰公費未經發覺彼此侵欺互相影射指云送某官若干送要路若干開銷公帳其實分贓者不止一人在淮揚有淮揚之積棍有淮揚之官紳在京師有四方之積棍有淮揚之官紳其中影射多人大干法紀聞吳雨山等供招此項銀兩雖經斂湊尚未餽送情願充餉等語夫事已發覺情願充餉矣倘不發覺不盜充私橐乎

一官商之名宜革也商籍凡行鹽者子孫官於朝遂自立爲官商凡應出正課公費或減半或竟有不出者又將同姓商人引課歸入官商名下侵欺入己近年有並非行鹽之家居官者與商總串同分利自立爲官商將別商毫無干涉之引課認歸名下逐年侵蝕相沿成例

一別敬長規等名宜革也鹺政爲東南財賦之藪羣思於中染指地方紳士不在官商名目每年坐地分肥若干名曰別敬又曰長規由數十兩以至百千不等按官之品級大小分送有權勢者倍之　聖祖朝久悉此已經發覺曾開全單進呈　御覽久已革除聞近年又

私立名色串同商總照舊按年瓜分將散商鹽引抵充各官名下多寡不等

一攤綱之弊宜清除也兩淮行鹽舊例凡貲本虧折消乏之商人不能完課則將本商所欠課兩攤入商商名下按年代賠名曰攤綱昔年所攤之綱爲窮商爲消乏之戶近年所攤之綱爲光棍爲包攬私賣根窩之人只與商總串同便可肆行無忌如本商欠餉六萬勒限三年完賠每年該完銀二萬現有根窩鹽引可以抵充今與商總商量夥騙將自己名下根窩鹽引私行賣去硬將所欠若干攤入衆商名下衆商含恨而不敢言其偷賣

根窩商人公然同散商一體每年止完欠四百兩會計三年不過一千二百兩而乾沒已項應出之五萬八千八百兩徼倖脫免亦係商總均分如此等零星案件欽差察審自有清冊進呈　聖覽臣不敢混瀆

一過壩之圖書私票宜革除也散商行鹽現有部頒鹽引可憑有巡鹽印文可據自有奸惡商總把持鹺政不遵部頒鹽引不奉巡鹽印票商總鐫刻圖書另設私票凡散商之鹽過壩開船有商總圖書私票者立刻放行無私票者經時累月羈留不發散商雖欲照引行鹽早至江西湖廣發兌而勢有所不能所以食鹽之地價雖

定而仍然湧貴其山僻小縣更甚總因鹽船到者不多商總把持取利所當徹底清查以肅鹺政者也

一商總之名宜亟除也加派不革鹺政不清商總不去加派不止商總者毫無補於鹺政止爲當日不肖巡鹽及內外官紳之私人　國課之積蠹而已查康熙二十一年以後久將商綱革除今變名商總相沿日久三十年前之商總尚有殷實守法之人近年之商總皆屬市井詐騙之輩父子祖孫兄弟盤踞於中侵蝕銀課何止數千百萬商總之惡能令貪污之巡鹽與之夥同苛派不足爲異能使素講操守自號清廉之巡鹽亦墮其術中公然聽其加派任其橫行不能過而一問則其操守清廉何在乎向時商總布散謠言曰商總一革鹽務難行不知直省地丁錢糧百千億萬其頭緒繁多數十倍於鹺政自里長一革戶戶到官百姓完糧輸賦踴躍急公十倍於從前今兩淮之散商不過百數十家受商總之朘剝已久商總一革苛派盡除散商感仰　皇恩其上課充餉必數倍于前而於　國家之經費尚可增益以苛派之項悉除則惟正之供自足　皇上軫念鹺政表率亟宜得人如巡鹽御史鹽運使　特簡擢用允當之至臣愚見自運同以下場大使以上求　皇上准長

蘆之例選能幹廉員辦理兩淮鹺政大有裨益更有一種窮民名曰竈戶最貧最苦居海濱窪下之地前經風潮漂散受傷最多懇乞　勅諭鹽臣加恩賑卹則無告之貧民悉沐　皇恩矣

遵　旨回奏疏　　　　　　　　　　　　　繆沅

五月初五日　實錄館傳集揚州在京官員奉　旨詢問五塘三十六鹽場河道水利臣與右通政申大成編修王安國御史夏之芳郎中唐繼祖主事朱霑公同查議就臣等見聞所及遵　旨回奏揚州舊有五塘漢陳登守廣陵築塘溉田名爲陳公塘唐李襲譽築句城塘又有上雷塘下雷塘小新塘皆以瀦蓄天長六合山水接於高寶諸湖漢唐以來爲利甚久有裨國計民生其端有五山水得所瀦蓄不致汎溢入湖河工隄岸免至潰決一也塘據運河上流歷代資以濟運明時值運河水涸下塘水三尺五寸河水增三尺六寸漕運得無梗澀二也自灣頭牐引入運鹽河兼濟鹽運淮南商民利賴三也江都儀徵二縣負山田地數十萬頃咸取塘水灌溉魚稻充衍四也五塘匯入城濠氣脈通暢人心風俗皆有裨益五也昔人建立牐壩水磴由城西保障湖入城河自龍頭關而出建牐啓閉天旱則由烏塔溝放水南入運河濟運設塘長塘夫守牐專司旱澇自明季豪强侵占爲田五塘湮塞其遺址至今可考蒙　皇上天恩以原任給事中許承宣一疏下詢仰見我　皇上軫念民依無微不照揚人數百萬人民感戴　皇恩世世子孫永遠無極臣等謹據實上奏至三十六鹽場有串場河道在五塘下流運鹽出場卽爲揚州諸水入海之徑淮商向曾挑濬但工力未齊日久淤淺得邀　俞旨照舊開修衆商尤必踴躍趨事地方均有利益矣

祭元配俞夫人文　　繆沅

嗚呼與君一別倏已十年舊歡新夢飄風冷煙嗚呼孺人生乃不祿短折摧傷奪君太速憐君柔順嫁與黔婁壻若浮雲身如泡漚結縭以來有如電抹鬣露未晞罡風驟刮人間不樂來日大難追維舊事淸淚汍瀾聲影迷茫光音飄忽感念遺徽痛如初沒開君妝閣坐君綺寮彷彿平生魂兮可招遺挂猶存繡奩虛設入室思人流芳已歇重泉杳杳碧漢迢迢何處尋君玉化香銷豈無蛾眉不乏螓首世棄糟糠余思井臼開房釵釧別館綺羅人間世上伉儷何多亦愛團圞非躭孤獨所以然

者憶君賢淑風采露幬顚倒衣裳吳兒笑我木石心腸老屋十重殘書萬卷悵觸悲來余情繾綣蘁盬瑣屑房闥虛花憐君累我不成室家越吳初返燕齊遠歸承塵鼠跡空屋蛸蛸回顧諸雛麻衣如雪抱持一痛肝腸斷絕堪憐幼了不識形模臨風念母涕泣嗚嗚種種惡緣眼前示現冥然忘情付之三歎嗚呼孺人么絃斷矣情事遷矣歲華換矣鰥孤之夫雪涕交頤窮塵歷劫無有見期君有淨因如夢已覺絕累離塵歸眞反樸而我凡濁尚繫情緣閒看破鏡不勝泣然馬鬣未封牛眠新築用殳君靈深松茂柏雙親葬後余將遠征君生四子亦漸議婚功名家室渠所自有獨余銜悲誰同白首一抔新土得侍翁姑泉臺朝夕爲問起居嗚呼痛哉死者已矣生者奈何莊生雖達鼓盆難歌

海陵文徵目次

卷十七　國朝

海陵文徵卷十七

鄉後學夏　荃退庵輯　陳寶晉守吾校

練忠貞公傳　張符驤

練子甯名安以字行江西新淦縣三洲人也父伯尚洪武初辟起居注以直言謫廣德州同知稍遷臨汀鎮安二府通判卒時子甯年十二嫡母郭鞠之稍長遊于庠與金幼孜友嘗謂之曰子異日必爲良臣吾當爲忠臣太祖十八年對策極言近日用人狥其名而不求其實以小善而遽進之以小過而遽戮之因歷陳古人所以教養任用之道登進士及第授修撰以母喪去服除復

爲翰林建文帝立拜吏部左侍郎遷左副都御史尋又改御史大夫燕王棣反李景隆兵敗走還子甯執景隆于朝請誅之不聽子甯憤激大呼曰敗陛下大事者此賊也臣備員執法不能除奸請先伏誅燕師渡淮長史蕭用道紀善周是修上書論大計指斥用事者用事者皆詬兩人子甯止之曰國事至此尚不能容言者乎詬者愧沮燕王既篡位指揮劉傑縛子甯至語不遜則斷其舌曰吾欲效周公輔成王耳子甯手探舌血大書地上曰成王安在遂磔于市宗族論死者百五十一人姻黨戍邊徼者又數百人惟吉水錢氏幸免後習禮得官恒爲鄉人所持楊榮以聞燕王欣然曰使練子甯尚在朕固當用之況習禮乎卽日下令禁止三洲故隸新淦又隸峽江子甯之死也祖父墳墓皆被掘有二子任忠去爲泰州梁垛場人任善變姓名亡命德興四傳如煙中正德五年鄉試時值禁解始復姓築宮以祀子甯又三傳學頤學碩先後反于淦而先是子甯未有子以弟德輿之子濟廉爲己子濟廉逃之長樂改姓東氏八傳綺歸峽峽亦有祠淦之人士諱曰公吾淦人也何與于峽至爲書詬之峽不爲變子甯有女瓊瓊沒入時甚少免死北流洪熙元年放還贅陳用昌淦令爲立練少女

戶瓊海王佐編其遺文爲金川玉屑集鄉人私謚子甯曰忠貞公張子曰成祖之惡極矣逐其君篡其位而又慝其亡國之大夫跡其滛刑以逞天下忠憤所積至于無天可籲斯亦世運之百六也然而人心不死俎豆所在以爲榮名而爭之而成祖則儼然叛逆也由是言之可惡莫甚于族而義之所在有不去也可欲莫甚于爲天子而義之所不在有不處也綱目不明大亂之道也

白雲山人傳　　張符驤

白雲山人張怡一名遺初名鹿徵字瑤星江甯人故明諸生也父可大以武科歷任至登萊總兵官東人賴之會經略袁崇煥用暨儒陳繼儒言矯詔殺島帥毛文龍邊卒叛可大急趨登州爲城守計而撫軍某又中敵閒城垂陷可大力不支乃正衣冠登雉樓北向再拜曰臣受邊海重寄不能輯甯二郡以有今日無面目見陛下遂投繯死有二妾手刃之事聞以卹予怡錦衣千戶甲申寇陷京師逼怡降怡忿然曰吾父子受國厚恩恨不能滅汝以報先帝何云降也賊帥怒械之歸不食求死

賊黨義之匿怡複壁中乘閒使逸去國亡變姓名入山閉戶著書自號白雲山人當事高其節數招之不往及造廬道殷勤至再三終不得見卒之日年八十八相知遺以櫬材絕良怡不肯受曰吾焉用此且先皇帝柳棺三寸先將軍藁葬孤城君父尚然況臣子乎誡子易棺而沒張子曰明之亡也封疆死事之臣所在僅有將軍可不謂烈歟有子山人位不過千戶徒以君父之故幽悲沈痛草衣木食于鍾山之陰越五十二年以死至于附身而不敢有其良悲哉

嚚嚚和尚傳　　張符驤

嚚嚚和尚金陵人少有至性事二親盡色養既長善屬文補博士弟子員天啟閒知天下將亂乃絕意仕進棄家爲僧結茅天闕山中種芋自給號嚚嚚和尚云與郡紳某爲方外交某屏居林下不交一人獨時與嚚嚚棹舴艋往來江上飲酒賦詩爲樂甲申思宗殉社稷嚚嚚聞變仰天長號趨告某曰國破君亡大變也相公受國恩厚義當死某欲入嚚嚚厲色曰死即死耳毋庸入也某曰請與妻子別嚚嚚大慟曰嗟乎天乎爲人臣者國爾忘身奈何有妻子哉奈何有妻子之別哉公本重捐

軀而又欲謀于妻子世閒巾幗婦人知大義者有幾死則死耳毋庸入也力尼之某不得入則呼妻出告之妻曰諾良人死國妾願死良人毋庸後也某于是泣然再拜曰從此與和尚辭矣嚚嚚曰誰謂而公偷生者乃結二繯於梁閒先令某妻縊次掖某縊次嚚嚚自縊俱死家人葬某夫婦於天闕山陰溝其旁祔以嚚嚚至今謂之三義冢

仲猷公傳

張符驤

仲猷公諱裔緯行四與吾祖爲從兄弟皆泰巖公所自出也考樞娶華氏生裔經華死繼陳氏實生公及公弟裔綿公少有至性倜儻負氣節甲申之變明思帝死社稷公草莽中以頭搶地輒號慟不止會故王子起兵海上壯士繆景先國鄉勇應募公仗劍從之繆强勇有力乙酉夏諜報官軍至可數百人意輕之衣絺衣持槊躍馬言曰看某掃蕩敵軍公麾衆鼓而前時四方亂苦戰而吾鄉故僻壤狃承平人不知兵聞繆言皆恃無恐或更徒手搖扇從觀兩家決戰如兒戲官軍阻溝爲壘繆

衝突不得入衆稍散走官軍乃張兩翼馳射之矢集如雨繆揮槊格鬭不能傷一健卒出不意伏弩中之洞喉垂死猶力殺十數人公婦兄薛亦從戰死官軍長驅進掠公婦與俱去婦不從投河死惟公得脱既鼎革猶著故衣冠不薙髮家人懼叵測强之則曰欲除簪使盡耳遂披緇故人皆稱四和尚云公時方壯盛至老死不蓄髮再娶貧甚環堵蕭然不蔽風雨販鹽爲生然必旦夕得甘毳以養母母死既葬奉神主日再上食不輟如事生禮歲時伏臘必伏哭盡哀中無城府好面摘人過人頗畏憚之遇族子弟嚴未嘗少假辭色子弟望見輒避去易簀之夕言笑如平時顧其甥練曰死必火化我遂瞑練行泣失聲復張目曰毋事徒亂人意乃閉目不復言符驤曰以驤所稱伯祖仲猷公蓋　聖世之頑民也

本朝申大義爲思帝復讐討賊海內以次削平而公等以草澤數人欲抗　大軍存朱氏血食固以難矣雖然匹夫志在不可奪也妻死家破混跡緇流鬻魚鹽以養老母終其天年其至性誠有過人者而或者以愚訾之嗟乎是固然然公而不愚公不傳矣

郭海若先生傳　　張符驤

先生姓郭氏諱允觀海若其字山陽縣學生少持重跬步不苟學者皆尊事之師道尊嚴遊其門者至數百人閻都御史子弗閑於教訓都御史弗能禁先生以歲首謁文廟遭閻子於途衣婦人衣怒褫之予杖二十且曰閻氏子非吾徒也都御史踵門固請乃覊縻之蓋見絕於先生之門懼鄉里終身以爲貶議其言規行矩風度凝遠者不問而知爲郭公弟子也閩中黃文煥令山陽時器先生及王元齡沃起龍起鳳兄弟文煥欲成其才懼諸生以貧故授徒而荒已業俾各以私干令君度可

以潤膏火一意爲捷得之術而已三人者皆大喜過望請託無休時獨先生謝不欲文煥以此益重之鄰災延燒數十家先生親殯在堂猝不得動火及門先生號泣旁徨闔門伏棺上欲與親骨俱燼四圍盡爇而先生居舍巋然獨存令表其廬曰孝子之門海州一老生與先生同姓避亂攜妾僑山陽有子八齡而同姓病困妾苦啼慮無以送死存孤同姓日聞此閒有郭海若先生義士也亟請以往則言身後欲以累公先生深念久之曰公所託不敢辭然當歸謀所以安公妾者乃唯命耳遂去旦日復往謂同姓曰公可以瞑矣吾闢舍旁一室以閉置公妾雖盛暑不得出吾令人穴其窗度可饋食兼有一老嫗與起居公八歲孤兒吾教之不令絕公讀書種子其區區衾殮更不足爲公憂何如同姓遂瞑先生殯葬之成禮迎其寡婦孤兒於家館餼之久不厭孤兒年十八補海州學宮弟子於是同姓妾閉置已十年先生乃破戶出之俾與俱去且曰吾幸不負若翁垂絕之託吾家貧本不足以贍若母子顧義不得辭耳今若長宜自供母而歸守先人廬墓吾又爲若營館穀不憂無以爲生也同姓子與其母感泣乃謝去先生老友咸翁默爲余言先生行誼卓卓可稱道多此類予摭其廉正

孝友之大略書之又嘆近時民閒多不守踰月之制或拘忌時日或妄希吉壤有數世不葬其親者至用鐵索懸棺旁舍鼠穴蛛網雨蝕塵封甚有慘罹兵燹掇拾朽骨於煨燼之餘者此皆予目所親見蓋久淹之禍往往至於如此先生獨能以其誠孝格天呼籲之閒至可以回祝融之怒獨恨未從咸翁細詢先生居喪幾時幾蹈不測而吾有以知先生必非肯久淹親匶如吾上所言也咸翁又言先生才高數奇亦自信其不能順時以取榮譽而竟淹鬱以終老蓋志乎古者必遺乎今豈獨先生爲憾事也哉

何鐵傳　張符驤

何鐵字龍若鎮江人幼從學陳太史維崧工元人詞曲任俠負氣不能包容於尋常人使酒善駡於意所不合雖達官貴人必以氣陵之嘗作雜齣狀顯者頤指氣使以酒肉得名士歡與名士伺候顯者之門善事無怨備諸醜態妙盡形容善畫及秦漢金石刻常持刀筆出遊所在醵金求之贈遺滿橐然輒隨手盡妻不免啼饑或不顧作有力者强之終不肯竟作好昌谷詩其自作亦往往多鬼氣諸老宿皆畏其才其僑居吾州特久予初未識鐵聞人談鐵狂怪狀甚熟一日會飲他許見鐵議論鋒鍔咄咄逼人已又同踏鳳山抵掌今古鐵言荆益未平時賊獻忠殺人自喜其生日一裨將當上壽叩頭請獻忠出帳觀禮則有兩尖山拱列左右乃割婦人乳及小步所爲也獻忠大笑浮白無算因相對憤惋至於泣下自是遂別去不復見聞鐵從宦河南入柳縣令文署中感暴疾死無役遠近莫不傷之其僕潤子爲求賻於知交得金五百星扶櫬以歸葬京口先人墓側金費存三之一猶以奉主婦薪米凡有功於鐵之喪者數人而潤子之勤勞盡忠於所事有讀書明義理者所不及

子讀近思錄至謝師宰從明道先生假僕掘桑白皮而曰以公所使人不欺竊嘆聖賢誠已格物之效略見於此鐵喜怒乖方鞭笞無節其恩澤之入於僕御者淺矣一朝客死家無丁男而潤子往返走三千里使鐵得正首邱又能不私一錢俾寡婦有貲以生養所謂奴愛才如蕭穎士也然非鐵之賢又何以致此鐵或名金兩別號忍冬子云

韓節婦向烈女傳　　張符驤

韓節婦者姓劉氏泰州海安鎭人韓鵠妻明宏治中鵠病且死謂其父暄曰日者嘗言鵠當有庶弟大吾宗大人志之暄聽其言乃置側室踰年生子輪側產死暄亦下世嫡憂甚不知所爲婦泣語其姑曰有未亡人在何虞韓宗之不祀乎乃壹意鞠輪婦時甫二十未有所出試乳輪卽得乳輪孺慕婦比長忘所自生或爲般樂遊閒婦召卽歸畏嫂氏如嚴君也姑既以色養終爲輪成室生五子韓宗以大嘉靖末卒享年八十有四同時有向烈女者名隆亦海安人父穗自女幼時以許里人子

朱舜舜長病死女聞之悲欲以身殉未得閒越三日將葬穗亥雞往奠女欲與俱卽不可則謬爲欲食飲紿其母出采薇爲羹母不疑乘閒拒戶自經時嘉靖四十一年五月壬寅也年十有六歲盛夏浹旬貧無以爲斂棺薄甚有纔微見其衣庭無遺臭義士陸侃爲之槨更三日乙巳鄰災延燒及門忽反風滅火觀者感動父母不違其志與舜合封千里東康御史來濬新河將不利女墓女示之夢御史竟迂道去且爲詩弔之再拜墓下張子曰歷選古之婦人其以節顯者所在多有異哉昌黎之見鞠于其嫂也輪豈其苗裔邪然劉之所成視鄭爲尤奇鄭自有子比其喪也文公爲服期以報劉以孤嫠卵翼其庶叔其後以蕃者七世而輪不爲劉置後此何心乎向行雖過中然亦海隅所難終明之世傳此兩賢嗚呼尙已

龔項二節婦傳

張符驤

節婦王氏者江甯龔翰母也翰父元美崇禎初娶婦八月而從其親長史于蜀遂不反死狀不可知元美去三月而翰生婦依父指揮以居或諷之改嫁不聽指揮亦憐之翰始能言入婦懷求乳婦治女紅無閒則誘翰曰吾教若詩翰應口成誦自是遂通四聲嘗泣語翰曰無父之子當思自立卽不愼而身名皆喪我爲無賴矣翰以是發憤績學爲高才生始有廩米之養未餘前二十載皆食女紅之力也指揮死同產者遠宦婦力養其母十餘年海上之囙家無宿儲猶分瓶粟以活諸妹翰積

年分入雍未得一儒官奉母而婦沒齒無怨言婦年二十歸元美嫠居六十年而同室者僅八閱月時歛有節婦吳氏者少翰母十歲夫曰項德輔遭明末兵亂傷死婦年二十有三其孤志發亦三歲耳宗人利寡婦貲盡攫之婦守志不移已而歛又亂盜白晝至無所掠則牽志發行婦急闖然從竈下出奪志發盜手且泣且詈曰吾今日母子畢命矣盜盡脫兒衣佩委兒去兒赤身啼婦手掬松毛覆兒毛刺兒赤身兒益啼婦更取筠籠籠兒益覆以松毛歛大饑斗米七百錢母子無所得婦日爲人縫紉易米飼志發而身與二女厘啜豆不足餘以

糠粃數月乃復故食方極困時或勸婦以二女出養他人一意衣食志發使成立婦泣謝曰女子賤然先人遺體不有教焉婚嫁失所誰之罪也卒困苦教育之並有立焉康熙三十口年沒壽七十口張子曰異哉二婦之操也自明失其政乃使天下多盜賊兵戎之禍彼死者則既已矣而爲二婦類者爲可悲也如其所至豈負人六尺之孤者哉卒同受大年于天彼固有所嗇也

陳烈婦傳

張符驤

婦陳氏吳江沙溪人諸生張士柏妻也父俊母呂氏娠十一月而生婦未生前九月啼母腹中六歲甫能言十歲喪母哀毀如成人十九歸柏二十二柏亡又二歲婦以烈自刭死崇禎九年四月初二日也先是婦初寡俊欲奪其志則不可其姒趙氏疾婦與夫士松陰謀去之乙亥十二月朔陰受富人徐洪金而使庾嫗侍婦起居夜三鼓嫗開戶延洪婦猝不得脫趙取靑衣蒙其首洪奴遽拽之去婦哭詈不絕聲振鄰屋旦日夫族適徐雲者以婦歸俊乃訟諸惡於縣始洪欲買婦爲妾懼不從

乃與松計賜令傭奴程與婦偶冀婦憎奴乃可撫而有之卽事變有奴在無與己事婦旣出洪猶書一紙界婦與奴離異時知縣章日炌貪而信讒洪以利啗吳伸王允貞李江誣婦已與奴相安而雲搆之使貳于奴日炌果杖雲而責俊財婦不平以言侵日炌炌喝行刑指合不卽開隷虐其腕盡腫婦欲自刎炌又令隷共持之繫婦手寘諸獄久之始釋會巡按御史路振飛按部華亭婦匍匐訟冤振飛難之婦卽引刀斷喉以死尸舁置迎賓館外不及屏會給事許譽卿來謁振飛出迓之主賓距一門未及揖譽卿見婦尸卽整衣冠再拜顧振飛曰公亦當拜振飛不得已亦拜猶以日炌故止罪松一人譽卿爭之曰使國家得烈婦數輩何事不可爲又何患小人內亂而夷狄外訌也今讞者必以曖昧不明之一夕疑婦不得爲烈使貞烈之氣百折不伸不知世無死節之淫婦彼其憤不顧身志亦足以暴于天下矣幽魂沈痛墨吏橫行流聞輦轂亦非公計之得也日炌于是被論去官死而婦得旌洪黨悉收治如法嫗子阿虎死于雷時松守方岳貢猶惑于日炌曰婦三宿徐氏何以云烈諸生顧貫生曰如公言蘇武在匈奴十九年亦不得爲忠矣守語塞初婦在繫時洪黨百計脅之婦欲死

不能將見振飛取中外衣密縫之自誓必死將斂觀者環而泣禮書董其昌爲之肖像題其端曰赤侯王圮譽卿視含斂恐傷死者意不沐浴不更服覆新衣其上而已衆醵錢爲槨歸葬支硎之側先是代洪賂日炌者一人造言蠛婦者又一人皆吳江孝廉漏其名婦族父季襄亦孝廉也受洪金亦心動華亭人爲詩文弔婦者千數襄悉寢之沈正宗極憤歎形之書傳其不避嫌怨指劃詳明與歸有光書張貞女事略同而文不逮初士柏且死婦泣與訣曰吾其爲皇甫氏乎皇甫者婦伯母早孀守義迫于舅姑自經婦殺身成仁卒能不食其言如

皇甫氏康熙四十六年丁亥四月距婦死七十二年矣符驤客華亭汪氏翻舊帙盡得其實乃牽連書之毋使烈婦無傳焉

徐烈婦傳　張符驤

烈婦朱氏永康侯徐錫允夫人也年十七寡無子屏絕鉛華坐臥一小樓讀書通大義兼工書法能鼓琴每月夜侍太夫人無紘一弄商音激楚聞者欲泣甲申三月十九日李寇陷都城保姆白夫人請辟去夫人歎曰吾命婦也國破家亡速死爲幸吾焉辟姆曰夫人不辟卽死如太夫人何太夫人曰吾婦且弗辟吾焉辟於是夫人奉廟主列堂上積薪堂下取命服漬油服之太夫人北向坐夫人西向坐命舉火須臾火發煙焰蔽庭太夫人倉皇欲起夫人牽太夫人衣曰幸毋起引坐逼火而殁先是夫人有婢四並聰慧夫人絕愛之教之鼓琴將火揮之去四人泣曰夫人死婢子其焉往乃爭投火中若有物舉一婢出之烈焰之外獨不死亂定其事傳都下張子曰甲申之變周皇后從思帝殉社稷後宮嬪御視死如歸一時節烈之盛前代所未有也自寇難以來女子慷慨自裁者所在多有而永康夫人爲尤烈焉嗚呼朝廷風化之原豈不信夫

江節婦傳　張符驤

婦魏氏泰州海安鎮人江一鵬妻性剛急鵬在日即與諸叔不相能鵬死時婦年二十有六一兒子子二女子子皆幼婦稱未亡人諸叔皆不欲諸叔或磨豆爲腐兒幼無所知倚豆箱碎其腐叔恚謬握畫腐刀擬兒頸如屠豕狀兒則怖死婦以是欲與叔同命姑尼之不得行而仇叔益深諸叔患婦之逼也欲奪其志度不可僉謀强劫之一夕婦之戶外抱薪草閒出多人遽拽之升車婦大聲疾呼途遇强有力者奪歸於徐貞貞婦次女壻也婦長女爲黃氏婦乙酉夏　王師下江南遂略定海

上黃使其室人盡匿牀下而自伏浴盤中兵牽黃出殺之黃母憐其子則從牀下奔號出兵並殺黃母黃氏婦亟呼其二姑曰有死不可辱遂投管家池黃氏婦及其一姑皆溺死一姑及其婢獨浮過池北不及於難婦常以孤兒既怖死而長女復死於兵諸叔眈眈無家可歸至是遂依貞不反而諸叔用秀才余元吉謀許爲置後必反江氏婦不可元吉謬語陸封翁九棘翁長者爲言於貞而歸之是夕諸叔復劫以與袁氏婦自剺其面血濡縷出且哭且詈而狂且無人理縛婦於牀欲强犯之婦憤嚙其肉其人恚則用大梃亟撻之婦誓死不從其人知已不可誰何則仍以歸於江諸叔子或反賂袁使挾去婦於是不食三四日矣垂死元吉乃謀廢婦爲尼婦亦苟免强暴既得脫不肯斷髮乃使貞爲理諸叔於官官悉逮治之元吉猶揚揚訟庭毀婦剛急不宜其家同知孫君曉之曰非剛腸人何以烈烈轟轟做一場邪如生言且斕倒矣元吉媿屈貞迎養之終其身沒年八十有六葢既死而乃歸江氏之先壠與一鵬同穴焉張子曰予讀吳野人李家孃詩所謂腥刀入鞘紅顔隨走者亡國之禍流於女子其可悲也夫而一二抗志於羣兒之中蹈白刃而不悔者軍興以來所在多有予悉欲

序次其事而未之或遑也節婦之再遇劫脅與其女之被兵禍者何以異而卒皆爲完人嗚呼豈不偉歟

海烈婦傳　　張符驤

烈婦海氏徐州人陳有量妻康熙初徐饑婦從有量就食江南流寓常州逆旅酒家楊二見婦心動謬與有量歡有量窮途得二周旋喜過望時時從二貸銖兩二乘間挑婦婦正色拒之欲歸徐無貲也會運船艤河下二狎其豪林顯瑞者性淫二教顯瑞以會計召有量有量果喜得金又于歸計便卽攜婦入船顯瑞使有量之張渚市糴未幾又使往京口市木婦語有量曰君主會計奈何數數爲人使且船公無善意吾前日忍饑待君君今不知止饑可復忍乎乃買虆具自隨扃戶獨處顯瑞

閒使懷金諂婦婦擲金奮擊言者目幾眇抵暮顯瑞穴艙入婦取虆具絡其首顯瑞負痛回尋與二嫗俱至强犯之婦大呼殺人罵益厲鄰船譁詰得冤婦忿見陵哭不絕頃之自經死顯瑞則使其屬藍九廷遮道殺有量九廷修郤告官出婦尸于第三艙米中衣內外紉固甚不可解官爲斂容肖婦祀之有量尋返不之悔也奉祠無狀常人逐回徐州張符驤曰婦之死也有量陷之也然婦之所知者其所當爲而已假令縫紉少疎卽有白璧之操亦何以自脫于强暴婦蓋得全于素定也捕顯瑞者經歷繆明顯瑞陰行賂明曰吾雖小官義不受賄獄具顯瑞律斬衆共毆二嫗斃之

傳烈婦者三家王巖築夫周篔青士周啓雋澹木看來都不成文理澹木不知九廷以私怨告顯瑞而稱爲義俠又言婦跪謝二嫗尤誤青士具獄詞太費築夫瑣瑣道白金可厭又言婦厲叱楊二旣厲叱則有量宜與二絕矣後何以又信其所給而就顯瑞乎且九廷私怨何必費辭海氏一流離乞食婦人豈有胡天胡帝而諸家特言其美艾來常蹤跡亦何足深言予于此頗有斟酌題不曰陳烈婦而曰海烈婦與熙甫書張貞女事同意皆欲絕之于夫家也　自記

劉烈婦傳　　張符驤

婦朱氏通州人劉宏基妻僑居子里姑早死婦事舅極孝謹蚤夜伺寒溫食飲無違孺慕之誠睟於顔面先人稱司馬溫公善事其兄奉之如嚴父保之如嬰兒婦之於其舅亦猶是也近世婦人多不肯出身事舅別男女之嫌溫凊之禮闕如婦聞甚不然之宏基病瘵婦別室而居宏基嘗中夜過婦所婦宛轉固謝之宏基嘗爲人言如此及宏基病且死乃語婦曰我旦暮人耳子年少宜自爲計婦悲憤泣下曰君如不起我不獨生宏基目瞑婦卽自經時康熙十二年九月十九日也婦既死宏基復甦問其婦知既縊死矣乃笑曰彼謂我疑之遽至於此我卽死不患無聞於後世越一日復絕有子士聰甫二齡後婦二十年亦病瘵夭未娶無後女歸湯麟或曰婦所居故向烈女處所也地之鍾靈其或然歟張子曰湯麟之父祖舊爲吾家比鄰麟嫡母蘇能不嫉妒以逮其下以有麟兄弟也麟長娶婦乃知其爲崇川劉烈婦之遺愛嗚呼豈不賢哉

韓烈婦傳　　張符驤

烈婦郭氏涇陽處士郭瑾女也幼讀書識大義及笄歸同邑韓重琬甚宜其舅姑重琬弱冠以端方稱三原員賡載長者也見而愛之乃以楚中鹺務屬焉重琬精心計善幹辦無秋毫私康熙甲子重琬以勞致疾明年病劇乃屬烈婦曰我且死子年少又無出愼無徒自苦烈婦毅然曰惡是何言哉禮婦人從一而終君卽不諱妾有相從地下耳奈何以非禮言汚吾耳乎自是侍湯藥晝夜不交睫者兩歲又明年重琬卒婦悲泣不食三日諸娣勸之食則曰吾已早許夫子矣其舅姑且泣且慰之終不肯食曰兩大人膝下幸有人婦無子留何益左右或强食之乃懟曰諸人幸愛我何不令我早死乃者欲非命我邪左右乃不敢言既不食七日猶循牆走拜舅姑前爲訣更三日竟死張子曰韓氏婦可謂不食其言者矣士大夫平居談忠義及臨大節往往弗克踐無他利害怵於中而區區然諾不足顧也郭氏一許良人遂決志餓死雖古之烈丈夫何以加焉

王烈女傳　張符驤

泰州安豐場人王北望女潔先民心齋苗裔也家貧恃女紡績爲生常苦不給媒因言於北望某室温飽即女歸不至爲阿翁憂北望輒報可久之乃知所許者爲諸王故家人子甚悔無及女恚曰人各有偶吾家貧宜爲貧家婦何有過聽媒氏言而以求温飽故重辱我以必死自誓家人守之嚴不得死康熙三十一年冬民間訛言欲采宫人所許者且以婚期來女私問其弟曰門外水能溺人乎弟幼無所知乃實告之曰水淺惟某處河溺則不復生也抵夕女故作歡容北望婦以女且喜不

深疑女乘間縫衣裳甚固自投河而死如弟所指水深處張子曰予讀史至平陽公主事而悲之當武帝之世漢家豈少一賢列侯而區區傾倒於前日之騎奴及其死也猶合冢象廬山書之方策何其羞也王女之皎然不降其志不亦偉哉

蔡孝女傳　張符驤

蔡氏女蕙泰州人父孕琦母王氏女兄弟五人而蕙爲之長生有至性不妄言笑知服勞奉侍承父母歡凡女誡女孝經等書自其少時已講習能見大意既長許字監生繆湝未出閣會孕琦被吏議當棄市蕙即絕嗜味屏服飾玩好夜不解衣而寢晨夕必焚香籲天爲父請命如是者四年不改嚴寒大雪中風四入鳥鳥蕙不設爐火寢苫枕塊自如婢猶以爲喜涼也悲夫湝度孕琦不可活欲完婚嫌迎蕙歸蕙揮涕謝媒氏曰父亡與亡曷忍言其他已巳春　上復幸江南蕙草狀匍匐訟冤

上曰是女子也而爲父乞命嗟嘆久之有司希　上意以爲緹縈復生也孕琦由此得平反蕙歸湝未一年病卒張子曰方孕琦之被收也人或以爲當死由是言也是父受誅子復讐不可也雖然自有書契以來女子爲父上書者於蕙僅再覯焉可不謂孝歟既論次孝女行事復詳蔡氏本末然後知人之積怨深怨於蔡氏自有來矣而如孕琦猶未爲其甚者也嘗記緹縈書略曰妾父爲吏齊中皆稱其廉平文帝爲之原死余心竊疑之使緹縈不上書以文帝之世而竟有枉死之廉吏是忠臣孝子兩餘慽也使淳如意罪當死而文帝以緹縈

故出之是天倫與國法不兩全也凡有國家者皆以孝子代不絕生爲美布之方策猶以爲榮顧使有司不能無不冤之獄而待其人自理之與有司所持之獄旣平而爲孝於其親者特原之均非所語於先王之制也因傳蔡女事附論於此

袁天授集序　　張符驤

天下之所少者勢也非才也勢之所在羣天下智勇才技之士不難使之屈首以從我其勢旣去則已亦將轉而奔走乎人又不幸而其才非上駟不足以歆後有勢者之求則僅食之比門下之客身遘其會有不堪回首者矣故吾嘗謂生斯世者當如弇州之世家膴仕旣足以奔走一切而其才又陵轢萬有羣天下智勇才技莫能與爭至今論者以爲弇州不能屈一荒江倡歎之熙甫而回想其時弇州之勢爲何如乎自吾少時聞如皋冒氏以積强之勢傾家結客海內望走如職貢惟恐後

時及其衰也過富人之家叩其三銖如項王弄印不輕予矣每與青若相覷而歎而吾州袁子天授當其先公盛時好納交于四方之名人銅盤之會動以千指計母夫人羅酒漿無所不得其歡亦如皋之有巢民也然未幾主人遽捐館舍天授以九歲爲孤子門祚遂衰母夫人揞柱十五年幸無廢祀今所棲者僅夏屋之餘耳然天授自奮其才踸踔於千人之上乃使四方之聲應氣求者環而物色焉不惟勢之所去不足以爲累而益以顯其名故吾又謂世仍未有如熙甫之才者也世而有如熙甫之才者勢在已則用以鼓舞天下之人才勢不

在已亦用以獨善而不爲一時浮薄者所屈若此者吾願與天授交勉之然而今之有才者亦懼矣謀國者皇皇求利于下富人朝納粟暮拖朱紫名器日以濫而才之產益繁爲途愈廣愈未有安置眞才之路乃使天下智勇才技之士搤腕撫髀歎龔合肥徐東海之不作雖以吾上所稱冒氏與君之先人亦慨然于盛筵不再也故曰天下之多少者勢也非才也

俞其武詩序　　張符驤

往者吾君子序俞公瞻人制舉藝也盛言其文之奇與遇知於主司之奇所以傳公者甚不薄其後序以他故不行然聞者且莫不以吾君子爲公知已及予操筆學爲古文因欲以購成一代之書竊怪以公之才自舉業而外一無所著見而其同懷孫子乃往往有賢聲陳芳得名最早頗聞其好爲雜體將有俞子第三書行世矣而其武爲其從弟才又最高性喜爲詩搖筆縱橫早有成集四方之來止是邦者多以其武賢豪意親之人言俞氏有子矣予嘗謂人生兩間要當有專長以自壽以

吾州之荒鄙而代有聞人今郎不遑遠引如王心齋之理學沈鳳岡之忠讜華南畹之天官吳陋軒之詩黃童之弈柳敬亭之說書與俞公之制藝皆卓卓名家海內承學者未之或先也其武誠不忘先人之烈則帖括固其所有事而又旁求風雅詩筒詞版流布人間名滿天下吾不爲其武難獨以賢如其武多才强力如其武與其猶目前悠悠之口也毋亦近取諸公遠取諸陋軒乎子才下不及其武遠甚其武因其所善袁子天授見子古文而謬許之若予者內訟諸心未見其或過於近世所推之甯都歸德至如吾上所云卓卓成家者下之亦

懼不得比於黃柳各以一藝雄長海內而獨不能不爲
其武天授所私故予序其武詩亦欲以報其武知已而
不敢爲諛辭也

冒氏族譜序　　張符驤

予晚而始識如皋冒丈蒙求丈已年七十有九適知丈
與青若之祖嵩少副使兄弟也青若三世並負時名而
不及爲譜丈獨慨然懼文獻之失傳既買田置祠與族
賢歲時孝享其中而又蒐羅放軼抄撰舊聞續爲今譜
蓋冒氏之譜創於方伯廷和修於光祿雙橋距今百年
乃再修焉丈請予爲之序予聞如皋冒氏由通州分司
東林再傳潛德先生永樂間屢徵不出弟永宗以孝廉
爲冠縣教諭方伯其曾孫也方伯子弟或令輿業或令
富陽或丞肥鄉迨其孫曾或牧德慶或牧甯州或同知
永平並以文學世家而副使最著副使子辟疆則又遠
近所號爲清流者丈用武科致身兵部推守備不肯就
青若兄子亦以建昌遊擊告歸蓋冒氏之閥閱可稱者
如此予又聞許忠愍公爲冒氏壻婦弟汝弼才而早歿
配李恭人以節顯賜坊集賢橋之東予如如皋輒樂低
徊其下而不知其卽丈之母冒氏又有三婦一亦李氏
夫死于兵竟自經以殉一吳氏女未嫁而夫稼死女翦
髮自誓五十年如一日沒之夕以稼所聘小簪爲含具
其一顧氏夫與晉早亡亦苦志至三十年臨死出與晉
遺文付其家人卽恭人孫婦也顧此三人者皆不得旌

葢恭人之風于是爲足于感人而丈之能顯其親其勤亦不可沒昌氏又有節烈婦人與其閥閱後先輝映如此世俗所豔稱常在彼不在此也惟讀書明理之君子則以茹荼爲聖善之事以名節爲飲食之恆以棹楔爲門戶之光其丈夫得志于時者亦必其厲高節蒙顯名乃爲不貽羞於巾幗若區區用科目取尊流俗其繫人宗輕重有無之數爲何如也嗚呼吾豈獨爲昌宗言哉

錢孝廉年譜序

張符驤

老友錢君達人之自爲年譜也自其少長事育師友教學舟車離合困亨晦明不齊之數備見于譜而交遊聚首之樂以及癸酉鄉舉一時之意氣言之尤爲津津葢自君有年以來子斯譜盡之矣然正有未能盡者君與吾家霦洙皆同舉一日有觴君及霦者主賓相揖坐茶數巡門者言某公子來主人卽趨出揖公子坐上坐公子亦無辭讓茶又數巡主人數問某翰林何不至或言尚未就道也頃之或言已就道矣又頃之或言車已及門主人躍起曰翰林來乎乃蛇行出伏道左肅翰林入

旣至堂上相見以次揖就坐主人目屬翰林虛左揖之翰林乃顧君曰是最長當坐次吾次張君公子下坐旣定然主人目恆注翰林酌則曰請飲斯食則曰請食斯終席未與君輩交一語君輩徒視翰林以爲飲食翰林公子皆不能久坐先別去主人乃更與君道寒暄君嘗爲予言竊甚恨此以予幸備斯耦又豈不以堂下見處乎葢風俗之污至于如此其又何怪君齒尚未衰也賈勇而前看花上苑吾不爲君難何沾沾于疇昔之一席而亦竟不可必得也會君問序于予予爲增譜其事于首簡庶以曉後之觴君者而凡爲君者其亦可以自厲

平

海陵文徵目次

卷十八　國朝

海陵文徵卷十八

鄉後學夏荃退庵輯　陳寶晉守吾校

泰州學記　張符驤

自有宋慶歷四年盡天下州縣皆爲宮以祀孔子至於今不異而　本朝　聖祖臨雍登拜之禮視前代爲尤隆　今上改元復追王啓聖以上五世嗚呼何其盛也獨是天下之學圮葺不一雖以時修葺而吏攘工偷百物難久泰州當康熙四十二三年間宜城湯君釆尹來爲學官先太史公時以鄉貢進士協謀勸率而後學之堂廡以及啓聖祠尊經閣一時蔚然改觀乃天道不數周而朽蠹洊告華亭徐君大中偕寮曹君濬慮其久而愈壞也亟號於衆而新之衆志式孚會安東分司宗人涵來署州事慨然劃俸增修浴沂亭鳳凰墩諸勝益闢左右黌門而後廟貌巍巍視昔有加徐君使諸生景際英屬予爲記而予於是重有感也予揖讓進退其中越五十年之多近雖告休於家何嘗一日忘俎豆馨香之地顧追維昔友或仕或亡竟無幾人在者而徐君名上敎人有術予雖老馬陳人而衰病之餘舊學遺忘又何以稱其啓牖承學以光大半壁之盛心哉亦舉　聖祖

今上之所以風厲天下者爲吾鄉後進瀆告之而已

聖祖升朱子於十哲之次而　今上進范文正於兩廡則朱子之所學貴於講求而文正之所志貴於素定也得朱子之是矣又必不惑於旁岐如陸子靜之雜禪陳同父之雜霸皆如淫樂慝禮以弭之而後可進於聖人也以文正自期待矣又必不役於聲利如王介甫之執拗蘇子瞻之縱横皆如洪水猛獸以遠之而後可擬於聖人之徒也畔朱子者王陽明爲最而學朱子之所學者前之薛文清羅整庵近之陸稼書其選也不便文正者一時僥僥之小人而志文正之所志者前之兩江于山于公後之工尙書睢州湯公禮尙書儀封張公亦其選也兩江兩尙書前官江南皆有惠政感人心脾而陸先生篤信考亭有遺書照人耳目者也儀封公事功至偉不必以講學著故使爲學而不假途於陸以求朱子之心傳則陽儒陰異無所取衷而聖人之門牆不可得而入矣使入仕而不彷傚兩江兩尙書以副文正之志向則生心害政不可究詰而弄筆墨以弋身家之腴徒爲孔孟之罪人也已矣此予之所大懼故自爲諸生時卽與李樗公先生及亳州李民先辨之後備官於朝又與前輩光山胡公崞陽李君同年金谿馮君辨之今雖老憊而由朱子以求明聖人之道此志未嘗一日

少變卽乞閒四載非敢慕箕潁而薄唐虞而頃者被召出山縱不能抗志希文亦未必與屑屑往來一轍要於進退綽綽有義以自處卽爲質先聖後聖而無慚將縻三歲之粟以從徐君及諸生講學於此徐君其亦然吾言而鋟於石以爲徵乎

海安鎮關壯繆侯廟碑記　張符驤

侯之宜祠也舊矣余不敢以世俗荒謬無稽之辭信侯失其所以爲侯而又不敢執形生氣盡之說謂侯絕無與人間禍福事以重疑侯也侯生平大節光昭史冊村嫗牧豎皆知愛敬其爲人而二氏猥援之一以爲伽藍一以爲伏魔夫以侯之氣誼正命而行豈肯傴僂二氏門下而使侯蒙伽藍伏魔之號於身後侯則何辜且使侯之神靈深入乎愚夫愚婦之心徒以伽藍伏魔能作老佛功臣侯何不幸雖廟食百世不安享矣蓋侯之自足長留於千古者其正氣也生而爲人沒而爲神詩曰

文王陟降在帝左右此說之見於經者也後人持其正氣而儼恪以交於神明誠有所謂洋洋乎如在其上如在其左右者昔狄梁公巡撫河南奏毀淫祠一千七百餘所獨留夏禹泰伯季札伍員四廟四君子之氣未能不盡而神未必有知後人緬其淸風仰其駿烈以爲不立之廟則無以志景行愛戴之私故夫土木禱祀亦後人無窮之意耳而謂神眞在是豈理也哉雖然物極於神則靈而神歸於天則實天無厭吉相凶之理則神有福善禍淫之權侯得天之正氣以生全天之正氣以死侯之生死皆天也人之失其正氣者天弗福侯卽弗福

也侯嘉靖閒已追王思宗又加帝號竊以爲侯當漢末
造一心王家百折不挫志殲逆賊身雖死而其精爽所
結猶世世爲炎漢孤臣故今廟額宜仍漢壽亭侯舊號
其服御亦如侯生時以成侯志節而不必飾袞冕稱帝
稱王以後世之爵位爲侯榮侯而有靈必然吾言而又
嘗以　國家設教每郡縣不過一學侯所在廟貌稠疊
竊以爲侯雖宜血食百世其功德不宜有加於至聖先
師異時司掌故者請所在祇立專祠一所而所謂伽藍
伏魔之號與一切浮屠老子之宮咸廢除之其亦侯在

大之神所樂聞者歟里舊有侯廟歲久傾圮今僉謀鼎
新而屬予銘其碑予爲揭其大義如此若諸父老以佛
老之故而疑予言爲不足以重侯者則非予所知也

范家淩繆節婦待旌記

張符驤

節婦李氏泰州人父正選順治中爲司里繆蒙立妻嫁
蒙立六年而蒙立死越　今上丙戌于是婦守志已四
十九年于例久宜旌而以家貧故壅于上聞蒙立故病
瘵自婦之歸常與蒙立異居日願君頤養天和而日視
湯藥唯謹既不諱早寡又無血允其舅憂之婦泣曰婦
人一天耳夏侯令女之行豈異人任邪乃謝膏沐壹以
禮自守夫弟蒙騰不冠不敢見與婦分財居俾次子以
友爲之後人以是多節婦而亦謂蒙騰爲賢去年冬予
舟過范家淩婦兄子四載酌予榻酒闌燈灺言節婦事

不休予歎其爲盛世完人賜坊何晚翌日低回淩上見
道旁棹楔之屬閒有存者四載言其曾祖姑許字繆時
雍者未嫁從死萬歷甲午建坊久圮矣予又歎李氏女
子後先輝映何其盛也女父科故諸生州志祇稱爲李
二女脫略可笑而予獨歎二十年來　朝廷加意旌別
使閭閻知所激勸而吏不善奉行文移往來徒滋煩擾
以予耳目所及如郡人袁雲翔妻繆氏九十全節而以
年遠故反逸之以吾祖母同產許霖妻朱氏及江大鵬
妻許氏皆以子賤無力赴告于有司以吾外姑徐孺人
亦已守志三十八年而吾妻兄常恨不能徒手而與吏

語如是則賤貧而又無子者其又何望也是以數十年間東南女子之賢者往往見録于吾文吾文卽可以存賢者而終以爲不若　王言之有赫也遂書以貽四載使誦于其姑且以風其鄉之人

亳州貞女王素貞記　　張符驤

亳州人李殿機妻王氏女名素貞生而許爲殿機婦甫三歲殿機父諸生範同以義死母給配象房校尉王福殿機冒後父姓爲王知禮素貞既長父欲爲議婚素貞艴然曰父已前許李家矣何問其他父不聽私以意許富人子且俾以輿來素貞悲憤欲自裁富人子不敢逼鄰有范老名一魁者憐其志則走入燕與殿機歸素貞兄訟殿機于官竟以逃論並罪一魁素貞知之投繯有救得不死其兄怒素貞之志數帶刀欲甘心焉其後母及兄之妻常翼蔽之以免又閉置樓中絶食飲數日亦不死于是母乃教素貞曰若父終無婚李意也若何不遂乘間逸去卽從李郎于燕我爲若具艮驅請范老與俱徒老死無爲也素貞泣曰唯命乃拜一魁事之如父取道而去兄聞益怒使追之將及諸河會大風不可急渡素貞則禱于天欲投河死而風忽反素貞得渡河追亦不及殿機之以逃論而復入旗也母死賣身爲巴牙拉厄爾庫奴厄爾庫又配以婢曰蕭有子矣素貞至厄爾庫感動竟脱其籍不責錢也且俾以蕭歸南城御史阮爾詢聞而異之使厄爾庫爲成禮素貞顧不肯曰妾女子也謬于從父之義從一異姓男子走二千里非禮

也卽成禮無所施面目御史乃疏于　朝試之果處子而得　俞旨歸嫁仍　召入　大內　后妃而下皆優賚焉馳驛還亳州官爲治奩行婚禮于公堂而後爲夫婦年三十四矣時康熙二十有八年也予考女子無自主之義未嫁從父此經之明訓近世乃有女未成婦而爲夫死與守者父不能奪其志豈不日嚮已聞命矣雖世有儒者嘗繩以中庸之道而不害其爲高明之行況素貞初未與殿機絕也甫在母懷已堅一諾幸覆巢之下尙有完卵而無良者乃欲使貳于他族爲從父者不亦難乎方素貞之與范俱北也跡涉于奔雖精誠貫金

石不能不爲堅白之累逮既得所天乃不肯爲踰垣之從必完璧歸趙以自明而前之奔者不惟不足以爲累而適以暴其奇新安吳章篤行慕義閒遊于亳聞見最熟其後七年章識予于如皋請予爲記予採御史語且繹章所述幸連書此章又言其族祖恢復死于兵婦方氏執義不辱竟支解以死蓋女子之賢往往有嚼然泥滓之中而不污者矣乃如范老巴牙拉其好義亦曷可少哉

曹氏女子貞節記

張符驤

女子而不婦詩書之文罕稱之其無稱者何也女子固不得以節顯也古來以節顯者自共姜而外如令女毀容荀寀致命皆旣成婦也而不忍負其所天此之謂節若未成婦而夫不幸死則於大義無相從之道而或慷慨捐生或終身不字在世俗雖稱爲奇節而君子則以謂干造化之和乖陰陽之氣蓋賢知者之過不宜使之有述於後世也然又嘗謂世之未成爲婦而亦有不可以不爲其夫死與守之理則揆諸婚姻之本末與夫死生離合之大故其卓然爲高明絕俗之行而要以弗戾於中庸之道則今日曹氏女子之志節又不宜於世無

稱也女子名祥生於泰州之梁垛場父建中存日以許孫翁子繼芳皆在襁褓中二父死繼芳家中落娶有日矣納幣不滿曹氏意其母兄怒叱繼芳使者是區區者纔得半耳趣告爾主增吾幣不者女非若婦也使者反告繼芳繼芳大恚恨不復通從客走餘杭越數年不歸人多謂繼芳竟死於客云女聞之悲不食者累日乃泣告其母兄曰女身故孫有也不可以二母兄難之謀奪其志女恚欲自殺乃止嗟乎貞女之自守可謂難矣予昔嘗竊取歸子之意以爲男女居室而後夫婦之道成

夫婦之道不成則無相死與守之理然繼芳旣已納幣請期摽梅迨吉乃竟僨於增幣之言而客走以死爲女子者從一以終不亦可乎女今年逾六十侍孀母五十年跬步不離或勸之祝髮不許曰如此是自絕於夫也兄貧死無依以十指自食終老友人袁漣梁梁張氏壻也爲予稱其事盍詳請予書之

李氏二女子雙節記

張符驤

海門秀才李碧二女子通州謝翼運王迅之妻翼運迅先後一年死時碧女長者方二十九歲少者方二十八歲皆守志不可奪翼運有孤曰天寵迅有孤曰會期皆甚少二女子鞠其所生自丱角以馴至於成人亦勞苦而功高矣會期年二十四聘海甯縣令姚夔女孫而天寵已娶博士周禎女尤博聞强識閎覽能文今巡撫都御史田公雯前督學江南號冰鑑能得士試之日天寵立就五經七藝都御史喜判其卷尾云此非一邑才拔之以冠維揚一郡予嘗讀其遺文洋洋灑灑頗不類俗下文字而卒皆以夭死天寵又無子以謝擢子爲後會期並不及娶以沒嗟乎天之於李氏二女子何其酷邪夫婦者人倫之始風化之原此先王禮教所甚重然吾觀詩三百篇其以節著者自共姜而外無聞焉春秋一書上下二百四十二年之行事其所載始終全節不失婦道者亦惟紀伯姬一人蓋志行若是其難也今李氏二女子年未三十而志行卓然撫藐孤成立此亦奇矣天又不昌其世俾二女子食報焉而故戕之使二孤皆不幸短命死無以謝未亡人而風示來者此何說邪世不少好學能文如天寵者非窮愁終其身卽短命夭折

不使久於人世而閨閣之彥巾幗之英矢風霜之節主持陰教何摧折之亦不遺餘力此又何說邪王迅婦尤窮無所歸終老於母家予旣憫二女子之苦節又悼天寵之才於是乎記

景氏貞烈記　張符驤

高傑旣死潰兵南下寇掠江淮間揚州治東有李墅河者土人景自潤團鄉勇禦亂寇臨河欲渡自潤連發鳥鎗殪數人寇抄出其背衆驚散走自潤奔回謂其妻妾曰寇將至矣生死汝自裁之卽鞭馬北去寇至曰汝半邊胡子之室人乎告爾主所在則免死半邊胡子者自潤頷有二毛用以爲號妻朱氏謬語寇曰吾夫自此往南不甚遠也然公等亦憊矣卽飯而後逐之詎爲晚乎與妾王逡巡治具度自潤行已遠則以穢置食中厲聲罵寇曰奴能食此乎寇怒斫朱死持王將汙之王又紿寇曰吾計不若從公俱去耳寇喜曳之上馬王瞷路旁有巨桑輪囷卽引半面觸之肉糜爛寇又亂斫之以死亂定自潤歸葬二婦曰幸而不辱常氏者開平王苗裔也遇寇逼不從斷其左腕常仆地佯死微覘寇過者皆以馬梢指常或笑或太息常在死人中臥三日寇去乃歸遇醫皮僅聯屬不能運肢體父以爲夫家無所用之矣其故所許字景千忠者乃喟然曰以此女爲無可取則所取者其必在從寇者乎卒娶之閒居戟二指猶能績景氏可不謂多烈歟方寇退時鄰婦有不及避者或問之曰汝何以獨全鄰婦答曰寇亦人耳何傷於我乎

聞者恥之嗚呼恥其何傷而傷爲可歎而已

李登雲尋母記

張符驤

李登雲者吾友李君善樹僕也其先泰興縣人賣身吾州陳給事家陳女女善樹以登雲媵登雲生八月而孤母嫁安慶人鞠於從母數歲時閒走其父壠上伏哭極哀墓爲之崩及來善樹家善樹則夜讀書聞登雲哭寢門外詰之乃曰小人生而母遠嫁是以悲善樹亦憐之自是登雲之哭與善樹謳吟相答習以爲常然登雲逢安慶人輒問母所在一日請於善樹將求母去善樹難之登雲哭曰小人積痛三十年常恨不得母今聞母見在也小人誠不能自割遂渡江至無錫倉皇行路中一

老嫗見登雲即涕泣不可忍登雲怪之請曰嫗何哭嫗指登雲面曰何甚似吾往者良人也登雲告以故即其母母子相持大哭其母之出嫁安慶也更嫁無錫已又嫁江甯卒歸於無錫爲庖丁妻凡五易夫登雲行求無錫尚以其母自安慶來嫁也止三日歸報善樹曰幸而得母登雲生八月失其母更三十四年與母遇後迎養久之乃歸無錫終焉蓋予兒時讀小學至朱公壽昌事知公之爲孝也故人有官鳳陽者爲言朱孝子里近在天長之秦欄鎮至今俎豆其鄉豈不宜歟登雲之事蓋相類然朱公失母雖歷五十年之久未有若是之轉徙

也誠孝格天一朝合并異矣哉吾州二十年來巨室家庭至有不可道者嗚呼彼登雲者何人

清響園泛舟記

張符驤

驤來州城喜與繆沅遊沅有清響園在北郭外丁丑秋再汐于水有土一邱凸出于洪濤氾濫中驤每過沅尤樂與徜徉其上清響園者餘園也往者兩家先生講習于此驤追從其閒今遥遥二十四年亭榭無改一月而三遊其地爲愉快焉沅嶔崎歷落人也嘗恨爲妻子昏宦累不得走窮山人足不到之處一平胸中之憾可與傾吐者莫如驤與茲園沅與驤談最奇又善笑卽不閉口則怖人每至茲園則瞻仰雲日之麗俯瞯淵魚之出沒懸崖古木盪其心胸以爲可以發吾狂而不能舍也

沅袖山谷詩一卷浮白共讀之口脂流沫飛鴉拍拍林際沅睨驤曰涪翁甯知百世後相賞有如吾兩人者乎往驤讀嵩山兄弟集其所以傾倒于坡公者略如涪翁蓋不啻七十子之服孔子矣古朋友文章之愛至于如此後世傾嶮反覆乃云文人相軋豈不謬歟沅少聰警日記數萬言其先大父謂之曰汝能讀書乎吾且爲若搆樓貯之以恣若沅指點其處卽茲園也然樓竟不成又其母孺人存日好繡佛常雞鳴聞鄰家磨聲卽蹴沅俱起謳吟與梵唄相錯如是者一歲有半沅言此皆如夢也相與黯然者久之乃乘流至其家沅起簡篋中出

先司馬遺墨及所鋟石曰心太平者爲贈驤珍重謝焉
酒過醉語多不能憶旣寤沉爲古風一篇請驤爲之記
云

伯祖碩甫府君墓志銘

張符驤

在宋中葉海陵張氏有六三公者爲吾宗所自出凡四傳而支分派別其小宗曰勝七公頎領有明宣德十年南都鄉薦官國子助教其先教臨邑時士子祠其像於學宮學者稱茂才先生用伯子遜齋公文貴贈奉直大夫刑部員外郎此吾本支所自出也遜齋公嘗與羅一峯倫疏論大學士李賢奪情無親有直聲於時仲子孜高尚不仕儲文懿巏稱之曰勅學敦行名次其兄是爲裕齋公裕齋公之季子曰芸窗公霆生懷仁公琛懷仁公之伯子曰泰岩公鎰始徙海陵之海安鎮泰岩公之

季子曰肖岩公杓配黃太孺人是爲府君之考妣裕齋公別子之後有爲司馬者曰鳳樓公桐與肖岩公爲兄弟而芸窗公累世不顯然皆以善聞於鄉懷仁公藐孤孫以德行爲鄉約長至泰岩公兄弟有聲庠序泰岩公年八十餘好著書高夫人白髮皤皤輒紡績與共燈火顧以不善治生產家中落或日闕無儲未嘗不怡怡然也肖岩公徒手作家計然之書以治生顧望其子決科以衞門戶族之籍諸生者每歲必有饋遺仲兄遇公嚴公曲意下之務得其懽心生五子伯曰裔緍府君諱也府君生而勤敏精心計當肖岩公總家政時已私累數

千金既析箸夙興夜寐習於勞苦憂深思遠家道寖昌予讀蟋蟀之詩蓋勤儉之至也其詩有曰蟋蟀在堂歲聿其暮今我不樂日月其除而又曰無已太康職思其居好樂無荒良士瞿瞿蓋風俗之厚而長子孫之計者類如此後世或以儉嗇譏之亦不明於有家之常道也已故張氏之盛其度越流俗者有數端無聲色之好無博弈飲酒之好無鮮衣怒馬佝勇鬭很之好至於今而漸非矣獨治生纖嗇以貲爲生有無罕通首尾自畏此亦不可不塞其流也聞府君兒時見有樗蒲者袖手旁觀伯考居所公見之怒且詬且撻之府君歸愬於肖岩

公公喜爲兒禮今且有兄弟交博怙不爲怪者嗚呼世愈陵遲而前輩遠矣元配陸孺人先府君十三年沒壽六十二府君享年七十有九諸孤斯範等奉其藏合窆於黃自量祔先考妣之兆嗚呼張氏世爲海陵人子孫廬墓皆在焉泰岩公雖遷海安猶返葬於州肖岩公始謀宅穸於此府君兄弟五人而府君爾最先次吾祖爾弼公次叔祖維四公次帝臣公次帝簡公維四公與帝臣公皆先死別葬府君以丁卯季冬下世而吾祖亦以戊辰六月搆危疾不起嗚呼肖岩公之子五人今惟帝簡公在矣豈不悲哉銘曰

維我張氏蕃衍井疆斷自六三恐言汾陽迄助教公五世其昌篤生二祖兄弟遹皇顯晦不同時論頡頏芸窗繼世潛德弗揚有子懷仁爲善自强泰岩肖岩再世恢張或勤稼穡或治縹緗爲裘爲冶靡用不臧昔有端木異取兼營既通六藝亦累千金苟非其人各有不能於惟府君學書不成自其早齡力田治生勤毖自喜辨色而興爰配孺人戒旦雞鳴不辱其先以詔後人

閔賓連墓表　張符驤

三十年前當康熙乙亥之夏予因王武徵識賓連賓連語予曰惜不令錢湘靈識子也湘靈嘗言自王子一死而揚州無古文自吳野人死而揚州無詩使湘靈見子所作豈敢遽出斯言哉自是予入郡必過賓連賓連一日又慨然曰古文一道天下雖大寥寥無人易堂往矣繼起樹幟者非子而誰易堂者甯都魏禧也又曰繼自今幸益進以經術時予年方三十餘荏苒幾一世常愧賓連所云也予非好諛者顧賓連承易堂于一野人及雷伯籲孫豹人諸先生之烈操繩尺相天下士斤斤不

妄許可一時浮猥之士少當其意者而乃獨愛重予予以是常志知己之感於不諠也賓連病時猶使人負出廳事見予既死其後妻及長子婦皆死仲婦及孫又死所存惟仲孝磋傑然重兩耳賣卜於市無人念其爲賓連子者劉閬齋獨遇而矜之與予謀所以全其生者予竟不知賓連猶淹淺土也急買地蜀岡封之而仍表其墓蓋距賓連之死已二十有一年古之文人多不能保其身後卽近年如野人伯籲桀可見矣而賓連尤甚蓋名高造物所忌無足怪者賓連眼明口直工詩札及行楷篆籀所藏經籍玩好蕩然無遺獨纂黄山志行世既久遺集闐在吳劍宜家將求而梓之並爲仲績娶延賓連一綫之祀未知造物意竟何如也賓連徽州歙縣人寓江都籍揚州府學生諱鱗嗣姓閔氏一字檀林以康熙四十三年六月初五日歿年七十七賓連手疏其五世祖曰顯通配汪氏高祖源清配王氏皆葬在環山源清又配李氏葬閔家山曾祖世錦配胡氏墓在龍潭祖皆有碑祖承伊配朱氏前母方氏前妻程氏並祔龍潭之兆考覲文別葬長翰山生母陳氏又別葬富饒仲言賓連因省墓而病以至於死餘不能知徽俗惑於風水喜分金跡是言之竟何利而自環山屈指而計又豈獨

賓連有庭堅不祀之懼乎予表賓連亦存其五世也

書陳孝子傳後　　張符驤

昭陽李聖武爲予談其外大父母陳孝子沈節婦遺事而曰願有傳也予讀郡邑志載孝子陳嘉謨死孝本末不及海巡之害又不稱其婦撫孤守義爲有功於陳氏聖武示我陳氏家傳則事頗詳核恨其文不雅馴薦紳先生難言之按嘉謨字我師興化縣諸生也順治六年怨家誣其父宏道私販鹽利就逮孝子百計營救不得脫獄吏又不使孝子時與宏道相見獄且成孝子乃悲憤嚙指自爲書呈白運使其略以國家度支仰給東南鹽利所在增置巡鹽官吏而奸猾亡命率竄匿鹽徒中

鉤致官捕快其意所欲報每一犯獲必株連數十家歲久不決非重貲以賂獄吏無一生還者夫以興販巨囤其罪不過徒徒而轉令牽引無辜之人淹滯囹圄破産不出動受巨創以死民之父母何以爲心且今之巡鹽捕盜者彼固私販逋逃主也釋此不問而誣我善良橫陷非命養亂叢奸鹽政且日壞誠得雪父枉革海巡爲揚郡閤屬數十百里生民除無窮之害嘉謨死不恨遂沈邗關而死更七日得其尸髮上指屹立風浪中御史廉得其事出宏道於獄收葬孝子而旌其閭孝子死時年三十有二婦沈氏甫二十有遺孕生一子守志四十餘年以康熙二十九年沒壽六十三爲子死孝爲婦守義孝子節婦兩有傳已孝子既死白運使得孝子所爲書乃雪涕曰父罪不至死癡人何至是而世之論者亦言宏道幸而得理孝子猶可以不死予以爲不然士憂臣辱士辱臣死君臣之義也況父子之親乎當　國初重煮海之禁奉行者不善其職至與細民爭升斗之利而吏胥豪猾上下其手因緣爲奸一經羅織卒難自理往往不死於法而死於榜掠嗚呼方孝子乞憐於獄吏吏不許乞憐於讐讐不許呼天不聞呼父不見而徒以其幽悲沈慟致性命於危流冀當事之一悟此屈子所

以投汨羅而不悔也嗚呼其可悲也夫

書石節婦傳後

張符驤

鄧舍人漢儀爲石節婦謝氏傳亟稱其撫孤有成爲有功於石氏予考婦早失所天矢志至五十五年之久此自文人所豔稱而有國家者之所旌別然竊意天壤之大幾此者尚有人至其以一寡婦人毅然知尼媼之不可與偕而槩弗與通而鄧傳惜未之及也吾常以爲男女者陰陽之靈也彼僧尼旣賊其爲陽爲陰之理成其不陽不陰之身而欲以誣惑世之爲陽爲陰者顧其不陽者祇足以惑天下之男子而未可以惑天下之婦人則有不陰者得以入其房闥之中恣其邪異之說有不

識不知之女子過而信之忘其爲不陰之身而與之相接彼不陰者又挾其遺脫形骸陰陽不二之說而媒以見於不陽者其貞操絶世之姿卽萬不至辱身賤行俾死者蒙面於黄泉而出入無時男女罔別重爲世俗所覩笑嗚呼是尙得爲完人哉世教之衰達官貴人之家往往聽其婦女與尼媼往來名曰信心好善而寡婦人之門尤爲易入恣行無忌其讀書稍明義理者或知此之爲非而不能防閑其母妻俾與此曹絶又往往然也予心傷之久矣而如皋石五中兄弟頗乖哷好與予言冥契旣乃知其大母高節加人一等至於如此旣爲詠嘆嗟咨不能自已而又怪鄧氏執筆爲婦立傳獨此事漏而不書爲不可曉故輒論次之或曰立孤臣子之大節爲婦人者尤難之嗟乎是固然可傳然予不具論論其異者

書周尼事

張符驤

先大母存日嘗爲驤誦嚾口周尼事曰尼光其父周癡母蚤死無兄弟有欲爲蹇修者言於癡癡曰吾歸而謀諸女卽歸而謀諸女尼不答癡强之尼曰女知事父而已安問其他癡喜出語人曰吾女孝女也義不嫁人後有蹇修者癡謀諸女如初而蹇修者亦不復至及癡死遂披緇爲尼至今而又曰小子識之他日不可使尼無聞於世頃憶大母語旣爲書此而又歎尼本難於自媒特以孝爲說而卒以自賊悲夫夫徵其環瑱至老不嫁以養父母是衰世之高節畸行也爲癡女者或決贅壻以事癡或俟癡死以從夫則父子之恩篤而夫婦之道成矣不知出此而淪於沙門以賊其生或以貞許之不已過乎雖然自廉恥道喪幾無不自媒以求悅己者聞尼之風抑亦可以少愧矣

跋存善府君墓志銘

張符驤

府君字存善號裕齋別號雲莊老叟又號逸叟儲文懿公贈高汝贍詩有云因君苦憶雲莊叟也兩刻本皆以存爲從誤按文懿爲府君後輩志中序兒時辱府君愛欲以女瑞英妻之不果知己之感愴然流涕文亦古淡可味世又傳遜齋公次女爲都御史徐蕃夫人初生時置牖下有雙蛇蟠亙故小字盤龍蕃父爲小吏府君識蕃於羣童子中卽以兄女許之蕃父謝不敢當府君解之曰門戶何足言也卒嫁蕃生嵩亦至都御史應雙蛇之兆其知人善鑑如此昔竇偁以女字丁謂能知謂異時必爲三公而謂以姦邪不爲正論所與偁則未之知也使偁有靈能無胡盧地下哉儲徐兩公並以淸操直聲顯名當世不負所知府君之藻鑑精矣欲以女妻不果者或夭折不成禮也

斬邱木之罪議　　張符驤

夫人之歿魂氣陽也而升于天體魄陰也而降于地氣在天而清其神棲于木主體在地而濁其形則錮重泉是故葬者藏也孝子仁人之掩親也墓者慕也子孫所思慕也而蔡邕曰古不墓祭何歟胡氏解云墓藏體魄而致生之是不智也廟以祀神而致死之是不仁也聖人制禮專于廟享而不祭于墓其義精矣蓋古之說如此由我論之先人尚衣傳器且罔敢隕越豈有歸藏之所觸目儼然而置而不顧者乎且古人亦重言墓矣子貢于孔子築室于場周禮冢人之官凡祭于墓則以爲

尸周公孔子不可謂不智誠使古不墓祭後人亦緣情制禮無當忘其所有事特陽以求其神于廟而陰以重其體于墓今以墓藏體魄而致死其親豈胡氏立說之意哉是以子孫思先人而不得見見先邱則如見先人矣凡墓中纍纍然封其壟銳其首鬱葱其夭喬皆與先人爲體者也柳州被放惟松柏是念古孝子仁人之愛其親惟恐樵蘇之不禁而體魄之不甯于地下其用心類如此也故曰爲宮室不斬邱木推禮經之意以爲先人之有邱木猶吾之有宮室吾雖露處斷不可以奪先人宮室以爲吾之宮室奪先人之宮室以爲吾宮室是已欲處堂而以露處遺先人何待其親之不厚哉且邱木之下體魄之所憑依一朝濯濯比于剝牀及膚極之而兆可遷域可毁狐狸可穴處豐碑巨碣可爲鎮石而遠而城郭道路近而耕犁古人亦不必爲三事之慮是故斬邱木者服上刑也或曰使子孫迫于饑寒將饔飧婚嫁是急則可乎予應之曰是以邱木爲先人之餘帛羸糧也曩者子程子言之餓死事小失節事大今斬邱木則免死而不止于失節爲人子孫者且得藉胡氏之言以爲桀跖嚆矢哉

七出論

張符驤

余讀禮而歎古婦人之難爲也禮之有七出也所以責婦道者甚嚴一曰不孝二曰有淫行三曰妒忌四曰盜五曰多言六曰無子七曰惡疾此其條目也君子以爲出之義至及於無子與惡疾亦過矣夫無子與惡疾豈婦人之得已哉先王之作禮也以爲無子與惡疾不可以配孝子奉宗祀故奪其情而爲之制然竊以爲此禮亦爲妒者作耳而婦人之本無子與惡疾者不與焉莊姜無子以陳女戴嬀之子完爲己子以是知無子之有不必出也周恭叔幼議母黨之女後其女雙盲卒娶之

愛過常人伊川先生有取焉以是知惡疾之有不必出也蓋嗣續之事大矣男女居室起於天地陰陽之義有夫婦而後有父子有子之樂此男女夫婦之所同不幸而無子此婦人之所無可如何者也先王必不以子故輕絕其婦使人失伉儷之重惟己不宜子而遂以成其夫之無子俾祖宗忽焉不祀先王必不以婦故輕覆其宗則出之故曰不孝有三無後爲大舜不告而娶爲無後也苟可以延吾後雖父有所不必告況於婦乎然以爲婦人無子則必出者亦不深原夫禮之本意也婦之有妾媵猶男子之有弟昆男子期於有子以繼其父婦人期於有子以繼其夫男子無子以弟昆之子爲己子同爲父之所自出婦人無子以妾媵之子爲己子同爲夫之所自出如斯而已矣婦人無子夫即不得以爲婦男子無子父亦不得以爲子乎故竊以此禮亦爲妒者作而婦人之本無子者不與也予讀周南之詩樛木螽斯凡以歌詠后妃不妒之德而美其子孫衆多彼百斯男者不必皆其所自出也若呂趙武氏之惡至於殺人主之子孫無有噍類天亦往往夭折其後嗣其流禍也遠矣復何面目入祖宗之太室乎故諸侯一娶九女庶人無子皆得置妾明宗祀之爲重而嗣續之事非細故

也傳曰宗子無子庶子不得有子是庶子之子即宗子子也然則妻無子妾獨安得自有子乎苟爲不妒雖無子而有子也苟妒焉雖多男無惡疾其出也庸可免乎故能孝謹不盜不多言者其人不必不妒即世之號爲節烈者亦或往往出於燕婉好合之私爲兒女子一時情至之事而其人不必不妒苟無子而妒雖孝謹節烈猶無與也況不必孝謹乎不妒則能以貞潔自守而盜與多言自有所不爲至於無子而有子以光前而裕後其爲孝也大矣又可出乎雖然嫡庶之禮亦不可不明也衞莊公惑於嬖妾夫人莊姜賢而失位綠兮之詩有

深痛焉近時崔觀察夫人大懼觀察之不時有男爲廣置側室後觀察竟以愛弛薄其恩禮其女至以母爲戒夫遂不祀由此言之夫婦之閒蓋交有責也予故推本禮意以爲無子與惡疾固有所不必出然而今之爲婦人者易矣

海陵文徵目次

卷十九

海陵文徵卷十九

陳寶晉守吾校

沈龍翔原名默

范文正公祠記

范文正公祠在州東北百二十里西溪場中按志宋天聖初公始仕爲西溪鹽官時海潮壞民亭竈公力謀築堤捍之功成民立祠以祀水旱疾厲必禱焉攷公傳誌行狀皆不載此事惟見於宋史河渠志楊實夫云捍於其大而略之愚謂公發軔之始又官此未久或不及詳與聞一過西溪尋公故堤則長虹蜿蜒南北不可際居人植柳其上夾岸皆老樹每煙雨迷離望之如圖畫爲

泰邑勝境云父老因導余謁公祠余爲正衣冠肅拜穆然久之屈指有宋迄今已七百餘年而公之澤久而益長乃不禁慨焉以歎也公於古今爲殊絶之人物於宋爲傑出之名臣而方其在泰之西溪不過一鹽官耳位卑祿薄事權尠小非有民社重寄必不可辭之責也旁諉之時勢則亦無有罪之者而公獨惻然不忍吾民之失所力防其害以就其利卒使通泰興化數百里之遠長堤橫亙海潮不侵而民得遂其田廬衣食之樂嗚呼可不謂賢哉且夫天下事亦惟其人自爲之耳居大位握大權而漠然不一思有利於民民固無如之何也卑

官散秩而必思何以不負斯官何以不負斯職則事之利於民者多矣方公未莅西溪時鹽官豈少其人哉乃無一爲民禦災捍患者而必待公至而後圖之則公愛民之念切而盡職之意誠也余嘗謂天下之治亂其故專在於有司有司與民近者也利害得失纖悉必見之凡大吏之所不能爲不及爲者有司皆可以爲天下之有司各愛其民各盡其職而天下治矣公以一鹽官寄跡西溪西溪四境之民卽食公無窮之利天下有司皆如公之愛民盡職是得千百公治天下也天下之民之利豈可勝數哉今泰民歲困於水饑餓疾病之後老幼

海陵文徵　卷十九　二

之獲保其生者鮮矣假以公處此必且倉皇措置撫恤噢咻之不暇有什伯於鹽官時者而惜乎公之不可復作也庶幾賴公之靈默庇吾民使吾民卒免於水以漸復其田廬衣食之舊則泰民之享公之利不惟及公之身而且邀福於公之身後泰民之尸祝公其有旣乎爰與父老持瓣香再拜而禱之退次其語以爲之記

重修崇儒祠記

沈龍翔

理學莫盛於宋而開之安定胡先生宋以後明儒疊興姚江倡良知之宗心齋起而應之安定心齋皆泰産也學術卽不無異同要皆振古人傑哉兩先人舊有祠南北相望久俱頹安定祠閒一葺胥吏爲之旋大壞而崇儒祠今乃獲修先是議修不一人皆不果壬午春長白殷公特布權揚州關始捐俸獨任公素奉教關中李二曲徵君及是二曲弟子孫君長階來力贊之遂就役又捐金爲歸其祭田之他屬者詳載家憲副碑記中於是崇儒祠復完可更數百年此固理學之緒之長而殷公

海陵文徵　卷十九　三

好善不倦孫子衛道獨勤皆足傳之不朽也世教日就衰微諸生家居讀書已不識仕宦外更有何急一旦得志甘心俗吏而不悔守吾土者不乏文人矣方且茫然安定心齋之名氏而又何知向學而又何知毅然以先賢之流風餘韻爲己責也邪殷公軒冕中人顧一意儒先聞孫子之言而略無留滯斯其篤於從善非眞有得於良知之學者不能也獨念吾泰胡王兩先生皆以理學傳而揆諸祭川之義胡公尤所當急今崇儒祠巍然而安定祠竟鞠爲茂草能無慨與抑余聞辨學術者多於心齋致微辭安定則莫不誦其實學無閒然也心齋

祠既修安定祠顧反可緩乎然則余之記此非但爲王氏之徒慶所望有志實學者竭力而向安定祠謀也

鄧徵君傳

沈龍翔

徵君姓鄧氏名漢儀字孝威號舊山蘇州人徙家泰州少穎悟讀書日記數千言長工屬文十九歲補吳縣博士弟子員廬州太守某稱文章宗匠決龔宗伯鼎孳中式不爽見先生文許其必遇而是科忽以足疾輟試遂棄去生有至性孝於親友於昆弟尤好施與立身則嶄然不可撼一日過南陽宿荒店時流賊殘破之後居民家室不全僕役乘閒出飲漏下二鼓忽一婦闖入戶先生叱之不爲動生平著述甚富遊淮有淮陰集居揚有官梅集遊粵有過嶺集遊潁有濠梁集遊燕有燕臺集

遊越有甬東集膺薦有被徵集皆逐年編紀手自删訂詩餘古文數百篇藏於家所選天下名家詩觀初二三集搜羅富而決擇精同時司選事者無慮十數皆海內聞人咸斂手拱服于先生嘗與虞山宗伯論詩大旨主於清和其言曰孤桐片玉自有天律清也朱絃疏越一唱三歎和也宗伯深韙其言與修揚州府志江南通志公以其言爲論定戊午春　詔舉宏博科戶部郎中談皆宏憲以先生名應力辭不獲是年秋偕三原孫枝蔚應　詔入都己未三月　廷試時奉　旨賦用四六序方入格先生未用遂不錄與枝蔚均以年老學優賜內

閣中書舍人銜當軸惜其才欲薦入史館以母老遄歸盤舞膝下徜徉吟詠康熙己巳卒於家年七十有三

柳敬亭傳　沈龍翔

敬亭名逢春字敬亭面多麻人皆以柳麻子呼之本姓曹泰州曹家莊人也李公三才開府泰州緝地方不法長吏以逢春應時十七八歲一惡少耳開府輕其罪乃出亡之泰興傭於某久之意不樂遂去遊四方至甯國醉臥敬亭山下垂柳拂其身遂慨然曰吾今姓柳矣即號敬亭可乎於是名逢春號敬亭焉偶聞市中說彈詞心好之輒習其說遂以說聞左良玉治兵江上招致幕中甚見愛重授鎮銜又令署武昌縣俱不受左沒一時朝士欲致春於長安官之非其意也迨丙戌間亂定時

平諸貴游凋落逢春歸故鄉復趨泰興故主家則老主夫婦雙瞽停破屋中逢春再拜痛哭詢少主衣食不堪逢春慨然曰主人無患逢春尚能辦之待我三月後於是復入揚州書赫號數十百條遍貼新舊城中云柳麻子又來說書揚俗浮薄喜游談好新聞而其故老又夙昔膾炙柳麻子名後生恨不一見及是傾國屆期而至未及一月已得三百餘金遂持歸爲兩瞽發喪買屋產以奉少主嗚呼此古豪傑之所爲豈易得之流俗輩哉吳梅村傳敬亭極覼縷以余所聞敬亭軼事更如此

依歸草序

薛奇芳

艮御之有依歸草與天傭子集合刻行世也其發凡而起義者宜莫如余言爲先葢余兩人自幼卽謬執以古文爲時文之說今文果不宜於時而於古人一得之見又輒以時人莫予兩人解也然初不以一言弁其集者獨私以其源未濬不當急於其流顧又以外間俗學榛蕪不知果何所爲古文者則前刻之行未必非近日之津梁然自此書之出多齟齬悠謬之談艮御出其近作將裒爲二刻者以示余則其文日加高而湮塞不平之氣亦日盛因念余於此道實與艮御有甘苦之共今顧獨令蒙不韙之名而不出一言以分謗乎余惟自昔古文之盛必於承平畫一之時故六朝五季海內分裂三光破碎其時之文詞率皆亂雜而無章唯聖人出而四海一元氣藴蓄之久則必有渾淪磅礴之文以洩之今

國家聲教四訖襲治平幾十年矣意所謂韓歐蘇曾歸唐者將有其人而詞章制科封錮之中未聞魁閎豪傑之士卓然能自立者幸有一二穎出之才不愛惜而激勸之輒爲之摧其鋒而折其氣以遏抑盛世之光華亦獨何歟艮御之文余不敢爲阿好之辭但其透迤屈曲初無定態而生趣躍然者天下第讀其文合之風行水上渙爲文章之旨必有以信其非夸詞而求炫也以此衡矣古人亦復何境可限以不至卽使其言有不掩世果有南豐之手眼何妨爲后山之點竄而洗垢索瘢汲汲焉思得一眚以蔽之豈君子樂道人之善樂成人之美之意乎夫自史遷而後作者何可勝數而其巋然獨可以不朽者不過數君子而此數君子者要皆有生氣以自存故古文不必不作卽近日以古文專家者亦不必無其人而熙甫所謂畫人之耳目口鼻肥瘠大小無有不似按之必有得其形而遺其神者乃古文絕續之機艮御之文之美余不謂其止於此而生氣之所託或者在此而不在彼世固不當挫折之則所以破其拘攣陋劣之習而爲斯道計者至深且遠余雖重獲罪戾於時其能無荆山之長號乎

朱陸同異辨

韓　敏

先儒云研窮義理精微辨析古今同異此二語足盡格致之要矣竊謂精微極致不易研窮而同異之説不可不先辨同異之易混而實相懸絶其途者尤宜早析焉以正所趨而不致悮於所從然則朱陸之辨其可緩乎朱子大儒也學者宗之陸子名儒也後世亦有述焉而朱陸之學實未嘗同也宗陸氏之學者多背朱子説以別立門戸或又欲參和考亭以爲中立計而不知其非也夫天下之理是與非耳非者不可以爲是猶是者不可以爲非也孟子辨楊墨之言至加以無父無君之罪而所以駮告子者侃侃焉不少假如謂朱陸同異而可無辨則孟子之闢楊墨爲多事而孟告並稱當如後世之朱陸矣而可乎夫朱者孟之嫡嗣而陸者告子肖子也玩弄精神而謬託先立乎大之説與告子强制其心同厭薄語言文字而以講學窮理爲支離與告子不得勿求同特其强詞奪理有甚於告子者安得與朱子侔哉夫先知後行自古聖賢無不然者惟精惟一肇於虞書多聞擇善孔子諄諄焉學問思辨中庸之條目甚詳而孟子有博學詳説之語皆如大學所謂格致必先者也何獨以考亭爲支離爲意見邪鵞湖之會見有道而不得就正之益其亦難言好學矣夫象山者不可謂非賢豪也所作義利講義深中學者膏肓朱子深有取焉惜其略見大意而不復以研窮辨析爲事也且不知研窮精微而强爲辨析則愈辨而愈失其宜無極太極朱子之解甚明矣而反覆爭論終不相下朱子亦無如之何而謂學者各遵所聞行所知無望其必同也後人謂朱子道學問意多陸子尊德性意多此參和之説耳考亭未嘗偏勝而象山精微不盡德性必有悮焉則尊其所尊而非朱子所謂尊也安得謂同者在德性異者在學問邪伊川云講學不同無害但緊要處不可不同程朱未嘗無小異而指歸則一朱陸則相懸絶其途而必不可以合轍也朱子語類明云象山之學決是異端某老矣恐後人疑某學與相似不得不爲學者指破噫朱子自言如此而姚江乃顛倒日月著爲晚年定論謂朱陸始異終同豈非口口口口所謂欺天罔人者邪且某老之言彰彰如是又安在非晚年語而謂始異終同之説可欺天下後世也

泰州散里碑

朱華

古今來鉅公偉人歷中外承流宣化不獨一邑受其賜而一邑之父老子弟獨有所感激于心者惟其有剝膚之災不與他邑同而賴此鉅公偉人爲之明彰德威芟薙平治是以稱舉姓字傳說事蹟則拱手加額坐者起行者止歌思感泣非他郡邑比也如我泰州里遞之害所謂剝膚之災也里遞者前代之敝政損下以益上而不恤者也秋米三十三石爲一甲十甲爲一圖歲輪一甲爲里長銀米輸納惟里長是問有不足則鞭笞又不足則賠補富厚有力者傾囊以畢事貧且懦者最上

鬻田產其次鬻兒女其次鬻妻孥最下則逃死于四方而累及于同差之人故凡輪差者觳觫如就湯火而因以爲利者則吏胥也有管年有小總有櫃書有比費有票禮應比之日縲絏林立酒食淋漓風雪滿空吏胥重裘呼叱其間里長衣懸鶉受杖滂淖仰視吏胥若鬼神然往往叩頭乞哀以邀一言之救然吏胥之害視年月爲更換無定甲無定人而長子孫于其中爲十甲之司命者則書手也書手有缺價其多者至數百金十甲之中無歲不供奉無事不周旋田糧之隱現惟命則例之多寡惟命輸納之後先惟命銀米之入與不入歸農票之給與不給亦惟命又有所謂里催單差者狠狙爲奸鄉民輸值大差書催工食每圖以百金計較正供爲倍重小民逡巡畏葸自知綿力不足以支持萬一也則皆乞靈於書手而奉之以重金曰包差銀父母凍餓妻子啼號不暇顧卽正供亦不暇顧惟包差銀之是亟小不如意則書手委而去之吏胥受其指麾駢集而咆哮于鄉民之家家且立破書手乃復出僞爲排解糜費必十倍于前支分而節解之以饜其貪饕蓋書手之威尊而小民之命賤如此數百年來雖各郡邑之受害或不盡如泰州而泰州之害則膚親受之談虎而色變者也我

聖祖仁皇帝知臨萬方洞察前弊特命天下直省百姓田糧自行輸納或不以時至則罪坐本人與他人無與舉所謂里長書手者一切革除深仁厚澤跨越前代新制既定天下久奉行矣而泰州獨寢不行蓋前之因以爲利與長子孫于其中者造言搖惑多方聳怵謂行之且不便于官而泰州剝膚之災于是乎獨不可解康熙六十一年大司馬查公奉　命總制兩江開誠布公吏畏民懷泰州之民以不散里之故相率赴訴於轅公聞之愕然曰革除里役乃　聖主特恩天下誰敢有不行者泰州獨寢不行謂　國法何因檄藩臬及郡守

取供狀來而吏胥陰相比周仍遷延不行雍正元年藩伯鄂公莅任方新一意爲民除弊泰州之民以爲里役不散沮格　恩綸弊無大於此者據實以告公則歷稽案牘見有制府之檄已嘗震電憑怒大聲疾呼刻期俟散里之報而吏胥敢持其柄窟宅憑依具如泰民之所言也復以檄下府州趣令遵　旨散里且謂制府前檄兼及臬司原以寢　命不行律應重比明罰飭法刑章具存散里之行不可須臾緩而窟宅者仍復左右支吾企幸于歲月之展轉公知其不可以德化也因泰民之屢控而震明雷電迅厲以奮擊之咨約于臬憲請命于

制臺符簡霆飛執三尺以隨其後維時窟宅之輩乃始震恐喪魄駢首服辜於桁楊之下而泰州數百年來剝膚之災于是乎頓解既解而泰民之輸賦於官者如流水之源浩浩而來滔滔四集踴躍歡欣前歌後舞不待督責期約而自然鱗至盍省私費卽以裕公儲而姓名各達於官則無所推諉惟恐已賦之或逋而譴訶及之也多寡重輕各如其分之所應辦者爭先輸納以冤於罪戾而專力於耕耘且小民非甚無良也仰見我　聖朝禁革苛政以安民生而賢公卿大人又爲之除去梗頑勤施惠澤所以爲民計者至深且厚我小民食德服疇涓埃莫報維茲租庸幾何顧猶或緩于輓輸致煩執事之憂勞其何以自立於高厚之內是以發徵期會有所不事而納賦以時小民于此有天性焉而前者乃必欲責成于里長之一身而蕩覆之不恤亦見其誤也是舉也維　聖天子聰明睿知早有以深燭乎萬姓之忠勤而因以編解乎天下輸差之困阨創制立法迥異煩苛然非查鄂兩公仰體　宸衷德刑兼用則亦無以解一邑之災而俾得與天下之民並受生成於大造也夫兩公之勳業爲傅霖爲郇雨潤澤遐邇襄贊昇平受其恩者不獨一州而一州之父老子弟獨感激于不忘者

散里一事解其膚受之痛楚而與他邑不同也昔者韓忠獻公范文正公爲宋賢相功在天下矣而泰州至今獨父母思之神明祀之者興教勸學自韓公始而築隄捍海皆范公經畫之所貽也魯叔孫穆子之言曰最上有立德其次有立功其次有立言是之謂不朽如查鄂兩公功德之及于泰州者可與韓范二公並垂不朽是以泰州之民旣勒諸珉碣又詳書其事于志乘昭示永久云

旌表儲烈婦徵詩啓　王晉原

海陵儲烈婦陳氏丁亥進士給諫曉堂先生之孫女前丁丑進士龍游令中由先生之孫婦文學濯之妻也性生凝重姿稟誠莊幼侍薇垣詠耻謝家之雪長垂蘭佩妝羞人日之梅玉暎清心動循禮法金鎔粹質不苟笑言迄乎冰泮春池鳴雁聞於旭日星明秋夜飛梟弋於霜皋奉贄寢門棗珍心赤薦馨內則桂取香辛議著蘭房愛聽忠貞嘉話織依書幌傾聞義烈芳聲乃藍田之雙璧初輝而棠府之尺書奄至秦樓鳳逝玉管霄沈漢鏡鸞孤寶釵晨碎腐心同穴矢死靡他鄰邑無依痛叔

姬之大去維摩堪托悲月上之旋歸別館孤棲衣麻似雪雨兒罝膝茹蘗如飴響寒夜之杼機凍膚拆裂稅廢園之桑柘愁緒竮竮然且手執遺經口傳先訓丸熊子味自忘長藿之蔬倒鳳兒衣獨綴懸鶉之結年甫踰于三十衰已等於二毛畫篋塵封憔悴飛蓬之槁羅衣蛛網蕭條病鶴之孤不意逆豎生心狡童犯上觸藩野鹿欲殘皎素之枝婪腹妖蟇期掩清輝之魄偵稚兒之就塾陵侮簾幃窺保姆之離堂傾翻寶瑟隻身排闥毒手操戈陳氏義凜冰霜心堅鐵石呼天罵賊任刲衛演之肝視死如歸甯灑萇宏之血髮膚碎裂無慚全受之貞軀骨肉淋漓不挫常伸之正氣已而變驚內外駭集婣親已垂絕于須臾復淹留于一息吞聲飲泣直呼凶手之名透爪持衣明白完貞之狀然後撫兒一慟瞑目而終此洵巾幗偉人璇閨烈士較諸斷臂剖心之女同一潔清比于剺容截耳之媛尤爲剛毅直與睢陽碎齒並生色于山河太尉捐生共增輝于星日者也幸我伯魏公奮霹靂手表冰雪心命仵伯以繫囚飭刑曹而定辟枷胝械手白罪狀于中丞按律行誅請大刑于司寇明彰　國法肅奉　天威早因公惡之同羹銜正典立作市朝之肆輿論快心又爲陳氏申請　綸音榮旌宅里

瓣香再拜祀等神明清酌三觴酬茲血性盤桓雙植同華表之巍崇棹楔高懸作中流之砥柱信屬表烈明貞之至意維風厲俗之盛心也我等近仰貞徽親瞻　褒命宜有表彰之撰述用昭懿好之公心敬望慧業文人藝林名宿筆紹麟史詳書曾女之焚風續葩經備載共姜之殞長篇短製分明烈骨香心儷句散行淅瀝風號雨泣豈但星歸婺女高吳越之風聲抑且臺紀懷清備輶軒之採擇恭陳稗引傾聽德音

編修宮恕堂先生墓誌銘　顧　瀛

公父偉鏐崇禎癸未進士學者所稱紫陽先生也紫陽公有子十一人公於次居八自少志尙不凡大父奇之曰是兒必能以學行顯吾族十六遊鄉校旋食廩餼宏覽羣籍無不通貫雖諸生名駸駸遍海內矣而屢困場屋人或勸以貲郎進公毅然曰豈可使祖宗科目自我斷邂人屏居苦心淬厲有寒士所不堪比入兢子舍則愉愉怡怡娛侍紫陽公左右備極色養嘗冒風濤歸省焦太夫人疾舟不沈者幾矣卒以克濟州人士稱爲孝戚壬午考授正紅旗漢軍教習故事教習試北闈臨場例取本貫文書至爲口費公言於司成請以現在官學故勉其跋涉盖自是爲教習者食公之德乙酉春　聖祖巡幸蘇浙公上時巡觀河省耕詩四十首文辭高古冠一時　聖祖覽公名卽顧侍臣曰此老學也蓋公之名徹　宸聽者久矣旋　賜白金及　御刻孝經同欽取八人一例入都公分得南薰殿纂修方輿路程是年秋領順天鄉薦冬　聖祖賜冬衣一襲松花容德硯一方內製裘服明年中式會試第二十五名　殿試賜二甲十八名選翰林院庶吉士於時公向所纂合璧連珠集及廿一史連珠集館閣咸來抄取資其膏潤焉己丑

散館　欽取第五名授翰林院編修辛卯復移武英殿纂修御選　唐詩注仍　賜松花硯周易折中佩文韻府壬辰會試充同考試官是年中式舉人奉　旨重加覆試而公所得皆宿名寒畯無一人覆落者今內閣學士兼禮部侍郎胡煦其首卷也甲午冬　命九卿各舉學問優長聲名茂著侍郎王公思軾首以公對王公淸節名臣不忘許可時論以爲允公久在書局以才品爲上所稔知及乙未春　召試乾淸宮　聖祖臨軒親閱遇有紕繆雖資深官重者多從澄汰天公獨蒙　溫語諭以年力及曾出外差與否公奏對稱　旨　天顏甚霽公自念詞臣例不得建言而申抒所學以庶幾古人陳詩納賈之意稍展報稱遂自譔策略四卷其河隴荒政及治河議洞達古今尤爲當世所重他如革脅撫之規禮禁商賈之侈靡薦重舉之令定吉凶名品之制皆策略中指畫于數十年以前者而　今上龍飛新政海宇蒙恩與公言若合符節說者謂天假公年得敷揚聖天子勵精求治之美具本經術以利蒼生當不可數計乃一官匏繫僅以詩人顯爲可惜也曾丁酉冬以爭議學臣開列事小失院長湯公意其明年戊戌　聖主有澄淸侍從之旨院長卽綴公名其中院長者公丙

戌舉主也士論頗爲不平而公顧欣然就道蓋公引疾去官之志固已久矣公抵家後尚與故人從容文酒讌劇如平時及疾革諸子請就醫于揚公曰人生亦各有定數揚醫豈盧扁哉其達觀知命又如此公諱鴻歷字友鹿號恕堂銘曰

門閥華茂而以學致身文譽燀赫而以直忤人位不酬德將達而迍兼三不朽以庇後昆

宮書升制義序　　顧瀛

書升稾凡三刻丙子刻于都下者僅百篇代手鈔作溫卷而已未嘗行于南中丁丑落第後刻其燕中課草則卷帙又較少于前今年會榜發坊人請其全稾行世乃滙前後所爲文自燕楚閩豫穉稾通得一千五百有奇而存其什之一嗚呼書升之于此道可謂堅且苦矣不知者但以爲少年早達意氣不可羈紲而孰知其沈酣于中而久乃得之也蓋余自燥髮趨塾恕堂先生一見奇我命與子弟游以畢所學往來既熟故所見書升文章甘苦較他人特爲親切始書升家居時非大令節不一入中堂平時閉置一室以萬卷自隨所居與敝廬僅一垣之隔兩家燈火深夜互映余或倦而先寢書升則誦聲琅琅徹于比舍或隔屋叫呼以警余惰一日清晨入其室見案間嘔血于槃朱殷浪漫然且研墨吮毫苦吟疾書不輟蓋其刻厲也如此故其時之文躡雲御氣鉥肝鏤心有孤清獨往之意丙子同寓舊京佛寺晨鐘而起漏三下而止如是一歲率以爲常方是時南方學者爭趨空疏誕謾而書升獨沓萃子史手抄口哦涵衍停蓄不爲目前苟得之計嘗語我曰吾輩年少氣盛恆恐一旦仕宦見迫意見短淺不足任事唯日借古人議

論自攻所短庶他日擘拳撑腳爲一世仰望之人余至今佩諷其言以爲至論嗚呼書升之于此道可謂堅且苦矣方其弱冠上公車自以所向無前及其再蹶于南宫而流涙而且窮也西泛武昌赤壁江山雄麗之區東窺九華彭蠡匡山震澤而南極于蠻煙瘴雨紅柑碧荔之鄉經歷萬里崎嶇顛頓而其文筆渾涵吞吐山馳海放益肆以奇政未必不由乎此也書升嘗從其弟宦磁湖三年比歸視其文已盈數寸蓋其敏而能勤雖在單門寒畯有不堪其苦者而書升久而不衰卒以有立然則有志者其可以聞風起也是編出將與海内承學之

士共鞭其後焉故特詳其操業之堅且苦而其他藝能詞翰之美皆不復及也

宫書升制義序

沈熙

書升爲人意致落落多否少可獨與余兄弟及臣盧爲膠漆交蓋數十年如一日每風日佳麗則互相招致牽聯一堂商榷文藝或縱論古今成敗得失歌吟笑呼感歎悲咽至夜分不倦如此者久而益篤蓋友朋開臭味投合未有如余輩數人者也顧書升天才高妙重之以績學凡一藝出輒使人心懾神伏而不敢爭蓋其爲文初無定質時而湫謬寂寞筆靜墨細若無甚駭人及其奮毫怪發星燿而元運電奔而鬼騰舉捎管家百轉不出之理與萬思不到之意書升乃談笑道之不離其處

猶鉗且大丙不施轡銜而以善御聞於天下也嗚呼此亦足以自豪矣書升既成進士歸而別擇其稾以行於世世不乏高識必有知余言不謬者而余因是獨有慨也憶余輩初握手時皆年少書升臣盧齒相若而余兄弟差長距今十餘年余輩屢進屢蹶坐困菰蘆中而書升遂先着鞭出而辦天下事回首舊遊恍忽如夢余既以樂書升之得售其學而又不能無友朋離合升沈之感也於是乎書

重修舞陽縣儒學記　繆集

雍正十有一年春歲在癸丑集奉　天子命爲宰茲邑祇謁廟學見殿廡門垣日就頹弛明倫堂岌岌欲傾慮無以興學育才仰承　朝廷德意受事方新未遑興作明年捐俸倡始邑之紳士量力輸助庀材鳩工黽勉襄事大成殿兩廡戟門櫺星門與夫名宦鄉賢忠義各祠其梁欀榱桷之殘缺者易之丹雘髹漆之漫漶者新之明倫堂湫隘腐敝尤甚爲增崇其基而大其舊制締構堅貞規模宏敞前後煥然一新閱一年而訖工於是躬率紳士行釋菜禮進多士而告之曰諸生之爲學猶是

也雖有其基弗葺則壞克堅乃志終底於成倘其功不加修行不加進悠焉忽焉其不至於日就頹弛者幾何倘其澤以詩書涵以禮樂就焉將焉其不至於煥然一新者又幾何然必如吾之不安其舊欲圖其新力不計其能否也事不計其難易也功不計其多寡也時不計其遲速也銖銖而累之寸寸而積之勿廢於半途勿虧於一簣而學亦甯有不成者乎諸生咸舉手曰謹奉教請即斯語以爲記夫膠庠爲教育之地因陋就簡保殘守敝宰茲邑者咎也則今日之聿新不過盡吾職分之所當爲者耳曷足記特念紳士樂輸及董事勤勞不誌則無以爲急公者勸因按簿而勒其姓氏於石其稽工覈費司省視久而不懈者司學事李先生也是爲記

恭進詠史樂府疏　程盛修

粤稽古制天子聽政使公卿至於列士獻詩則歌詠之作所以匡君德達下情非誇其藻麗而已也故盛則有賡歌之帝佐衰則有作歌之五子降至春秋鄭丹猶以詩諫自茲以後寥寥無聞唐白居易作樂府百餘篇規切時事流聞禁中篇無定句句無定字繫於意不繫於文首句標其目卒章顯其志猶有三百篇遺意臣下直餘閒私心摹倣而遘遇　郅隆哀衣無闕約舉史冊所載人臣之隨事啓沃者或正言以諫或微詞以諷或防範於幾先或補救於事後術雖不一忠愛則同謹按其

時代撰樂府十二章詠歎淫泆盡其情旁推交通闡其義敢作　丹扆之獻敬陳　乙夜之觀雖　聖明無資於借鑑而河海不擇夫細流恭繕進　呈伏惟　聖訓

謹奏

請停庶常保舉以端始進疏　程盛修

竊惟翰林地居清切所以備顧問司紀載任綦重也我

聖祖仁皇帝加意作人　御製文集中訓誨詞臣者至再至三屬望甚殷期待甚鉅我　世宗憲皇帝每詞臣引　見令環跪榻前不憚數千百言勖以立身行己莅官服政積累充實蔚爲大儒臣曩任編修兩承　天語警覺提撕發蒙振聵無非爲國家儲才之地須得明體達用之人我　皇上乘乾御極愛育儒臣增設史官宏開經館豢養教誨之恩於斯爲盛然欲得通才須端始進自保舉之例行而呈身識面廣開請託之門額手

彈冠最便空疎之輩以致未嘗甘苦翔步雲霄假託清華雌黃藝苑學業無從策勵人品日見卑污臣愚以爲亟宜停止者也抑臣更有請者　國家久道化成縱人才日新月異亦必遴選矜貴方能知所激勸近見每科庶常多者七八十人少者亦五六十人雖係　聖主鼓舞人才不遺葑菲之意但弋獲者衆則無以安恬退之心薄殖者多則無以處該洽之士可否仰乞　聖恩於

殿試榜後嚴加考試不拘體格悉出　聖裁屏標擬之庸題破揣摩之積習因難見巧甯苛毋濫行見螭頭載筆無非八斗之才鼇禁校書自得三長之彥矣

餘園詩鈔序

程盛修

少司寇餘園繆先生以文章經濟受知　兩朝天不慭遺未竟其用士論惜之早歲以詩鳴散華振藻雄長一時與同鄉史先生蕉飲顧先生花田王先生方若宮先生恕堂後先鵲起分茅設蕝風騷之主獨盛東南修生也晚不及與諸公上下其論然讀過江雄雌樓村甲己諸集慨然想見其爲人獨先生官中朝位益高望益重蹇蹇嶽嶽爲時名臣修逐隊公車拜謁牀下而飢寒奔走僕僕道塗未得請先生詩傾囊倒篋而讀之顧時時往來於心而未能一日去也己酉之冬先生已歸道山

而修入館也以庚戌使早厠名後進接先生言論風旨於槐廳棘寺之閒暇則出其歌詩從容就正先生或以爲可教而不我遐棄焉向時一瓣香敬爲曾南豐庶幾可以無憾也而不謂修之晚遇也嗣君義圃玉叔輩能讀父書裒遺集之現存者而授梓修故述生平嚮慕之誠與不獲承學之憾與鄉之諸前輩生不同時者同一今昔之感焉而詩之溫柔敦厚莊麗芊緜則非余小子所能贊一詞矣

逌暇集序

程盛修

歲在壬申　聖天子推恩士類時開　萬壽恩科吾鄉仲君松嵐領解大江南北闈墨流布紙貴一時踰年捷南宮科名所尙無不如意承學者將於是取則焉顧性耽吟詠春秋佳日山水勝暢酒痕墨瀋淋漓幾徧君年力方剛遭逢便利不比憔悴枯槁之士跧伏於荒江老屋多志微噍殺之音說者謂以君之詩宜迴翔禁近從容承明著作之廷不當需次選人逡巡歲月百里之寄未得抒其底蘊余竊以爲不然夫詩陶冶性靈尤貴徵諸實用東壁西清朝朝染翰固詞人之極致而留心民

瘼詠歌勤苦如元道州春陵諸篇念切痌瘝情詞悱惻與少陵石壕新安之作竝傳千古較之輿慶濡墨昆明弭筆有心世道者正不以彼易此也君行赴春明乘時利濟河陽花邑單父琴堂則簿書期會不足以溷乃公而藉其餘閒形諸篇什風俗之盛衰寓焉政事之得失昭焉後此之淸詞麗句倒篋傾囊者卽可於茲編卜之矣予屛迹里門渺焉寡和郵筒往復惠我新詩雖老矣尙能爲君敍之

重修泰州城垣碑記　程盛修

記曰城郭溝池以爲固則垣墉之設於以藉捍衞而資保障所關綦重矣吳陵襟帶江淮爲瀕海要區向有專城歲久而圮迺者　聖天子軫念閭閻曡頒　諭旨俾直省州縣將城之增修改建者勘估確實次第鳩工發帑金數百萬不括民間一錢　睿慮周詳戒其虛糜防其浮冒所以規遠大圖鞏固者無所不至制府高公大中丞明公檄行維謹維時王公鎬司牧吾州仰承　德意殫智竭聰躬親畚挶又得淮揚道巴公靈阿揚州府楊公魁督辦嚴明指示精覈分修鹽運判張君景宗興

化縣林君照水利同知任君寶糧河通判孫君步雲泰州州判王君模甘泉縣龍君燦岷協力同心勤勞懋著子來踴躍樂事赴功肇乾隆三十二年九月訖乾隆三十三年計經費九萬八千七百六十三兩有奇按舊制十二里今量長二千一百四十八丈月牙城一百八十一丈裏外城門八座耳門一座城樓四座南北水關二座其海甯阜通迎恩迎淮諸額襲而不更廣袤緜亙跨越前模矣嗟乎城自南唐建置歷宋元明六七百年其閒或遭兵燹或罹水患隨興隨廢以迄於今我　國家休養生息百有餘年桴鼓不驚萑苻屏迹兆民安堵樂

在人和抑且承流宣化拊循而噢咻之衆志成城言言屹屹不煩干櫓設險無形況復　恩綸普徧朞屢維新磐石苞桑萬世永賴則自茲以往父老子弟含哺鼓腹於光天化日中者其無忘　朝廷德澤與司牧公勤恤民隱之意於靡窮也查催工料則州同王君坤元吏目劉君若滂巡檢葉君元勳蕭君海清葛君琪臨官高君耀也例得備書

謹陳漕弊疏乾隆四年　宮煥文

竊思漕運一事上充　天庾下濟軍儲關係最重我皇上軫念旗丁挽運之勞加惠無窮凡於漕務積弊固已剔除殆盡而間有數條尚須釐剔謹就臣訪聞所得一一陳之

一米遭漏溼之宜報也定例漕船失風沉溺以致米石短少准於本倉餘米內買抵其或運縫綻裂誤擱灘淺以及陡遇暴風船身傾側者未免上漏下溼米被浸漬所有搶撈米石向係分借通幫易換食米交納原因糧米進倉務須乾潔方可久貯近有不肖旗丁每將泡溼

之米鋪晾船頭俟其少乾卽攙和各艙到通交卸是有易換之名並無易換之實徒使一船漏而一幫之米被攙一幫攙而一倉之米霑溼恐致鬱蒸黴爛遺累倉庾此弊之不可不亟除者也臣思米一著水往難久留雖經晒乾究與溼米無異應請嗣後搶救失風米石或係原船北上或另僱船裝運應卽報明戶部移咨倉場於該船抵通之日驗明米色准其另行交倉收貯倉場於題報銷算案內聲明另貯米數俟開放俸甲米石之時先行交放則爲日無幾不致色味俱壞在食米之人原無所損而於倉糧久貯之法實有裨益矣

一夾帶私貨之宜查也定例漕船起運赴通每船准帶土宜一百二十六石違例多帶者照追入官此寓法於恩之至意近有不肖奸丁討出法外恃糧船裝載貨物惟有過淮一次盤查而各關不得稽察每於水次攬載客貨冒越關津將至淮安私僱小船剝運過盤糧處所等候漕糧盤過復行裝載北上在客商不過利其影射土宜名色可漏關稅殊不知糧船多載貨物則船身逾重每遇運河水少輒至淺閣沉溺病皆由此臣愚以爲糧船夾帶私貨嚴禁於既帶之後尤宜清查於未帶之先請嗣後兌糧開行之日卽著該押運官弁查明各船

所帶土宜出具覈實甘結申報該管上司至過淮盤糧後所到地方除應帶土宜准其零星發賣以濟中途費用如有車裝船載至數百石以上者卽係攬載貨物許該地方官弁卽時盤獲丁商一併按律定擬仍將出結該運弁交部議處則貨少船輕可免中途淺閣沉溺之患矣

一蠹役簽盤之宜革也向例糧艘抵淮漕臣逐船簽盤防其盜賣有誤倉儲立法至善惟是簽算之法計其深闊尺寸折算斗石若干其間伸縮盈虛易滋弊竇閒有一種在淮漕蠹謀充算手句引旗丁料理到者少可報

多料理不到者多可報少旗丁遂於幫船未到淮之前
先期赴淮預行料理每船多者二三兩少者七八錢一
兩不等　聖恩汪濊百計恤丁豈容若輩鯨吞肆行無
忌臣請勅下漕臣示諭淮郡各官將前項漕蠹密訪嚴
拏毋許旗丁一人先來打點併臨時登岸與本地人役
交通至於簽糧盤查漕臣親臨各船隨身帶領親信善
算之人務須隨到隨查秉公細核一切書役人等不許
私自上船該船丁舵水手亦不許多留在艙如此緊嚴
庶幾弊竇可剔也
一汛兵需索之宜禁也定例空重漕船一入州縣境汛

即令該管營弁同印河各官率領兵役親往河干晝夜
催趲仍一面移文前途各官接催節節交送毋許丁舵
水手片刻停留乃各幫積習每於船未開行先即幫僱
一人名曰走差包攬打點一路閘汛營堡凡到日晡則
走差人登岸前往除官員現在河干不敢停泊外至於
汛官或送土宜或與銀錢相其威勢寬嚴以定賄賂多
寡約須兩許可住一宵但得遂欲即天日晴爽不妨早
歇晏開否雖疾雨暴風亦必趕離該汛臣思糧艘自應
晝夜星催毋許逗遛生事設遇非常風阻亦當聽其暫
停看守何得以餽賂之有無分別催趲之遲速應請

勅下漕臣嚴飭沿河文武各官凡遇糧船經過務須親
赴河干查察嚴禁汛兵需索并通飭各幫毋許再用前
項走差人等恣行賄賂一經發覺與受同科官弁兵役
一體坐罪如此則旗丁少一分之浮費即多一分之運
腳空重往來應無盤費不敷之虞矣

請建五城義學疏

宮煥文

從來化民成俗必先於學我　國家自　列聖相承重熙累洽其所以爲世道人心計者靡不周至而於學校一事尤殷殷加意恭遇　皇上臨御以來振興文治沛恩賚序增給書院帑金頒發　內廷書籍凡羣萃州處之衆窮鄉僻壤之中沐浴膏澤者率皆爭自濯磨以期無負　聖主教育洪慈生齒日繁尤宜多方振作廣收造就人材之益臣竊查各省州縣俱有義學延師課讀窮簷士庶共沐詩書而在京八旗亦各有義學選取舉貢各員教誨旗人子弟資其廩給優其議敘法至善而

恩至渥矣乃五城爲首善之地四海九州莫不瞻仰德化較之外省州縣尤爲切近與在京八旗亦事同一體獨未設有義學以爲訓迪人民之所伏思五城地方遼闊總計土著之衆與寄寓之民不下數十萬戶其間貧富不均秀頑異致惟書香世胄自嚴庭訓其子若弟固多成就而單寒之戶或以家無餘積不能延師訓誨雖有聰明子弟每因習尚浮誇入於游手好閒半棄無用殊爲可惜似應請照八旗之例於五城所屬地方各建義學數處令附近居民子弟有志讀書而家貧不能延師者入學肄業其教習人員卽於舉貢各員內考試錄用每月應貲廩給與年滿分別議敘之處悉照八旗義學之例遵行庶幾日積月累相觀而化不惟市井小民咸知說禮敦詩而成人有德小子有造將來之宣力效忠於　朝廷者必多於我　皇上移風易俗之道似亦不無稍補於萬一矣

鄭節母高恭人五十壽序　　宮煥文

國初吾揚兩鄭侍御史一金吾公子方旦一水部公子晦中以從父昆弟先後入臺垣奏稾成帙章上輒聲聞殿陛閒至今數諫院題名及兩公後進者面未嘗不灑然欲汗也先伯祖中丞公與鄭世爲婚姻叔兄能齊妻方旦公女孫而兄女壻克諧則又晦中公仲孫昆貽子也昆貽之兄曰箬溪承水部公遺搆葺休園以居予前以扈　蹕迎　鑾兩過邗上開戚友遊讌數飲予其館三百六此當爲其魁首惜箬溪已前逝今所稱園主

人郎需次理問哲嗣受天丐予以文壽其母夫人者也受天性恬退不妄交遊每旦盥櫛後即手一編坐園中或與老蒼朋輩三數人賦詩彈琴煑茗以相娛樂揚州酬應喧雜勢炙手可熱如受天束脩自好不隨俗步趨者少年中葢百無一二焉顧少孤露生再期而失怙賴嫡母李生母高兩恭人左右提挈以養以教纔一紀而李恭人又卽世近十數年來門戶支持風雨捍蔽俾其家和平安静無憂於內訌外侮者尤高恭人力也受天每念先人蚤世未得盡一日饘䭀酒醴之養遇歲時臘膢及兩尊人諱日若生平懸弧設帨之辰往往心悲蕭索以未能雞豚逮存爲憾今丙戌秋七月高恭人五十初度方今　聖天子德化翔治民無論男婦享高年踰老壽自八九十至百歲以上者所在多有五十大衍之數甲子未周非遽以是誇多於人顧受天念母氏十七而字越五稔而孀中閒送往事居飲氷茹蘖什倍於窮巷掘門蓬髮歷齒之苦者且三十年將備列其狀上之當事冀得援例　旌表其門而先假綽綰之詞爲略敷其涯槩故不遠數千里寓書京師丐予一言以爲請旌之嚆矢是不可以辭也予惟近代風俗侈忲生日自四五十後但有力皆得製錦稱觴用一切不根之言托

名於大人先生以爲榮昔裴松之嘗病當世碑版誌傳多失實欲上言令諸立碑者皆列款上請俟朝命報可乃許予鄉嘗深韙其言欲疏請禁民之無德而稱者毋許擅作家傳如見任官輒自立碑者比如恭人清操亮節方將勤貞珉榮棹楔載　國史郡邑志以傳不朽一言介爵表幽貞之德慰仁孝之心亦鄉黨親戚之責也又多乎哉

徐神翁畫像記

田雲鵠

余自嶺南歸抱幽憂疾獨喜談神仙幻詭之事城西道院徐神翁遺像尤可怪幅長三尺許闊尺餘像竟紙傳是翁自畫須眉生動飄飄然有淩雲之氣所謂隨所視而瞭然若相對者語不虛也仁靖先生曹道沖贊云奇氣通神氷容清瑩明世式模仙宗總領傳像掖廷永爲瞻敬檢討劉谷贊云咄嗟神翁何處有神通指南話北說西道東雲縷霞衣不肯著灰頭土面塵蒙蒙掃不空驀然握帚背面去霜淒月白清松風樞密蔣之奇贊云神翁不作人間見灰心萬事皆甘賤夏無輕葛寒無裘

口絕膏粱塵土面手持篠帚幾多時歷數上天星宿遍自贊云神色不自在猶如胒瓦坯色盡還歸土神移別投胎藉如空裏月輪轉幾千迴換頭不識面原作阿誰來諸贊悉列於像之上方傳是翁自書字跡端凝秀濯類非凡俗手所能爲以余考神翁逸事甚夥如宋高宗在潛邸卬以事翁與一詩云牡蠣灘頭一艇横夕陽西下待潮生與君不負登臨約同上金鼇背上行後高宗避金兵入海爲淺灘所滯待晚潮行問此何地曰牡蠣灘遂登岸問此何山曰金鼇山憶神翁語乃屏警蹕入臨濟寺見此詩新書於壁墨跡未乾似此尤幻怪詩亦奇麗可喜然則此像爲仙蹟何疑顧翁詩畫精妙若斯而世第傳其執帚力役混迹傭作豈仙家蹤跡祕異不願自衒其長邪抑如雲龍之片甲一爪不肯多出稍露其奇以驚盲瞶邪此像一再轉徙復還海陵初失於燕市吏部林公春購得之繼失於質庫參議王公相說贖還之殆翁之靈惓惓於此幅護持之俾歷久遠邪參議又創集仙樓於萬壽宮以奉翁像後觀燬集仙遺址不可考而此像巍然獨存千年故紙神明煥發無少欠缺余猶及見之未必非余之幸又懼夫後來之湼泐廢墜皆不可知故特爲之記神翁名守信徽宗朝賜號虛靜

沖和先生

重修試院記

仲鼎龍

今上嗣位元年覃敷文教開科以進四方之士四月臨雍講學祭　先師輿秩節環橋門而觀聽者萬人得與此典者悉有賞復・諭各省大吏學臣凡直隸郡縣量地小大酌增入學名數有差由是薄海內外無大無小爭自濯磨以赴功名之會吾州士大夫踴躍興起重新試院嘗天將時雨農夫先修封疆以待大澤之至於以知聖人之德過化存神能使海邦下邑鼓舞赴公而忘其勞也夫國家根本在人才人才進途由考校天下治平百年矣仁漸義摩禮陶樂淑士皆得涵煦陶冶以成

其材文治駸駸日進於古邇來司文章之柄者率皆天子親信大臣苞苴請託岸然屏絕故凡有所挾持者皆能有以表見然必居有甯宇持衡者乃可息心澄慮辨黑白而較分刌而士之操觚就試者亦得聚精會神從容以殫一日之長此吾州試院之修爲汲汲也吾泰地居揚屬中權舟車之所會地大物衆轂駑素饒魚鹽蜃蛤日鬻於市赴試者稱便焉初州治東有察院明萬歷間海氛不靖關西李公道吾秉鉞吾州張而大之規矩較前宏闊　本朝德威遠播海波不興數十年來銷烽灌燧無雞鳴狗吠之警撫軍歸併吳門此署留爲試院蓋維有歷年矣但燥溼不時堂楹傾側靡靡入於衰壞廣文徐南村先生憂之乃亟請於邑侯魏公曰此屋不修勢將廢新之便估工度材爲費甚夥計無所出二公謀曰童子例應郡試舟寓悉有所需請命太守發匙鎖院以卷繳閱省往來之費作修葺之資此不費之惠也乃酌其人之力之所能者斂之得若干緡又移會江皋諸邑並州之紳士皆量出貲以襄之且恐吏胥之侵漁工役之怠曠愼延紳衿之廉能者董其事或鳩工或庀材或注記出入併力經營舉棟梁板檻之撓折蛀朽者易之蓋瓦級甎之腐敗者更之期月門堂室宇復完

如初夫頹廢幾何年一旦釐然就理然則物之興廢雖日有時豈不以其人哉吾又聞之利不百不變法害不百不易制堂下東西文場向無定宇督學至植木覆茅卒辦臨時故試日一遇陰霾上雨旁風污損卷牘至考案坐具盡取給市肆胥役不謹苟且塞責杌隉攲側以竹牽之一生欠申舉號騷動故與試者苶然難以終日今皆掃除其迹而更張之新搆瓦棚高朗爽塏牢固而不可動試器皆專造寬平堅厚不移而具故士之入號作文者一如其在私室焉工既訖二公集州之士夫而落之酒半而起而請者曰此地向爲公署今修之得無

類鵠之營巢者乎二公曰否否試院之重葺皆屬各邑諸生膏火館餼辛苦之資後之貴人達官乘軒而入吾境者知爲督學之專舍校士之公所猶欲聚族而托處焉必不然矣雖然事之垂久遠而不朽者初非一手足之烈將來官是土者能體　天子作人之意念二公及里人締造之勤爲之似續而綢繆焉則吾郡士之得沐廣厦之庇者正未有艾也是爲記

顧烈婦墓誌

金渠

烈婦顧氏邑廩生陳御驄之女孫也御驄子中函少孤無依入贅顧老之孀媳楊氏而生烈婦因冒顧姓未幾顧老沒中函繼沒烈婦隨母寄食舅氏楊天貴家年十四歸張世英張固無賴其母多淫行僑居太和坊鬻草爲營烈婦甘貧茹苦無怨尤而張母子時誘烈婦失節爲資生計或引狂且入室思亂其操烈婦正色嚴拒抵死不從張恚甚淩虐備至里鄰共憤相唾罵者屢矣因移居文利坊之小教場而張母子淩逼愈酷捶掠無完膚烈婦思惟一死得免服滷遇救甦志不稍挫張母子知烈婦終不可奪遂搤烈婦死年甫一十七歲時乾隆十六年十月初五夜也翌日鄰保鳴於官適州伯他出越數日司戶鍾公始來檢驗烈婦面色如生鍾公爲改容觀者咸出涕州廉得其實通詳各憲覆勘無疑坐張母子罪如律中丞某公特疏于朝得奉　旌典　賜帑建坊於鼓樓街置主崇祀於節孝祠在我　聖朝敦崇節烈所以端風化而正人心恩至渥也典至隆也而烈婦生遭荼苦死沐殊榮萬口爭傳百身欲贖魂兮有知亦可無憾於九泉矣里人敬慕因爲築塋改葬於此捐貲勒石以彰貞烈並詳其百折不磨之操並顧實陳裔

之由悉列于碑陰俾後之觀感者咸知其淵源有自庶
貞魂烈骨雖歷千百年之久不致湮沒於蔓草荒烟而
無所表識是則里人所厚望也夫謹誌

牙橋壩源流記　陳縝

海安鎮東徐家壩牙橋口內有富安新舊運河與上運河通河勢環繞鳳山之背為去水歸宿之流即為各鹽場及興化鹽城串場河來水之源溉田資運民竈之身命繫焉自元及明由來舊矣萬歷年間建青龍牐三牐上牐在牙橋中牐在貢家集口石牐現存下牐在富安場之西場南對濫泥河口三牐以時啓閉為上下河瀦蓄通行要津富安永豐梁垛東臺河垛五場鹽艘由此出牐直抵揚州天啓時值河底淤淺鹽艘暫經泰州過壩海安富戶田在上河近牐者以下河水大上河水小遂于青龍牐口私築小壩車水灌溉往來船隻畏不敢開而本鎮豪民王學乘便據此私收盤駁之資又思為永久計適有如皋紳士李大生名之椿者官吏部文選司惑于形家言云此牐係如皋尾閭宣洩不利且與五場商人有私隙思有以陰害之王學因通結大生賄屬鹽院崔呈秀藉以張士誠據安豐開河運私為詞閉牐築壩建呈秀生祠於壩側上設聖旨牌永不許開未幾奸黨敗崔祠亦燬　國朝初大生以謀不軌伏誅富安新運河向年淤墊康熙四十七年會發帑金　命京口將軍蔡毓茂督工挑濬雍正八年再發帑興挑乾隆十

一年河臣檄委效力人員高璘如泰州牧王永謙富安安豐場大使興挑是新運河在我　朝興挑三次其有益水利檔冊昭彰矣二十年開縯與富安場商吳顯隆等因頻年旱災竈民窮困上逋　國課下無資生思復建牐舊制不獨溉田利運且便於商旅之往來呈明巡撫莊公有恭檄委淮揚道親勘已准先置涵洞大有建牐之機而如皐紳士石立等具呈撓阻有吳尙友者原任番禺令莊公番禺人也誤聽其言引張士誠開河運私作斷永不許開縯竭盡心力毫無補於民生　國計第思壩不屬於如皐管轄開本地之壩以救本地之田遂爲騷擾鄰封罔顧功令此壩之不當復開也何例所載何案可稽若謂以此堵截私鹽豈私鹽祇出富安諸場而上下十二場無之乎若謂上河蓄水利運可以省挑濬之費但上河稍有停蓄而下河立見枯竭上河挑濬之費未必眞省而下河挑濬之費必由此多顧此失彼果能兩得邪令縯司訓甯國距此事已十年暇日志其顚末以俟後之問津者

海陵文徵目次

卷二十　國朝

退庵錢譜序　湯治昭

海陵文徵卷二十

鄉後學夏　荃退庵輯　陳寶晉守吾校

唐孝廉漁舫傳　宮增祜

嘯巖唐先生諱嘉埏字漁舫泰邑名諸生以第三人登癸酉鄉薦遠近人士榮之而未知其遇之屯也先是吾邑雪樵王先生諱晉原者學問精博名滿大江南北年六十以第一人登癸卯鄉薦嘯巖從雪樵游最久盡得師承而一生遭遇亦略相似嘯巖弱冠食餼與歲科試凡有十七皆列優等門下生徒無算垂老始博一第卒不獲竟其用憶歲丁未東昌鄧公校藝揚郡舉行拔萃科吾鄉優等中公最屬意嘯巖以看驗期悞不與選當是時嘯巖年少氣盛謂科名可唾手得毫無幾微不平之色越癸丑復行拔萃科嘯巖歲試第二適丁外艱不與科試士論惜之壬申　恩科嘯巖卷已經安東縣蕭公篤薦額溢見遺需次貢成均人爲嘯巖惜而嘯巖進取之氣躍躍如少年時壬申冬甯化雷公科試揚郡貢監嘯巖以歲貢拔第一決其必售明年果以第三人受知于三韓夢公同人私相慶曰嘯巖久屈而伸木天眉目將在老成甲戌丁丑皆呈薦不售辛巳榜後奉　旨大挑嘯巖已與二十七人之選旋汰去自是鬱鬱不得

志寂寞南歸而嘯巖亦老且病矣往時花晨月夕尊酒論文嘯巖爲言雪樵先生聞報時曾以諸生時所服襴衫相授兼有衣鉢相傳之語乃雪樵年六十舉于鄉嘯巖獲售亦五十有九雪樵四上公車不第嘯巖亦如之豈前之戲言爲之兆邪何遇之屯適相合也雖然雪樵老而無子嘯巖丈夫子五諸孫亦林立且吾邑名宿若團丈雲蔚顧子湘靈皆終身不得一第嘯巖則裦然冠一經之首天之所以待嘯巖者猶爲厚幸嘯巖其可以無恨

跋鶴笯先生詩後　　姜鳳喈

或問余曰子抄鶴笯詩而復冠以程雙橋先生繼聲集序何也余曰先生志也先生一生以造士爲已責隨在施行皆有成效一見於碭山會課詩再見於海陵唱和詩其性情心術京兆知之深故言之切惜乎雙橋逝先生爲之傳先生逝無人傳先生也請即以序爲先生傳可乎丙申丁酉間余與陳廣文理堂游先生之門聽其說詩兼鈍翁漁洋之勝而化其一偏于是繆靜軒善夫朱秋嶼俞樸人宮竹軒李南阿輩日闐其門先生笑曰吾瓣香無憂矣戊戌孟夏十日先生過蛾術軒集諸子

賦詩午餘靜軒兄弟聞晴嵐得元信辭歸先生興至揮豪幾忘年逾八十出門猶道宮定山先生逸事不置方是時繼聲集已上板緣時事中輟士之無識者至以詩爲不祥惟余與靜軒三數人如故先生嘗謂余曰余年愈邁境愈窘而性愈傲歲釁荒有力者視若秦越言訖太息者久之故憤悶鬱勃之氣與骨肉凋零之感一寓於詩讀之令人於邑晚年兩目欲盲惟日午時就紙窗作詩文以易米字大如胡桃筆著紙與不著紙不可定遇陰晦則口授嗣君問山書之甲辰先生年八十八矣衰憊日甚病臥不能興冬至枕上猶爲余作蛾術軒記

以酬宿諾遂絕筆以終悲夫所著詩文除已刻不計外自定畫山樓詩十卷文四卷假年日錄四卷臥游集十六卷藏于家余與理堂向問山索先生全稾謀廣其傳卒靳不與問山日飢驅道路則詩文之未刻者吾不知所終也已嗟乎爲人弟子不能自傳其師而必藉當世大人先生有力者爲之發微闡幽也余滋愧矣

寄園詩存序

姜鳳喈

余交春舟垂五十年知春舟莫如余其生平有不可及者二春舟少孤事母謝太君最孝每晨起太君方睡熟問嫗媼輩太君安否始就外舍春舟嗜飲好客匪春舟飲客卽客飲春舟抵暮歸甫及寢門輒呼阿嬰不絕口繼至太君寢室向太君索棗栗太君亦時蓄棗栗待之間拊掌談稗官野史及耳目近事博太君歡太君吃吃笑不休俟太君就寢方退年六十如兒時有古萊子之風其不可及者一春舟幼秉母訓嚴氣正性不邇聲色嘗與同人寓郡城僧舍客方劇談頗涉牆茨一座靡然傾聽春舟獨默然兀坐卒起爇神前香朗聲跪祝曰某有三子讀書自顧無他善行竊願自誓嗣後口不談閨閫事設渝誓神降之禍衆悚聽面相覷土色爲之罷談古篤行終身不登孌童之牀不入季女之室春舟有焉其不可及者二春舟性嗜學尤好蓄書遇善本傾貲購之唯恐後雖舟車傳舍必挾書自隨嘗語余曰今之爲子孫計者輒多置良田美宅然子孫稍不檢豪强駔儈得而奪之若插架纍纍物乃豪强駔儈所過之而不顧顧之而不睨者人棄我取理或可久余時笑其言之迂迄今邑中藏書家以夏氏爲稱首而向之以良田美宅

雄視一邑者則已數易姓矣余益服春舟之言理精而旨遠也其不可及者三春舟有三不可及而詩不與焉今讀其詩沖和純粹無噍殺靡曼之音知其爲孝子正士學人之詩也春舟沒十年其季子退庵裒集遺稾請序于余余行年八十旦暮且死昔之與春舟遊如理堂善夫輩喪亡略盡余幾爲碩果焉矧知春舟又莫如余者安知非彼蒼留此衰朽須臾毋死之身爲序春舟之詩乎哉余故樂得而爲之序

重修邳州志序

陳　燮

劉知幾論史法意主於簡故點繁一篇於前代諸史除字多加字少而新唐書事增文省之言識者譏之曝書亭跋咸淳臨安志以爲宋人地志幸存者若三山長安吳郡會稽新安赤城諸志每患其太簡以潛君高臨安志爲獨詳則未嘗以簡爲主也及觀明康對山武功志以簡自雄獨推韓五泉朝邑志然愚竊謂康韓二志行之以己意參之以史法旋斡之以筆力以是成一家之言可也若乃以郡邑爲通志之始基權之以功令則事等於宋風跡同於史稿而欲以簡從事殆宜於古而不宜於今者乎嘉慶庚午夏今州牧北平丁公於治邳之

三年政通人和庶務畢舉既奉大府命興建書院旋以纂輯州志爲先不以燮爲荒陋屬操簡畢竊念公之官銅山也於燮爲同官後攝興化令則爲燮鄉邑之父母每鄉信到邳凡所以振興學校賑濟災荒祈求雨澤皆以實心行之能人之所難能清風惠政與之人士下及商賈皆尸祝不忘自莅邳以來黽勉從事如治興化時其尤大者則書院與州乘不以事煩而有惑志不以力竭而有怠心可謂勇於爲善者矣燮既近在同城躬逢其盛何敢以不文辭爰先定體例徵文考獻蚤夜孜孜

丹黄並下自夏歷秋三事稿而書成憶客遊中州時奉弇山尚書命與雉皋江樂船暋城王石華晉陵洪稚存崑山徐朗齋分纂河北三府志考古證今頗得諸君切磋之益今篋中所攜各書皆足以資考訂故得勉事抄胥以應州牧公之命至文體庸陋繁簡無所取裁不獨仰愧唐宋諸賢即對山五泉亦何敢望其肩背也

泗濱浮磬考

陳燮

尚書蔡傳云泗水涯水中見石可以爲磬水經注云泗水自彭城又東南過呂縣南水上有石梁焉故曰呂梁晉太康地記曰水出磬石括地志亦云泗水至彭城呂梁出磬石今徐州東南六十里有呂梁洪金元以來泗彈爲河明嘉靖中惡其石破壞運船鑿之使平此以呂梁之石爲証者又按隋志云下邳縣有磬石山在下邳縣西南八十里寰宇記云泗水中無此山其山在泗水南四十里今取磬石上供樂府九域志云淮陽軍望下邳八鄉有磬石山禹貢錐指以爲太康地記當有所本磬石實出呂梁水中歷年已久水上之石殆盡又二洪湍急艱於採取靈璧石聲清越乃改用之但不知始於何時耳余官下邳十年每于役彭門見有採二洪石爲硯者物產之變遷又有出於考古之外者矣

邳州黃石公廟辨　陳燮

嘉慶庚申余補官下邳辛酉冬以事役城西北偃武鄉之黃石社土人爲余言黃石公廟因往觀焉中塑黃石公像如道家之三清其東塑留侯像亦道裝旁又塑女像一問之土人云此黃石公姨也且有碑記爲證大約言黃石公修道於此丹成仙去而其姨得丹鼎之餘粒亦得飛昇如淮南之雞犬也按寰宇記廟在黃鄉城東南一里明一統志在黃石山淮安府志在黃石社考留侯之遇黃石公在邳舊城東南圯上邳之有廟固宜然

史記正義曰括地志云穀城山一名黃山在濟州東阿縣濟州故濟北郡則與邳之黃石山無涉又太史公論贊有狀貌如婦人女子之言而女像由此而起乃復從而附會之其爲訛謬殆不止齊東野語矣

脈約自序　仲振奎

粤稽太樸之初咕咕吁吁遐哉邈乎其術不可得而測已太乙氏寡嗜慾薄滋味調泰鴻之炁長生久視其修養之所自乎神農萃百物以和民血氣始制藥餌陰康憫水瀆之災民苦重墜制舞通滯導引之所自矣太樸既漓民厄頻滋黃帝尊岐伯爲天師辨論陰陽五行之理垂爲內經醫方立矣嗣是以往名家代出各挾一編以鳴其術難經脈訣其尤著者也夫至人治未病醫家治已病治未病者曰治心曰修養治已病者曰藥餌曰砭焫治法有二而病源則一未有不因心而生者也老

子曰心爲神主靜則心君泰然百體甯謐動則血氣昏亂百病相攻至於炁散神馳枯槁隕落亦可哀矣後世既啱治心修養之法而砭焫之術又不大傳於是獨出於藥餌一途其於醫術已不備而俗工貪以射利未嘗讀古人之書參陰陽之奧究脈理於微茫攷藥品之氣味懵然臨證貽誤實多卽或稍達温凉略知表裏而慷慨自是無濟沈疴醫之爲道非精不可試也用是砭心博涉取古籍百家之說彙爲四編以資元養之功而理黃岐之業所以推勘病源修持心氣者夫亦盡於此矣至於各證主治藥餌所能亦以附焉庶幾繙玩之餘得

悉旨趣以堅吾道而壽世保民則有志焉而未之逮也

春柳吟序　　仲振奎

鄉前輩冠霞先生以柳枝詞得名稱春柳詞人一時嘆影詩壇振響江國散華落藻談者豔之余獲承末契有企前修而四十年來耆舊凋零敦槃冷落問折腰之旖旎樹亦如人撫過眼之煙雲春原非昔茫茫閱世渺渺愁余矣近以客遊寄身南粵離亭策騎同小雅之僕夫官閣塡詞望湘皋之遠者驚春夢短攀條恨長乃于鶯疎雁晚之餘獲睹暈碧裁紅之句開椷有喜觸手生春則余門人夏紅舫郵寄唱酬新詠也古意淫思自成聲逸搜逑索耦取況幽妍既怊悵而切情乃宛轉而附物

鸞鳳迭奏狂吟而樹解婆娑笙磬同音擊節則花爭鼓舞遙情若寄一往而深矣昔者新城尙書結明湖之秋社堯峯太史發妍唱于蘇臺類皆寫仿相循鏗耀有閒飄風既過好音斯懷而紅舫與集中諸子推襟送抱比影共波盪煙雨而助其清華導宮商而成其婉麗庶幾來響無愧前賢或以新餐益其故智苟風雅爭傳爲韻事卽波瀾欲到乎古人紙貴傳鈔感均頑豔翹首綠楊城郭羨慘綠之少年醉心紅豆詞人付小紅而低唱昨者酒闌歌罷望遠懷人巡覽斯編髣髴雨絲風片之晨鬟影衣香之地諸君子掎裳聯襼跌宕于其間也

蜀江賦　　　　仲振奎

岷山之東荆門之西惟蜀江之絕險嗟無地而弗危爾其雷鳴地中水從天落驚浪如山盤渦似壑挾萬虹以俱奔鞭羣龍而四攫青山嶽嶽白石鑿鑿石盤陀山山峭削山逼水而風雨狂飛水觸石而鯨螭跳躍石門銅柱虎臂蠶叢黃牛白狗賣菜挑葱使君水惡灎澦波洪昭君妝閣之郵諸葛兵書之峽仙人香草之居昭烈永安之闕山杳水匝樹雜雲合萬灘鱗次而無名千嶺龍蟠而側壓又何論乎腰站空舲白鹽赤甲風淒淒以長秋雲陰陰而吹雨朝崖靜而吟猨夜谷鳴而嘯虎山

魈披薜荔之衣江鬼哭蛟龍之府天開一線不辨朝昏地直九幽長悲今古則有蜀舸東來巴船西出瞥若星飛颯如箭激夸父之所難追驥足之所不及側萬疊之高山穿千叢之亂石方前險之是驚乍回頭而已失亦有舟名上水難若登天一里費一日之力百丈賴百夫之牽勢次且而不進每回翔而欲旋金淒鼓慘風蕭雨翩雖尺地而難越亦寸步之維艱其往其來多憂多患彼虞人力之莫施此慮長繩之易斷人鬼分于須臾生死懸於一旦葬魚腹而何辜沉龍淵而堪歎幸而臨流得渡驚魂已消浮生似夢前路猶遙睹烏啄之浮尸誰

知休咎駕黿梁於大海且狎波濤信人生之有命自履險而如夷登爾雅之臺山光掩映入康王之谷泉水漣漪掬粉潭而傷青冢過雨峽而弔瑤姬公孫樓櫓之鄉沙沉斷甲楚客離騷之地水帶崇祠碧雲感涪翁之謫秋風含寇相之悲防杜甫於麝香山下懷宜公於巴子臺西滿蟷蠰黃之畫千篇入蜀之詩聽竹枝之歌酌荔支之酒八陣之用歸心三峽之波滿口江山是而鼈靈已非明德遠而神禹不朽長吟紅葉磧邊醉臥白君山後彼奇險之驚濤於吾心乎何有

雲棧賦　　仲振奎

緊連雲之絕棧盤鳥道與羊腸乃北門之鎖鑰爲西川之巖疆理征軼於下界逐浮雲而上翔九曲盤陀南棧之始鹿關近接劍門遙指千峯之霧靄含青半壁之煙嵐散紫漢氏葭萌之關武侯籌筆之驛絕嶺漫天驚濤桔柏跨飛閣之五千駕懸崖之萬尺馬行天外人度空中當豁閜之大壑亙婉蜒之長虹修闌繚曲金索錚鏦枝拳曲而附上路逶迤以盤空儼八柱之承地似六鼇之戴峯嶓冢南來線河北去路入氐羌山連鳥鼠五丁闢峻金牛峽古萬壑窈曲而谽谺萬山峭直而嵒巀旣

椎鑿之罔施遂往來而多阻爰乃憑虛開徑架木爲橋三尺之廣萬仞之高仰攀岸崿俯瞰嘲嘈惟獨客之孤兢而氷履心惴惴而旌搖倏峯回而路轉見如掌之平往詎中途而可交愁崩石之忽落懼猛虎之相遭步兢郊青羊古驛白馬孤城共指漢臺之樹誰鐫鄐閣之銘柏年廉讓之鄉泠泠水石子眞躬耕之地膴膴郊坰復高山而壓馬穿斜谷而上征遙接西岐之舊域是爲北棧之初程岧嶤鳳背之崖巇崿雞頭之嶺武關之風日蕭條鳳縣之人煙孤冷商於之澗水一泫子午之谷雲千頭莫不梯天無路蹈虛而行所履非地其險可驚長蛇晝出而霧起猰貐夜嘯而風生貙虎磨牙而怒發妖鳥據樹而悲鳴春慘慘以如秋晝陰陰而似夜風終日以寒吹雲四時而低亞鞭影度而鳥驚轡聲高而猿訝一夫當關萬夫退走脩路盤天高崖摘斗馬辟易以皆奔車翻折而已朽翹關扛車之士無以展其能釋甲執氷之徒皆足堅其守惟地利之雄奇實寰區所未有然而秦皇虎視張儀隨牛尾而來漢祖龍飛韓信指雞祠而出陰平鑿破鄧士載行險貪天花蕊來歸

故君子言治不言兵而聖人尚德不尚力旣而闢開大散道入陳倉天穹窿而蕩蕩地沃衍而茫茫千

家煙火之村泉林幽靜一片桑麻之野風日光昌非險道之多艱甯夷途之足喜吾車安而馬和將從容乎千里

重修演武亭記　　　　仲振履

興甯澤國也城之南內外窪下尤甚余莅興之明年築
長隄於銅鐘湖以捍外水升四門浚水關以出內水邑
中之水患稍靖而演武亭北連水關南枕大河每大水
驟至悉當其衝棟宇日就朽爛且泥淖深尺許人馬無
駐足處士卒苦之歲癸酉雨生都尉復攝篆茲土訓練
之暇議所以新之者商於予予亦樂與從事以屯田之
法部勒軍中凡木石之費雨生與予市之畚挶之役士
卒任之而古校尉容光實司其事省費用節勞苦畚作

夜休不市月而亭以告成基高三尺砌以灰石至堅也
宇合兩棟周以繚垣至敞也棟之上爲樓右爲閣下爲
迴廊可以遠眺望可以避風雨至精且邃也雨生顏其
樓曰晴雲天晴莎軟星騎雲屯鼓角之聲殷於城闉誠
一邑之偉觀四方之雄鎮矣匪雨生爲之倡古校尉蔵
其事曷克臻此顧觀雨生之記歸功於余謙而失其實
矣夫惟都尉倡之邑宰因以助其理校尉司之士卒莫
不用其命軍民輯和廢墜具舉邑宰之幸非邑宰之功
也爰復記之且與諸君子落之

重修恩平縣金坑橋碑記　　　　仲振履

歲己巳秋九月余攝恩平篆下車訪求利病知邑之西
南鄉有金坑橋上通省會下接雷瓊爲商賈往來之孔
道顧以橋駕於山側每山水驟發橋當其衝波濤震撼
木石傾頹往來皆跣足而渡行客病焉夫邑宰所以利
民也民病於涉又將戒寒何以堪此雖暫司牧其忍恝
而置乎爰捐廉倡之擇耆庶之老成者分任之西南諸
鄉莫不踴躍從事斲木爲杙燔石爲灰因材於山以節
繁費植基於壑以禦衝突閱數月將蕆事而工需尚乏
百金無可措也余時已及瓜適有新甯民以田事來訟

者余以非所部謝之兩造固以請鞫之得其平兩造皆
允服曰某之訟十餘年矣本縣屢訊而未結公以數言
決之某某不復訟矣雖然聞公修金坑橋費不足慮無
所措某某願代公任之各捐數十金以給司事者余亦
去閱今六年矣司事梁夢聯等復走千里請記於余且
改名其橋曰永頌噫嘻梁生過矣夫去民之病因民之
利宰之職也做一日官辦一日事古人之訓也橋當往
來之衝風雨崎嶇民病甚矣雖余不修後必有興之者
且余宰恩平未及朞月凡利民而未暇爲者多矣區區
一橋何足以頌修矣頌矣諸生亦自爲記以迸辛苦可

耳而猶必於六年之後千里之遠請記於余何邑之人竟忘其久且遠而猶父母我耶余滋愧矣生歸而鐫是記于石其並捐金者之名與夫新甯之訟者余忘其名皆訪而勒諸碑陰以永著官民相協之意是所願也頌則吾不敢當是爲記

弭盜說

仲振履

弭盜無定法爲牧令者必先使民有畏心不敢妄肆其志而復因時因地以制宜防之於未然禁之於將然勦之於已然則前之良化爲盜者亦可化盜而爲良粵之盜有三曰洋盜曰土盜曰竊盜實則一而已矣奸民拜會以聚衆乘時竊發快其剽奪在城邑而人少則爲竊盜在村鄉而人衆則爲土盜查拏急迫亡命海濱則又與貧蜑結盟而爲洋盜復有刁紳劣監引爲羽翼夜之自備其鄉名曰更練搭寮巡邏實則豢養匪類數十成羣或明火執杖擄掠鄰里搶割田禾或駕紅單船出海

貿易遇有商船渡船乘潮劫掠駛至空闊洋島分贓逃竄官爲查捕則紳監聯名出保而實以盜保盜也牧令明知其爲盜而無實據可執又恐揑詞上控致干嚴飭不得不忍而置之以求弭盜烏乎能弭且昔日之盜大約盤聚於清英諸山及外洋偏僻處所圍而捕之不難指顧而定今則結盟拜把無地無之今日聚於此或十人或十數人起意以劫某姓明日聚於彼或二十人或三十人起意以劫某村時慮人數不足又可轉相糾約允以分贓雖耕農老稚莫不樂於隨行蓋粵人貪利古而然矣況地又遼廓最易藏奸陸則南海之九江四會

之古勞上連三淸連陽皆盜族也水則順德之陳村東香之南沙石笪以及廣海碣石皆盜淵也牧令之善爲弭者惟防之於未然爲急務保甲之法今已行之矣而行之不嚴無濟也宜擇各鄉之公正紳士立爲黨正命其隨同核查其離城窵遠之所或令巡檢代查而牧令復便道抽查之均給以紙筆飯食之費而屬其將每村匪名暗列於後蓋公正黨正亦未嘗不惡其人也一爲告訐官不迅拘則轉瞬禍發故忍而不敢言耳屬其暗爲號記無不樂從此法屢嘗於輿邑行之聞傳一暗記之人詳加訊問十不失一凡犯法而有暗記者置之重

典不爲少宥粵人不畏殺而畏笞治以所畏盜必斂跡而又不可僅恃保甲已也隆冬之時飢寒旣迫盜賊易生尤宜於山徑扼要處所制立卡房兵差各半給以飯食嚴爲查察而人煙輻湊之地則令黨正仿十家牌之遺意挨戶各出丁壯給以燈火之資使之互爲守望其空闊之所一切空寮廢屋皆拆而去之晝則兵差以禁搶奪夜則丁壯以稽宵小拆寮屋以免藏奸責巡檢以察勤惰至濱江沿海則移會水師各營代其修葺巡船量給弁兵飯食每半月一查功過履於東莞南海屢行之時盜風稍弭是亦著有明效者也若事出不虞奸匪竊發事主報呈迅卽多差幹役給與資斧愼選線目懸設重賞粵東之民惟利是圖婦可以首其夫兄可以指其弟懸賞重斷無不破之案惟線人貪賞妄拏無辜是不可不虛心訊鞫耳凡此諸條牧令莫不知之而於未然將然者防禁之不力盜案旣成又復吝惜小費致案久懸或能勦矣而不知使盜先有畏心及陷於罪而刑之盜之源終不可弭而徒欣欣然以捕盜爲能事甚且藉捕盜爲升階不警其心而殺其身又因之以爲利其去古人弭盜之意倜乎遠矣於虖

記虎　　吳二會

先祖母程太孺人家世居歙之小里村雍正某年近村山中出二虎爲害頗甚每至日晡村人掩扉塞竇無敢出者登樓望之見黑風飀飀起草樹間山坳林薄有紅燈往來閃爍不定者則虎睛也銅鉦之聲達旦不絕雞狗亦不得甯一日薄暮兩健兒投村中吹簫乞食意頗自豪見居人戒備甚嚴問知其故笑曰山狗子何足泊得兩利刃殺之如刲羊矣於是好事者爭延至家餇以酒食問所需曰兩團牌兩利刃足矣問團牌何狀曰如釜蓋鐵裹其面如法造之又與以兩利刃是日黃昏後飽餐結束騰躍而往衆登樓目送之月色慘慘兩人在

隱躍間稍遠不復見矣闔門待之漏盡不返衆以爲落虎口也方欲假寐忽聞叩門急啓之兩人血跡滿身腥風射人探懷中虎肉一方擲几上曰速炙飼我同往昇虎衆大驚急治肉盆以酒飲噉訖衆操械隨兩健兒行至則兩虎皆未斃也迫視之兩前爪皆刖去踣伏不起血流地上兩後足掘地成坎深二尺許見人至目眈眈然如將噬人者衆問殺虎何狀健兒曰虎之力猛而運掉遲所不可當者撲也每撲必以全力一撲不中則倍其力以撲再不中再倍之數撲之後其力盡矣我誘其撲而謹避之俟其力盡則滾團牌以翳之稍得間輒刖其足兩足刖無能爲矣衆請試其技一健兒挾團牌利刃著地一滾已在數十步外但見黑霧一團旋轉不已霧中時露白光若電倏出倏入健兒身手莫知所在衆愕眙歎服久之共舁虎首千官太守以下賞賚有差時休邑山中亦有虎邑令聞之遣人聘兩健兒去

論貫高　宮錫祚

高帝之箕倨謾罵其性然也其箕倨謾罵之處乃正其闊達大度之處趙王敖旣爲帝壻帝又自以遇彼父子厚遂一率其性之自然豈必其故辱之哉貫高誠不忍王之見辱則當舉古帝王所以接臣下之禮正容莊論而陳於帝前以帝之闊達大度未必不爲改容倘以外地賤臣不得近帝則泄公方爲帝大臣高旣素善泄公當不難因之以達其志顧計不出此而謀及篡弑抑何悖邪高之言曰事成歸王事敗獨身坐是大不然夫高固王客也高旣身爲弑逆禍安得不及王此固無論王

之知與不知吾見事敗則王受其禍事成亦王受其名耳且高豈謂其事一成而天下遂王有乎維時蕭曹平勃諸臣方在朝諸王之强分據各國萬一事成而諸臣闘罪於內諸王問罪於外吾固知敖之立族也尙安得有趙邪而又豈呂后之所能庇邪厥後事覺逮王及高王雖以高力白得出而王之瀕於危亦甚矣夫高不識大義不圖萬全縱名聞天下曷足尚哉

論世宗議禮諸臣　宮錫祚

從來君子與小人共仕一朝多不相容不相容則爭爭則君子常處不勝之勢而小人常操必勝之機當此之時縱使君子所據之理所持之論足以勝小人而有餘而小人且能曲揣人主之心倒竊人主之柄以巧爲折壓又況爲君子者不自據夫可勝之理反使小人得據其理不自持夫可勝之論反使小人得持其論而所據之理所持之論又適中乎時君之心而得其當則是小人本易勝君子而君子又予之以可勝君子本難勝小人而又先自處於不勝也張璁桂蕚小人也非必其果

晰乎義理之精而達乎經權之大也乃當世宗議禮之際獨能力排衆說而自抒所見此必先逆探乎其君之隱而得其欲致之情因相與捃摭故實苦思力索旣確得其說矣遂迎其機以合之彼固不待爭而已勝矣在使諸君子能知繼統不繼嗣之義通乎禮之變酌乎情之安而折衷至當彼兩人者或未可猝然得志顧乃共膠一偏之見以與之爭據必不勝之理以求勝夫必勝之理持必不勝之論以求勝夫必勝之論徒使身遭放黜而小人得見重於其君且見諒於天下後世斯豈盡小人之過哉斯豈盡其君易信小人之過哉故吾謂求

得志於世宗者璁蕚也使璁蕚之必可得志者諸君子也嗟乎當世宗議禮之際卽使璁蕚持諸君子所持之論而諸君子據璁蕚所據之理此直彼曲吾知兩小人者猶將力求他端以相擠排奈何授以必勝之機而假以必勝之勢哉

勸惜字紙啓

仲振猷

葢聞靈傳雨粟肇開蝌蚪之奇光衍星文大啓嫏嬛之祕擅才華于繡虎祇憑珠玉千行占科第以登鼇不外泥金一紙字者乳也寶逾席上之珍文在茲乎貴勝囊中之錦惟是黨庠家塾旣已羣習蟲雕所虞簡蠹編殘未免時傷狼藉童子何知苟措地而履大人之武先生于道或循牆而塞管氏之門甚則墮溷飄茵竟等桃花逐水抑且黏窗疥壁無殊柳絮拖泥想造字而鬼共泣矣甯舞文而神不吐之文昌閣僧某淨修禪院不離文字之緣雅愛書香深惜縹緗之廢黃竹擔筐家家問字

紅鑪點火夜夜騰輝但念渺渺之修途莫繼源源之功德我等關心桂杏共祉枌榆所當量助青蚨同登丹籍庶幾輭紅塵裏不留半畫之箋會見虛白齋中快硯[illegible]金之字三生慧業定不昧明月前身一卷氷文應修至梅花幾世

遊黃山記　　俞國鑑

黃山之奇甲於天下險亦甲於天下歙之士夫知其奇而憚其險也百里之內或終其身不一至焉癸亥秋程文琪樹慨然有登嶽之志與令子維崧先期具糗糒邀余暨朱君覲辰汪君輔宜偕往於八月廿三日發潛口循紫霞山之麓酌雲母泉渡容溪入谷口山之獨者屬者霍者鮮者莫不掩抑奔赴爲天都之門戶溯山口[illegible]而上蒴刀峯秀出雲表嵐氣撲眉宇如遠相迎迓既[illegible]忠靈院宿四鼓起踰石碪黃土二嶺至楊村凹口蘚壁見薙石二字至芳村覓飲不獲有謝姓者出家釀飲之

不取値也村面山臨水林木蓊薈居人皆翛然自適有武陵源意夕投茅蓬浴湯泉泉瑩徹可鑑寺僧甃以石爲亭覆其上其源渾渾泡泡沸起如珠暖意沁心[illegible]垢不淨志書謂溫泉率硫黃惟黟山礐石黃山硃砂云手燭讀寺壁詩有萬古青山一知己軒后因之棄天子句爲武陵宋大擠作頗奇肆可誦次早起陟後山羅漢級觀瀑布青鸞雙桃鉢盂諸峯一一在目繞出寺前欲道祥符寺訪桃花源水簾洞及藥鐺藥銚諸勝緣爲毒龍所敗亂石疊砌杳無人跡僧導從西折觀虎頭巖醉石望雲門峯聽鳴弦泉而返二十六日逕慈光寺寺有銅佛修七級硃砂峯正當其背故一名硃砂庵庵北磴道折盤靈境奥府層見疊出登老人峯峯勢傴僂向天都拱立逾天門限忽異香襲人非桂非蘭蓋旃檀香也躡雲巢洞北古松當徑行人冒松梢以度爲迎送松本二株今化其一撫松仰視峯腰一石儼吳道子繪大士像有松出其右抱作楊枝下垂所謂觀音灑淨也轉小心坡坡級僅受前趾跨斷凡橋橋橫亙兩崖下瞰絕[illegible]昔臥枯査爲梁行者股栗今易以石有欄楯可少[illegible]陰厓霜葉丹黃雜糅眞錦屏風穿蓬萊洞過一綫天雙壁千仞上不見日人側身摩石腹而進涉臥龍潤有松

蜿蜒蟠屈夭矯攫拏名臥龍松歷文殊洞透出其頂若無路從仄徑左旋數步元關豁然是爲文殊院院倚文殊峯凭文殊臺臺有文殊石就石趺坐萬峯皆拜[illegible]惟天都蓮華左右矗立若二華並峙各不相讓天都峯側耕雲三星醉仙之屬皆奇巧天成不假刻削時日迫暮由院西望後海覽夕照光景眩目惟寒氣中人不可久留仰視星斗皆大萬籟岑寂靜無一聲煙海迷漫中有光熒然山僧指點謂齊雲山佛燈也院踞此山最高勝處日入若遲而出苦早甫曛黑下界已更許矣迨夜風逗殿角布衾如水早起聞山樂鳥聲韻絲管其飛鳴

西不過茅蓬東不過腳庵世無有能馴之者欲往登天都僧言徑久滅不可上惟蓮花洞可到耳因復履文殊洞而下披榛刈菅十步九蹶至洞口陡絶十餘丈從人懸布下止及其半極力捫援乃得至足及入視乃石广耳頫高廣可容數十人面有石筍水從广滴溜如石乳因息心少坐復蟻緣而上尋故徑出徑多藥草惜不能識歸路趺蒲團石玩松石之奇松附石骨石爲松身氣孕結百變惶惑非飛仙位置不能午後復抵院森如冬秋蟲罷吟飛鳥無外空空了了眞令人有出世之想院旁有朱竹君先生題名石分嵌左右亦峴首沈

碑之意也信宿後别文殊院而西北路多白沙滑澾不任屨捫闔王壁踏蓮花洞岡徑登蓮花峯峯中虛爲洞凡四穹窿累上虵柱踞竇乃凌其頂頂有石凸起如心履石一望匡廬四明天台諸山若滅若沒天風吹人欲引去不復知此身在人間世矣掬蓮池香砂眺蓮蕊峯蓮舟俯憑欄杆石復由洞而下過百步雲梯穿鼇魚洞蹑鼇魚背至天海撫煉丹臺升光明頂瞰散花塢塢故有庵今圮其帝松一林亦爲太平樵者所薪北東復數里至獅子林林前地稍平曠荻花颯葉秋意娟娟覘適來之險峻又復一變登獅子峯之巔芙蓉翠微近在

眉睫丞相觀棊波斯進寶魚翁觀海等景無不逼肖清涼臺之左爲破石峯破石松生石之罅倚松踞石見夕陽欲沈西海凝碧池陽秋浦諸村墟歷歷可數爲徙倚不能下廿九日由獅子林東出登始信峯入淨土門攀聚音松弔寒江子獨坐處五字已剝蝕惟琴臺宛然回步平天矼下白沙嶺小百步山樂鳥羣聲上下如送客行遙望仙掌峯有巨靈擘華之勢淵行六七里卽丞相源之雲谷寺羣峯皆隱惟錫杖及青鸞峯峙其西鸞左雲谷而右茅蓬峯頂有石作老人聽禪狀寺南多幽蘭美竹遊者每手劚擕歸山泉流入寺浸爲池中養

文魚寺舊名擲鉢禪院于山寺中最爲宏整三十日道步雲亭睇仙人榜觀九龍山瀑布下有九龍潭潭各一色深青淺碧染師所無踰開門石憇湯口腳庵如岫隨泉出山適與芳村謝姓者遇邀往宿其家膾鮮薦客甚殷九月朔日乃復從舊路歸夫黃海之勝此行特嘗鼎之一臠耳其晦明朝暮風雪寒暑之變態非山居不能知予既慕此山之奇秀顧爲塵網所縛往返僅十日假道托宿艮用爲愧然自入山以來未嘗復遇一扶筇蠟屐之人則知音者希如琪樹諸君之能果於遊未必不爲山靈所喜也嘉慶癸亥重九日記

退庵錢譜序　湯治昭

夏君退庵集所獲古錢千餘品而錄之爲譜譜凡五卷非所親得不著於編可以覘世運之汙隆鏡民風之淳駁必傳之書也世人之嗜古也千金購彝鼎百金爲裝潢深藏什襲請覩者幾於齋戒五日設九賓禮然後出而視之主人指點青綠以爲重寶而見者或掩口盧胡此非通人之一蔽歟葢古莫眞於退庵之所集矣慨自歲賦租庸槪行折變穀帛賤而錢愈爲艱以致劉秩上銅禁之條蘇軾起錢荒之歎無惑乎官鑄之局寖爲薄惡而奸民鑿竈私鑄私銷者旋撲而旋起欲求一市價

而阜民財準古制而贍國用難已退庵書中每援古托諷而安宜劉君作序亦慨乎其言之僕胸無遠略顧頗好此書者則憶一日退庵偕數友及余飲市中臨行出貲見阜宋通寶一枚君反覆諦視或哂曰恆品耳曷貴焉君莊語曰子胡然此錢在熙甯元豐間必嘗繫儋州禿鬢翁晝叉之上矣因大諸笑四座愕眙不知云何也其風趣如此余因思退庵當風日清美獨居深念之時必羅列諸品摩挲而玩賞之見隋五銖白錢則欣然曰此必尉遲敬德逢首冶鐵時乞書生五百貫者也見梁五銖鐵錢太平百錢之類則莞爾曰此必蕭宏之百萬黄標千萬紫標者也見後漢五銖四出錢則踟躕不決曰此其爲會稽父老人齎百錢送劉寵者乎抑爲汝南蒙闓發堂下所埋百三十萬還第五嘗孤孫者乎以區區阿堵物而上下三千年之瑰人奇士奔逸輻輳而來顧不足遣愁葢日而怡悅性情已乎惜未獲典午氏錢品令君想見顏延之贈錢二萬淵明悉送酒家稍就取酒一段風致耳夫賈長沙之疏高道穆之表則經濟之殷踐猷號五總之龜寶可象識鏡背之號則學問也乍此錄撮有其勝而余僅以爲虞卿著書消耗壯心之作淺之乎測退庵矣

論貫高

宮錫祚

高帝之箕倨謾罵其性然也其箕倨謾罵之處乃正其闊達大度之處趙王敖既爲帝壻帝又自以遇彼父子厚遂一率其性之自然豈必其故辱之哉貫高誠不忍王之見辱則當舉古帝王所以接臣下之禮正容莊論而陳於帝前以帝之闊達大度未必不爲改容倘以外地賤臣不得近帝則泄公方爲帝大臣高既素善泄公當不難因之以達其志顧計不出此而謀及篡弑[illegible]悖邪高之言曰事成歸王事敗獨身坐是大不然夫高固王客也高既身爲弑逆禍安得不及王此固無論王之知與不知吾見事敗則王受其禍事成亦王受其名耳且高豈謂其事一成而天下遂王有乎維時蕭曹平勃諸臣方在朝諸王之强分據各國萬一事成而[illegible]問罪於內諸王問罪於外吾固知敖之立族也尚安得有趙邪而又豈呂后之所能庇邪厥後事覺逮王及高王雖以高力自得出而王之瀕於危亦甚矣夫高不識大義不圖萬全縱名聞天下曷足尚哉

論世宗議禮諸臣

宮錫祚

從來君子與小人共仕一朝多不相容不相容則爭爭則君子常處不勝之勢而小人常操必勝之機當此之時縱使君子所據之理所持之論足以勝小人而有餘而小人且能曲揣人主之心倒竊人主之柄以巧爲折壓又況爲君子者不自據夫可勝之理反使小人得據其理不自持夫可勝之論反使小人得持其論而所據之理所持之論又適中乎時君之心而得其當則[illegible]人本易勝君子而君子又予之以可勝君子本難勝小人而又先自處於不勝也張璁桂萼小人也非必其果斷乎義理之精而達乎經權之大也乃當世宗議禮之際獨能力排衆說而自抒所見此必先逆探乎其君之隱而得其欲致之情因相與捃摭故實苦思力索[illegible]得其說矣遂迎其機以合之彼固不待爭而已勝矣[illegible]使諸君子能知繼統不繼嗣之義通乎禮之變酌乎情之安而折衷至當彼兩人者或未可猝然得志顧乃共膠一偏之見以與之爭據必不勝之理以求勝夫必勝之理持必不勝之論以求勝夫必勝之論徒使身遭放黜而小人得見重於其君且見諒於天下後世斯豈盡小人之過哉斯豈盡其君易信小人之過哉故吾謂求

得志於世宗者璁萼也使璁萼之必可得志者諸君子也嗟乎當世宗議禮之際卽使璁萼持諸君子所持之論而諸君子據璁萼所據之理此直彼曲吾知兩小人者猶將力求他端以相擠排奈何授以必勝之機而假以必勝之勢哉

勸惜字紙啓　仲振猷

蓋聞靈傳雨粟肇開蝌蚪之奇光衍星文大啓𡏖嬛之祕擅才華于繡虎祇憑珠玉千行占科第以登鼇不外泥金一紙字者乳也寶逾席上之珍文在兹乎貴勝囊中之錦惟是黨庠家塾既已羣習蟲雕所虞筲簏編殘未免時傷狼藉童子何知苟措地而履大人之武先生于道或循牆而塞管氏之門甚則墮溷飄茵竟等桃花逐水抑且黏窗疥壁無殊柳絮拖泥想造字而鬼[illegible]矣甯舞文而神不吐之文昌閣僧某淨修禪院不離文字之緣雅愛書香深惜縹緗之㕑黃竹擔偟家家問字紅鑪點火夜夜騰輝但念渺渺之修途莫繼源源之功德我等關心桂杏共社枌榆所當量助青蚨同登丹籍庶幾輭紅塵裏不留半畫之箋會見虛白齋中快[illegible]金之字三生慧業定不昧明月前身一卷冰文應修到梅花幾世

遊黃山記　　　　兪國鑑

黃山之奇甲於天下險亦甲於天下歙之士夫知其奇而憚其險也百里之內或終其身不一至焉癸亥秋程文琪樹慨然有登嶽之志與令子維崧先期具粮糒邀余暨朱君覲宸汪君輔宜偕往於八月廿三日發瀦口循紫霞山之麓酌雲母泉渡容溪入谷口山之獨者屬者矗者鮮者莫不掩抑奔赴爲天都之門戶湖山口嶺而上翦刀峯秀出雲表嵐氣撲眉宇如遠相迎迓忠靈院宿四鼓起踰石碪黃土二嶺至楊村凹口薛壁見薌石二字至芳村覓飲不獲有謝姓者出家釀飲之

不取值也村面山臨水林木蓊薈居人皆翛然自適有武陵源意夕投茅蓬浴湯泉泉瑩徹可鑑寺僧甃以石爲亭覆其上其源渾渾泡泡沸起如珠暖意沁心肌垢不淨志書謂溫泉率硫黃惟驪山碧石黃山硃砂云手燭讀寺壁詩有萬古青山一知己軒后因之棄天子句爲武陵宋大擠作頗奇肆可誦次早起陟後山羅漢級觀瀑布青鸞雙桃鉢盂諸峯一一在目繞出寺前欲道祥符寺訪桃花源水簾洞及藥鑪藥銚諸勝緣爲毒龍所敗亂石壘砌杳無人跡僧導從西折觀虎頭巖醉石望雲門峯聽鳴弦泉而返二十六日逕慈光寺寺有銅佛修七級硃砂峯正當其背故一名硃砂庵庵北磴道折盤靈境奧府層見疊出登老人峯峯勢傴僂向天都拱立逾天門限忽異香襲人非桂非蘭蓋旃檀香也躡雲巢洞北古松當徑行人冒松梢以度爲迎送松本二株今化其一撫松仰視峯腰一石儼吳道子繪大士像有松出其右抱作楊枝下垂所謂觀音灑淨也轉小心坡坡級僅受前趾跨斷凡橋橋橫亙兩崖下瞰絕壑昔臥枯杳爲梁行者股栗今易以石有欄楯可少陰厓霜葉丹黃雜糅眞錦屏風穿蓬萊洞過一綫天雙壁千仞上不見日人側身摩石腹而進涉臥龍澗有松

蜿蜒蟠屈夭矯攫拏名臥龍松歷文殊洞透出其頂若無路從仄徑左旋數步元關豁然是爲文殊院院倚文殊峯凭文殊臺臺有文殊石就石趺坐萬峯皆拜惟天都蓮華左右矗立若二華並峙各不相讓天都峯側耕雲三星醉仙之屬皆奇巧天成不假刻削時日迫暮由院西望後海覽夕照光景眩目惟寒氣中人不可久留仰視星斗皆大萬籟岑寂靜無一聲煙海迷漫中有光熒然山僧指點謂齊雲山佛燈也院踞此山最高勝處日入苦遲而出苦早甫曛黑下界已更許矣迨夜風遐殿角布衾如水早起聞山樂鳥聲韻絲管其飛鳴

西不過茅蓬東不過腳庵世無有能馴之者欲往登天都僧言徑久滅不可上惟蓮花洞可到耳因復履文殊洞而下披榛刈菅十步九蹶至洞口陡絕十餘丈從人懸布下止及其半極力捫援乃得至足及入視乃石广耳頗高廣可容數十人面有石筍水從广滴溜如石乳因息心少坐復蟻緣而上尋故徑出徑多藥草惜不能識歸路趺蒲團石玩松石之奇松附石骨石爲松身一氣孕結百變惶惑非飛仙位置不能午後復抵院森如冬秋蟲龍吟飛鳥無外空空了了眞令人有出世之想院旁有朱竹君先生題名石分嵌左右亦峴首沈

碑之意也信宿後别文殊院而西北路多白沙滑澾不任屧捫閻王壁踏蓮花洞岡徑登蓮花峯峯中虛爲洞凡四穹窿累土蛇柱鼯竄乃淩其頂頂有石凸起心履石一望匡廬四明天台諸山若滅若沒天風吹人欲引去不復知此身在人間世矣擲蓮池香砂眺蓮蕊峯蓮舟俯憑欄杆石復由洞而下過百步雲梯穿鼇魚洞躡鼇魚背至天海撫煉丹臺升光明頂瞰散花塢塢故有庵今圮其帝松一林亦爲太平樵者所薪北東復數里至獅子林林前地稍平曠荻花楓葉秋意娟娟視適來之險峻又復一變登獅子峯之巔芙蓉翠微近在眉睫丞相觀棊波斯進寶魚翁觀海等景無不逼肖清涼臺之左爲破石峯破石松生石之罅倚松踞石見夕陽欲沈西海凝碧池陽秋浦諸村墟歷歷可數爲徙倚不能下廿九日由獅子林東出登始信峯入淨土門攀聚音松弔寒江子獨坐處五字已剝蝕惟琴臺宛然回步平天矼下白沙嶺小百步山樂鳥羣聲上下如逆客行遙望仙掌峯有巨靈擘華之勢澗行六七里卽丞相源之雲谷寺羣峯皆隱惟錫杖及青鸞峯峙其西鸞左雲谷而右茅蓬峯頂有石作老人聽禪狀寺南多幽蘭美竹遊者每手劚攜歸山泉流入寺浸爲池中養

文魚寺舊名擲鉢禪院于山寺中最爲宏整三十日道步雲亭睇仙人榜觀九龍山瀑布下有九龍潭潭各一色深青淺碧染師所無踰開門石憩湯口腳庵如岫隨泉出山適與芳村謝姓者遇邀往宿其家膾鮮鱗肅客甚殷九月朔日乃復從舊路歸夫黃海之勝此行特嘗鼎之一臠耳其晦明朝暮風雪寒暑之變態非山居不能知予既慕此山之奇秀顧爲塵網所縛往返僅十日假道托宿頁用爲愧然自入山以來未嘗復遇一扶筇蠟屐之人則知音者希如琪樹諸君之能果於遊未必不爲山靈所喜也嘉慶癸亥重九日記

退庵錢譜序　湯治昭

夏君退庵集所獲古錢千餘品而錄之爲譜譜凡五卷非所親得不著於編可以覘世運之汚隆鏡民風之淳駁必傳之書也世人之嗜古也千金購彝鼎百金爲裝潢深藏什襲請觀者幾於齋戒五日設九賓禮然後出而視之主人指點青綠以爲重寶而見者或掩口盧胡此非通人之一蔽歟蓋古莫眞於退庵之所集矣慨自歲賦租庸概行折變穀帛賤而錢愈爲艱以致劉[illegible]銅禁之條蘇軾起錢荒之歎無惑乎官鑄之局寖爲薄惡而好民蠹竊私鑄私銷者旋撲而旋起欲求一市價

而阜民財準古制而贍國用難已退庵書中每援古托諷而安宜劉君作序亦慨乎其言之僕胸無遠略顧頗好此書者則憶一日退庵偕數友及余飲市中臨行[illegible]背見皇宋通寶一枚君反覆諦視或哂曰恆品耳曷貴焉君莊語曰子胡然此錢王熙甯元豐間必嘗繫儋州禿鬢翁晝叉之上矣因[redacted]笑四座愕眙不知云何也其風趣如此余因思退庵當風日清美獨居深念之時必羅列諸品摩挲而玩賞之見隋五銖白錢則欣然曰此必尉遲敬德蓬首治鐵時乞書生五百貫者也見梁五銖鐵錢太平百錢之類則莞爾曰此必蕭宏之百萬黃標千萬紫標者也見後漢五銖四出錢則踟躕不決曰此其爲會稽父老人賫百錢送劉寵者乎抑爲汝南蒙閻發堂下所埋百三十萬還第五嘗孤孫者乎以區區阿堵物而上下三千年之瑰人奇士奔逸輻輳而來顧不足遣愁蓋日而怡悅性情巳乎惜未獲典午氏錢品令君想見顏延之贈錢二萬淵明悉送酒家稍就取酒一段風致耳夫賈長沙之疏高道穆之表則經濟也殷踐猷號五總之龜竇可象識鏡背之號則學問也此錄撮有其勝而余僅以爲虞卿著書消耗壯心之作淺之乎測退庵矣

海陵文徵跋

右海陵文徵二十卷退庵夏君荃輯自宋迄明約文數百篇決擇頗精當此書意在以文存人邦人士餘韻流風銷歇殆盡賴此髣髴其一二而文之佳者渾樸醇茂亦卓然成一家言惜板久殘缺陳君守吾以相告乃積俸餘補刻之噫余郫人也距此地八千餘里以一命之末吏乃得掛名簡末與夏君爭訂殘補缺之功或亦文字之有夙緣耶刻既成爰誌數語以爲之跋

光緒九年秋八月蜀郫鄧濤麟謹跋

跋　一

海陵文拾

夏兆麐　輯

《海陵文拾》一卷，夏兆麐輯，據泰州圖書館藏民國清稿本《耐庵叢著》本影印。

夏兆麐有《岳墩小志》，已著録。

本書封面頁題：『耐庵叢著：第三集之三』。清道光年間纂修泰州志，夏荃輯有《海陵文徵》二十卷《附録》十二卷，以爲州志之輔助。邑人著作，賴以流傳者不少。夏兆麐有感於内戰方殷，時局未靖，距離修志之期尚遠，徵文考獻尚有待他時。但又認爲，文獻之搜求，非臨渴掘井所可獲得，必須日積月累以蓄之，苦心訪求，虚心採集，細心研究，先爲保存，然後修志之時，乃有所取材，以資運用。於是閲覽之餘，時時注意收拾鄉人文字，取《海陵文徵》及志書所未及收録、而實有關於地方政治、文化、風俗、人心及其他要務者，擇其尤爲重要之文，輯爲一書，名《海陵文拾》。作者解釋説：『取拾遺之意，非敢謂此即可爲文徵之選也。』又滿懷希望地寫道：『他日太平有望，地方賢長官暨熱心地方文獻之邦人君子，重修邑乘，或於此亦有所採取乎？』以上均見本書民國三十七年（一九四八）所作自序。自序叙述本書輯録之意，極爲明白。所輯文章内有數篇，因與泰州無關，有『不要』批語，如袁銜《屈原賈誼論》。

（江慶柏）

海陵文拾自序

夏紹侯

清道光間，吾邑鄉先輩夏退庵先生輯有海陵文徵，以為邑乘之輔，前人著述賴以流傳者，不無功績矣。今值亂方殷，時局未靖，距修志之期尚遠，續修文獻似宜有傳，然而文獻之搜求非偶，遇機緣并所可獲得，必積日累月，以蔓延之志，請求虛心搜集，細心研究，其資料、殘存文獻，且為先事保存，然後修志之時乃有所取材資用。僕不敢謂能，今謂既宜收拾鄉人士文字，為海陵文徵及志書所不及採錄，而有關於地方政治文化風俗人心及其他要務者，擇尤錄之，名曰海陵文拾，取拾遺之意，非敢謂已足為文徵之續也，他日太平有望，地方賢長官暨熱心地方文獻之邦人君子，重修邑乘，取於此亦有所採取乎。是為序。民國戊[illegible]十[illegible]月

查公墓誌銘

公諱寶之字惟賢其先歙州休寧人大王父文徽起家仕南唐秉
節鉞王父元一皇朝追贈太常亞卿顯考陶閣寶中自耽陵郡稽
歸朝歷官至秘書少監累贈兵部尚書嘗倅海陵遂家焉妣劉氏
累封河間縣太君公賦廉直不善治生咸平末八座內舉授試銜
初調漣水軍縣尉除通泗二州民曹主韶州曲江簿掌宣洪歙三
州獄遷壽復二州紀掾宰洪之靜安池之石埭兩俱以廉幹明祭
稱熊不喜敢容求知由是不為士官薦引公罷石埭日謂所親曰
徒勞之職久已歌倦有先人之弊盧足蔽風兩有田數夫可給妻
孥吾具歸矣所親或敵公曰公必欲歸休盍閩諸朝延乞加爵祿
而後致政不亦美乎公因歎曰吾自筮仕逾四十年終不免州縣
豈命也夫吾知命矣遂整舟東歸元復宦意公迫居九十三季閭
燕之暇惟與親友娱樂養性而已未嘗造請有位干記郡邑雖盧
舍田圖亦不增廣嘗曰終吾老足矣子孫苟能守吾清白之志瞑
目無恨公初娶李氏生一女再娶王氏生二男三女長男宗爽用
八座蔭補郊社齋郎前任道州永明尉次塾皇祐未登進士第長
女適漳州龍嵩令李符次適進士閭從先汝適進士夏洵次適進
士舒獻夫孫男四人孫女七人尚幼公呂皇祐癸巳十月二十六
日微疾終於正寢享年七十一其年權厝於寢堂以至和丙申二
月二十四日歸葬泰州海陵縣永吉鄉安賢里之別墅祔八座之
塋之西南從古禮也次子塾稽首號泣恭作銘曰公之秉性廉直
自天公之歷仕通明象賢命也何奇職分不遷身退養恬孝終永
年嗚乎銘先公之墓焉

東莊集句序

張瓛

詩言志，志則心之發於所往也。心發於志而形於言，以吟咏性情，鼓舞物類，揄揚政俗，諧和陰陽，於是焉在。詩之為教大矣哉！然心撫古今之異，則詩亦無古今之異。故記稱樂惟弦歌詩頌，而春秋時凡朝聘會盟，咸欲歌古詩以暢達其心之所蘊，而趨文子又能曰詩以知人之否臧休咎，如伯有之出亡，子展之永世，驗若龜箕。信知先民此心此言，而後世亦此心此言也。故自宋以來，咸有集句之什。吾郡儲君潔夫，衣屈世胄，盾厚而氣報，識遠而閬廣，於詩尤得昔人之三味。幼承父命理家政，絕意仕進，晦跡城東皋水雲鄉，以農為務，課耕之暇，則肆志於詩。凡昔人之作有餘於理合於已者，則集而韻次之。久既成帙，名曰《東莊集句錄》，欲余引其意。披閱累既，不忽釋，但見其渾成諧繹，如出一人之肺腑，而無首尾衡決之做。既足以見其采擇之精博，而又能曰言以暢其所懷。如王半山有喜逢堯辭日之句，則述之以達其不忘君之心；包結有慶誕客繞散之句，則述之以達其不忘親之心；述摩吉惟願大有年，而其愛人之心可見；述奚稟犢早輸官，而其恭上之心可見。凡愛時憫事、撫景輸情之粹不合者，咸述之無遺。每倘徉諷誦於清流平野間，與漁謳樵唱相應荅，人已忘情，形古今渾跡，所以處身御物、適時寔化之心，怡怡如也，浩浩如也，俯仰無慚倪焉。日學孳孳，不知老景之將至，則其所得又匪直如昔人曰歌以表見一時之事云爾。錄而用貽厥後，凡子孫矚於目、感於心，罔不景仰，諱勵思續休美。而觀風之使有取於闔倫理、益事物者，采焉以傳，則所以感發乎人心者，將益大而遠矣。余姑引之以俟。

正德庚辰春，賜進士出身、封刑部山東司主事、東園八十翁郡人張瓛書

祭儲壻幼儀文

華湘

維年月日，同知思恩府事、前光祿寺少卿華湘，謹以牲醴遣子華嶨致祭於亡婿儲幼儀之靈而哭曰：嗚乎幼儀！汝往耶？不見幼儀三月於茲矣。汝之音常在吾耳，汝之容常在吾目，獨欲與汝一接如平生，則不可得也。傷心哉！初，吾以吾子而妻汝也，雖與汝有世好之故，然吾之所以妻汝而望汝者，實有在也。汝之在孫孫也，有岐嶷之姿；及其能文章也，有卓越之識；而克家也，有綜理之才。吾私喜曰：是必昌儲氏而光吾門者。而今不復見矣，豈或然之數有非人之所能逆覩耶？抑吾女所賦之薄而致然耶？弱息非男，不足以嗣汝，而吾女惸惸，不大可悲痛耶？傷心哉！危酒豆餚，遣吾子代吾一奠，以寄無窮之哀。遂致詞曰：氣化無端兮，脩短不齋；生必有死兮，奚軒輕於旌旎。自古及今兮，超然而猶存者，誰聽達惟汝兮。諒東燭於斯理，與汝永訣於一朝兮，涕泣如兩。倘汝靈之來格兮，庶幾鑒乎吾語！庶幾鑒乎吾語！

大憲伯平野先生七衮壽序

徐嵩

古今論壽率歸之天命謂脩短之數皆上帝主之不可移余謂此特言凡民賢者體道格天明德享帝天且佑之何命之足云先生既冠舉於鄉握進士第初授戶部主事尋改兵部歷員外郎中時大司馬晉溪王公負經濟之畧操權衡高視一世若大匠掄材根題瑣細不肩顧釁意先生事多咨訪難必委任表能於試隱然倚若梁棟由是才華戎著聲閫欸起而莫耶鉛刃邑者造忘先生未之察也及晉溪位冢宰地勢益嚴峻公署無私謂猶延之入慕銓司亦駭而疑而先生求避之不得夫邑讒之階也疑機之伏也同人之吾勢極則合薰猶倚角雲雨翻覆先生不能安乎其位矣非人之定勝乎京師麟鳳郤極也自公卿臺省下至庶人士其多若林先生以部釁負才名崛起其閭邑者疑者一時置然騷動非振世豪傑若是乎使讒摘無媒得鞠翔中外盡所蘊以達於治則樹勲業於崇高收藝鼎之慶祚皆能事也耦於天而畸於人摩於其賦而薄其遇從古則然奚啻今日哉先生順通塞而一情任性命而無滯出知湘沔歷二臺守慎刑乎賦約已愛民各持體要並稱名宦叢棘安棲雅懷不倦屈而能仲若此繼發閭集飭兵戎振肅風紀撫按公差皆迂道不入其境他政可推志方得行衆且拭目顧以守正俛仰非所能咏遂初之賦瀟然東歸闢圜城南扁曰晚植作室面城顏以雉山閉門謝交際研精墳典考究百家暇則策杖怡情枕流漱石棲遯衡泌幾三十年昔之忌者疑者腐同草木而後凋松柏鬱乎歲寒非丐天之定勝乎余嘗論先生靜退足以知命慷慨足以秉節章程足以律肆博學足以覺後妙娛足以窮理旁通足以識變不獨高文元宗巍科繼世而已夫不使其道行於天下而使其德範於一鄉不使其身安於虞廷而使其年高於洛社此造化所靳而加厚於先生栽培倚伏機孰得而測識哉晚年務休息養神明之德而内賓賢敬遺以逸豫有子若孫玉樹蘭矛豐前之啬必大其結皆天心眷註自璧臺耄而期頤固知其無彊也予與先生年輩頡頑少逐戲游長聯姻婭雖風雲泉石進退巽時而同壽域慶茲稀年先生摘杜句賦九咏以廣其意如直憐原憲貧非病肯學維摩慧似癡神仙有無煮紅石山水高深諧素綵萬物盡流金石止脈根解結歲寒知一一名言真足沿援虛錫永配真符也辱同社諸公命爰述今昔大畧謬深申栽培勝定之義為先生頌

嘉靖癸丑冬十月前進士都察院右副都御史巡撫順天眷弟

徐嵩撰

近園詩跋

徐嵩

瀛溪公開别墅游息隣於居第烟雲霏壑攬結秀色伯凡平翁先生題曰近園詩紺草朱華四時畧備各族為賦七言一絕以紀幽勝梁江文通撰草木頌十五首皆四言五韻瑶華之詞先後爭敲酒邊酣歌真足以解酲時予亦倚和不啻雖群之在鳳林也瀛溪公製卷囑予盡錄諸作予無臨池之長亦所不厭七十老人目翳腕弱筆墨蹊徑能無敗乎後之覽者恕之

海陵錢氏重修家乘序

儀墉

[illegible]

醫學集要序

王大經

昔東坡喜釀酒以飲客曰飲者沾醉吾為之神暢又喜製藥以療人曰病者得藥吾為之體輕至哉斯言得斯解者可以倍夫萬物一體之實際矣余嘗見夫冬月而者泅裸身濡沫沒頂隘胸時予方擁豁戴貂然不禁村之而寒栗又嘗見夫夏月而鍛者揚錘揮汗焰烈星噴時乎方乘風搖翌然不覺對之而體蒸又嘗見夫操身濟江者檣斷糟折飄轉驚濤中其危亡在於呼吸時予方兀坐山巔然望之而儼若搖蕩於烟波浩淼間恍惚震撼而莫定為之目眩而神折迫既久而追思其事向客言之猶時欲盪擊口張而毛豎夫泅在他人而已為之寒鍛在他人而已為之熱險在他人而已為之悖於此知坡公之言真不我欺也豈有見他人之呻吟疾舌而莫不一切痌瘵於已身者乎切故思有以療之療又思有以廣之切之療之廣之當無有集方書以喻之之為善也蓋集方書以喻之者俾家自為急戶自為救人自為治而吾無所尸功焉是猶之乎療飢者而喻之以耕耨療寒者而喻之以桑麻療貧者而喻之以力嗇療愚者而喻之以詩書療梗頑悖亂者而喻之以禮樂教化在已未少費而於人已無所不惠豈以為功哉亦曰飲者沾醉吾為之神暢病者得藥吾為之體輕行坡公之志云爾

兩名宦錄序

陳應芳

兩名宦為余高祖學博公諱祿仕浙之西安縣曾伯祖大參公諱相守浙之臺州府追余小子奉命視學兩浙訪故實而查明纂集成篇者夫海陵之有我陳來自江西吉水凡三世而西安公薦景泰庚午科族始滋大西安公生二子其一即臺州公其一則西圖百歲公為余小子曾大王父是矣蓋西安公以文學起家臺州公光大其緒官至廣州參政百歲公積累其仁雖未入仕而壽考為海陵一人至其孫刑部公汲為余父曾孫工部公應詔為余凡以叔侄同慶喜慶丙辰而余小子亦幸叨今上甲戌第以續其後本源源則皆西安公書香所貽也西安公既以文學開其先復以宦績啟其後余小子何幸既承其文學以發跡甲科而又獲躬履其宦遊之地訪遺績而祀名宦並至於臺州公使父子並輝映不朽詎不百世殊遺哉抑猶未也海陵有坊矣題曰喬梓揚芳在昇仙橋以南蓋先是當路為兩名宦父子建也至嘉靖間燬於火今遺跡尚存倘後能繼其新之者將不有待而興耶余小子任太僕以脩明官守忤兩險人杜門乞歸屢奉首留然自以不得其職終不能强也東裝待報偶得茲集於行李中因付剞劂以識歲月為引具說首如此萬曆二十九年辛丑秋八月曾孫應芳頓首謹撰

王石袍文集序

陸舜

本篇不付印

人知文章出於薦紳先生而不知出於布衣高士也蓋薦紳先生之能為文章取富貴而上耳即有傳者百不得一人焉而布衣高士其事簡其氣約其心澹其志淳其學專業精其值於境習貧故其力於文益工此牛馬走下室而着史記執哉登闇而草太元少陵七歌而為詩日進平子四愁而治賦獨精也然則布衣高士其與薦紳先生爭此壇坫久矣顏薦紳先生之傳則易而布衣高士之傳獨難王子石袍所謂東海布衣高士耶王子豫章士而實座海陵之東淘其讀書好古下帷而不窺園者王子矣故為文高駕韓而馭蘇若曾歐李柳諸大家且以為口者有年强者流已出其集以示余蓋爛如披錦焉究極所學則原喫而舌根抵史漢唐之比耦且不足齒矧具在三晉六朝而下者乎故其柄娘如日星其滂沛如江河其清潔如冰雪其絢爛如銀漢一言之披馭如抽繭剝蕉馬妙氣之瀠洄如發風濔泉焉筆墨之變化理窟之勃卒體哉之高者篇幅之瀚演可謂至王子之文而極矣王子之子文而至此極止又豈非以其窮愁而工者哉王子食貧於舌耕冬夏一裘葛而不寸心以內有千古為卷而外名百年出其聰明才智心思日月不以供他事而獨發為文章利名若溫泡富貴如草芥也王子亦何幸而不為薦紳先生而為布衣高士者哉雖然天下之為布衣高士者必如王子而後可稍不如王子者又安可自托於布衣高士而遂驕語薦紳先生者哉昔魯仲連東海布衣高士也高蹈溟渤以義俠而能文章千祀而後解嗣續矣王子其流亞耶何人地之相同也

張海房文集序

陸舜

予蓋深恨吾友爾殆之窮老不遇也，而獨喜其多賢子孫。夫張氏多才無遠邇愚知皆知之，而予以識路之老禹與君家實世通游好而尤有以窺其家學。爾殆爲文擅眉山父子之勝，敬脩雖纂組古博變化無方，而胚貽於昌黎柳州者居多，至良御則一以歐曾爲宗，而力追歸太僕，總之師承六家，不愧唐宋作者。然至其所獨造，亦各有自得，雖祖孫父子不必其如出一手也。良御於文既遠取震川，遇詠誹者，轍抗顔而與之爭，如子弟之衛具父，凡故持論是當一軌於正。予數與之言，知其胸中必無膏育之疾，其自信過鋭，至欲鎖支祁之足而登日覯之頭，雖子亦不欲攖其鋒也，記予斷躅少年場左提右挈，不過二三凡弟，予與詞臣幸著一難而爾殆竟投老諸生，竊歎科名何重輕，今兩公者皆古人，而予亦冉冉乎其將老矣，而敬修良御亦屢不得志於場屋，然且有攖而櫛之者，獨能皆以古文在世爲時閻人，無忝先烈，豈不賢歟？他日君家夫三四集成，自有能知定其文者，夫詩文之難，予則何至譏詞也夫！

擬乾清宫告成群臣賀表

順治十四年

宫夢仁

伏以魏闕連雲，帝座遥參紫極；崇墉麗漢，皇居永鎮玄都。圖大宅中周基垣於萬世體元居正開閭闔於九天炘寶勢之日快瑶池之星共九街慶洽萬宇權騰。臣等誠歡誠忭，稽首頓首上言：竊惟易占大壯，合宫椒自有熊；詩咏方中，營室後乎長馬。赤綴白綴祥生朱草之庭，九莚七莚德洽碧蒿之柱。周誥肯其堂構，晉卿巍爾與輪，自雕墻之戒漸微，俾刻捎之奢日熾。建旂五丈，徒誇十步；一樓列戟，百重浪説。千門萬户，高臺送響，晴雷乍過乎宫車；曲閣含輝，霽月忽臨於妝鏡。藻廉得東方之訢，赤蚪珠獻自老翁；招靈起西象之營，白燕釵留於神女。籍口居非壯惟麗惟知，體示尊榮。兹蓋伏遇皇帝陛下惟敬作所以仁存心，禹甸東開，海灌西崑之宿；堯封南履，曜光北極之陰。帝冊章三朝塗金日觀皇咸巡六服，輯玉雲臺，雨堦泱舞羽以爲容，六合視揮鞭而作宅。環中之樞，獨握宇下之庇，無垠爰際豐亨，乃隆鼎建，命冬卿而董率百傲更新；垂秋隙以經營，一勞永逸。林衡受矩，周官揆詮日之文；梓匠揮斤，郢客練成風之技。鳩工帝命，峨驚萬拱雲浮；齋集子來，倏見千楹岳峙。璇題掛漢，飛珧瑁之金椽；珠網流星，洞琉璃之寶闌。將九華而接引天外，舒蜿共五柞之連陰；雲中馭鶴，紅葩植井，木化蛟龍。冉桂承梁，土成瀰轍，鳳池青鎖，參差雁齒之階，鸞殿倚牕，錯落魚鱗之屋。日射黄金，榜題巽位，曰天皇雲生白玉，塔協坤靈於帝户。事有隆於前代，產無費乎中人。臣等薮謝冬官，恩踰夏屋，學幾入室，徒存納牖之思；立不中門，祇守循墻之訓。革四門既闢，聊爲根抵光容，思八柱難擎，顧作棟梁，自寓杞梓，凡朽俾得效具輪園瓦磔，寸長或堪任乎礎石，珠空貝闢，豈無一木之支。繡檻文榱，勉上九成之頌；伏顧大庭明政，廣厦親賢，周户牖之網繆，體符蒼昊，法垣墉之藻茨。層翚黄圖，大和紹儀，庭世錫維新之祚；文教敷比屋人歌有道之長。將如山如阜，如岡如陵，以莫不曾共颺天子萬年之頌，亦自西自東，自南自北，無思不服，進春子正月之篇。臣等無任瞻天仰聖踴躍懽忭之至，謹奉表稱賀以聞。

過吉水登宗祠祭列祖文

陳忠靖

維順治八年歲在辛卯五月丁巳朔越初四日泰州十四孫忠靖奉命頒詔南粤道經江西吉水縣特備剛鬣柔毛香帛蔬果之儀敬致祭於唐乾符中進士第歷官宣議大夫彦良公始祖列宗之神主前而告之曰維水有源流派悉由於星宿維木有本枝葉總靈於根荄不以時代久遠而有殊豈以道里脩長而或異恭維我祖篤生唐代誕育名家登乾符之上第通籍天朝席累葉之重光歷階宣議初由赤岸卜地馬田子復子而孫復孫綿延勿替宗繼宗而祖繼祖似續靡涯羇我泰郡之第宗賓茲吉水之嫡系年逾三百世歷十傳乃本朝定鼎之初適小子出使之會鳳詔星馳遥瞻南粤石尤風阻暫駐西江聿興拜墓之思爰舉告祠之典溯先人於既往邈邈難追逆後裔於將來遥遥何已然則今雖分形而異體昔嘗共貫而同條敢以疏遐自忘本始虔修饗祀敬會宗親仰冀祖宗之靈同牧子孫之庇既兩地共聚於一堂宜百世統通為一氣尚饗

密陳民隱揭

陳遠臻

巡察北直順德廣平大名等處監察御史臣陳遠臻謹奏為密陳民隱仰祈睿鑒事伏查雍正三年雨澤過多運河水漲我皇上念切民依興修水利於滄州開瓢河一道青縣開興濟河一道減運河之水以保運河之堤方期永慶安瀾長臻康阜思至淫地時是閘口規模既極宏敞不里許而河之深淺寬窄僅可積淤撒土成隄無能來水迨乎尾閭即仍舊有河之河形茭除蔓草并未開通夫運河浩瀚之水傍有所注勢極奔騰自然以直瀉為快乃前段水無所受後段水無所歸流湧何停淤塞甚易欲幸免於蔓決萬不可冀臣聞去年秋汎兩河村莊被澇甚廣佃驗漫決處所甚多至今土地荒蕪人民離散既不如他邑之無土不耕又不若北河之邀恩賑卹不謂畿輔重地督撫匿災不報河臣臆視民生膽玩若此伏乞皇上嚴勅該道作速修理務使河流通暢堤岸高寬錢糧必歸實用工程必期鞏固則荒蕪可墾流亡可復歷年國課易輸萬世皇恩永被矣臣巡歷所至因嚴查各村莊保甲目覩兩河情形謹繕揭密奏伏冀聖主睿鑒施行

遠臻字以慚一字彦遴又字竹嶼英年振聲黌序屢蹶北闈因就國子教習康熙戊子授黔之永寧縣升授滇之新興州復內升刑部員外在部半載授本部郎中又授浙江道御史復奉欽命巡察北直順德等府與曉堂雁群陶思為弟凡行見家乘

山西同門錄序

陳凝祉

甲午秋分校晉闈肅峭簾櫺澄泓心目深夜披覽既得七子者卷烟雲滿楮恆峯汾曲盡浮尺幅間比入薦額榜放都人士指目其下某也名士某也時賢本房果無愧得人云爰是以諸子卷付剞劂用公海內錄成請予弁厥首余不文烏能以文文諸子之文雖然有說焉聞之王不沿禮覇不襲智言日新也惟文亦然文者神明之物變以時異以地順時者致昌者也遷其地而能為良者審方者也今諸子之文點遠風雲月露花鳥琳瑯之習一軌大雅昌明渾灝蔚為國華行且上公車應春官試於斯二者盍詳焉夫神龍嬌舉概吸不於蹄涔航海巨舟鼓掉不於溪澗諸君此行將熊辭蹤為孋珠發光乎抑漶滮漫漫自謂靈蛇在握乎三晉山川盤四靈氣日開纖玉潋而綴珠鱗奇才異能固不可更僕數若乃六合殊尤並鑿心於藝苑八方好事咸匠意於文樞恢奇輿博無不盡態妍而後知過大行以東尚有如是大觀也諸君此行非惟可與晉士齒且將與燕齊吳越秦楚諸君秀鼓翼排雲以赴風雲之會苟躔事鮮嘗新情不振安在搽勝算而角逐中原乎吾顧諸君搦管時如跡層樓巍閣進而愈上俯視一切如培壤然又如攬勝名山景隨步挨不蹈恆蹊使觀者讀一藝留連作數日想昔人之賞德動天鑒祥閒日華者然夫然後雄長鷄壇無有逆顏行以相頡頏者亦熾盡在吾黨矣前戊子先大父蘭臺公典試晉中所錄皆一時名彥如象密韓公拱陽孫公尤為首得士厥後大業彪炳功施爛然至今篤世誼不衰諸君佩吾言以往瓊林曲江自是指顧閒事異日者或躋卿月或作傅霖與孫韓二先生輝映俾都人士又指目其榜曰太史氏得人之盛如此余鄙人不大愉快乎若吾李子天時以副車為奮興先着而留之以冠冕西州也奚其憾

文林郎山西汾州府推官陳凝祉謹序

遵旨回奏疏

陳志紀

翰林院編修臣陳志紀謹題為遵旨明白具奏事竊臣於本月十七日謹具天變易四等事一疏奉旨為治寬嚴務期得中用賢退不肖自有鑒裁豈可云專於剛斷便能挽四災變本內援引顧仁盧慎言敢惇張自德等今有犯此等情罪之人寬免者為誰又所稱為曾為總督巡撫者繕治峻字高堂敢也方子女以為倡優等語陳志紀必有所見着逐一明白具奏該部知道欽此臣前因天道亢早皇上焦勞之至窜執部院大臣曾無一人引咎所以迫切而巋陳於皇上之前臣原疏內稱以皇上平日之兩露兼用世祖帝皇帝之雷霆今奉旨云為治覓嚴務期得中豈可云專於剛斷便能挽四災變仰見我皇上道稽天若溺得乎用中之學此微臣所拜首手糟首而敬揚休命者也臣原疏稱不肖者皇上當處分一二人賢者皇上當拔擢一二人是用督退不肖當全憑皇上之鑒裁今奉旨云用賢退不肖自有鑒裁是微臣之意早在睿照中矣至於犯顧仁盧慎言敢惇張自德等之罪而而覓免者如湖南巡撫周召南被參我皇上特差滿州大臣往彼鞠審情真擬絞罪今則援赦寬免矣如長盧巡鹽御史甯國珍賍私纍纍刑部審賓擬紋罪今則赦免矣參具餘如蘇松糧道盧紋維徐河道祖澤深久經督臣麻勤吉參其貪縱今則身家依然無恙矣又如原任贛州府推官周今樹犯賍甚多審擬重罪不獨援赦寬免今則居然太原黃堂矣夫周召南甯國珍盧絞祖澤深周令樹輩所犯其與顧仁盧慎言等寧有異哉若總督巡撫之繕治峻宇高堂則又不可勝數如總督郎廷佐張長庚苗澄祖澤清巡撫許世昌等孰非身任督撫之後用民閒賣兜貼婦之錢築愁築怨者而總督周有德張朝璘則方在繕治也其取地方子女以為倡優則原任巡撫許世昌巡撫大臣當為皇上愛養子民乃敢犯律例取所監部下婦女多人教習歌舞且當皇上齋戒禱兩之日世昌歡娛如故世昌現請蘇州教師王公秀沈典史在家演習通國皆知紳士混集觀場者王公秀沈典史俱可究問女子籍貫來歷并當逐名嚴查臣寒儒也自通仕籍以來見大小臣工矜名重節者實少臣竊恨之今既嘗皇上命臣逐一明白具奏何敢匿而不言故不避嫌怨聽其報復傾臨之亦有所不顧惟望皇上鑒臣孤忠足矣臣謹明白具奏伏乞睿鑒施行為此具本謹題請旨奉旨聖旨該部嚴察議奏

夕陽書屋詩序

余少好有韻之言，因專治舉業，先大夫禁不為詩，而觸境緣情不能自已。曾以近作粘揭齋壁，太年柏雲蔚先生一見欣賞，向先大父言之，並謂其學道讀書之報將在於此。余並心喜自員。嗣後滾滾多言矣。庚子鄉薦後，四上春官，飢寒奔走，足跡所至，莫不有待。而歲月遺忘，身車轉從，零星歲落，什無一二。庚戌通籍，御試保和殿，受先皇特達之知，以待見錄，拔置詞垣。自是君為館課，憔悴專壹之音，一變而鋪張揚厲，山林臺閣，吏上一層矣。皇上文思御極，天繼日新，卿雲復旦之歌，喜見明良之詠，鏗鏘炳耀，標準褒區。而扈從屬車，追隨天杖，宸章疊和，倚詩為難。乃於萬幾餘暇，命翰林科道輪進經史，以資披覽。余承泛西臺，含毫入直，先後所進連珠集句諸體，俱蒙恩嘉納。復敬倣白居易、李東陽擬古樂府，恭呈詠史十二章。管蠡之見，詎是仰贊高深，而天語褒嘉，賞賚便蓄，華衮之榮，於斯已極。三十年來，藏諸箧衍，未敢妄希。焚草致幸，殊遇茲者，年已耄及，舊學旨茫，平生所作詩篇，不復記憶。其現存者，四海交游三十年　頷人事代謝，物候推移，古稀以前之待，俾兕輩細加讎校，得如千首，釐為四卷，敬繕寫乙覽十二章，弁諸簡端，以治國思以垂家策，庶聖天子不擇細流之意，得以昭茲來許，而微臣蚓窾蛙鳴，無關風雅，竊坩綸音獎賞之來，亦得與有榮施焉。至於元

晏三都，序以人重，向時所知定吾文者，息壤猶存，暮草已宿，湖知音于地下，奏流水于何人，不禁感慨係之矣。剞劂將成，而自書緣起如此。乾隆三十八年歲次癸巳秋九月，程盛修謹識於夕陽書屋，時年八十有一。

育嬰堂碑記

杜光先

州之有牧也，歷代名賢指不勝屈，有以治績著，美有以風雅流芳，期各見所長而已，未有秉眾善而集成，廣好生而為其創如我萊蕪魏公者。公山左世胄，以名進士出宰中州，恭膺特簡，撫我泰邑。蒞政以來，留心民瘼，凡生聚教養之道，興利除害之方，委曲講求，辛勤撫字，剖俸以修城郭，設法以浚溝渠，先賢之祠宇重新，東海之疆囿日固，祈晴禱雨，拯溺救飢，施醫藥而閭巷春田，葺浮香而梅花句夥，折獄朗於無獄，恤刑可以措刑，仁政仁心，難以枚舉。民歌愷悌，野樂桑蘇，九年來如一日也，久矣夫保民如保赤矣。壬寅秋，復念泰邑隸在海濱，休養既久，生齒日繁，其閭窮通不一，時命難齊，遺嬰道路者往往有之。公惻然興思，穆然遠慮，于是有育嬰堂之建，首捐清俸，為民士倡。司馬黎公更為與贊助，不辭勞痒，不惜已資，以共襄乃事。一時同城文武紳衿士氏，踴躍爭先華為善舉，不兩月而堂告成。延碩德紳耆以董其任，置衣物，給工價，出入度支，條分縷晰，具有規程，無容紊亂。更欲置膳田，立恆產，次第經營，周詳盡善，俾斯堂得垂久遠，群嬰有所依坿，皆公好生之德有以成之也。行見蒼生戴澤，襁褓沾恩，沛閣邑無疆之福，開萬嬰再造之天，具深仁厚德，較歷代名賢，可謂集大成而廣好生矣。豈區區衢巷歌祝，是以頌公之德於萬一也耶？是為記。

族譜序

宮煥文

予年八十有九矣老病侵尋桑榆日暮猶憶垂髫時伯祖中丞公恭祝聖祖仁皇帝萬壽入都予候送舟次伯祖最鍾愛予特執予手甚而訓以讀書立品敬宗睦族之義累累百餘言其所期於予者甚遠且大後予冠登第通籍中朝垂五十餘年時憶伯祖之訓欲整理族譜以示後人乃夙夜在公未得少暇丁亥春始以省墓告歸而年踰七旬頽然老矣用是每耿耿於中從姪篤周中丞伯祖之曾孫也績學公文名聞南北而懷才不遇予每爲之太息而咨嗟頻年晦菴方伯薦主容塘書院院中多暇日刻意修族特請於予且詢及義例予聞之喜心翻倒示之曰高祖中憲公舊譜中義例族訓具在遵而行之無他竊也篤周唯唯而退越月而施族譜成呈予校覈義例悉遵舊譜世表條分縷晰亦何心之專而成之速也予披覽數日即傳送各房俾共閱之於義例族訓見祖宗法戒之謹嚴于世表見篤周之詳密後之子孫尚克守讀書立品敬宗睦族之義庶不忘祖宗之義訓下不負篤周編輯之苦心則予幸甚時乾隆乙巳三月望日十一世孫煥文謹撰

入畫广詩序

王子白舫詩集成陳子丹文蓄臣昆季向密友數人欲賚以付之梓而問序於余余何能序白舫哉顧余與白舫交最久其讀書勵行孝友堅苦諸狀稔之頗詳不可以縷述尊公人鑑先生潛確君子爲文勁法先輩白之遂以制舉業世其家尤能旁通騷雅自幼即以詩名請老宿皆樂與之遊猶記戊戌已亥間集其南郭草堂河柳園青閒扉即面對夕照落帆雄滐參差烟波蕩漾致足樂也各賦五言近體一篇嗣余復歸種蕺園白舫亦遷入昭明太子港益晨夕詠言無少間此後余投經東海之濱離鄉二十載從鄭筒時時得白舫書問新篇寄示不嘗如面談焉白舫之好我而不疏我如此獨其帖括日精所遇　困余嘗慰之曰羊陟有言良璞不剖必有泣血以相明者矣何不可自信以言天下乎今果遇伯樂而余言益驗其詩之刻苦精鍊頗得古人之深致一如其爲所爲文余兩人結契真在風壓之外嗟乎日月逝矣年復一年交情深薄能保終始之不渝乎而溫不增華寒不改葉隆中人之所嘆尚於吾白舫見之白舫其不可及也已

野野集序

儲　洵

野野集者平野野人也野人牧江海之龢家有藏書而不知讀先之世能古文詞而不知學迂性自直遇事無甚好惡就其似可乎實近易不決其防野人庶幾焉若曉然矯枉詭隨病畦刺促世故之辟斯於鈍根淡如也嘗治毛鄭詩濫第進士坎蹶十七年秩下大夫輒擯歸吁分特宜歸築雉山草堂偃息其中喟然曰誦詩三百立就而墻亦將奚以昔者古詩三千餘篇仲尼自衛返來而正之或篇刪其章章刪其句句刪其字存者十一升之太師以授子夏絃歌之音合之部武洋洋美德序詩者乃定列國之風以辨尊卑見黍離編邶鄘之次遂降王室而諸侯嗚呼吳楚僭王聲詩無述周之哀可得而降乎故之亡久矣後之作者代異而人不同漢晉以還清音獨遠唐詩興於宋風之群於雅議者大有長拙詘然詩格非古也志意感而成聲八風之氣與時偕理正變繫之矣何別學也哉野人非陳詩者記曰質勝文則野情形性之宗隘爾末達即所自爲述其虎豹之鞟乎犬羊之鞟乎野

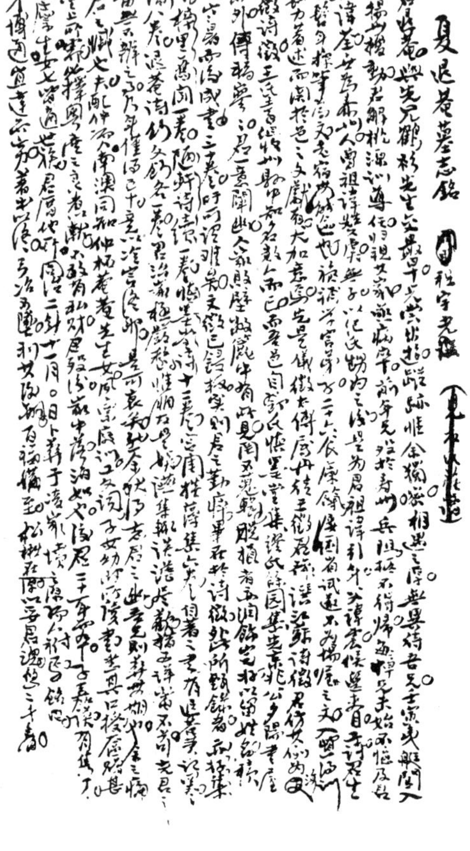
夏退庵墓志銘

蠹餘草自序

顏仁卿劚

昔賈浪仙除夕祭詩曰勞吾精神以是補之然則詩無工拙其勞一也且安知拙者之勞之不甚於工者即余少喜為詩東于舉業不多作壯而食破硯生徒制舉文常積案頭高寸餘雖厭苦之不能已然每有哀樂輒寄之詩有求者亦捎捎應之顧未嘗示人率書片紙投篋中以為是固勞而無用者不自掇拾也癸未與計偕數月而返屋多漏痕亟檢篋中則蠹食者過半矣余感蠹之為我藏拙而恨其沒余之勞也夫人生之勞精神有百倍於詩者矣上而仕宦出入中外趨功名赴事會為穿鼻牛為功狗則勞次治家人生產求田問舍術拾仰臥為負磨驢為負版蟲則勞次奔走形勢規取利便為狐為鼠為虎則更勞次酒色蒲博相傲逐惟日不足為投火蛾為狂蜂浪蝶則又勞次埋頭牖下無晨夕寒暑孜孜鑽故紙為蠅為壘蠹則亦勞獨詩也與哉詩之勞落眉斷髭嘔心肝止矣得酒脯有以補之矣前數者之勞天下之至勞也吾未知何所得而後有以補之也嗟乎余於前數者之勞蓋有其一焉今老矣既未有以補之則茲之沒而僅存者則又可以無用而不為之所與爰集其餘合後所作為如千卷自庚申始至某歲止名曰蠹餘雜著附焉凡以是為吾之祭之云爾不皆蠹餘也曷以名曰祝之耳也異日者空齋洨寥殘書狼籍猶有人焉從蛛絲鼠跡中搜剔而出之得如今之蠹而餘也幸矣夫光緒丁酉冬至日顏劚書於暄蘭室之東窗

古本大學說義自序

徐天璋

大學者士貢於朝選升司徒陶成樂正學將出膺民社者也其教為禮樂詩書其道即倫常孝弟以明德親民止善為綱以誠正修齋治平為目內聖外王之化貫之以誠古本次第有倫有脊秩然而不紊也說者格致篇亡不知格物者非易云遂知來物非孟子云物交物非倉頡篇云量度事物非溫公云捍禦外物非程子云即物窮理非陽明云正物去欲所謂物者實即司徒三物之教油然而入人心哀公問云孝子不過乎物仁人不過乎親也後人不知三物為物散見誠正修齋治平之內隱括明德民親止善之中遂謂格致篇亡豈非鑄成大錯歟大學釋始誠意者聖王之道不外一誠誠之至即善之至實即格物致知之至中庸云物者誠之終始不誠無物今即誠意數節求之天人文警自感感民由是而用賢由是而興邦由是而立極由是而格奸是皆內聖外王之道採本於三物也治亂存亡反覆取譬或引詩言或引書語忠信以得驕泰以失結終小人禍國其旨微矣或創以明德為用賢以親明為新民以格物為三物之教子說毋乃創與曰用賢古訓也親民經文也三物之教本自周官也古者教象掌自司徒理財正民亦掌司徒且也以五禮防萬民之　而教之中凡萬民之不服而有訟獄者聽而斷之傳曰大畏民志此謂知本以及修齋治平始於正德終於理財無一不與司徒職掌合焉司徒教成而後出膺民社不失為愷弟君子所以為近道也若必曰物為器數之理豈有明德親民止善之學勞心苦思日瘁於萬物之想哉時在庚戌春三月徐天璋自識於天津雲麓山館

清味齋詩序

王廣業

羅塘鎮者轄海陵之左衍浦濤之支烟水一蒼孤蘆萬碧古詩人多僑居焉今之少方先生其嗣響也先生以八斗之才着幾兩之屐尋烟而語荷笠而遊眉茫而奇欲呼天俄頃全文成唾地謝薈蔚以特立風格自清軼塵壒以遐征霞標獨舉全芰枝葉特寫衿靈此清味齋一集其諸香草美人之意谷風陰雨之懷乎今夫元音肇於清虛詩教通乎樂律節牛弃鳥本天藾之鳴八闋九招即古皇之搡古之人以邃名家為簫作謚李翰思涸笙奏適中柳惲興酣琴捶几上沈香亭畔群歌供奉新詞古錦囊中悉中雲韶雅韻李密如雪兜叶律和凝亦曲子標名先生則浮磬垂精縣鈴協兆柯亭辨竹焦爨留桐義山多寄託之詞情最深於錦瑟白傳擅歌行之作語吏妙於琵琶每當子夜徵歌丁簾選夢玉白花紅之候曉風殘月之天袖拂烏絲裙拖白練小史譜絲么之嬌鬟按紅豆之腔既擁鼻以酸吟亦銷魂而顧曲當是時錦瑜席地銀蠟圍春醒亦能狂卿真大醉峰雪城霜之句奚煩屏幛呈圖玉闘羌笛之篇不數旗亭畫壁者也既乃瀑雪神明脫離岸著結書飛花而悉墮波瀾似井而全消雲起水窮中年好道焚香掃地竟日忘言風科斜雨細之鄉狎鷺盟鷗之侶畧呈色相則星宿羅朐偶露遊踪則雲霞洗眼茶烟低颺鬟絲禪榻之風米汁新萄冷醉閑吟之趣宜其詩之清日以腴而味日以潔也說者謂先生以終賈之才擅淵雲之妙何難希蹤沈宋儷跡常揚而乃秋士工愁維摩示疾人呼百藥門謁三醫邑之則磨蝎年年張融則牽船處處通賜朱瘦不争學士之羊繞膝人單僅載扣山之鶴差幸左思之有女仍同庚信之傷心斯則楚客瑰奇不少呵天之問王郎抑塞應多研地之悲不知先生身經領顧趣盐蕭聞肆九柯十匠之奇安五角六張之運心同宿恭自具千秋身似巴且何妨百碎冷淡比延齡之菊晚節逾芳幽貞偕耐老之松孤標獨秀而况鹿車共挽室有同心馬帳時縣經傳高足視彼兜女情長茵花過短有不笑同一映擘彼六如者乎僕志切瞻情殷御李荷衣初服葵蓋已傾今者暫賦歸田旋忻望宇得侍先生之座叨隨小友之班蠡管潛窺飲河量淺鴻文叶誦盥露香清剛值殺青敢辭塞白姓名許附顧同驥尾之蠅喤贊引聲愧作佛頭之鴿世愚侄王廣業頓首拜撰

題東亭蔡節母北堂夜課圖序

許小仙

夫自折菱遺訓千秋傳慈母之心畫荻莊書一代仰大儒之筆其足留光青史振美彤徽者洵可風也今春友人攜北堂夜課之圖索題僕盟而披之松憧竹葆女貞之木森然燈影機聲前哲之圖宛爾清標落落大節洸洸詢知為東亭蔡君曾乾茂材之母也母繆氏祥女入門善心為竊精衛夫人書法寫履大姑女箴椒銘菊頌有林下之清風薄潔蘋香娛堂之晚景所謂愛敬有道儀容典禮者非鯫俄而鴛鏡塵封鹿車失雨髦抱共姜之孤琴彈寡女之聲邪衾殯誰伴白頭總遺孤親提口蓋此時履乾凡五齡矣之無甫識孤露靡依髻帳共寒對麻痛而淚下負曾子之棘薪指識心痛披孟捲機杼則生較絲衣太夫人由是教書學授則經隨王融硯匣家之身隨情式墨長當年手澤而且購鷄林遺籍撒盡琅管和終之丸措劉燈火莊范傳高其節欲效其之留陶佩賓非此熊日此挑殘乾凡讀能滂母之志鳴父之遺人識妃豬學辨甄母謄學子履螢孕復花成吐鳳未冠補博士才子員洛中秀才盡不生以搜一江筆童子黃杳之名譽無雙丁丑歲試復列高等披之家學第旌九夏綸綍日捧丹毫八座起居霞脂仙帔於今年閑暑夫人為太夫人六十生長得以酌盍漿而介祉奏鳳吹以唱歡禮也僕與履乾交疏荀陸勿作常談圖覺式厥壺訓閫珠玉之滿前已光鞶悅慚乩征之不韻徒雜笙簧惟顧太夫人松柏長春萱花永晝將來履乾凡登金亭上玉堂有稱張齊賢為令子者亦太夫人之厚報也夫

王笑雲先生暨德配宋夫人七秩雙壽序

韓國鈞

往國鈞有海陵叢刻之役，讀宋周茂振先生集，至論選進讀本註音切，一疏其大旨，謂三代而下惟西漢班史為近古，讀之者非考文義、辨音訓，無以見紀事之本源，知立言之法則；而欲發明音訓，又非研考翻切，無以辨証精詳。輒復推師古以為字協音諧，舉當於理。蓋於音切之學勤勤致意，所以助多聞廣學益也。自後世音切不講，侵尋散佚，晚近學子或涉獵餖飣，或侈談歐化，根抵之學闕焉無闡。吾邑王笑雲先生近主寰球韵學研究所，其諸繼往開來，得以延絕學於不隊者，意在斯乎！先生世承家學，幼隨父伯笙公讀，岐嶷過人，未成童時已文思日進，始受知於瑞安黃學使，繼復一中剖車入淮南養賢館，一時泰之王、劉、通之朱、范，有江東四傑之目，而先生賓冠之。先生既無意仕進，晚從皖之周山門先生得切音法，嚼徵咀宮，闡五月而溝通入妙，子輿氏所謂不以六律不能正五音者，先生於此殆為得之。居恆以音切授人，雖村夫野老以迄婦人孺子，無不易於領晤。其造詣之精，能發人所未發。又曾發明每字平仄韻為九聲，自號九聲先生云。先生於鄉里夙所推重，曩為邑侯王公秀山聘充書院齋長，時嘗嵩任選刻時蕤，節衣縮食，塾歆村梨棗至千餘金，又議分膏奬津貼孺暫，此皆先生之賢，未可以一二述者。今年孟春，先生七十生長，鄉人士擬屆期為壽，兼頌先生之堂曰絕學耆英，而索一言於國鈞。顧國鈞老矣，以迫於桑梓義務，再長是邦，簿領勞塵，卒卒鮮暇，不獲歸與先生樂數晨夕，暢桑麻之情話，研學問之真傳，白鶴雲中，幾若可望而不可即。抑聞先生於六氣丹訣頗得深造，天目之山，雙井相對，其水清洌，倘亦飲之足令人壽者，先生固得氣之真者歟？德配宋夫人能相先生，并精韻學，有子女各二，皆後啟之秀。詩曰：樂只君子，萬壽無期。又曰：樂只君子，德音是茂。徐幹中論亦有所謂聲聞之壽、行仁之壽者，甚冀先生以所學傳世，聲聞益遠，而即以是為無期之壽也。先生當莞然而

歲在昭陽獻孟春

韓國鈞拜撰

祝單梓叟先生七十雙壽文 **本篇不付印**

劉法曾

粵自九如五福，祝蝦首見諸詩篇；萬歲千秋，上壽憂徵諸史傳。明清以還，撰著尤多，然使桑鋪縟詞藻，飾浮語，縱極乾花之布，奚當松柏之本心。我梓亭老棠凡先生以今歲之秋屆古稀之慶，爰就生平，式陳崴嬍，竊謂有十不可及焉。其蚤游芹泮，快詠鸞旂，久戰棘闌，迭膺鵶薦，人皆欣具縈遇，走獨服其專精，乃者手抄萬卷，包羅舊學新知，心洞六書，區別疋裁俗體，皮架盡千，振之服下筆，匙三豕之謠，斯句學之篤不可及也。幼羅狐露，敬奉懸雲，勤謀菽水之供，藉贍讓堂之養，雖復羊修頗瘦，瑩棄將枯，而門外車停，偶問奇之酒至，卽滕前絲彝，看洗腆之觴陳，用能雞膳嘗甘，熊丸忘善，脩齡克享，摯性同欽，斯孝親之誠為不可及也。家有難弟，亦我良朋，長共編芸，幼曾讓棗，嬈機雲於晉，裸兩彭共屋而居，儷軾轍於宋朝，一門相師為學，即至中凋荊樹，勢難相保終身，彌復推愛竹林，必使有資鍘口，他若南阮北阮、東楊西楊，縱天靨之稍扼，仍風情之不薄，解紛排難，終令拋賓沉戈之纖，絕存亡甯忍餟若教之鬼，斯敦族之仁為不及也。高足善籍，儷指賓繁，閣郡既化，雨均沾，隔江亦闇風遠至，見每孜孜砣砣，濯濯諄諄，侍坐夂伸，門人已負墻請退，疑義輿析，長者猶辟珥相招，以故有滯畢通，無村弗毓，登秀孝之選，輩起人才，出安定之門，僉知禮法，斯課徒之勤為不可及也。胞無城府，辭有字壇，伯宗每好直言，仲路斷無宿諾，是以名都令尹，劇邑宰官，效詢政於葉公，慶得人於言偃，彼則輕車減騎，頻來處士之盧，此則倒篋傾筐，痛述斯民之隱，敦崇古誼，禪贊官方，斯交友之信為不可及也。溺饑寘念，施濟殷懷，自困阮時，巳然迨豐饒而加甚，衣我食我，待舉火者數家，風人雨人，視揮金如一呋。嘗有市井小兒，販售微物，遭攫奪於群不逞，羌號泣於道之周，于焉閔其駭弱，賙以蚨貲，汝雖貴柑者伍，固亦吾與，而吾胞物，縱敔絜具，中醫惟不億而不逆，斯利物之宏為不可及也。

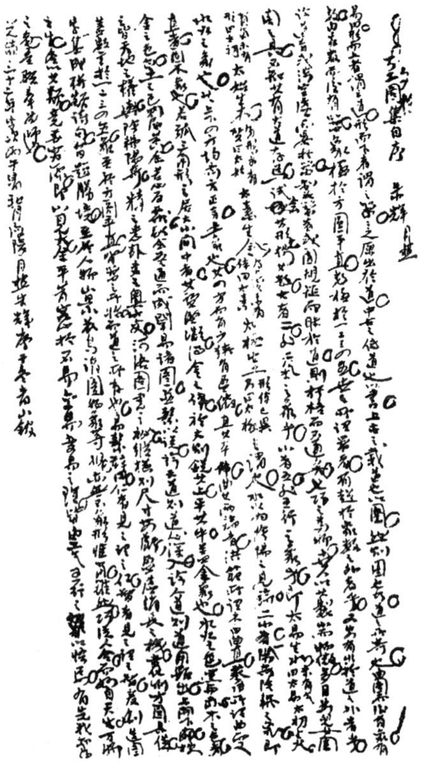

庶

泰縣養老院募化常年經費啟

劉法曾

蓋聞文王四民其三稱老箕疇六極第四曰貧良以老則乏力以謀生貧則無財以活命桑榆垂盡藜藿不充斯可閔也吾泰邇年生齒浩繁土毛昂貴匹夫匹婦一飯一衣猶或難以撐持動輒形夫拮据矧在槁項黃馘之夫肘見踵決之叟身有沈痾家無嗣息甚至筋骸已廢勢難行氣乞於途又或廉恥猶存羞啜嗟來之食將何以甦活餘生維持殘喘雖不敢望異粮宿肉邀曠典於朝廷抑安忍覩臺背華顛轉高年於溝壑同人等用是推廣度之心宏大之顧擬創設養老院一所假定額數五十名年需經費三千元首先解囊捐輸躬為閭邑提倡惟念需款甚多集貲不易阿育王八萬餘佛塔斷非獨力所可成小夫人五百道乳泉夫豈一滴所能足爰呼籲夫他他慈善大家還懇求夫則隱君子各頒義粟同沛仁漿源源而來多多益善庶幾千腋集而裘成衆手擎而鼎舉錢財源之漸拓定合無量數以收容此時餘力不多暫限三十名而開辦所有章程另行臚列啟

覓地遷柩安葬示

為佈告周知事案據李炎伯程嵩齡等呈稱竊以田上厝棺本一
時權宜之計寺旁屯榔非百年穩固之基今因樊川巽方舊著水
陸名剎年湮代遠流傳懸厝鄉風木朽土殘忍令遺骸暴露想購
地無能為力或卜塋未得其時抑子孫遠陽他方更裡祀久艱嫡
系有原因之多種致安葬之無期過此荒涼正大水橫漫之後惜
茲名勝任陰燐磷積其間惟是堤上浮棺早已觞工瘞旅獨此鎮
旁古寺幾同與鬼為隣陰雨闔聲夕陽卧影死者慘矣遊人憫焉
爰商該寺住持另施吉地俾免各家子弟抱恨終天倘能依限領
同儘可卜遷安土若竟逾期朕視即當代賦歸田奠渺比一袈裝
恭承情於東道惡渡茲衆魂魄昇極樂之西方庶宅穸之永安更
廟堂之日廓此固兩全具美敢抒一得之愚惟求出示風行先望
邀思電准澤及枯骨感蒙縣長之仁施聲明下情信獲寺僧之慨
允等情前來查停柩不葬有礙此等惡俗本政府歷經勸導取締
民衆仍多漠視良堪浩數該原具呈人請予布告限期一年招領
遷葬浮厝各柩過期即由水陸寺施田代葬實為正辦除批示照
准外合行布仰寄厝棺柩後窩人等知悉如愿遷葬者務自布告
之日起一年內從速覓地遷柩安葬逾期即由水陸寺施田代葬
以免久停有礙衛生及風火之虞慎毋觀望違疑自誤切切此布

民國二十一年七月　日　縣長　張燡

梅蘭芳三十生辰徵文啟

自夫綠竹東山謝傅每思曇首烟花南國杜陵猶念龜年周郎知
音盛傳吳下李家協律能動漢廷康崑崙以琵琶得名王子淵緣
洞簫作謠况若春蘭九畹出幽谷而姿多金桂一叢倚層霄而香
滿垂手而兼衆技轉喉能出雙聲如吾師畹華梅先生者仙尉標
芬湘纍比潔指蕚綠華而得名姓從妙鬟天而誕生秀出璠枝自
肖王登之美麗瑩如玉樹依然謝氏之風華既承燮曠之門風更
得幽燕之俠氣試為跡其身世綜彼藝能不待鋪張畧陳梗概先
生幼遺孤露孝侍重慈加弁甫逾黎圃便冠杜鄭豪第為同輩所
韻榮邢尹兼房占世間之艷福至其既精歌曲尤擅才華好為塵
尾之清談頗類虎頭之痴絕珊瑚筆架工臨曇穰之書瓔珞流蘇
善鶯年　之相蓋由風情儻葛天性優閒抱冰雪之常清驅烟墨
而如走巾綦偶集金迷紙　之場觴詠流連簧暖笙清之夕於是
金金荃詞客玉茗才人竹由交喧與譜吟鶯之曲宮商迭奏同繙
珂鵲之監聽何滿之聲最憐張祜竊霓裳之闕或有李馨遠泛東
瀛豈受泰皇之命逸臨南粵滿歸陸貫之裝宏我夏聲張予菊部
有井水處知唱屯田之詞見弓衣詩果是宛陵之作舍彼定場而
誰屬自云借此以消聞况乃湯殿雖非尚承供奉高陵已變猶戀
觚稜比似何戡不忘貞元之法曲有如繙綽畧存天寶之血人伶

竟

官立傳而　斷朝士同聲而稱許官家賜予偕百職而閒安故苑
荒涼共羣烏而並噪言其風節更是嶺崎而且軫念鴻衣良恆推
冬愛儘憑鳳吹分作春膏不爭任佚之名獨行慈善之志偶有年
逢瓊粒歲歡金穰藉粉墨以集量珠展甝毹而資炊玉春臺與共
成千秋續命之田舞榭奇閬補一代備荒之政頃復災興日　叔
起風輪徐市雖仙尚記鴻泥之迹麻姑已去猶㢆雁戶之飢意成
雨衆於人閭疑即散花之天女此則受　利供養俱超極樂之天
匪惟假楚相衣冠能恤寢郎之裔宜其五洲噪鑒思聽歌聲四裔
馳名爭輸聘幣近值英倫之賽樂擬譜鈞天以同行斯又增光壇
站不私向戌之名留待策鞭再備繞朝之用者也艷秋碧雲教坊
後輩夙授傳頭邯鄆望塵　言學步　值揆予之初度正當壯立
之强年謬作引喤啟諸尊宿卅載養蔬之草往事都傷千年松柏
之枝自茲為始冀待高軒之佳什藉助門下之侑觴請者不情予
之拜受頗藏什　留作美談程艷秋徐碧雲謹啟

漢魏六朝唐宋四六流派論

宋學賢

閒之一畫開先奇必有偶三統遞嬗質亦尚文赤白為章經緯相錯是以侈言博物積卷徵長刻意為文清言入妙支分派別各有師承綜考先民請伸論之在昔西漢之初追蹤三古終軍有奇木白麟之對兒寬抒奉觴上壽之辭胎息微萌儷形巳具賈誼仲舒為之導相如枚亦步其塵中興巳來文雅尤聚孟堅季長之輩平子敬通之流兩京文富諸家莫不鑽研六書枕胙經史揚葩摛藻儷字驪音豈為四六而造端歟踵事而增自然之勢耳建安七子才調輩與靈珠徑寸而光騰荊王千金而價貴三張二陸並變齊驅太冲景純聯鑣競爽當途之派雖弱正始之音尚聞至於文通希範休文彥升之論各具才思漸閑聲韵短長中節雜以咸韻輕重均調擬諸金石巳元音之盡浸亦風氣之使然迄乎子山還河北之聲孝穆作江南之采昭明太子擷三十卷之精華東宮舍人著五十篇之科律陳隋以後靡敘難言觀天監大業之中誠斯文升降之會者矣唐初瑰麗之作四傑為尤四傑之中子安為最振靡音於江薛追健筆於庾徐若夫長楊之宏編燕許之大筆會昌一品之集元白長慶之編義山飛卿相高繁縟柯古昭諫各領新奇有美必收巳稱極盛至宣公翰苑之集詳明剬切國事賴之又加一等矣若乃攡擺落四六恆蹊一追古文超妙賓歐陽倡之而蘇王繼焉跡其精理灝氣罔弗牢籠即至觀字助語皆有成處惟其不着一字所以博極群書然而布帛傷其無華篋業呈其樸鑿亦猶禪家之有頓漸二義畫家之有南北二宗也南渡以來　溪為首渭南北海並號高文野處西山亦稱名集雖新格獨創而古意寖衰斯真餘不足觀等諸自檜以下存而不論可也

讀後漢逸民傳

本篇不付印

夏子昂

歙　閒叢　而　歸

夫毀樊剖籞者視龍藻而稱貴味和頌道者較鳳丸而益甘士有騰洪芳振賈武扭元闕相王庭或　遺世以獨立與　　為徒家人忘貧國爵屏貴導元醴于江湖之上扇景飈于元穴之內齊設九賓少稷高枕于陋巷以勤三顧奇子闕迹于紺谷如法貞軌姱節冥性遺物者歟卯金庾蘇畸流賓絜東都以還代有　　范乞史以所述傳曰逸民縱心八區之外遺神九陔之內鴻游蟜飛與道大適蒙嘗揆嚴遺迹統具遭際後先同異之故有可得而述馬昔炎精中微餘閏竊炳漢賊肆逆盜竊鼎司時則皺交南宮血濺龍衮王三正蔽于蒙　九鼎移于崇朝非歆雄之謏新即楚冀之夭枉於是鴻生大師抗節闕輝勁草在陸瓔迴飈而益堅貞木　　矯嚴雪而方散魯圭蹈海不帝暴泰致光隱身不食梁祿所謂鴻飛冥冥莫得而篡是曰守義此一流也赤符既興貴奉大命山河傾而重秀日月晦而仍曜方且篤崆峒之請隆華岳之拜人奮經緯士析圭緌匪獨浮雲三　秋草萬石無名以抱撲深藏之若虛圭帛虛至纏幣三反燕昭禮賢王蠲不屈文祖禪代　陽抗蹤芥千金而不盻屣萬乘如如脫是曰適志此一流也桓蜜之世內璺嬰乘嫗相跖夫朝廷尸臣飽于廷死堂前刀鏈生殘戴就之尸殿上纏囊死辨杜根之目有志之士痛夜光之按劍懼胥蘭之見焚冥心適性棣秕外物陳留老父隴上藹耕漢朝丈人田間抱甕是曰遠禍此又一流也之數人者雖際遇軌殊軌志操各異并練味元儋研幾寥廓隱仁擴義為抱道之俊民川蟠林潛稱韜寶之君子蓬邁自蔽繫幽人之貞藜霍不務協遯世之度分珪練組者莫或望具買項背也顧或謂介介之士有近名焉坎坎之懷有矯飾焉世無稷契　　奚以昭蘇人盡巢由大塊幾于或息逸民諸人飾名驚衆硜硜自守具亦彥和所謂不見西牆者歟不知孤竹之操周武不稱屈者行其志也綺季之守高皇不能奪者全其天也若逸民者性託貞遠生屏塵雜何生何世吾率吾真或東修而近名或冲漠而前似道或在險而不辱或見幾而知止子慶伯況之輩馳逸輪于前　鷹高　諸人騁遐軌于後黃鵠舉矣青天廓然志成一行奮乎百世輓近　靡風尚遼絕闡逸范書彌軫仰企富江春水幽蘭自芳峴山秋月桂樹長往皎皎霞外斯人可呼綴詞篇終以昕來者

書後語駢頒遒鍊　元評

市鄉聯合會呈文

為市鄉自治恢復無期眾情激切懇賜鑒核施行事竊本邑市鄉自治前於清宣統三年迄民國元年間次第鬧辦成立區域既定自治職久已服務且有議員遵章改選至第二屆者歷由縣署申報省道各憲在券叁當光復之初匆匆組織縣議參議省府批為未能合法奉令解散鈐記已經調銷嗣因改革伊始地方行政諸待討論從權准予改設臨時會迨民國二年省令公布修正各級自治制並縣制施行細則謹按細則第一二條之意義二年七月三十一日以後臨時會當然無效疊奉省公署批令泰縣市鄉會既經完全成立應即組織正式縣議參會等示詎該臨時會於閭令之下陡然奇想天開創為折併市鄉區域之謬論希圖惹起全縣紛擾不能組織正式會臨時會藉以苟延魃行滕呈省公署批准行縣該參會尤復妥為規劃十大區不徵地方公議意不明章制性賃前范縣知事并不查考其有無違背或妨礙之處誤認彼時臨時失效之臨時議參會得有無上造法之權能擱置省令改組正或式會不辦竟將該案呈省至令思之邑人猶有餘痛查該案所為依據者係節取市鄉制第三條中若字下至核定句止按該條文語意條承上轉下均為未辦地方自治而設非謂成立之後可以任意折併分劃也觀於下項嗣後云云一段義甚明瞭該兩會中人非盡冥頑不靈祇以臨時會數將告終遂不恤倒行逆施鑄此大錯致為今日辦理恢復之梗全縣人士方幸當年同遭解散其非法處分未能實施該兩會中人應亦深自懺悔謂何如可消此舊污風閭鈞長又將該違法案提出呈請省署實行併劃十區豈市鄉制第二節市鄉區域各辦法之規定舉不足遵獨以該議參會絕端違法之舉視為金科王律耶素仰鈞長明哲秉公持平當不至有此否則繫鈐解鈐仍惟鈞長是賴伏乞俯納全縣市鄉公意據情轉呈省憲撤銷併區前案議法嗣闡謬以明與情即日令發市鄉圖記俾得開會辦事全縣市鄉待命業已數月昨假縣治自治協進會所開代表大會公推委員五人赴轅請示迄未得有要領眾情憤急用特瀆陳鈞座究竟市鄉應否照舊恢復圖記已經刋就是否照發抑係口惠敬懇切實示遵毋任翹首待命之至

泰縣市鄉自治職員會代表陳思洽等

對合族宣言

王思源

族有義莊而族中一切廉稹立懦之事所以畢娶遠如宋之范仲淹近如本邑謝王河王氏范氏限於贍給族中嫁娶喪葬力不能舉者王氏則專主教以興業培成自食其力之子弟至殘疾或老病不能自給者亦養之但不與教育並力法良意美我族誠有仿行之必要然言之非難行之為艱無已請先植立基礎從立族譜做起進而與族學以造就子弟恤殘疾老病以濟無力無新舊當必贊同斯議然而通族能力任擔荷者幾人無已請先從討論做起我大四六房族人有贊同此頑建議者請討論下列之數問題（一）我族有無創興族諸之必要（二）我族有無創設族學之必要（三）我族有無扶養殘疾老病之必要（四）欲創立族譜族學及矜恤等事應從何着手討論有結果請提出意見書斷交思源稟齊看可否數目如否多於可即作罷論如可多於否即由思源邀集族人在老祠堂開一討論大會公決辦法

緊要通告

軍政警各署所學商農工各法團各學校暨我全縣父老公鑒：今事急矣日本非蔑視我國主權薙視我國中無一人何致賤視我工人生命不若螻蟻竟爾鬧棔殺斃慘無人理英人非蔑視我國主權薙視我國中無一人何致以蠻力高壓我國人民遽繼令西捕殺死我救援工友之學生及行路無辜之市民十一人並傷害學生市民垂斃至數十人之多此在學生市民等死者巳死傷者巳傷縱令辦到撫邮傷亡於學生市民究有何補而學生等所流血奮鬬者在一切不平等條約實為戕殺我全國人無形之利器惟能爭得領事裁判權撤消會審公廨收同碼頭捐等提案雖通過不生効力則任何糾紛皆可迎及而解如此則學生市民之傷者不定要得其撫邮死者目的已達雖死猶生亦自可瞑目於地下吾人處內地之一隅試無罷市之必要然為國體人權求保障應如何嚮應滬團體作相當之聲援則在吾人一念之自決正勿謂免死而狐可不悲也臨籲涕零伏維詧照

王思源

追悼孫中山先生的演說辭

王思源

今天是我泰縣各界人們追悼孫中山先生的大會先生功在民國民國將無地不追悼先生先生惠及人群將無人不顧加入先生的追悼會所以思源也隨各界諸先生後來參預這空前絕後的哀典思源說「今天這追悼大會是精神的不是形式的」為什麼呢(1)通常所開的那種追悼會在軍界不過是軍界一部分在警界不過是警界一部分在政界不過是政界一部分在學界不過是學界一部分推之商界再推之農工各界無不皆然獨先生與界界的人們均有關係除心神喪失不能感動他哀思的人以外没有一個不爭先恐後的來追悼先生所以思源說「今天這追悼大會是精神的不是形式的」(2)從前帝制的時代偶有一榮典或一哀典發生總是由官廳號召人民絕對没有由人民聯絡官廳的猶記憶前清光緒皇帝和慈禧太后升遐的時候哭臨的人也着實不少但都是先由官廳號召後由人民加入一種階級的制度猶想見皇帝的天威一點不容凌躐獨今天這追悼大會是由省代用中學校以一平民資格的團體來做發起人的各界來參預大會的人也個個以為是一種平等的集合無他這就是先生真精神所在的地方所以思源說「今天這追悼大會是精神的不是形式的」(3)對國體政體懷疑的人們早自成了彼此對待的兩派(甲)在不滿意帝制的人說道「你們信仰帝國好嗎那末關稅怎麽會與外國人有協訂的呢那末海外各國怎麽會對中國有領事裁判權的呢那末旅順大連膠州廣州等有名的港灣怎麽會租給外國人的呢」這是不滿帝制一派的人說的呢(乙)在否認共和的人說道「你們信仰民國好嗎那末共和十幾年了怎麽關稅協定還没修政呢怎麽領事裁判權還没有撤銷呢怎麽旅大⋮⋮⋮等港灣還没收回呢而且舊日的人材没有一個不是從科舉中出來的怎麽有了學校竟就永遠把科舉廢了刑訊是壓服盗賊和一班小人的怎麽訊起案來連跪也不跪連刑也不用女子無才便是德怎麽一个一个的進起學校來還說要爭什麽女子參政權君臣父子⋮⋮⋮⋮的一種階級是天生的怎麽談起平等來了而且說政革之後可以減輕我們百姓負擔怎麽原有的不曾減輕反格外加重起來連吃猪內也有捐喝一盃酒也有捐還聽說要實行一種遺產稅課限制出嗣的人收受遺產不得超滿若干數量滿足該數量時就要把餘數提歸國庫而且說共和國的人民當受國家保護國家非依法不得侵害他生命破損他財產怎麽除掉山西和甘肅那幾省没聽說打仗外具餘如兩咧兩廣咧雲貴咧江浙咧直隸山東和東三省咧⋮⋮⋮⋮十數年來没有一天没打仗的地方現在聽說西北和西南那些省分還是不維持和平人民流離失所被奸[illegible]

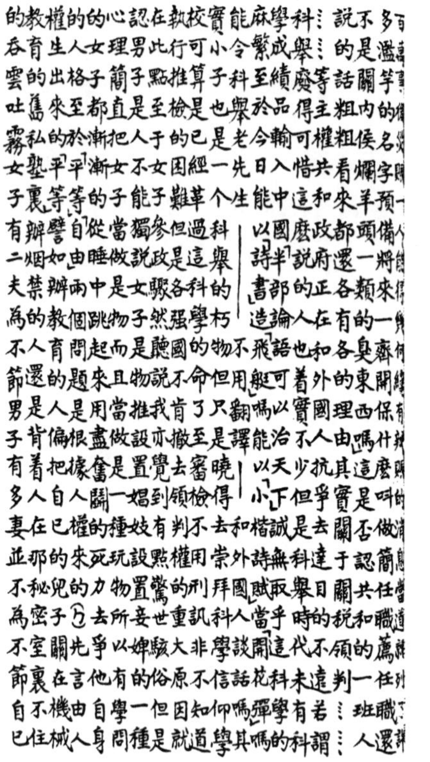

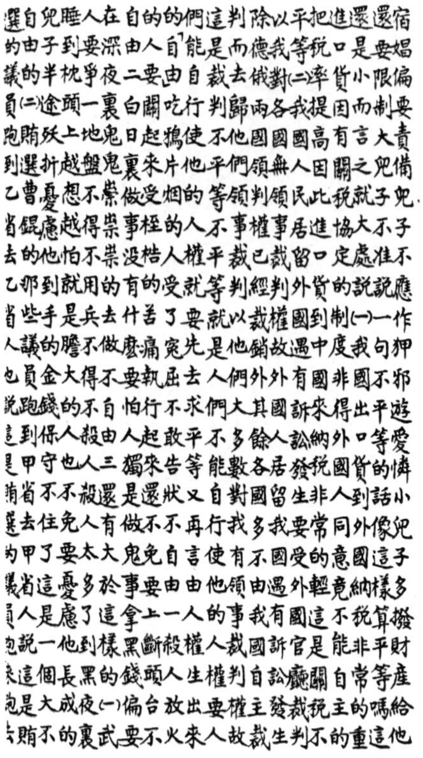

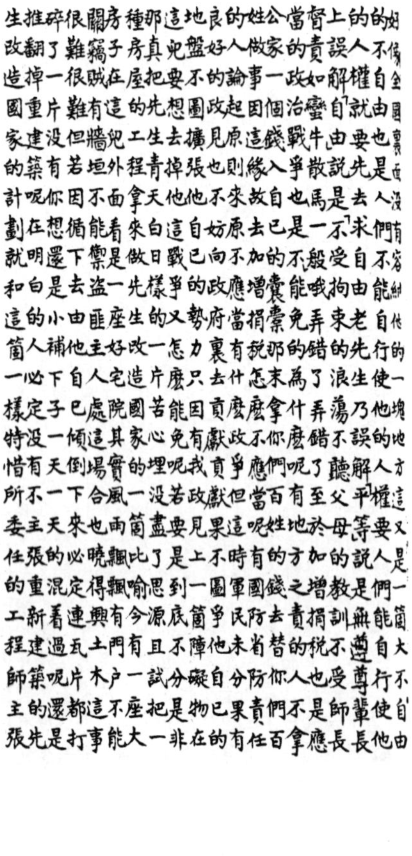

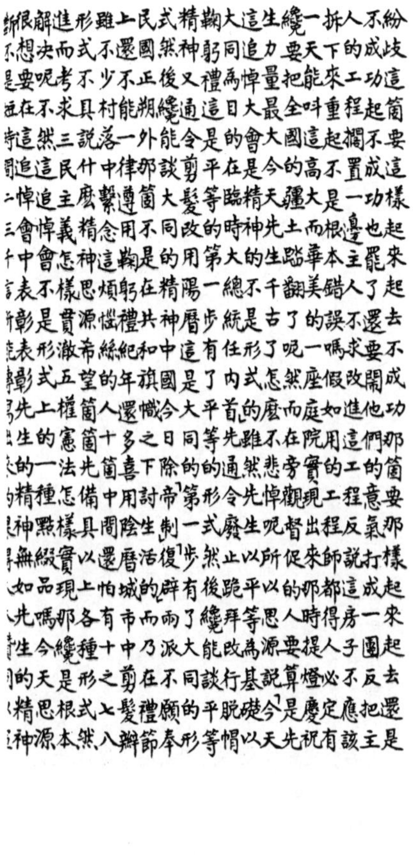

傳先生主義為職志則先生主義不死先生精神不死先生精神不死先生不死我輩後死的人究竟有沒有幾箇能繼續先生奮鬪的早已成了解決時局一大問題了

平教為基礎教育之我見

王思源

今果一無所豫備而貿貿然曰我對甚事將事改良以圖增進將事推廣以事擴充具在行之無障礙者自可直情徑行無所用其瞻顧倘有障礙而預料具行之無結果則斷無肯直接邁往以自取挫折自取失敗之理今吾泰小學教育之不能改良不能推廣病正在此然則將對此若干不良之校忽而與之終古乎曰不可也是在研求其障礙之法物之屬何種類而預儲消滅減此障礙之法具法既立然後着手改良着手推廣正猶禹之行水行所無事而已今求得障礙物之種類有三　(一)屬於把持教育者　(甲)能勝任教育而把持教育者　(乙)不能勝任教育而把持教育者　(二)屬於反對教育者　(甲)為與教育隔閡而反對教育者　(乙)為舊教育飯碗問題而反對教育者　(丙)為夢想科舉迷信舊教育而反對教育者　(丁)鑒於現有小學教育不良而反對教育者　(三)屬於放任教育者　(甲)恃有私塾教育子弟讀書而放任教育者　(乙)因缺乏公民智識而放任教育者　(丙)以為與已身無利害關係而放任教育者　以上三類障礙折之為九合之可括以三類之乙項曰缺乏公民智識中山有言曰行之非艱知之惟艱吾泰教育發生此三類九項之障礙者無他亦仍歸之不知教育之為教育而已即以思源自身論之固當與於教育行政矣又嘗集合數人資力辦過小學教育矣由今觀之其與于教育行政也為盲從其集資創辦私立小學也亦為盲從夫地方公民者而所謂地方之主人翁乎吾國由君主過渡而民主由專制過度而共和過渡者其法而其人心固未過渡也今求過渡人心以立主人翁資格之法於是有急切要辦者二事一曰義教一曰平教顧今日中年以上失學之群眾皆由當年學齡兒童之失學而來義教固亦當務之急然義教車薪也車新之火不能一盃之水救之識者乃有畝開辦畝捐之議夫當年穀價賤業田者不勝畝捐之擔負故前清以恤民不辦畝捐為號召至今人心尚愛戴殊不知畝捐取諸民者也畝捐所辦之事為為民教育子弟之義教實民自身切已之事也苟公民智識業已普及則不惟不反對畝捐辦學將有先我而提議畝捐辦學者且現每畝收入多至八九元一度捐一二元十年內不再捐二次於情並非奇苛茲思源視線所注者在平校而不在義教亦不敢冒世人之大不躉而倡議畝捐故僅取平校與義校比較具先後緩急求為平校一致之運動夫義校所以教育失學之兒童平校所以教育失學之平民自以不分先後緩急同時舉辦為好然吾想兒童失學猶為未來中年以上失學之群眾患在十年後目前尚不致為凡百進行之梗而現有中年以上失學之群眾其見狀可笑者見當道舉行迎春則全城喜動顏色甚有違願及於其也故治者謂氣於且急歡壽則來

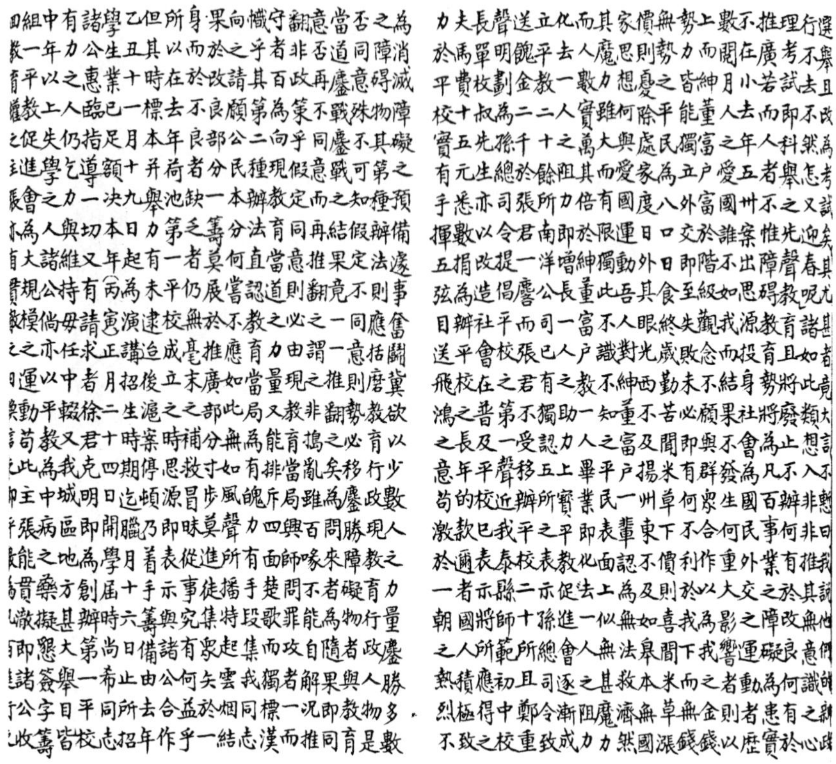

基礎將貴會所謂改進地方指導社會提倡愛國研究學理者胥於是乎在今承召集不能多所貢獻亦不敢一無貢獻芻蕘一得意在斯乎

答覆殷效吾書

王思源

致吾弟鑒信悉國際地位不自提高彼帝國主義者方日肆其毒
以壓迫我我普通人民程度不提高我國際地位必不能自提高
我自無普及教育之法使百之八十五以上不識字之人自能識
字我普通人民程度自不能因國際地位關係而自提高信乎非
根本解決國不可得而救也顧教育為國之根本而使年長失學
者先受相當之教育尤為根本之根本不能根本解決而侈談普
及教育猶與不信醫之病者談病任你診斷何如詳明藥石如何
靈驗彼自守勿藥中醫之古訓醫自醫病自病病者不與醫謀醫
固無如其病何也君不見市鄉乎一市幾多大不得十校一鄉幾
多大不得五校不從根本解決令學生齡兒童保護者自呈動機
雖令一縣設百教育局仍於事解濟從根本解決則無學校地方
彼將自請於教育局以設之官無款彼且將運動集款以私立之
有學校而學校不良地方彼將直接高諸學校主任者以促進之
不能促進或徑向教育官廳提出請願以糾正之如是不五年而
教育猛進不十年而教育普及矣而要非自平教着手起仍為隔
靴搔癢靴有破之日而搔癢者仍無搔着癢處之日當此之時執
事擬於白米籌設平校一處不可謂非一隅之福音顧敝社自開
辯以來所經第一難關是招生年長者自慙形穢而不來苟安者
畏難而不來有職業者受牽絆而不來游手者反正路而不來經
去臘足一月之演講始得此落落數十生徒成立一軍第二難關
是維持既來之生來者自由而來去者亦自由而去上實平教促
進會所披露者敝社亦感受同一之困難第三難關一般人心日
中總以長一中校或長一高小為稍有價值若謂商必錢行典當
此小青貨攤殊不值識者之一顧唯一根本救國辦法提倡無人
漏舟短槳何日方登彼岸瞻前顧後蓋不勝天地悠悠愴然涕下
之感矣為我弟計業既肯為其難解囊自非所惜有固有小學校
址為校址一切設備應有盡有則校具之支配不需費固有小學
教員為教員人之好善誰不如我則教員之延聘不需費除燈火
書卷外費亦有限獨處生徒一方面不來者何以教之來既來者
何以教之不去實為一絕對無把握之問題至所詢教授一節得
勤懇淺解四字已足應付教科書多採用商務印書館印行中華
平民教育促進會出版之千字課敝處調查得世界書局新出一
種生字有注音正課四本外另有四本教授書教授法已備列其
也似較可由主任者酌之此頌進安

又答覆殷效吾書

王思源

再啟者珠算為人生日用必需之技能三尺皆知茲不贅常識二
字疑若習見但細考之於人們生活利用所關甚大例如寄信誤
貼印花郵票洗淨再用致觸犯刑章對收款出一收條以為大辱
處電氣世界不知預防觸電諸如此類難以枚舉授以常識教育
者一切都已了解何等明白何等自由唱歌無關實用幾於衆口
一辭殊不知唱國歌則知人民與國的關係唱校歌則知學生與
校的關係唱公民歌則知自身可念念不忘八大信條雖不即成
良好公民然畢竟有此良好模範見諸歌詠俗易風移詎無感動
顧思源猶認此數者為隨意科而必應同字課連帶教育者要為
注音字母推中國字難識的原音約有數端一字一形識別難一
字一音記憶難求其應用上足數支配至少需識一二千字如何
能叶平民有此成績且即讀畢千字課識字已得千餘然或拋棄
數月不理忘之甚易惟學會四十個字母就可拼成四百以上之
字音無一字不包括其中即學過之字音偶有遺忘但手攜一部
拼音字典檢閱即得有源之水其來不絕人亦何惡於字母而不
學之也再以我社經驗言之凡不缺課之學生都已能按字拼音
按字母識字且有能作短篇國語文者數人如此諜普及教育殊
非難事所難者仍在未來者不來既來者不能禁止其不去故敝
社決定第二屆招生辦法設備搖鈴一輭黑板一留音機一專為
暮夜乘涼演講一方面灌輸常識於聽衆一方輸誠勸學招徠學
生我弟亦有意仿行之否

田疇論　袁衢

世有助盜以傾主人者而主人危有助盜攻盜而實以闇傾主人者而主人愈危昔田子泰以弱冠之年受命劉虞萬里間關致命帝室可謂壯矣及其哭墓返命拒瓚無撓築室徐無居民成市亦東漢烈士之遺風也殆至助曹氏以出塞逼西向以東奔當途之帝業遂成子泰之功名亦立雖明鑒如陶靖節嘗盤擁之而不知是助盜攻盜以傾主人也夫袁氏漢賊也曹氏亦漢賊也瓚子泰譬也紹非子泰譬主使子泰果有心於報虞當公孫氏方張之日何難卒其從義之民冒白刃張空拳以一死謝虞否則遥迹潛蹤隨之以劍雖瓚之纍纍百樓古人且有穴地數重以行剌者而乃晏處山中坐觀瓚紹之勝負及操也一呼殷然自薦九鼎之移疇有力馬豈僅區區馬賣一盧龍之塞哉而猶竊豪傑之名以光于史乘毋亦讀史者之無識歟雖然疇特一豪士耳邴根矩師友幼安睢盱鄭氏不能出曹氏網羅之外如疇者又無論矣

有拳舒自如之致

批不妥

東方朔論　袁衢

莊周之言曰醉者墜車雖疾不死其神全矣夫神全之人入火而不熱入水而不儒具遠禍害而與天遊者乎若然者吾得之東方生矣生於漢武之世身列朝右官止大中肆口而談稱心而遊其奇怪至不可方物雖武帝亦莫能測生其狡滑稽之雄耶抑遠禍害而與天遊者也夫武帝雄才大之之主也其於羣臣猜疑生於細故喜怒出於俄頃如雷霆風雨晷倏忽萬變故張湯竇嬰史遷之流皆不免於罪幾惟生露其光耀其采禁辱之所不及毀譽之所不加如被髮而過呂梁之洪而商聞之出于火而毛髮不焦也夫非神奇之至歟或者曰武帝之不可事生知之矣何為而必立于其朝哉不如生之才如良金美玉其光怪發見而不可掩而其超然遠引之志則又如所謂首陽為拙柳下為工者大隱在朝斯之謂耳抑又觀其化民之對有道之書西京諸儒蓋惟貫生能言之然則生其大窺于儒者之學而以無為有之用或所見與老莊同乎鳴呼若生者可以入獸獸而不驚其行入鳥而不亂其羣矣

詠歎淫佚用筆不懈而及于古

批不妥

叔孫通論　袁衢

秦以無道取天下焚書坑儒惟恐不盡其乘神人之怒而為百姓請命者後世皆曰劉項然推其功實始自吳廣陳涉漢興申伏生田胡毋生諸儒蔚起六經秩然復明也然推其功實始自叔孫通方通之為漢制禮也與諸弟子汲汲於綿蕞之間其兵卒旗志之衆殿陛傳呼之嚴東西方向之殊伏地上壽之肅讀太史公所記彬彬可見也蓋自朝儀一定而唐狗販繒之夫凜然咸知有上下之辨君臣之等向微通也君不君臣不臣擊柱懷衣亂前復起天下之變未有艾也先生王之而澤何時而興乎顧世儒以通所制禮為多因秦血大變古昔致使有漢一代之治不純夫周禮議雖近正然非識時務者之言也夫成周時時封建之天下也漢所承者為秦郡縣之天下以周禮而欲行之漢多見其室礙耳與其求備而卒無成何如粗傳而存其略比濫觴嗃矢之意也且夫守先啟後者君子之立志全身侍時者智士之知幾當通承二世之問使不知權變而侃侃直言勢必觸怒危身所謂輕於鴻毛也高祖栖栖榮陽京索之間誾通荀偕褻衣博帶之儒遽進敦詩說禮之說絳灌且閒而解體矣大變初起龍蛇存身景運一開擇木而附因君心之厭亂間禮樂之前矛後有修先王之道者斯制固其先趨即無修先王之道者斯制亦足備一代之典要此通之心也而乃一責之以阿諛再繩之以蔑古此則宋以後論人之見而不意得之魯二生者也雖然魯二生之言曰德不百年不足以興禮樂此于禮樂之原見之甚審而其清風邈乎遠矣

論斷平允後幅尤工

程義傳書後　袁衢

班氏之為此傳序義起兵始末及終以身殉狀甚詳其載義為陳豐之言千載下讀之猶有生氣可謂善記言矣惟傳末贊語以王莽之起歸之於天而憫義之覆宗為不度德量力者噫是何言歟夫新莽之起與他亂臣異其偽仁義而詐周公也上至元后下至百姓從風而靡而義獨識於機先忠奮所積攘背一呼國運未同歐身先喪自是海內始慓然知莽之為逆南嶽諸劉之起未始非義有以聞其先也若如彪言則為人臣子者於國家代謝之際皆委之於天而春秋討賊之義可以竟廢亂臣賊子接迹於天下矣嗚呼如義者殆孔子所謂殺身成仁者歟

批不要

孟嘗平原信陵春申四君論

袁衡

嗚呼戰國之亂極矣其時持國柄者類皆安危習詐偷為一切以遂其佩印懷金而已夫古今不之何傾險多出於其時哉然苟有明足以周知當時之事而或未竟其用身足以繫宗社之重而徒遂其私君子又未嘗不心焉許之夫孟嘗春申平原信陵皆因王者親屬主張國是藉有土地卿之富厚招天下英者顯名諸侯一似同類于游俠然嘗考其時事究其心術竊歡信陵之乃心於國而才識又足以濟之特其賁志以没為可惜耳夫安釐景涽之時魏之不入於秦者岌岌矣邊城拔垂都焚乜而王入信陵進諫之言蓋不嘗讀箕比之父師而歌屈子之衣郢也嬌兵一戰趙國遂存氣吞強秦邯鄲增重假令魏王信而用之委以周召之任將所以謀復安邑籌畫大梁者必能力保吾圍而息肩與圖雖後世如慕容恪不足言矣奈何一隙于救趙再閭于譏言故國歸來終湮酒色此魏之祖宗社稷失所馮依而不僅信陵一身之不遇也且夫守經行道者君子之所以處正而深心大用者豪傑之所以救時夫侯嬴一闢卒耳隱奇光蘊秘計而信陵獨窺其儆毛薛一市沽耳抱潛德守遺經而信陵獨知其跡一舉烽細故耳而趙王隱事何以日至于前蓋其深心大用為千古豪傑開權謀幹濟之局者而豈戰國諸人所可及哉夫修東海之利左提宋衛中山左挈燕趙可以蔽韓魏而與秦為難也而孟嘗不知守雲中代北之塞用頗奢之將可以撫秦之項而取其齊也而平原不知守武關之險積新蔡之粟可以洗入郢之也而春申不知甚至聚奸人于薛下而狡免可以成窟取上黨以膏血而亡國于以有徵進女子于宮中而易嬴即其故轍此皆亂賊庸妄之尤者也豈可與信陵同日而語乎昔太史公為四君傳于孟嘗春申平原皆有徵詞而信陵獨無惟截高祖微時閭其賢即位令人祠祭之事若史遷者可謂知言矣

氣局有餘

批不要

屈原賈誼論

袁衡

太史公論列古成一家之言其所類次酷吏貨殖諸傳皆有深意自孟荀暨七十弟子列傳遂為千古聖者權輿屈原賈誼時代不同學術亦異徒以湘汨同蹤遂為合傳後人因相提並論焉然嘗深窺則二人皆接先聖詩禮之墜緒區區以一髮繫千鈎者也戰國之時縱橫長短陰陽堅白之說嗚綿延延至於西漢先生詩禮之教無復有存屈子以抑揚反覆之辭寄家國無窮之感雖未嘗北學於中國而窮風雅之變卒無不出忠君愛國之忱者賈生陳政事必本於先王制作之意風俗升降之原所謂者一篇之中三致意焉以視毛韓齊魯訓詁僅存曲臺后倉逸篇無失所謂詩禮之傳固在此不在彼矣且夫不可必者時也不可宜者遇也不可拘以成格者處也時與遇之變而曲得其當者也以原之呼天沈淵抑鬱誰語其行事不無少激然際此國削君虜譏人高張之日雖以聖人處此有不能談笑而道越人之射者而誼之凶天短折殆亦與伯牛子淵同科所謂自傷鑒焉蓋後人傳闇聽附之談未可以偶然弔屈之悲遂概屏之于中行之外也使二子躬親洙泗沐聖人之教則其雄奇俊偉之材明體達用之學必有與道大適所處倍得其宜者夫豈楊雄所可企及而殷然以升堂入室為憂哉斯又二子之不幸矣或曰如予之言則太史公何為而不載賈誼政事疏與則懽謹答之曰此班氏錄漢之體然也而非太史公著書之意也

獨見其大筆意亦不尋常

批不要

顯　償

和韓退之秋懷詩序

洪鈺侯

日月逝矣，涼秋已深，蕭齋枯坐，兀兀搖神，時復荒榻幽燈冷風凄雨，傾以濁酒痛讀離騷，凄凄不似聲，隱隱令人腸齣，對此茫茫，可堪咄咄，酒酣耳熱，則仰天狂呼，月落燈昏，則酸吟凄楚，僕童歲早孤，北堂萱蔭，哀哀勞瘁之吟，楚楚鐘粥之痛，勉以詩書，朗之易達，兜長能着父衣，弱冠弄茲柔翰，鵬背之秋風九萬，六月圖南，龍門之弱水三千，一單頓北員，我親思覰，然人面，加以門祚哀微，親朋中絕，披醋大之青衫，遭　奴之白眼，問門庭於翟尉，乃見交情，數車轍於陳平，顧長貧賤，哀王孫不能自食，未償漂毋之思，闡馮歡無以為家，莫報孟嘗之德，觸緒工愁，百端莫竟，又況葵園興倚柱之悲，漆室有投杼之歡，少年狂病，痛哭年年，闢人國家，驚心事事，望海波之洶洶，霑余襟其潆潆，精衛有填海之識，愚公動移山之想，骫髯投班生之筆，無分封侯，欷歔膺杞老之憂，有懷愛國，於序功業未成，華年易逝，阮嗣宗之詠懷蕭瑟，概想生平，杜少陵之秋與蒼涼，難忘家國，用托豪端，敢追韓韻，伸此鄙懷，質諸同志。

東湖園樹園記

程祥棟

[illegible]

同治甲子仲秋海陵程祥棟記並書

袁康侯先生被難紀實

袁先生被難之緣因：民國十三年中山逝於北京，國人同聲哀悼，本校同人亦領導地方人士舉行追悼典禮。先生鑒於社會上多不知有中山其人，乃作長篇之演說詞，於以喚起民衆。是時地方上之反革命派即日先生爲黨人，一般土豪劣紳莫不深惡痛絕，於具心視先生爲唯一的公敵。北伐軍興，九江之戰，孫傳芳敗走，先生兩致書諷之。地方上遂有聯師密電注意袁祖成、王思源行動之誣說，此先生被難之遠因。

袁先生被難之近狀：孫傳芳既敗，輸誠於張作霖。今年春奉軍又北，聯軍遂潰走江北，沿途焚掠。第四方面軍總副司令白寶山、馮紹閣先後來泰縣。白於先生有舊，抵泰時即就商機要。先生爲保全地方，服從民意起見，勸以南附。一方面召集地方士紳，以民意公推白爲江淮鎮撫使，武裝中立，爲緩衝之計；一方面以地方維持會名義電諷孫氏即日下野。（附錄致孫氏電）清江探投孫聯師鈞鑒：歸師屬集江淮，屯紫供張，兵民交因，果使同歸于盡，度亦非公之初心。（中略）務請分電周、鄭、白、馮各就所到地方暫行屯駐，靜候鈞令。總之，時局至此，是非姑不言，而吾民已無噍類矣。公仁人也，當亦惘然自處處人，似不能愈趨愈下也。復行電致通、揚各縣一致進行。而地方上素號巨紳之某某等竭力反對。斯時張中立已獨立於仙女廟，白氏爲避免衝突，拔隊北去，張中立進駐縣城。而孫部周蔭人、鄭俊彥等方靂集於通、如、臺、海之間，先生復以地方維持會名義致書鄭俊彥，請以地方民命爲重，暫緩西下。（附錄致鄭函）傑卿先生執事：趙參議來，敬諗勞苦。旌節兩蒞淮揚，地方感情素稱融洽，知必以地方民命爲重，而以個人之去留爲輕。此間公意已商得曹、杜兩軍長暨張師長同意，暫緩東進。執事地位已高，急流勇退，斯爲上策。白峻青凡現以決定對黨不戰、對孫不驅，保全地方，服從民意。執事倘能抱同一宗旨，斯爲中策。事特公推某某等爲代表前來晉謁，務乞進而教之。乃地方上之劣紳土豪先已推選代表秘密歡迎周、鄭，結果遂不免於戰。張中立既敗退，周、鄭入城，縱兵焚掠，十室九空。本校亦以屯紮軍隊完全擒斃。而地方上之土豪劣紳方且播弄其間，一時中傷者衆。先生遂於三月初七日被害於邑之西郊。

傳說中袁先生被難之種種：聯軍既入城，大掠三日，捕王先生慎之。王於先生爲摯友，王既被害，先生臨哭之，道經校門，嘆曰：「十年心血，隳於一旦矣。」適爲聯軍所執，先生大罵，遂被害。一說先生既被執，送入鄭俊彥師部，鄭禮以上客，請其出而主持地方。先生笑曰：「吾向不爲軍閥作走狗。」乃高談三民主義，鄭大慷，遂遇難。或曰匪部之害先生，實奉有孫氏密電云。

袁康侯先生事略

先生諱祖成，字康侯，別署退僧，泰縣人。生而聰明，少有大志，好讀書，能文章。弱冠游金陵，賦《明故宮懷古》一百韻，江陰繆筱珊孫亟稱之，一時名重江南。分纂蘇省通志。壯歲置身新聞界，與東海許孝子久香、陝西于右任同主上海《神州日報》事。因謁武昌，與黃上將克强論天下大勢，隻身往來江南北，行炮火中，坦然自若。時北伐軍第二軍軍長徐上將寶山駐節揚州，雅重先生，延爲參軍，倚若長城。會太夫人趙因病逝世，遂解組歸。旋之京師，主民蘇等四家報事，藉輿論以發揮政見。儀徵劉克漢復薦先生授經北京高等師範，遂與章太炎訂修史之約。民國二年服官東海，有潔已愛民之譽。旋以忤大吏罷官歸里，與邑人杭先生仲賊、馬先生東皋創辦淮東中學。先生經營學畫，規模粗具。侯應故人李明揚之招遊粵東，應徐蘭舟之招遊太原。復去爲東海省立第十一中學校訓育主任。是年寒假歸，以親老遂不復出。適本校發生議教風潮，杭先生去職，先生復來主校。去年北伐軍興，九江之役，聯軍敗退，先生兩致書諷之。今年春孫軍潰走江北，焚掠泰縣，以七百年不見兵革之民，爲此亦飽受塗炭，而先生遂害於里，時年四十有九。

菲飲食而致孝乎鬼神

本篇不付印 黃葆年

有實自者以者芬無成然艱禹其本備羅禹薄
不告奉蓋躬天享餘地而宜為於必水珍則於
得成失以行子祀惠之吾菲生尋道陸莫各已
不何先四節崇始之深有也民常在之不盡者
菲忍朝海儉報格芬心説其閒供清奇曰其厚
者以土懷反豈人芳然如於粒御心終非道於
馬蹤篋襄斬繫天斷達謂鬼食之薄恐奉禹先
人酒之二祖乎則不貢淡神之時滋霜予其菲
君粗風帝宗肥似至在泊知原無味露一菲與
好陳蓋之以甘春物九饗本為非留悽人與孝
事援以艱康奉禴薦州飧源百有萬愴也孝可
餔上九鮮靜明秋豕時借之世皿物妥寶不互
張世年末之水嘗壇物培厚定上之侑資可見
封太況奏名以無致先物宜烝質有鮮以互馬
禪羹瘁今乃告非令嘗力孝嘗旁餘馨奉見夫
借之先即禹虔孝御於則也之之厚香宗乎食
為例人萬獨愈子饍祖似夫典精祭之廟且從
銘吾之方菲顧仁少考晨豈其意品奉豈王薄
功於功王而傳人吉羅饈有於禹稱聖知者祭
之是用食致家之甘珍夕作飲禹薦天陰萬從
地知弗何孝之至之饈膳意食無人子陽方厚
及禹彰敢也清意奉於亦於知閒所知調納不
至之今以則白然如既寓其生然未禮攝貢相
車致既盤奚何主謂灌乎閒物今及隆几四同
塵孝萬飧為得豈苾豈天哉之夫則反筵海也

制之下已而之其源亦念培肆所
自慕箸之則牲孝清存及元行及
禹則者音愚牢焉而聞此氣其閒
而夫矣容甚亦人甘來有曠暴闊
大行人石也盡主酒繼特範珍之
其常惟紐禹哉高之往隆衎則供
文日有之顧而言風之報而修給
章用深深何不清惟心本不甚必
而真於恩如用淨禹則者詳也盡
猶有反未者是口能夫矣食禹耗
不毋始報痛直腹防宮人貸顧而
止飯之楊羽以亦其庭惟為何無
此不思包淵祖沽儆歆有萬如遺
忘不橘之宗無漸餼誠世者是
者侍柚靈之欲吾真於杜水直
所嚮淮爽血之於有格嘗土以
以火貢寢食名是無天萌乎神
禮燔蠙門為甚知愧之秋而靈
緣柴魚之可至禹在素儲甫之
義始念兆廢積之天而瓜獻享
起動及夢竟習菲者後果薦祀
而僾此何不既適所盤春華為
乜見有因恤深有以匝煮為藉
廟愾不憶其郊以流乜梅兩端
之聞思修餕廟成以毖蘭閒而

本房加批

精深博大議論崇閎是真能抉題之奧者

本篇不付印 武王纘大王王季文王之緒

黃葆年

是又於居季宗三燕之文何與繼人聖聖而以
何有後已翼支單翼靈始述聖統之人相上聖
如王則莫翼莫非永長哉述業之心之承之子
綿季且於小考不詒所我文所隆不心不纘纘
造以由西心果昭綿應周王由即可無難大聖
也綿文岐王何遺箕者家也承以以於王緒
武厥王斯季以緒裘烏稼即竊聖紹紹紹王子
所澤以帝問鴻之於覆穡述歎子聖聖聖季述
為契湖眷之猷久累於閒文率啟業心業猶之
纘龜大允矣克遠世林基王時聖愈斯也是一
之巴王曆而樹所我岐矣之昭孫不無而纘證
於古臚大迺紹慨先岌雅緒考益可以難文也
先築臚西疆規者世莫化而弗見以紹於王夫
纘室周爾迺矩徵盈辨更以可紹紹聖紹矣武
大之原是理於田舘羊新述及承聖業聖非王
王祥大何早高泥允腓而為已之心不心子固
不斯王如有曾古荒於造纘文達惟以不述纘
啻穀肇艱大則法矣巷邦也之君以一以之文
述馬之難王試制圖荒由雖無子聖聖一一王
文允矣也以由幾陳遠舊然憂覲子人聖證之
王錫而武植文湮乜難非周證聖紹之人乎緒
也天克所基王不月穡不之諸心聖心之且也
纘王類當其以宜而果見緒子所父紹心自然
王之克纘基推失軍何令豈述由周數紹古由
季寵明之民王官作以緒自武紹徵聖前聖文

之之武之誦欲猶意之靈緒有百猶
善即以業王纘其文澤較在緒王是
繼文裕至季而述王武前克而之述
善王後周之無焉知以代恭不治文
述當為室德緒耳之創為推克功王
故亦纘為獨者夏即為獨之纘姚也
也深繩允至又后大纘摯帝者墟獨
原繩隆允有開王而武謂有承是
之繼武文之三王誓以文之五武
也繼以文而王季陳周王而帝武
彼永光王武之當甲為無武之之
雅綿前克更祖亦子纘然無終纘
詠遺為開無而隱近而畔應而緒
有澤纘厥是勞鑿可廟援是繼上
聲於祇後憂心之慰告天也體以
頌千祇世也期也慰戎右大少承
稱秋庸德高幹彼十辰序王象列
無此庸而山蠱省三遠有之賢聖
競其可作美轉山年可周緒莫之
又情告求大傷作養繼矣在遂道
其大在矣王陞對晦十彼胥纘統
末王天前之緒錫之五蒼宇承下
焉王之王功之慶心世呵王之即
耳季三積皇艱篤此綿護季顧以
武諒后累矣則光其延之之則閒

本房加批

沈雄透闢飽滿光昌

以天下養養之至也

本篇不付印

黃葆年

養與尊益隆雖帝王莫比其至焉夫舜之天下禪於堯而傳於禹也養與尊益至非大孝孰能與於斯且古昔盛時松棟凝禧莫階輯瑞將使黔黎介壽億萬眾晉祝鴻麻元老稱毓十二州咸賡燕喜洪惟有虞實肇之基哉奉匝鑑於子孫拜五福者揚輝藻火頌罔陵於壽考祜萬年者永秘椒馨臚歡在一堂而食報仍在萬國千載下莫傳其景鑠也為天子父尊之至已今夫坐形廷而垂藻愛日輸天子之誠理瑤軫以披薰歌風解斯民之愷矢溫恭於滕下何如溥愛戴於海陽也升徽號於高堂何如進輸將於裏宇也獨是由尊而養難養以天下尤難古未有躬膺天子之尊而不克食天下之養者獨至姚墟受禪史臣不諱贊子之稱罔水行舟稷謨特書丹朱之傲此即德懋軒黃行親樸素而家庭多涼德不能不留遺慽於中天縱令允子娛親視膳難慰纘承之顏良辰祝瑕臨觴不禁涕下之悲為問寢宮問視間猶有南面而洽歡心北堂而歌樹背者乎若舜之天下禪於堯而舜之養親則異於堯近則柔嘗夫窮蟬遠亦上祀夫蟜牛推之披輩翟之華助亟獻而英皇執饗煥山龍之彩侍衰衣而殺首稱觴夫匹夫菽水娛親即朝進一匜暮進一膳猶堪慰奉養之情而況其為天子之色養也哉古未有身為天子之親而不獲享天下之養者獨至儀鳳協九成格祖巳遂來歆之顧幹蠱勞八載乃父仍多未嘗之羹斯即王食萬方圭瓚四國而閥閱墜家聲不能不貽後人以口實縱令讓善於親沒世猶抱餕而之痛奉先思孝生前莫報罔極之恩為問萱幃溫清中尚有駿譽樹克家之望象傲分有庳之封者乎若舜之天下傳於禹而舜之養親偏隆於禹瞳之重而協帝眉之介而悅親推之岳牧臣鄰率羣工而躋上壽牛羊倉廩萃寰海而集珍羞夫脩士蒸梨盡孝即思具飲食喝其旨甘猶足遂瞻依之樂而況其在天子之奉養也哉由是歡承子舍九州無不貢之奇珍志適壬林一人有必伸之孺慕以天下養養之至也謂予不信請誦孝思維則之詩

本房加批　劈分兩大比樹義必堅擒辭無懦切定以天下養闡發大孝妙與上文針對想見三條燭燼得意疾書時也

賦得波光摇海月得摇字五言八韻

黃葆年

雲水光明裏詩仙此放橈海隨天共遠波與月俱搖宮闕蟾輝滿樓臺蜃氣消低涵高下渚分印去來潮吞吐丸雙躍迷茫練幾條星辰孤迥迥色相兩超超眼界今宵豁心旌別夢遙瀛洲瞻咫尺攀桂步層霄

本房加批　逼近唐音

文學子游

本篇不付印

王諶謀

統天地人以觀文學無著作而具人傳焉夫文學必賴著作而後傳也乃統天地人以觀文學而一無著作子游竟由此傳焉異哉今南方之談經學者莫不家纂一解戶注一疏僉以為遵師承衍家法叢殘賴以掇拾也於是淵天而占候之學著矣括地而方輿之學盛矣論人而譜牒之學興焉豈知三江之氣獨鍾少年六經之書並無譔述即檀弓禮運亦出門人之追錄而絕非吳公手定之本焉豈遺稿散佚耶抑南方之學得其精華而竟遺其糟粕耶恙無一字公然領袖於輩流焉是可異也今夫學禮則竊比晌龍闕文則證闡乘馬述而不作此夫子獨稱絕學也而今之文學異矣諸子厄言半消嬗火而海孺之撰峒書蓄志者益分天學地學人學以騰具臆說故黑齒雕題之族不復有通人素王縹筆獨有萬年而江左之列文苑儒林者早彙天文地文人文以勒為成書故朱方笠澤之鄉乃挺生英傑有子游焉不統天地人以觀之曷以知具傑出哉吾乃觀天象以辨子游焉吳會應斗極圖書之府牽牛婺女交作光芒使子游柄蠻烟蚤雨之靈特紀歲華之麗亦文學所不廢也乃孫武成算經而傳夏正者不談推步巫咸列官志而葬虞山者不著紀年夫銅槃辨日金簡流虹我夫子早羅經緯得子游以胸羅星紀安見雲物莫書姑蔑月華莫貫餘皇也而子游無五行之志也吾乃觀地勢以察子游焉吳都據揚州膏沃之區鶴市鷗陂豈無名勝使子游攬檇李姑蘇之蹟別成寰宇之編亦文學所樂觀也乃南導江北注淮宰武城者不纂宮游雜帙峋嶁碑壽夢鼎產句曲者不刊金石叢鈔夫素書玉笥白練金昌我夫子閭周轍迹得子游以校譽疆域安見澹臺不編湖志孔望不列嶽經也而子游無廣輿之紀也吾乃觀人傑以論子游焉吳郡為汪芒開闢之邦慶忌狐庸代生英雋使子游萃周章虞仲之才特著先賢之傳亦文學所宜知也乃讀書留舊巷而擊蒼鷹於殿上不修遊俠之書作記勒崇祠而走白焉於江中不衍搜神之錄夫季札留題天差微服我夫子共接光塵得子游以介紹羣英安見梅里莫修泰伯之祠鷗鷦莫訪夷光之宅也而子游無者舊之篇也若夫易作傳書作序詩作小序儀禮作傳孝經爾雅作注則文學又因著作而傳矣

本房加批　詞源倒流三峽水筆陣横掃千人軍是造五鳳樓手筆

為能聰明睿知足以有臨也　本篇不付印　王諶謀

有裕臨民之質者天授非人力也夫聰明睿知天質之獨優者也足以有臨識者謂天授非人力所能為云且耳目者天下之耳目也心思者天下之心思也聖人出而天下之耳皆聾目皆曠心思皆冥禎不靈者何哉惟天子彙九德之全水之流也本觸處而皆通惟天子東五行之秀火之烈也已自他而有耀天無不覆也地無不載也日月無不照也一翹首焉而如見聖人矣今夫天照臨四方者也聖人君臨百官者也易曰知臨大君吉吾得持此以論至聖奉璽書而巡俗按部猶假崇名駐榮戟而求賢監察亦加殊號而况赫厥聲滙厥靈余小臣射策軒前親覩光儀於天府據要銜於江海地傳險阻之名行支派於辛陽人列愷元之選而况瞻如雲就如日爾萬姓臚歡道左遙看蹩蹕於天顏一曰聰明聖耳傳三漏之奇豈止聰分師曠帝目有重瞳之異直將明軼離朱聰曰天聽明曰天視中庸所謂恐懼不聞戒慎不覩者也天資何卓犖也一曰睿知草有指佞之名睿不侈箕疇作聖殊備記忘之用知不矜丹穴鍾靈睿曰天亶知曰天錫中庸所謂不思而得不勉而中者也天賦何瑰奇也而吾謂天授非人力者何哉草莽棲遲之始與羣雄角逐於中原敢謂天眷之攸屬哉乃風雲潛大澤之蹤望氣而已知新主雷雨助荒城之戰披圖而竟識真人况聰明睿知之天鑿無私也聰明則乃神乃聖不妨勤字於泉刀睿知則不昧不忘豈待乞靈於藥石如懸鑑然影形無或邂也而牢龍宇宙彈壓山川早露具機於荒野龍潛之日河山締造之秋與將士芰夷於大難敢云天命之有在哉乃見帝子之披袠推枰而潛消異志闓皇王之受禪策蹇而預賀昇平而况聰明睿知之天或莫測也聰明則鑄鏡裁簡何必衍絕域聲光之學睿知則神機巧杼何須拜靈山智慧之經如列炬然容光有必照也而磬地稱尊互天作主早定其局於神京鹿逐之年坤極屢加徽號進九天壽母華鶺裒宮特設專官教異日太平天子則聰明睿知有自來也謂之天授誰曰不宜

本房加批　出經入史新義環生

不付印　食之以時用之以禮財不可勝用也　王諶謀

即時與禮以制國用可法夏商周之盛矣夫財用之足莫足於夏商周也食以時用以禮不可法夏商周之盛乎且三代上無平準之書而民以富三代下有食貨之志而國以貨者何哉夫異域訂通商之約司農增稚稅之官而起視閭闕竟有室如懸磬四壁蕭然者余不敏為惻然者久之及過安邑望景山與東都人士遊得縱該三代理財之遺策備悉歲時伏臘宜有常期賓祭冠婚不踰定制我觀夏道我觀殷道我觀周道惟廟廟躬行節儉斯編泯坐致竊餘則利權固操之君上也周則如王不傳貨殖之經而賦稅自夏而巳定想其時瑶琨篠蕩何入九州土穀木金材儲六府執孰不曰夏之財不可勝用哉假貢煮蘭蓄梅時燃小正雞彝龍勻禮闕伯夷距川濬畎之間保無令懸耜而歎者以時則食奏艱鮮霖雨俊風占其候以禮則用儲有漆雕牆峻宇著其箴相彼小民孰不守克儉克勤之訓也縱山丹頤越會計恒嚴而捐金於山沈珠於淵府庫自徵具不匱也令登望昀昀之禹向夏先王之原隰無存矣而太倉犧餘神禹之糧即苑尚寶安陽之幣則夏廷之鐃裕可知也而蓋藏不必問矣亳文不陳鹽鐵器書七王制自曰而巳著想其時庠牛珴琄貢列九圍大輅龍旂之陳而廟孰不商殷之財不可勝用哉假令雖雉祥桑不時未警玉杯象箸非禮無懲東海西河之畔保無有仰屋而吁者以時則食登八政洪範必陳箕子之疇以禮則用懍十愆巫風必式阿衡之訓嗟我農夫孰不懍餘三餘九之制也縱禱著桑林偏災屢告而鹿臺有財鉅橋有粟倉箱自見其常盈也今即問茫茫之殷土商先王之幘幅已更矣而尊卣猶留甲乙之銘銖兩尚勤朝鮮之字則殷家之富厚可思也而太平不必論矣命室不尚催科之考而官禮自周而始分想其時凫臯弓袠廣輪紀産魚鹽蟄蛤瀛海搜奇孰不曰周之財不可勝用哉假令春規夏矩時昧陰陽粵鑄燕函禮愆官府鬱鄙懸遂之中保無有投箸而嗟者以時則饔飧膳宰賽囏雁醢見其時以禮則符節行人雉羽凫旌昭其禮吾儕小人孰不享如櫛如墉之利也縱金求牧伯守府空存而日祭月祀時享歲貢都市自形其輻螓也今即望膴膴之歧原周先王之典籍皆忘矣而齊刀尚辨五千之直寶貨猶刊四六之文則周代之奇羸可見也而度支不必憂矣故曰法夏商周之盛也

本房加批　三峰鼎立壁壘一新

上古之世三幣並行暨戰國時多用金鎰至秦遂定黃金為上幣何以自漢而後民皆用錢宋元以後兼用銀與鈔不復能行金幣論

移前 卯 孫王芝 生友下

王思源

世代變遷而國家貨貝之制度往往以之為輕重而有不得不然之趨勢閒嘗流覽史冊上下千古因得以拆衷而論定焉管子稱先王之時以珠玉為上幣黃金為中幣刀布為下幣此上古之世三幣並行之說也降至戰國趙策齊策言千鎰孟子言百鎰七十鎰五十鎰荀子韓非子亦言千鎰百鎰史記臣瓚注漢以前以鎰名金此猶多用金鎰未悖於上古之道秦并天下定幣為二等而金寶為上等此秦時猶以金為上幣可知漢興以為秦錢重難用更令民鑄筴錢後患太輕民多盜鑄乃改行八銖錢其後高后六年行五分錢文帝五年更鑄四銖錢武帝建元元年又鑄三銖錢光武建武中又行五銖錢遞輕遞重因時制宜以通國用並非有意輕重於其間也兩漢之民所以多用錢者如此而漢以後或用以一當十錢或用以一當五百錢或鑄大錢與小錢雜用諸如此類尤足為漢以後民皆用錢之證至宋元以後金史食貨志正大間民間交易但以銀元史成宗紀歲入銀僅十萬兩宋造交鈔與錢並用元則有大鈔為母小鈔為子之稱顧鈔之弊甚於錢元順帝時曾有揭傒斯請兼行新舊錢以救鈔法之弊時不能從揭傒斯良臣也其言可用為證故宋元以後兼用銀與鈔非獨古書可考亦風會遷流不得不然之勢也至金幣之不復能行非不用金也無金可用也溯自魏興光中鑄釋迦像用金二萬五千斤天安中造釋迦像用金十萬斤五代王祖起三清臺亦用數千斤及元代裝佛像寫藏金所貴尤不可悉記況王侯封君又多私藏以自富黃金之少有由來矣要而論之大都秦之世去周未遠卝人一職遺法猶存出金固無窮矣而又耗金之人少耗金之人少則銀少而金多可以舍銀而用金後世之世鑛政不脩棄貨於地出金已有限矣而又耗金之人多耗金之人多則銀多而金少勢不能用銀而兼用金且夫時至今日黃金之不能為幣尤有不忍言者漢河之鑛既為俄人所據而商務最精之英吉利又首出創用金幣以操縱天下之利權他如法與比利時意大利端士四國又同立通用金銀國寶之約且限鑄銀圖之數以趨重金幣苟不極謀抵制任彼異族龍斷居奇而今而後利權日失吾恐一轉瞬間不獨金不能為幣即銀亦不能為幣不獨銀不能為幣即銅亦不能為幣日耗月絀坐致貧病可懼哉

楊子取為我拔一毛而利天下不為也墨子兼愛摩頂放踵利天下為之義

移前

王思源

大人之學成於明德新民而極於止至善至善云者解之為事理當然之極就明德之當然者推之至極則其所以為已者不為氣稟所拘人欲所蔽而所以為已之道得就新民之當然者推之至極則其所以為人者惟具視人猶已故能推已及人而所以為人之道亦得故傳之釋明德也既歷引康誥太甲帝典之詞以為明德之證而復結之以皆自明重有我也其釋新民也既歷引湯之盤銘康誥詩大雅文王之篇之詞以為新民之證而復總結之以君子無所不用其極重有人也非然者徇本忘末可謂之明德而不可謂之新民其為人也雖號稱明德已幾幾乎不忍以明德予之如楊子是已人欲毀家紓難卒至不能紓一難此誠人之所不願為然若利極乎天下而害不過拔一毛雖至慳吝者為之而楊子乃絕絕乎不為甚矣楊子之為我也徇末忘本可謂之新民而不可謂之明德其為人也雖號稱新民已幾幾乎不忍以新民予之如墨子是已人欲救人先自從井以舍其身是必人之所不能為況利天下之利未必有加於兼愛而摩頂放踵之害先不免於從井雖慈善如氏者未必肯為而墨子乃毅然為之甚矣墨子之兼愛也戰國時無與於明德新民之旨如申韓之嚴刑峻法蘇張之合從連橫李悝之盡地力許行之並耕者不在疑似之閒亦姑置諸不論不議之列獨楊子之為楊子其宗旨取足為我不及為人是為我也非明德也雖有祖之者曰晚近之人患不知有我苟人人自愛如楊子而天下亦治而吾終恐其亂明德之真而不敢為楊子信墨子之為墨子其宗旨無所不愛是兼愛也非新民也雖有祖之者曰晚近之人患祇知有我苟人人大公如墨子而天下亦治而吾終恐其亂新民之真而不敢為墨子信孟子本正人心息邪說距詖行放淫辭之初衷以大聲急呼出而救正無父無君之天下庶我孔子之道得以著明於世而我大人明德新民之學亦得以綿延不絕於千古也夫

泰伯

適南邦而訪仲雍之蹟文身斷髮聿開吳會於周
偕行問誰為奏壞荒之雅者非泰伯乎我朝自追
之腓羊稷猶謚后聽岐山之鳴鳳文亦稱王譜世
特筆而何以荊蠻孝子不聞於柱史藏書而外別
以伯傳也豈若上世之巢父許由濫屑高人之傳
聘東國而來季札之游訪樂歌詩恍聽蕭莆于嫣
懷古問誰實貽弓冶之傳者非泰伯乎姬姓值繁
契龜之兆詩美古公專征邀錫馬之禁史傳王季
不少鋪張而何以端委奇才不聞于元公議禮之
而終以伯著也豈若後世之曹職衛郢浪傳公子

王蓀 效雲

章想當年采藥
王以來驚隘巷
系於金枝均留
勒嘉名伯而僅
帝想當日題碑
昌而後年室卜
攷天滿築玉牒
年再加于號伯
之名歲

秦文録

程嵩齡 輯

《泰文録》一卷，程嵩齡輯，據南京圖書館藏《晙廬叢書三種》影印本影印。

程嵩齡撰有《泰州詩書畫及見識》，已著録。

本書輯録明崇禎至清乾隆年間泰州名家三十三人所寫文章七十六篇。多爲泰州人物傳記。書由其子程大千重爲謄録。大千又從《揚州府志》及《泰州志》之《人物志》中輯録出所載各家之小傳，共二十篇，編爲附録，列在書後。

（江慶柏）

晙廬叢書之二

泰文録

海陵程嵩齡輯

著者遺像

著者德配丁太夫人遺像

編者遺墨

祀考華峰府君暨吳太夫人合葬誌　程盛修

公姓程氏，諱謨，字彥友，號華峰。世為休寧人，後遷江都，遂占籍焉。康熙丁丑以恩貢入成均，候選教諭。三闢崇正廣作，授康熙戊戌，娶吳太夫人，而出於生明崇禎正年已，授康熙丙申。子一人，即先大夫盛周。孫盛修，次孫嗣熹、嗣鴻，允孫應福、應錫、應桓、應鰲、應坤，孫女一，孫女二，允孫女一，小子遺時詔位，留京師，未得早擇窀穸，託諸癸未冬十有五日，始奉柩合窆於鳳儀村。泰不協仕宦之家，無志知津之，而不敢以千封貴於行書。陵揚州遺意，注書授徒，以濟諸弟子。公力學敦行，有道錄之，久俺講堂，案次遭逸，一貧半浚，不獲有於吾身。依以太夫人之賢德，勤儉操慮，亦相對長貧。伏願達春蒸古耕口微，以接諸孫於厚積而發，祿庭而勃發。生二十餘年，以操德代者，乃三錫王滿。憶昔童年侍側，讀書夜分，公垂注而向太夫人謂：此子也才，或興吾門，特其不免，子為孫必報焉。不之不及見，庶幾差慰于九原。嗚呼！斯言已晚，聲貌如新，遠在莫處。嗚呼！拾畜淋聲，泣諸嗚咽。盛修謹誌，恭述載德，詞以傳芬。

泰文錄　遺墨

輯印說明

一、一九八五年七月，千輯印先君遺著泰州詩書畫及見識既成，乃續就前此帶出資料中較為完整之泰文錄一書，計劃再予付印，列為畯廬叢書之二。

二、本書係先君七十歲後所輯，原書計輯錄自明崇正至清乾隆期間我泰邑名家三十三人所為文，都七十六篇，彙為一冊。

三、本書帶出亦係影印先君手抄本，以原文分批抄寫，行款不一，照相製版既苦於行書古字多難辨認，排字付印又恐字模不易覓得，校讎尤感困擾。不得已，乃決由千親自謄繕，再照相印刷。雖不能保存先君手蹟，而親情或益可顯見也。

四、書中名家經千就現存揚州府志及泰州志中人物志所載各家小傳，共二十篇，輯為附錄，列於書後，俾供參考。

五、叢書資料之保存蒐集、影印轉送寄遞，得力於爾渝、爾豐兩姪暨爾旅、爾觀兩兒者頗多，而陳文彬先生之協助，尤深滋銘感，謹併此致謝。竊盼能再帶出更多資料，俾續加輯印，使先君遺澤與我泰地方文獻得更廣為流傳耳。

六、書中輯有先世遷泰始祖華峰公暨吳太夫人合葬志，憶抗戰初期，千旅經皖南屯溪，曾偕先三兄大用親謁祖塋祭奠，倍興窮本追源之思。爰擬於今後二三年內，試輯海陵程氏家乘，期後世子孫能不忘祖宗懿訓，但願天式佑我。

江蘇泰縣程大千恭印並識

一九八六年四月於美國休士頓市

泰文錄　輯印說明　二一

泰文録　目次

一、明故處士儲仲文公墓誌銘　薛廣
二、東莊集句序　張瓛
三、處士儲仲文狀　儲巏
四、明故義官景輝公墓誌銘　儲巏
五、東莊集句引　儲嵐
六、跋東莊集句巻　胡桂
七、儲海田小像贊　林正茂
八、祭儲婿幼儀文　華湘
九、野野集序　儲洵
一〇、江河伏流序　儲洵
一一、明故封承德郎兵部職方司主事先考儲公墓誌銘　儲洵

一二、儲宗濟公暨蕭孺人合葬銘　儲洵
一三、賜祭葬通議宗實公墓誌銘　儲洵
一四、祭先考承德公文　儲洵
一五、祭弟源甫文　儲洵
一六、祭陳弟婦文　儲洵
一七、近園雜詩引　儲洵
一八、祭妻葉氏文　儲滋
一九、大憲伯平野先生七衮壽序　徐嵩
二〇、題魯鏵送儲大夫之台州序後　徐嵩
二一、近園詩跋　徐嵩
二二、儲海田像贊　徐嵩

二三、僉憲儲貞文公墓誌銘　徐嵩
二四、祭儲公平野文　徐嵩
二五、再祭儲公平野文　徐嵩
二六、儲處士海田墓誌銘　徐嵩
二七、勉仁方書壁示諸生記　王艮
二八、處士儲君海田行狀　唐紳
二九、儲海田小像贊　唐紳
三〇、祭儲公瀛溪文　袁杉
三一、儲海田小像贊　呂懷健
三二、儲海田小像贊　李彬
三三、祭工部陳踼次山文　沈良才
三四、儲海田小像贊　王陳策

三五、明故文林郎知湯溪縣事前兩京戸部照磨少墟公
行狀　徐壽昌
三六、祭儲公瀛溪文　張鑑
三七、儲海田小像贊　李鵬
三八、請旨給假疏　陳應芳
三九、祭台州府名宦管竹公文　陳應芳
四〇、兩名宦錄序　陳應芳
四一、復褚愛翁撫台　陳應芳
四二、與郭一陽太守　陳應芳
四三、與游振巖州守　陳應芳
四四、報里中上舍及通學諸文　陳應芳
四五、乞師文　陳凝祉

附錄目次

泰文録

明故處士儲仲文公墓誌銘　海陵程嵩齡輯

薛　廣

景泰壬申冬十一月十九日。郡之處士儲公卒於家。其子玉持杖謁予泣拜請銘。且言吾為人子。生存常懷無以酬罔極之恩。今其殁也。使無言以記其行實。將何以盡人子心。而貽示子孫於無窮乎。予以同里相知。義不能辭。謹按狀而書之。處士諱宏字仲文。其先毘陵人也。家世積善。累至顯官。元末徙居於泰。父敏成。有隱德。母衛氏。善内助。生處士。自少資性醇篤。言動不妄。入事親長。惇行孝弟。出接族黨親姻。亦各能盡其道。及父母卒。躬率諸昆弟綜理家務。俾各就緒。雖頃刻未嘗有怠。每訓其子弟曰。吾家由父祖以迄今。一以禮義相承。今汝輩繼之。猶可廢乎。由是子弟亦皆翕從。莫不以勤儉孝弟為務。而家道克振矣。處士生於洪武庚戌六月初九日。享年八十有三。生子男五人。曰玉。娶顧氏。珍。娶仲氏。乃先韓所出也。璟。娶杜氏。瑜。娶許氏。瓛。娶朱氏。乃繼唐氏所出也。女一。善。貞適郡人徐琮。孫男七人。曰仁、義、禮、智、信、恭、茂。孫女七。妙清適陸琳。妙貞適滕寬。妙善適丁昺。餘在室。茲卜以景泰甲戌二月二十一日壬寅。葬於城東永吉鄉斜橋東南祖塋之原。嗚呼。洪範云五福以壽為先。孟子以不孝無後為大。今處士壽餘八旬。而嗣息蕃衍。可謂無忝所生。而壽考令終也。是宜有銘。銘曰。儲氏茂族。積善淵源。篤生處士。表儀肅然。既孝且弟。尤勤而儉。嘉言孔彰。罔敢弗念。繼承先業。世應罕有。貽謀子孫。克昌厥後。安厝兆歸先塋之側。勒銘于斯。永貽令德。

按。廣永樂癸未科舉人。官懷慶府知府。見道光泰州志選

畢表。

東莊集句序　張　瓛

詩言志。志則心之發於所往也。心發於志而形於言。所以吟詠性情。鼓舞物類。揄揚政俗。諧和陰陽。于是焉在。詩之為教大矣哉。然心無古今之異。則詩亦無古今之異。故記稱樂惟弦歌詩頌。而春秋時凡朝聘會盟。咸欲歌古詩以暢達其心之所蘊。而趙文子又能因詩以知人之否臧休咎。如伯有之出亡。子展之永世。驗若龜筮。信知先民此心此言。而後世亦此心此言也。故自宋以來。咸有集句之什。吾郡儲君潔夫。衣冠世胄。質厚而氣毅。識遠而聞廣。于詩尤得昔人之三昧。幼承父命理家政。絶意仕進。晦迹城東皐水雲鄉。以農為務。課耕之暇。則肆志于詩。凡昔人之作有餘於理合於己者。則集而韻次之。久既成帙。名曰東莊集句錄。欲予引其意。披閲累既不忍釋。但見其渾成諧繹如出一人之肺腑。而無首尾衡決之弊。既足以見其采擇之精博。而又能因言以暢其所懷。如王半山有喜逢堯舜日之句。則述之以達其不忘君之心。包結有慶誕客說散之句。則述之以達其不忘親之心。述摩吉惟願大有年。而其愛人之心可見。述吳融棄憤早輸官。而其恭上之心可見。凡愛時憫事。撫景輸情之辭而合者。咸述之無遺。每徜徉諷誦於清流平野間。與漁謳樵唱相應答。人已忘形。古今渾迹。所以處身御物。適時冥化之心。怡怡如也。浩浩如也。俯仰無慚愧焉。日孳孳而不知老景之將至。則其所得又匪直如昔人因歌以表見一時之事云爾。錄而用貽厥後。凡子孫觸於目感於心。罔不景仰淬礪。思續休美。而觀風之使有取于關倫理益事物者。采焉以傳。則所以感發

乎人心者將益大而遠矣。余姑引之以俟。正德庚辰春賜進士出身封刑部山東司主事東園八十翁郡人張璁書

按璁成化乙酉科舉人，丙戌科進士，見道光泰州志選舉表。

處士儲仲文狀　　儲巏

先曾祖諱宏，字仲文，儲氏。其先毘陵人也，世有顯官。元末徙居于泰。曾祖自幼性淳篤，言動不妄，惇行孝弟，讀書略通大義。聞古人嘉言善行，則亟于行。嘗中鹽遼陽，載布數車以往。適冬月，虜騎圍城，雨雪彌旬，飢凍者纍纍相望。曾祖日坐逆旅之門，材橐中布散予之。同商者止之，曾祖曰：此時尚計利耶？中年家漸衰，一日曝日于門，拾遺金十數兩，袖而入，置諸廁舍茅欄中，不令家人知。候至晡，見一男子攜婦人哭而來，召而問之，曰：某夫婦鬻戍某所，費不足，祇一子，賣以助行，其得白金若干兩，今旦過市，惘然失去，何以為戍？惟死而已。語已，輒又哭。詢其封識，並金錢何悉合。曾祖曰：吾與汝。遂出而與之，憫其飢，且食以粥。其人感謝，取出金跽以進。曾祖揮之曰：吾豈愛汝謝耶？謹藏之，勿再失也。其人曰：吾何以報德？乃遍語市上人，市人皆嘖嘖稱嘆。及巏忝科第，郡中喧傳曰：儲翁有陰德，其子姓之昌宜矣。慨惟先曾祖拾遺金之時，方處窮約，初不知為何人物也，即不使家人聞知，及得其人，揖而予之，懇悃惻怛，無一毫徼福計獲之心，所謂無所為者為乎？仁哉！既卒之六年，巏始生，及長，拜觀遺像，仁厚篤碩之意藹然于毫素間。平生懿行遺逸者多，今所最者，什之一二而已。若又不載之文字以遺後人，則不仁不明之罪，巏愈無所逃矣。伏願　執事碩德宿學，海內文宗，倘賜一傳，使先曾祖姓名得附于名集之末，則存歿不勝寵感，亦史氏闡揚幽顯之意也。謹狀。

明故義官景輝公墓誌銘　　儲巏

公諱璟，字景輝，仲文府君第三子，美儀觀，既握家政，羣從子弟職農商者，井井官良其家，俾總里之財賦，族既大，內外婚喪賓客日多，公居中應之，裨遺補漏，彌章厥家。成化癸巳詔募民粟與之官，公顧家業辭之，從子禮進曰：叔老宜無辭。乃拜散官。後歲薦饑，會衆日千指，有昌言異居者，公曰：百年之家自吾身壞之，誓不忍。既而知衆志不可奪也，愀然召巏語曰：吾先人勤劬累積，乃克有家，若輩狂悖，一旦破之，殆殞吾宗矣。汝益勉，勿怠。竟以是快快得疾而卒，享年七十有五。子五，經、綸、纓、纁、繁。茲以宏治戊申奉葬永吉鄉之原。痛惟叔祖年耆行懋，巋然宗老，寖庇厥家，晚罹變析，痛疾于懷，以卒。嗚呼！彼獨何心，惟吾後人，繼今各厎樹立，毋羞前人，庶嗣其志。銘曰：泰有儲氏，徙自毘陵，蓄德卅世，惟公克承，洒構洒堂，有此墻宇，乃芟乃除，有此田畝。入貲錫爵，益閎厥聲，築匪自天，誰潰于成。疚時孔艱，惟後之則，我哀不忘，質諸幽刻。

東莊集句引　　儲嵐（壹崖）

壹崖子居于湖南之廬，忘情市朝，棲遲畎畝，畊而獲，可食其力。泉池數曲，以漁以灌，園有繁陰，宜晝；户多琴書，而養心。松竹迷逕，蒲蓮依渚，鷗鷺游泳，真足樂也。每雨時祈社，村醪新泐，比鄰過從，酣來鼓腹，不知日月之駛疾，頹然以老焉。性嗜吟，不喜苦思，興意所到，景與事會，或誦詠古人之作，有當於予心者，謾意粘合，率成短句，命兒孫書之几間，備遺忘也。或曰集句以

比律為工。如半山翁、石曼卿諸作。補錦聯璧。搜奇備富。此可易易矣乎。雲崖子曰。山林之質。頗習閑靜。年來迂懶。與幽花野木相寄。澹泊神不外役久矣。飯顆之嘲。一吟垂淚。頤生所慎。豈能縈心。章思閉門校理清白。以自貽敲推之惑邪。不觀澄懷錄云。每遇勝日有好懷。袖手哦古人詩足矣。我思哲人。實獲我心。問者唯唯。遂書以識。正德己卯春三月望日。

跋東莊集句卷　胡桂

雲崖老先生為鄉薦紳之最名者舊矣。學富而養深。不恬仕進。與造化游。魚鳥煙霞俱。雖以子平甫貴受封。於黃冠野服。猶戀戀焉。每遇樂處。欲形諸聲詩。臨筆輒曰。前脩以詩鳴。而得我心之同然者備悉。顧吾何人。復有刪後之作。爰哦晉唐宋元諸君子之詩。或五言。或七言。凡與一時之情景會。可以攄發懷抱者。

摘而集之。為集句若干首。名曰東莊集句。尋扁其堂曰野趣。亦裴綠野堂、邵安樂窩之意也。又集律詩若干首。併為一帙。法家拂士顧于前。因屬桂書其後。暨平甫亦嘗有是請也。遂僭言以識。布衣里人胡桂謹書。

儲海田小像贊　林正民定軒

心古而直。貌古而清。詩書宿契。泉石高情。器度汪洋。百川不盈。匪我私譽。月旦公評。

按。正民宏治乙卯科舉人。丙辰科進士。本州軍籍。福建福清人。官江西左布政。詳泰州道光志選舉表。

祭儲婿幼儀文　華湘

維年月日。同知思恩府事。前光祿寺少卿華湘。謹以牲醴遣子華幽致祭於亡婿儲幼儀之靈而哭曰。嗚呼幼儀。汝安往耶。不見幼儀三月於茲矣。汝之音常在吾耳。汝之容常在吾目。獨欲與汝一接如平生則不可得也。傷心哉。初吾以吾子而妻汝也。雖與汝有世好之故。然吾之所以妻汝而望汝者。實有在也。汝之在襁褓也。有岐嶷之姿。及其能文章也。有卓越之識。而克家也。有綜理之才。吾私喜曰。是必昌儲氏而光吾門者。而今不復見矣。豈或然之數有非人之所能逆覩耶。抑吾女所賦之薄而致然耶。弱息非男。不足以嗣汝。而吾女惸惸不大可悲痛耶。傷心哉。卮酒豆殽。遣吾子代吾一奠。以寄無窮之哀。遂致詞曰。氣化無端兮。修短不齊。生必有死兮。奚軒輊于旄倪。自古及今兮。超然而猶存者誰。聰達惟汝兮。諒秉燭于斯理。與汝永訣于一朝兮。涕泣如雨。倘汝靈之來格兮。庶幾鑒乎吾語。庶幾鑒乎吾語。

按。湘字楚源。正德丁卯舉人。丁丑進士。詳道光泰州志文苑。

野野集序　儲洵

野野集者。平野野人也。野人牧江海之蕪。家有藏書而不知讀。先之世能古文詞而不知學。迂性自直。遇事無甚好惡。就其似可乎實近。易不決其防。野人庶幾焉。若磽然矯枉。詭隨病畦刺促世故之鋒。斯于鈍根。澹如也。嘗治毛鄭詩。濫第進士。坎壈十七年。秩下大夫。輒擯歸。吁。分特宜歸。築雉山草堂。偃息其中。喟然曰。誦詩三百。立猶面牆。亦將奚以。昔者古詩三千餘篇。仲尼自衛返。采而正之。或篇刪其章。章刪其句。句刪其字。存者什一。升之太師。以授子夏。絃歌之音。合之韶武。洋洋美德。序詩者乃定列國之風。以辯尊卑。見黍離編邶鄘之次。遂降王室而諸侯嗚呼。吳楚僭王，聲詩無述。周之衰，可得而降乎？故詩之亡久矣。後之作者代異，而人不同。漢晉以還，清音獨遠。唐之興，於風宋之群於雅，議者大有長譏。然詩格非古也，志意感而成聲，入風之氣與時偕，理正變繫之矣。何別學也哉？野人非陳詩者，記曰：質勝文則野，情性之宗，溢爾未達，即所自為述，其虎豹之鞟乎，犬羊之鞟乎。

江河伏流序

儲洵

江河之流，天地大氣脈也。氣脈轉運不窮，若或塞之，勢當必通。若伏不見，由地中行，其消長盈虛之際，又氣之分限節度然耳。故動靜息則乾坤毀，聖神說天時行以化成天下，唐虞之典謨，殷周之誓誥，詩亡而作春秋，皆以明天道，立人紀，憲章百世。焉遷固嬗而後，誦法聖經，史易編年，綱舉目張，是非不謬，治亂之

迹，恆與氣化相尋。陽陰闔闢之機，天且弗違，而況於人乎！故經以道法勝，史以事辭勝，傳信傳疑，猶及闕文。顧有蒙而絕之者哉。石泉子國記備遺志亦良，若嘅其揖別之言。家弟尹弋陽，索存稿錄歸，衰疾中日聽讀之，就正於二室山人，喟然曰：列聖之仁，直天地之心也。久則必徵，奚伏之有？乃僭為分類，補葺成編。有訛缺，亦仍舊本。取立齋錄、孤樹裒集、增記之，因以互見同異。禩其末。及首聖諭略、本紀略、列傳略、三考述略、遺文略，互略為類六。敘逸既久，章竹澌盡。金匱石室之文，應有太史秘之，豈閒見之士所可裁？備是特略云。嗚呼！若存若亡，皆天也，啟藏之海嶽靈物，呵護以俟求遺之使，將不在茲乎。

明故封承德郎兵部職方司主事先考儲公墓誌銘

儲洵

嘉靖戊戌二月廿有九日癸酉，我先君承德公考終正寢，距生天順辛巳十二月十有六日，享年七十有八。明年己亥夏四月己酉，奉厝城西原楊子墩宅兆，先安人祔。將乞銘文史，撰次弗類，非以承篤允之志，拔淚述之。公諱巖，字潔夫，別號雲崖，世為宜興臧林人。國初，七府君徙海陵，再傳曾大父仲文處士，毓德褆身，有古長者之行。少師李文正傳捐遺，金曰中有所主，不以物撓，無為而為善，非溢辭也。大父諱王，贈通議大夫、戶部右侍郎；考諱信，累封吏部郎中、太僕少卿、通議大夫、戶部右侍郎。妣王氏，贈淑人。公其仲子，伯兄南京吏部左侍郎，謚文懿，柴墟先生，諱巏，薦登通顯，有二朝之賜命以歸。成其先，初成化己亥王淑人奄背，二公甫冠，未配，晝夕踊泣，倚立若形影。卒喪，踐齋張宅，剖公目奇之，舉甥女婿公安人，歸時家中落，公力自樹植，

瞿瞿，儲非耕嫁，肯構無緒事，繼董淑人來。母子嵺生，委意歛順，悼集先侍，每歲忌勺祭，悲咽嘅慕，抱終身之戚。文懿公宦兩京三十餘年，五十七年而卒。通議公壽八十有六，康強在堂，誠至孝養，奉酒醴，循瀡歡娛，如一日。比殁，聞之朝，祠曹議子三品在側，得乞父母恩，奏不合。奔龠肯葬祭如制。公感赴匍匐秩禮，襄事大參。孫公慰曰：若翁子孫趾美，異數也，益戢戢不自勝。洵叨進士，主事兵部，考績得封公承德郎、兵部職方主事。時春秋五十有七，溯通議始封，歲周上下，莫不贊賀。配范氏，封安人，聰明孝柔，為憲副偏愛，選所宜歸，卒能貞內媲德，克穆懿範閫右稱淑。配欽賢母，必安人也。安人先十年卒，公幼學讀書，了大義，聞古人嘉言善行，不啻好之，尤喜讀漢魏六朝古詩及唐宋家近體，日哦野趣堂中。成長短詩若干篇，句律準切，宛一家之言。

名東莊集句。與賓客游從。飲酒必極醉。投壺雅歌。夜燭再見跋。若樂而不厭者。平居鈎簾據几。終日靜默。閴不知有人。澹如也。郡大夫鄉飲。正大賓席十餘年。公內外潔白。行完端直。簡諒人望而敬之。子男四。洵、湞、滋、汶。女二。長適太學生何栗。次千户劉繼勳。蚤卒。孫男十一人。梁、采、樂、棨、槃、架、檗、案、棻、杲。女十人。鄉進士袁杉、鎮撫趙璧、徐啟賢、唐朴、其婿也。曾孫十一人。吏治初。洵以武庠郎中謫守沔陽。佐台僉閫憲。湞、汶卒業太學。公嚴教諸子。生長食息。舉內之典訓之內。恩就矩矱。恆語曰。先澤流溉被子實多。無能致其心。惟謹祠祭。培邱壟。克自敬勤。服任逐功。以儉有家。我祖宗之裔。苟貧矣。雖不肖。而疏食之役矣。雖立而不為淦淖植之。故裕族之仁。翕歸焉。門內食千指。條治斬斬。一言不妄發。而汪洋深蓄。精神內融。凝然莫窺其涯。疾革。猶朗吟

曰。人世有僊僊。欲去空庭無鶴鶴歸來。達觀而兩忘之。其順且安矣。嗚乎痛哉。失論譔先美以明著之。後世子孫之心也。不肖罪逆荼毒。言何能文。惟載我先公之遺訓。以得之褒榮者。宣之銘。慎其所恥已矣。銘曰。惟十有二祀二月乙卯。帝制賁敷曰。予庶工三載序績。乃考惟良。作率敎義。厥聲世繼。允慎克孝。夙夜其匪懈。用錫類秩。若篆乃考服。洵拜首稽首曰。對揚天子之寵大命。勒之貞石。以視彝鼎。

儲宗濟公暨蕭孺人合葬銘

儲洵

公諱紱。字宗濟。景輝公伯子。初公之生。諸父繼老。世業寖落。公壯甫有室。奮然曰。幹父之蠱。有子可但已乎。乃強力田事。冒寒暑。素澹泊。意忻如也。數年儉勤。堂構日裕。撫諸弟怡怡。各俾之立。與我大父通議公歲時燕祭。公恭謹雅樸。矍然弗勝。雖終夕飲笑。坐不離席。歸訓諸子曰。祖宗之祚。通議兄實承之。君子之澤。自泉流瀨。吾奕世不衍慶乎。及我大父沒。昏旦必率群族位哭。迨其晚歲。益厭紛薄。視里中兒險偽。絕不交一談。每焚香誦黃庭數卷。若與世不相涉者。蓋天性恂實。不事浮末。老而自顧庶幾靜逸如此。生天順辛巳十一月初四日。卒嘉靖丙戌三月十一日。壽六十有六。配蕭孺人。慈順柔惠。敬宜其家。先二十六年卒。繼韓孺人。子四。岱、岊、峦、岐。孫三人。槃、滄、瀛。先是宏治辛酉。蕭孺人之歿。權厝東城。及斯。岊謂洵曰。先母葬未卜吉。孤心惸惸。茲得夏莊之原。以歲乙丑舉柩合窆。子其銘之。洵痛府君愛我特厚。爰抆淚以銘。銘曰。允矣處士。惟義之侈。條葉被潤。益遠緒祉。溫溫靜逸。山澤之癯。勤約而豐。不偽以趍。日五千文。若與道覺。元風未歇。逝將返璞。川原既嘉。有淑偕祔。永安斯邱。以昌

其祚。

賜祭葬通議宗實公墓誌銘

儲洵

公諱信。字宗實。祖仲文公諱宏。植德樹業。善行稱于鄉。少師李文正公譔儲處士傳特詳。考景榮公諱玉。累贈通議大夫。仲子巏貴。封公承德郎、吏部考功司主事。加封奉政大夫、本司郎中。又加中憲大夫、太僕少卿。再加通議大夫、户部右侍郎。初文懿公以二卿考績。奏乞貤封。得允。凡已封五品至四品。暫停再候貤封者。欲乞本身應得誥命。封其親也。故制詞有曰。爰體懇請之心。特示通融之法。是雖近制。實則異恩。正德己巳。進今封。時文懿公述小狀。告代言之臣曰。父為人質直勤儉。蓋類先祖。讀書通大義。至格言要語。恆識不忘。每舉以訓子孫。用財視義如何。于延師敎子。購買書史。尤無所惜。治田一方。一方之人服其

言行。有曲直不詣官府。得一言即詘釋。皆曰我公古直人也。以
巏叨仕。累封至中憲大夫、太僕少卿。其行己作事。猶布衣時。非
見大賓、遇公宴。不服金紫。子姪請以輿馬出入。輒却之。曰吾性
不喜。且奈何令鄉人避吾。非公事足不入官府。嘗有巨商持厚
賂求請託。笑語之。曰吾嘗戒吾兒廉謹。今乃納若賂耶。其人慼
沮而退。故其制曰。安恬自守。質直無華。孝義率本於家傳。勤儉
實滋于天稟。又曰。高年稱鄉里之達尊。隱德為太平之遺老。郡
志載。公天性醇樸。不妄言笑。非公事不接州大夫。雖遠亦徒步。
蓋實錄云。配王淑人。例贈夫人。子四。長殤。巒次即文懿公。諱巏。
吏部左侍郎。先公三年卒。三諱嵐。封兵部職方主事。俱王出。四
諱崤。魯府引禮舍人。董出也。孫五。湞、江西弋陽知縣。灝、浙江湯
溪知縣。洵、福建按察僉事。滋、七品散官。汶、鄱陽丞。曾孫十三人。

有顯仕。公卒正德乙亥三月初四日寅時。距生宣德庚戌十二
月二十三日戌時。壽八十有六。賜祭葬九里溝制域。二淑人先
後祔。銘曰。猗歟太璞。溫潤美中。匪玉之蘊。質燕石同。古愚也直。
不刓不廉。渾與道俱。性真天全。蒼山無塵。澄淵靜沈。元樸古心。
惟殿畀先民。制宮窿窿。榮哀始終。輝光貫融。彌遠昭曷窮。

祭先考承德公文　儲洵

曰。烏乎痛哉。我先公之未疾。康強飲啖。不異壯昔。既疾而間從
容笑言。勿藥以適。將進之百齡。不長其年。雖嚮之五福。曷其有
極。胡一夕之高詠。輒引納而辟穀。何仙山之蔥欝。欲從之以逍
遙。何風日之晴好。欲御之而遊息。豈厭棄乎人間。故遠舉而超
即。琅琅之音。今夜不聞。浩浩之懷。與天者寂。嗚乎痛哉。我公之
生。成性醇質。璞玉未刓。鉅木斯植。外內行完。皎皎潔白。一言不

妄。包含蘊蓄。臨事紛棘。條治翕集。爰有迫歹。斂躬以默。方門祚
之通顯。卑布韋以恂牧。力耕稼而儉勤。恥豐容而緣飾。吾母相
之。嚴教諸子。納之典訓。自生長衆息。勸飭指誨。月閒日益。再成
有家。搆措寬大。發跡立事。以永燕翼。帝制榮褒。寵錫類秩。端直
簡諒。益邵其德。耆年調娛。中於和節。飛觴雅歌。樂我賓客。涵泳
終日。翛然靜拭。塵譁不聞。遠心世隔。公性則然。允與道式。諸孤
不肖。痛奪先恃。菽水之養。不知疲日。天高在上。地厚在下。堂堂
我公。遽即長夜。嗚乎痛哉。自今以往。矢我兄弟。克自怡慎。無忝
其生。義率子姓。服任遂勤。勿替其有。以庶幾我父母之志。終天
之哀。果聞知也耶。山川不改。日月有時。吾親何歸。而徒為之辭。
嗚乎痛哉。

祭弟源甫文　儲洵

嗚乎源甫。胡為奄歿。揆攝提之不貞。華蘭茁之易折。蹇歷勞之
助瘁。爰骸理之疎節。人乎天乎。吝悔莫詰。幼有羸疾。既壯強力。
頃偶再舉。旦夕寧謐。何血氣之始衰。輒浸淫而殘缺。烏乎傷哉。
弟質敏好古。黽勉向學。長裾潤步。發奮刊落。章素自晦。顏齋退
約。嗜讀漢選。文辭膾炙。晉魏名作。云删述以後。此大乘正覺。如
詩亡而騷變。亦將異若其發為聲詩。清新曠逸。剝削陳言。出入
矩矱。琢句修辭。探奇索賾。謫譎異語。哀淫冶色。痿體骨之不強。
障濫流異。砥石月旦之評。燕玉之識。游鋒蜚肩。傲千仞于尋尺。
瀟洒豐神。游藝類墨。範松雪之腴潤。奇山谷之峭側。見其進也。
未見其止。得見斯可。無行不與。今也則亡。何嗟及矣。嗚乎傷哉。
乙酉之歲。升庠入胄。南北翱翥。才情日茂。趍蹌禮樂之宮。廣博
載籍之藪。學貫多聞。遠志未究。銓佐鄱陽。江邑煩劇。寅恭和衷。

六事嗣理文術飾政卓有令譽居身所珍不夷不惠我從獨賢役役進御六月炎熇赤日剌背負任靡盬簡書懷畏夕疾還南浩有歸志陳辭果確禮援致仕年未及而懸車庶捧進而趨退歸歟掖園花竹秀野青山座上流水座下觴詠容與圖書燕暇前雉山以主賓可樵蘇而耕稼何日月之疾邁倏西沈而長夜嗚乎方林始榮貶雨催風彫後凋之黃殞徒嘆悅乎先零池草靡靡西堂晝扃嗚乎傷哉予有吮疽之孝而入則知方感在原之意而後行無犯修途屢於脫馭遠慮促于朝恩愼繹思而訏謨紛世緒之清亂耿先澤之留餘閱離憂之將晩順德祥長浮漚晷短有萬不齊大千缺陷嗚乎傷哉比有治命輿櫬掖山閭井喧近改度西遷父母元宮松檜蒼然朝往依依體魄載安域南揮兆幸無遂事異縣荒遠勢若旅寄予靈有知協卜善地春

秋掃除子姓拜跪三兄老矣連枝同氣折其右肱能鮮憔悴清音川遠容光電逝躑躅彷徨痛嗟予季旅雁霜雪冥飛何處浮雲日行游子不至眼中犀角子由難予死別呑聲白首涕淚有生共盡因緣更世嗚乎傷哉肴核呂豆苾薌灑醑齊南乎歸來擧我匙箸冷言或聞歆寞攸慰

祭陳弟婦文　儲洵

月日擧陳弟婦之喪閨門長幼具陳牲果奠而言曰先妣安人治家嚴整孝慈長幼諸子植立娶婦入門慮其驕佚旦夕諄切聯以矩尺意密而婉其防愛周而制其曲所事所言皆從儀式陳婦早歸吾門質之諸婦敏慧文飾默而中存𪗭𪗭敬畏無敢異色先妣性宏快少有愉釋逡巡進退若不能屛息勤懋吾弟方學久滯不撓以紛迴旋善事坐鬱晉而居安強薄約以周徵

鞠撫嬰稚憐若己乳食息寒煖煩細條擧毋道辛劬亦既多子慨壬申之歲新郎域居父母弟妹諸婦與俱今三十年二親繼背數其未老半且瘥瘁幸吾仲弟獨偕老婦屢經家變情傷形瘁婦職專內不齒外事久妯娌間不悁忮以二奉先慈之訓將終服而不啻曾未幾時亦遘屯疾命不可知奄就鉅日夫方仕而中離子當婚而外安雖歛屛襲𦹀厚以備哀而人世不齊嗟呑聲以奠贍明晨禮遷長幼位哭祝以道詞庶其聽格

近園雜詩引　儲洵

行甫弟尹弋陽歸構園亭一區去城居不數武樓以近名猶云是樓爾爾春日飲園中羣秀發馨禽鳴上下咏言會意欣暢在茲攬佛笑終篇媿好事之嗤也上呈石翁先生灑墨作雲錦書光采照耀珍襲於緗箧夜分爲讀卷中雜詩遲暮憂予情殷踏

露亟當候翁杖屨升逸堂憑雉山天風海濤曠然振衣觴太白追遷賦之其快乎

祭妻葉氏文　儲滋

維嘉靖十八年歲次己亥四月戊戌朔越十二日己酉痕経夫濲謹率兒女以剛鬣柔毛庶羞之儀致祭於亡妻葉孺人之靈而言曰嗚乎痛哉吾妻婉娩之質柔順之德克孝克勤宜家宜室胡爲棄我十有二年中遭變故哽咽難言汝歿二載吾母見背擗踊攀號勉從襄事家婦徐氏一疾不起吏爲元兒續以周女去年二月吾父棄捐天傾酷罰無望生全孰不半載鶴兒夭折積苦重哀腸崩心裂伶仃痛苦寡婦孤兒見形聞哭心目如痴一紀之年骨肉凋脆父母妻子胡皆我棄蒼天蒼天造物何之妻兮妻兮見汝有期幾欲自殞婚嫁未畢宿夜悲傷何所逮

及我已白髮，哀苦備嘗，九原有知，應同我傷。痛哉痛哉！今冬樂子迎親王宅，賢女長成，許嫁趙璧，繼汝曰樊。育二女，雖恪遵遺教，撫訓諸孤，元逾三十，長息未立。汝當祐庇，延祀來日。汝柩久殯，我心弗寧，卜占神得吉，定窆西塋。楊子之墩，左昭次宅，孟夏癸丑，用安汝魄。妻兮妻兮，舅姑是依。安居待我，永此同歸。痛哉痛哉！

大憲伯平野先生七袠壽序

徐嵩 小石

古今論壽率歸之天命，謂修短之數，皆上帝主之，不可移。予謂此特言凡民，賢者體道格天，明德享帝，天且佑之，何命之足云。先生既冠，舉于鄉，擢進士第，初授户部主事，尋改兵部，歷員外郎中。時大司馬晉溪王公負經濟之畧，操權衡，高視一世，若大匠掄材，榱題瑣細，不屑顧。屬意先生，事多咨訪，難必委任。表能於試，隱然倚若梁棟。由是才華茂著，聲聞欻起，而莫邪鉛刀，忌者造妄，先生未之察也。及晉溪位冢宰，地勢益嚴峻，公署無私謁，猶延致入幕，銓司亦駭而疑，而先生求避之不得，夫忌讒之階也，疑機之伏也。同仁之吝，勢極則合，薰猶犄角，雲雨翻覆，先生不能安乎其位矣。非人之定勝乎京師，麟鳳郊藪也。自公卿臺省，下至庶士，其多若林，先生以部屬負才名，崛起其間，忌者疑者，一時囂然騷動，非振世豪傑，若是乎徒讒搆無媒，得翱翔中外，盡所藴以達于治，則樹勳業於崇高，收彝鼎之慶祚，皆能事也。耦于天而畸于人，厚其賦而薄其遇，從古則然。奚啻今日哉！先生順通塞而一情，任性命而無滯。出知湘沔，歷二台守，填刑平賦，約己愛民，各持體要，並稱名宦。叢棘安棲，雅懷不惓，屈而能伸若此。繼僉閩臬，飭兵戎，振肅風紀，撫按公差，皆迂道不入其境。他政可推，志方得行，衆且拭目，顧以守正，俯仰非所能，詠遂初之賦，潇然東歸，闢園城南，扁曰晚植，作室面城巔，以雉山。閉門謝交際，研精墳典，考究百家，暇則策杖怡情，枕流漱石，棲遲衡泌幾三十年。昔日之忌者疑者，腐同草木，而後凋松柏，鬱乎歲寒，非天之定勝乎？予嘗論先生進退，足以知命，慷慨足以秉節，章程足以律肆，博學足以覺後，妙悟足以窮理，旁通足以識變。不獨高文元宗，巍科繼世而已，夫不使其道行於天下，而使其德範於一鄉；不使其身安於虞廷，而使其年高於洛社。此造化所靳，而加厚於先生。栽培倚伏，機孰得而測識哉！晚年務休息，養神明之德，而内賓賢，敬遺以逸，豫有子若孫，玉樹蘭芽，豈前之嗇，必大其緒，皆天心眷注。自髫髦而期頤，固知其無疆也。予與先生年輩頡頏，少遂嬉遊，長聯姻婭，雖風雲泉石，進退異時，而同壽域，慶茲稀年。先生摘杜句，賦九詠，以廣其意，如直情原憲，貧非病，肯學維摩慧似癡，神仙有無，煮紅石，山水高深，諧素絲，萬物盡流金石止，孤根解結歲寒知，一一名言，真足沿援靈錫，永配真符也。辱同社諸公命，爰述今昔大略，謬申栽培定勝之義，為先生頌。嘉靖癸丑冬十月，前進士、都察院右副都御史、巡撫順天眷，弟徐嵩撰並書。

題魯鐸送儲大夫之台州序後

徐嵩

讀東岡先生序，知翁守沔大政。東岡為時儒臣，操信史筆，苟非其人，雖一言亦吝，而况文與字並出其手，且極論民情治狀，天人定勝之際，道與心合，誠隨物感，不然，豈易得於斯人哉！脫翁遇天定大勝時，其事業必更偉，膏澤必益溥，若德星之福斯民，若霖雨之補歲功，奚啻若此，而竟不遇，命也。於翁何訟哉！與者不妄受者不媿異時補載郡乘無窮何但家藏弗忘已乎至讀漢律喟然興嘆黙著翁冰蘗自誓之節剛宿奸下令悉停逋負又著翁任道忤時之槩事核文婉若鼓清廟瑟一唱三嘆有遺音予亦窺管中之班望斗間之氣庶幾一得非漫說也此卷去就亦自奇天地間靈物必有呵護類如此併書之

近圃詩跋　徐嵩

瀛溪公開别墅游息鄰於居第烟雲霏靄攬結秀色伯兄平翁先生題曰近圃紺草朱華四時略備各賦爲賦七言一絶以紀幽勝梁江文通撰草木頌十五首皆四言五韻瑶華之詞先後爭歒酒邊酬歌真足以解酲時予亦倚和不啻雞群之在鳳林也瀛溪公製卷嚼畫錄諸作予無臨池之長亦所不厭七十老人目翳腕弱筆墨蹊徑能無敗乎後之覽者恕之

儲海田像贊　徐嵩

小像難于形似尤難于氣韻生綃尺幅斂場休王立之軀望之儼然若色笑在面話言在口見者皆知爲海田可以傳示後人矣至其刲股之孝盲構之賢薄利厚義凌跨流俗飲情奕思脱略細故終老東海之田而無求於世者豈丹青之所能狀後人之可盡識哉

僉憲儲貞文公墓誌銘　徐嵩

公諱洵字平甫號平野承德雲崖公長子幼稟奇質超識過人承鍾鼎業無紈綺習年十六補郡博士弟子師事黄侍郎雪洲張方伯東田與南溪張兵侍禾峯時友善旦夕淬礪學業大進一時知名士皆望塵不及正德丁卯與南溪同領鄉薦辛未成進士授户部主事改兵部職方歷員外郎武庫郎中時冢宰晉溪王公獨加器重因獲讒忌出守沔陽既涖沔鉏剗奸蠹飢歲積逋下令悉停止民賴以安沔田多水患疏請治如吴中水利遷台州府佐民懷去思太史童公立良牧傳稱公河防一疏萬世之利司成魯公稱公飲漢津喟然興嘆期不負此水送行序極論民情治狀天人定勝之際道與心合誠遂物感二公爲時儒臣操信史筆苟非公何以得其許可踰年升福建按察僉事分巡漳南漳南舊多盜永定最黠者構逆事敗縱匿戍逋惡流毒滋甚公單騎巡漳市問疾苦立條約彰善擇惡樹之風聲深入永定獲劇賊十餘皆折首馬巨寇黄滿者鼓衆攻剽郡縣庫獄灰燼贛撫治兵師剿平之而突入廣德據故穴怕嶺張熾爲害公不震不懾陽施陰畫潜布方略掩其無備一朝撲滅武臣寵淺文士猥縮非公孰能之昔人雪夜入蔡擒吴元濟公無

讓焉侍御卯公撰太平遺響序須公之奇師偉績又謂公廿年登甲科鍊兵曹贊襄典政賢聲表縉紳閒歸休時承德公暨范太夫人康強在堂與諸昆弟孝養遂初志搆精舍吟誦其中額曰雉山草堂沈酣載籍至于家書枕記稗官野史陰陽星數災祥考驗之學亦罔不究郡邑志俱載公多病未嘗廢書爲文奇學精切上規晉魏所著如改南便養親老休致四疏可以觀孝修河防剿劇賊勘田糧諸事狀可以觀識野野集可以觀文諸贈篇可以觀節烏乎觀此可以知公之本末矣蓋公操持才幹一本真率故積于家修彰于政事聲聞烈烈如此既殁門人陳芑等僉謀于鄉謚曰貞文亦河汾諸生謚文中子之意也崇祀沔陽名宦本州鄉賢又配享文懿公祠至今春秋祀上丁公生成化甲辰卒嘉靖乙卯享年七十有二初配王氏思州刺

史弟戶侯成之公女繼配王氏山西參議廷用公女靳氏少保文僖充道公女俱先卒同贈安人以無出別開元塋于九里溝祖塋東北艮方啟攢合葬公自撰壙志以示不遠今配丁安人生一子驍籍太學候吏部選配指揮陳一愚女女三一適同安令袁杉一適山東僉事呂君子薦一適吾季子啟賢俱生員孫二曰美曰姿以卒之明年葬楊子墩親側貼穴茲據公婿袁君所爲狀掇拾爲志併系以銘銘曰鄉重世家國重世臣猗歟先生無媿其人惟天生才惟嶽降神名家奇驥驚代祥麟青年科第白璧人文既負修能亦際嘉辰歷敭中外歘著聲聞譬之善駕超絕風塵孰棘其塗孰推其輪公心坦夷與道屈伸斑衣是娛樂不違親春草池塘羣季遊巡登山謝屐漉酒陶巾飛騰浪跡絕口不論攤書滿床唱嘯芳辰文成落筆星斗橫陳國紀一編孤憤幽沈天經地義億世不泯平生德業備勒貞珉匪以諛墓披瀝吾真

泰文錄　三七　三八

祭儲公平野文　　徐嵩

嘉靖三十四年歲次乙卯七月癸巳朔越二十九日辛酉莫逆弟徐嵩敬以隻雞絮酒致奠於憲伯平野先生神位而言曰痛哉先生何觀化知命之真遺形委蛻之速乎公始搆疾予造榻省候神明猶若舊貫即不欲飲藥明日再往容色與昨頓異又明日則形氣委散非復故吾予甚憂之比四日方晨起盥櫛忽報傾逝往哭寢門已僵臥中堂嗚乎痛哉天何降割之劇若是哉公平生負剛腸正氣不隨俗脂韋自入仕至歸田四十年歷官處世未嘗一日改繩墨爲鄉里遠近推重至於義理之融會事機之裁定文字之酬答尤予所心服胡不慭遺奄隨鸞鶴鄉之典型詎復有若人哉嗟乎海岳靈秀之氣發舒未盡其上爲星纏列宿下領名山大川乎惟古端人正士生爲牢輔歿爲明神斯亦至理非冥漠影響之論豈若形氣飄散腐同草木而已乎予與公姻聯骨肉義均兄弟皓首窮年方相須爲懷今悵然何依故廬舊物觸目增感況音容言笑簡編文字之不朽者乎持觴一酹以代獻酬舉聲一哭以代談笑白日易昏長夜漫漫鳥乎痛哉

再祭儲公平野文　　徐嵩

嗟乎平翁大化既盡騎箕而仙笙鶴朝回奠魄高原予既謀次理文付之磨鐫矣今復何言哉所不能忘者平生親友惟公一賢肝膽相照金石同堅豈惟安寧憂患不遷壬寅之歲橫罹罪慭衆方詬議公獨矜憐送我遠途候我長篇默爲請禱徼福幽

泰文錄　三九　四〇

元予時不知亦未披宣風波既定夢破諸緣公復逆我情好彌專相對欷歔感言拳拳始道前事一笑掀髯帝力何有今適保全乃約相登三茅山巔匪以嬉遊式薦精虔嗟呼此意於中耿然一邱一壑相期百年胡不慭遺棄予而先隻影堪中迴腸欲煎百身莫贖長痛曷捐雉山草堂舊日風烟濺花驚鳥怨鶴啼猿迅哉日月邈矣山川會當相從俟命于天江湖老淚爲公潺湲魂兮可招庶幾陟降於斯筵

儲處士海田墓誌銘　　徐嵩

嘉靖庚戌十月十七處士儲君海田卒先一日予往省聞其綜理身後猶井井且屬予壙誌易簀時歌古詩以發慷慨謝童甫命以巾幅斂蓋撫化順運神明不亂如此明年埋玉先兆昭次其孤持郡守唐君所爲狀來乞銘予惟公伯兄爲文章大家何

敢承。辭之不聽。因念至戚。誼無終廢。勉次其語志之。公諱滋。字茂甫。海田其號。先世毘陵人。六世祖凝七公始遷泰。曾祖諱玉。祖諱信。俱封戶部右侍郎。以伯文懿公之貴。父諱嵐。封兵部職方主事。以兄貞文洵之貴。母范安人。紀綱內治。生四丈夫子。伯氏即洵。仲氏湞。尹弋陽。季氏汶。鄱陽丞。叔氏則君焉。體魄魁梧。倜儻有器識。動中機宜。事無盤錯。頷諸昆季皆筮仕。乃銳意幹蠱。家第日新。園田日闢。勞必當先。蓄不及私。兄以祿養。君以力養。兄以顯揚悅親。君以殷賑悅親。若相競勸。鄉族稱其賢。嘗封股救親疾。鄉族稱其難。晚年兄弟怡怡。義讓交孚。鄉族稱其順。作宗支圖譜。悉追遠考世之法。孝之所由推也。尤好義輕財。解舟脫驂。勿吝。善與人交。泛而知擇。外無崖岸。中無徯徑。故人樂與之遊。搆雲溪亭。結騷爽社。名流笑聚。徜徉自適。至若集後三

代詩。作望雲記。各成帙。亦有關風教者。公生宏治戊申十月十五。距卒得年六十三。君元配葉氏。先公卒。繼配樊氏。胥有婦德。子四。梁。采。樂。杲。梁。樂列郡庠。孫四。燦。炫。煌。煐。煌。煐籍州校。食餼廩。嗚呼。予自罷歸。方相藉娛晚年。乃期不閱日。今先銘其墓。歡悰何寄。老淚濡毫。悲哉。銘曰。維天生人。品命各殊。殁無可傳。生亦為虛。猗與海田。偉哉丈夫。系繇世胄。辰際亨途。倜儻不羈。恥為腐儒。書通節略。禮習摳趨。孝友之倫。獨根性分。垁煌之業。別是規模。孰為廟廊。孰為江湖。隨時濩落。不問榮枯。啣杯成癖。躭奕如愚。與世夷遊。或忘朝晡。乾坤逆旅。身世須臾。昔有斯人。今也則亡。猶以為夢。遊醉鄉。不知其乘化逍遙。神已超於蓮壺塵。按棋枰。灰寒酒爐。緬懷舊物。浩發長吁。一代風流。九原莫呼。勒茲貞珉。不朽是圖。

勉仁方書壁示諸生記　王艮

予幸辱諸友相愛。彼此切磋砥礪。相勉于仁。惟恐其不能遷善改過者。一體相關故也。然而不知用力之方。則有不能改己過而惟攻人之過者。故友朋往來。日見其疏也。是以愛人之道而反見惡於人者。不知反躬自責故也。予將有以諭之。夫仁者愛人。信者信人。此合外內之道也。于此觀之。不愛人。不仁可知矣。不信人。不信可知矣。故愛人者。人恆愛之。信人者。人恆信之。此感應之道也。于此觀之。人不愛我。非特人之不仁。己之不仁可知矣。不信我。非特人之不信。己之不信可知矣。君子為己之學。自修之不暇。奚暇責人哉。自修而仁矣。自修而信矣。其有不愛我信我者。是在我者。行之有未深。處之有未洽耳。又何怪焉。故君子反求諸其身。上不怨天。下不尤人。以至於顏子之犯而不

校者。如此之勉仁也。然則予之用功。其當以顏子自望。而望于諸友乎。抑不當以顏子自望。而望于諸友乎。夫仁者以天地萬物為一體。一物不獲其所。即己之不獲其所也。務使獲所而後已。是故人人君子。比屋可封。天地位而萬物育。此予之志也。此朋之來也。予日樂之。其未來也。予日望之。此予之心也。今朋友自遠方而來者。豈徒然哉。必有以也。觀其離父母。別妻子。置家業。不遠千里而來者。其志則大矣。其必有深望于予者也。予敢不盡其心。以辜其所望乎。是在我者。必有所責任矣。朋之來也。而必欲其成就。是予之本心也。而欲其速成則不達焉。必也使之明此良知之學。簡易快樂。優游饜飫。日就月將。自改自化。而後已。故君子之道。以人治人。改而止。其有未改。吾寧止之哉。若夫講說之不明。是己之責也。引導之不時。亦己之責也。見人有

過。而不能容。是己之過也。能容其過。而不能使之改正。亦己之過也。欲物正而不先正己者。非大人之學也。故誠者非自成己而已也。所以成物也。成己仁也。成物智也。性之德也。合外内之道也。故時措之宜也。是故孔子學不厭而教不倦者。如斯而已矣。觀其汲汲皇皇。周流天下。其仁可知矣。文王小心翼翼。視民如傷。望道而未之見。其仁可知矣。堯舜兢兢業業。允執厥中。以四海困窮為己責。其仁可知矣。觀乎堯舜文王孔子之學。其同可知矣。其位分雖有上下之殊。然其為天地立心。為生民立命。則一也。顏淵曰。舜何人也。予何人也。有為者亦若是。吾儕其勉之乎。然則予之用功。其當以堯舜文王孔子自望。而望於諸友乎。噫。我知之矣。而今而後。予當自仁矣。予當自信矣。予當自仁而仁于諸友矣。予當自信而信于諸友矣。然則予敢不自用功。

而自棄而棄于諸友乎。予知諸友之相愛。肯不自用功。而自棄而棄予乎。故知此勉仁之方者。則必能反求諸其身。能反求諸其身。而不至於相親相信者。未之有也。

處士儲君海田行狀　　唐純

庚戌冬。純北鄙哭叔父歸。聞處士海田儲君病劇。馳簡通問。渠答亦不及相見。言甚悽惋。予駭之。明日往問。進余于卧室。方坐額。二子梁、樂。蓬裾拜余。且泣下。君亦以額就几。余驚問。或有所托。君曰。病不復起矣。銘幽石。翁諸之。平生事。敢仗知己囑筆。余含慘以應。又明日。就儀床哭之。嗚呼。幽明阻絕。純又敢負其托耶。處士儲姓。諱滋。字茂甫。别號海田。世為毘陵藏林人。始祖凝七公始家泰。曾祖玉。贈司徒公。祖信。封司徒公。父封兵部職方主事公巖。少宰公巏之季也。母范氏。封安人。生處士昆季凡四。伯氏洵。以官封者。仲氏湞。尹弋陽。季氏汶。鄱陽丞。叔氏則滋焉。君自少敏達。規畫奇中。謂諸兄皆績學。乃鋭意幹蠱。奉職方封公之命。小大屹屹。懇萊坊圩田。事攸宜。搆新葺敝。屋室孔安。生業開辟。帛粟羸餘。兄以祿養。君以力養。兄以榮貴悦親。君以殷賑悦親。將無均也耶。母安人罹疾。君羹股肉進。一夕輒愈。此人子孝親發越感格。又不當以中庸繩之。晚年金昭玉粹。融融一堂。感獮鶺鴒之原。申鷄鳩之戒。休戚一體。謙讓相承。異業惟義。終不失為友愛。作宗支旅塋圖。藏瘞昭穆。各各可稽。子孫承祀。不紊其序。亦追養繼孝。尊祖敬宗之猷也。尤能急人之難。不憚寒暑。純妻病革。盛夏酷熱。冒中丞公之子彤。嚴冬病危。凍雪塗地。皆為求置成木。奔走僕僕。若己事。然非義之可尚者乎。君體貌魁梧。性度温懿。與物多可。自縉紳以至技藝。皆可社會。花晨月夕。

咲聚徜徉。桑柘雞犬。田園樂事。集後三代詩。作望雲記。各亦成帙。雖兄僉憲公勸其就例散官。治命。竟以常服斂。此其行之高者。嗚呼。孝弟立而人道幾矣。敬義負而物情洽矣。鄉黨宗族善而内外無間矣。君先立乎其大者。出入小德。其或可逭也哉。距生于宏治戊申十月十五日。至卒之年嘉靖庚戌十月十七日。享年六十有三。配葉氏。亦名族。母道婦道皆有立。先處士廿有五年卒。繼配樊氏。子男四。梁、采、樂、杲。梁、樂。庠學生。采早世。葉氏出。杲。樊氏出。女子四。長適鎮撫趙璧。次聘徐卜賢、韓祖武。孫二。燦、炫。燦。後采。女孫二。長適王鴻逵。次幼。梁等以嘉靖三十年十二月十九日。舁處士柩。啟葉氏之壙。合葬于祖塋之次。純無以強應其請。叙狀如右。惟太史氏採而銘之。幸甚。

按純嘉靖壬午舉人。官湖州府同知。見道光泰州志選舉衣。

儲海田小像贊　唐　純

乃閒乃福，乃田乃祿。不戢不難，綱三行六。一觴一咏，花溪月谷。異𢡱情于榮枯，寧驚心于寵辱。娛娛爾顏，溫溫如玉。俯仰乎天地之間，復何求而不足。

祭儲公瀛溪文　袁　杉

嘉靖庚申歲冬十二月，姪婿袁杉致奠於二岳丈儲瀛翁之靈曰：烏乎！先生賦性兮剛毅而嚴明，顏詞凜凜兮方正而不苟于容。昆季冠紱兮閭里閥閱之榮，孝友惇睦兮望族禮義之名。五采羽儀兮異困異于南溟，千里騏驥兮惟投百里之干城。負鷹鸇之志兮除巨盜之長鯨，厲水霜之節兮卻昏夜之餽金。奏捷王庭兮邑民觖望，以公卿氣忤監司兮不屈志以趨迎。直道難容兮遂卷圖書以歸程。嗚乎！杉之於先生也，始以文字締交，兮繼為兵憲平翁之甥。優禮于館舍兮相視如主賓，少遊黌宮兮芸窗麗澤以忘形。老歸林壑兮社會樽酒于耆英，五十載之春汪兮愛篤而情親。三代之往來兮何歲月之邁征，向慟謝家寶樹兮漸次凋零，近傷亡室玉環兮忽斷其聲。茲者瀛翁永逝兮予何賴以宗盟？嘆老嗟衰兮寥寥數賢，以辰星奠一觴以告別兮來享于英靈。

按：杉字子才，嘉靖乙酉舉人。詳道光泰州志文苑。

儲海田小像贊　呂懷健乾齋

偉哉器度，惟德之孚。忠信內蘊，孝友交修。不求不忮，弗剛弗柔。心無愧怍，自裕優游。陶情詩酒，行樂林邱。紹先範俗，貽厥孫謀。

按：懷健嘉靖戊子順天舉人，壬辰進士，官評事。

儲海田小像贊　李　彬質庵

丰姿峻茂，體貌魁梧。情懷風月，器度江湖。克纘而愈昌者，箕裘之事業；因心而獨厚者，花萼之歡娛。倚海為田，以樵以租。詩成對句，酒半高歌。樂鴻儒之盈庭，慶鳳雛之齊驅。磊磊落落，真有以追陶謝而失王何。

按：彬嘉靖丁酉舉人，丁未進士，官戶部主事。

祭工部陳錫次山文　沈良才

嗚乎仲龍，胡為而生，胡為而死？謂天無意耶，不宜畀以清逸之才；果有意耶，不宜奪其方強之壽。悲兮惚兮，殆不可知。方在髫齔，穎悟絕人。長即潛心向學，肆力文章，遂能沈酣六藝，貫通百家。廩校文場，輒先諸士。與兄孟龍、弟季龍煒然名動淮南四方。咸式其文，鄉閭皆侈其盛，比竇氏之五芳，河東之三鳳。舉嘉靖乙卯秋闈，連登丙辰進士。時良才相見於京師，叩其所藏，臨籍深厚，方慶南野公有子矣。初授東陽縣令，始釋褐以臨民，即精詳而集事。邑刁民梗，翊弱鋤強，威惠並行。幾年稱治，監司謂未足以盡其才也，薦之天子，制調浙之桐鄉。俗尚浮靡，治以簡約，革除冗蠹，矜恤民隱，上下相安，邑又大治。以課最拜南京工部都水司主事。茍假之年，以充其蘊，則鼎彝勳業可企也，公卿爵位可至也。僅一疾已矣，嗚乎痛哉！譬之華鐘玉磬，方懸于大廷，八音齊鳴，百僚竦聽，忽折簴蒙瑕，不能發揚蹈厲，條理其始終，以狀郊廟之盛，以諧神人之和，豈不重可惜哉！夷考其平生，雖少年美官，科第忠榮，簿書奔走，疾病相仍，未得一日從容享仕進之樂。嗚乎痛哉！然栽培傾覆，天道之常；禍福吉凶，相為倚伏。陳氏為海陵舊族，自管竹公擢第于成化間，後望巖公仕而不顯。南野公種德弗耀。屯膏含馥九十年。始發於仲龍。又未竟其用。今孟氏、季氏文譽日著。顯榮可待。而二孤岐嶷穎異。蘭玉生光。人定之理。所可知者。其在茲乎。且兄弟天性孝友。善養姨姊。撫人體貌日豐。教撫二孤。恩義諄至。綜理葬事。曲盡心力。家門日大。慶澤日長。替于昔而盛于今。前有承而後有繼。皆仲龍啟之也。仲龍亦可以瞑目矣。行將窀穸。幽明永違。薄奠陳詞。靈其鑒之。哀哉尚饗。

儲海田小像贊　王陳策　近山

坦如夷如。其胸襟也。琳如瑯如。其聲音也。肅如雍如。其季昆也。振如洗如。其後人也。若夫飲神浩量。奕妙元機。逃情物外。涅不可緇。君子誦望雲之紀。覽歸一之圖。斯亦足以窺公之餘。

泰文錄　五三

泰文錄　五四

明故文林郎知湯溪縣事前兩京戶部照磨少墟公行狀　徐壽昌

公儲姓。諱灝。字湜浦。別號少墟。其先世毘陵人。元末徙海陵。有處士諱宏者。為高祖。倜儻好義。嘗隆冬載布數車。入遼陽。值道梗。人多凍死者。遂立市門散之。又嘗行道中。得遺金。盡歸其人。謝不受。大學士文正公東陽傳之。載郡志中。世德可徵也。曾大父玉。大父信。兩世俱贈戶部右侍郎。父巏。通議大夫南京吏部左侍郎。謚文懿。是為柴墟先生。前母周氏。母朱氏。俱贈太淑人。文懿公生而穎異。年十六。游科場。名動畿輔。舉應天府癸卯鄉試。甲辰科進士。俱第一。入銓曹。卿僕寺僉都憲。以進陟卿佐。雅文危行。一時學士大夫仰之。有如山斗。是時也。公方五歲。氣宇敦實。舉動不苟。繼三年而文懿公薨矣。公雖在幼冲。而亦知與哭之位。曉跪拜之節。免喪。從師力學。其受教悛悛惟謹。入臺試。補郡庠弟子員。戊子春。母淑人念先德之未揚。以疏請蔭吏部。奏允。公入為國子生。值冊立中宮。大司成澤公為副使。奉詔書及明倫大典。往諭江南諸路。凡所往。例有贐餽。公一例却之。諸司徒咸敬異公。而益仰文懿之教。庚子冬。謁選。授南京戶部照磨。赴任日。執淑人之衣。咿嚶涕泣。不忍別去。廣具輿皂迎之就養。皆不果。壬寅冬。函表入賀。淑人感疾而逝。比歸。以不及永訣為憾。盡乃心力。以大事服除。復授北京戶部照磨。會西北醜虜犯順。邊餉一空。督制諸臣。疏聞甚急。本部尚書王公括太倉銀米共七萬。簡公以行。公兼日夜以將。三邊得食。賴以寧息。無何。擢湯溪縣知縣。在金華域中。山林幽阻。土薄而生鮮。民悍而健訟。前之令此者。往往稱難治。公至。主以公廉。而威惠兼之。莫不訾服。他如奪富人之田。平鄰邑之賦。婚士之不能妻者三人。助

泰文錄　五五

泰文錄　五六

士之不能長者十有一人。鹽盜之怙終者。立底於罰。此其章章之在彼者。皆公所未嘗口之。而昨偶得之同堂生祝大賓者云云。不敢誣也。公方有務遠之志。而當道遽以有求於公。加以漫浼之誣。公始浩然歸矣。歸之日。高尚不回。以耕田教子為事。暇與里中耆宿。彈碁賦詩。投壺飲酒以為樂。雖郡大夫惟正旦筵仕一兩見而已。庠士人嘗書其行。躬雖生於宦族。心實下于齊民。敦朴是先。居鄉抱太邱之節。請謁不事。持身等滅明之賢。蓋表其實也。已乃上之州司。以僎賓禮請正鄉飲位。人方擬其晚福無涯也。而倏不起。豈非命哉。公賦性篤實。而謹身御物以禮濟之。與人交久。外雖若殊而中實切。至後文懿之世。無異寒素。凡先世所遺秘書名籍。咸寶無失。雅有志于詩詞。而所作多清新可愛。而小楷、行書、草書。亦一時之選也。公生正德丁卯年正

月十七日巳時。卒于隆慶丁卯年八月二十八日巳時。享年六十有一。初配陳氏。揚州衛指揮使堯女。先公二十六年而卒。繼方氏、孫氏。男子二。夢麒。娶徐氏。臨邑主簿岐女。夢鳳。娶劉氏。太學生桐女。女子二。一適太學生錢璀子雲鵾。一適泰興縣李清子承業。孫女一。聘女未適。皆公之生前所擇而婚嫁之者也。麒等以既卒之明年。卜兆于州治東許鄭莊新阡。以某月某日奉公柩。遷陳孺人之柩而合窆焉。將請銘太史氏。以圖不朽於公。懇昌摭拾以俟。昌惟髫年與公並游鄉校。而中復別業相聯。效元白詩筒之交。敦范張莫逆之義。將四十餘年。而麒之娶又昌之女。爷是昌之視公。親友兩至。惡乎敢辭。乃按公之家乘集而敘之。歸之麒等。以待太史氏之採擇焉。謹狀。

按：壽昌，明嘉靖朝貢生。官館陶縣主簿。載泰州道光志選舉表。

祭儲公瀛溪文

張鑑

嘉靖庚申歲春，晚生張鑑謹致奠于瀛翁姻丈儲老先生之靈曰。烏乎惟翁。鍾英喬嶽。玉立言襟。袍軒豁望之儼然。得被容接。盎乎春陽。論議慷慨。恥為媚顏。摛藻炳燿。刊落冗繁。峻行修潔。軌度森嚴。鄉之耆宿。國之具瞻。出守郡邑。經濟愷肅。上下不負。聲稱赫赫。扶衰起廢。詰蠹乎側。黎獻孔懷。豪右沮抑。與時違拂。恬然解綬。視若脫屣。曾不吝惜。嘉鮮歸休。俯仰自得。特開蔣逕。頹然陶菊。義氣孚合。不倦觴奕。勢利榮祿。豈干胸臆。大雅鎮定。表表可式。俄驚豎孽。精靈返嶽。玉樓撰述。儼馭寥廓。鳳雛翩翩。食報匪極。鑑也飲德。無涯瞻轄。孔惻陳辭。薦酒仰冀來格。

按：鑑，明嘉靖朝貢生。官東昌府教授。見泰州道光志選舉表。

儲海田小像贊

李鵬

儼然其容。若有所禮也。怡然其色。若有所喜也。確然其言論。若有所擬而不亂也。于然其動定。若有所恥而不為也。開風月之襟期。徹囂塵之意緒。觴詠于畎畝之中。脫略有所洗也。問其人。則向之剖膚起毋孝。聲稱沸然。四徹于都鄙者也。

按：鵬，明嘉靖朝貢生。官餘杭縣知縣。載泰州道光志選舉表。

請旨給假疏

陳應芳

太僕寺少卿臣陳應芳謹奏。為比例陳情。懇乞天恩俯容給假回籍遷葬。以全子道事。臣惟為子盡孝。為臣盡忠。兩者人道之大倫。而天地之常經也。然未有為子不能盡孝。而為臣則能盡忠者。兩者立身之大節。而相需之至理也。臣以菲劣。叨蒙皇上作養。發跡科第。起家縣令。由郎署歷藩臬。以至今官。通籍二十八年。愧無寸補。歷官十有二任。慚乏片長。昨偶妄意。勉修職業。誤罹世網。致起讒言。待罪乞身。七有踰月。兩奉明旨。照舊供職。感戴高厚之恩。誓竭涓埃之報。爭滿三載。例應給由。出而見朝。甘聽幽黜。復蒙聖慈。詔使復職。賜給恩典。臣感激沖零。即雖捐糜此身。何能仰酬萬一。而敢再言其私。顧臣弱軀綿禍。有迫切至情。不得不哀鳴于君父之前者。臣父陳汲。刻苦燈牕二十載。叨中嘉靖丙辰科進士。授刑部主事。未三年。卒於京邸。臣與母潘氏。茹苦忍痛。相依為命。以有成立。臣登第。筮仕金華。臣母又復卒於官署。臣哀慟至不欲生。已又念父母止生臣一人。勉強支持。冀延此一脈之傳。庶不墜先人如綫之緒云爾。奈何薄命不天年既逾五而望六子息未立身則孑然以聆依顛連無告朝夕皇皇因憶往年堪輿家書謂先臣葬地未協吉兆蓋彼時臣年甫十三未能詳審而後遂因循不能再擇奔走仕途愈益廢閣今時勢至此追思堪輿家言雖悔其既晚若及今即為改卜猶幸其可圖且臣自五月以來偶爾感疾脾胃受傷食飲減少形體削弱勢甚阽危萬一溘先朝露則前志未遂負此大不孝之罪何以見臣父母于地下興言及此不自知其涕之沾襟袖矣方寸擾亂即欲盡忠皇上以無從而況事勢掣肘即圖勉修職業而無效此所以不得不據實陳情而哀鳴于九重之上也查得近年以來臣同寺少卿林烴何倬張輔之黃紀賢俱各疏乞遷葬皆蒙皇上俞允賜出生全之路臣今事體實與相同而至情迫切則又過之輒敢比例疏情伏乞敕下吏部查照前

泰文錄 六二

泰文錄 六二

例容臣給假回籍遷葬倘徼天幸得卜吉壤上妥先靈下冀延世願與田夫野老日夕焚香共祝聖天子萬年遐壽吏期銜環結草以報恩私臣所自盟于此心者天地鬼神實鑒臨之矣

金華（按家乘世表初仕浙江金華縣）子息未立（按世表嗣子王謨應祈次子附監生養子一舉生附學生）

祭台州府名宦管竹公文　　陳應芳

維萬曆二十一年歲次癸巳冬十月辛巳朔越初九日己丑欽差提督浙江學政按察使司僉事曾姪孫應芳謹以牲醴敢昭告于明賜進士第中憲大夫浙江台州府知府崇祀名宦管竹公之神位而言曰國朝令甲進名宦俎豆宮牆以志報且樹風也公之守赤城也九載不遷六事具舉三十餘年而台之人舉而祀之又四十餘年而公之曾姪孫來視學政入其境訪公之遺蹟則志傳碑記台之人尚能述而言之此以見地方風俗之厚而公之澤庶幾稱不朽矣嗟乎九載之仁百世之祀德厚流遠久而彌光今之瞻謁也豈特修子姓之禮而已哉繼公而守茲土者儻足以風乎惟公鑒之尚饗

兩名宦錄序　　陳應芳

兩名宦為余高祖學博公諱祿仕浙之西安縣曾伯祖大參公諱相守浙之台州府迨余小子奉命視學兩浙訪故實而查明纂集成編者夫海陵之有我陳來自江西吉水凡三世而西安公薦景泰庚午科族始滋大西安公生二子其一即台州公其一則西圃百歲公為余小子曾大王父是矣蓋西安公以文學起家台州公光大其緒官至廣西參政百歲公積累其仁雖未入仕而壽考為海陵一人至其孫刑部公汲為余父曾孫工部

泰文錄 六三

泰文錄 六四

公應詔為余兄以叔姪同第嘉靖丙辰而余小子亦幸叨今上甲戌第以續其後本本源源則皆西安公書香所貽也西安公既以文學開其先復以宦績啟其後余小子何幸既承其文學以發跡甲科而又獲躬履其宦遊之地訪遺績而祀名宦並至於台州公使父子並輝映不朽詎不百世珠邁哉抑猶未也海陵有坊矣題曰橋梓揚芳在登仙橋以南蓋先是當路為兩名宦父子建也至嘉靖間燬于火今遺跡尚存儻後能繼其新之者將不有待而興耶余小子任太僕以修明官守忤兩險人杜門乞歸奉旨留然自以不得其職終不能強也束裝待報偶得茲集於行李中因付剞劂以識歲月為引其首如此萬曆二十九年辛丑秋八月曾孫應芳頓首謹撰

復褚愛翁撫台　　陳應芳

逵拜雲函之辱。方擬專使報謝。不謂捧檄時程期則已將逵矣。趨上豐芭。未遑一介之遺。此衷日夕耿耿。何意汪洋雅量。無纖芥督過。而歲籥方更。復承垂念。華緘再臨。懇懇地方民瘼相詢。聽求明之盛意。即古大臣風度。尋常豈得望焉。感服感服。惟福星照臨淮海。窮簷蔀屋。凡幽潛闇匌。得耀其光明。蓋吏勤其職。閭閻莫于袵席。非一日矣。連睹大疏。翩翩然漸遠之想。士民皇皇。恐失所天。主上不遐遺東南。豈忍奪其所怙恃。而況台鼎需調。眷倚尤切。肯令得遂賢達之高致哉。幸為蒼生自愛。淮南大水。滔滔東注高、泰、興、寶。田若釜底。仰而受其瀰漫之害。故此四州縣。未可以二視也。所從來矣。昨所司陳情永折。獨言高、寶、興化。不及泰州。豈以泰州之治。尚在高阜。而田亦有上下河之分耶。不知州治之高一隅耳。錢糧五萬五千有奇。在上河者僅二

三千石。其五萬二千盡坐湖堤以内。與高、寶、興化一也。今以州治一隅之高阜。而掩四境濱湖之低下。以三千零星之上地。而掩五萬重大之正賦。此百姓所以日夜腐心而不得其平者也。昨士民赴愬承老公祖。洞鑒云疏已上。不可再疏。俟更為圖。斯言傳布。不啻朽骨而肉之。即今獻歲發春矣。久晴水涸。將來必有久陰水漲之患。不知後當何狀。儻為地方建議。乞老公祖詳察。俾泰州仍前得列于高、寶、興化同類。而共議之。地方幸甚。諒仁人在事。小民自無向隅而泣者。乃承清問。下及輒敢布其區區。伏維台慈鑒其懇悃。而矜其所不逮。臨楮不勝瞻仰、感祈之至。逵古近字

與郭一陽太守

陳應芳

惟明台天下鉅品也。不腆淮提獲借。而儼然辱臨之。使戴有福曜。其何幸厚焉。期月以來。德政覃被。其霑濡而潤澤之也。若嘉禾之得膏雨。其起敝而登于理也。若痼疾之遇神醫。淮士與民。並受其賜。輿人之頌。蓋十州邑如一口矣。明台何修而得此聲于士民間哉。竊觀真純愷悌。可貫金石。蚤夜孳孳。無一念不在閭閻也者。誠能動物。慈可使衆。有體有用。宜然爾。此豈躐虛之小術。簿書之俗吏。可同日而道也。不佞宇下一人也。曩自閩還。渴擬摳謁。慰仰止之思。而往來邗水。玉體方靜攝。謝客無能望見顏色。獨從閭巷得條議讀之。高、寶比例興化。請從永折。詞意懇惻。一言一淚。即夏禹由溺之思。伊尹若推之恥。蔑以過矣。而敝州小民。若猶有不勝其雲霓之望者。不佞曉以大義。謂明台豈有意軒輊。毋亦被水曲折。偶未得親于目擊。而覆賦捐減。尤難並請于一時。次第而需之。仁如明台。必當不竟遺爾。爾頑細

民又渡江來言。明台今以河道復有條議。詢其故。則小民一一口誦其詞曰。伍越潭等處衝決九口。一時堵塞不及。滔天之水。建瓴東注。由邵伯鎮、高郵、寶應。至興化塩城一帶。方圓數百里。俱成湖海。廬舍桑田。漂沒殆盡。本府親詣踏勘。平地水深丈許。男婦老幼。巢居木處。哭聲動天。聞之不覺痛心淚下。嗟嗟。此小民之天數。而亦付之無可奈何也。條議若此。泰州不與焉。不佞因復曉之曰。若輩不觀議中由邵伯之文乎。文曰。由邵伯。則踏勘未嘗至泰州矣。踏勘未至。則泰州之水。安得見之。所謂方圓數百里。泰州當十之三。高、寶、興、塩共十之七。以明台仁心愛民。於彼且云痛心。且云淚下。豈其獨厚十之七。而薄視十之三者。特見未見之分數耳。使並見之。則痛心淚下。泰州豈宜在高、寶、興、塩之後耶。夫何成心之與有。細民聞斯言也。至感動泣下。乃

又言曰昨者之議永折也熟于耳聞今日之議河道也出于目
覩以兹本原之地耳目聞見泰州一不得與上而兩台又上而
廟堂將惟本原之地之言是徵是信泰州不終覆盆矣乎夫前
此未永折也猶與高寶興鹽無別也今永折而不及也則迥然
區以別矣前此治湖有公移也猶與高寶興鹽並列也今公移
而不及也則災不列於湖内矣是日月之容光不照而雨露之
膏澤不被也日月雨露誠然無心彼不照不被者一何不幸也
與哉為今日計必得各使君遍下河之境盡數日之勞或由高
寶登舟從興化至泰州登岸或由泰州登舟從興化至高寶登
岸一一咨諏覽其連界被水之困考其田賦多寡之數庶日月
之明徹于蔀屋雨露之潤均于枯槁子其謂何不佞謝不敏信
如細民之言亦有芻蕘可採者乎不得已備述以轉聞于台下

泰文錄　六九
泰文錄　七〇

而佐以小刻夫老公祖之愛民甚矣愛則仁仁則必善求隱瘼
愛則虛虛則必能受盡言輒敢披瀝至此竊謂刻印銷印總歸
無我開誠布公古人懿節今日之事請明台如細民言親舉玉
趾盡境内遍寓目焉儘破拘攣之成議毅然為請於上以明前
者得其概今者得其詳概則未能不偏詳則始無不被無妨先
後異同必使彼此畫一此大公無我之度古豪傑之盛舉也即
不然容細民具詞于兩台然後因而往勘以復其上為言其狀
蕞爾泰州猶僂人也今則生之又白骨也今則肉之庶幾哉不
朽之澤世世頌義惟均矣干冒威尊惶懼無已伏維矜鑒而貸
其愚戇幸甚

與游振嚴州守　陳應芳

前承虛懷示教勉體台下憂民至意謹以鳳陽糧稿草創呈覽
以老父母鴻筆視之不班門弄斧耶乃芻蕘之見或亦採擇者
所不棄也蓋事體宜詳不得不備載而民情迫切又不可不明
言伏惟卓裁昨知加派由己不可得矣文書呈府轉中時備之
可也又昨見教十八年倉口事葉政等有一糧數專開竄開所
欠據其數至八千令人可駭當今官民俱困之時而竄户以遠
在場拖欠至此若貸而不問而専責之民間以完目前所急是
奸竄得計而良民為之代納矣里巷之口如此謹以上聞以台
下均平之政乞留意一查之見今奉詳批令管糧衙會同分司
追徵此其時不可失也如何如何恃愛縷縷餘容面布

報里中上舍及通學諸文　陳應芳

日在里中諸丈聚族而及不佞之門也以蠲折不均責之使言
具見公舉昨父老渡江而來又辱手書諄諄懇懇若不能一日

泰文錄　七一
泰文錄　七二

安焉者夫國學鄉校公論所自出諸丈秉大義爲鄉黨而又以
大義責不佞夫不佞生于斯長于斯將焉避之叨從薦紳之後
所不與諸丈同心者有如日頃聞直指公按部凡厥冠裳亦既
有呈矣不佞謹摭拾諸丈之緒論著為一書以上專使奉覽且
以報命其中論改兑亦甚詳蓋與永折雖兩事然其關地方利
病則一前諸丈言鄉者改兑也誤今再誤是又蹈覆轍矣不容
緩也是以並論著之惟諸丈所裁訂焉

乞師文　陳凝祉

為鄰封將弁捍寇密陳援剿機宜泣請發兵以復楚疆以固江
圉事竊聞春秋尚乞師之義故申胥廷哭而見褒王者貴恤患
之兵故子貢救鄭而必錄憲台坐撫三江控制吳楚兵民愛戴
四境晏安本道屬在鄰員久叨樾蔭唇齒之國輔車相倚自古

誌之。湖南與袁吉阡陌相錯。婚媾相聯。尤疆域之不得而分者。今滇氛日惡。楚弁所在輸情。未聞一矢相加。遺湖南一片土。盡為逆弁拱手獻納。楚之削。江右之危也。本道備員驛粮。以贊兌僕僕岳長間。長沙之變。幾及於難。披荊棘。蒙霧露。夜行晝伏。得見憲台。今賊之大隊。由辰沅直向荊州。湖南各府州縣。有各逆弁先遞降票。賊止差人掛偽示招安。即以降卒移彼駐此。或三百或五百人。守其地。無多兵也。倘蒙憲台簡選精銳。調發五千。以習戰之將將之。銜枚疾走。先趨長沙。一面密咨湖廣督撫兩台。迅發滿洲精騎二千。由監利渡江。收復岳州。會兵于長沙。長之降將素不知兵。其士卒又皆從不訓練。游手烏合之徒。安能披堅執銳。冒鋒鏑而與我爭。臨機設奇制勝。不必控一弦。折一鏃。而降將之首。可探囊取也。長沙既復。即留滿洲精銳千人守

泰文録　七三

泰文録　七四

之。使賊有東顧之疑。則當引兵同滿騎千人。由寶慶路恢復沅州。聞沅鎮崔世祿義不肯屈。因士卒掉臂。迫于不得已。今若以得勝之勁兵。臨于城下。則義旗所指。人皆股慄。彼首先納款之羸卒。自聞風膽落。可一鼓而殲焉。而沅州可復也。沅再復。軍聲益振。第恐降卒之在辰者。彼將趨之。來援。當于五千精銳中。留一千固守沅城。多與戰提此慶勝之師。人作敵愾之氣。滿漢交奮。一以當千。長趨直指鎮遠。入取黔中。覆毀其巢。則彼向荊之旅。既有東顧之疑。又聞入黔之師從天而下。必退而還顧其家。荊州之急。可不戰而自解。滿洲大兵奮勇擊其後。則彼腹背受敵。仰賴國靈。三軍效命。轉戰而前。繫平西之頸。獻于闕下。在此舉矣。行見憲台勳名麟閣。茅土受封。大業且垂不朽。伏乞慨發驍勇。大張撻伐。密咨楚憲。首尾應援。互相犄角。是役也。社稷實

嘉賴之。豈惟江楚均受其福哉。

山西同門錄序

陳凝祉

甲午秋。分校晉闈。肅峭廉隅。澄泓心目。深夜披覽。既得七子者卷。烟雲滿楮。恆峯汾曲。盡浮尺幅間。比入薦額。榜放。都人士指目其下。某也名士。某也時賢。本房果無愧得人云。爰是以諸子卷付剞劂。用公海內。錄成。請予弁厥首。余不文。烏能以文文諸子之文。雖然。有說焉。聞之。王不沿禮。霸不襲智。言日新也。惟文亦然。文者神明之物。變以時。異以地。順時者致昌者也。運其地而能為良者。審方者也。今諸子之文。黜遠風雲月露花鳥琳瑯之習。一軌大雅。昌明渾灝。蔚為國華。行且上公車。應春官試。於斯二者盡詳焉。夫神龍矯舉。掀吸不於蹄涔。航海巨舟。鼓棹不於溪澗。諸君此行。將熊熊焱焱。為驪珠發光乎。抑滮滮漫漫。自

泰文録　七五

泰文録　七六

謂蜿蜒在握乎。三晉山川盤回。靈氣日開。織玉瀲而綴珠鱗。奇才異能。固不可更僕數。若乃六合殊尤。並鑿心於藝苑。八方好事。咸匠意於文樞。恢奇與博。無不盡態極妍。而後知過太行以東。尚有如是大觀也。諸君此行。非惟與晉士齒。且將與燕齊吳越秦楚諸名秀。鼓翼排雲。以赴風雲之會。苟踵事鮮增。新情不振。安在操勝算而角逐中原乎。吾願諸君掬管時。如踏層樓巍閣。進而愈上。俯視一切如培塿然。又如攬勝名山。景隨步換。不蹈恆蹊。使觀者讀一藝。留連數日。想昔人之實德動天。璧祥開日華者。然夫然後雄長雞壇。無有逆顏行以相頡頏者。亦憾盡在吾黨矣。前戊子。先大父蘭台公典試晉中。所錄皆一時名彥。如象雲韓公。拱暘孫公。尤為首得士。厥後大業彪炳。功施爛然。至今篤世誼不衰。諸君佩吾言以往。瓊林曲江。自是指顧間

事。興日者。或躋卿月。或作傅霖。與孫韓二先生輝映。俾都人士又指目其榜曰。太邱氏得人之盛如此。余鄙人不大愉快乎。若吾李子天特以副車為奮興。先著而留之。以冠冕西州也。奚其憾。文林郎山西汾州府推官陳凝祉謹序。

原任翰林院編修長男志紀行狀　陳凝祉

傷哉痛心。吾年老矣。自分生無裨於人世。其即填溝壑。而吾紀兒執筆狀予之行。以邀惠於鴻文鉅篇。用賁泉壤。宜也。乃今衰而老者。顧猶憎然視息。少且壯如吾紀兒。轉令之不祿。況投荒萬里之外。子思父而不獲歸。父念子而不獲往。六年以來。淚枯血竭。幸聖恩深厚。不即加以斧鉞。所蚤莫冀望者。庶幾大赦弘頒。許其自新。則生還田里。或有日也。而今已矣。傷哉痛心。凡皆吾為父不慈之所致也。念自襁褓以至成人。雖能教之讀書。教

之成名。乃不能保全於入仕之日。痛哉痛哉。肝摧肺裂之餘。忍淚揮毫。略記其生平梗概。當代大人先生見之。共仰頌聖明之寬大。而俯愍吾紀兒之愚戇也。兒為予長子。母杜氏。吾元配也。終其身所育者。止紀兒一人。孩提時。顧盼言笑。即迥異常兒。六歲就外傅。授句讀。頗善記誦。秉性馴篤。絕不雜儕偶中嬉戲。父師訓誡。遵奉唯謹。十二歲能文章。年十六。入郡庠。是時我國家初造。南有督學。猶沿明制。職御史。總學政者。為陳公昌言。陳公名進士。精藻鑑。於同列中尤特器紀兒。自是小試常前列。尋食廩餼。至壬辰。予謁選得山右汾郡司理。以道遠未挈家往。久之量移入戶曹。未能旋里。與紀兒不相見者將十年。其在家奮志鍵關。自搆一小樓於城之西隅。題曰五精樓。讀書其間。足不履戶外。江右李太虛先生。一見深相引重。日以文字相規切。期其

成大名。建大業。兒亦潛心肆習。學業日進。期不負知己。嘗曰。異日致身青雲。當讀書中秘。為不朽事。名垂青史耳。因四書講義龐雜紛紜。不歸一致。學者靡所適從。乃取淺說一書。折衷于大全。蒙引。或問。諸家。參以己意。增刪顯明簡易。如周道坦塗。頗有功于經傳。學使者一見其稿。大為擊節。時文章濫觴。競趨排偶。絕無生動之氣。因思文之以氣行者。莫如眉山。乃取蘇長公文摘其尤警策者。細加評注。名曰拔尤。冀其一洗卑弱之調。挽為雄宕高古。二書既登雕版。一時盛行。幾令紙貴。至丁酉秋闈。捷南省。人皆以為慶。羣相賀。紀兒殊怏怏。以未辱前茅也。予父子十年來間隔。至是始以公車會聚於都門。時有議及場屋弊謹者。語聞先皇帝。於是主考及同考官。俱逮問。其南北兩闈中式士。悉詣闕聽覆試。天子親臨軒命題。一時士子中懷疑畏。雖夙昔

才思橫溢者。是日以戰慄窘縛。咸弗竟其長。紀兒獨酣暢淋漓。躊躇滿志。榜發。兒名次較會試乃更進而上。明年己亥。復奉旨再試。紀兒名次又更高于前。覆試時。先是每御試。先皇帝必御殿。親點名授卷。見紀兒數試。數前文采愈益佳。已心識其人。而紀兒亦因之稔習天顏。既數月。滇黔新入版圖。特旨命再行會試。意在簡異才。以綏南服。則紀兒入彀。成二甲進士。選館入詞林。改庶吉士。習清書。究心殫力。遂臻精熟。以故逢館課。輒數奪元。至被寵眷。賜幣賜茶餅。恆蒙異數。時予方奉差督課都門。與紀兒聚首甫一年。又奉差徐庾。尋請假旋里。猶留兒在京。辛丑會試天下士。推選房考官。紀兒與馬事鎰得士二十三人。皆一時名雋。論資授編修。亡何。先皇帝賓天。今上即位。明年改元康熙。以紀兒先朝舊人。寵禮有加。又六年丁未。則犬馬齒六十矣。

紀兜乃乞假歸。蓋當是時，其母杜氏方就養京署，因奉母歸，而
為予稱觴焉。家居三載，晨昏侍奉，未嘗少缺。三黨之戚緩急相
濟，即索筍蕭然，亦必多方措置，以將事。每歲將盡時，視其貧者，
必傾囊以徧給。時歲游饑，流離載道，糶米麥賑給，逮二年，全活
頗多。遇奇寒，念獄底遠繫者凍餒，人給以草薦，作粥糜食之。假
滿還朝，是歲為庚戌，復迎母入都就養。居恒感皇上知遇，處心
積慮，刻刻以報國為念。舉凡生民大利病，政事大興革，風俗大
盛衰，以及河漕鹽榷、財賦、獄訟之類，無不悉心圖維，熟揣摩于
胸臆，以為啟沃資，其素志也。每思有所建白，未得間。會京師旱，
詔求直言，紀兜從諸臣上封事，賜召對，復口陳數語，上頷之。曰
明日再具疏來。紀兜狂戇不深思，輕議天下事，特疏入。疏入之
又次日，遂被逮下吏刑二部勘問。賴上恩貫其死，僅謫戍關外。

行之日，慷慨激昂，絕無顧戀家園態。士論甚偉之。予送之至通
州，見予乃曰：男不孝，以不善事君貽父憂，罪通于天矣。父尚何
遠送為？予慰之曰：兜以建言受譴，罪固當然，心則無他，未得為
不孝。但此行不知會何年，恨吾不能同汝至彼耳。傷哉痛心。詎
意六年前此數語，即永訣耶。至謫所，安之若故鄉。貧無以為生，
則說經授徒，資其精以給昕夕。亦時檢方書，醫療人病，土人稱
之為陳大夫。家書歲一至，每開緘，中必有兜蒙皇上恩待以不
死。此身一息尚存，則報效猶有日也。特親老無以為養，子職有
缺，此罪莫逭耳等語。傷哉痛心。吾以七十之年，景迫桑榆，曉夜
引領北向，望兜其生還，父子相對，餟簞糜，啜瞑藿，即不望久長，
但數月或數日，死瞑目矣。乃今至於此，悲何可言哉！慟何可言
哉！昨歲十二月，往探之家人來，至傳言面貌依舊，食飲如常，愁

懷稍慰。徐出其所製一衣寄予，謂男不孝，不能膝下效斑斕舞，
父著此衣，即如見兜矣。復為之酸楚欲絕，豈料此信至時，病已
增劇耶。父子之緣，今生其永絕矣。或者死而有知，得相聚于九
泉之下耳。今歲正月二十六日，又得家人信，始知其病篤，急遣
人齎藥餌往，方在途而訃音並遺書至矣。慟哉慟哉。書發于垂
絕時，乃手自繕寫，清楚詳晰，無異平時，聞其將屬纊，猶檢閱家
禮部署家人，令發喪，傷乎慟哉。吾兜胡臨終不亂如此。紀兜生
前朝崇禎三年十二月二十七日辰時，卒康熙十六年正月初
一日酉時。吾名之志紀，字雁群，別字懿誦。配辛卯科孝廉朱公
艾卿諱淑熹女，先卒。子三：長一臣，附貢生，娶己丑進士順德府
知府朱公爾孚女朱氏出；次一儒，國學生，聘徽州府通判劉公
方洪女，側室劉氏出；三一輔，幼未聘，側室沈氏出。方寸既亂，瞶
瞀昏迷，不能多憶，僅髣髴其大略如此。恍惚如夢中語也。伏冀
大人先生憫其愚忠，錫之誌銘，死且不朽。故狀。七十老人凝祉
拉淚筆記。

天旱應詔上言疏　陳志紀

翰林院編修臣陳志紀謹題，為天變易回，人事當修，伏乞體天
行政事。竊嘗稽之洪範，五行，天道；人事未有不相為感召者也。
人事或有僭差，則雨暘寒燠往往極備極無，庶乎時敘之宜，所
以古之君臣凡遇災變，輒返躬自省。王省則惟歲，卿士師尹則
以日月為省者也。今畿輔之地，連年雨澤愆期，是即洪範所謂
極無之凶也。淮揚一路，數受河患，巨浸滔天，民居蕩析，是即洪
範所謂極備之凶也。若不歸咎人事，則上天何以屢降鞠凶？然
實求之人事，則無越於今日吏治民生矣。民生之休戚本於吏

治之貪廉。而澄清吏治。亦無別法。惟是懲貪勸廉之二端。伏見
皇上軫念旱災。憂形於色。既自引咎矣。又傳集六部科道滿漢
諸臣於乾清門。嚴加督諭。蓋洞悉乎吏治之日下。勉以素絲之
節。戒以汙墨之風。冀其去貪而效廉也。臣愚以為皇上擅威福
之柄。激厲人心。移易俗尚。存乎頃刻間。若不得其激厲移易之
道。即日事戒飭。彼且視為故事。漫然無足以動其心。即如皇上
之廷諭諸臣也。臣聞有責其奉職無狀者矣。是皇上於諸臣之
不肖者。未嘗不知。不惟知之。而且宣之於廷矣。夫既已知其人
之不肖。即當於群臣共屬耳目之時。擇其尤者。立處分一二人。
則百爾臣工。必共懾于皇上不測之威。臣又聞皇上有謂其克
循厥職者矣。是皇上於諸臣之賢者。未嘗不知。不惟知之。而且
宣之於廷矣。夫既已知其人之賢。即當于群臣共屬耳目之時。

泰文錄　八五

泰文錄　八六

擇其尤者。立拔擢一二人。則百爾臣工。必共勸于皇上不測之
恩。如是而人心猶有未奮者乎。如是而吏治猶有未變者乎。昔
齊君一日烹阿大夫。封即墨大夫。而其國大治者。用此道也。如
世祖章皇帝時。殺北直巡方顧仁。凌遲江南按察司盧慎言。特
差緹騎拏山東巡撫耿焞、陝西巡撫張自德等。皆以其貪污壞
法。虐害生民。一經被參。即一日不容於地方。故彼時天下為吏
者。皆凜凜懷冰。而天下幾治。目前皇上因天亢旱。朝夕求禱。粗
衣糲食。憂勤惕厲。停土木之工。懸金石之樂。甘霖雖應。民情未
暢。大小臣工。少有良知。亦當仰體皇上之心以為心。而兢兢戒
懼。用節儉以守官。用廉恥以持身。乃有曾為總督巡撫者。猶然
繕治峻宇高堂。連街極巷。甚至取地方子女以為倡優。招集男
女。晝夜宴飲。其不節儉無廉恥。亦已甚矣。近任輦轂之下。正遇

齋戒之時。仍悍然不守法度。無所忌憚。如此又何以責遠方之
為督撫大吏者。而求其廉節不渝也。在廷大小臣工。既蒙皇上
面加戒飭。而在外督撫。亦求上諭頒示。分別勸懲。以皇上平日
之雨露。兼用世祖章皇帝之雷霆。使小民均受其福。天意自可
挽回。易曰。天行健。君子以自強不息。健即剛也。論語曰。惟仁者
能好人。能惡人。能者即斷也。全望皇上以剛為體。以斷為用。毋
見賢而不能舉。見不肖而不能去。賞罰黜陟。毋如石之可轉。則
天下未有不立治者。臣本非言職。目擊皇上焦勞。臣子何心。可
以自安。故不揣冒昧陳奏。緣係條陳字多逾格。伏乞睿鑒施行。
為此具本謹題請旨。

遵旨回奏疏　陳志紀

翰林院編修臣陳志紀謹題。為遵旨明白具奏事。竊臣於本月

泰文錄　八七

泰文錄　八八

十七日謹具天變易回等事一疏。奉旨。為治寬嚴務期得中。用
賢退不肖。自有鑒裁。豈可云專于剛斷。便能挽回災變。本内援
引顧仁、盧慎言、耿焞、張自德等。今有犯此等情罪之人。寬免者
為誰。又所稱曾為總督巡撫者。繕治峻宇高堂。取地方子女以
為倡優等語。陳志紀必有所見著。遂一明白具奏。該部知道。欽
此。臣前因天道亢旱。皇上焦勞之至。宰執部院大臣曾無一人
引咎。所以迫切而籲陳于皇上之前。臣原疏内稱。以皇上平日
之雨露。兼用世祖章皇帝之雷霆。今奉旨云。為治寬嚴務期得
中。豈可云專于剛斷。便能挽回災變。仰見我皇上面稽天若深
得乎用中之學。此微臣所拜手稽首而歌揚休命者也。臣原疏
稱。不肖者皇上當處分一二人。賢者皇上當拔擢一二人。是用
賢退不肖。當全憑皇上之鑒裁。今奉旨云。用賢退不肖。自有鑒

哉。是微臣之意蚤在睿照中矣。至於犯顧仁、盧慎言、耿焞、張自德等之罪而寬免者。如湖南巡撫周召南被參。皇上特差滿洲大臣往彼鞫審情真擬絞罪。今則援赦寬免矣。如長蘆巡鹽御史甯國珍贓私纍纍。刑部審實擬絞罪。今則援赦寬免矣。其餘如蘇松糧道盧綋、淮徐河道祖澤深久經督臣麻勒吉參其貪縱。今則身家依然無恙矣。又如原任贛州府推官周令樹犯贓甚多。審擬重罪。不獨援赦寬免。今則居然太原黃堂矣。夫周召南、甯國珍、盧綋、祖澤深、周令樹輩所犯。其與顧仁、盧慎言等。寧有異哉。若總督巡撫之繕治峻宇高堂。則又不可勝數。如總督郎廷佐、張長庚、苗澄、祖澤清。巡撫許世昌等。孰非身任督撫之後。用民間賣兒貼婦之錢。築愁築怨者。而總督周有德、張朝璘則方在繕治也。其取地方子女以為倡優。則原任巡撫許世昌。

巡撫大臣。當為皇上愛養子民。乃敢犯律例。取所監部下婦女多人。教習歌舞。且當皇上齋戒禱雨之日。世昌歡娛如故。世昌現請蘇州教師王公秀、沈典史在家演習。通國皆知。紳士混集觀場者。王公秀、沈典史俱可究問。女子籍貫來歷。並當逐名嚴查。臣寒儒也。自通仕籍以來。見大小臣工。務名重節者實少。臣竊恨之。今既蒙皇上命臣逐一明白具奏。何敢匿而不言。故不避嫌怨。聽其報復傾陷之。亦有所不顧。惟望皇上鑒臣孤忠足矣。臣謹明白具奏。伏乞睿鑒施行。為此具本謹題請旨。奉聖旨。該部嚴察議奏。

屈賁之書未深玩也。故為此言。嵩注

祭元配朱孺人文

陳志紀

康熙七年歲次戊申十月丙寅朔。越祭日辛未。不杖期服夫陳

志紀。於八月二十四日既以吾妻之訃遣使至京上聞于父。今屆六虞。謹奉母命。率男哀子一臣、一儒。爰以剛鬣柔毛清酌庶羞之儀。哭奠于吾妻皇清敕封孺人貞順朱夫人之靈而言曰。嗚乎痛哉。天何奪吾孺人之速耶。嘗見碌碌女流。咸得與其夫及於偕老。而淑慎溫惠如吾孺人者。乃中道彫喪。意者天以為碌碌女流。不能相其夫、課其子。生無益而死無傳。雖髦耋期頤。而其死已久。如吾孺人者。相夫課子。稱女中傑。出生為有益。而早膺封誥之榮。死為可傳。而克貽子孫之範。訃音所至。遠近悲傷。則雖未享遐壽。而死猶生也。區區年歲之永促。何足道哉。不然。胡天奪吾孺人之速也。吾孺人懿德淑行。諸如勤儉之類。婦道所應盡者。俱不暇論。姑舉其卓識遠見合于忠孝大節者言之。孺人年十六而歸吾。時吾應戊子試。落拓而回。畢姻未幾。父

母命鍵關西園。習舉子業。一切定省之禮。缺而未能周者多矣。孺人則體吾之心而事吾父母也。卑下其色。怡悅其聲。問衣問膳。曲盡孝道。而未嘗少怠焉。是孺人之相吾事親者。世所難得也。吾不才。屢蹶鄉闈。辛卯、甲午。幾得復失。日惟從事咿唔。寢食于舘。得與吾孺人親暱。以盡伉儷之情者。蓋未有多日矣。孺人為吾持家政。諸凡人事酬贈。吾力所不及者。則質簪珥衣飾以襄事。而絕不使聞于吾。曰。姑勿分其讀書念也。嗚乎痛哉。吾亦念數年攻苦。從此稍博寸進。當與吾孺人駢首安享耳。夫何酉秋甫捷。而風波大作。一試再試。方天威之震怒。致羈旅以懷愁。復煩吾孺人惓念。靜夜焚香齋戒。禱于祖。禱于佛。禱于天。為吾祈福者。無所不至。痛哉痛哉。吾孺人未嘗一日忘吾。而吾違孺人以遠遊。致琴瑟之好缺如者。吾之罪也。吾之恨也。迨至己亥

成進士矣。可以歸矣。無何叨列庶常。京華羈迹。事與願違。旋以思家成疾。幾至不起。吾父乃亟命迎吾母與孺人入都。焉至庚子五月。始得相聚京邸。而吾孺人則以途中傷風。悞服涼藥。又目睹前舟覆溺之慘。大受驚懼。未幾而一病臥床者月餘。後雖調治痊愈。病根伏于此矣。嗚乎痛哉。由此問藥問醫。殆無虛日。孺人又天性純孝。無刻不以岳父岳母為念。而岳母病篤。尤日夜憂思。不能去諸懷。辛丑四月。吾岳母仙遊。岳父知吾孺人抱病。誠恐哀毀增劇。姑相與秘之。而吾孺人孝思所致。其時即夢岳母俯臨。其身有愀然不樂之狀。憂疑交集。而病乃愈深。是年六月。例應散館。吾求歸之念甚切。亦以孺人思家故。欲得外用。以為旋里計。孺人則問曰。外用何官乎。吾以府道答之。孺人曰。不可。君年尚幼。吾聞府道內陞。不過一小京堂。尚或需之三四

十年而不可得。況有不可知者乎。且君性剛方。不識忌諱。此官誠非所宜。若果爾。吾滋憂矣。安容以吾之私情。而悞君仕轍哉。嗚乎。女流而見及此。吾所不逮也。猶記是科分校禮闈。半月前孺人即謂吾曰。向君束毫就試。離此僅年餘耳。設邀簡命。嘗思揣摩之苦。慎毋以喜怒為去取也。余心然之。比入闈矢公矢慎。虛己持衡。所拔二十二士。頗協時望。今之嶽嶽朝班。抗論國是者。不乏其人。謂非孺人先事叮嚀之益乎。爾乃旋蒙欽試擢冠群英。爰得一意在內。同吾孺人共甘苦者四年。吾不才。每見紛華而悅。輒以冷署為嫌。而孺人深加慰勉。凜然以大義相規。吾對之頗有慚色。吾一時有拂意事。或遷怒于人。或嗔責童僕。孺人必婉轉開導。不激不隨。俾予意釋而止。數年內。默受孺人之益而不自覺者。類如此。嗚乎。此即孺人于歸以來。僅僅得與吾相聚之日也。然病勢乍減乍增。藥餌不絕于口。何嘗有一怡情適意之事乎。至乙巳五月初八日。正在櫛沐時。忽得吾岳祖母訃音。悲泣幾不欲生。因又望吾岳母音耗。日復一日。憂思所積。至十三日戌時。遂得吐血症矣。彼時調理隨愈。吾亦不過謂此或氣逆而然耳。孰意其竟成痼疾也。嗚乎痛哉。吾于是七月初二日。因請假奉母還籍。同孺人登舟南下。而孺人不知岳母之變。猶殷殷以相見為期也。吾素浪費。不能稍有所積。猶記出都時。資斧涼薄。途中摘勞紛繁。行至濟寧。而橐中告竭。正在點金無術時。而孺人曰。數年來君之俸薪不在是乎。吾積之久矣。吾曰。然則京邸何不先以告我。孺人曰。使吾先以告君。亦歸烏有。君善費財。至輒散。若不遺餘力者。然是吾慮也。吾能逆料之。故此間始相告耳。嗚乎。嘗謂女流而能如是乎。吾孺人以途中水

勞驚恐。緩程而行。至九月二十一日。始獲抵家。即欲歸寧岳父欲姑緩之。而岳母凶問。終不可秘。撫棺一慟。幾至昏絕。比至扶櫬。日夜悲號。五中如裂。弱質當此。其何能堪。然病而自知其病者。病淺。病而不自知其病者。病深。吾孺人以積勞積憂之後。反不知其病之深。而因循時日。醫治竟疏。以致一發再發。而遂至不救也。嗚乎痛哉。猶記去秋吾語孺人以進京。孺人曰。君第往。吾不能偕行也。兒大須婚。女大須嫁。誰當代吾拮据者。吾在京師何為。且分析以後。君之用度。益費商量矣。有吾在家。租稅出入。尚可為君經理。甚矣孺人慮之深長也。嗚乎痛哉。不特此也。婦人之愛其子者。姑息而已。孺人之愛子。則曰。讀書涉世。二者不可偏廢。涉世而不知讀書。則為不學無術。讀書而不知涉世。必至長傲不恭。數年來。旦暮所諄戒者。惟此二事。又恐吾女生

長深閨。未嫺婦則。每以柔順溫惠克勤克儉為訓。即吾次男一儒生。未使聞于孺人。而孺人早已知之。私謂家人曰。此子吾應撫視。待其成立。但恐饑寒飽煖。一時偶失其節。彼不知者。妄生疑端耳。嗚乎。內助之賢。母儀之善。如孺人者可多得乎。夫何昊天不仁。殞此淑質。孺人之生也何來。而其歸也何往乎。去年冬。吾送父北上。夢汝對吾云。吾今別君矣。既寤而驚疑久之。隨遣人歸訊。孺人固無恙也。詎意同家之次日。而吐血復作。彼時吾幾已動。適與二叔父言及此症。不竟涕之沾襟也。及至楊城。延醫調攝。一時雖愈。而仲春復發。百藥無功。嗚乎痛哉。豈吾孺人預知有今日。而以夢告我乎。尤可異者。孺人逝于八月二十四日。七月以前。即斷葷茹素。莊嚴佛事。易簀之時。從容自如。語言井井。若寂然禪定者。嗚乎。觀孺人生前之德行。與臨歿之安詳。

其登西方而證佛果矣。孺人所惓惓不能忘者。曰老親在堂。而不能孝養。弱息在室。而未及婚嫁耳。嗚乎。繼至今。汝之父。吾之父也。歲時省問之禮。分憂共樂之事。吾寧有異情乎。吾力雖綿不能遠有所及。而于諸內兄當自相關也。大兒一臣。自孺人仙逝之後。哀毀異常。至于鼻衄。且能恪遵遺命。凡事安妥。此兒聰明穎悟。吾自教之成名。將來陟木天而翔金馬。克步吾之後塵。猶可望也。至若吾女。愛若掌珠。異日粧奩。吾自不事繁文。用析房產。以為嫁資。而婿亦循循儒雅。頗稱能文。吾自玉之於成。孺人皆可無慮也。嗚乎。霜飛葉落。星霾霧稀。虛館濛濛。孤燈炯炯。粧台如故也。誰則臨之。衣笥在陳也。誰則啟之。問安視膳。助吾以事高堂者誰乎。嘉言懿行。助吾以成德業者誰乎。誰匡吾之闕失。而正論日敷也。誰課吾之子女。而義方是訓也。階墀未改

其舊。何以步履杳然。几席亦仍其常。何以音容不再。嗚乎痛哉。興言及此。云胡不悲。孺人猶憶吾兩人二十年來相訂之語乎。吾先汝而死。則汝從。汝先吾而死。則吾從。苟其負盟。有如此日。今孺人往矣。而吾未能與汝偕往。有何面目以靦生于斯世乎。雖然。雙親未老。終養為期。是亦予不得已之至情。而有不忍多言者矣。吾于七月初六日之晨。曾告城隍。願減吾算。以延孺人之壽。初九日。再致禱。至八月十五日。三致禱焉。而未蒙神鑒其天殞善人乎。抑吾算已盡。而無可借之壽乎。孺人病勢危篤時。曾聞于父。吾父郵寄一字。曰賢善之婦。何以一病至此。設有不虞。內外安所倚賴乎。而吾母哭之慟。悲為減眠食。孺人之見重于吾親如此。至於訃音所及。無論在遠在近。知與不知。率皆相與涕泣曰。惜哉此賢母也。人百其身。衆一其口。孺人生有盛德

歿有嘉名。視彼碌碌女流。與其夫偕老者。果孰死而孰生歟。孺人既邀封典。冠帔榮膺。至於謚法。豈敢以私害公。謹將敕命貞順之語。題孺人之旌。不僭不踰。庶為允愜。嗚乎。今日奠獻。本宜體孺人事佛之誠。好生之念。牲牢蠡藿。不應陳列几筵。但燔炙之馨未將。妥侑之私莫展。敢藉肴醴。用布悃誠。知孺人不棄。必多吐而來歆。如云悖訓予慈悲。吾當任罪于幽冥。尚饗。

汲古堂詩存序

王大經

余束髮與沈子亦季交。志同也。兩相信。亦兩相得。計于今三十年。顛毛俱種種。亦老矣。而兩人之貧困猶故也。每一見。未始不互相笑。以為拙于逢世。以有此。已而相慰也。吾兩人之為吾固自在。以此為深相得。而志同。豈惟志同。由此憶從前三十年。以迄于今。凡兩人之遭逢閱歷。性情境遇。蓋無有一不酷類也。余

羅家難脱。旋先人之遺貲、僅以身存、亦季生而孤、家之銷蝕侵耗者如之。則同、余幼年猶事鉛槧、既而乃棄去、學為古文辭、亦季則絶意不為。獨專攻于詩。其識也較高余一等、然要之于枯槁自棄則同、余弱冠為童子師、以餬其口。至没齒、亦季亦然、則又同、亦季奉老母八十餘、余奉老父至九十、皆倚賴塾俸錢、以供菽水、無不同、亦季年四十二始婚、余年五十始復娶。蓋鰥已三十年所矣。但亦季婚得逮事母、而余不逮事吾父、為抱痛終天耳。而余兩人之性皆戇。既強項不能媚時俗、又疾惡過甚、少不當意、輒面斥、略不容隱、故人人交忌之、且騰謗焉、以此恆不合乎世、固宜吾兩人之貧且困、而終身以老也。年來余惟傭書賣文以買醉、亦季祇圖青山、或時鬻詩易錢以果腹、兩人老年之生計、亦無復少異、歲癸丑余以纂修揚志留東亭、將一年、則

泰文錄　一〇一

泰文錄　一〇二

亦季明年六十矣。余少亦季凡六歲、晨夕晦明、風雨寒暑、未嘗一日離、計生平結交三十年、聚首之多且久、無逾于此、每相對追思從前轗軻顛沛中。數十年世態人情、歷歷如昨日事、吾兩人皆老而貧、不知將來能得幾時聚聚、而得如今日之多且久否。能無先後搖落否。因慷慨悲歌、繼之以歎息泣下、頃之復念自數十年來、浮雲蒼狗、華屋山邱、金張王謝、今昔異觀、蓋無往非是也。而吾兩人顧猶得存舊時之面目、從容談笑、檢生平詩文出諸篋笥、握丹鉛商去取、以畀之梨棗、豈易事哉、假令造物者豐之以遇合、而嗇之以才藻、雖烜赫貴盛、傾動一時、而泯滅無聞、没世不彰、亦季斷不以此易彼、又令當蜩螗沸羹之時、不幸而罹于兵戈水火、轉徙流亡之厄、亦事之無可如何、而幸而皆免、則是亦季之詩、亦季所恃以為存亡者也、詩存而亦季存矣。然而獨名曰存者。何也。蓋亦季奚囊所積、初散失于兵燹、既遺忘于盜賊、而披紛棄落于編殘簡斷者。又須半為鼠齧蠹蝕浸淫腐敗于暑濕之蒸。于是亦季之詩所存者無幾矣。存所存于僅存之中。蓋亦幾幾乎存而不存矣。憶余曾序亦季詩于二十年前。轉盻倏忽間耳。而今茲之感慨咨嗟。不覺十倍疇昔。在余亦不知其何以如此。然亦可見余兩人之拙于逢時、不適世用、貧老終身、皆可于詩中見之。而汶汶如余、亦得附亦季以有聞。則不特今日之志同、遇同、性情同、遭逢閱歷同。使異時有知己而好事者、泚筆為余兩人作合傳、將後世有據而指以為口實者、亦莫或不同。是亦事之不可知者也。書成、為述其崖略如此。亦季見而笑曰、此即余兩人今日之行狀也。遂梓而列諸簡端。時在康熙癸丑七夕後二日。

泰文錄　一〇三

泰文錄　一〇四

過吉水登宗祠祭列祖文

陳忠靖

維順治八年、歲在辛卯、五月丁巳朔越初四日、泰州十世孫忠靖奉命頒詔南粤。道經江西吉水縣、特備剛鬣柔毛香帛蔬果之儀、敬致祭於唐乾符中進士第、歷官宣議大夫彦良公始祖列宗之神主前。而告之曰、維水有源、流派悉由于星宿、維木有本、枝葉總屬于根荄。不以時代久遠、而有殊、豈以道里修長、而或異。恭維我祖、篤生唐代、誕育名家、登乾符之上第、通籍天朝、席累葉之重光、歷階宣議、初由赤岸卜地馬田、子復子而孫復孫、綿延勿替、宗繼宗而祖繼祖、似續靡涯、繫我泰郡之開宗、實兹吉水之嫡系、年逾三百、世歷十傳、乃本朝定鼎之初、適小子出使之會、鳳詔星馳、遥瞻南粤、石尤風阻、暫駐西江、聿興拜墓之思、爰舉告祠之典、溯先人于既往、邈邈難追、逆後裔于將來。

遥遥何已。然則今雖分形而異體，首當共貫而同條。敢以疏遐自忘本始，虔修饗祀，歆會宗親，仰冀祖宗之靈同牧子孫之庇，既兩地共聚于一堂，宜百世統通爲一氣。尚饗。

請弘封贈推恩疏

陳忠靖

刑部給事中臣陳忠靖謹奏，爲仰體恩詔之德意，敬陳管見，以廣錫類之仁，以弘作養之典事。昨者恩詔下頒，仰見我皇上以孝治天下，鴻章顯號，因事有加，卽古舜之大孝何以尚焉。臣竊以爲天下之孝，尊養已極隆備，惟合天下人之孝以爲孝，其孝更大，且所以教天下以孝也。伏讀八年恩詔一款，內外滿漢官員一品至九品已奉恩詔議給誥敕外，其未逢恩詔各官一體通行，俱依現授職銜，照例給與應得誥命。夫八年之得逢恩詔以加上皇太后尊號，推及于諸臣者，彼時諸臣因皇上之孝得

以顯其親。今八年至十一年，滿漢諸臣有初叨一命之榮者，有歷俸二三年不等者，前此未遇恩榮，幸逢大典，未免心切望恩，乃獨不得邀錫類之仁，揆之皇上教天下以孝之意，或稍有未愜也。合宜敕部議覆，併照八年例，凡未逢恩詔各官一體通行，庶人子之至情遂，而聖孝爲更廣矣。至京師乃首善之地，國學爲教化之源，四方鱗集者皆欲觀光上國。伏讀今恩詔內一款，順治十一年鄉試，順天加舉人十名，大省、中省、小省加七名、五名不等，滿洲、烏真超哈、蒙古加十名、五名不等，此廣羅人才之至意也。而國學人才聚集之藪，數千里匍匐，幸逢恩詔，乃獨不得邀廣額之典，卽使于順天十名之內分數名爲國學廣額之數，終于國學不光，且順天未免與大省相比。合宜敕部酌議，於順天十名之外量行加額，其亦尊崇首善，而于皇上作養人才之意爲更弘矣。謹從恩詔推廣及此，如果臣言可採，伏乞聖明鑒察施行。

請寬隱匿逃人疏

陳忠靖

刑科給事中臣陳忠靖謹奏，爲隱匿有既寬之罪，籍沒有未寬之條，謹補末議，請敕酌覆，以佐平允事。竊照隱匿逃人一節，昨歲兵部左侍郎臣衛周胤有遵諭陳言等事一疏，隨經部覆，謂縉紳及舉人、貢監俱與齊民不同，如貢監、舉人有犯隱匿者，革去貢監、舉人，免責罰銀，官員則降級罰銀有差，以上俱免給主。在部議可謂詳且盡矣，乃臣以爲猶有未悉者，則生員獨未議及耳。竊謂生員既入學肄業，朝廷復其身，有司接以禮，所以教養儲材以爲異日之用者，且皇上崇儒重道，於督學諸臣嚴行敕諭，未嘗不重視此生員也。今見兵部審隱匿逃人，如生員翟

象韓、啟之、郭文鐩等，俱與齊民一例，概行籍沒。在此輩犯隱匿之罪，原法所不貸，但臣愚以爲生員既列儒秀，當稍爲分別，如犯隱匿者，合宜照處治貢監等例，同邀一視之仁，或亦鼓勵士心之一端也。日今奉旨添設督捕侍郎等官專理逃人，如果臣言可採，伏乞併敕看議施行。謹題請旨。

直糾貪鄙揭

陳忠靖

刑科給事中臣陳忠靖謹揭，爲直糾貪鄙大臣，以副明倫，以重朝班事。伏睹皇上崇尚老成，優禮卿貳，卽古帝王尊賢之盛，何以加焉。爲大臣者，分當精白一心，奮庸殫職，以報皇上之知遇，否則捫懷自愚，能不流汗甲赤哉。以臣所見，如戶部總督倉場侍郎任濬者，久竊重任，毫無建明，濫列崇階，未聞報稱。皇上試問任濬去年告假違限，奉旨切責，冀其悔效，彼曾有寸長一得

仰贊聖明於萬一否。且責司倉場、德萬軍民性命所係。若非屏絕苞苴。視躬率屬。為朝廷塞漏卮而清宿逋。則按額徵收。一心計之吏。能任之。何用此巍巍部臣也。乃歷查漕欠日累月積。年復一年。任濬不能禁革陋規。設法釐剔。使奸弁猾旂。稍知顧忌。遂致運糧各官、飽侵入橐、每逢徵比。但略費使用。倩人呼應。蒲鞭塞責。倉臣曾嚴飭司官一核完欠數目。逐月奏報否乎。堂司體統。原自遼隔。任濬每逢生辰節日。接納餽送。一概全收。寸縷不返。長安之人。無不指為笑柄。任濬曾一聞而媿心否乎。如此臣者。負國有餘。正己不足。臣稟性愚拙。止知觸邪。不避嫌怨。倘菲葑可採。伏乞聖明乾斷施行。謹題請旨。奉旨。這本內事情。着任濬自行回奏。該部知道。

密陳民隱摺　陳遠錡

巡察北直順德、廣平、大名等處監察御史臣陳遠錡謹奏。為密陳民隱。仰祈睿鑒事。伏查雍正三年雨澤過多。運河水漲。我皇上念切民依。興修水利。於滄州開磚河一道。青縣開興濟河一道。減運河之水。以保運河之堤。方期永慶安瀾。長臻康阜。愚至淫也。特是閘口規模。既極宏敞。不里許而河之深淺寬窄。僅可積淤。撒土成堤。無能束水。迨乎尾閭。即仍舊有之河形。芟除蔓草。並未開通。夫運河浩瀚之水。傍有所注。勢極奔騰。自然以直瀉為快。乃前段水無所受。後段水無所歸。流瀁何停。淤塞甚易。欲幸免於漫決。萬不可冀。臣聞去年秋汛。兩河村庄被澇甚廣。細驗漫決處所甚多。至今土地荒蕪。人民離散。既不如他邑之無土不耕。又不若北河之邀恩賑恤。不謂畿輔重地。督撫匿災不報。河臣漠視民生。膽玩若此。伏乞聖上嚴敕該道。作速修理。

務使河流通暢。堤岸高寬。錢糧必歸實用。工程必期鞏固。則荒蕪可墾。流亡可復。歷年國課易輸。萬世皇恩永被矣。臣巡歷所至。因嚴查各村庄保甲。目睹兩河情形。謹繕摺密奏。伏冀聖主睿鑒施行。

遠錡字以漸、一字彥麟。又字竹嶼。英年振聲黌序。康熙北闈。因就國子教習。康熙戊子。授黔之永寧縣。陞授滇之新興州。復內陞刑部員外。在部半載。授本部郎中。又授浙江道御史。復奉欽命巡察北直順德等府。與曉堂、雁群、陶思為弟兄。行見家乘。

大鴻臚贊翁陳老先生九十壽序　張幼學

泰郡僻處海陬。去廣陵稍遠。商賈仕宦希過聞焉。以故土俗得守其淳固。誦讀之家亦得以一其心目。不見異物而遷焉。學自

少歷壯。今幾五十年來。玉步改移。庠兕臚劇。而吾鄉幸湜湜其沚也。居人士肄意詩書。自本朝定鼎以來。科舉蟬聯。繼長增高。而未有已也。而澆漓刻鍥之風。終不作于茲土。雖由地僻民淳。而實由于故家大族。主持風氣者之不乏典型也。而大鴻臚陳君贊翁。其最著者矣。陳之先人。自江西之吉水來。一本一支。瓜延緜蔓。三百年至今。分門列爨。不啻千家。有問氏族之甲於泰郡者伊誰。則翁家之氏族也。泰郡固不乏科名。然或崛起而中落。或再傳而遂已。至翁之家。前此太僕公以上。列甲乙之榜。而登仕籍者。不可殫述。學之所親承而把臂者。民部則懋吉也。蘭有則念共也。太史則雁群也。內翰則爾猶也。廣文則用昭也。而翱翔于黌序。英英乎頭角之待露者。紙不勝書也。有問科名之甲於泰郡者伊誰。則翁家之科名也。而尤有異者。年算之壽考。

亦必推之。自太僕公以上。間皆得上壽。此所未見也。光祿丞文郊公。翁父也。壽百歲。撫按諸憲。競造其廬。光祿丞友苟公。翁兄也。壽九十。文學膺明公。翁弟也。壽將及八十。今翁又赫然九十矣。而康強和豫。趨走無假於人。磬折必至於地。如五六十者。然則後此過期頤之算。而為邦家之光者。正未可量。有問泰郡之壽考者。伊誰。則翁家之壽考也。夫氏族科名。熾昌繁衍。固膾炙時人之論。已至于壽者。洪範五福之一。尤造物之所靳惜。而未易與人者。翁家何以屢得此於天而弗爽哉。蓋其高曾之芭茂。有以克昌于厥後。而後人復有德以承之也。余嘗遊齊魯之墟。登泰嶽而窺其勢。龍從勃窣。蘊隆莫測。積其氣之所之。近為兹來。遠為東蒙。鳧繹諸山。數百里而遥。而起伏夭矯未已也。又嘗走雲中。固原而西。見黄河之入塞。屈曲激怒。過龍門砥柱而東。

蓋數千里。至徐淮之間。猶奔放汪洋。無由得其涯涘。於此悟天下之理。本厚者支昌。源遠者流長。不可強也。翁家世發祥優裕。自太僕以朝右重臣。敦篤名教。居鄉謙。厚德被里閈。至翁之身。孝友本乎天性。仁愛流于自然。家庭著藹吉之風。鄉里沐修齊之化。自髫稚以至耄耋。口無擇言。身無擇行。動容周旋。一軌于禮法。交遊施受。一本乎至誠。雖疏遠卑幼。以暨臧獲賤人之流。未嘗見其箕踞愠怒之色。記所謂莊敬日強。太史公所謂仁必為質。武王之銘所謂火滅修容。慎戒必恭。恭則壽。翁之謂也。所由福澤中錫。枝葉森榮。諸嗣君皆英立特出。丕振家聲。三人一龍。次第于甘旨之側。孫枝計十數輩。無不夭才雋妙。形質魁奇。玉筍珠宮。交輝並耀。翁以九十之年。婆娑其上。融融洩洩。致足樂也。夫七十稀于古。八十許杖于朝。至于九十。則合閭而幾推

于百矣。一門之内。百歲屢登。其為徵瑞。豈偶然哉。今值初度。同里諸君子。以學之待教於翁者有日。知翁之夭德素履最詳。不嫌卑劣。以公祝之序言為委。不敢任也。復不敢辭。因拜手而直書之。翁寧以文重。欲借翁之德以重文也。古者聖王時巡。聞百年者就見之。謂壽彌高則德彌劭也。今時皇路清夷。政教休美。倘奏新書於馬上。迎伏生於車中。宰相乞蓋公之言。廟堂設穆生之醴。微翁其孰能當之。豈惟長淮以南。大江以北。奉為儀型。尊為祭酒而已哉。承德郎大興縣尹同里後學張劭學頓首拜撰。

張海房文集序

陸舜

予蓋深恨吾友爾弼之窮老不遇也。而獨喜其多賢子孫。夫張氏多才。無遠邇愚智皆知之。而予以識路之老馬。與君家實世

通游好。而尤有以窺其家學。爾弼為文。擅眉山父子之勝。敬修雖纂組古博。變化無方。而胚胎于昌黎柳州者居多。至良玉則一以歐曾為宗。而力追歸太僕。總之師承六家。不媿唐宋作者。然至其所獨造。亦各有自得。雖祖孫父子。不必其如出一手也。良御于文。既遠取震川。遇詆排者。輒抗顔而與之爭。如子弟之衛其父兄。故持論是當一軌于正。予數與之言。知其胸中必無膏肓之疾。其自信過銳。至欲鎖支祁之足。而登日觀之頭。雖予亦不欲攖其鋒也。記予躑躅少年場。左提右挈。不過二三弟兄。予與詞臣。幸着一鞭。而爾弼竟投老諸生。竊觀科名何足重輕。今兩公者皆古人。而予冉冉乎其將老矣。而敬修良御。亦屢不得志于場屋。然且有攖而擠之者。獨能皆以古文名世。為時聞人。無忝先烈。豈不賢歟。他日君家三世集成。自有能知定其文

者夫詩文之難，予則何至為諛詞也夫。

王石袍文集序　　陸舜

人知文章出于薦紳先生，而不知出于布衣高士也。蓋薦紳先生之能為文章，取富貴而止耳，即有傳者，百不得一人焉。而布衣高士，其事簡，其氣約，其心澹，其志惇，其學專，業精，其值于境習賓，故其力于文益工。此牛馬走下室而著史記，執戟登閣而草太玄，少陵七歌而為詩日進，平子四愁而治賦獨精也。然則布衣高士其與薦紳先生爭此壇坫久矣。顧薦紳先生之傳則易，而布衣高士之傳獨難。王子石袍，所謂東海布衣高士耶。王子豫章士，而實產海陵之東淘，其讀書好古，下帷而不窺園者有年矣。故為文章，儷韓而驂蘇，若曾、歐、李、柳諸大家，且以為口吃而舌強者流已。出其集以示余，蓋爛如披錦焉。究極所學，則

原本六經，根柢史漢，唐之比偶且不足齒，矧其在三晉六朝而下者乎。故其炳烺如日星，其滂沛如江河，其清潔如冰雪，其絢爛如銀漢。一言之披豁，如抽繭剝蕉焉；一氣之縈洄，如發風漚泉焉。筆墨之變化，理窟之勃萃，體裁之高妙，篇幅之瀚演，可謂至王子之文而極矣。王子之文而至此極者，又豈非以其窮愁而工者哉。王子食貧于舌耕，冬裘夏葛而止。寸心以內有千古，一卷而外無百年。出其聰明才智心思日月，不以供他事，而獨發為文章。利名若漚泡，富貴如草芥也。王子亦何幸而不為薦紳先生，而為布衣高士者哉。雖然，天下之為布衣高士者，必如王子而後可。稍不如王子者，又安可自托于布衣高士，而遂驕語薦紳先生者哉。昔魯仲連東海布衣高士也，高蹈溟渤，以義俠而能文章，千祀而後，鮮嗣續矣。王子其流亞歟。何人地之

相同也。

刻東台志。

擬皇太后慈寧宮成群臣賀表　　宮夢仁

伏以體凝太極，開兩儀法家之樞；基俯北辰，示萬國尊親之義。勤垣墉于紫禁，地鞏岡陵；塗丹雘于黄扉，工先堂構。群僚嵩祝，萬壽觴傳。臣等誠懽誠忭，稽首頓首上言：竊惟仁孝之誠，既位區中之正；位尊養之至，應居天下之廣居。故太昊在娠，虹繞華胥之國；而附寶載毓，斗纏軒轅之墟。嫘祖之感金天，祥凝華渚；女樞之懷顓頊，瑞啟蜀山。此位可尊，拜昭憲於殿上；每事稱善，歸太皇于宮中。他若興慶攸居，聞其尊父而未聞其尊母；堯門空榜，見其善始而未見其善終。無論前朝釀釁之門，不足方此壽母之安宅；即如上古發祥之地，亦皆讓夫慈幃之肇基於今

日者也。茲蓋伏遇皇帝陛下，仁由天縱，孝本性成，知唐堯之育自慶都，早叶飛龍之兆；亦商契之生于簡狄，允符降鳦之占。似日方中，擁陰馬郭樊之盛；如月幾望，擅高曹向孟之賢。爰因聖天子之神靈，乃識皇太后之啟佑。孝思維則，奠厥丕基；福壽無疆，敦乎安土。下布考工之詔，上參營室之星。集子來之庶民，應公旬之三日。制規乎古，依然仁壽之遺；名烈于今，展也慈寧之額。喜成之于不日，乃長及乎萬年。領袖紫微垣，仰見太乙鉤陳之環列；彷彿慈仁殿，俯眡乾清坤寧之拱張。大維皇建極之模，儼錫極之為無極；體得一以寧之理，識康寧之獲永寧。盤大內以起鴻圖，冠九重而標駿極。少帝長安，開紫極皇都；秘室爭輝，蓬萊宮闕對南山。春酒壽杯，堪作厥考作室；兼資聖善之開基，厥子肯堂，乃繕靈長之締造。每日三至，視王季者必及太任。五

五日一朝。拜太公者且同劉媪。受茲介福。于王母宜乎大孝。爲聖人。臣等報媿匪莪。任慚隆棟。得君非鄭。徒瞻丹陛之履聲。白后非韓。敢望御屏之衣影。伏願詒謀式穀。錫類無方。以天下爲一家。廣親在則然之禮。視兆民猶同室。推母氏生我之仁。將以康乃志而康乃身。不惟美哉輪而美哉奐。則極一人之孝養。竹松苞茂之基。合四海之尊榮。日月頌升恆之象。臣等無任瞻天仰聖踴躍懽忭之至。謹奉表稱賀以聞。

順治十年。

擬乾清宮告成羣臣賀表　宮夢仁

伏以魏闕連雲。帝座遥參紫極。崇墉麗漢。皇居永鎮玄都。圖大宅中。固基垣于萬世。體元居正。開閶闔于九天。忻賀勢之日高快瑶題之星共。九街慶洽。萬宇懽騰。臣等誠懽誠忭。稽首頓首

上言。竊惟易占大壯。合宮敞自有熊。詩詠方中。營室後乎辰馬。赤綴白綴。祥生朱草之庭。九筵七筵。德協碧蒿之柱。周誥肯其堂構。晉卿頌奐輪。自雕墻之戒漸微。俾刻桷之奢益熾。建旂五丈。徒誇十步一樓。列戟百重。浪說千門萬户。高台送響。晴雷乍過乎宮車。曲閣含輝。霽月忽臨於妝鏡。藻廉得東方之誚。赤蚌珠獻自老翁。招蜜起西家之營。白燕釵留於神女。藉口居非壯麗。惟知體示尊榮。茲蓋伏遇皇帝陛下。惟敬作所。以仁存心。禹甸東開。海灌西崑之宿。堯封南覆。曜光北極之陰。帝册奉三朝。塗金日觀。皇威從六服。輯玉雲台。兩階淡舞羽以爲容。六合視揮鞭而作宅。環中之樞獨握。宇下之庇無垠。爰際豐亨。乃隆鼎建。命冬卿而董率。百廢更新。乘秋隙以經營。一勞永逸。林衡受矩。周官揆諏日之文。梓匠揮斤。郢客練成風之技。鳩工帝命

俄驚萬拱雲浮。厝集子來。倏見千楹岳峙。璇題掛漢。飛璫瑲之金椽。珠網流星。洞琉璃之寶闥。將九華而接引。天外舒蜿。共五柞以連陰。雲中馭鶴。紅葩植井。木化蛟龍。丹柱承梁。土成黼黻。鳳池青瑣。參差雁齒之階。鸞殿綺牕。錯落魚鱗之屋。日射黄金榜題。奠位曰天。皇雲生白玉階。協坤靈于地户。事有隆于前代。産無費乎中人。臣等藝謝冬官。恩踰夏屋。學幾入室。徒存納牖之思。立不中門。祇守循牆之訓。幸四門既闢。聊爲根柢先容。思八柱難擎。願作棟梁自寓。杞梓尺朽。俾得效其輪囷。瓦礫寸長。或堪任乎礎石。珠宮貝闕。豈無一木之支。繡檻文楹。勉上九成之頌。伏願大庭明政。廣廈親賢。周户牖之綢繆。體符蒼昊。法垣墉之鞏固。磨礱黄圖。大和絪縕。儀庭世錫。維新之祚。文教敷比屋。人歌有道之長。將如山如阜。如岡如陵。以莫不增。共颺天子萬

年之頌。亦自西自東。自南自北。無思不服。進春王正月之篇。臣等無任瞻天仰聖踴躍歡忭之至。謹奉表稱賀以聞。

順治十四年。

擬上以蜀寇蕩平詔議褒賞有功將士群臣賀表　宮夢仁

伏以玉壘風清。金虎晴槍之氣。錦江日麗。水犀耀千羽之容。翼軫正天街。天開聖武。荆梁分地絡。地紀神功。遂乃王師有嘉。因稱仁者無敵。三靈協慶。萬國翔歡。臣等誠懽誠忭。稽首頓首上言。竊惟無思不服。賴明主之四征。我武維揚。助聖人之一怒。堯治時雍。猶有青丘之役。舜仁天覆。尚存丹浦之師。蓋九州六服。咸仰大一統之威靈。而百濮三塗。時阻天一方之聲教。高宗三年克醜。百辟來王。武侯五月渡瀘。南人不反。祀章皐而必拜

得張詠而無憂每思風土窮荒易起任囂尉佗之計祇因山川阻險致化蠶叢杜宇之心穢石龍蛇亂魚江之八陣峽流澎湃恍來槃瓠之五溪山隨人面難言豹略龍韜雲傍馬頭何處鷹揚虎變踵接竹王之國幾聞新息平蠻烟深巫子之都每見夜郎距漢未有焚巢掃穴同皎日之潰春水拉朽摧枯若疾風之掃秋籜如今日者也茲蓋伏遇皇帝陛下睿智有（原缺一字）中正立極躬提雲鼓天來黃鳥之旂手淬霜鋒神奪蒼狐之籙碧雞金馬遠清羅鳳之群鮫市蜃樓近掃盧循之窟豈其鳳儀獸舞之日猶有狼奔豕突之狂蠻烟瘴雨不畏風霆箐霧篁雲莫窺日月雖萑苻之內偶爾赤子盜兵而臥榻之旁豈容他人鼾睡爰申九法之威並受三驅之戒選頗牧于禁中特遣漢家都尉簡孫吳於閫外兼驅益部將軍瞿塘罷鼓聲動荆揚灩澦龍旂光

泰文錄 一二五

泰文錄 一二六

連秦隴取螢弧以先登頃刻雲中飛鳳環甲冑以直搗恍惚天外蟠龍劍橫黑水老蛟血濺于三江箭劈橫雲鵰鶚驚飛于九漢游魂欲泣迷離于白鹽赤甲之中執訊無言屏息于石乳金華之下渠魁塵燼部落煙飛噴霧射洪不見綠林之幕石門天馬俱開細柳之營凱奏初聞天顏有喜功高百戰知韓范腹中之甲兵略請三方識吳岳田間之弓箭是皆銘鐘勒鼎之勳宜崇形百旅千之饗臣等才窮借箸智媿請纓药醬初成漫學相如之草檄邛崍盡復難布德裕之威名彼單騎而入賊營豈獨非人臣子如下馬而草露布來亦不過書生值此賁乃買犢之日敢效歌狼頌鷺之誠伏願五位衣岳兩階干舞奏破陣于琵琶山下春深洞裏桃花築受降于無憂城邊氣暖樓中香草滾水萬家日留鴻雁之室（原稿佚五字）臨雞犬之村一方定而天下永定遠邇傳一廖二之勳天下安而一方愈安寧止川四巴三之盛臣等無任瞻天仰聖踴躍懽忭之至謹奉表稱賀以聞

康熙三年。

擬上大宴群臣於瀛台命各賦詩以進群臣謝表

宮夢仁

伏以御苑春回駐蹕不離乎宮府翠華時幸采風先及于臣鄰萬幾之暇有餘閒一日明良盛事四始之音皆大雅百年鼓吹休明綺筵歌笙瑟之章芳什被笎絃之奏寵恭矚遇休沐奇聞臣等誠惶誠恐稽首頓首上言竊惟元首股肱尚書紀賡颺之美鹿鳴天保風詩昭燕樂之庥彼觀燈大酺唐皇弛禁夜之條乃賞花釣魚宋代下賦詩之詔上官樓閣妙選飛沈宋之詞公主山莊應制擬裴王之什西園飛蓋爭羨建安七人北門聞詩

泰文錄 一二七

泰文錄 一二八

僅見襄陽一孟若彼新豐被酒漢高自製大風歌瑤池獻觴周穆徒謡白雲曲有差喜起無補賡歌未有西苑鳴鑾咸歌樂只于君子南風屆節旋賡解慍于吾民如今日者也茲蓋伏遇皇帝陛下德如甘醴仁若薰風歡樂同民每靈沼靈台之上拜颺及下於引商引羽之餘大宴群臣于瀛台遍命百僚而唱和滿盤白墮盡飛樂滑之觴五字黃初咸作昇平之頌銀燭共金杯文映陽春偕白雪齊聞自三品而上皆得同列御筵不獨北門待詔由侍臣以外無不分承佳韻庶幾東觀人文見盛世無不學問之公卿知昭代皆大手筆之燕許曲水流觴樂矣金谷酒數凜然五言七言無不過揣摩應制一觴一詠亦足以暢叙幽情君臣之間何嫌何疑唱酬之下有典有則今日之瀛台較昔日之瀛洲更盛此時之學士比當年之學士加多羨美景之信

芳為熙朝之僅事臣等醉鄉歆器下里巴人花滿上林已飽櫻桃之賜雪消禁苑猶聞柳絮之吟給筆札以無能觀堵墻而有幸伏願澤銑滬池功高横槊念艱難之稼穡依然圖繪豳風形醉飽之民心允矣醪投德水知暫逸而無逸且雖休而勿休講易見天心天子早年勤學誦詩聞國政群公假日銷憂行見太平有象四方皆絃誦之聲至德無私萬姓盡岡陵之祝矣臣等無任瞻天仰聖激切屏營之至謹奉表稱謝以聞

康熙十二年

擬上幸南苑勞東征凱旋將士賜宴賞賚有差群臣謝　宫夢仁

表

伏以天戈清紫塞三韓消首宿之烽帝輦駐甘泉萬騎肅貔貅之隊錫彤盧而報宴咸知大賚無私懸竹帛以銘勳更喜太平

有象鷹揚動色虎拜騰歡臣等誠惶誠恐稽首頓首上言竊惟兵號五材安民在聖人之一怒德承六服討罪賴王者之四征故蚩尤擒於阪泉並八十一人而罔赦天乙興于亳邑凡二十七戰而俱平討扈誓甘總屬天威之正戡黎伐密祇昭義問之公蓋自天子而出征誅賴丈人之占貞吉陣名背水淮陰制虛實之師身入不毛諸葛用縱擒之法八公告捷望草木以疑兵半夜成擒列鴨鵝而作陣是惟行師不測九天九地之皆神方能攸往有功百戰百勝而無敵所以虎頭燕頷定遠從關外之軍鐵柱銅標伏波樹日南之碣龍門年表備載通侯麒閣功臣亦封同姓往績尚新于史冊武功尤赫于熙朝茲蓋伏遇皇帝陛下體協乾剛德昭聖武神皐虎踞表碣石以東迴天闕龍驤象鈞陳而北拱居中馭外久已定文綏武緯之模蓄衆容民何

難獻海晏河靖之瑞乃附庸邾莒偶同兵盜潢池而重地岐邠豈容鼾齁臥榻負深恩于芻秣雖如盧綰之輒叛漢高逞小勇於跳梁未若尉佗之僭稱南越赫于天怒大整王師宗子憲長子之權金枝秉鉞元老任元戎之寄玉鉉分麾七校羽林鋒皆八面千屯虎旅敵可萬人如墨如荼壯士飽馬騰之氣同袍同澤奮披堅執銳之心指揮則變化風雲叱咤則動搖川嶽望巢車而彼師其遁歎散荒原搗蟻穴而厥敵咸劉冰消鼓日受降城築旌旗蔽松杏山前破陣樂成笳鼓競驃姚馬上捷馳露布旅振魚麗喜動天顏親勞將軍于細柳快睹車馬于長楊既已廟薦櫻桃行執訊獻俘之禮遂乃賞頒杕杜繼饗師犒士之恩豐水開筵大風歌而聲飛雲台畫像壯猷勒以華鐘總戎者不吝裂土分茅效力者均沐賜金挾纊自征伐以來未嘗有洵勳

庸之盛莫可加臣等學劍未成請纓徒切先憂後樂竊慕范公數萬甲之多出鬼入神每嘆孫子十三篇之妙際此遐荒格命舞干甫及三旬薄伐奏功采芑言歸六月載賡朱鷺白狼之曲行獻碧雞金馬之文伏願安不忘危威而克愛有備斯為無患廟謨勿輟乎苞桑視遠即以聽卑邊戍深憐乎雨雪念兵非得已而用益施大武不殺之仁思民惟有事則勞大沛如天好生之德自此解甲不鳴金柝金甌常奠五雲居洗戈盡挽銀潢銀甕永鎬萬歲宇臣等無任瞻天仰聖激切屏營之至謹奉表稱謝以聞

康熙十四年

擬上親授方略蕩平台灣創立郡縣設官撫治群臣謝　宫夢仁

表

伏以聖武丕昭。簿海紀會同之績。皇猷允塞。遐方宣底定之威。拓島嶼以開疆。鮫室都歸玉版。一車書而受吏。龍官悉綰銅章。慶溢滄溟。歡騰鴛鷺。臣等誠惶誠恐。稽首頓首上言。竊以聖人用五兵治世。功在安民。王者以四海為家。化行率土。十二州恢禹服。舞干格命之餘。三百屬濟濟周官。秉鉞徂征之後。殷頑既靖。則分陝東西。南國是營。則來旬江漢。納任囂之土地。象郡初開。寵楊僕之樓船。虎符特剖。自武功之莫纘。致小醜之不庭。淵藪逋逃。東甌割壤。陸梁椎結。南粵稱尊。竄蠻煙瘴雨之中。既已此疆而彼界。據鼇背魚身之上。終難右挈而左提。苟非奮撻伐之風雲。曷以耀遐荒之日月。茲蓋伏遇皇帝陛下。功成七德。道敘九疇。聲教同而航海梯山。無思不服。德威播而龍從虎拜。有土皆臣。蒟醬椰漿。諭蜀走百蠻之檄。白狼朱鷺。平淮勒一統

之碑。固已運濟雍熙。人歌清宴矣。不謂台灣餘孽。尚棲閩浙之間。出没帆檣。直似浮波鷗鷺。縱横洋島。仍為跋浪鯨鯢。徒挾夜郎自大之心。猶僅天子無虞之儆。後至而赫然一怒。爰命六師。南顧而靖。乃偏隅特煩全算。於是水犀部伍。齊驅出日之鄉。鐵鎖艨艟。深入不毛之地。黃龍青雀。陽侯莫測何來。赤水紅崖。上將忽驚飛渡。不待扼吭搗堅之會。已見摧枯拉朽之形。既而詔賜十行。許孫盧之納款。網開一面。聽吳越之來歸。分其土則深嶼平沙。總是刀州斗縣。撫其民則漁人蜑户。必須司牧元戎。繪海濱郡國之圖。既珠聯而繡錯。覽官制職方之紀。更碁布而星羅。俾得族類并生。皆由廟堂無戰。從此烽消閩嶠。勒銘偕壽于燕然。馬放廈門。書績媲陸于丹浦。海童入貢。寧惟翠羽一雙。龍女來朝。定有冰蠶百匹。允矣九圍之盛。烈哉皇哉千古所僅聞。臣

等磨盾粗能。執殳莫效。還金自矢。羨陸賈之歸朝。投筆何年。慕班超之奉使。幸遭海晏河清之世。六月而奏膚公。快睹歌雅脫劍之休。七旬而敷文德。伏願入埏胥宇。九有同心。矚形勢于千里萬里之遙。無忘朽馭。謹幾微于一日二日之近。常戒衣袽。念炎荒牧馬蠶沙。庇以春台夏屋。憫漲海飛鴻碩鼠。貽之秀麥甘棠。則烏弋黃皮。集天關而獻贄。雕題黑齒。包地絡以來賓矣。臣等無任瞻天仰聖激切屏營之至。謹奉表稱謝以聞。

康熙二十三年。

擬上命直省巡撫擇能員詳閱地勢繪成山川城池圖進呈御覽以昭統一之盛群臣謝表

宮夢仁

伏以堯階端拱。萬年貽磐石之基。禹甸弘開。一統集車書之盛。名山大川之形勝。指顧而盡在目中。神州鉅野之提封。揮灑而

俄成紙上。大哉版宇。煥矣丹青。臣等誠惶誠恐。稽首頓首上言。竊惟王者天下為家。聖人宅中而理。粤自帝嚳受命。創制九州。迄乎陶唐建邦。弼成五服。萬國衣冠。紀文物聲名之麗。夏后為昭。三塗嶽鄙。相陰陽風雨之和。雒都宸大。若秦地山河百二。遂并諸侯。迨漢家州部十三。仍分郡國。三都兩京之勝。擷管能詳。十道諸路之書。流睇可盡。亦或披圖按籍。繪象摹形。狀景物于縑緗。貯烟雲于卷軸。蓋掌之太史。既知山川道里之延袤。隸以職方。亦辨城郭溝池之險要。然六朝割據。徒誇虎踞龍蟠。南宋偏安。漫說荷花桂子。藻繪末工於亘古。幅幀特盛于熙朝。茲蓋伏遇皇帝陛下。化洽軒裳。勳銘雒鼎。左圖右史。聚千載之英華。俯察仰觀。配二儀之廣大。奮武則聲靈赫濯。布昭乎侯甸要荒。修文則德教誕敷。漸被乎東西南朔。歸哉牛馬。正永清大定之

時。戢爾干戈。有率土普天之慶。梯航不絕。誰非來享來王。轍跡所經。盡是我疆我理。版圖式廓。宇宙再新。東接扶桑出日之鄉。西連昧谷流沙之地。碧雞金馬。嶺徼而南。雁磧龍堆。幽并以北。引甌越控巴蜀。二陵風雨綿綿。襟吳楚。帶青齊。三晉雲山浩浩。天中沃野。大陸無窮。江表洪都。流波不極。臨碣石以觀滄海。登華岳而見黃河。睥睨連雲。舳艫繞郭。倒馬飛狐之險隘。麗譙井幹之參差。是皆蕩蕩無垠。莫能舉躋聖域。然而巍巍有象。可無潤色皇輿。爰命重臣。各遴能吏。由是網羅故典。考訂成規。察其體勢之縱橫。載厥方名之沿革。徘徊瞻眺。章亥名積步之家。慘澹經營。顧陸號寫生之手。全墉粉堞。儼從圖畫登陣。翠壁紅泉。恍在寰瀛舉棹。莫不瞭如指掌。備極毫釐。揮毫潑墨。則千岩萬壑爭來。不止畫沙之巧。應手得心。而百雉重壕競列。非徒聚

米之奇。請看寫出嘉陵。道子不須粉本。何似掃將素壁。虎頭自畫滄洲。玉軸錦囊。用呈黼座。石渠金匱。堪比球圖。豈非一代之巨觀。信乃千秋之勝蹟。臣等景行志切。望若神游。略觀大塊之文章。竊擬西園之翰墨。讀書早歲。曾探倚相九丘。繪物閑情。未識僧繇三昧。何幸身偕父老。咏歌熙皞之春秋。因得歷覽江山。點綴昇平之景色。伏願懷柔河嶽。和懌神人。念小人稼穡之依。胥登衽席。示君子蕩平之路。共樂周行。繪無逸于宮中。圖易思艱。勿謂已安已治。讀君牙于殿上。祁寒暑雨。不忘其怨其咨。則海晏河清。千百國綿延繡錯。年豐人壽。億萬禩鞏固金湯矣。臣等無任瞻天仰聖。激切屏營之至。謹奉表稱謝以聞。

康熙二十三年。

擬河工告成群臣賀表　　宮夢仁

伏以日麗瓊沙。千載際河清之運。風澄玉浪。百川循海匯之常。行無事於地中。凝維地軸。錫有年于天下。整頓天流。祥昭赤繡之符。禮秩玄圭之報。浮光德水。兆慶安瀾。臣等誠惶誠忭。稽首頓首上言。竊惟水勢停孕。宿海號稱四瀆之精。河源起自崑崙。屹峙三門之險。惟堯切慨子之慮。功乃巍然。亦禹厪由己之思。德斯遠矣。濬龍門于熊耳。夏奠大小。靜鮫室之鯨波。周來重譯。激水蹩泉。有禁申五命于曲防。塹山湮谷。何為騁六龍于直道。涇川穿而秦關土沃。離碓鑿而蜀地田饒。南陽守之興歌。名高史起。西門君之止婦。政革馮夷。迨修堰文侯。銅龍從石函掘得。嗣塞河武帝。白馬與玉璧俱沈。瀰瀰鮫綃。竹箭傾駛流之險。洋洋鱷浪。桃花映濁水之衝。嚙柏浮桑。誰備十七都之使。負薪賁石。空縻數百萬之需。九折而始窮其源。屢遷而益非其舊。茲蓋

伏遇皇帝陛下。淵懷主敬。濬哲文明。粹白中涵。功不虧于一簣之土。蒸黎澤沛。心何殊于千頃之波。道岸誕登。上契河呈洛負。本源澄徹。中分涇濁渭清。環六合以為疆。奄八濱而布惠。念千文之波易瀆。常防四溢。懷襄而八年之績。有關當耤。兩淮盤束。萬夫操畚。賴衣披湘岫之雲。千騎築宮。青笠潤淇園之雨。琢丹丘之文砥。丁丁響隔吳謳。掠青渚之塗泥。瀼瀼烟迷楚棹。版築集魚鱗而上。嶙峋壯百雉雄圖。引流旁龍首而行。蜿蜒注九迴寒瀏。率作無煩刑馬。驚杵鍤之如雲。歡呼實倍投醪。快經營之不日。夜半蛟形潛窟宅。掐還浦底明珠。晴來蜃氣現樓台。恍見雲端華蓋。星橋月坂。游子顏開。雨笠烟簑。漁郎夢穩。鱗鱗皺綠泛萬里之安流。藹藹浮青。望三山而可渡。魚龍蛻骨。應符漢帝之渠。魍魎鏤形。可致夏王之鼎。五百載而聖人出。實應昌期。三

千年而黄河清允為上瑞臣等才切濟川鑒期止水導涓流于宗海識炫望洋歌泮渙于黼扆忠懷麗澤謀無申于二策力昌效夫五丁不煩強弩以射潮徒曉橐沙而壅水彷彿鑄三犀牛于水底依稀刻兩黄鵠于波中直乘博望仙舟探河西牽牛之客還將織女機石問成都賣卜之人伏願益擴淵泉常懷挹注中平満覆持盈儆器之規杜漸防微過欲守潰隄之戒若雨暘而庶徵來備修府事而九敘惟歌將天地平成儆堯甸山川之績庶乾坤清晏彰傳岩舟楫之功矣臣等無任瞻天仰聖踴躍懽忭之至謹奉表稱賀以聞

祭曙翁陳年長兄先生文　杜光先

嘗聞太上立德其次立功而立言亦且並峙不朽蓋吾儒自束髮受書身為聖賢之徒須卓然自命于春秋顧求其當之無媿者往往而鮮也若我門學兄曙峯陳公庶幾其人乎公生有異秉幼而穎悟沈潛靜穆迥出群流當出就外傅時識者早卜為不凡之器丙午丁未間與余偕受業于魯韋王夫子之門公長余一歲余兄事之公每一課藝出輒傾倒同人初同赴童子試余操芹食餼轉居公先公輒喜動顏色雖同懷友愛不是過也歲丙辰公始以第一人受知關中解夫子嗣是歷歲科以及操風季試必冠一軍顧屢不利于場屋每秋風報罷侘傺無聊淹沈淪落之感相對欷歔泪不禁涔涔下矣然公名久振大江南北試牘流布海內一時為之紙貴操觚家咸奉為玉律金科舉子業之工如此而微特此也公伏首芸窗于書無所不讀博通經史兼綜諸子百家所藏書籍幾至汗牛充棟目覽手披探賾索隱多有匪夷所思者昔人謂韓子之于書也沈浸醲郁含英咀華于文閲其中而肆其外公何多讓乎余賦質譾劣埋首帖括中外此不求甚解公時為指示一二惟笑而謝之公中年鍵關槐庭別墅更覌心高明靜觀天地之運化陰陽之消長遠而古今世變微而禮樂書數皆知其所當然復測其所以然跡其攻苦淬厲嘗冬不爐夏不扇日夜不就枕者屢年有康節先生之風焉自是公之學問乃益邃密而於曆算尤精觸處洞然能入姫公九章之閫奧俱有以註明其旨歸所學有未易為人告語者癸酉庚辰余又先公得售公彈冠之慶視前有加乙酉余赴選銓曹得南闈錄見公與杭宣澤硯兄同登賢書不勝狂喜時邸寓與今視鹺閣部景州魏先生相比鄰晨昏過從先生精天象每共余談論余不能解因語先生曰吾鄉新科陳君久研鑽此道將公車至矣及公抵都門未解裝即偕往謁相對而談覺恨相見之晚個中遇合若天假之緣焉旋捷南宮引見時中堂安溪李公以公名達聖聰隨荷下問奏對稱旨斯時我公根柢已微露一斑矣乃奉新例司鐸姑蘇門弟子執經問業者無不愜其意以去無何應寵名由中翰歷編修陟司成晉秩宮諭每日覲天顏往復問答直躡天根而探月窟以丁太夫人艱解假治喪事畢復追隨華轂賚奉温旨叨隆恩不一而足明良相得之奇真千載僅見公天性和而介官京華數年當路要津從不一面請謁有勸之者公曰我何肯仰藉人耶我第不失其故我耳丁酉秋或薦公視學兩浙不一往謝其高風峻節不媿古人類如此年踰古稀以精力不逮乞休歸家居則惟靜養會心樓仍寢食于書史暇則邀生平知己如中表潘淇門同年杭宣澤族弟枚六等笑語移日余以六十年老友尤稱款洽丁酉冬

公染足疾。必扶杖乃能舉步。然猶常閉目沉思。洋洋乎若與造物者遊。余嘗笑謂之曰。道通天地有無外。思入風雲變態中。君也有之。顧此時尚然耶。衛武公耄而好學。洵堪比方矣。今春忽聞公疾篤。余往候安。詣榻前。已不能成聲。但側身執手依依不捨。嗚乎傷哉。曾未幾日而竟以訃聞矣。余既痛公哭公。已而慨公則所稱三不朽事。惟公足當之而不媿也。公既長猶逮事王父。孝于親。友于兄弟。信于朋友。自少及老。動無過舉。其德可不謂厚乎。通籍後。設教吳門。追踪安定。司成國子。並跡昌黎。戊戌之役。分校禮闈。既公且明。所拔數卷。黜浮崇雅。文體為之一正。其功亦不在歐陽廬陵下也。若夫學貫天人。精曆算。受知天子。引重賢王。偕名公巨卿。簪筆上佐編摩。播之寰區。藏之太府。其于言也。又非所謂緯地經天。信今傳後。卓然自命于千秋者耶。獨

是登第已當遲暮。雖一歲屢遷。終未大展所蘊。為可悲悼耳。茲屆虞期。戚友屬余一言為公奠。謂與公髫齔交深。知莫余若者。且余鄉薦。特叨大興李夫子拔擢。而公之魁春榜也。亦李夫子為主司。又誼屬同門。顧余人微言輕。況當公永訣時。狐兔之悲方切五內。何能為公揚扢一二哉。既堅辭不可得。而尤有欲為令似彌勳諄屬者。如公手訂諸書。卷帙實夥。就中如孔子家語、左傳分類、禮記分類、戰國異辭、十七史正訛及天文算法、尤纂訂之精者。望彌勳繼志述事。漸次表章。殊不負公生平讀書稽古經世衛道之苦心。數千百年後。更有起而傳述者。寧非斯世斯文之幸。而吾儒聖賢之徒之一大快哉。爰抆淚含毫而為之序。時康熙六十一年。歲次壬寅。是月也。日躔實沈之次。吉朔後之二十有九日。里中同年眷同學弟杜光先頓首拜撰。

育嬰堂碑記

杜光先

州之有牧也。歷代名賢。指不勝屈。有以治績著。有以風雅流芳。期各見所長而已。未有兼衆善而集其成。廣好生而為其創。如我萊蕪魏公者。公山左世胄。以名進士出宰中州。恭膺特簡。撫我泰邑。蒞政以來。留心民瘼。凡生聚教養之道。興利除害之方。委曲講求。辛勤撫字。剖俸以修城郭。設法以浚溝渠。先賢之祠宇重新。東海之疆圉日固。祈晴禱雨。拯溺救飢。施醫藥而閭巷春回。葺浮香而梅花句影。折獄期于無獄。恤刑可以措刑。仁政仁心。難以枚舉。民歌愷悌。野樂桑麻。九年來如一日也。久矣夫保民如保赤矣。壬寅秋。復念泰邑隸在海濱。休養既久。生齒益繁。其間窮通不一。時命難齊。遺嬰道路者。往往有之。公惻然興思。穆然遠慮。于是有育嬰堂之建。首捐清俸。為民士倡。司馬

黎公更與為贊助。不辭勞瘁。不惜己資。以共襄乃事。一時同城文武紳衿士民。踴躍爭先。萃為善舉。不兩月而堂告成。延碩德紳耆。以董其任。置衣物。給工價。出入度支。條分縷析。具有規程。無容紊亂。更欲置膳田。立恒產。次第經營。周詳盡善。俾斯堂得垂久遠。群嬰有所依附。皆公好生之德有以成之也。行見蒼生戴澤。襁褓沾恩。沛闔邑無疆之福。開萬嬰再造之天。其深仁厚德。較歷代名賢。可謂集大成而廣好生矣。豈區區衢歌巷祝。足以頌公之德于萬一也耶。是為記。

夕陽書屋詩序

程盛修

余少好有韻之言。因專治舉業。先大夫禁不為詩。而觸境緣情。不能自已。嘗以近作粘揭齋壁。太年伯雲蔚先生一見欣賞。向先大夫言之。並謂其讀書學道之報。將在於此。余并心喜自負。

嗣後滚滚多言矣。庚子鄉薦後。四上春官。饑寒奔走。足跡所至。莫不有詩。而歲月遺忘。舟車轉徙。零星散落。什無二三。庚戌通籍。御試保和殿。受先皇特達之知。以詩見錄。拔置詞垣。自是習為館課。憔悴專一之音。一變而鋪張揚厲。山林台閣。更上一層矣。皇上文思御極。天縱日新。卿雲復旦之歌。喜起明良之詠。鏗鏘炳耀。標準寰區。而扈從屬車。追隨天仗。宸章賡和。倚待為難。乃於萬幾餘暇。命翰林科道。輪進經史。以資披覽。余承乏西台。含毫入直。先後所進連珠集句諸體。俱蒙恩嘉納。復敬倣白居易、李東陽擬古樂府。恭呈詠史十二章。管蠡之見。詎足仰贊高深。而天語褒嘉。賞賚便蕃。華袞之榮。於斯已極。三十年來。藏諸篋衍。未敢妄希梵草。致幸殊遇。茲者年已耄及。舊學昏茫。平生所作詩篇。不復記憶。其現存者。四海交游。卅年京雒。人事代謝

物候推移。古稀以前之詩。俾兒輩細加讐校。得如干首。釐為四卷。敬繕寫一覽。十二章。弁諸簡端。以誌國恩。以垂家乘。庶聖天子不擇細流之意。得以昭茲來許。而微臣蚓竅蛙鳴。無關風雅。竊附綸音獎賞之末。亦與有榮施焉。至於元宴三都。序以人重。向時所知定吾文者。息壤猶存。墓草已宿。溯知音于地下。奏流水于何人。不禁感慨系之矣。剞劂將成。而自書緣起如此。乾隆三十八年歲次癸巳秋九月。程盛修謹識于夕陽書屋。時年八十有一。

皇清誥贈通奉大夫順天府尹加一級前誥贈中憲大夫户科掌印給事中敕贈文林郎翰林院編修顯祖考華峰府君暨元配誥贈夫人前誥贈恭人敕贈孺人顯祖妣吳太夫人合葬誌

程盛修

公姓程氏。諱琯。字房友。號華峰。世為休寧人。隨曾王父僑江都。遂占籍焉。康熙丁丑以恩貢入成均。候選教諭。生明崇正庚辰。歿康熙戊戌。偶吳太夫人。商山舊族。生明崇正辛巳。歿康熙丙申。子一人。即先大夫雲鳳。孫盛修。曾孫嗣裘、嗣湘。元孫應軫、應騶、應抱、應縣、應壿。孫女一。曾孫女二。元孫女一。小子遭時竊位。留官京師。未得早謀窀穸。乾隆癸未季冬十有五日。始奉柩合窆于鳳儀村桑木塢祖塋之次。承先志也。納壙之石。不敢以干時貴。敬仿廬陵柳州遺意。泣書梗概。以藏諸幽。嗚乎。公力學敦行。有道能文。久淹場屋。需次邅迍。一資半綫。不獲有於其身。佐以太夫人之賢德。勤儉溫惠。而相對長貧。猶顛連暮齒。舌耕口織。以撫諸孫。茲厚積而發。蟺屈而伸。歿之二十餘年。以孫盛修貴。乃三錫王綸。憶昔童年侍側。讀書夜分。公垂泣而向太夫人。

謂此子也。才或興吾門。惜其不為子而為孫。恐我與爾之不及見。庶幾差慰于九原。嗚乎。賤言已晚。謦欬如新。逮存莫逮。呼搶曷聞。聲悲語咽。淚落紛紛。奕世載德。誦此清芬。

張舍人樹園修禊賦 並序　袁爾職

飲和蠲潔。爰有祓禊之稱。介祉邀祥。斯為元巳之義。鄭國之秉蘭採芍。洛水之曲沼流觴。遡厥遺風。由來舊矣。然而好會必藉名賢。佳辰尤須勝地。是以翠浪春風之句。多在西池。金堤朱幕之詞。宜于南澗。維茲延令。實甲南關。家家多月榭風亭。處處盡平泉金谷。樂可忘返。美不勝收。余以己酉來遊茲土。重尋舊雨。值令節之偶逢。招集名園。喜主人之好客。白太傅開成之讌。左筆硯而右樽罍。王右軍永和之觴。暢幽懷而騁遠目。銜杯索詠。擊鉢分題。逸興遄飛。豪情適上。雖之登高

之筆。敢辭臨水之文。紀讌集之地。則北溟之樹。圍數同集之賓。悉南州之名彥。用成儷句。以質群賢。賦曰。

勝友難逢。芳春易失。時為上巳之佳辰。偶作江城之過客。感好會之無常。惜韶華之輕擲。乃謀賢主。大張綺席。遂佋遍延。華箋豫出。虛敞雲寮之高堂。遠續曲江之雅集。是日也。霽光熹微。曉雲浮碧。眾鳥調舌以吹晴。萬卉凝香而露浥。爰命童子灑埽。告平。竹爐煮茗。香廚作食。未幾而賓從如歸。後先絡繹。孰非愛酒之劉伶。半是猖狂之阮籍。或緣閣而臨流。或選山而就石。百技俱陳。各供乃適。長廊有天女之壺。綠牖有東山之弈。松陰有伯牙之琴。竹外有桓伊之笛。誰懷不放。誰興不劇。喜繡壤而入花城。愛醉鄉而歸酒國。縱有遊女成雲。珠妝翠飾。綺轂文綃。金車玉勒。卜油祓水。花歆草藉。巧語如鶯。嬌容可摘。已邱壑而神怡。

敢紛華而情佚。無何。夕陽倒影。暝烟四塞。主人壽賓。巨觥長揖。願留佳篇。以當球璧。於是餚核俱撤。几案淨拭。各授翡翠之牋。盡舞珊瑚之筆。龍伸蠖屈。駒馳鳥疾。墨瀋淋漓。香濤欲滴。讀之則齒頰芳馨。投之則韻成金石。客復酬主人以巨觴。不知雲表之間。識月如眉而弄色。

東園記　袁爾職

東園者。咸寧令戴君南彰休沐娛閒之地也。園中山外有山。樓外有樓。引水作池。穴石成竇。月榭風亭。長廊傑閣。翬飛于白雲青靄間者。能令遊人迷目。山窮水盡處。皆有宛轉橋接引左右。朱欄翠檻。隱現映帶。山與樓之隙。悉雜植花樹。喬松合抱者。以數百計。蒼綠蔽空。翠濤相接。笙竽琴瑟之音。隱隱常在天半。又多老梅古桂。紫薇翠竹。四圍環護。終歲奇香不斷。其中堂嘗欲

以綠野自顏。蓋亦大有得于裴晉公歸隱之樂也。堂中書城百雉。南面自擁。綺囊蓮匣。蘭盂花斗。多陳設于几案之側。間遇有賓朋過從。則出床頭一甕。必與盡歡而去。予與戴君暮結香山緣。海陵與延令相接壤。年許之別。必舟車以從之。至則必具珊瑚管、翡翠箋以相待。知予有詩癖也。予每至必造其峯之顛而曠望焉。園中之勝。前已筆其大概。更有助其園而得無盡之致者。西北則張舍人封明府之別墅。相縷聯。樓閣繡錯。林木柯交。數君子真有把臂偕遊之樂。東南則雉堞如屏。女牆橫亙。內而朝暉夕綺。掩映多姿。外而花村柳塢。星分棋布。烟蓑雨笠。牧唱樵歌。令人想見武陵源。雞犬桑麻。不過如是。予每留連其間。十日不能盡其歡。而亦不自知其心曠神怡也。壬辰之夏。重來茲土。端陽前一日。復遊斯園。回念戴君捐館。忽忽已星霜一易矣。

山陽之慟。只託之于猿聲鵑血。哲嗣自江沙亭。沁園諸君。皆能仰承父志。開拓前業。于園之東樓。巖壑競秀之處。祀戴君之靈位于其上。題曰東園主人。亦遵戴君之遺命也。其他亭榭不一。或借秦漢古蹟。或摘唐宋佳聯。各隨其景而顏之。盡有天然配合之妙。自江復出所繪東園圖。索予作記。志在不忘先人之堂構也。噫。戴君之後有人矣。莫為之前。雖美弗彰。莫為之後。雖盛弗傳。予於斯益重有感焉。是為記。

族譜序　宮煥文

予年八十有九矣。老病浸尋。桑榆日暮。猶憶垂髫時。伯祖中丞公恭祝聖祖仁皇帝萬壽入都。予候送舟次。伯祖最鍾愛予。特執予手而訓以讀書立品。敬宗收族之義。累累百餘言。其所期于予者甚遠且大。後予弱冠登第。通籍中朝。垂五十餘年。時憶

伯祖之訓。欲整理族譜。以示後人。乃夙夜在公。未得少暇。丁亥春。始以省墓告歸。而年踰七旬。頽然老矣。用是每耿耿於中。從姪篤周中丞伯祖之曾孫也。績學工文。名聞南北。而懷才不遇。予每為之太息。而咨嗟頻年。悔庵方伯篤主容塘書院。院中多暇日。刻意修譜。特請于予。且詢及義例。予聞之喜。心翻倒示之曰。高祖中憲公舊譜中義例具在。遵而行之。無他囑也。篤周唯唯而退。越月而族譜成。呈予校閱。義例悉遵舊譜。世表條分縷析。亦何心之專而成之速也。予披覽數日。即傳送各房。俾共閱之。於義例。族訓。見祖宗法戒之謹嚴。于世表。見篤周之詳密。後之子孫。尚克守讀書立品。敬宗收族之義。庶上不忘祖考之懿訓。下不負篤周編輯之苦心。則予幸甚。時乾隆乙巳三月望日。

十一世孫煥文謹撰

泰文錄 一五七

泰文錄 一五八

建倉聖祠碑文

王桐

且夫日月行于天。而後萬物作之睹。文明啟于世。而後萬象為之昭。故肇造皇初。代結繩之治。誕生聖史。贊書契之成。耀四目之靈光。開五德之景運。於是俯仰三才。譯河圖于龍馬。變化一畫。闡易象于庖犧。篆刻詛類。蟲雕螭璽。遂開鬼哭。蓋前相軒轅而佐命。六書大有淵源。後紀禪通以作君。百王奉為憲典。形聲諧象。信斯文之指南。雲漢名同。儼衆星之拱北。矣由是煥乎文章。既祖述之多替。不謂安于耕鑿。竟帝力之同忘。饗祀漸衰。欽崇奚永。我皇上報功崇德。稽古右文。綸綍一頒。馨香特薦。宏開祠宇。中外同風。共仰堂皇。經營不日。今我海邦邑侯惟劉。敬謹鳩工。綢繆輦革。文昌密邇。青黎太乙之黎。俎豆常新。紅薦海陵之衆。是以高檐十丈。衛道無涯。連閣四周。享神有廟。第扶天無力。斬鉛莫罄高深。而就日有心。金石敢忘刻畫。銘曰。之衆選石螮蝀。構梁塔麥仙。臺樓擬鳳凰。文章競秀。泮壁聯芳。春秋萬舞蹌濟一堂。飲水思源。文字鼻祖。血氣尊親。羹牆如睹。緒纘崆峒碑高岣嶁。不朽者三。長此終古。

重修州治文昌閣記

王桐

易曰。觀乎天文。以察時變。觀乎人文。以化成天下。尚矣。乃有因天之文。而即以默相乎人文者。考之晉書天文志。文昌六星。三日貴相太常理文緒。海內士大夫。因其有功文運。各郡縣繪像祀之。而吾州治東南舊閣。其尤著者也。閣之建。邑乘不載何時。自嘉慶六年。編入祀典。春秋兩時。蒸嘗勿少替。今而知吾邑自開國以後。士之秀而列于庠者。大率掇科第以去。固屬地方寧靜。戶習誦絃。抑亦冥漠有靈。其式憑之者。匪一朝夕也。但歷年久遠。丹青剝蝕。甍甓飄零。舊址之壞者過半。適總藩劉公汝賢來牧是邦。下車時見而慮之。非獨慮夫斯閣之就圮也。慮夫斯閣既圮。則文運因之亦衰。爰集邑中紳士。葺而新之。是役也。捐金者有某某。度地者有某某。鳩工庀材者有某某。經營風雨不數月而閣成。規模如初。而華煥則異于疇昔。余自通籍後。足蹟半名山大川。見有往時盛跡。一再過而頹垣斷瓦。蕩然無復存者。蓋地不得人。地不足恃。不得呵護其地之人。則地尤不足恃焉乎。邑侯此舉可謂盛矣。是時天子有詔。命各邑建倉聖祠。祠成。余謬斷文以刊之石。而閣之工適竣。邑人并以文屬余。余一官老矣。獨文教盛事。尚耿耿不能去諸懷。迺喜而為之記。

泰文錄 一五九

泰文錄 一六〇

附錄

（一）儲巏

儲巏字靜夫，泰州人。九歲能屬文。母疾，刲股療之，卒不起。家貧，力營墓域，旦哭家，夜讀書不輟。成化十九年鄉試，明年會試皆第一，授南京考功主事。孝宗嗣位，疏薦前直諫貶謫者主事張吉、王純、中書舍人丁璣、進士李文祥等，皆錄用。久之，進郎中。吏部尚書耿裕知其賢，調北部考注臧否，一出至公，嘗數賓一官。裕欲改其評，巏正色曰：公所執何異王介甫？群僚咸在側，裕大慚，徐曰：郎中言是，然非我莫能容也。擢太僕少卿，請命史官記注言動，如古左右史，時不能用。進本寺卿。武宗立，塞上有警，條禦邊五事，又陳馬政病民者四事，多議行。正德二年，改左僉都御史，總督南京糧儲。召爲戶部右侍郎，尋轉左，督倉場，所至宿弊盡釐。劉瑾用事，數凌侮大臣，獨敬巏，稱爲先生。巏憤其所爲，五年春，引疾求去，詔許乘傳，有司候疾痊以聞。其秋瑾敗，以故官召，辭不赴。後起南京戶部

左侍郎，就改吏部。卒官。巏體貌清羸，若不勝衣，淳行清修，介然自守。工詩文，好推引知名士，辟遠非類，不惡而嚴。進士顧璘嘗謁尚書邵寶，寶語曰：子立身當以柴墟爲法。柴墟者，巏別號也。嘉靖初，賜謚文懿。見江都府志

（二）華湘

華湘字源楚，泰州人。淹貫星緯，精數學。正德十二年進士，科名皆預知。授工部曹郎，用御史朱節薦，歷晉光祿少卿，管欽天監。鄭曉吾學編輯其疏，載天文述。竇子偁試策舉以問士。尋以事謫守蒲州，稍遷廣西思恩府丞，致仕歸。治郡時，因越獄，布算決去向，無一得脫者。有石府元機、幽堂寶照、皇極元機、洞林秘髓、靈樞秘要等書。見揚州府志

（三）儲洵

儲洵字平甫，泰州人。正德六年進士，官兵部郎中，左遷沔陽守。歲飢，積逋賦，所司督責，洵下令悉停止，民賴以安。郡多水患，請修堤防，言甚剴切。遷台州同知。

陞漳南僉事。漳舊多盜，洵設條約，督捕撲滅殆盡。致仕歸，博采建文諸臣，編輯革除錄。及卒，門人私謚文貞子。見揚州府志

（四）徐嵩

徐嵩字小石，蕃子。正德十六年進士，授戶部主事。與議興獻大禮，忤旨受廷杖，尋復職，升郎中，出知保定、河間府，擢湖廣副使，分巡江防。時牛首山礦徒猖獗，辰、衡兩府騷然，撫按屬嵩調官兵一鼓殲之。捷聞，遷山西參政，晉布政使，撫順天。朵顏三衛連結哈密，謀內侵，嵩多方經略，諭以恩威，衆皆款服。後因胡守忠事謫戍，踰年歸。見泰州志

（五）王艮

王艮初名銀，王守仁爲更名，字汝止，號心齋，住安豐場。七歲從塾師受大學章句，貧不能竟學。弱冠，父使治商，往來齊魯間，已又學醫，然皆弗竟。嘗過闕里，謁孔廟及諸大儒從祀，太息曰：是聖人者可學而至也。歸取孝經、大學、論語日誦

讀，置書袖中，逢人質疑，有所得，必見之行。父竈丁，役於官，冬晨起，以冷水盥，艮哭曰：爲人子，令父至此，得爲人乎？出代父役，入定省惟謹。一夕，因夢頓悟心地洞徹，寤而識諸壁曰：正德六年間居仁三月半。居仁，其堂也。武宗南巡，內官以上命捕鷹，過海上，所至騷動。艮詣之，諭以理義，璫瞿然起敬，因勸以請上旋蹕，毋肆騎以安天下。內官感悟去。艮與人講論道學，有客聞艮言，訝曰：何類王中丞語？艮乃謁守仁江西。執木簡，署曰海濱生，名其冠曰有虞氏之冠，其服曰老萊子之服，踞上坐，與守仁語良知，及究舜居民事業，抗辯不爲屈。居數日，有省，曰：吾人之學，飾情抗節，矯諸外；先生之學，精深極微，得諸心者也。乃執弟子禮。守仁語曰：吾持萬衆禽宸濠，未嘗動心，今爲此生心動矣。艮乃益自任。從守仁歸里，嘆曰：吾師倡明絕學，何風之不廣也？還家，製小車北上，所過招要人士，以師說化道人，聚觀者千百。顧艮言多出獨解，不循傳注，且車服悉古製，皆駭異之。抵京師，同門生匿其車，趣使返。守仁聞之不悅，艮往謁，拒不見，長跪謝過乃

已。自是益欲圭角就和坦。復游吳越間。因百姓日用以發明良知之旨。究及於身修而天下平。其言曰。心有所向便是欲。欲有所見便是妄。既無向又無所見。便是無極而太極。又曰。良知。愚夫愚婦與知與能。與鳶飛魚躍同一活潑潑地。則知性矣。語持躬太嚴者曰。君子不以養心者害心。有問放心難收者。呼之輒應而起。曰。汝心見在。更何求乎。即事是心。更無心矣。即心是事。更無事矣。王氏父子徧天下。率多爵位有氣勢。艮以布衣抗其間。聲名反出諸弟子上。然艮往往駕師說上之。持論益高遠。出入於二氏。自鄒守益、湛若水、呂柟、歐陽德咸重之。從游者日衆。郡守名辟以疾。謂門人曰。致師而學。學不誠矣。往教。教不立矣。或勸之仕。或勸之著述。皆不應。巡撫劉節、御史吳悌俱疏薦。不報。守仁卒於官。艮迎喪桐廬。營其家。艮年五十餘。即家講學。遠近畢赴。及病。語門人曰。吾將逝乎。顧仲子襞曰。汝知學。吾何憂。遂卒。年五十有八。門人為治喪。私謚文哲。四方會葬者數百人。初祀鄉賢。後建專祠於吳陵書院。有司以春秋致祭焉。所著語錄及樂學歌、孝弟箴、求仁方、格物要旨、明哲保身論、仁以為己任賦。海內傳之。良傳泰州林春、貴溪徐樾。樾傳永新顏鈞。鈞傳南城羅汝芳、永豐梁汝元。汝芳傳歸善楊起元、合肥蔡悉、嵊周汝登。汝登為泰州分司判官。見泰州志

〈六〉袁杉

袁杉字子才。生而穎慧。十二歲為郡諸生。臺試每冠多士。時稱維揚八俊。杉居其一。知同安縣。寬平得大體。以他事忤監司。罷歸。牢騷不平。於詩文中寓意焉。杉子世科。孫懋貞。三世並舉孝廉。懋貞起家開封郡丞。擢南康守。所至有聲。終雲南副使。見泰州志

〈七〉沈良才

沈良才字德夫。嘉靖十四年進士。改庶吉士。授兵科給事中。尋轉工科左給事中。時浙省盧綱、孫存互訐。奏良才往勘。仲存而抑綱。綱寘法。一切株連皆得釋。人稱明允。遷吏科給事中。嚴嵩甫入閣。良才疏列其奸。不報。升南京大理寺右丞。晉左少卿。因丁汝夔事忤旨。廷杖。尋以僉都御史巡撫湖廣。升兵部右侍郎。值倭寇。朝議遣大臣討之。嵩減其功。劾已奏遣良才。會趙文華自疏請往。不果行。嵩復誣以他事。削職。後其孫直陛具疏上陳。得復原官。初良才為諸生時。富民劉欽請賑諸生之賢者。良獨却之。御史李東嘉其節。為備禮冠婚。即於是年舉於鄉。見泰州志

〈八〉王陳策

王陳策字師董（揚州府志作師薰）。嘉靖二十六年進士。宰兩邑。俱有惠政。歷官工部郎。出守廣信。傷直言之死。訪有一子在襁褓。義僕竊逃得脫。寄寺為僧。陳策訖故往訊。已十四齡矣。與之歸。召鄉紳而見之。四坐為之歎泣。有許姻者。即納幣擇日為成婚禮。事載廣信生祠碑中。見泰州志

〈九〉陳應芳

陳應芳字元振。號蘭臺。萬曆二年進士。浙江龍泉、松陽令。民為立碑建祠。設生

像入名宦。遷禮部主事。教習駙馬都尉。以壽陽公主婚禮從時。發左右欺蔽狀。且言公主當恪遵婦道。不宜使男下女。姑拜婦上。嘉納之。典山西試。所拔如傅新德、韓爌、趙用光。皆表表者。出為肇昌府丞。遷僉事。督學浙江。攝閩藩。積資若綰籍。為正當道。遷南大理丞。當入賀上。啟天師古法祖、勸民一疏。遷太僕少卿。條馬政八議。皆報可。乞歸。後力爭以正改兌。與鳳陽代糧二事。詳見所著敬止集中。又有守愚、歸來、日涉園諸錄。天啟四年祀鄉賢。見泰州志

〈十〉陳凝祉

陳凝祉字懋吉。順治七年舉人。任汾州府推官。判斷疑獄。持法平允。分校晉闈。遴拔皆宿儒。晉都察院經歷。升戶部郎中。歷掌關榷。以廉能稱。轉湖廣驛糧道。值吳逆守關。使者巡城。誓師晝夜不息。因畫奇計。從材官中識有將武生者可用。乃命旦日忽開門。以偏師出。敵不意。貫其中堅。驚以為神。因夜走。圍遂解。巡撫蘇志皐欲以事聞。凝祉辭。志皐歎服。以為遠大器。見泰州志

(十一)陳志紀

陳志紀字雁群年十二能文十六應童子試學使陳昌言拔其文許為廊廟才時其父凝祉已歷顯官志紀謂官署非讀書地請於父不隨行自構五籍樓於城西讀書其上會萃儒先四書精語纂輯成編又選三蘇之要策者細加評註名曰拔尤梓以行世中順治十六年進士改清書庶吉士十八年會試分校得士二十三人皆一時名雋是年升編修聖祖御極恩遇有加會以京畿旱應詔上疏遂被逮謫戍寧古塔卒於戍所年四十有八見泰州志

(十二)陳忠靖

陳忠靖字爾位號晚堂順治四年進士由中書擢刑科給事中首呈早舉經筵述差郵刑二疏皆報可時揚郡下河登罹水患賦額不供部議擬分年帶征忠靖疏言臣鄉頻年饑饉雖帶徵無益惟懇全蠲以廣恩卹辭甚剴切得荷允後左遷歸里卒見泰州志

泰文錄　九

泰文錄　一〇

(十三)陳遂驥

陳遂驥字以漸貢生由教習期滿授貴州永寧縣令興學課農民苗咸服報最入覲仁廟賜性理唐詩蟒衣果餌擢新興州牧洊升刑部員外郎郎中浙江道御史巡察北直順德等府至成安縣卒見泰州志

(十四)張幼學

張幼學字調臣順治三年舉人知浙江鄞縣時軍事旁午需餉孔亟又值造戰艦幼學處之裕如凡有征輸聽民齎鏹自投侵漁頓絕治邑八載遷大興去時攀留盈道尋卒鄞人為位而哭祀名宦見泰州志

(十五)陸舜

陸舜字元升號吳州康熙三年進士官刑曹多所全活有以枉論死者獄已定舜力陳其事當從輕比兩司寇反覆按驗果得末減視學浙江端士習正文體所拔多寒畯知名之士每試必自制一藝為諸生式兩浙文風為之一振會闈中寇逼與浙屆幽浙督興師援勦以溫處兵事屬舜舜蒞行伍訓練指麾刻期並進浙人歎服謂神於文者復神於兵也旋以疾歸家居二十載十八年舉博學鴻儒辭不就著有雙虹堂集見泰州志

(十六)宮夢仁

宮夢仁字宗袞號定山偉鏐子十歲善屬文長益博贍康熙己酉以靜海祖籍舉順天庚戌會試第一癸丑殿試改庶吉士授御史疏十數上尤請河務因淮黃泛溢急請疏理海口且繪圖入告出為河南督糧道中州漕儲本折靡定夢仁綜核錢穀節有浮費以裕軍需無豪髮厲民丁憂服除補湖北驛鹽道晉山東提學副使釐正文體得士最盛內擢通政使司右參議累遷右副都御史巡撫福建條台灣之利弊請通省之盈虛禁人命之株連嚴兵餉之扣剋俱有功於閩疆逾年罷歸旋奉旨分修南河高梁澗龍門嘯高家堰諸要工露宿河干者六閱月功成淮陽得無水患上南巡閱視嘉其勞績復原官自是閉門却埽

泰文錄　附錄　一二

泰文錄　附錄　一三

日事著述有自訂文集一百卷喻林文苑英華選英華粹語廿一史名臣言行錄餘年撰述續南宮舊德錄若干卷其讀書紀數略五十四卷奉旨刊刻行世卒年八十有二特派史官潘庭筠立傳子鴻麗四十五年進士官編修孫雖別有傳見泰州志

(十七)杜光先

杜光先自海樹號岸修幼年母疾籲天願以身代侍奉不少倦一夕母夢神授以藥遂瘳弱冠為諸生所得館修奉甘旨外示妹婚嫁皆力任之母歿卧父足畔者三十年州牧柯聳庚朔望講約必列光先行事以為訓康熙庚辰成進士授浙江湯溪縣令縣之山多楓樹吏號楓山清正愛民宴有嘉禾之瑞湯人即九峯書院建生祠祀之戊子分校浙闈所得多知名士告歸後研究宋程之學將終語其子曰我此時自檢從無不可告人之事遂端坐而逝著有詩文集見泰州志

(十八)程盛修

程盛修，字風沂，泰州人。家貧篤學，雍正八年進士，改庶吉士，授編修。乾隆元年改御史，進呈咏史樂府十二章。蒙諭：御史程盛修所進咏史詩，指事寓規，詞意婉摯，得獻納之意，與泛論經史者不同，賞物甚厚。後擢至京兆尹，乞養歸。年八十五卒。著有夕陽書屋詩四卷、南陔松菊集一卷。見揚州府志

(十九)袁爾職

袁爾職，字肩山，幼喪父母，事祖母以孝聞。康熙四十年，仁廟南巡，獻河工頌並紀恩詩八章，上嘉納之。著有拾雲閣集。見泰州志

(二十)宮煥文

宮煥文，字觀成，號樸安。康熙五十六年舉人，挑選知縣，改就教職。雍正十一年成進士，授工部都水司主事。洞庭湖畔無舟泊地，朝廷命工興建舵桿州，以利行旅。復因廢員呈請効力，事竣報部，議如核減。煥文持不可，謂工出民間，物料多寡，應毋庸議，且恐沮後人急公之心。奏聞，報可。乾隆三年，擢山東道御史。屢上彈章，不避嫌怨。八年秋，充順天鄉試內監試。時功令嚴切，中使口宣諭旨，日且數輩。煥文撤謹奉行，纂刻不少假借。十三年，充文武會試同考官，巡視東西南三城，及通州漕務。晉奉天府丞，累官通政使。以病歸。四十五年，高廟南巡，特存問，賞賜有加。卒年八十九。後二年，內閣命咨查官績，史館立傳。見泰州志

泰文錄　增錄　一三

泰文錄　增錄　一四

海陵六家詩鈔

佚名 輯

《海陵六家詩鈔》，佚名輯，據揚州圖書館藏鈔本影印。

本書封面頁題『海陵六家詩鈔』，實際僅存二家，即趙瑜《晋碑室詩存》一卷，元馬玉麟撰《東皋先生詩集》五卷。趙瑜，字漁亭，晚號漁叟，江蘇泰州人。歲貢生。工詩善畫。晚年絶意場屋。值太平天國戰争，詩人多流寓泰州，趙瑜與之詩酒唱和無虚日。其《晋碑室詩存》五卷《爨餘集》一卷《詩續》一卷，另有同治刻本。馬玉麟，自號東皋道人，吴陵樊川人。吴陵，唐武德三年（六二〇）以海陵縣改名，治所即今泰州市。七年復名海陵縣。樊川，今屬江都縣。馬玉麟約元惠宗至正中前後在世。元末仕至參知政事。工吟詠。所著《東皋先生詩集》五卷，有清初鈔本，國家圖書館藏，又有《續修四庫全書》本。《東皋先生詩集》卷末有同治五年丙寅（一八六六）陳文田跋。

（江慶柏）

海陵六家詩鈔

晉甈室詩存

詩存四卷賸餘集一卷又續存一卷

外祖漁亭先生撰先生姓趙氏諱瑜道光間歲貢生同治時卒　先太夫人爲先生幼女祖成之生也先生卒已　年矣是集爲先生所手訂修潔雋永卓然成家續存係六十以後所作尤蒼勁入古時與先生齊名者爲康伯山先生齒較先名亦甚重然雅馴修整處似不如先生也今錄　首

禽言四章

布穀布穀勃鴣喚林麓自冬徂春無斗粟東作方興叱黃犢催耕辛苦獨依依餘粒盦鹿能飽我饑

姑惡姑惡姑不惡汝錯東家承歡西家樂安見汝姑遇姑虐汝但殷勤事操作莫再逢人説姑惡

提壺提壺中有美酤慼子區區意且爲立斯須劉伶阮籍聖之徒有酒不飲何爲乎朝傾畢卓瓮暮倒文君鑪仰天拏缶歌烏烏衆醉獨醒無乃愚

刮鍋刮鍋鍋煤多多多又費柴一束刮去鍋煤飯易熟琤琤瑽瑽金鐵鳴嗟我婦子戚心驚割麥插禾同此聲

美女篇

美女絶代姿光豔層雲端方春采柔桑摘葉零露漙鬒髮白
玉釵雪捥黃金鐶明瑞映雜珮珊瑚青琅玕鄰澤襲袴褶炫
服欺羅紈姍姍來何遲微風吹芳蘭行徒神為傾一見希承
顔翩然誰氏子睇眄惟長歎蹇脩以為理作合言惟艱豈敢
慕孤孑輕與吾寶難端坐撫瑶琴願為知音彈知音托明月
照我房櫳間

新樂府

頌德政六章 錄其三 為州牧張之杲作張字東甫錢塘人諸生官泰有德政卒於官

平糶廠

歲荒議災賑兵荒議平糶貴值而賤售荒政此最妙是役民
捐一萬石官捐五百石未施民一萬先散官五百官惟實政
不惟名胥役感化廉且貞與我役澤門皙始輸粟終閉糶猶
之與人出納吝善舉無端受攻擊

攆錢役

朝送錢大橋鎮暮送錢宜陵鎮白酒黃牛犒南處傳聞殺賊
紛無數為我西南守門户載輸爾載將伯助將伯伯呼何敢
辭飲食醉飽咸嗟咨江都縣事泰州知不分畛畷良有司

穿耳箭

游府喜奎出城去不顧居民遷徙忙無措東家黑漆箱西家青
布囊背約手提挈纍纍官巷旁前後圍饑鷹左右飼貪狼勢
將膏吾刃富貴樂未央猛聞吆喝來官府劍戟森嚴勢威
賊睛睽睽視無睹捕虎居然如捕黽詆詆蚩蚩殊可憐尤而
效之又甚焉伸國法饜飛肉按軍法耳貫鏃一坊安四境肅
家頂香户尸祝

紀亂萠六章 錄四

火輪船

江壽民江都人業學館創設立貞保赤接嬰暫棲所
等處贍養貧人又開集英義學頗愜衆望癸丑春粤
匪東竄金陵鎮江相繼失守壽民信奸人謀告謂重
賂可免官民倚賴之相戒勿遷徙城遂陷先是道光二
十二年㕘夷犯順船抵郡城叟壽民賄而去禍基之伏
言由来矣

火輪船肇禍胎夷人　瓦珐守信不汶回行陰僥倖何能再
而纖殕無足怪列國假道殃自取墮入奸謀柰何許滿城灰燼
叔使然天奪之魄夫誰憐

僧道正

城東南隅聚衆抗租集十三里汪僧道正主其事曹
某者實左右之事覺請兵大營立殺數人以徇首從
先後伏誅

奸民乘亂齊抗租大兵入境按名誅竊樓滿地膏血塗咄哉戎
首聞風逋官命捕役為我蹤跡獲僧道正罪人斯得僧遇捕役
勢窮集啜其泣矣何嗟及惟時羽翼有書生如夔一足跛著名
小車轔轔感入城琅璫鎖索齊解營騈戮梟示公案了田荒廟
毁行人少十三里汪無青草

嗚銅鉦

大營游擊衛碎成良綽號老小乾兒某扶吾邑小孌讒搆倡亂為報復之舉泰邑閻警遷徙一空

仙女廟嗚銅鉦三江弟兄隨我行我行直入泰州城天助我民不助逆忽然馬首向邰伯邰伯王總兵萬清和馬抵死爭駕舟送入湖心去洪渺烟波不知處傳聞李師世忠卒斬之不得其死理固宜

清江浦

浦勇有名無實賊倉猝入境四面火發時帥府方演劇也高寶紛紛遷徙泰邑驚惶

高牙大纛宴官府爛熳華燈照歌舞猛聽漁陽動鼙鼓火光四射清江浦清江浦清江無城守不得退保淮垣為上策淮城緊閉袁浦空江南從此無河工當憂而樂造物忌語我同官莫演戲

憫死節九章 錄二

巡檢兒

賊犯潛山縣巡檢馮焯之子名福基十四歲聞驚匿母他所身為賊獲日懷利刃伺隙殺賊不果至湖北黃梅竊市毒藥置羹中斃十七人已亦仰藥死皖撫李中丞續宜以童年知烈請卹壬戌秋仲見邸抄

束髮知讀書未能通六藝讀書知求名未及時一第忠孝大節非細事不圖得巡檢兒巡檢兒年十四一解　兒父有守土責帶兵迎敵兒母在室死生爭頃刻倉皇四顧負母逃匿母逃匿兒陷賊二解　晶瑩匕首貼肉　朝窺猛虎夜瞷貪狼梦將殺汝偕汝亡蒼蒼者天吾爺娘三解　殺賊一值均殺賊二獲利連斃十七賊兒力竭矣羣賊偵知烏能已生亦無可為同母仰藥死四解　卓卓起家進士　擢任封圻偉岸七六軀皓首而尨眉百歲光陰能幾時縱談往事結嗟咨獨不見巡檢兒五解

張烈婦

儀徵張雲蓀妻諸生金序東女戊午八月賊犯儀境從其夫避地甘邑西山事急令其夫速走以存宗祀當入道旁俞氏宗祠與同邑曹炳文室人仝死焉壁上留題云自古有死人誰不能全家清白含口九泉厲鬼殺賊猶生之年

避儀邑賊西山齊每山賊來何處逃人生百歲終一死甯為　上毋鴻毛夫存宗祀延婦沒節義著夫也前行勿迴顧祠宇荒涼絕命處德必有鄰曹夫人紉帶縫裳約同夫血淚浪浪粉壁書萬卷精華四言句烈婦四言句忠臣正氣致須君巾幗無殊科金石可爛名不磨

感時事五章 錄四

行鈔票

堅剛可久莫如銀輭熟易敗莫如紙以紙換銀鈔票起唐飛錢宋會子金源交鈔實本此周官質劑良法陳不取便國取便民民銀日少紙日多設法轉輸且奈何

當百錢

當百錢重約一兩五徑約二寸圓一當百今十當千枚端可挂腰可
纒京　獨戲行外省漸流傳淮右開鑪設鼓鞴孔方積聚充官廨
江西　窖弄狡獪感向場垣觽船快亟付垣商為分派一文不值吁
可怪好作歸資當銅賣

行路難

今日置一卞明日置一關江湖客子行路難今日委一員明日簽
一董市肆居民感褱恐局吁指戶爾來前公私正雜皆需錢如
某偷漏某夫帶什佰亻莪罰無數吁嗟乎大營保衛裏下河脈
惠接濟奚足多大營實得能幾何

小龍船

擬金戍鼓城濠　旌旗五色排戰船造船防賊賊鳥有孤負健兒好
身手青絲盤髮五乂觔罰韡茜襆腰紅巾摩頂受戒里佛性所難
除者惟貪嗔饑鷹偷眼光碌碌猛虎磨牙夜逐逐夜游俠邪朝
攤科居民驚避恐不速健兒乎何不　宗愨風何不擊祖生檝生
不能建棲櫓功死不能裹鴟夷革千金一擲少年時株守吾鄉
又何　前日紅旗報李副帥官軍到天長收復六合降江北肅清
喜相告昨日有書來曾大帥舟船開軸轤千里蔽空下頭隊先收
雨花台嗟尔小龍船終古城濠　飽食恐游戲日費官府錢官取
於民官不苦只有吾民望安堵

詠邑事六章

南山竹

新志書梨棗孤長門百黃金魏收一穢史因不失親亦可宗一國
三公誰適從刋謬欲鋻南山竹登之　居然好筆墨再數十年
淆黑白采訪何人早設局

淘河鳥

有鳥有鳥叉淘河市河淤塞年月多淘開淤塞波浟浟滿城血
脈皆融和淘河鳥引吭口玉帶河多坎坑形家者言苦無　事
能便民為上策

饑雀行

饑雀紛飛向城外倉無粒米奚足怪守城第一資餱糧何不買
米塡空倉兵劫不死水旱死倉門峩峩存故址嗟尔雀饑能高
飛嗟我民饑安　歸

鼓鼓鞴

五風十雨歲大熟蔞也何辜鼓鼓鞴少而記名老入堂（清節揭於額例有挂號數十年不得進堂者）依然摒饑心悲傷日錢月搞諸無者寡鵠孤鸞坐相
索客從何來短而髯一聲獅吼撏（鬖鬖）風毛雨血鳥獸散明日
堂中聞尔飯

兒哺糜

兒失母呱呱啼善堂收兒撫養之兒初來此啼何為昨者有
兒方哺糜乳嫗濫竽久無乳我躬不閱遑恤汝兒失母呱呱嘑
餓鴟絕叫聲悽悽誰司　事如先耳須知彼亦猶人子君不見
堂前義塚如幃窠南唐（小兒無此多）

埋活人

老事計義則妨利普濟得人人濟破絮蒙頭寒　肌粗糠妄能飽

五言古

我饑饑寒交迫災疫作十數病夫一鍋藥一死者藁葬生與俚死
而後葬母乃遷

河之水

邗鞠烈女也女有殊色姊夫曹先同居誕誘不從投
水死于童年親見其事懼久而泯没也追憶爲詩
入吾集中以俟采風者　按烈女已入州志

荏苒女貞樹乃傍惡木陰剪伐苦無力誰與亮我心嫌疑竹瓜李
熟計不如死雞鳴霜滿天對鏡永别尔誰與亮我心清白河之水
回頭白髮親含悲只在此

燬分家

美兄弟相　也衣莊侯氏同祖兄弟四人分析有年
矣忽伯仲不戒於火蕩然無存叔季迎養兩兄邀
親族燬分家願以己産公之兄泣辭弟力請得復合
焉趙子高其誼紀之以詩夫一堂秦越同室戈矛
人情類然固無足怪然女侯氏兄弟獨非人情於乎
可以風矣

焦頭爛額其兄切己剖膚其弟行道且心惻何況我同氣兄曰天
之阨我我獨于罹弟曰豈伊責人兄弟匪佗墮甑不必再顧選
言豈可復叩請自今衆族而處　吾家聽子而行老夫聞此言
欲哭聲先吞吾兄病死永安鎮親侍湯藥吾未能儒服儒冠數
十載使我抱愧侯氏之弟昆如我輩不足論不如我輩尤難言

揚家垛喜晤程發庵　字先

羣賊衆如毛路城無百里闊　無其錢居民同切齒推吾長團
結吾也恭敵止枕戈逾半年賊衆望而靡待賊賊不來毋甯久
事此出一東向行尋秋汪烟水憶送筍伯帑初春事遷徙作客
當還家相見各悲喜四兒雲鶴前致詞名師室則迩迩翩々富以鄰
得從程夫子吾方造門謁門君適遇玉矣怪我來何遲嚇々嘆不
已握手訴懷思關心問桑梓日夕聆戰音不戰定何以君十殊
惶惶我意則唯々君坐且勿喧我言殊不鄙宇宙一太倉我輩
稊米耳隨身有研田勝彼膏腴美水鄉千頃滿此乃無死理買
地結茅屋足不履城市逍遥養餘年靜闌無生旨昨過溪橋
南晚涼扶徙倚橋下牛浮鼻牧童一鞭指有烟緑楊灣宛入圖畫
裏無意得桃源避老從茲女尔我文字交肖襟絶渣滓却值秋
成時魚蝌肥無比村醪試酌斟呼奴奉盤匜既醉兩無言天末
涼風起

和發庵韻

塵事日以稀漸覺故人好放學便過從客々晚餐早秋空作潮
陰天將降水潦須　黑雲過小雨濕庭草挑鐙相去談新涼豁襟
抱元白互唱酬案頭積詩稾嘹唳天邊鴻雪泥留一爪月出水空
明歸路疑蓬島

送家兄之永安鎮

荒雞唬喔喔送兄出門去出門欲何之避亂依親故親故原
可依但防寒與饑兄云子毋憲吾有兩兒隨次兒能報勞四兒

奉養阿三留保家門户可無恙吾病如不深慰子以好音否亦無害事借行有棺衾尔我名抱病調攝宜安心語畢仍回顧舟人促行路忽聞欸乃聲殘月照烟樹

贈李冰署 肇增

造物喜情懂恒待庸衆傻攻穴陰陽秘竇為造物讐竅鑿混沌死殊復窮雕鍥坎　固自名遠士何恐先奔走白餬口營〻升斗求勿謂遭時變不亂誰為謀暮勢爭千謁髙尚軽王侯此處兩非計吾生感行休粹然布衣交相好無相猶退閑弄觚翰足用醫幽憂

今人不如古一文人不為乃五貼括學謂　進取宜自束髮至老顛倒神忘疲捆拎房何異抗顏為人師稽柏先菁華朽腐當神奇問以治忽原茫乎若有思尚論及某〻瞪目視口誰一朝握六柄秉揞將馬施古文人不為而君獨為之孫芳謝凡豔老樹無醜枝自惟箏琶斤日習　哇辭一甚廣陵散食咀心神怡予雖不能至向往無已時

衰徵五首 錄三

秋氣荐搖落推我髮與齒髮秃期或長齒落長已矣末　〻生俱去偏白尔　萬物剛則折推挫及至理或云命長短徵驗具在此不問耆黎言長短俱死尔

雙瞳頓昏眊睛空罩烟霧凭軒讀我書䀹不辨章句循例試眼鏡　然如逢故登岱睹白馬雲秀天河法足此須鍊形精氣求内固固和同烟盡聊用時生趣

我生亦國卿受病在脾涇脾弱胃不支甚至斷末粒每年夏徂秋亦期信不失悠聞一蟬吟喜見百蟲蟄習慣成自然逡巡老將及畏死而延醫彼戴識結習

和琴川江上四首 元均 錄

北望溟海塢南瞰滄江湄危如燕巢幕日夕懷憂疑飛鳥避彈丸㒲魚驚釣絲微物猶自愛於人何足奇與收鹿　效甯孫龍鳳姿道德五千言清淨一無為股血流不止哽叙蘇秦錐陰符與難讀〻熟將焉〻

指屈小能信顧學龍伯釣口吃不能言顧學孫登嘯邑勉希浮崇精華損年少古來經老才觀理必提要汪洋大海波佴注一毛竅玹劍不挫鋒明鏡不疲照日　箏琶斤悠然彈古調相將謝　老有時仰天笑

東皋先生詩序

古人謂詩文蓋言之精者也故能詩必能文合是二者可謂能言之士矣然竊恠世世能言者達而在上恒少窮而在下恒多豈山林窮困之士業專志勤故其工於辭者衆爵祿官達之士意盈氣逸故其工於辭者寡歟不能何言之工拙士之窮達責也有能涉貴顯而肆力於辭章直到與布衣韋帶專門名家之作者較其得失短長馳騁上下斯不亦難矣哉以予觀海陵馬詹其人也始詹以幕僚佐予執政分省因得相與周旋無計事之暇予有所作詹必徒而和之後予致政家居詹位離名彰戒行藩為賢宰輔領大郡為良牧守予意其出入要途酬應無虚日尚何暇以文字相叩擊哉而詹遇休沐必過予南亭之上問其詩未嘗不揚眉舒氣歷歷為予誦之語及時事輙體掌太息其中有深憂者則又托為顧詠以自鳴其不才辭不迫切而意極懇至而於文則未之見也一日詹彙粹其詩文若干卷持以示予徵一言以弁其首予得而竟讀之喜曰富矣哉蓋公不獨工於詩抑又工於文也其為詩若樂府顧行若五七言近體等作皆婉麗暢達組織工巧有關乎名教有切於諷諫其為文則以明理為主故措辭嚴正而論事剴切足追古之作者可謂能言之士矣詹以爵祿官達之資勵山林窮苦之志不少懈習益勤視一介之士窮居處而後能工於辭者其用心不亦難矣哉雖然予聞詹之母夫人乃宋故安定公之老外孫女也安定之學以明體適用為要詹服膺外氏之先訓其於學術蓋亦有所自矣更由是而勉焉則他日所成又有出於詩文之外者序而歸之誠予之所深期於詹也詹名玉麟字伯祥由三公椽起家為名執政所至有能聲審自號東皋道人故名其槀曰東皋漫槀云

正至二十五年二月甲子資政大夫江南諸道行御史臺侍御史鄱陽周伯琦序

東皋馬公與予執友一日集所作之詩文出示於余余竊喜之曰東皋仕至宰臣搢紳之傑出詞林之秀拔性情之發而為言者必有關於世教非若雕畫篆刻有之無補無之靡闕者也乃於繩樞之下讀之再四其辭豪宕聲韻諧和如冰絃風管而音響節奏闖步於大唐之域此詩之致夫律者也其辭婉曲思慮純正如玄酒太羹而氣味沖澹竟丹於晉宋之望此詩之擬夫選者也至於命意清新造語工致節節短者若峭壁絕崖放之舒者猶川流下注疾者如風檣戰馬緩者若遲日游絲知時之變盡人之情哀怨說樂模寫殆盡此詩之醞釀為樂府者窺見夫香山之室也夫古之樂府片言隻字固不爲作而不爲之中其於世教果有所關焉古之近體固有音響節奏矣古之選體亦有氣味沖澹矣而音響節奏之中氣味沖澹之內其於世教亦有何關焉否乎何謂世教者其教有三其三有序三綱者夫婦也父子也君臣也三者之序有夫婦然後有父子有父子然後有君臣綱之為教夫之與婦言其別父之與子言其親君之與臣言其義東

皋韻語有上矣歌搗衣一曲則夫婦之倫秩然而有辨誦慈烏一章則父子之情藹然而自見讀勞將士一篇則君臣之道昭然而　盡其農父謡田家父山城鵲皆其中之粹言也且言者心之聲也詩者言之精也人々之有心感物而氣動氣動而聲出聲出而言隨言々不足故咨嗟詠口以盡其性情之正者東皋其人也　因閲其詩乃摘其厚於人倫美於風化可以移風易俗者而為之引云

至正丙午春三月上浣碧螺峰王宗堯謹書

又後序

天之生才也無非有用於世未可遽以一時人事而有所損益也譬諸椅桐焉經風雨飽霜露卒乃采斫於老樵委置於爨夫無可作矣然一遇夫知己者從不加諸斷削緪以絲繩以之調律呂以和人神名當時而聞後世是知舍諸此則必用諸彼據此餘可概見矣昔有元之季國政廢弛疆宇窮蹙人々懷抱才德者不用而用者非其人使君子之在野者既不遂展其抱負憤鬱不平之氣惟一形諸詠顧而瀉之猶賚在後或有知我者庶幾不負此心於百世之下然其為志亦可哀已東海馬玉麟先生抱經濟長才而出非其時目擊時政每扼腕太息屢以長策干肉食者而往往為其所斥去雖知遇僞吴然亦吞舟之魚而游支流卒亦莫能大展所蘊乎時感物傷時一見於詩情之所康慨俙焉其工緻精粹前輩已有定言而識為後學之何矜式矣雖彼向之肉食者已同草木鳥獸漂散靡汏不可近遂則不得以此而少彼也第恨功業不見於時而徒託之空言不獨為先生惜而深為有國者惜焉詩詹刻凡五卷所褒不廣不知當時惟採其精而又精者存之耶其或兵戈焚蕩之餘所存止是而已也歷歲浸久字畫漫漶寢不可讀新進小生徒知稱好而不知為可重其或知其重者復無力以廣其傳正統己巳秋余得善本於合淝蓬文達氏是時事與言會者不翅若合符節與之同寢食起處凡數年尋復為人所持去近歲復得散册較向所得其漫漶為尤甚遂俾東首顧英氏繕寫入梓重翼以金陵王公所為傳以示同志俾讀先生詩者知其為人若此相感而又孰知慨我悟歎之所自邪

成化改元季春禁烟後一日樗齋書

東皋先生詩集卷之一　海陵馬玉麟著　滄洲野客校正

五言古

擬古

朝分箔上蠶暮采陌上桑桑盡蠶已成繰絲雪盈筐東家絲窓女染絲滿高堂所重好顔色將欲媚春光妾心不敢效持以問姑嫜姑嫜為妾言染絲當染黄織成龍衮衣年年貢君王

雜詩

子房佐漢室竹帛多奇勲嚴光釣桐江白髮甘隱淪出處雖各責名節固其倫顧余衰朽質青雲徒致身欲買釣竿去上有堯舜君　操也能用知彷彿如孫吳直倚奸雄資扶威肆狂國終焉移僅旅羣雄假天誅三分勢未定回首萬骨枯當時荀與郭自

非伊周徒

秋懷

高人坐中庭蟲鳴在前軒鳴聲非有意暫默時復喧顧彼庭中人體之心已煩好同龍蛇蟄此意誰與論

堂前雙桐樹葉葉如翡翠一夕秋風生顏色竟凋悴落葉作雨聲遊子不成寐感此時物遷況乃鄉土貴曠懷無隱憂有酒且一醉

從軍

北風吹遊子十年在邊城雖懷忠義志能無父母情望望傷遠道關河正交兵家書久斷絕默默淚縱橫

落日下轅門西風暮蕭蕭聲析月在地循天斗回杓將軍有嚴令壯士不敢驕功成當封侯歲久寧憐勞

詠懷

勞生非素情祿仕為親訴況茲離亂間俛仰增百憂君恩未及報白髮已滿頭飄飄渥洼姿所志崑崙丘鹽車困棧道悵望萬里秋相看忽悲酸桑麻近西疇

次均饒介之吳門雜詩五首

霜風薄秋氣木落山無衣杖策登高臺古思空依依銅駝翳宿莽殘碑卧穨基夫差遊已遠翠華胥駐茲山河儼如彎父老哀當時屬婁死忠義甬東怡何近興亡固天道禍胎由佞辭令人挹遺恨鳴呼諫諍姿

扁舟何處來夜深汎平湖湖光蕩晴影鴻雁鳴霜蕪燈火遠明滅人家陽沙虛徘徊發清興重憶前宋庆古樹倚絕壁新年共扶疏吾生雖貴世孰非斯人徒

日月昔易蓮川流無暫駐百草豔春暉衆木澹秋雨睠彼山中人躬耕事南畝俛仰無愧怍寧復厭貧窶願言與之歸相從歲云暮秋高天宇空夜寒積霜露感時愁我心對酒情獨忤鬢髮年已白寒暑來復去人生無久榮萬物會有故前時英雄姿衣冠付丘土撫劍甘浩歌悠悠哀往古

侵晨出吳門馬首日杲杲涼飈發叢桂江空秋氣早芙蓉被北渚木葉滿長道人生天地間萬事焉可保風俗尚頹波茫茫百川導嗟予櫰散姿厚祿愧叨冒回首見南山蒼蒼為誰好

古意

陽岡有梧桐鳳皇鳴高枝長養藉雨露況乃歷歲時廣廷須琴瑟雕琢在工師泠泠冰絲弦槃槃黃金徽一彈春雷奮再鼓蛟龍飛調古意轉深三復感獨吟高門不可造耿耿懷知音

天驥有龍骨來從渥洼津汗場餘百戰馳騁無比倫將軍已戰死有功難具陳歸來育苜場俛仰悲寒雲太行似鹽車駑鈍堪同羣尾湛附亦渙滕杓踣仍伸英雄且黃土何用哀酸辛

小丹丘為陳敬初作

邈彼丹丘山窈窕如桃源飛棲集鳴鳳曾厓嘯清猨溪明絢疊彩石古滋蘚痕羽人或從游風景難具論君子昔居此別久縈心魂縮地遠莫致結想烟雲繁積石象巖穴開軒俯林園采芝隨鶴步橫琴坐松根青雲在咫尺逍遥以忘言

棲老園爲庶子作

幽亭寄東園棲樂蔭嘉樹翩翩玉堂人托此養貞素綸巾白羽扇佩服文玉璐退食有餘清閒軒飲佳趣飀涼叢桂秋雨暗鳥木暮靄靄雲翳林青青草綠路丹光夜霜微磐石綦錯布吏有青衣仙日日來杖履緋細情共逍遙神與悟感思緣野堂高風感裴度

世壽堂爲張天民作

嵯峨句曲山蜿蜒來崆峒雨峰連秀色遠勢如游龍幽人宅其陽堂構凌秋空菊潭黃金明枸杞丹砂紅采實供服餌飲水資顏容堂下五世孫堂上百歲翁鳥巾玉鳩杖烱烱雙青瞳諸孫赤頰白襟佩長相從復有梁棟林致身青雲中紫衣映象笏祿養亦已豐神龜息池蓮老鶴巢凋松感茲名有託熙熙藉鴻蒙願言培令德壽考將無窮

香晚軒爲耿叔昭作

上春樹嘉菊秋花滿西園冉冉晚色淨滾滾朝露繁清芬散書帙落英盤餐東籬無可人南山對忘言飲泉資高年貽課到諸孫猗蘭被幽徑叢桂蔭衡門榮名豈足貴山歸然吾道尊俯仰無愧怍浮休任乾坤

溪山晚渡圖爲蘇昌齡作

遠山矗芙蓉高高翠如削山頭旭日紅雨氣散林薄高低亂雲錄青紅炫樓閣危橋東奔湍飛瀑下幽壑塵埃官道中車馬在參錯馬鳴立沙際車停望田郭遠渡波正深中流思有託欲行且遲遲日夕風雨惡田首白雲多山中有餘樂

唐伯剛幽居

唐虞不受官移家水雲鄉養鶴置湖田種魚買陂塘蒲荷亂書帙蘚荔牽衣裳黃鳥下窺人白雲飛近床竿丹時一過爲我開高堂金石雜鼎彝烟霞爛文章行廚薦嘉鮮潤毛惬新嘗清到窈窕出紫酒葡萄香萬事付春夢百歲送流光余髮昔如漆把鏡今已霜負郭二頃田繞牆百株桑早晚落吾手願與到滄浪

穹窿山贈厚子元長老

峩峩穹窿山肅肅招提境縈迂憩綠水名池緋細照清影秋高木葉空日落雲氣冷松崖遠吏容冠巾敬復整殷勤避世人招邀煮山茗別久嗟亂離茲來惜儀頃十年事虛名一身如斷梗示一欲近前峰　流放魚艇

幻住庵贈照上人

出郭最幽探秋風看雙屐睠此山水佳僧居在烟霧雲生磵畔竹日落天邊樹昔之湯休徒塑草樂深趣琴牀鶴翎垂袈裟燕泥汙我來發清興緋細重近慈有孫希道林梅遲養貞素平生有至性與物少嗔忤不謂戎馬間解后得相遇春茗吸復煮每晉晚仍步黃葉墮鳥飛青萍亂魚照因之見物理塵心一開悟功名果何爲流光去如騖明當謝塵鞅相從慰遲暮

陪周伯溫左丞遊臥佛寺和趙松雪韵

疎林延涼雲清飀發秋顏野色澹孤芳烟光沐餘潤天機神猶

王量妙意何蘊緋徊思哲人急景同一瞬

次韻張大行遊靈巖山

靈巖古名山千仞出天表右窺閶闔涯左瞰具區小市塵尚茫茫烟水尤渺渺諸天幻樓觀倒影澹林杪金刹聚河沙華鯨送昏曉崖陰栗虎豹樹暗怳禽鳥僧窓敞虚寂棋往度深窈鼎熟松風鳴爐温栢烟繞登高一長嘯弔古動幽悄鴟夷不可招目送秋天杳

次韻張大行游虎丘山

闔閭千載後臺榭遠山丘金銀達夜氣鳧雁嶄清秋劍池閟蛟龍經臺隱松楸我登丹霞梯振衣山上頭極目窮五湖近矚隘九州烟塵正澒洞東南成滯留維吳古王國霸業盛東周玉帛通鎬京黃池會諸侯水犀散夫椒西施醉長洲血碧屬鏤劍風順鴟夷舟至今姑蘇臺指顧麋鹿游吳歈何處起忽忽令人愁

次韻張大行游天平山

舟維石湖濱步入青蓮界木葉墮馬前落日飛鳥外巍巍忠烈祠英爽儼如在我來起遐根相率重瞻拜微雨灑輕塵涼飆動飛蓋汪洋盛文史談笑總豪邁並驅陟重岡攀蘿競先快觚牙互巉岩龍門闕奇怪下山同少憩僧舍尤可愛新荈煮山泉長松奏天籟洗竹近雲霞移蘭遠蕭艾平生江海心撫景頓增慨買山志未遂流光去難再臨風發浩歌作詩紀文會

憶兄

鴻雁雙南翔嗈嗈下滄洲夜雨兼葭深西風蒲稗秋鷹隼横高空鷙飛各悠悠一鳴江之南一鳴淮水頭南北遥相望何由重追求

送胡季誠主簿之陽朔

客從燕山來翩翩將何之陽朔在萬里路遠心先馳迢迢渡三湘歷歷逾九疑夕嵐非湧霧朝雨不散絲方責寒燠遷旅感歲時蘭往百卉瘁風林羣鳥悲遥城屢翻覆落日多旌旗臨岐未忍發對酒傷别離願言重調攝紓我長相思

東皋先生詩集卷之二

滄洲野客校正

七言古

田家婦

妾身住家近農畝新年嫁作田家婦上堂拜姑阿姑喜把酒殷勤爲姑壽銀釵斜插雲鬢光鮮鮮白紵裁衣裳去年春蠶蠶更好絲雲繞屋生柔桑晴窗繅絲織綾綃晝與阿翁送州縣阿姑莫愁妾無衣此身已許甘貧賤白日插秧夜績麻手足胼胝無怨嗟不似燕城富家女雙鬟堆髻顏如花深閨初長纔二八一朝嫁與商人家商人告别雒陽去樓船又販南昌茶東州西縣不相見何如種田雙蹋車

去妾詞

妾家雒陽城東住，獨閉深閨事機杼。少年顏色已傾城，十八新妝嫁夫主。夫君選我金鳳凰，妾亦綉與雙鴛鴦。愁山遠翠澹雲母，眼角紅潮蘇合香。誓言同偕百年好，年年鬢插宜男草。綠窗把鏡照紅顏，不覺紅顏鏡中老。夫君棄我生別離，新愁舊誓天應知。鴛鴦何有鳳釵在，江水東流無盡頭。楊花多趁東風起，妾志甯爲藕花死。自古色衰人愛弛，賤妾思君獨何已。

烏鵲篇

東家百尺長松樹，鵲亦營巢烏亦聚。春風秋雨爭飛鳴，年去年來幾朝暮。主家喜鵲願鵲來，不欲烏啼欲烏去。烏兮烏兮莫遠飛，挾彈王孫在官路。

嫠婦詞

玉繩低去明月落，砧杵秋聲滿城郭。夫君戰死關門西，妾有征衣寄誰著。隣家燈火縫秋衣，辛勤准備征人歸。妾身憔悴妾心苦，含情忍見孤鴻飛。孤鴻哀哀妾欲死，妾死何人奉甘旨。阿翁九十阿姑病，夫也遠知妾如此。妾心不似楊柳花，陌上因風又吹起。

慈烏篇

秋林瑟瑟風淒淒，中有白頭烏自棲。霜寒月皎木葉下，老烏哺雛雛亂啼。幾番飲啄早逸暮，水食未將重迴顧。一朝雛成振羽毛，烏更低飛復將護。大雛翱翔久不歸，小雛獨傍新巢飛。老烏病翮啼不息，小雛隻影情依依。反哺食甘烏病愈，烏顧小雛時若語。中心哀哀念大雛，何日東歸得同聚。小雛晨啼到日哺，顧天假年及老烏。一年三百六旬又六日，日十二時時哺雛。遲遲愛日雛更喜，誰人爲雛畫作反哺圖。

搗衣曲

江南九月天雨霜，秋風蕭蕭梧葉黃。郎君遠戍青塞上，往時不得寄衣裳。前年有絲無著處，織成綾羅盡將去。今年蠶病愁阿姑，有絲不足償官租。思君展轉心獨苦，坐對青燈淚如雨。且將遺下舊時衣，補短縫長向砧杵。千聲萬聲愁奈何，那得隨風度遼河。遼河之水幾千尺，不似妾心離恨多。城頭無烏夜復啼，涼月皎風淒淒。衣成封裹寄君着，用盡妾心知不知。冉冉韶光去如箭，不識何時罷征戰。歸來共採雙芙蓉，白頭與君守貧賤。

海船行送趙克和任市舶提舉

玉峰山前滄海濱，南風海舶來如雲。大艘龍驤駕萬斛，小船星列羅秋旻。舵樓極鼓近汀浦，黃帽唱歌鳴健櫓。海口人家把酒迎，爭接前年富商賈。番人泊舟各邀請，白氈纏頭雪毛領。珊瑚光映文犀寒，茄子香生蕉簟冷。明珠錯落官署前，舊官已去新官賢。尋常錙銖不與較，左右無敢口需錢。番人舉手躍還舞，盡說江南好官府。明朝獲利歸故鄉，相率隣船入中土。趙君自是清獻孫，爲官十載家常貧。朝廷豈在貴貴物，用汝司征懷遠人。

鶺鴒詞送劉義士歸廣東

琵琶洲前雙鶺鴒，秋風吹寒飛復鳴。低回高舉自相向，水煖東湖芳草平悠然，飛竟何止一落吴淞飲江水一飛遂遂隔滄海遠入番氏烟瘴裏十年不得同伴歸萬里急難情義違棠棣花開又花落滿眼風塵相見稀廣城嵐氣散絲雨長日寥寥歎無侶經時不食秋水寒寂莫叢篁委毛羽沙頭白日生黃霧中有反哺哺孤雛孤雛欲歸海天遠哀鳴念念隨飛鳧飛鳧不識雛歸路偶入劉郎碧桃樹劉郎為雛重丁寧汝族至今在吴住南風引汝向北飛好去蒼茫東海西閭闔城邊春草綠望汝歸來同汝棲雛歸見親喜還舞忘却從前道途苦雛兮雛兮慎勿忘劉郎高義傳千古

城南遊次韻張光弼

城南遊東風浩浩吹蘭舟落花風送滿湖水花氣欲上衣裾浮船頭山色翠可拾船尾雙雙來白鷗妾家只在湖西住記得摇船送郎去十年不寄一封書慇懃青年如水度天涯芳草年年綠雙眼遥遥隔塵霧重憶深閨初長成十五新妝嫁都護春風又開陌上花都護如今在何處離情遥記琴上絃圓缺相看月中兔繁華易歇人易老看花前歎衰暮隣家有女鬢絲黑嫁得新郎得郎力綠窗沈沈朝畫眉歡洽相逢人莫測看花無語淚復傾妾心自是冰蘖清城南回首秋霜冷依舊搗衣雙杵鳴

弁山青送沈縣丞之武康兼寄陳元理總管

弁山青苕水綠吴儂生長山水間樂業安居多富足一朝湖上見旌旗人家半是逃亡屋去年郡守陳太丘痛民疾苦寬民憂科差只恐盡民力直氣敢犯無公侯作郡來今風景賣二麥青青接官署綠陰桑柘蔭吴蠶細雨苕溪渥山芋隴頭麥熟供官租蠶絲上機忙歸牲麥堪炊飯絲織綃今歲絕勝前歲無司徒武康民尚苦山空人稀麦猶虎不愁無田事耕稼但欲循良作慈父沈君自是循良称雅與郡守同襟懷送君及早上官去縣民日夜思君來

鄞江漁者為陳仲謙作

越山高嵯峨鄞水清且寒美人結茅屋臨流歌考槃門前潮落鷗鷺起短短蒲根魚散子綠蓑小艇破早烟晴日霜絲拂江水釣魚有無心不憂青山日夕青船頭鳴榔斷沙浦繫纜杜若洲青錢三百且沽酒白髮幾人開噯口東風細細落桃花金鯉雙雙貫楊柳醉來對日舞婆娑何用黃金八百馱放浪鄞江上往來越山阿不覺戰國書不作飯牛歌從來富貴憂患多從來富貴憂患多

剡溪九曲為陳子经作

越州之山天下奇遠勢入海羣龍飛蓬萊玉笥下磅礴鄞江剡水相因依潺湲轉壑作琴筑弁蜩鸞蛇時斷續半空環珮雜宮　雨兩岸桃花映茅屋苔封不礙青嵋峋千載空懷王右軍鵝羣散渚狎鷗鷺鳥道極天生白雲丹書峨峨赤如漆翠華當年曾駐蹕古杉高樹影參差疑是旌旗動晴日峰頭夜發雙芙蕖金銀樓閣仙人居春鬟翡翠擁烟霧武夷彷彿追匡廬紫陽先生武夷住山自淳熙名始著殿中移家居剡源四百年間得星聚雲仍凌葉令賣常議論咳唾皆文章

皎如玉樹渾冰雪之外麒麟飛鳳皇只今遥籍黄金闕鄉夢
時時繞林樾與君更待風塵清挂席源頭捨明月

黑河秋雨為祖生　琵琶

何人斲就瓊林枝曾調漢家宮裏詞低昂月轉翠鳳首大小白
緪春蠶絲新腔翻出梁州譜飛絮遊絲下庭宇夜靜羣魚
出相聽日長青鳥迴翔舞須臾轉軸聞秋聲千騎萬騎平沙
行霜軋草枯一鴈下天空雪冷悲風生昭君馬上傷離別豈
意珠愚中道絕曲中無眼故鄉愁淚落潯陽江上月花前
把酒為君語重憶當年過戎虜匡廬夢覺金山陰髑澈黑
河秋夜雨

題采菱圖

湖上誰家采菱女短棹輕舟泛蘭渚青鬟一尺玉瓏璁翠湮
紅鮮嫣楚楚菱葉翻風湖水光綠楊梟娜山青蒼蒲根鯉
魚吹浪起船頭飛過雙鴛鴦日西采菱出南浦兩兩相依笑
相語東家歸流黄機上壁青燈照秋雨

江風山月樓為熊九皋作

揚州城南山水頭市上車馬如水流下有龍驤萬斛之大艦
上有熊家百尺之飛樓樓前春夜風潮白海口月高山影直
瀾漫鶯啼開杏花窈窕娥眉拂春碧吳歌楚舞散復聚趙
瑟秦箏朝同夕花間綠酒雙玉瓶少年曾是樓中客捲簾
愁我頭上冠忽虛俯瞰金焦山濤驚雷吼鶴絕壁雲容雨態
玉飛鸞須臾烟浪蟠蛟起咫尺雲帆數千里白鷺洲當赤壁磯
秣陵酒香桃葉香今古英雄幾戰爭向來不見風塵清舊時臺
榭偲荊棘撫卷令人生遠情生遠情添白髮十載漂零在吳越
幾時艤舟瓜渚下重醉江風與山月

慶壽堂為鮑治中作

堂中老翁年八十矍鑠長身如玉立婆娑鶴髮映童顏相見王
詹但長揖太平讀書雲水鄉黄揚為冠荷為裳有時夜艇放湖
上臥看星斗歌滄浪人生幾人得如此翁復起家能教子十年淮
海濟風雲東閣諸郎半紅紫記翁前年來入吳繞庭盡種青
珊瑚南窗日暮潛夫論東壁坐看高山圖金盤斫膾飛白雪華
堂行酒傾玉壺親向起舞慶翁壽翁醉諸郎爭挾扶我家壽
椿堂亦好樹下斑衣日環繞但願我翁與若翁百年同向淮南老

茶詩次韻饒介之

我本山中種茶者年年采擷青林下春勞摘得滿筠籠和露更
帶山雲瀉然松燒焙萬竹烟洗影遠致陸羽泉喜看雪乳翻流瀣
坐使玉盌將嬋娟醉襟先生住山裏醉即來呼茶(?)啜尚有時大擷
散宿酲喜極新詩題滿紙年來寂寞嗟舊叢夢裏彷彿抽
新芽煩襟當暑渴欲倒打門誰復驚盃(?)仝甫君珍(?)物更奇絕
分寄世芳印重疊竹遶小閣不厭過同坐清陰煮香雪

次韻楊孟載的看范園杏花

春雨聲乾春日晴杏花參差開滿城魏公園裏花偏好都憶去
年攜酒行紛紛車馬馳官道今日遊人跡如掃繁枝豔蕊向東
風香雪殘霞點芳草花間亭子今尚存舊遊勝事無復論老陰

如此那得意花容寂寞同銷魂記得蛾眉花樹下相呼折花花滿
把西征羊少去不遠當時插花人見宜世事誰知與願違相看
無語對斜暉烟花城闕連烽火不似清酣馬上烟

行路難

行路難千萬里嶢若太行山百折交河水河深水冷愁早渡山高
不測艱跬步斷岡峻坂互歌傾鳥道羊腸復回顧東西軫軸忽
相撐大牛小牛死橫路行路難獨辛酸平沙飛雪朱桑乾天寒
遊子衣裳單朔風吹入膚砍裂野膜無人轉愁絕秦家長城一
萬里草痕尚帶當時血行路難淚如洗蜀道崎嶇不容軌天梯
嶄截墮孤猿不棧陰森泣山鬼猰貐磨牙走豺虎短狐含沙雜
虺虺行路難如登天白來黑髮今皤然屠龍計拙志已矣行馬
膝折歸何穿盡歸來勿盤桓(勿盤桓)何人識我憔悴顏到家
上堂拜父母閨門抱膝猶長歎

東皋先生詩集卷之三　海陵馬玉麟著　滄洲野客校正

五言律

行春有感二首

宰邑慚何補行春意轉多居民纔復業官府尚催科積水空
魚鳥頹垣長薜蘿官船隨處泊落日奈愁何
有詩驅俗慮無酒破愁城曉雨聽初歇春潮看又平幾年遭
戰伐百里廢農耕政拙民無賴騷騷白髮生

送僧游　中

羨爾遠遊僧能參最上乘師傳雙樹法龕別九華鐙山赤霞
初曙江寒水欲冰天台如徧禮歸卧白雲層

送謝參軍陳長史赴京

舟發閶闔城翩翩上玉京臨功須近席銜表吏陳情官寺頻將
酒宮厨定賜羹明年二三月歸馬謂啼鶯

次韻陳參政山中雜詩三首

聞說山居好春晴花亂開鶴尋幽吏宿人自望中來野色終朝
雨松陰一徑苔為多歸隱趣此地重徘徊
地淨苔含綠林深月在梢竹牀花霧合蘭徑樹陰交高義思陳
寔清吟憶孟郊休期暫歸隱野老莫相嘲
結屋西山下栽花接四隣興來時放鶴酒熟自留人動業今先
老衣冠古逸民有田堪種秫家計未全貧

感懷二首

飄泊三年客棲遲一病身朝廷多事日桃李貴卿春吏隱違

迎少慈来感慨頻但能全節操何患走風塵

十年江漢上漂泊一浮萍道遠思麒驥沙寒念鶺鴒馮唐頭已白阮籍眼猶青寫得臣時疏憑誰達帝庭

磧砂寺訪僧兼懷倪元鎮

為愛積砂寺縈風湖上歸尋僧〻越茗沽酒典春衣江樹重〻見沙鷗箇〻飛雲林有高士自採似山薇

過高元善松雲巢次韻錢伯行

五老雲深處題詩客又来鳥銜黃葉下魚照綠萍開簾影籠書帙花陰落酒盃襟期要傾寫砍去更徘徊

過閔院使草亭次韻蘇昌齡

小亭松柏裏遠景畫圖中空翠芭蕉雨清香菡萏風路從微徑入水向曲池通雪藕調冰處襟期許我同

嘉禾道中分韻得人

曉發嘉禾驛鶯啼柳外春幾家臨水處雙槳賣花人細雨東風急滄洲杜若新武陵明日到騎馬蹋芳塵

用仇山村先生韻贈枯林長老

為愛枯林史幽棲不到城香銷禪榻靜雲卧衲衣輕道在身無病神全夢不驚相逢坐中夜又得話無生

舟次石湖

得此東風便飛帆過石湖日光連雨澹嵐氣到山無楊柳頻啼鳥波濤亂佁鬼可無行樂意有酒況盈壺

贈别王伯純

深得山林趣悠然謝世氛近鷗聽夜雨將鹿卧春雲酒熟青田秫美香碧澗芹風塵滿江海此别獨懷君

虎丘山用柳道傳先生韻

高城落日下樹擁半山青野鳥啼還歇溪雲去復停徵官猶是客此日暫忘形為愛生公石移尊上小亭

送周參政之淮南

淮海方千里干戈已十年空城惟草木連塞尚烽烟我獨懷深興誰今解倒懸自非匡濟略難隶化工權大府推人望羣公廣子賓官成功獨最奉使輩仍專北闕心尚在南州石已鐫選應諸彥表歸在罪人先劍影驚思鳥潮聲送旆旗印丢朱紱重身着錦衣鮮日落江洗樹風清月在船吏人迎水滸父老拜車前民瘼從容問官租次第蠲功名今舊發鄉里賴周旋把酒情難盡題詩夢易牽深期樹勳業留付史臣编

送劉治中轉輸淮楚兼寄省幕諸公

上夜專征日樓船過海隅虎符徵列郡龍節渡三吳後騎翻營出前車負弩驅江波明組練野樹拂蝥弧氣奮雲城劍光遠壁社珠羽書近電急油幕帯星趨將佐俱英畯郎官盡碩儒孔時多籌思元凱足嘉謨千里勞征戰三軍重轉輸祇應別別駕端可贊民圖

張氏母詩

長沙張氏母當代盡推賢向學惟孤子終身不二夫自炊節儉飯時誦柏舟篇旅食三千里孀居四十年蛙鳴春漚苧蠶老夜張綿

經亂悲離寫承家賴有傳百年如晚露一夢隔重泉帳冷冰霜在機閒杼軸懸子憂心獨苦烏養志空傳刻石銘貞節應歸太史編

東皋先生詩集卷之四　海陵馬玉麟著　滄洲野客校正

七言律

錢唐懷古

一上高城一愴懷臨風弔古更堪哀中興未富亡家恨南渡先傷濟世才甲第總巢新燕雀飛花仍落舊池臺鳳皇山下空春草惟有江潮月月來

越山懷古

越山亭畔草萋萋此日登臨意轉迷故國池臺馴鹿卧懷陵風雨暮鴉啼千巖春色連秦望雙澗泉聲到剡溪撫景令人思范蠡五湖烟水事幽棲

送湖廣省丁長山郎中赴京

郎官獻捷上青霄萬里風塵使節遥入奏天庭膺寵錫為陳海徼困征徭褒忠丹詔宜先下報國英魂尚未招多少蛋民烟瘴裏江頭日日待姻軺

聽雨樓夜坐次韻張仲舉學士

江雨飛來夜氣澄小樓高處冷於冰聲留蕉葉頻欹枕影亂簷花獨對燈遠客賣鄉添一作生白髮故人何處一作今夕擁青綾致君堯舜慙無術思入湖田一作天睡未能

舟過福山

北望狼山五點烟茫茫天塹幾經年雲低赤壁磯頭月潮落黃絲浦外船自憶孔明匡蜀主更懷公瑾遇孫權古今多少英雄恨回首東風思惘然

次韻周伯溫左丞過洞庭山

我愛洞庭湖上山芙蓉兩朵碧霄間雷聲起谷雨時到雲氣逼人龍夜還地限天南通越國路浸水底出秦關登高送遠懷千古却羨漁舟个个閑

送康子友入閩

送子風塵思不堪金尊未倒意先酣半江落木時時雨一路青山處處嵐海舶順潮來翡翠郵籤馳道貢黃柑遥知别後重相憶夢繞飛鸞更向南

贈玉山天錫二上人

愛尔丰標好弟兄無生境界一時登幾年共說東西法此日同參大小乘補衲曉分慈母線翻經夜對祖師燈鶺鴒原上秋

宵月照徹清寒萬壑冰

次韻蘇昌齡遊靈巖山

靈巖佳麗人誰到此是東吳第一山閣道迥臨霄漢上鐘聲半落水雲間自從環珮凌波去無復笙簫載月還不用登臨悵懷古一尊春酒且開顏

次韻酬謝參軍入京道中見寄

參軍持節燕京去正是層冰積雪中紫氣射吳龍劍出神駒入冀馬群空中興事業須上等萬里安危在總戎將寫河山形制作歸來江上一尊同

次韻孟天偉

扁舟隨處任滄波那似從教長薜蘿滿地落花清晝永一溪春水綠陰多鷺鷥許客龍鵝去問字無人載酒過不似雙梧亭子上東風深瑟玉奴歌

次韻陳子山學士贈俊用章和尚

中竺山中老大顛翩翩法駕喜朝天錫飛一鶴隨雲下經罷雙龍抱月眠南國勝緣當此日東林歸隱擬他年師還勝汲添頭水好向春風種白蓮

送張員外之越中

萬里歸來氣似虹獨將長劍倚秋風銀河未遂槎興黃石先收借箸功刁斗夜鳴霜自冷旌旗曉出瘴烟空馬頭明月江南去定有新詩滿越中

送勤上人還錢唐兼寄諸山長老

曾過西湖湖上山金銀樓閣翠微間石雲影散開圖畫天樂聲回雜珮環僧繞祇餘雙樹在禪心應似一鷗閒五峰者舊如相問為說年來鬢易斑

送俊知州自崑山調嘉定

三載憂勤白髮生又從鄰境去專城一江湖水分南北兩岸歌謠互送迎碧樹雲低帆影小紫微天近日華明最功首入中書考畫戟堂深聽履聲

遊穹窿山觀鄭明德所題趙觀文墳詩因次韻以悼之

穹碑剝落見遺文白髮僧言是趙墳木客為誰悲落日石人無語臥寒雲近湖路向山腰轉過雨泉從谷口分三絕廣文今已矣青衫淚事獨憐君

題因了庵詩稿

沙門禮樂漢文章獨喜僧中有此郎惠遠肯分 津酒杜陵未識贊公房錦雲爛出天輸巧貝月孤懸夜有光佛法年來凋弊甚五峰松柏晚蒼蒼

題蕭處士行卷

夜半雞鳴玉笈開蹔尋仙處入茆山愁看妻子經年別喜在風塵一日還結屋白雲同鶴住放舟春雨伴鷗閒歸來自郭田堪種愧我遲回玉笋班

次韻酬鼎虛中長老

東南隱者最清廉丈室說經禮法嚴春雨及時收筍 野齋過分能齏鹽枯禪有味風生席疾影無塵月滿簾我欲廬山尋惠

遠一官未解愧陶潛

贈倪元鎮

夫差城裏乍逢君爽氣凌秋迥不羣奕奕衣裳裁白雪飄飄中幘岸春雲幗月晝撚唐摩詰棐几書臨晉右軍不出草堂三十載非山無處覓稿文

范文正忠烈祠

闔閭城外天平寺忠烈英靈在此山十載出師闕相業九重抗疏動天顏平生功蓋乾坤內名子名高伯仲間三畝先生古祠下徘徊瞻戀夜深還

次韻周伯溫左丞遊靈巖山

吳王臺榭幾經春草色年來綠更新響屧廊間僧供佛鼓琴臺冷鬼迷人松林落子敲棋局苔徑生花漬石麟回首白雲歸去晚紫騮帶月入城闉

次韻王本中學士見寄

故人天上獨相思我亦逢秋歎別離對酒自憐隨處客挑鐙重和寄來詩白雲高樹烏啼早秋雨長淮雁到遲江北江南重回首乾坤此日半瘡痍

次韻王叔明遊杭州海會寺

清秋棲閣聳岧嶤直上層巔俯市朝紅樹青山　宿雨空江澹日起寒潮百年南渡無還老千古西陵有斷橋賴爾風流王長史登高能賦酒全銷

禁酒

天上浮雲翳酒星人間那復喚劉生黃花應嘆陶　津白髮空愁阮步兵坐久漫勞邀月問夢回不用寬江清從今秉燭虛長夜舉世無人許絕纓

題湖州沈自誠水竹居

水晶樓閣淨娟娟竹色湖波共一廛雨氣入簾風滿几月光流屋翠生烟九疑咫尺連湘浦千畝蒼茫接渭川南市小船如著我筆床茶竈過年年

酒遇次韻王季野

門前楊柳拂晴波樓外青山擁翠螺錦瑟正宜桑落酒佳人低唱竹枝歌功名自分青雲遠江海誰憐白髮多明日相期五湖上一竿披老雨中蓑

鶴瓢為李道士作

青城道士思翩翩幻得瓢成骨是仙先吐兩砂懸石壁影隨明月落芝田曾過緱嶺瓊樓外不到清泠顥氣邊高詩也堪居酒巷莫教飛去破茶烟

載夢舟為楊孟載作

臥遊蝶化泛滄溟滿載秋雲宿遠汀萬里孤蓬雙鬢白幾回夜雨一燈青烏啼月落鐘初動鶴去潮平酒未醒懷抱覺來清似水起從河漢數明星

次韻張員外游華山寺

杖藜曉登千仞岡白雲簷簷麗僧房松根茯苓作龍虎竹花結實栖鸞皇雙峰泉落殺潮雨丈室風清傳妙香道人邀

我坐深夜分得中庭月一方

送謝元功省親

山中讀書恒苦饑出門已　抱顛危懷材豈意不我用禪鉄有時還自悲黃埃落日晴江海白髮高堂夢思東歸未可久留滯明主求賢終見知

次韻酬成原彰

先生移家江水東彷彿避地商巖翁故人書札時自寄華髮酒尊今屢空南山北山有佳趣千古萬古惟高風我田抱膝夜長嘯倚樹秋鶴呼青童

次韻楊康夫舟行寄溆山寺作

江上潮來水泊沙船頭短短刺蘆芽腥風鯉魚貫楊柳暖雨鷓鴣啼杏花種田老翁滿頭雪跳車女兒雙髻鴉放舟明日向何處溆山寺幽同煮茶

送錢參政

十年海宇混風塵今日勲庸屬搢紳漢國畫推才向世籌還總說智如神甲科自昔稱清士大雅於今見舊人天入金沾雨露風行三楚聽絲綸南州涵養歸元氣西徼安危倚大　赤幟過齋登入趙黃河繞渭未通秦秋高飲馬長城窟月落鳴笳泗水濱檄廣柳營朝迭將夢廻玉帳夜思親散金幕府收英俊來帛丘園訪逸倫愧我才名非賈董感君文彩重雷陳燈前歌舞雞鳴早海上書緘鴈過　製得平淮碑頌了坐看高容畫麒麟

送張德齋同知之嘉定

種得甘棠繞太湖最官聲價動三吳洞庭野色搖旌旆練水秋光入縣臺日與儒生歌泮藻時從野老問田租緋衣象笏人如畫白鳥滄洲興不孤海色總看新駐馬縣齋猶憶舊飛凫他年擬借星槎使同釣三江滿尺魚

秋夜同鄭檢校聯句

秋滿江樓夜氣清高 銀河璧月出東城鄭 天光混漾連箕尾馬 雲氣蒼茫接岱郛鄭 鼓角又隨砧杵動馬 酒樽還勞海潮平鄭 脫巾直數千莖髮馬 把　猶　萬里情鄭 星入紫微惟帝座馬 路從滄海達神京鄭 當時后土歌瓊樹馬 此夜勝山聽玉笙鄭 弟妹他鄉書信斷馬 干戈滿地楚魂驚鄭 親庭每受重堂戒馬 郎署新題入幕名鄭 未有涓埃酬國士馬 絕憐章句負書生鄭 黑頭拜相須江總馬 玉節歸朝華馬卿鄭 南國便宜俱冀服馬 東藩賓客盡英鄭 歎　且　盃中物馬 避逅休臨閫外兵鄭

東皋先生詩集卷之四終

東皋先生詩集卷之五

滄洲野客校正

七言絶句

白龍寺次韻鄭明德

湖北湖南各繞村半無煙火半無人經過僅有前朝寺一樹野棠空自春

廢宅

樓臺瓦落更欹斜高樹陰陰帀暮鴉燕子飛來人不見東風猶為發桃花

揚州

家住洞庭湖水頭幾迴夢意在揚州玉簫吹徹瓊花月十二珠簾總不鈎

荅蔡郎事

亂後思君會面難每乎六素報平安莫遣莫放羅衣薄五月江南雨尚寒

秦望春曉圖

疊疊青山繞會稽雲門寺在若邪西歸來欲覓胡麻飯流水桃花又隔溪

羅員外翠雨亭

玉纖調蜜細椎冰萬竹深生翠雨亭池上月華清似水銀箏須向阿誰聽

畫兎

二月江南無限春茸茸芳草儘容身莫教野雉同同穴恐有原頭打獵人

溪山春曉圖

溪口春雲帶雨飛春潮半没釣魚磯山中見説堪歸隱三月人家筍蕨肥

折枝瓊花

一若淮南又五年披圖不覺淚潸然當時后土花開處却在黃雲落照邊

偶成

家貧自畏四知金遇劍長吟復短吟一枕西風史窗月他鄉時節故鄉心

舟過西興

歷歷青山照眼明海門風急暮潮生官船泊近西興波此是山陰第一程

題山景

一箇竹鳥傷翠微半江秋水白鷗飛絶憐門外長松樹不改清陰待我歸

曾在東淮水竹居山光雲影接吾廬如今又向江南見不似當年好讀書

擬寶詞

霜落芙蓉滿院秋守宮香冷不勝愁君王愛聽霓裳曲只醉西宮白玉樓

五雲宮闕似蓬萊魚鑰沈沈晝不開收得君王新綵取自

拈刀尺稱身裁

舟行

東風湖上畫船開水鳥沙 莫浪精不是詩人重行〻 好
花宕易落蒼苔

水藻花上水 啼鴃雨平林望轉迷獨倚篷窗思悠絶〻
聲漁笛斷橋西

次韻劉可與從軍紀事

赤日炎〻人似醉黄塵滚〻馬行忙樹陰打水消煩渴不似金甌
捧蔗漿

歸來塵土滿征衫又向西城 去路何日風涼得想似華堂紅
袖倚清酣

日落陰〻萬木低洞庭湖在古城西子胥遠恨空黄壤煙色
風聲尚慘悽

姑蘇 春無限會 珠 一點紅傳語春風留芷茁明朝
開向曲聲中

丁未 墨

自從解掾三公府十載翱翔雨露邊未有涓埃酬國士須
將忠義 皇天衷中垣諒成遠限身後佳名愧昔賢玉石
俱焚嗟此日中原消息尚茫然

不見吾兄已四年江南江北水風煙歸來谷到相尋處朽
骨如霜落照邊

東臯先生詩集卷之五終

附録

東臯先生傳

先生姓馬氏諱玉麟字谷隱吳陵樊川人在近世以直言善政服一時有詩文若干卷名東臯漫藁故登其門者咸以東臯先生稱馬先生幼聰慧鎮南王日 詩四韻有子開鸞似月馬堂 風之句王大驚曰奇量也命取白金賜之既長畫經夜史枕藉不厠而尤長於詩用薦者言釋褐贛榆縣儒學教諭未幾以母喪去官家居授徒遠近麇至平江城張士誠兵亂先生乃掌其考壽椿處士徙居平江及士誠草西詔拜太尉開府平江久之聞先生賢辟為其府掾史遇事棘〻不阿初府蔵貢米二十萬石至是朝廷以軍 督運左右欲罷之先生曰苟此食言則太尉失晉節矣左右色沮遂如以運鯀是陞長洲縣尹先生兇滌篆即沐冗吏禁私謁立社學祠先哲耕織禾業風俗以敦隣縣常熟有孝姓兄弟訟田輸貲柄用者兩端不決遠決於先生諭以衷言時感泣協罪同爨如初嘉定趙姓亡金究其妾父以庾死府使先生雪之一夕妾父見夢曰趙姓亡金某所盜也如夢雪之某果服罪由是自長洲縣尹累官至江浙行中書省分省員外郎贊其左丞周伯琦弥縫補闕以著王室時柄用者以有楚重地須王爵撫綏狐媚太尉將請於朝先生飈言曰太尉可恭順則王爵當自至矣何以請為太尉覡之而止丞相達識帖木兒聞之曰分省有馬員外事無唐也表為行中書省叅知政事命未下便宜權本省郎中改

平江路總管當行丞相脫衣服之曰此衣公所賜也多汝賢勞故脫服汝屬歲大祲道殣相望先生言發於府不死乃　曰我以罪易民命可也輒發米萬石以賑約用者果欲以擅罪先生太尉曰吾在于太守何罪海甯州民以隙誣其大姓濤　于府者逮繫顛泉欲盡誅之先生曰是必有隙請實之果然止坐誣民悉原其衆免爲柰知　事國步日蹙先生公疏數千言不報因唐憤成痿居無河大軍下平江先生姓詩見志有褱中祖疏成遠恨之句遂仰藥而卧或救以見總兵先生曰我疾不能在膝矣尋卒先生卒得之二十六年爲洪武二十五年嗣子敵以先生行實掠遜速傳遜受閱之而其直言善政之可書者歷〻若此哉作東皋先生傳

贊曰嗟乎予觀人臣之仕近世而能周旋以正從容以忠概不多見也若東皋先生之仕近世裁一小官釋褐及太尉開府丞相便宜一旦奮身就辟卒致大官而能周旋以正於罷歲運於請王爵則以直言折之是知太尉初心恭順不失五節於朝廷者大抵先生力也及國步日蹙上疏不報從容賦詩仰藥不二非忠得哉予故傳而所之以爲人吾〻之事君者勸焉

吾邑馬先生玉麟著東皋詩集五卷不見于秀野草堂元詩選阮文達公撫浙始得之於浙中蔣書家周伯琦府秉美其詩文王宗堯府亦詩文並及而府中云〻又似未嘗有文者歷更兵燹脫佚不完良可惜也文達四庫未收書提要秩之當元末季仕官離要乃能耽工吟〻詠時出清言且又惕事盛時借抒經濟冤之古今體詩南公婉麗暢達可謂有關于名教有裨于諷諫覆之信然吾邑閭人惟周麟之海陵集見採于四庫咸豐癸丑以後東南三閣薄爲堆燼而內庫所儲又大散有目無書求之累年迄不而得今得東皋先生集寶玉大言於是乎在亟錄副墨以鋟復之君子栞正之同治丙寅中元日里後學陳文田謹跋

海陵詩彙

（清）鄒熊輯

《海陵詩彙》二十二卷，清鄒熊輯，據國家圖書館藏清道光二十一年至二十二年陳文田硯鄉鈔本影印，卷十七至十九以揚州圖書館補配。

鄒熊（一七六二—一八二一），字耳山，江蘇泰州人。監生。性曠達。中年始爲詩，得漢魏之奥。丹徒王豫輯《群雅集》，謂其詩清峻雄邁，甚於泰州另一詩人葉兆蘭，與如皋謝德泉並稱爲海上作手。著《聲玉山齋詩集》十卷，有嘉慶刻本等。

本書輯録清朝泰人所作之詩，共三百餘家。明朝科甲顯達巨公名作概未選入。東臺向隸海陵（泰州），清乾隆三十三年（一七六八）析泰州東北境置縣。東臺作者未分縣前全部入選，既分縣後則不收入。流寓無論已未入籍，凡居住及二代或有墓在境皆入選。已故者列爲十六卷，編者現在同人列爲五卷居後，閨秀、方外一卷附於末。各卷以年代爲次，但因是隨得隨録，年代前後次序或有參差。是書始於吴嘉紀。卷二十二閨秀有宮婉蘭、邵笠、陳傳姜、張瑛、仲振宜、仲振宣、仲貽鑾。卷首有道光元年前權泰州知州王覼及王豫、阮亨序，嘉慶二十五年（一八二〇）鄒熊自序，署作『記於聲玉山齋』。卷末署『道光辛丑初冬壬寅初冬寫成，文田記』。辛丑、壬寅爲道光二十一年、二十二年。《中國古籍善本書目》著録本書作『清道光二十一年至二十二年□文田硯鄉鈔本』，未知文田姓氏。按：陳文田，字硯薌（也寫作硯鄉），號止室，晚號晚晴老人，江蘇泰州人。輯有《先我集》四卷，已著録。本書各卷中縫下有『硯鄉鈔本』四字，可知此確爲陳文田所鈔。揚州市圖書館藏鈔本一册，存卷十七至卷二十，共四卷。此鈔本訛誤甚多，天頭及浮簽校改文字甚詳。

（江慶柏）

序

海陵自古大都會　國初詩人輩出如吳野人鄧孝威諸先生籠罩風雅為一州倡孝威選輯詩觀四集尤膾炙詞囿與感舊篋衍並行於世百數十年來承服風聞絃誦之業勿衰余以嘉慶戊寅秋權篆斯土簿書之暇諏訪黎獻即諗耳山名耳山不余見也越二載其弟為匪人搆訟余鞫治之訟以解耳山亦不余見也辛已春余去任耳山始來見且賦詩贈余行

秋八月舉行　恩科鄉試耳山偕其同里王生佐業來金陵復得覿面因出示所輯海陵詩彙索序於余余方從事鞾板胥次埃壒未獲搦管以應迨揭曉王生登賢書耳山卷為主司所抑力薦弗售且聞其試而歸歸而病也未幾而訃問至耳山年六十所治產裁足自給閉戶箸饌無他嗜好弱冠即以文名困蹭場屋至老不得一第竟齎志以歿造物者之靳其遇而使之伏死堀穴巖藪何其嗇也抑將韜其精蓄其光償諸千秋固不必伸諸一日耶余與耳山不復見矣其手輯詩卷猶留篋中浦邑政簡展帙循覽所謂體例謹嚴採擇精當王君柳村序之當已唯篇什中間有舛譌脫漏處則由編次甫竟未及校勘余乃慨耳山之歿而重為此書慨也唐以來選詩家代不乏人而其書之傳與否則非握槧者所得知余至海陵訪吳鄧後人無有知者僅得陋軒集詩觀則已散佚莫可購今耳山於百數十年後網羅殘缺蒐訂成編

其用心苦已不幸而坎壈以終蹟其生平量逸韻遠屏絕聲氣岌岌乎此書之傳不能無望於州人士之相與珍惜而護持之而故非耳山所得知者也此則余之所以為耳山慨為此書慨也夫

道光元年歲在辛已十二月江浦縣知縣前權知泰州事歸安王覼撰

序

泰州古多詩人本　朝鄧孝威黄仙裳交三父子以布衣稱詩名尤爲一時最夫布衣之士微矣名曷由最於一時蓋其提唱風雅汲引人才不沾沾以一己之詩炫耀天下至今讀孝威之詩觀交三之詩傳猶令有心人想慕於無已也吾友鄒子耳山治古窮經以其餘力工詩古文者垂四十年海内之士識與不識皆曰耳山詩人也學人也然以高才困於有司屢舉不得當嘗自慨曰吾輩負才而抑鬱窮愁老死牖下名隨身没者嗟乎可勝道哉即其子孫之能讀書者一旦得志皇皇焉祇利禄是謀弗暇計及祖若父之殘編斷簡矧他人哉嗟乎可悲也已卯冬余送子屋應試海陵耳山出海陵詩彙示余余詳閲一過歎其體例謹嚴采擇精當存人存詩足備一州文獻余於所纂江蘇詩徵中録百數十家歸之以補不足并郵寄秦小峴阮雲臺兩公删定遂成善本耳山爲付之剞劂氏嗚乎此蓋祖若父之所不能得之於賢子孫者而耳山顧窮日夜之力網羅散佚得一斷簡殘編如獲珍寶其表潛德發幽光加惠桑梓功不在孝威交三下天將以不朽之名報之集中已故者録爲十六卷存者録爲五卷閨秀方外一卷共二十二卷是爲序江都王豫柳村譔

硯鄉鈔本

硯鄉鈔本

序

海陵為廣陵之一邑人文彙聚詩古文辭頗多作者惜百餘年來聽其湮沒無人輯錄良可歎也近日鄒耳山先生騷壇名宿攄懷舊之蓄念發潛德之幽光爰訪遺編求總集并附時賢近作錄成若干卷題曰海陵詩彙而問序於予予展讀數日歎其甄擇之精體裁之正洵可徵文考獻矣然言一省之詩則有王柳村之江蘇徵在焉言一郡之詩則有雲臺兄之淮海英靈集在焉而海陵一州之詩則又得先生刊之豈非詩人之大幸乎使各邑皆有如先生其人者主持風雅錄其鄉先輩著作則古人輶軒採風當無散佚之慮矣為書數語歸之並寄是集於粵質之雲臺兄當亦以為然也是為序

道光元年歲次辛巳三月朔儀徵阮亨梅叔拜識於珠湖草堂

序

古人一念所及千古賴焉者才分為之也才分不足則其念徒殷其事無濟然此念自不可無此事必不可缺者何也存而有待不以才分言也余既無籍籍之榮稱又無赫赫之盛位而閉户耽吟每見名流佳什竊心慕之而不忍釋手向曾選芸香詩鈔中有先露今雨兩集均屬同人唱和詩間存二三鄉先輩亦因其子孫而及其祖父故見聞未廣搜羅未徧所梓無多羅子夏園慨然曰海陵多風人久無成集可存子有拾遺之志盍采輯而存之爰於篋中舊稟內檢得若干首各選集中鈔得若干首搆諸同人珍藏者若干首翠屏洲王君柳村寄來若干首合先露今雨兩集彙為一書是蓄念已非一日故此事不嫌獨任也夫自鄒孝威先生詩觀行世一時名作盡入遴選數百年來棗梨散佚篇卷亦不可多覯中間如霄崢得朋諸集遠徵異地鉅公以及江淮萃合者十居其

九同里寥寥一州風雅殆將久而就湮矣即論詩者不少正宗而所處之境又無暇及此余幸名賤身閒風雨疎窗參訂成集庶幾吉光片羽猶在人間後有才分兼優者得以覽焉豈非不可少之一念而不可缺之一事哉庚辰三月既望里人耳山鄒熊記於聲玉山齋

海陵詩彙凡例

一是集自順治朝起以至於茲共三百　家彙為二十二卷前明科甲顯達鉅公名作概未選入

一東臺向隸海陵未分縣以前一體入選既分縣以後概未收錄

一流寓無論已未入籍凡居住及二代或有墓在境皆入選

一前賢及已故者無論長幼列為十六卷居前現在同人列為五卷居後閨秀方外一卷附末

一是集亦就所見所聞而錄頗有素知其名而未得其詩與傳其句而未覩其全者均不能無遺珠之歎以俟再補

一隨得隨錄年代先後次序不無參差

一字號官銜間有無可確考者以待訪出再行增入

硯鄉鈔本

海陵詩彙卷一

里人鄒熊選

吴嘉紀 字賓賢，號野人，名所居曰陋軒，著詩古文若干卷，橐鋒埋照，不屑以才炫世，獨與汪舟次先生善，嘗誦其詩於周櫟園先生，為刊其初稿，汪苇斯分司繼刊其全集，於是大名漸達京師，王漁洋先生時時口其詩不置，名雖欲隱不得矣。國朝別裁稱陋軒以性情勝，胸無查滓，故語語真朴，誠然。後棗梨散佚，今拚茶場繆竹巖復梓之。

逢方子傳

飲水近蜃蛤，棲林近鷹鸇。升沈變幻多，道人心不還。朝出授人經，夜歸同僧禪。皚如壓墻内，長齋三十年。閱歷悲世情，朅來菰蘆邊。蘆中老窮士，但言沮溺賢。腰鐮欲求侶，賣屨偶得錢。相邀共一醉，踽踽就人煙。

答贈王幼華

部陽王伯子，爽氣松林秋。名成不出仕，擔簦來揚州。非無薦紳交，樂與漁樵遊。籬花黃一城，訪我城南樓。攜手出邗關，喟然登古邱。翩翩雲際鶴，何事隨海鷗。寒原落日下，木脱風颼颼。與君共無衣，歲晏豈不愁。

與仔倩弟四首

吞聲臥蓬蒿，顧影驚衰老。揭車逢歲晏，不若三春草。况余實凡材，地瘠生意小。漫自計珍賤，伊誰共襟抱。鶗鴂亦已鳴，花葉亦易槁。紛紛榮落外，吾愛連枝好。

賤貧欲誰嚮，趙壹遭鄉閭。翳然枳棘間，鶢多黃鵠孤。霄漢豈無路，羽毛不得舒。吾弟禦侮來，意氣靡羣夫。寒暄時相須，如彼葛與裘。九月颶風作，海色愁閒鷗。阿兄把魯酒，阿弟佩吴鉤。門楣有籍在，多難復何憂。

硯鄉鈔本

時俗攻文藝，腐氣銷清真。悠悠三百年，章句困殺人。吾叔情何似（弟尊人玉水先生諱纘姬，山東庚午舉人），秋天遊孤雲。方舒倏然卷，惝怳江淮濱。堂上歡菽水，門外理絲緡。風波曾不避，葭菼甘自淪。清節映漁竿，呂嚴何足云。

疇昔童稚時，抱文謁吾叔。顧我衆人中，謂是藍田玉。田忽變為海，玉猶未出匵。淚眼看滔滔，泥途就碌碌。清晨侵露出，薄暮昧煙歸。燕麥炊作餐，兔絲織作衣。衣食亦猶人，誰知我寒饑。回頭念賞音，此生幸一遇。若竹不開花，春風空煦煦。

送程翼士

出城江水大，雨歇開夕陽。程生攜妻子，歸去東臺場。輕舟入浦煙，風起芙蓉香。去者方愉悅，送者忽徬徨。宿昔舊茅屋，與君同一鄉。海潮漂里巷，親友半流亡。家有臥病妻，秋月夜正長。蕩子貧不返，望望涕霑裳。

留别王黄湄三首

雞鳴攬衣起，顧侶心踟躕。晨月在檐楹，歡會戀斯須。

硯鄉鈔本

丈夫非連枝，安能守根株。舉步便隔絕，何况秦與吴。海燕會東翔，塞馬思邊隅。升沈各有役，愴愴即長途。

桑榆風烈烈，行子踐荆棘。歲歲此道途，疲我筋與力。身孤多憂懼，野曠昧南北。日沒故鄉遠，烏鳶號我側。一從别家人，頭髮都不黑。悲哉志士軀，用以求衣食。

念君客江城，破屋無來賓。除夕酒錢絕，雪片飄紛紛。搔首望秦川，懷中轉車輪。綺紵著昏夜，辯者復何人。可惜翩翩鵠，翔入梟鷖羣。

送吴眷西歸長林四首

孟夏雨初霽海村桑葉肥小麥斬斬秀雉來麥上飛
悵然遠遊子顧盼思巖扉十年困馬足四體縣鶉衣
世態已閱歷長策莫如歸檗樹無甘蔭冰壑無炎暉
從來高蹈士不厭寒與饑去去故山中努力餐蕨薇

長林何處所泉潔山秀峙曖曖人煙際灌木四五里
枝上老稚多春來各生子子幼含哺勞子大雄雌恃
恩勤雖已極骨肉一巢裏此時垂白母望遠閭自倚

行路稍欲稀夕陽半山紫兒也遠歸來無米親亦喜

老夫貧賤交强半是君鄉兵甲阻來往雲峰苦相望
逢君問所思十人九人亡两翁最知我墓已拱白楊
感念平生歡不覺淚霑裳自顧遲暮景宛如斜日光
出門道無車入門甕無糧何時磨鏡去一慟亡友旁

君家草堂前種禾有山田粳糯日不足何嘗無豐年
況復征賦急村野正喧闐里胥夜捉人不問愚與賢
君試荷耰耡鄰里相往還劬勞及農時刈穫償租錢
歸來山月下晝室情依然雖無儋石儲庶得高枕眠

送王玉久歸茅山

結廬雖福地家無辟穀方白石煮不爛無食愁高堂
勞勞負米兒遨遨今還鄉持此且承歡新穀將登場
鄰里聞君歸叩門攜酒漿咸稱新吏賢七月未開倉
吾族老與少差得緩逃亡月照谷中屋雞鳴牆下桑
高眠須適意勿便趨行裝

呈四兄賓國

歲潦野無實餒烏遠膝飛遲回挐空筐我亦望廬歸
里閭漲始落藻荇挂垣扉雁鶩帶居人煙火一何稀
吾兄棲廢宅恬澹自忘機蕭蓬新物態寒暑古絺衣
閉門秋樹裏返照夕微微

少年兄尚勇壯亦悦聲音牀頭挂古劍席上橫清琴
詎能適人意時命違寸心絃斷不更續鐵鋒埃壒侵
猛虎爪縮縮單鴛淚涔涔盛衰情不易缺陷恨常深
空餘漸離筑拂拭自沈吟

曩時慕雲霄棄去為樵牧膏腴讓他人藿食我不足
志氣誠清虛受禍則腸腹驅走傷辟衣滯淫夢茅屋
骨肉成枯葉紛紜謝寒木只今存一兒歲暮淮南曲
吾道在桂叢連枝雪中綠

詩四首為隆阜戴節婦賦（婦汪氏戴勝徵之母）

隆阜樹湛湛鹿車遊其中雙情共一娛所向多春風
奈何時命衰黃壚沒爾雄沒者長已矣寧知生者恫
朝為並棲燕暮作單飛鴻鴻飛金天寒人泣玉鏡圓
遂甘董荼味乃自桃李年

硯鄉鈔本

隆阜月遲遲入門復上堂悄然見公姥衰疾須扶將
新婦起為子忍心稱未亡虎嘯山頭風雞鳴樹上霜
酸辛百年養黽勉二人喪鄉鄰爭歎羨舉動合禮儀
事親有如此不弱親生兒

隆阜雪深深夜闌寒寡婦餔糜活赤子紝織勞纖手
堅冰齊泰華母德共高厚兒今如古士踽踽米自負
人皆笑兒迂母不謂兒醜百計存藐孤艱難力轉堪
不慙嬰與杵嬰杵猶是男

隆阜泉泠泠露濡徧遐邇于中有賢豪聳若江峰峙
身自持門戶義仍及桑梓得穀即飯饑有錢頻救死
宗族子憑藉周親墳嵔嵔人今多緩急尋問魯朱家
朱家是婦人鬒髮猶未華

題吳九霞雪夜山行圖二首

積雪已踰尺飄落猶絮絮茫然夜山中攬褐適何處
老父在天涯緩急往相助身體為親有艱難肯自顧
林冰膠窗鴉見人飛不去暗澗駭左逢側巖愁右度

硯鄉鈔本

魑魅亦斷絕向誰問前路

晝行畏讐家夜行懼虎狼虎狼或可脫人意難隄防
石觸指爪裂棘纏肌肉傷行路何其難況在雪中央
皇天生一草必令榮且芳人子有用身豈遂委道旁
前林榛莽動颯颯風氣涼髣髴有人來不覺生徬徨

范公隄

茫茫潮汐中矻矻沙隄起智勇敵洪濤胼胝生赤子

西塍發稻花東火煎海水海水有時枯公恩何日已

哀羊裘為孫八賦

孫八壯年已白頭十年歌哭古揚州囊底黃金散已盡筍中存一羔羊裘晨起雪霏霏取裘覆兒女亭午號朔風兒持衣而翁風聲雪片夜滿牖殷勤自解護阿婦裘之温煖誠足珍不得衆身為一身吁嗟乎長安天子非故人羊裘冷落對邗水他年姓字齊嚴光今日饑寒累妻子

朝雨下

朝雨下田中水深没禾稼饑禽聒聒啼桑柘暮下雨富兒漉酒聚儔侶酒厚只愁身醉死雨不休暑天天與富家秋檐溜淙淙淙凉四座座中輕薄已披裘雨益大貧家未夕關門臥前日昨日三日餓至今門外無人過

江邊行

江邊士卒何閧閧防敵用船不用馬督責有司伐大木符牒如雨朝暮下中使嚴威震舊京軍令還愁不奉行親點猛將二三十帥卒各向江南程江南誰家不種木到門先索酒與肉主人有兒賣不服供給馬能饜其欲老松古柏運忽促精魂半夜深山哭一一皆題上用字樹樹還令運出谷出谷到江途幾千將主騎馬已先還家貲破盡費難足衆卒仍需常例錢道路悲號不住口槎枒亂集成山阜一朝舟檝滿沙汀只貴數多不貴精君不見揚州戰船六百隻輸盡

民財乘不得寒潮寂寞葦花間日暮灘頭渡歸客

破屋詩

避喧數椽在谿北苔巷蓽門意自適鄰舍無鷄窺我貧幾年全賴此四壁壁老土柔力漸微或傾或側紛狼籍野貍黠鼠恣來往青天色冷接牀席妻子常驚瓦礫聲勸吾修葺苦逼迫昨夜雨歇天作霜烈風怒號落吾宅宅舍壓倒存一半其下兒女聲唶唶倉卒提攜出户來草中坐待朝日白日高舉室喜重生雖

失棲遲翻不惜君不見昔日巍巍公與侯朱門畫棟雲霞流轉眼蓬蒿生甲第身死還為當世羞何如野老斷垣敧柱下骨肉因依何所求

難婦行 壬寅六月瓜洲事

寧為野田莠不為城中婦莠生雨露培婦命如塵埃江頭六月舉烽燧東南風吹戰艘至官長首嚴出城禁嬌娃豔婦縮無地愚者爭向船艙匿覆木覆石水關出木下石下塡人膚日蒸氣塞人叫呼舟子耳聞眼不顧往來邏卒逢無數短篙刺刺漸離城岸上骨肉喜且驚夫來挈妻父挈女開艙十人九人死吁嗟乎城外天地寬如此此身得到已為鬼家人畏罪不敢啼紅顏亂葬青蒿裏

曬書日作

弱齡多病嗜詩書藥裏書帙盈篋笥散髮養痾萬卷前人生如此真得意十年戎馬關中原產破無聊歸篳門丈夫久困形容醜手持經史換饔飧鄉里小兒

氣驕矜凶年擁穀如璵璠饑時但得許升斗我直十倍何須論即今五十暗雙目衰疾纏身輟誦讀飯食藥物向誰求牀上殘編餘一束細字糢糊半銷滅鼠跡蠹痕手難觸握出茅齋憶往年炎暉杲杲吞聲哭

題易書圖贈蘇母 唐李昭母以珍玩易書教子

卓哉李氏母珍玩家有餘未肯愚其子乃以易詩書奇書異帙充梁棟世俗紛紛那知重卷軸倏為志士有清宵白日恣吟誦草間一朝光彩著鷄雀改顏避鸞鳳始知玩好最蠹物達者入手皆有用此風邈矣千餘年蘇宇之母世稱賢紡績換書授孤子兼父兼師意惆然母子勤劬燈影間雞鳴夜夜空閨寒織作日久書亦多麻縷珠玉總一般二母教子真可法李為其易蘇為難矧母高節難盡述即今春秋已六十紅顏茹荼到白首竹叢松葉冰霜集宇也出為鄉黨師李昭趌步慙不及是母是子天壤間門內門外山嵒立當代何人采國風願向輶軒陳此什

題汪孝子子喻先生遺像

孝子遺棄榮名隱居鍊丹峰下竭力養母四十年弗怠母老死孝子慟甚哭輒嘔血亦死令子于鼎以行樂圖見示圖繪孝子松泉間面蘐草不違北堂蓋生前素志云

悲哉孝子爾力爾血力竭逢哀血盡存骨骨隨老母皓月青峰昔聞芳躅今識舊容儀若古賢情則嬰兒言念北堂愵然以思攀桂茹芝莫如樹蘐松蔭我葉

泉滋我根根葉長茂樂不可言

望君來 思循良也 三之二

望君來荷鋤夫皦皦待哺同烏雛野寬母遠日欲晡不慰饑渴蒿與蒲誰念頻年水旱多隴無黍麥畝無嘉禾蛙鄉魃藪仍催科不有黄穆奈此赤子何望君來君未來溝塍里巷歌聲哀

望君來老儒存眼看十場愁心自捫胥徒但徵里閭税子弟不道周孔言往時社學那可見萊花草色海墟偏於中豈無商歌者織屨蘆中匿顔面不有文黨風俗何繇變馬聲蕭蕭車轉轉望君來君至止稱詩説禮自今始

河邊廢冢

長眠誰可免念汝在河隅泥土已摧盡兒孫應久無方將憂陷溺豈暇辨賢愚死後復飄泊人生多此軀

落葉

枝上曾幾日夜來秋已終又隨天地意亂下户庭中

不静月斜處偏驚頭白翁何須怨揺落多事是春風

送汪耳公之沙邱

沙邱宜遠望三十六湖前下第去為客含情獨上船詩書成皓首妻子怨青氊不寐聽鳴雁蘆中曉月圓

賣書祀母

母没悲今日兒貧過昔時人間無樂歲地下共長饑白水當花薦黄粱對雨炊莫言書寡效今已慰哀思

重遊邗上途中寄懷周櫟園先生

病裏又為客，登車聞曙雞。海明殘月上，野濶數星低。憶昔吟梅下，同君在竹西。來朝過舊館，碧草正萋萋。

五月初四夜

令節我何歎，頻年天一涯。宿煙孤館樹，啼雨五更鴉。老去病除酒，夢中身在家。幼兒依阿母，頭戴石榴花。

新僕

語少身初賤，魂傷家驟離。饑寒今已免，力役竟何疲。前輩親難愜，新名荅尚疑。猶然是人子，過小莫輕笞。

硯鄉鈔本

寄孫八豹人

蓬蒿滿城郭，孫八客其鄉。明月連宵好，秋風古寺涼。借書欹枕讀，沽酒喚僧嘗。須遣羇愁去，天涯鬢已蒼。

輓鮑念齋

獨遺傷心禍，應為早死人。魂招衣當胄，淚盡子隨親。孤稚遺天末，三棺客海濱。手栽原上樹，鬱鬱野陰新。

經三里廟

此地烏鳶集，當年將士雄。同讐東海上，授命戰場中。廢戍雲猶黑，秋田蓼自紅。家家餘寡婦，野哭對西風。

登燕子磯

空翠壓蒼波，高亭試一過。江流向北小，山色直南多。風雪孤舟遠，饑寒兩鬢皤。浮家願不遂，老眼看漁蓑。

危磯猶似昔（曾同王鴻寶登此），孤客獨傷魂。親友浮雲散，關山曉霧昏。疾帆衝白鷺，怒浪擁蒼黿。俯視維舟處，潮收露石根。

歸燕

春色空梁少，霜華昨夜新。他鄉徒有子，倦羽漸無鄰。已識時將暮，終難冷傍人。故巢託王謝，檐雀未須嗔。

硯鄉鈔本

過韓侯釣臺

放艇來為客，登臺獨弔韓。少年從古惡，楚水至今寒。芳草憐人過，殘碑背市看。我窮誰顧盼，也把一漁竿。

附程翼士舟歸東淘作

客久吾逾拙，囊空汝倦遊。故鄉無百畝，壯日盡孤舟。村吠隔花犬，谿飛衝雨鷗。相攜應不厭，同是敝貂裘。

九日同夏五作

歎息三秋暮蹉跎萬事非年衰初學稼霜降未成衣隔水蘆花潔開門塞雁飛登高無處所海岸雨霏霏風雨朝初晦乾坤日用兵秋魂聽鬼哭老眼看人爭榛梗方為害東南稍輟耕吾家二十口溝壑正關情

泊船觀音門

磯上誰長嘯蒼然老匹夫江山六朝在天水一亭孤禿樹翔歸鷺層濤捲亂鳧漁舟安穩甚吹笛入菰蒲

寒潮看又落漸漸見山根拾蚌淍沙軟打魚江水渾饑民春滿路米店晝關門吾亦餬吾口愁來只自言

元日

物物漸新類村村皆向晨東風今日至老態一番新眼底貧交在樽中臘酒醇攜來梅樹下霽色正宜人

懷吳後莊

海內諸兄弟吾憐吳後莊負薪歌下里學稼養高堂有病還耽酒無求不出鄉平山分手處木葉又蒼蒼

僻壤

僻壤無春至安知春已殘海雲千里黑塞雁一聲寒老去謀生拙時危作客難直西是鄉路日日出門看

內人生日

潦倒丘園二十秋親炊葵藿慰余愁絕無暇日臨青鏡頻過凶年到白頭海氣荒涼門有燕谿光搖蕩屋如舟不能沽酒持相祝依舊歸來向爾謀

九月四日吳雨臣見過是日雨臣初度

俱是先朝戊午生相知端不為同庚黃塵戰伐無年

代白首漁樵此弟兄萑葦人稀雙雁下茱萸節近一谿晴疎籬陋室秋光在莫厭頻來酒共傾

客悔齋送汪舟次之龍岡

正值梅花開草堂扁舟何事去天長家園入夢同遙夜老病無依各異鄉藥裹半囊為旅食詩篇幾帙是行裝他時見月應相憶君上龍岡我蜀岡

八月十二日寄楊蘭佩時楊六十初度

我思楊子又三秋海水江波日夜流避色中原新鶴
髮思家北地老羊裘門牆口授書千卷蓑笠躬耕雨
一丘梁甫吟成情不懌乘風獨上五湖舟
弟兄絃誦欲誰希東海峩峩大布衣（昆玉私淑吾里王心齋先生曾
為修葺祠宇）跬步後先一相接草茅豪傑幾曾稀地荒剌
眼蓬生里河決驚人水入扉寄語涇陽舊同學講壇
今日鷺鶿飛
紛紛帶甲駕舟航君亦謀生適豫章陵谷狖啼松月

硯鄉鈔本

暗江湖人戰水雲黃華研妙策終垂釣王烈高蹤半
是商何日吳天烽燧靜匡廬山色下潯陽
蘆中疇昔數追隨同齒（余年亦六十）同心人未知虞夏詠
思殘照裏兵戈消盡盛年時單鷗泛泛羣何在野鶴
翛翛自不羈此日貧交更招隱淮南叢桂藥盈枝

舟中贈王宇蕃

平生猛氣向誰陳擊筑高歌意未伸虎步支離傷老
大鵰冠凋敝怨風塵城中細雨春求友江上洪波晚
問津閱歷少年輕薄態始知君是可憐人

送貴客

曉寒送貴客命我賦離別髭上生冰霜歌聲不得熱

重過鄭家廢園

四望沒藩籬蟲鳴曠野冷斜陽隔水來草上行人影

汪舟次別後詩

渺渺河流遶石隄蒲青沙白畫船低船中攜手同來
客隔在秦郵湖水西

硯鄉鈔本

老來離伴若為情皓首湖干落日生天際一帆看欲
盡杖藜扶上鉢盂城

李拔卿（字枚及，順治八年拔貢生，官通判）

晚出南口城

黃沙撲面駭飛蓬四月驚寒起朔風南下地形趨督
亢西來山勢扼雲中吹笳半壁城樓晚牧馬荒陵草
木空卻問當年誰鎖鑰北門終想寇萊公

宣鎮

上谷巍然壯客遊當年右臂繫神州迤經鷄嶺山如鑿地近羊房草易秋鹵簿昔聞從帝子犬牙今復制諸侯邊聲盡入西風厲鼓角悲涼鎮朔樓

張幼學 字詞臣順治丙戌進士官大興縣知縣通志云大令以廉能稱

宣鎮雜詠

傳聞竇憲勒燕然山在桑乾衆水前馬谷晝開神駿過羊房春盡乳羝眠將軍漫拂兜鍪土野老仍耕苜蓿田指點廣靈門外樹手栽今已十三年

施震鐸 字瞻齋號千里諸生千里配周瑤石工詩嘗合選驪珠集一時傳為韻事

客中寄兩大人

風聲初釀冷遊子正思歸細雨關河隔孤燈色笑違音書還驛路魂夢只親幃夜夜高堂舞難忘五彩衣

許光震 字電青順治甲午己未聯捷進士鳳翔縣知縣

酬淵公贈畫

宣州墨妙絕躋攀却幸逢君照客顏攜得雲嵐過江去海門青接敬亭山

海陵詩彙目次

卷二

海陵詩彙卷二

里人鄒　熊選

鄧漢儀字孝威博洽通敏尤工於詩與太倉吴梅村主盟風雅數十年康熙己未舉博學宏詞以年老授中書舍人所選詩觀共四集中有應禁之人奉旨抽燬行世

甘烈女詩

孤雁號空陂貞女守敝帷伉儷既以定生死無乖違解一孤雁未有匹貞女未有室比之于伉儷那得言膠漆解二媒氏既通辭父母既心許此身已屬人周易重男女解三嗟哉甘家女曾許冷家兒雖許冷家兒未為冷家妻解四何意訃音至冷家兒遠亡父母悄無言女痛摧肝腸解五三日絕饔飧三日毀妝飾一旦懸絲繩四壁無顏色解六太守遽聞之命駕造其廬雙旌為黯澹五馬為踟躕解七焚香拜靈櫬鄰舍咸嗟吁奈何小家女辱我使君輿解八使君自莅郡秉禮而化民風草有丕應首及荆布人解九上書臺使者冀邀　天子恩女名重青史女行光里門解十

過胡安定廢祠

老樹崚嶒極人傳舊講堂兵戈一横屬祠宇盡荒涼蟋蟀鳴頽瓦鼪鼯竄短牆怪來仙釋地金碧盛輝煌

錢塘江行

夷險寧前算鳴榔已便風魚龍汀草外吴越浪花中樹近知江狹山回引岸東飄摇終快意萬里一漁翁

雨中泊海安鎮

不知鄉路遠但聽岸雞鳴曉色連雲動寒光入樹平遠波千葉下微雨一蓬行似有同聲在難為慰旅情

山行趨大庾

莫愁前路杳日出正東峰人馬盤空細煙嵐返照濃過崖星陡見近郭火偏逢更喜灘聲外層層響亂松

晚抵三水

昏黑仍前發疎星破寂寥岸明知有汲船動覺生潮海道羣龍會山城百雉驕稍因兵舸接盜賊減三苗

宿八里江

對江湖口縣此地只孤村夜色圍廬嶽風聲觸海門
地防蛟穴鬬人習虎崖蹲且復高眠去天涯易斷魂

過馬當山

水逆舟難上橫江叓馬當飛雲盤斷壁絕壑走危檣
隱隱蛟龍伏迢迢虎兕行臨深頻自責從古戒垂堂

芒稻河

曉雨霏霏溼平川渺渺流忽驚濤欲裂真訝地空浮
淮泗奔雙閘蛟龍圻數州頻年憂瓠子生計羨漁舟

曾庭聞自潤州枉顧草堂賦贈

偏是窮途重友生柴門握手淚縱橫一時聚散兼貧
病千載存亡只弟兄宅巷重尋車馬跡江湖猶戀鼓
鼙聲與君試話封侯事慷慨悲風萬里情

遊海珠寺登丹霞臺眺望

晚岸潮生擊汰回驚看萬水觸墩臺不知何代琳宮
廢竟作軍營鐵礮開健卒自吹橫海角瞿曇難拭戰
場灰茫茫春浪占城遠獨有浮鷗日暮來

嶺南作

絕島誰傳颶母生五羊城角暮煙晴蠻花爭傍陳隋
碣海道曾過秦漢兵百戰地埋烽火黑中宵龍抱寺
燈明無心更訪厓門事月黯榕村破帽行

張登子招集喜遇胡豹生感賦

別汝真經十五年瘴南重遇百花天中間生死誰書
札此地悲歡盡酒筵萬里河山驚鬳策一時兒女對
烽煙英雄老去心情改淚盡高涼洗廟前

巴河鎮登太乙閣 閣為故相國姚公崑斗所建

平津賜第久荒蕪傑閣巍然瞰楚都高處衡廬天外
伏到來雲夢雨中無千家煙火猶洲渚幾葉風帆自
畫圖曾是赤眉燒不到奎光深照斗牛孤

萬安道中臥病至章門小差時值清明

過嶺風花陌上狂冥冥細雨入孤航客中人病經寒
食愁裏鶯啼入豫章垂柳軍城殘日動新煙漁浦戰
雲荒不知麥飯江村路寂寞誰來弔國殤

孟冬朔日遊赤壁

彈指滄桑屢變遷黄泥赤嶼尚依然即看洲渚蒼蒼出剩有風帆片片懸隔岸楚山晴欲雨夕陽嶓冢水連天憑誰喚起吹簫客重上蘇家載酒船

平淮西碑

雪夜功成罷鼓鼙昌黎碑版照淮西文章何意開讒妒婦女偏能竊品題易代摩崖爭日月當年奮筆埽鯨鯢只今蒼碣斜陽外頻見遊人駐馬蹄

沈煙亭聽白三琵琶

寒日林園尊酒陳琵琶急響似西秦赤眉銅馬千秋恨譜入鵾絃最感人

北極諸陵黷落暉南朝流水照青衣都將寫入霓裳裏彈向空園雪亂飛自注時正雨雪

白狼山下白三郎酒後偏能説戰場颯颯悲風飄瓦礫座間人似到昆陽

天寶傳歌竟屬誰四條絃子斷腸時蠻靴窄袖當壚女今日公然識段師

詠懷

南漢山川戰血斑尚留花塢荔支灣可憐雙女降幢動寂寞昌華輦路間

雲暗陰岑犀甲多風吹漲海蛋船過好看銅鼓荒祠下萬古人傳兩伏波

戰艦黄昏霞浅灣陰雲千載疊空山銷魂最是煙波客陪葬君王有白鷴

濛瀼歸舟偶感

青茅春瘴逐山流細雨孤帆漾客愁聽徹猿聲江更澗祇疑天上是韶州

厲烈士招遊天寧寺塔有作

千丈浮屠未敢登佛龕聊與伴香燈十年親酌曹溪水我亦江湖破衲僧

題息夫人廟

楚宫慵埽黛眉新只有無言對暮春千古艱難惟一

死傷心豈獨息夫人

過江州琵琶亭

江州遷客未歸秦絃索初聞淚滿巾今日善才風調盡蝦蟇陵下總新人

江行雜詠

江州解纜客途長三日西風逼建康試問誰人鎮姑熟青山牛渚滿斜陽

十載遊蹤冷燕磯今來旅棹復將歸卻憐亭子空青

極無限鵁鶄自在飛

陸　舜（字元升，號襄平。順治甲午舉人，康熙甲辰進士。初任刑曹，多所平反。提學浙江，勤於教士。旋以疾乞歸。戊午舉宏博，不赴。著有雙虹堂集。）

瓜步

積水荒煙兩岸平三竿落照似懸鉦布帆帖處長空遠沙鳥飛邊暮靄明雲外沈山連海氣風前吹角入潮聲獨來徙倚江干樹心跡翻從作客清

朱淑熹（字艾人，順治辛卯舉人，揀選知縣。）

酬黃仙裳見寄顏平原書八關齋會報德記碑

束髮漫塗鴉輒愛平原筆腕鬼能搏人勢奇不能出顏公碑版十數通摩挲日挂東園中家廟多寶及坐位直與大令爭豪雄聞有八關報德記平生第一楷書字此碑高豎宋州東安史鋒挫田王功州人戴德羣加額特向魯公求鐵筆石幢高一丈其大可數圍磨礲鐫十面矗立何巍巍火燒兵劫城池改乾坤幾度更桑海惟有顏碑巋然存青天紫氣常光彩幾經

耳熱羨客談遠道莫致情空含叔度論文三十載遙貽一本同蘭茝白頭狂喜舞復歌相思江樹迷煙靄

濟南舟次奉寄鄧元固夫子

歸興滿扁舟輕帆滯驛樓客中沽酒慣春日看花愁寂寞劉蕡策蒼茫杜甫游十年知己淚飄灑汶陽流

羅　桂（字碧山，號笠隱，晚號金粟山人。西江名裔，遁跡林泉，與邑中鄧孝威、黃仙裳諸前輩結詩文社，足不入城市者三十餘年，世以申吳兩隱君子比之。詩品超潔，其稿族孫克佚藏之。）

九日碧雲山房同施千里許介眉張雙橋魯庵

上人
秋雲隨處碧，静坐勝遊行。古木鴉千點，遥空雁一羣。
蘺花元亮酒，竈芋嬾殘羹。不待詩投契，匡廬舊有盟。

夢山陰黄儀逋師

移封思酒國，醉死得姑蘇。衰草迷孤墓，新碑誌宿儒。
傳詩名不朽，感遇淚同枯。遠道游魂至，依然唤玉壺。

劉懋賢 字愚公

唐祖命、宫紫玄、鄧孝威、沈林公汎舟西渚乘月

硯鄉鈔本

過荒廬小酌

息影入春嵐，流英照園圃。林花覺我閒，霽月紛相布。
歸息定禪機，孤鐘啟清悟。煙青鴻渚間，水白導魚路。
誰人移畫舫，衡彼高林霧。循潭悦空性，因之散林步。
返駕攢陶眉，草樹復糾互。啟扉夜色静，竹香侵衣屨。
風期鑒各真，笑談迴如素。静體崎巒岑，浩歌吼庭樹。
遑知煙水遥，赤羽横碧渡。風波不可涉，盟君指鐵墓。

題就園

幸有煙霞供，予懷未渺茫。千峯隨月載，半榻度溪香。
草樹沿隄變，山雲帶水涼。遥遥槎上客，聊爾聽滄浪。

劉懋勛 字堯叟，順治辛卯舉人

九日登文星閣同梁園田、雪龕使君暨同里諸子

清飈動令序，澹景薄林皋。眷言託君子，懷古企賢豪。
振衣陟崇臺，落葉盈綈袍。憑闌舒遠嘯，短髪故蕭騷。
芙蓉媚修渚，煙波蕩輕舠。田廬欣銍艾，平疇輟桔槔。
嗟彼行役者，終歲馳蓬蒿。中原猶戎馬，江界紛旌旄。
少府急金錢，籌畫亦何勞。何如躡層嶺，擊鼓酣醇醪。
延眺極城闕，庶以散鬱陶。

硯鄉鈔本

盧溝橋曉發

不作長征客，安知遠道情。寒風吹雁疾，朔氣壓雲平。
路入殘星暝，橋連積雪明。那堪三輔地，野燹隔林生。

望岱

地入青徐路，諸峯拱四圍。天門看髣髴，日觀望依稀。

吳練疑猶昨秦松悵已非荒原頻駐馬雲氣欲沾衣

蕪城道上望京口有感同孝威漢公奠兩

霜月維揚路南徐入望初人家鐵馬後雉堞斷煙餘
野哭流青火江聲跳白魚艨艟何日靜舊業問樵漁

贈清溪蔡碩公世兄次燕京留別韻

才華夙許擅題橋漫向風塵念孝標交道生憎時態
薄離情夢入故山遥衣冠兩世歸殘劫縞紵何人共
久要他日羅浮遲白舫草堂相勸酒如潮

秋晚贈劍大師歸楚黄

維摩幽室結湘皋故舊關心八月濤那忍江亭尋戰
壘長憐霜鬢老蓬蒿遺書久已銷殘燹（劍公藏書白門為兵燹遺佚）亂日曾傳靖羽毛（昔為蘄春桃源解圍事悉雲鴻洞集中）惆悵片帆
歸楚去鴻音莫靳懈蕭騷

初冬邀顔佳允宗定九夜集近園

涼雨蒼煙老薜蘿尊開竹葉夜如何驛亭船到霜初
落池館鐘來月較多客對平原高氣誼詞如司馬怨
江沱（座上讀定九江上琵琶行）邀歡莫厭無兼味可許深山擁嘯
歌

周櫟園先生重過吳陵招同諸子讌集

邗江持節當年地白舫重來鬢半斑真氣迎人心欲
醉清言滿座暑全刪風霾曾灑孤臣淚潮澥今逢故
舊顔聽説射烏樓畔事如公豈合老東山

過羊叔子故里

流風雅韻重荆吳遺跡荒涼問牧夫緩帶人歸空廢
壘殘碑淚盡只平蕪城連碧薜朝煙散閣枕蒼厓夜

月孤為念三公甘折臂徂徠新甫獨踟躕

劉慭贄（字質公號僅三歲貢生著雪村詩草）

鍾山

荒原六代後弓劍更堪愁落日歌翁仲秋風賽蔣侯
墓門狐竄棘輦道草成邱縱有冬青在年來幾樹留

初春送客還京口

把臂纔三日春風冉冉回草依征壘發梅傍驛樓開

鐵甕浮潮出芒鞋觸雪來江南紛戰馬君過肯徘徊

深秋同張湛生賈祺生諸君遊水月庵

零落吾儕只短蓑故山風物奈愁何斜陽帶雨浮鐘磬幽寺無人顛薜蘿雙淚老垂殘菊盡一生興傍酒杯多諸君不厭招提寂佛閣禪林足嘯歌

九日登西山

荒嶺秋煙接吹臺那堪寥落酒人哀天低戰壘征鴻過地捲風沙獵騎回武穆祠前松半臥胡公壇畔菊

還開舊山指顧登臨處惟有斜陽照草萊

繆肇甲 字墨書號補山歲貢生著問月樓詩集祖欽明崇禎間以布衣伏闕上書免泰州浮糧一萬五千餘石補山克為明體達用之學適下河隄潰孫司空在豐就其家詢訪善策功賴以濟著芳芭亭文集

補種平山楊柳

仙翁有遺跡剩此荒山巔世代幾更換絲柳委風煙高堂復輪奐重想綠陰圓環山既種植撲地紛吳綿隋隄一銷歇彌望空墓田

景州道中知山妻復病寄沅兒

亦念吾身苦翻憐爾母危一年多病日雙淚教兒時躑躅趨長路殷勤寄遠詩到來天際雁慰得客中思 時得沅兒信

盧溝橋懷葛天衣喬梓

客路同君續楚騷清尊明燭興偏豪詩逢知己還分韻客到臨歧解佩刀兩世論文存我輩一鞭遊子戀同袍國門揮淚難分手愁見孤城片月高

寄黃俞邰太史

憶在京華捧袂時登龍喜見紫芝眉常於花下招袁虎每向人前說項斯十載交情千日酒九秋詩意萬年枝相期別院黃花發重看先生倒接䍦

春日約施文白州伯郊園雅集仍用見贈原韻

梅花發後使君回水畔呼童拂小臺竹裏啟扉煙景異花間埽徑鳥聲來已開紅友芳香襲不用纏頭歌舞催公暇若能車馬過好招嵇阮共徘徊

登天目山是晉王冶飛昇處

形勝東南第一峰登臨斜日探遺蹤荒臺草輭疑馴鹿古井雲封想護龍脈接蜀岡流水合氣連横浦暮嵐重昭明訪道乘船後縹緲仙音更不逢

廣陵雜詠

畫槳游人欲斷腸珠簾翠幔繞垂楊誰知十里繁華地原是當年舊戰場

答吴復生

平山一帶野煙荒太守芳蹤未渺茫種得青青萬條柳春風春雨憶歐陽

陳忠靖 字念共一字爾位號曉堂順治丁亥進士官刑科給事中著曉堂詩集給事請舉經筵速恙恤刑二疏皆報可郡罹水患疏請全蠲賦額以廣恩郵辭甚愷切得荷俞允後左遷歸里卒

遊西園

何處尋芳草閒情到辟疆人登十步閣月護一庭香石氣尊前動松陰雨後涼吟成吾欲去留意在滄浪

夜泊南陽大風雨

草木山山變吾來濟泗東寒舲五夜雨愁鬢一天風疑有魚龍泣將無神鬼通誰憐飄泊者平野聽飛鴻

天津玉皇閣晚眺

登臺且倚盧敖杖一嘯臨風覽畫圖雁帶斜陽歸大漠人從北陸達神都千檣兩岸燈明滅萬户三更月有無不是銅街催滴漏丹梯十丈好提壺

顧紹美 字景先著琴庵集景先博涉宏覽固守清貧居與黃仙裳相近兩家燈火月色林潭相映絃歌互答時謂其有沮溺之風

飲俞樓和仙裳先生

總是知音者看山先後來今宵留客處當日讀書臺月可添詩料花如為酒開新知與舊好都是謫仙才

病中

自别殘冬後居然隔世人酒因多病減詩為寫愁真對鏡全非昔求醫更苦貧明朝寒食節又負一年春

寄呈龔大宗伯

春殿履聲高容臺制作勞一時噓草木萬里獻風騷憶別官城路長憐楚水濤終當依日月豈敢戀蓬蒿

孔東塘先生改拱極臺爲海光樓

相傳拱極是仙臺一望荷花十里開觀海人從天上至乘槎客自日邊來公餘挈伴尋詩去興到探奇載月回怪得海光名再易尼山原只在蓬萊

丁日乾 字謙龍，號漢公。順治乙酉舉人。著《漁園詩》。

白門秋集高座寺彈指閣

山靜紆南郭僧高閉竹扉人從黄葉過寺有白雲歸攬勝全忘俗同羣自息機一簾清磬外秋水淨垣衣

金陵別韓石耕之于湖訪郭民部

汗漫山陰棹支離落葉前逢人江上路沽酒石橋邊拂意常看鬢窮途又放船謀身無好策已賣故山田

擬江陰北渡不果從無錫南遊

歲暮又南去孤蓬何日還家貧輕遠道人澹戀寒山霜月三秋夢風塵一夕顔違心是旅雁嘹嚦下前灣

湖樓獨坐

何曾懷抱好萬念冷如僧暝色含諸岫煙光泛一燈夜深雲更出人靜月初升擬便歸期早躊躇恐未能

平望阻雨不得過西塘遣使示李環瀛

已是剡溪路蒹葭何處尋蓴鱸荒市少煙雨一村深昨日渡江客扁舟隔浦心所將無異物尺鯉到寒林

九日同人登雨花臺

正擬登臨散客愁逢君著屐上高邱遥帆欲度長空影落木多開別墅樓此日何人還載酒六朝無地不悲秋曾經少壯嬉遊處搔首西風感白頭

書北固山舊讀書處

少年歌嘯春江外今見蘆洲戰壘邊鐵甕日殘嘶獵馬金焦風勁下樓船山中短榻禪燈在橋外垂楊酒市遷到此那能重寄想眼中帆影入遥天

紅橋遣興

鷗鳧荒徑蔓青莎鼓棹閒遊一嘯歌夾岸垂楊秋氣

早橫橋斜雨夜聲多蕭條風景殊隋苑寂寞漁燈自楚波何事興亡重感慨且持樽酒對枯荷

丁行乾 字自公號路嬰謙龍弟聰慧早卒

揚州

城堞遮興廢繁華無盡時荷香侵短棹花影補荒籬歌吹風流遠琵琶世態移高原多戰鬼秋氣最堪悲

李嘉允 字爾孚號孟齋順治己丑進士官順德府知府著草樓詩集

夜識軒

山靜寺亦古窈然入初冬曉見千峰雪夜聽寒巖鐘有閣非草玄有酒勞過從柳下真吾師閱世非不恭

入關

家世淮南舊茫然西入關春風萬里盡夜月一時閒望嶽疑天上登樓憶草間羅浮頻有夢香閣水潺潺

九日石宫

風雨朝來定佳晨更出遊艾蕭迷遠岸鐘鼓送殘秋廢寺觀無相浮雲識自由茱萸一樽酒不獨慰離憂

九日同客飲石宫

露白葭蒼節序哀旅情鄉思共登臺邗江浪冷芙蓉暗沙磧風悲雁鶩迴醉眼極天窺月小亂山遮樹逐雲開芳樽敢惜遲遊屐城闕新晴暮鼓催

贈人赴隴西

印綰通侯度塞垣肯將詞賦老文園寒冰夜合千山立牧馬晨嘶別部喧猺俗舊傳周窟室客星今動漢河源關門烽火連年靜百里何妨屈士元

古塞下

燕支山下舊刀痕萬古天關百戰分莫道漢家開國遠邊人猶畏李將軍

客靖邊作

蘆中人去幾千里幻入秦關任馬牛一曲驪歌半簾月夜深孤燭看吴鉤

海陵詩彙目次

卷三

硯鄉鈔本

海陵詩彙卷三

里人鄒　熊選

黃　雲

字仙裳，號舊樵，諸生。著《桐引樓集》、《悠然堂稿》。仙裳窮研經籍，少即以詩文名家，慷慨尚義，晚年愈貧苦，屢辭聘，名益肆，力於詩歌。東南言風雅者必宗焉。

除夕寄女兒瓶梅

右軍愛女兒，鍾情儻同之。余有四掌珠，大者方及笄，遠嫁無百里，中心悵有違。離居曾幾時，倏屆青陽期。遥知循婦禮，櫛盥警鳴雞。汝性嗜芳潔，凝妝對庭梅。如何臘已盡，未見寒花開。海隅斥鹵鄉，地偏春或遲。聊因家郵便，折寄隴頭枝。盛以小膽瓶，前代宣德磁。緑窗接香影，舊夢猶依稀。汝母坐我傍，淚下如綆縻。

歲底送陽兒歸東村

歲宴將逼除，朱門享燕衎。如何貧家兒，羈滯不能返。煙墟黯無色，稚子勞望眼。入夜已閉門，往往疑吠犬。誰知西日下，城郭纔撥遣。歸心迫如焚，將錢跨病蹇。寒鴉團暮雲，村鐘聲漸緩。躑躅畏荒塗，殘臘少平坦。

硯鄉鈔本

深宵抵堰上兩足早重繭兒行屢回頭父心逐兒遠
踈狂置家計貽戚祇愧赧年年盼春回茅屋終不煖
不如焚詩書耕田飽衣飯

春初棹舟訪宗定九於東原村舍途中作

初陽麗江皋索居慕同儔煙墟十里外窈窕循碧流
渺渺虛舟逝習習條風柔文鯉躍澄波百舌喧芳洲
殘英覆梅坂新綠彌麥疇氣和物已通地偏情自幽
彼美寄丘園守道無外求安得結比鄰南村以淹留

讀書堂與諸生講禹貢

園居新雨餘薰風扇高帷碧篠紛冉冉芳草何萋萋
疏解夏后氏反覆隨刊辭始冀丙終雍高下功異施
乃粒在烝民八載亦以疲當其過門日中心常苦悲
痛父殛羽山遑顧呱呱兒天地竟平成至孝安可追
卓矣萬世功蒼昊濟巍巍誰為無父人把卷增涕洟

雛鴉行

青溪亂水圍孤圃隔岸鴉棲百年樹辛苦經營八九
窠春來乳子應無數山人好是曉眠慵烏啼聊當五
更鐘有時園風翻暮色荒田只見殘陽紅遠客韓生
來止宿嘗對高柯羡羽族思家忽見乳鴉飛去住傷
心珠淚續吁嗟物情成毀安可知適予有事他出時
樵兒牧豎殺機動揭竿上樹無禮儀須臾巢毀雛受
戹是時雛飢日將夕老鴉叫絕歸樹巔還能攢飛啄
人額羣雛落水無完膚水邊取烏如取魚沿村惡少
聚如堵野鳩黃雀紛相呼驚引韓生立對岸俯拾兩

雛活一半年少馮河早奪回豈有煙波來隔斷搖手
頓足何為乎脣乾舌噪猶欷噓韓生見我氣咽不能
語久知天下事有不平如巢烏吁嗟人生百計圖一
飽忍以口腹累肝腦家家誰無接哺兒我哀此輩頑
無知蠢然烏獸安可欺彼蒼暴虐何人斯吁嗟乎彼
蒼暴虐何人斯

同人集千佛樓

故人邀避暑塵氣此中清小院覆梧色空堂聞雨聲

寺貧饒妙趣僧靜有詩情莫負終朝坐秋帆又遠征

歲暮白上人歸自崇川

犬吠出深樹人家多掩扉寒河雙槳動破寺一僧歸
皎皎月當牖輝輝霜滿衣明朝又更歲長守故山薇

汴城上方寺禮鐵塔

浮屠沙裏出高矗十三層視下蟻垤小躋巔猿鳥能
齊心禮古佛攜手得良朋舊物惟餘此中原閱廢興

江村元日

硯鄉鈔本

門前芳草路春到有誰過曙鳥喧寒樾條風動綠波
性迂求世少親健得天多莫訝將强仕猶然隱澗阿

遊雨花臺因過半山園小飲遇雨

雲氣暗清晝山遊爭攬衣亂松岡北寺一徑酒家扉
地僻留錢飲秋陰帶雨歸無窮好事者行樂舊京畿

真州候潮同人登樓作 時奔視櫟園先生

淹留逢我友杯茗坐江樓船澁潮方落山明露漸收
戀羣嘶牧馬適意泳浮鷗此日金陵去茫茫未息愁

香山宿來青峰

望都亭上望斜日影朦朧煙樹迷茫外山河指顧中
泉聲隔梵唄蟲語入松風伏枕無窮事灰心佛火紅

廣陵贈惲正叔喜香山涵萬兩先生有姪也

不足盡君處人傳顧虎頭道心澄白水詩骨在清秋
久別蘭陵酒初逢明月樓阮家儁才子彌想舊風流

興教寺僧房感舊同羅景有先生賦

記得招提聚金樽勸莫愁五君三下世廿載一同遊

硯鄉鈔本

世事真泡影年華似水流祇餘斜照裏雙樹寺門秋

丙辰新秋寄淮陰蔡子構

瓠子今來決江淮白馬騰潮頭衝斷雁山脊剩疎燈
灾患開英傑流離念友朋楚鄉饑更甚進食有誰能

靖江晚眺

客路羈瀾港風波盡日狂潮聲連夕照帆影亂江光
黄歇分封地孫權牧馬場瞑煙迷極目無限使神傷

新河晨起坐旗亭望江干雪色

候潮沙嘴宿歲晚正江湖踏雪無梅塢驅寒有酒壚爨煙幾點黑樵影一人孤南岸存知己何為感道塗

旅館雪夜

肅氣入簾幙孤燈剔未殘雪疑深夜重衾念老親寒離舍甫三日關心非一端牀頭餘濁酒强飲不成歡

桐鄉陳刺史宅贈黃介石

白門多難後生死亦相依閱歷一心在蒼茫萬事非寒城鳴暮鴂舊第閉朝暉慚愧論交者如君真復稀

己酉冬夜重泊朱家嘴有懷唐祖命

汀蘆岸柳全凋落煙火人家自結鄰仍解杖錢村酒店忽思舟伴舊情親犬迎生客依然吠月出寒江分外新此地秋冬兩行役百年蓬轉暗傷神

過汴梁廢宮作今改貢院

黃河灌後事堪傷全盛東京憶汴梁煙鎖閒花新使院烏啼垂柳故宮牆滄桑訪舊少遺老樓觀憑高空夕陽亂定招徠三十載蓬蒿猶有半城荒

寄懷陳伯璣客遊邗上時余方居廬海陵

忽報征帆繫柳條蓼莪吟苦臥山椒懸知鬢改多年別未信書沈百里遥彭蠡漁竿荒舊宅廣陵明月上秋潮客停問字車應滿不得相從暮與朝

邯鄲登叢臺

聞道邯鄲滏水側一邱野花相對開城郭幾更非趙國山川猶指是叢臺風沙滚滚征車過塞草青青獵馬回短衣騎射定有意昔日武靈安在哉

邗上喜晤趙韞退大參賦贈

舊事東南盛主賓山公清望獨嶙峋久從元晏懷知己重過維揚少故人城月尚憐今夜好嶺梅猶記昔年春相逢又看軺車發惆悵西風立暮津

和王敬哉先生九日宿來青軒懷舊

漠漠層嵐暮靄橫荒田牧馬正悲鳴當軒睿墨存前代多病孤節剩老生幾點紺黃楓樹色百年幽咽澗泉聲曾聞太史藏書處重過留題最有情

汝寧南湖登觀音閣書事

鏡裏南湖碧四圍，重樓複閣燕穿飛。王孫此地迷芳草，煙雨何年見白衣。（碑載舊藩禱雨大士出見故建閣）一自滄桑人代換，遂令簫管畫船稀。多情惟有橫塘水，依舊紅蕖媚晚暉。

桃花塢集蔡九霞齋中兼示門人右宣幼淳兩令嗣

草堂沽酒聽黃鸝，櫻筍江南四月時。門颺柳風花似絮，座聆客語飯成糜。末流毀譽何容亂，千古文章只自知。六載重逢雙鬢改，又堪煙浦唱將離。

硯鄉鈔本

偕內子入廣陵舟中感舊（甲申避亂閱十三年己無家可歸矣）

十載還鄉舊路同，一雙畫槳趁東風。沙鷗鬬影迎窗際，隄柳搖光入鏡中。夢到故園愁易醒，語追離亂不堪終。尋常愛讀蕪城賦，肯信繁華逐轉蓬。

同鶴問臨邗上集旗亭

山園過盡又紅橋，不惜尋梅二里遙。野店競開臨水際，遊人漸盛逼花朝。香芹味美登華俎，新燕身輕掠畫橈。何事當歡忽惆悵，哀鴻耳畔酒能消。

經落帆亭是癸巳春與陳澹仙先生別處

故交十載散浮萍，檇李風煙此再經。今日獨齋磨鏡具，當時相送落帆亭。東門蟻酒春猶綠，南浦絲楊晚更青。只有寢園生宿草，鷓鴣啼處不堪聽。

陽兒之江上中途遇雪

木葉蕭蕭打篳門，一天風雪又黃昏。辭家初放今宵棹，沽酒卻投何處村。自愧饑寒驅愛子，誰能羈旅重王孫。勞生須信難高臥，未敢懷安守故園。

硯鄉鈔本

重過秣陵不復見顧與治

數年不復賦南征，舊路重遊百感生。流水板橋桃葉渡，斜風細雨石頭城。誰人齎酒迎中散，當代論詩失顧榮。宿草一庭三徑廢，偶過門外馬頻驚。

婁東修復前觀察馮留仙先生祠宇

憶昔驚心丙子年，誰將隻手獨扶天。舉朝半醉烏程

酒名士拚沈白馬淵黨禍清時公又死奸謀用後鼎俱遷寧知宗社邱墟日廟食東南肅几筵

金陵下第歸夜泊朱家嘴舟中呈唐祖命

江南江北煙波接百里乘風頗亦違宿浦爨分漁艇火泊船月近酒家扉露寒漸覺征衫薄秋盡仍從舊路歸幸有故人相慰藉中宵痛飲任忘機

武康前溪

黃鳥啼殘百舌鳴前溪隊隊踏歌聲誰人更續前溪曲少帝風流萬古情

青溪月夜續燈庵即事

莫信繁華擅六朝茅庵深坐話清宵金陵萬事都如夢月色猶留舊板橋

悠然堂同野鷗夜坐

清夜軒開水寺西竹松無籟月迴隄不因對坐三更後那聽牆陰絡緯啼

承恩寺雪後即事

道書讀罷夜嚴寒街鼓催殘蠟燭盤不信松房都睡熟獨留霜月一人看

梁谿舟宿聞吳歌

雞唱煙中亂槳鳴夢回酒醒未分明江南風景凋殘後纔聽吳歌第一聲

楊瑚璉 字古存號聖與思貢生古存好遊佳山水遇即忘家著文山述遊破帆吟三年一遊錄寄餘園稿繡淡詞

和俞陳芳韻送孔東塘先生濬海兼懷徐方虎

李厚餘雨先生

羅浮山頭春雪晴羅浮山下春風生春風忽開海天霧扁舟遥見鏡中行東塘先生醇而肆盛名召起金華次家學原本洙泗來萬貫千條歸一致辨律心細入秋毫咸和曲奏舞潛蛟睥睨洪濤鄙三策撥昏啟蟄破青霄况逢比部稱仙李並轡聯鑣我與爾范隄憔悴柳復新斥鹵生榮集簪珥枕流破屋何以休奠我之居慰我愁 天子有言曰咨汝分曹列署共綢

繆執是皎皎白如雪執是軒軒霽如月書生眼眶小於豆只聽陳芳為我說我今識得使君名北海龍門舊有聲雷繞赤天雷振鼓見者瞠目聽者驚直走鱣堂拜其下不求譽言只求罵迂拙自誤三十年一之不得萬己掛盈盈水接天無塵追蹤又有玉堂人草岸漁灣慳一夕文章師事久神親江淮陋儒雖久汩泥塗尚望援手出得從水國近伊人凡胎幾換神仙骨波面瀠洄泛墨香孝穆遥伊去建康棹轉羅浮春未晚執卷徘徊喜晝長

硯鄉鈔本

題補山秋泊圖

雲水相遭處維舟儼畫圖煙開城上樹風響岸邊蘆擊楫興何壯論交意自殊歸來詩滿載囊重累奚奴

寄別東林寺耳公

廬山有願恨難償遥望雲煙水一方天外峰高如在目林中僧去獨還鄉雨生前渚三更夢愁入歸舟十月裝何處更尋巖下路同攜瓢笠坐蒼茫

西湖竹枝詞和毛稚黃先生

銷魂疑是斷橋西花柳平分散滿隄湖面直因輕界破黄鶯今作兩邊啼

陳志紀 字雁羣順治己亥進士官編修康熙元年旱會有詔求直言志紀以翰林具疏劾天下督撫貪婪不法卒為忌者所中謫戍寧古塔貧甚以醫自活卒於戍所

寧古塔春日雜興

謫居關塞遠忽忽又春深雪氣猶千嶂花光失故林從人學射獵驅馬試謳吟宣室無由見虛懸待漏心

罪比邱山重　恩同覆載寬一行來絕塞萬里見春寒邊草青難發鄉雲晚獨看琵琶誰更奏暗引淚珠彈

硯鄉鈔本

自度陰溝路來從絕塞居雕盤迴野色雁轉望家書幕府雖加禮鄉園晝已踈舊時三徑菊蕪沒定何如

朝簪雖久淈塞眼望猶殷努力襄嘉運無勞惜故羣猖狂逃斧鉞歡喜得耕耘昨自春田返牛羊入暮雲

陳志襄 字陶思號南村貢生候選州同父成社有仁人之目陶思能繼其美入成均為大司

成徐立齋所賞著淡定齋謙忍居諸集

中秋鑾江邸舍有懷黃仙裳表兄

四序愛佳辰兹宵愈可惜露白意驚秋風清月似璧蕭蕭旅館吟商聲奏金石誰是賞音人共此江天碧

客中秋懷

四野秋風落羇人尚遠征驚沙隨地濶老馬向人鳴山峻寒光早衣單酒力輕不知閨閣裏砧杵為誰清

月夜登燕子磯

絕壁憑江下空聲盪石洲登臨千里盡縹渺一身浮潮落沙增岸風高夏亦秋分明天際月化作白煙流

紅橋口號

未到平山景自嘉紅橋煙柳已成家酴醿兩岸新栽架蘭蕙含香未落花大業樓船空瀚海千年池館尚琵琶邗江自古銷魂地只恐烽煙擾暮鴉

同黃仙裳暨蒼佩諸弟訪布聲上人不遇

不厭丁丁伐木聲閒從惠遠洽鷗盟那知洗鉢前溪去空閒虛堂佛火明相見豈能增一解不逢偏覺少餘情杖藜落日無歸趣坐看衙山紫氣橫

沈復曾 字大復號林公著旦園詩集王柳村云啟禎末海陵風雅幾於響歇林公起而聿倡正聲後乃彬彬蔚起扶衰振雅之功不可沒也

將西同詞臣孝威賦

短市商歌疾驅風此敝裘地形趨碣石山勢圻河流雲策隨征馬春詞憶射牛東南銷王氣立馬向齊州

同李平庵夜話酒閣不能下乃作歌

誰信桃林甲西征杳不還闗河迷紫氣輿馬習閒顏落日邊聲急春城古道閒書生工涕淚空對蕨薇斑

硯鄉鈔本

雪夜村店懷雪舫

鳴鞭古城下鈴鐸晚風淒急雪騰荒店飢鷗巡舊谿窗燈寒影細樽酒故人暌遙憶滄江上雲封高士棲

四月朔夜雨

蕭瑟檐前溜風譙點點酸三更愁不寐四月雨猶寒古木蟠深霧荒燈語夜湍那知春漸遠花向隔宵看

寄懷孝威燕邸

羸馬單裘雪渡河，秋風禾黍疾商歌。昆明夜月旌旗見，瑣闥荒雲鹿豕過。河朔幾人同濁酒，江楓萬里一漁蓑。古來擊筑吹竽客，惟有荊高慷慨多。

秋日題長鏡上人浮玉山庵

宮堯飛閣倚嵯峨，絕壑憑陵晚吹多。北走大荒分楚漢，南通百粵出山河。千年草樹深江雨，落日魚龍起夕波。最是漁人輕雪浪，煙蓑不避白黿渦。

硯鄉鈔本

四天澄碧水茫茫，此夜招尋宿上方。石路漸深山市遠，禪關長閉海雲涼。鐘鳴下界晨煙白，樵唱空江晚霧黃。嘶愧飄蓬許元度，欲將清夢付滄浪。

高沙道中

閘口奔流爭渡遲，黃頭駕船赤汗垂。襄陽估客鬢如雪，愁對青湖白鷺鷥。

五月繁霜客枕寒，湖村風雨況漫漫。顧郎春社桃花酒，的爍青珠寫露盤。

陳志諶 字君山，貢生，著嶧桐園詩

題王無倪所畫灞橋風雪圖

王君自是好丹青，三十年來門户扃。閉向小屋作圖畫，依稀欲入僧繇庭。昨來為我開卷軸，風雪飄飄生尺幅。乃是浩然踏雪圖，幅巾布衲轉深谷。橋頭水紋凍不開，悠然折得梅花迴。風吹老蹇雙耳直，雪花片片從東來。我閱此圖長太息，當日才名動京國。召見豈忘北闕尊，吟詩但寫南山臆。功名富貴人所羨，寧無訣詞動顏色。甘心策蹇灞橋頭，潦倒風霜形偪仄。吁嗟男兒儻得來，駟馬擊鼓摐金坐大廈。自應表表天地間，安能俛仰隨人者。不則閒釣槎頭縮項鯿，清詞麗句自堪傳。至今鹿門山月在，猶照襄陽耆舊邊。

硯鄉鈔本

曉發泰安州

道出齊東地，郵程喜漸南。曉風吹馬鬣，宿霧雜山嵐。鶴唳不知嶺，鐘聲何處庵。到來生感歎，兵燹十年諳。

蕪城竹枝詞

春風到處酒卮香十里旗亭古戰場那復游人談舊蹟競將新曲鬬霓裳

歸舟

舴艋輕移過板橋宜陵燈火晚蕭蕭不堪風雨漫天至折盡垂楊萬萬條

陳志繹 字衡公著自怡堂集

送包瑶昆之吴門次姚恭士韻

知君久已厭風塵涉世何須逐要津忽挂征帆離野岸幾時把盞聚同人鯨濤亂擁空江月燕子猶飛故國春酒社詩壇還努力誰云草澤有閒身

硯鄉鈔本

雷士俊 字伯籲涇陽人泰州諸生著艾陵詩文集通志云士俊棄諸生隱江都艾陵湖上專力經史貧老負氣以没

春日詠懷

窗前有小樹嚴霜凋華滋徘徊獨行行攀條折其枝深吟不欲折枝折心恐披豈伊愛此樹二人手植之牆頭餘落日蝸蝸夕風吹歸鴉飛鳴過嗚咽涕漣洏

易東 字田授徵君天御子精岐黄學辛卯戊子兩中副車著曉堂集書法卓絶今古

錄別

驅車大河陰朔風飄我衣白楊彌廣路川途浩無期曠墟絶塵蹤雨雪行霏霏緬懷素心子東西渺何之黄雲暗征塵日暮多鼓鼙嚴城飛鳥盡四顧惟旌旗一身不自保遑念妻與兒中宵悲不勝起坐捉衣裾

丹陽早發之瓜渚同吴菌次申周伯劉玉少作

風雨雞聲裏呼燈上客舟一身兼主僕諸子只窮愁日暮無村酒囊空有敝裘寒鴉啼古驛夢已到揚州

硯鄉鈔本

次韻贈李助

李子貧非病漁竿坐水門秋風今歲晚野日隔溪昏掃徑憐花影鋤雲動石根六朝千里月無恙照霜村

銅鞮趙孝子

痛哭前朝事傷心忠孝門千秋爾父子百戰此乾坤井碧孤臣淚山青烈士魂皋狼重過處慷慨向誰論

晚望和王維夏韻

東谿晴亦雨，相望水波青。歸舫輕煙直，穿雲古殿冥。荷香深一港，葭影亂孤汀。對此忘城郭，漁歌取次聽。

揚州道中呈力臣師六

明月揚州路，蕭涼夜半船。君家兄弟好，酒罷一牀眠。遠浦雞聲裏，荒村樹影邊。廣陵濤已近，揮手杏花天。

訪鐵庵上人不值

策杖尋高士，幽棲第幾峯。路迷溪外樹，犬吠澗邊鐘。落日行人少，空江樵子逢。柴門遥指處，縹緲白雲封。

硯鄉鈔本

歲暮送翁岱瞻

殘冬雨雪夜冥冥，相對同人髮半星。卻喜銀瓶新漉酒，可堪風笛出離亭。一帆落葉鐘初動，十里寒河草未青。花約明年能憶否，羅浮煙雨望仙舲。

秋晚曲江讌集聽冒辟疆侍兒度曲限韻

綠尊今夕感流年，白袷蕭條江海前。雄劍星文侵草閣，寒香露色上花鈿。佳人晚拾金隄翠，彩鳳春棲碧樹煙。明月不來人自醉，狂歌欲問酒中仙。

暮秋遊西湖雨阻宿板橋

一路寒飈動客愁，旗亭貰酒脫鷫裘。青簾夜捲神仙舫，紅袖人歸燕子樓。暮雨不堪悲落木，霜燈如此照深秋。鐘聲吹入芭蕉響，野宿星橋夢白鷗。

積雨遣悶

暮雲高閣楚天昏，亂石驚泉惱客魂。花落隋宮愁似燕，柳沈江館靜疑村。奔流萬頃連陰壑，斜雁雙飛下島門。縱使雞聲遲我去，也知頭白厭劉琨。

送黃仙裳北上

十載飄零老蒯緱，依人更作薊門遊。已無筆札需園令，何處金貂慰旅愁。晝省羣公猶夙夜，酒壚往事漫風流。相逢剩有悲歌客，好與登樓賦白頭。

硯鄉鈔本

海陵詩彙目次

硯鄉鈔本

海陵詩彙卷四

里人鄒熊選

宮夢仁 字宗袞，號定山，康熙庚戌會元，官至福建巡撫，著讀書紀數略、文苑英華選、續南宮舊德錄

七夕文讌

天際涼風來，雲衣澹秋碧。迢迢望河漢，仙期度靈匹。烏啼欲驚林，螢點忽飄帙。薄帷鑒纖月，玉卮未盈魄。緬懷緱山駕，仰睇瑤島跡。鸞梭織已停，初陳綺羅席。西園富才彥，出入金馬籍。相將凌黃鵠，乘時貴羽翼。上溯勲與華，下企皋與稷。邂逅契魚水，兩美豈終隔。高雯曠何許，良讌娛此夕。秉燭念攜手，庶幾長惜

天壽山

驅車西郭外，北望引攀援。雨長蓬蒿沒，風高鹿豕蹲。寢園空王氣，華表識新恩。千古興亡事，蒼茫誰與論。

宣府

層巒纔一綫，入望萬家封。雉堞連雲出，龍門射日重

硯鄉鈔本

雄藩空立戟悍卒習傭舂悔盡東南力當年未息烽

登上谷北山山寺

郭外山堂勝尋遊憩遠蹤眼空諸法界身上最高峯列戍屯荒草層陴闘暮蛩老僧耽絮語想像舊軍容

右衛城樓坐雨

細雨飛荒徼高城並轡過牛羊當户牧穗秉覆垣多四望山初沐平臨樹欲摩衡泥餘興在更向野狐坡

紫芝白石山房為陳屺漁賦

硯鄉鈔本

聽説山房勝招尋未有期三神何咫尺五嶽足棲遲不覩畫圖趣安知鸞鶴姿赤松如可遇垂老定相師

清江送張友鴻滇中司理寄訊藩臬諸同人

簫管中流雜棹歌仙郎擁傳下牂牁百年詞賦題金馬萬里風煙阻石螺蠻俗古來多健訟 主恩天外待鳴珂昆明戰伐今何似寄語加餐老伏波

張青弁寓閣贈令兄中嚴令弟孝占

雁行歷歷共相依（中嚴計偕青弁入賀孝占遊雍一時並集都下）星氣遥聯天上輝二謝才名垂采石三張家世本烏衣公車漫道悲歌壯大學方傳聽講歸羨爾弟兄同入里扁舟端不為鱸肥

杜光先（字海樹康熙庚辰進士官湯溪縣知縣天性醇摯邑中稱為杜孝子著佩山集）

重刻宋賢梅花詩和韻

有宋人文名不槁留題到處羣傾倒鴻章秀句付雕鐫歲久沈埋人增惱自古名蹟以人傳寧獨東閣梅開早太虛高唱和者稀二蘇參寥方比好萊蕪先生

硯鄉鈔本

綰綬來修廢舉墜俗塵埽重勒四賢賡和詩抉出豊城劍氣老不似當年沒字碑春風吹又生春草芙蓉清署亭浮香暗香真欲凌蒼昊

望敵墩遠眺

不意東陽地登臨别有天遠峯青入檻野水亂浮煙蜂蝶銷沈盡墩臺次第連憑高懷舊蹟髣髴聽啼鵑

宮夢熊（字宗熹康熙癸未武進士官侍衛改刑部郎中）

湯山應制

曉隨仙仗出楓宸律轉陽和景物新豹蔚鷹揚齊輔翼山瑤海翠供時巡龍騰靈液春波潤人沐殊恩帝澤頻何幸微臣沾雨露獻詩獻祝做堯民

沈聃開 字亦季

海潮行

乙巳之秋秋七月三日食時颶風發須臾天色昏如夜雨縱風威行殺伐初猶拔木摧民廬繼則崩山震太虛十家九家牆盡倒十里九里炊煙少屋瓦蝶散聲琅琅屋宇席捲餘空梁人盡水立夜不臥杳無一室留燈光此為城市尚如此瀕海之地復何似夜夜防潮潮不來此夜雖防人亦死風聲能使潮不聲毒龍怪鼉驅潮行潮行迅駛自如箭翻使風聲居其殿雨工巽二怒不戢努力助潮如不及海上有墩設烽火尺計何止四五十潮來一瞬無羣墩側聞其上波濤奔老者斯時甘殉屋壯者恃强還出門出門低徊念父母入門復念糟糠婦或負或挈相呼號不知何處無波濤遠近呼號方午夜有船之家方欲駕其中忽滿無船人船主欲入翻無罅可憐浪湧船難支人人皆作水中尸老者少者及婦女入水不得相攜持獨有壯者猶倔强騰出橫波十餘丈口噴亂沫如濺珠至死猶然與波抗有船無船等傾覆間有逃者身附木黿鼉蚖蜥紛求生人附什四彼什六自南徂北西迄東茫茫一白何終窮畜産民舍五百里盡化為潮掀冷空君不見范公隄畔屍相藉昔嘗煮海皆供公家役又不見東海漂來木如山昔為鹵棚鹼廠千萬間海水海水奈爾何又復傷我之田禾海禽飛飛無止所啼上城頭枯樹柯

懷吳長吉

見說君歸後此心殊不閒一燈生遠夢三月在黃山芳草忽然碧故人猶未還荒村花亂發亦只掩柴關

兵起江上懷顧心

鐵甕城邊滿甲兵秋來江水亦難清詩書不謂逢多

難烽燧何因過此生堂上踈燈雙白髮閨中荒雨一蟲聲知君必發毘陵棹不盡西南夜夜情

再過䢼上訪鴻賓不遇

一帆落處犬狺狺步入閒庭意已馴十八里間常在夢三千日後再來人村猶如昔惟多柳居匪無鄰但轉貧老友未歸諸子見盤中雞黍幾晨昏

江　洪　字蒼舒號芝亭籍本歙縣祖演父瑞僑居揚州遂入籍為泰州生員康熙間以例授刑部督捕司郎中兼三司事俸滿授甘肅臨洮府知府

西寧道中

日落西風怒馬嘶愁看甲士臥牛犀軍儲豈敢踈俄頃劍槖何堪倦挈提塞草驚沙圍暮帳陣雲蔘火響寒鼙鄉心到此俱成燼休說艱難運不齊

何　鋐　字龍若又字金雨號忍冬子丹徒諸生居泰州牛市著秋墳集工鐵筆與程穆倩相埒吳野人作篆隸印章歌贈之鄧孝威云忍冬子風情駘宕絕類桓子野一輩人

清明舟集

幾載傷棲泊移樽又淺沙客心消燕語春水醉桃花

硯鄉鈔本

老屋人誰健荒江日易斜卻憐孤墓遠何事久離家

餞陳其年夫子北上夜聽白三琵琶

日暮邊沙起戰雲六朝名士盡從軍難堪此際關山月更向江南馬上聞

陳厚耀　字泗源康熙丙戌進士翰林院修撰著孔子家語注左傳分類禮記分類戰國異辭十七史正譌天文術算

北苑新秋應　制

雲天清暑色木葉送秋聲水淺魚龍起山空鶴鹿鳴南憑金闕近北眺翠屏清一路沙痕白拈花亦有情

熱河趵突泉

由來鑿飲頌康衢誰道甘泉彙勝區萬派寒潮飛匹練半天花雨灑明珠膏流海外尋源處清在人間發軔初此地風雲開北極靈根王氣擁　皇圖

方　苞　字白英著夢羅浮鄭隱園兼葭清漣諸集許師六夢羅浮詩集序稱白英性憤激好面斥人過為文多詆時俗遂致鉤黨之禍詩多抑鬱氣存稿寥寥

送宗瑗度歸泰郵

硯鄉鈔本

晚別孤蓬細雨中前村霜葉一燈紅不停兩槳衝煙去何處鐘鳴月在東

宮鴻歷 字友鹿號恕堂康熙丙戌進士官翰林院編修著棣園集舊雨集齊魯紀遊草

魯仲連射書處

樂生已歸趙聊城猶抗齊仲連一紙書墮城如拾遺信哉國士語賢於十萬師韜光臥東海孤踪何可追戰國標季運兩有高世姿刑名習申商口舌誇秦儀謀身亦云巧反掌憂禍罹微名腐草同長為萬代嗤

送敖山來歸錫山

力摧南山虎兔毫不忍擲氣可雄萬夫長為兒女役君當少年時金門初射策寸管吹雲煙高文振金石人愛千羊皮不寶一狐腋歲暮倦行遊異鄉感蕭槭送君返故山中衢交轍跡心隨秋雚飛路傍孤鴻沒江南雲水間歸哉永晨夕

枯木蘭竹圖

雷公追青虵破空若枉矢墮此石罅中尾角半枯死劫火燒千年倔强具生理而豈不材木偷生待竄呰叢蘭亦幽人細篠比君子結交來空谷衆芳望披靡嘉植雖異抱苑枯自齊軌譬之標季運卷舒各有以滄海方橫流端居思彼美

送顧俠君歸吳門二首

桃竹三尺弓青茎一囊矢君射南塘鴨我射東皋雉相望雲水間相見長安市沽酒道心曲託身等微技明日秋風高聯袂一水沚雉翔寥廓中鴨沒寒潭裏

去矣勿復云拂拭衣上滓臨岐有贈言弋獲古人恥

君手青萍劍我腰白玉斧斧劍固殊用用之何所取鍛斧為劍器切玉碎如土冶劍作斧斤自署修月户二物雖同心市兒半聾瞽鄰女解自媒倚門被繒組薔薇塞東籬桃李荒舊圃利器猶在手藏以待良賈

木庵先生壁上觀李松嵐畫松歌

松嵐畫松誰與匹畢宏以來推勁敵數尺根株一百盤慣將拗筆摹尤物學士壁間畫五松高枝樛結如

蒼龍蒼龍夜挾雷雨至五松嶽立爭豪雄瘦蛟蟠紙多棱節虎脊熊腰姿態絕老榦常捎三峽雲新枝已屈千鈞鐵風條露葉故依然化工入手天無權水墨經營極意匠晴煙不斷青連蜷噫嘻豔藥濃花世所尚吾徒冷落知誰向無用霜皮四十圍有時白髮三千丈願君寶此後凋心桃李春風莫惆悵

墜馬圖為洪丹霞賦

洪生久作諸侯賓千鍾一吸同長鯨長安市上忽大

硯鄉鈔本

醉騎得健馬深宵行四蹄迸散眼花大城郭轉側空中墮一時真作黑甜游十日猶看白晝臥朋知相勸勿太豪狂藥入口如銛刀即將金鐵鑄腸胃日銷月蝕難形逃君不見周宣占夢說芻狗一則墮車一飲酒又不見夜夢飲酒旦哭泣哀痛適以歡樂得洪生聞言色不怡愛我無乃姑息為杯中之物不相負世間何地無嶮巇塞翁得馬子傷髀羊公不醉亦折臂獨清獨醒彼何人博得離騷發長喟或更深文坐此

馬欲罪騂騮赦杯斝馬不能言對以意君輩拘墟非達者坐客强半生江游不騎匹馬乘樓艣浪檝風檣彼一時也輕軀命同毛羽人生死所不一名最好車中荷鍤行醉骨如泥亦有用陶家之側皆佳城語畫呼童沽一石以酒解酲真善策半酣已得蹣跚行門前弔客為賀客

彼鴷吟

輪囷庭樹十圍大蠹之只用一寸蟲此蟲食心不食

硯鄉鈔本

葉枝榦雖好心已空支撐或更賴木石顛仆未免愁北風何來彼鴷鳥鎮日相擊攻雌雄上下作禹步鉤距有術來發蒙長吻利爪似椎鑿卻令病槩回春叢紅襠綠翅捷緣木臥聽神鼓敲丁東噫嘻蒼鷹肉重飛不起人間狐兔蹲蒿蓬搜索羣蠹縱勞苦尺寸自効非全功

村店女兒行

村店女兒年十六黑鴉羣中一白鵠野花隨時插半

鬢葛袖苧裙新結束倚門望見官人至轉過牆頭不迴避官下肩輿入草廬問有午飯餉客無答言阿耶往輸賦漉米旋炊誤行路壺中有茶吃茶去

牧牛詞

林豐草肥山複沓牛背臥兒如臥榻三三五五渡前溪麥短不妨牛踐踏羣兒牧牛上南原山花壓帽語笑喧探雛纔上籬邊樹吹笛還過花外村去年雨少收不足八口一家全恃粥阿翁輸租莫賣牛轉眼明春生小犢長安馬上多公卿白髮仍愁世網嬰如雲車騎那長在安穩何如牛背行

臥佛寺

古柏秋陰合羸驂放寺門碧泉通磵户紅葉失山村已與塵囂隔安知歲月奔追隨愜幽趣雲路許攀援

鎮國寺

來踐己公約涼風潛客裾未窮西嶺勝先憩上人居蠟屐呼銀鹿傳餐趁木魚高僧途徑熟指點入虛無

硯鄉鈔本

涿州謁張桓侯廟

泥深路滑客心疲立馬斜陽讀古碑州破猶全天下士軍行何負帳中兒靈壇松老森高纛古堞霞明捲大旗主上東征亦蕭索眼穿難得沼吳時

寄懷王乾斧園雲蔚王陵延

薄暮秋林落葉稀荒城暝色靄餘暉為嗟遠道書難寄卻羨寒雲鳥獨歸懷抱暫隨流水去蹉跎空與故人違風塵鞅掌誰青眼高館多君晝掩扉

上巳日雨和胡孟綸先生兼以誌別

浮雲黯黯蔽江汀彥會高車此日停歸夢欲離江上水新詩應滿竹西亭鶯花客裏和愁過絃管聲中雜雨聽此後相思何處望越山一點暮煙青

戴勝徵 字岳子號石桴著石桴詩鈔河干草堂集其先休寧人康熙間遷居泰州之東淘愛遊白嶽以舟載其石歸故號石桴窮居海濱與吳野人歌嘯於寒蘆野水間

三賢祠 祀監西溪鹽倉范文正仲淹轉運使胡文定令儀發運使張文靖綸

范公倡大議胡公翊贊之張也良足智屹然不易詞

硯鄉鈔本

海堰一朝捍秔稌始及時上德合欽世居人因廟祠
歲時曾有幾風雨悲傾攲羈禽語暗牖旅榖生荒墀
落日坐懷古遺澤猶堪思

碧霞寺

涼飈擊水波夕景明殿角君問碧霞寺此地我過數
艤舟橋垸陰獨屐秋苔薄幽探恣游衍勝情寄引卻
翳昔稱縣治名賢漸零落遺愛建生祠憑弔如有託
山門敞清冷徑度紅雲閣危磴鬱盤紆飛甍爭犖确
女伴散爐熏神廚秘扃鑰春去自年年即今已非昨

硯鄉鈔本

其背轉負絕路細類胺削沙鳥何炯如風帆何矯落
在近我浮家身計苦束縛幸因時一來放眼極寥廓

海藏庵

茫茫野月來微微石磬響依響覓所憩一徑果蕭爽
入戶如故鄉忘機須僻壤撫心何錯忤低首媿龍象

由河阜復遷東淘

棲遲稍已寧宅舍今又移束裝治糗糒去去長此辭
阿母撫雙版兩目紛涕洟是我平生居今何棄置之
長跪我母前請聽兒陳詞水來飛鳧雁水涸長蒿藜
旱澇皆不可徒煩母勞思即便理舟楫友朋送河涯
相過念往昔相顧徒傷悲遠林樹曖曖大澤波瀰瀰
問我來何日浮雲無定期

種木棉花歌

木棉花種今年來鹵鄉潮水東南回治我繅車理我
軸再遲幾日花齊開朝出刈草暮出刈草草少花多
草多花少經過老農笑啞啞儂家只種黃稻花種稻

硯鄉鈔本

不教婦子忙用稻易布衣滿箱

由大聖寺登土城

寺後寺前盡草茅偷閒半日望城坳怒濤挾海歸河
水禿樹撐秋出野郊響碎簷鈴烏鳥攫補完畫壁蔓
藤捎語人卻自無人語筆札年來且盡拋

張琴 字桐峰，一字桐仙，康熙癸丑進士，官內閣中書，著耐軒集、涉園集

擬古

翻然覺所誤流浪無前期大名非不佳中心遺驅馳
咸陽瓦礫場下有雄鬼屍淒淒野田花微香當秋時
隱居徒安閒日月相追隨憂不見古人登高一望之

二烈女詩

嬌嬌甘氏女芬芬蕙蘭質亭亭生茅茨澹澹倚秋瑟
十三語從容十四髮髹漆十五工刺繡十六慎入出
媒妁奉羔雁僮婢陳棗栗輝光爛中庭謂為冷郎匹
冷郎何乖蹇數載嬰羸疾伏枕就俗醫苦乏倉扁術

女跪爺孃前事已如此日女欲親調藥庶得萬分一
爺嗔孃亦怒謂女難去膝女聽不敢言悲風聞慘慄
冷郎扁舟還訃至竟已卒女淚密如霰向夕一命畢
鄰里告使君使君甚怛率哀吟為良久軒車請入室
堂下列羊豕堂上共籩實長揖奠烈女我為烈女屈
觀者似堵牆嘖嘖歎羨訖以斯風一邑階前勝讀律
更有蕭烈女遺事亦堪恤較其情與味黃柑與盧橘
蕭女許滕生未獲侍巾櫛一旦生云殂摧心涕溢溢
樓下紿母羮樓上繯已劇閭左欲聞上畏其遺譴叱
搜索不一事無棉裹蛾蝨十載不能伸魂魄空芳苾
至今小溪上墓柳雙縈拂甘女一何得蕭女一何失
向非使君賢甘女亦湮鬱

彈琴峽 峽在八達嶺

千峰泉共流至此山獨逼怪松無寸土隨勢恣曲直
小石蹲豺狼大石奮羽翼纍纍數轉間水石相崩迫
驅車夏日過如聞人太息絃急似欲續靜聽心惻惻

上鐫彈琴字年月總不識此地兵燹後道路久榛棘
遊者固日稀行者徒匍匐風酸畏虎至何敢緩行色
回想千古人賞心渺八極

同友人遊南屏

薄言遊南屏棹舟湖水岸惜山欲遲行峰巒時仰看
煙光過蓬萊嵐氣出霄漢盪入浮圖外松聲始浩瀚
不覺暮靄重但見青雲斷翱翔顧吾侶二子清且粲
遇我若無心朗吟共把玩

八月錢塘江觀潮歌

錢塘風雨乘舟入潮聲吞吐秋天急海門堆起一天雪頃刻吹來帆影溼帆影傾敧還復行茫然兩岸雷霆驚千回百折不解造物意何為寫出胸中怒不平怒不平來萬里浩浩落落如窮士窮士奇氣不肯降請君試看錢塘江潮水錢鏐萬弩射後何曾止

宣署雜詩

宣鎮多崖谷邊樓向曉開馬隨戚箠去人坐馲駝來火井傳青電山煤煖綠醅客中寒欲起殘角數聲哀

鄉國何時別橋山醉後醒客中愁易老塞上草難青風雨圍氈幕煙塵集幔亭無勞悲戰伐吾道託鴻冥

雪夜宿懷來城

睥睨窺荒漠曾屯十萬師鐵牛橋欲斷石柱堡猶支度嶺迎春雪投城接晚炊朔風驚客夢淒絕是天涯

孤山

頹寺連山嶺來尋六一泉清光迎竹葉僻趣落松煙

硯鄉鈔本

猿狖寒風急鼪鼯樹影偏講堂何處所流水自潺湲

蘇隄漫興

南山煙水層層碧北嶺霜林淺淺黃欲過六橋尋野色偶然雙槳破朝光漫勞寒雨添愁思即有僧樓廚遠望新柳依稀桃未發青鷗白鷺寄滄浪

冷泉亭

萬株松下對青山亭自悠然水自潺到處龍宮鐘磬杳隔溪鷲嶺鳥猿閑老籐挂樹無冬夏絕巘生雲任往還久坐渾忘身世事不知何地是人間

保俶塔晚眺

一塔巍巍插碧霄登臨遙見浙江潮城中萬井千戈靜湖上千峰草木凋絕徑老僧巢怪石扁舟歸客度危橋年來歌吹何人問寒水蒼煙自寂寥

下花園早發 在雞鳴山下遼后遺址尚存

雞鳴山下未鳴雞曉指長途北斗低遼后園中雲淡淡烏桓帳外雪淒淒峯巒暗轉疑豺虎墩堡斜傾絕

硯鄉鈔本

鼓鼙眼底客愁拋不盡苦吟直過石泉西

塞外春雪未消思歸闢地種竹

今歲春光一百二天涯無日無窮愁女牆積雪時時在古磵融冰細細流萬里雲煙棲朔漠半生瓢笠託滄洲海陵何日得歸去多種新篁慰倦游

秋日獨酌寄孫豹人吴野人

秋浦懷君夢杳然於今不見已三年老因離亂寧如昨詩為窮愁更幾篇滄海淒風吹臥柳邗江細雨放歸船相思空對黃花發何日乘流到酒邊

硯鄉鈔本

射鯉謠

星將稀當射鯉官家稅白糧不稅田中水

碧桃亭

昔年遊玩處栽盡碧桃花春風猶昨日廢址屬誰家

山東道中

刈民種樹細商量半畝荒邱亦幾行莫訝枝枝都愛惜全憑棃棗上官糧

張符驤 字良御號海房康熙辛丑進士翰林院庶吉士著依歸草

修安定祠和魏州牧長麓

洛閩未興日前驅有醇儒胡公本天人拔出方之隅承學所不至歧路悲楊朱行修教亦立義事無艱虞遥遥五百載餘韻追蘇湖何怪從遊賢心隨頭容趨厲聲能感人挺然嚴松俱顏好果何學高論繩典謨發機實自公仰止如天樞閟宫斯乃宜歲久為行衢誰使一朝新有來魏萊蕪萊蕪名進士修復理匪誣表端影方正先賢後所模不見新安翁所涖罕夷途韶州及漳州祀典誠區區以茲覘良牧瞻顧興長吁不然此公祠經營到欂櫨此公邦所產俎豆情固孚尚有范希文奇功生禹愉廟貌或不飾藉君仍謀諏秉彝有同好疇其奏琴竽向後紀君績赫若沈河巫名祠留四所邈與梁公符何如伴食流千級造浮圖

硯鄉鈔本

清明前十日會葬故友閔賓連於平山堂下

楊柳花中盪槳行孤墳芳草近清明知君芒屩行吟

慣試看山光與案平

硯鄉鈔本

海陵詩彙目次

硯鄉鈔本

海陵詩彙卷五

里人鄒　熊選

繆　沅

字湘芷康熙己丑進士殿試第三人官至刑部左侍郎著餘園詩鈔國朝別裁云司寇詩舊入江左十五子選中子曾評點後披全稿半屬朱墨改易所云老去漸於詩律細者耶黄崑圃云湘芷古詩上凌鮑謝七言則元白錢劉抗行無讓

和陶靖節義農去我遠一首原韻

末造方任運達人思保真抗志慕皇古惟以返吾淳
六經正爍設光景日常新俗學尚虛無咎不在嬴秦
禮樂若桎梏典籍同埃塵卓哉柴桑叟述古何殷勤
途遠轍自合跡異神彌親昭然揭大義為世通迷津
獨立魏晉中岸然古冠巾飲酒乃寓言所念羲皇人

中元月夜露坐納涼

秋色夜方倩餘暑清高林搖扇穿曲廊涼月散人襟
雲樹相玲瓏虧蔽環幽岑至此溪亭上夾道垂古陰
煩囂一以滌輕風如可尋願言求圓嶠荷氣生仙音

文安王孝子詩奉和座主安溪相國作

丁徭日繁重閭户多逃亡文安王氏子飄泊辭故鄉
棄我舊井竈舍我舊耕桑甘心離匹耦各自東西翔
故鄉不能歸涕泣淚如雨一燈何熒熒健婦撐門户
生兒在襁褓日夜尚須乳
兒生未十期兒志如成人上堂見阿母兒有平生親
兒生不知父兒不如鮮民阿母為兒言汝父久埃塵
上天與入地欲見愁無因孝子聞母言含淚聲酸辛
酸辛不能語獨立心踟躕奉母居道旁冀得達音書
朝來撤勞薪為客具晨炊客有遠行者孝子前致辭
兒生自有父遠在天一涯長跪進履襪為兒一尋之
荏苒又十年消息斷路岐
團圞復團圞為兒授家室登堂見花燭吞聲哭不得
兒生未識爺何以安枕席誓辭連理枝永遠事行役
再拜阿母旁泣血涴顏色
出門何所之惘惘別里門長號感行路天地為之昏
日則望雲馳夜則戴星奔飛蓬冒天末何處尋本根

出門何所之竄身落山椒望見田横島悲風何蕭蕭
海水為不流嗚咽凝寒潮
意行大壑旁僵臥荒祠外精誠動木石魂魄交冥昧
開門揖老叟夢中與神會午食見指南莎羹未粗糲
當歸乃隱語不聞附子膾
迆還入東南山澤形神枯黄沙蝕顔面瘡痍生肌膚
果然帶山下夢覺逢精廬佛香飄院落有客蒼髯鬚
詢知舊鄉里驚喜立坐隅尋聲猶識得精神相感孚

硯鄉鈔本

父子抱持哭淚落千浮屠
殷勤勸還鄉緇林戒行李入門見老妻毁顔已暮齒
新婦潔盤餐為翁具甘旨至行格天地和氣浹鄉里
高曾遺矩矱子孫徧朱紫至今道旁人齊歌王孝子

劉節婦詩

金石有銷滅立志常貞堅可憐劉家婦鄉里稱豪賢
劉翁欽嵜人作宦珠湖邊劉郎溫飽士嬉游堂東偏
陽春桃李花爛漫春風前以為免摧折可保長芳年

誰知時勢異羅網紛糾纏劉翁貶官去劉郎亦株連
可憐劉家婦于歸無一年夫壻哭在途寡婦哭在堂
可憐劉家婦掩淚出閨房急脱紫羅襦急卸時世妝
下堂理刀尺上堂調羹湯躊躇不能寐嗚咽東方明（叶謨郎切）
北風寒氣冽雪下白皚皚堂上翁與姑相繼游泉臺
新婦中夜起行坐愴中懷夫壻知何方道遠難與偕
低頭乞四鄰輭語慰僮僕相助送翁姑潛寐歸夜壑

硯鄉鈔本

（叶呼酷切）野田曠無路雪光蕩溟渤可憐劉家婦皮肉凍
皴裂一手拊白雪一手掩白骨
溝水東西流各自從清濁人生賢與愚所爭在好學
可憐劉家婦生兒具頭角兒生父未見兒長母淚落
夕陽下野田羣兒共力較皆言劉家兒門户最衰弱
公然來欺侮對面相束縛兒歸哭告母母急為扶持
呼兒告往事淚下如綆縻自從汝父出君家婦難為
汝今不力學宜受羣兒欺送兒就外傅受書歸書帷

顧兒熟孝經不顧工文詞

秋蓬辭本根蕪亂無枝柯羈人患難後萬事皆蹉跎
當年朱閣秀今日寠人家荊釵插蓬鬢憔悴難光華
日刈田中禾夜績燈前麻幼兒不解事索飯聲呀呀
阿兄門外來驚見生咨嗟咨嗟追往昔廿載星霜換
作歌告同仇紙上血淚漫夫壻在天涯各各心腸斷

與顧俠君

君前入剡時春波蕩綺縠遥峯青蜿蜒芳草茸茸綠
鼓棹下鏡湖夜遊時秉燭清詩如束筍剩稾塞滿屋
我今剡中歸殘雪散林麓小停訪戴舟尋君半塘曲
灑埽秀野堂冬缸酒新漉堂中足圖史清華湛水木
撐腸五千卷插架三萬軸蟲魚細箋註迅埽千兔禿
相逢一笑粲共補山遊録

鏡湖寓園對竹

喧囂非所耽兹堂宜在野蕭森數竿竹披拂踈垣下
微風與婆娑白雲自飄灑夜來山月生虛籟自敲打
數枝猶翛然一枝出雲外天寒日光薄蟲沙莽萃薈
何來食肉人對之形欲蜕虛中不可見涼陰沁地肺
寂坐枯樹旁意與煙霞會

荒荒劇此徑草草結此堂辟蘿製為衣桐實炊為糧
下士不許窺來者藉與康道深俗易侮内堅外自尫
養拙叢薄中隨風生低昂

耿介石同性蕭槭雲相依不知天地間何物甘癡肥
小鳥身何榮孤鳳常樂飢客途苦岑寂山水留清輝
琅然起嘯聲無為徒歔欷

吳義民詩

稷山義民吳伯宗世業農弱歲喪父母兩弟相依一日失其少者未幾次者又失去伯宗行求十年餘皆得之晉多孝弟力田之夫如伯宗者其猶有唐魏之遺風也與作義民詩以告世之為兄弟者

有弟有弟在巴巫天寒日暮道鬱紆山如劍鋋路崎

嶇瞿唐三峽妖鳥呼十年不得平安書義民思弟行踟躕巴雲茫茫巴草枯欲尋無計空嗟吁誰知相逢在上都憶昔一母生三雛虎兒墮地雄於菟牽衣繞膝伯仲俱推梨讓棗為歡娛可憐轉鬻遭髡徒痛定思痛心何如兩人相弔形影孤有弟有弟醫無閒漆身吞炭依穹廬朔風如刀割肌膚馬通爇火延頭顱自甘沒齒為人奴義民義激思首塗寒江欲渡乘無桴嚴關欲過軍無符狐裘不煖雪片麤何況單衫遮

骭軀含情無語泣路隅佃田聊復為輸租始得伏匿藏單車渠魁據窟同負嵎落身陷阱非良圖陳情憲府走檄拘弟兄血淚霑衣襦鞾刀帕首雖睢盱義屈不覺詞囁嚅玉關生入行安驅一時高義傳通衢至性純篤媿小夫客言庸行徒區區吁嗟庸行今已無

烏獅豸歌為宋商邱太宰作

濯龍門外香塵起御廄飛龍五花紫道旁借問何光輝尚方賜馬尚書歸尚方天馬渥洼質至尊妙選三萬匹衆中鞴出安而馴賜之可以榮老臣賜汝嘉名烏獅豸能使千人萬人駭虎文龍臆身權奇雕章寶鐙黃金羈䏶聳蹄懸發奇勇須臾蹴踏神俱悚涼秋颯爽氣騰驤道旁觀者如堵牆風動盧溝橋畔柳八騶在前馬在後賜衣初服垂華襦尚書乘馬如乘車徘徊延佇鞭影低馬忽戀闕當風嘶西陂芊芊水泉好不待來年試春草飲齕有態馬放閒可憶赭羅蹀躞天衢間三公行田袪鹵簿此馬先驅猛于虎歲華

彈指何忽忽又見星軺趣潞公重來文陛荷殊獎拂拭還看馬齒長

若耶溪懷古

赤堇山前波瀲灩峰巒無數銜山店日暮溪風吹客面弔古重來訪遺箭樵人不逢鄭巨君寒磯早與仙公見（上有葛孝先釣磯）晚登鑄浦弔歐冶灼灼芙蓉經百鍊蜿蜒立佩五蛟龍出入風火森巖電當時吴兵入會稽提鼓行成幾爭戰純鈎湛盧空自好魚腸巨闕安

足衍不若夷光誇絕豔臺遊麋鹿千秋鑑沼吴只在如花人多事越王重鑄劍

秋夜聽雨

坐臥水亭清宵涼陣陣生月光行雨外電影照秋聲玉瀣和雲冷銀河隔樹明會須憐織女天上賦閒情

小集東南書屋次韻

松下支離叟花前桑苧翁相思隔秋水一别幾春風顏鬢看非舊琴樽訝許同廉纖吹暮雨密坐近房櫳

題李剩水明經傳後

大隱非邱壑斯人應客星山林終寂寞河嶽散英靈有道人師表中郎世典型遺書今在否雲氣護山庭

春暮過平山堂

不到平山久棲遲又五年松聲猶帶雨山勢欲淩煙孤磬開初地幽亭咽古泉卻憐春未盡惆悵對江天

讀書落花下作

映雲殘日淺繞砌落花深薄俗不得意古人知此心字濃香可泥行密影堪尋未待黃鸝喚悠然自好音

次韻和王令貽給諫移居

傍檐纔妥玉了又疊架圖書得幾車亟遣長鬚新埽徑旋教阿段手栽花較量酒户尋張老（白詩酒熟尋張老）斟酌詩鄰近孟家問訊一枝安穩未百年何事不浮查

紗巾敧落夜堂邊自在能參法喜禪熟睡乍回翻有味生衣初試亦堪憐驚棲三面巢枝鵲長嘯一聲高柳蟬竹塢鬭茶人散盡博山香燼半爐煙

壬辰春奉　命分校禮闈柬勵南湖張硯齋蔣西谷諸前輩

清霜簾幙鬢毛侵天日無私共照臨十五國中才最盛三條燭下感逾深滿懷冰雪無餘滓一片空明證此心學士鑾坡清望重爨桐從此有知音

送悔餘南歸和張匠門韻

紛紛洛下說休官勇退如君世所難客羨青冥翔海鶴人言空谷有芳蘭樂天久已懷三島子政曾聞賦

九歎從此沃洲佳氣滿風流一老臥江干

送顧嗣宗返吳門次留別韻

韓孟雲龍旦夕依故山猿鶴久相違人如諸葛真名士客是江東大布衣吳地煙嵐應入夢楚天鷗鷺漸忘機步兵日有尊罏思隱語當歸且緩歸

與黃儀逋

難得花間見在身詠懷詩句尚清真傍城鷲見團團月斟酒先開琥珀春小院殘霞光映檻淺塘流水色

硯鄉鈔本

如銀隱居家在牆東住一卷蒙莊一幅巾

和沈桓雙遊金山詩

幾年歸計負雲山衣帶遙青冷欲刪兩岸荒鐘沈海嶽一天秋夢滯江關芙蓉千片攜來遠鷗鷺經時看處閒卻羨休文多錦字偏能濟勝賦孱顏

靜嘯堂觀演天寶遺事

法曲人間末渺茫檀槽一夜響倀倀海青罵賊黿年去各有琵琶答上皇

獵火光中一串歌千年舊淚滴銅荷李謩曾傍宮牆聽殘序霓裳記得多

芍藥亭荒更不春宮人入道也傷神海山久已餐霞去猶把塵心哭太真

題漁洋先生放鷴圖

照影碧潭同耿介刷毛琪樹共婆娑開籠放處白雲滿昨夜故山歸夢多

忘機久已狎冥鴻閣外初弦月似弓盡把閒心託閒

硯鄉鈔本

客小軒秋氣逼孤桐

寶城

牧豎眠牛是帝家太平何必在桑麻寶城一片風流地只許千秋人種花

別舍弟甸洋

憔悴江東阮步兵鄉關回望不勝情一肩行李蕭條去從此人間重弟兄

盧生 字歇庵 布衣

南屏

繞湖山疊疊樹密是南屏近見千重翠遥浮一點青踈鐘常拂水高塔不鳴鈴最愛斜陽下扁舟沙岸停

吴　濤 字又山泰州籍歙縣人著芙蓉閣詩集詩觀三集云與又山同里而未相識予曾次仙裳韻有贈又山之作

遊上方寺

春色邗江滿攜尊又上方山泉同寺古輦路共碑荒帆過穿深樹僧歸背夕陽登臨須痛飲不必問隋唐

望錫山　硯鄉鈔本

春樹遠萋萋蒼茫四望齊雲埋芳草路鶯囀夕陽隄柔櫓聲猶急浮屠影漸低蓬窗聊騁望惆悵未攀躋

黄仙裳招同許漱雪農部王春明解元李季子孝廉家繡巖刺史稚集古渡庵

探幽時共到山窗選勝開尊傍法幢正有涼風來曲徑還遲明月上滄江叩扉林外驚棲鳥沽酒橋邊吠小尨吴楚故人今夕聚瓣香直使寸心降

雨中登金山

江雨蕭蕭暮不休攜尊著屐陟山邱難分草樹連天暗但見波濤擁地流水帶軍聲來楚蜀人從山色驗春秋誰知無限登臨意又復天涯事遠遊

送李皇望歸楚陽

正月相逢四月歸扁舟載酒送依依金卮夜酌歌難斷蘭槳風輕客漸稀亂竹幾叢空旅舍新蒲一帶繞漁磯懸知遊子還家日堂下榴紅映綠衣

偶見　硯鄉鈔本

寒葩傲雪傍荒臺倩女偷攀帶笑回我正惜花花愛汝月明還許看花來

黄　藻 字公釆

別仙裳兄授經南村

負笈南村去離兄學授書清樽方別袂落葉緩驅驢坐對煙光裏行吟夕照餘寸心愁不盡天畔雁行踈

吴崇先 字式武號鶴山歲貢生官中書舍人著世綸堂稿桂籍軒詩詩觀三集鶴山先生與

余三十餘年投契其詩苦心淘汰字不虛下近作則格力益遒復爾姿態流逸

惠泉山橋夜飲

山橋涼月生水岸徐風至野酌五六人偶談一二事
留連杯内心灑落塵外意泉石有餘閒誰知此間味

遊白雀寺晤谿堂上人

緣徧春郊外尋幽到上方松陰遮寺路亭影接湖光
入座參空偈聞言有妙香偶來隨所適快覩米襄陽

暮秋步甘露寺

隨意行來處林深又一天湖鳴梵響雜徑轉佛燈連
樹為殘秋落山從返照妍登臨思更遠笑指逝波禪

黃河即事和李書雲内兄

行盡江南路因深去國情鄉音隨地改暮雨漲沙平
荒岸知秋早輕霜帶雁聲故園憑夢轉紙帳與梅清

過仙霞嶺

只有山相接都無路可通數松橫出險一壑倒流空
鳥截關雲白霞飛海氣紅急尋村店去何處問樵翁

承恩寺柬邀鄭曰旦

孤燈明復滅客況欲如何古寺雖耽靜雕鞍未厭過
春融花氣足鐘定月明多學得如鸞嘯將邀白雪歌

秋山晚望

四馬吟紅葉前山第幾峰高崖橫落照疎樹見行蹤
望遠臨危石平馳下古松怡然谿心目野興賦從容

進黃河口

至此舟方靜昏昏月下行漫思神禹跡且喜濁波平

硯鄉鈔本

水面風帆勢煙中雪浪聲幸聞人語集荒草是何城

訪友留飲

不近高人榻誰窺湖海心十年聞意氣一夕定知音
清吹散平野白雲橫遠岑相思常念切尊酒話更深

舟中雜興

耽吟支枕覓題篇為寫行途景物妍小艇懸罾忘日
去疎楊挂月逐人圓山城雁度千家杵村落雞聲五
夜船簫鼓中流渺何許薊門遥在白雲邊

題宮紫陽年丈舊山讀書堂

東風吹柳綠湖濱竹石參差野鶴鄰新雨一簾催曉夢故山萬卷對残春林邊遠見髯公杖澤畔長垂尚父綸眼看十年鋒鏑盡科頭抱膝是先民

塞雁

地北天南萬里身驚寒昨夜過邊塵暫隨沙漠秋來夢還識湘江戰後春斥堠長銷憑寄信稻粱猶滿勿傷神荒汀斷渚年年路應認蘆花作主人

溪上落花

新紅片片飛總是傷心處溪水似多情不遣花流去

閱射

日暖風和駿馬行穿楊飲羽意縱橫江東子弟新承寵射虎爭誇右北平

蔡孕環 字公梅 恩貢生 考授理問

春日同謙龍此度頴士飲西山分韻

一望浮青靄山光漸已春登臨纔此日歌嘯復何人城郭低飛鳥乾坤老戰塵且休談往蹟樽酒坐荊榛

寄贈友人隱居

一曲清流繞竹林結廬豈在入山深釣臺寂寂漁蓑老桃路悠悠鶴棹尋世事支離聊濁酒春風憔悴只孤吟閒來未向松根憩愁看煙雲變古今

贈歌者

憔悴天涯正此時黃昏鼓角亂鄉思也知崔九歧王少嬾唱江南紅豆詞

硯鄉鈔本

王雉 字正子

雜詩四首

瀉酒置杯中表裏色空明此物有深味顧影時獨傾一醉就枕席方寸正和平奈何單棲鳥繞樹長悲鳴哀痛為誰故無乃傷伶丁聽之感心曲反側寐不成攬衣失次第強起步前楹同病莫我憐覆面淚縱橫

黃鵠巢珠樹六翮生光輝適遇驚風起吹向淮南飛日昃方一餐中腸恒苦飢猶是千里才毛羽世所稀

蓬蒿暫棲息衆雀莫相違

百川知天寒凝冰不揚波草木復摇落爾松將如何
幸遇雲間鶴飛來棲高柯相期守固窮世路盡虞羅

雲端有仙人自言王子喬呼吸紫鸞笙遺響滿碧霄
步虚下中庭羽衣凌風飈奉我藥一丸燦爛若瓊瑶
受之弗亟飲置此待來朝父冤尚未報太素忍遨遊

送吴陋軒

知己聯吟可判年問君何事理歸鞭饜愁鸜鴒飢無
米約伴山僧種野田

硯鄉鈔本

易之炯 字淩洲田授子康熙己酉武進士著秋錦樓集

送陸無文先生之廣陵

隋苑殊非舊君行及早秋亂煙隨雨散涼月下江流
何處飄蘆管今宵夢酒樓知君憑眺久橫筆過揚州

送趙石渠守同州

天中行欲盡拔劍指秦山郡邑寒煙外人家野燒間
虎風開陝路雞月警潼關知爾多題詠應憑驛使還

繆肇祺 字介茲康熙乙丑武進士浙江掌印都使司都使詩觀三集云昔人以應詔建策彈琴賦詩為難兼之事而介茲既登高第復善雅流羣兄從弟唱酬甚多名山巨川與為日習其北道南之作見者無不愛之

都門懷歸

思親辭鳳闕驛路尚漫漫日落江南夢風生塞北寒
長途懷故國旅食寄征鞍莫作他鄉客歸來膝下歡

盧溝早發

燕趙悲歌朔氣寒披裘十月買歸鞍霜飛匹馬旗亭
酒月落荒雞野店餐千里雲煙迷故國百年棋局夢
長安幾回射策金臺畔一笑臨風振羽翰

硯鄉鈔本

客都門汪函齋夫子招飲

燕山木葉走城壕撲面黄沙旅夢勞故國雲深埋雁
鶩他鄉松老捲波濤三秋客屐盈華館萬事風塵有
濁醪梧掖彈文真諫議狄門桃李愧吾曹

薛芬 字奎生詩最云奎生隱居嗜古不事生産品行學詣與仲遂生並稱高士留心經世之學七邑水災疊告居人苦之奎生從源竟委經營數載得久遠無弊之策獻於當事竟不果

行著 嘀集 雄

過得一庵訪妙峰上人

霜落疎林淨煙開古殿晴梵音朝磬寂禪性曉潭清曲徑迴人跡虚檐斷鳥聲所居曾不遠得與惠休盟

贈張古民

宿昔曾聞賦子虚十年始得識相如尊前白雪朝攜酒閣上青藜夜照書天地得君開翰墨山川老我獨樵漁歲除有約休教負鄭重春風到草廬

海陵詩彙目次

卷六

黄九河　黄九洛　秦定遠

張紹良　王錦　王鶴

高詣　俞楷　沈嘉植

佘儀曾　李亦文　王孫駗

王孫驤

海陵詩彙卷六

里人鄒　熊選

黄九河 字天濤天濤挾策遊京師交遊甚盛一時薦紳先生莫不推許所撰詩歌伯紫繹堂諸君已序而行之

下第南歸經淮陰值暴水發不得訪阮鶴緱

圭璋濟濟滿辟雍青雲之器阮仲容況同桑梓意尤
厚駑鈍冀追龍馬蹤君有白髮親全在承歡一日為
千載及時獻策不見收痛哭登車返淮海撥悶長安
沽老春痛飲荆高少一人余亦拂衣急南下山陽城
畔更相親自發潞河背濟水蓬窗愁坐三千里入夢
分明南阮家草疏對客酒殊旨晨興纔渡甘羅城已
聞氷没王家營袁浦屋廬半漂蕩男女啼哭烏鴉驚
淮陰郡中百萬户緊塞城門牢築土城頭官長遥指
揮官舟拯溺人無數此地瀕危安可居司河者誰民
為魚此時有心訪舊不能住惟對驚濤白日空欷嘘

硯鄉鈔本

登狼山

維揚平壤峙雄關地盡東南惟此山雖無幽峻供尋
陟造極能窺江海間天南百里隔江面吴國方輿渺
若綫江勢東流更混茫直注滄溟成一片今古蛟龍
鬬不休昨年金鼓使人愁我來對酒波恬後靜聽松
濤咽梵樓

送孫豹人先生赴江右督府幕

聞道廬山路烽塵漸欲銷千金能致士六月遂乘船
軍鼓翻湖漲漁燈散市橋傳經還幕府心事總蕭條

硯鄉鈔本

舟雨

野色雨濛濛游人護短篷草青天隱浪江白鳥呼風
茅屋花全放村帘酒正濃那堪寒十日春盡板橋東

野店與葉桐初別

幾日江城聚臨岐自悃然驅車分古路銜雨更春天
霧隱平郊樹雲侵野燒田縱多村店酒嬾醉杏花前

為佛眉女師留行次仙裳兄韻

那得人情好真能杜板扉孤蹤時欲棄古道世原稀

暮雨閒詩舫秋泉浣衲衣看君南去意直擬鷓鴣飛
聊復商行色還須理積疴新秋炎未解孤棹去如何
峰色遮揚子潮聲上曲阿期君來此憩高枕謝風波

元夜輟耕玉行石城兄仙裳姪月舫小集玉照堂

節當荒歲後沽酒不成醺但覺人堪戀無妨夜已分
燈知何處市月忌此宵雲佳會殊難得鄰雞莫遺聞

夜泊惠山汲泉作

向夕停遊屐挑燈坐石牀泉同人意澹茗是雨前香
啜罷山容寂聽來夜籟長松間有明月偏照薜蘿裳

月夜坐虎邱石上

出門無好月恰喜到山晴疏磬雲邊落微煙水際生
嬾尋穿寺路時有踏歌聲偏愛生公石猶傳六代名

春草

一望春無際長隄古驛邊碧欺三徑柳色染五陵煙
細細柔根裊緜緜遠接天如茵真可藉長此醉乾葥

贈宗定九

三十年姻婭班荆識面初家仍鄰謝傅（君居東原乃謝公別墅）
貧已似相如（同人贈君有家徒四壁歌）碧水秋栽賦寒堂夜讀書
何時過委巷煙柳待柴車

滸嘐遇毛亦史吳元音兼得曹倬雲先生音問

已知久發還家棹關路逢君轉悵然說到荆高聲已
咽別來管鮑誼誰堅霜增夜氣侵紅蠟月引愁懷上
錦箋聞道故人消息好春風準發孝廉船

寄李映碧先生兼柬令嗣元祐九畹倚江

塵世滄桑更幾年先生真不負林泉從教姓字煙霞
老肯許封章道路傳四月寒多青草亂一湖天遠白
波連寄言王謝諸兄弟好採蓴鱸上酒船

雨中登多景樓

江雨瀟瀟暮不休攜尊著屐一登樓含風草樹翻低
浪到岸帆檣起亂鷗梁代標題蒼霧冷孫郎戰蹟暮
山浮誰能對此無愁思況復天涯事遠遊

南池望太白酒樓

平池背郭陰且澄，上壓虛閣何崚嶒。詩酒舊雨已陳迹，亭臺此地還相仍。天漫碧柳望無際，雲溼丹梯勢欲崩。似此邱壑亦殊致，不有許賀誰為登。

冒雪抵錢塘晤吴六平鄭有章

長安握別倏經年，夜夜吴山遠夢牽。短棹肯教迴暮雪，孤鴻一任下殘煙。傾來東閣千春酒，望去西湖十里船。明日斷橋聯句處，旗亭敢惜解囊錢。

硯鄉鈔本

邗上訪劉公甋先生不值時予與先生將先後入吴

門巷垂楊第幾家，寂寥旅館傍城斜。冰壺自屬山公鑑，銀漢頻移博望槎。日落隋宮飛社燕，風吹吴苑落秋花。預期石上聽歌去，短簿祠前酒易賒。

贈送閩南曾則通歸隱峽山

江湖景色自蕭條，決策甘將世味銷。天寶有詩存史筆，灞陵何路訪山樵。春風短髮冠黃葉，秋水扁舟起洞簫。別後蒹葭空悵望，月明人在萬峯遥。

送毛亦史歸婁東

知君夜夜夢鄉關，夕照荒原看獨還。剩有此身娱白髮，竟無餘橐買青山。江風細雨高樓外，野樹叢雲斷岸間。此去逢人如問訊，為言有客鬢毛斑。

寄懷紀蘗子兼憶合肥夫子

見說柴車返舊京，雁門西望最含情。憶曾燕市同呼酒，忽復江鄉漫聽鶯。隔歲兵戈催白髮，空山風雨劚黃精。卻憐買駿逢知己，痛煞金臺是樂生。

硯鄉鈔本

別杜茶村先生

寂寂蓬窗感索居，欣逢長者命籃輿。非貪奇字旋沽酒，每接高談勝讀書。人世百年今始快，梅花一夜暖金舒。無端榜鼓催晨發，又道行蹤不自如。

寄懷杜茶村先生

人來書發海陵城，見憶何辭半日程。便道不教供埽榻，隔江猶敢盼停旌。夢牽三載難覩炙，約踐前途急

九日期趙庶先先生登高阻雨留飲小齋

雨雨青山阻屐痕蒼苔空自掩柴門黃花香冷煙三徑紅葉聲中雨一村客似孟嘉誰落帽主非陶令獨開樽秋光自在幽齋裏且把茱萸細討論

月夜聞笛

長宵幽籟最關情梧蔭高樓月自明江北江南風景異總憐羌笛似猿聲

秦定遠 字以御，康熙癸卯武舉人，淮海二十四世孫。少工書，及長好詩歌，有孝行，年登九十有七，李文定公額曰「百歲人仙」。以御足跡徧天下，交友不以存沒易志，客都中，有「貧孟嘗」之目。著快雪堂詩文集。 硯鄉鈔本

月下聽砧

誰家夜擣砧征人在何處只此月華明高樓共邊戍聽殘倍黯然庭階下零露

柬黃交三

貴賤有知己締結非一朝唱和曾未絕粗糲頻相招俗人不解事每以己意嘲君因八口累授書向東皋遠征悵望空齋題句處疎燈細雨不勝情

半塘舟夜贈女郎

白隄私語暗魂銷少小曾依廿四橋卻向館娃矜絕代只餘秋影不勝描

玉管銀箏沸渡頭青尊紅燭散鄉愁如何夜半人歸去落月無聲水自流

悼亡

三載歡場有若無低回屈指淚糢糊窮泉縱有山頭石只望家鄉莫望夫 硯鄉鈔本

山莊感懷

浮螺山畔草如煙柳暗高樓對雨眠巢燕已隨人去盡蕭條風景廿三年

黃九洛 字姬定

喜李子鷹見過即次見懷韻

君在東皋日思君獨倚樓那堪一月隔已是萬山秋襆被忽聞至哀絃頓欲收情深言不盡坐待月光浮

余遣羣小愠風塵僕馬勞睽違過兩載相思曉日高五月抱采薪長夏生寂寥傾蓋素心人光儀照蓬茅安得愈疾擻霍然起中宵

入茱萸灣漸聞鄉音

中原相習久到此識吴音漸有還家樂翻成不足心垂楊含宿雨菉竹散清陰鄉信逢人問船頭望茂林

塘棲即事

石門貪夜發天曙入塘棲一水連吴越雙橋隔鼓鼙小船人渡穩落日雁飛低極目高樓上鄉關望轉迷

次韻答王大宗伯敬哉先生見送

經年燕市客春盡始言歸攬轡花如錦臨岐淚滿衣知交千古重去住一身微豈不慕高舉淹留難奮飛

不得詣智者寺

迢遞智者寺惟見嶺雲封徑狹難驅馬岡迴自臥龍野人耕赤土樵子臥青松日暮人遊倦山僧竟未逢

甘羅城晚眺

秦相功名此地留煙波浩淼望中收南連淮水通清口北枕黃河湧濁流碑碣舊横榛莽境帆檣競出荻蘆洲只今落日孤城上一片啼烏動客愁

王敬哉先生招飲青箱堂即席分賦

銀燭金尊夜未央春風簾外月如霜淵源詞賦傾三峽今古才華重二王凍雪晴消開緑野梅花香暖近青箱自憐潦倒長安道何幸瞻依北斗傍

席允叔招同諸子聽花書屋讌集

蕪城三月雨初消攜手尋春度板橋花滿青山宜載酒人依畫閣聽吹簫隔林短槳來挑葉映水長隄拂柳條但得吾儕饒逸興鶯聲何日不相招

重過甘羅城

再入荒城弔昔賢淒涼風景似當年依然沙嘴眠鷗鷺猶自牆頭繫舸船面面水流黄浦月時時漁唱碧雲天昨宵雨過兒童喜又報泥中露古錢

曹正子有緑水送春帆之句同諸公賦贈

渺渺春江帶淺沙綠楊低影布帆斜攜琴妥放山陰棹載酒輕浮魯望家點點綠煙飛燕子飄飄紅雨泛桃花扁舟一路波如鏡相送東風到若耶

勞勞亭

山亭灑淚送君行多少離愁唱渭城亭畔昔人曾種柳年年折盡又還生

南遊雜詩

颯颯西風昨夜晴北山高處雪華明義烏門外衝寒去為覓梅花信馬行

牽舟纔上溜江灘怪石清泉取次看兩岸山連七十里紆迴不覺夕陽殘

紅橋

路轉城隅瀊畫橈垂楊影裏見紅橋可憐今日繁華地廿載風霜戰骨消

張紹良 字又房號留庵象垣子天署弟附監生著柳村詩集又房孤僻幽靜築愛吾廬於郭外誦讀其中喜閒已過樂取人長其天性也

學圃

管寧戴皁帽與友同荷鋤視金如瓦礫毋乃與衆殊我不分五穀而能辨園蔬園蔬日以秀灌溉臨清渠荷鋤倦歸來展看山海圖

京口曉發

渡口月初落城頭鼓角鳴人家明宿火行李帶殘星野店江光白山程草色青南徐頻作客歸夢幾時醒

瓜洲晚眺

朝放邗溝棹暮登瓜渚城林紅殘日下江白晚潮生風送孤帆遠雲連斷嶂平金山標古寺隔水聽鐘聲

燕子磯夜泊

發興攜尊酒登臨倚老松千帆停夕照孤寺入雲峰僧梵連村柝江潮走毒龍淹留秋月上霜冷一聲鐘

王錦 字丈度號湖舫心齋裔著縢白廬詩湖舫少孤嗜學黃仙裳愛之妻以孫女隱居南溪足不出戶嘗曰閉門即是深山何必桃源絕境乃避俗耶

送月舫先生授經月來閣

海內聲華著有年然藜真不亞前賢杜陵過日詩為事陶令傳家硯是田自有琴樽消日月漫將書劍託林泉定知北阮親南阮沽酒從今不費錢

王　鶴 字九皋號野亭心齋裔著松軒集野亭工騎射精陰符與黃鼇江徐草亭朱雲士繆蒼然張克謙詩文唱和稱莫逆交

初夏黃仙裳丈過飲齋中

高士過仙院銜杯洽舊情結交三尺劍笑語一燈檠園影鳥移樹林光月上城明朝還有約來聽隔花鶯

硯鄉鈔本

暮春過黃上木別墅

春日閒遊過竹西青青柳色四郊迷江湖多少浮沈事不及君家雨一犂

高　詰 字次庸一字坦園

北垞先生昔游南梁嘗與焦子東長倡和茲復來而東長歿已十載矣因題一絕句見示遂次其韻

相逢海上話離悰廿載存亡一夢中太息故人邱壟在石楠花發夕陽紅

俞　指 字陳芳號正林貢生官華亭縣教諭著三極易知錄陳芳門第清華姿才茂異乃能從綺麗紛綸中擁書萬卷日事披閱瀋然如入定老僧從未肯以片刺為通謁然當世讀其所著書皆愛慕不能置其詩始而縱橫奇譎後乃法嚴而格正神遠而識超

西澗

東澗奇以泉西澗奇以石泉聲入樹青石光兼水白起伏如波瀾繡錯如婉嫿屏列數十尋指摩發光澤一巖自天開層折下山脊 澗自天開巖經遺谷而下 石浪翻遺谷

硯鄉鈔本

雲霞濺枕席松篁回護之崩岸卻蒼碧谷口逢漁樵此中有遺客

登攝山中峯絕頂

駕言登繖山陟其最高頂不圖傾東南豁然如夢醒江流秋色中清光何耿耿風檣燕子飛虧蔽浮雲影錯趾多峿嶁大勢已吞併茅蔣可與言衆山俱氣屏龍蛇走萬松靡曼若茗穎薄伽百海印窅沒無人境對此心茫然胡能辨喧靜天風落異香翩翩心骨冷

興廢成今古任運絕思省自出人世間安知有箕潁

紫峰閣泉

龍山第一曲傑閣當峰倚後有古桂巖峭壁兼天紫忽然磴道旁泠泠得一水何人破山骨幽寒出地髓昔聞有先哲劃石乃以指因知慧業人領會多奇詭我作四泉歌耳冷實遺此憑欄一盌餘月上流雲駛

張公洞

神仙若復人間世十洲三島俱非是神仙若不人間世張公之洞曷為爾今我來遊亦偶然采山原不采神仙豈料山中奇絕處不是神仙殊不然初入後洞難容趾委身一竅蛇行耳開煤發炬忽狂叫奇石玲瓏兼嵌螎石乳紛垂石柱起上不及頂下不底忽然上下斷其際一綫難續何怪異鯽魚脊上飛霹靂奇險巑崩千丈壁雷火燒開一綫天石栢森森踞磐石稍焉如入猛獸巖虎豹犀象勢相銜獅子搏兔狀奔突駿馬下坂脫兩驂久之如上仙梵閣鉢盂鐘鼓形相錯蓮華涌現僧胡跪雲門半敞天仙落過嶺倏喜天光開森羅萬象尤崔嵬漁陽娟玉何足道太湖美石都飛來晶瑩透露不可測神奇光怪羣相猜目瞪舌咋無一語耳目變換忘形骸或曰神仙真不死千秋萬歲常棲此虎蛇山鬼未敢侵為有丹砂盛石裏此語儱侗亦最頑以此求仙仙可憐既云委蛻遺濁世何為留此汞中鉛何為積此鹽米廩何為種此仙人田碁局石牀及丹竈何為多此塵累牽要識神仙無別理空山無人而已矣張公之洞千古傳虛靈豁達無些子

棲霞寺

寰中四古刹其一號棲霞（濟南靈巖荊州玉泉天台國清江寧棲霞）松有齊梁色碑傳唐宋家塔光搖虎穴殿影照龍沙最喜門風遠都來五葉花

天開巖

絕人奇險處沓嶂忽天開一綫江聲遠千尋秋色來

逃禪存正眼造物見奇才選勝非吾意沈吟對講臺

閒居春事

閒居春事劇風日自開明山意淡欲寫溪聲閒轉清三松眠有道十竹醉無情最愛方洲草春風努力生登臨隨遠近談笑及春晴所到皆怡悅何之非性情尋幽趣勝致采隱愛無名別有煙霞地何曾入世行夜夜聽蕉雨朝朝對竹陰雲深羞月色花落負春心愁思徒時日清言自古今鳥鳴空谷外樵藥有深林

硯鄉鈔本

枯坐松嵐上春光日以加和風秀芳草曲水照桃花雲月生文字江山老歲華世人羣異趣令我思煙霞

吾廬再為水沒登耕雲臺觀其勢

驚濤矗起灌高臺只分臨流歎水哉歷歷遠村隨鳥沒茫茫秋漲挾天來百川忽爾連三徑五柳蕭然共一隈皆決滄波搖落日數聲漁唱使人哀

初三日登千佛嶺看月

看山尤愛日云夕過嶺初窺月一涯萬樹松濤浮片影千崖佛火照孤霞鐘聲不醒齊梁夢香氣空聞晉宋花植杖無言秋色暝西來紫氣屬誰家

木樨花下聽奕

清秋避世日牆東枯壑荒蘿徑不通亭午山前秋雨歇碁聲靜落古香中

金沙寺

清溪百折穿山脊兩腋峰巒如袂舉行徧空林不見人松濤謖謖竄蒼鼠

硯鄉鈔本

重過虎邱

忽為露髻忽煙鬟返照歸霞錦一般千頃雲邊無那好況逢新月下西山

纂纂楓花漾晚涼蟬聲初歇罩螢光夜分猶起當軒坐吹到山塘茉莉香

沈嘉植 字子原，號恒雙，歲貢生，官清河縣教諭，少司馬鳳阿之裔，芝山之子，著山雨樓集羅浮偶存。子原作詩不喜酬應，强之輒閣筆，遇名山水則津津吟哦不已

蒙陰道中雪

北風吹征鞍晨興氣蕭索遊子事遠征凜冽悲衣薄陟巘望蒙陰爨煙起城郭四顧天沈冥密雲寒大漠初驚微霰集繼乃如掌落飛絮捲長空須臾滿寥廓乾坤玉結成那辨邱與壑我僕痒以痛我馬罷且弱行行路轉難依微見東嶽安得登其巔齊魯供揮霍

寶帶橋看月

橋頭看月色驛路白如霜砧杵千門靜蒹葭一水長關河秋渺渺雲樹影蒼蒼醉後饒餘興呼童載舉觴

送蔣霞生入都

迢迢冀北道遊子漫羇棲古驛寒梅放平沙朔雁低千盤衡雪度一劍帶霜攜珍重樽前約春風聽馬蹄

早秋登毘盧閣

高閣俯神州憑臨萬象收煙塵連九陌風雨護雙樓宮柳遊鞭暮關城畫角秋西山綿亘處一片彩雲浮

九日集半園

層峯疊疊入雲高九日登樓首重搔白雁橫天秋漸老黃花對酒客爭豪四圍楊柳垂明月一片芙蓉入彩毫荏苒百年看易盡誰留風景待吾曹

暮春起雲山房送家竹西北上

石林精舍倚山椒俯瞰清溪野趣饒幾樹殘紅飛小閣萬重新綠隱危橋春來花鳥供遊屐我輩文章付酒瓢爭奈驪吟纔竟夕東風明月又征軺

花朝獨坐

晴日風和百卉新踈枝滿院笑芳晨寒爐茶熟誰相

過獨有梅花是故人

余儀曾 字伯來號羽尊先世莆田寓泰州遂如皋昌巢民待以阮修故事遂家焉

答許漱雪農部

十九年重聚雉城靈光心事漫相驚名山老盡他鄉眼逝水悲深故國情肯似時人輕布素濫分春色照柴荊連朝晴雨渾難定雅興能來且聽鶯

李亦文 字江衣詩觀三集江衣賦才極豔死無存稿偶得一章輒為傳之

送王自牧學博之淮上

江聲千里碧幢分十萬軍儲過水濆鐵角夜吹邗渚月樓船秋泛甓湖雲徵輸自今勞民牧飛輓何當責廣文此去黄花孤驛晚雁羣嘹嚦那堪聞

王孫驂 字受軒，康熙己酉舉人，官宜黄縣知縣

山行和滄洲韻

遥見雲屯嶺入山不見雲黿鼉連一色齊魯勢平分客路情方定春醪氣正醺天涯成聚首誰復怨離羣

王孫驤

送州牧王文山先生歸里

來暮歌方徧如何忽唱驪兩年為衆母一字亦吾師解組人歸早攀轅馬去遲棠陰留草舍歲臘繫遐思

硯鄉鈔本

海陵詩彙目次

卷七

俞　梅　　黄泰來　　黄陽生

黄宫檀　　許彭年　　仲　育

鄧勗采　　鄧勵秀　　鄧勵相

鄧邵榮　　單　迅　　黄師憲

張　嶔　　朱光鑾　　朱光嵒

王鴻藻　　丁元會

硯鄉鈔本

海陵詩彙卷七

里人鄒　熊選

俞　梅字師巖一字太羹康熙癸未進士官翰林院編修著治河方略孔子家語訂正歷朝詩雅雲片詩集白陸詩選奉特旨充揚州詩局纂修官分校康熙字典一統志分韻唐詩政治典訓諸書癸己山西典試孫尚書嘉淦王中丞師李侍御徽皆出其門晚年杜門著書撫教故人子成立者數人年五十卒

舟次燕子磯

乍脫風濤險維舟燕子磯雲空山影瘦潮長浪痕肥狂客吟秋水孤帆下夕暉倚蓬無限意目斷燕南飛

次韻黎湘芷招飲

兀坐連朝雨黃花染翠煙化身同野蝶放眼屬寒蟬日影需雲溼秋風著草眠共傾三葉酒漫誦柏梁篇

半塘弔詩人黃儀逋墓

天涯孤塚水邊門寂寞人間北溼樽三尺荒煙埋醉骨萬山冷月照詩魂是仙非鬼余終信欲殺能憐世莫論獨惜孟光墳墓遠隔江愁綠鎖眉痕

集古旗亭限韻

酒邊徒侶散如星舊雨蕭蕭共窅冥雲隔煙塵無限白霜凋林木有餘青曲欄畫壁猶題鳥小苑黃昏孰放螢莫唱春風楊柳曲殘花都落古旗亭

黃泰來字交三仙裳子詩人宗梅岑之壻好讀書嘗謂古人不難期患不立志耳所選詩傳刪除俗調著岱青樓集浮香閣七律觀海集浣花詞

將有洞庭之遊蔡右宣程言遠以詩相送援筆答之

我聞洞庭之山七十二峯高嵯峨洞天福地何其多東西對峙青纍纍上有姑射絕世之仙娥餐霞吸露匪朝夕光華日月相摩挲仙人夜吹白玉笛胡麻麟脯能留客長嘯一聲千壑驚水晶宮殿銀蟾白吁嗟此境不易登千家橘柚垂層層丹邱在人境仙子憑虛升上有蓮花放千葉高呼帝座如可磨蒼虬赤鯉竟何處花落花開自朝暮蓬瀛清淺路不通女牀又長相思樹煙中縹緲看若無玉几珠簾隔紅霧銀河

倒瀉摘星樓天香滿袖劉郎渡欲攜二客訪芝庭其
區湖水如東溟麻姑勸我屐莫停神仙自古忘其形
洞中仙子久相待俗眼惟見洞庭之山點點湖中青

游花谿奉懷東海夫子兼東龔含五先生

花谿昔為安道宅千箇黃鸝叫深碧江左風流今尚
存玉峰夫子追前迹即地便為綠野園臺榭參差最
開闊胸中五岳任意生眼底天池隨步得登峰造極
無以加曲磴懸崖幾百尺始知會心不在遠邱壑從

硯鄉鈔本

來屬安石文章德業亘古無榮光夜映台星白瀛臺
侍宴瓊花朝太液揮毫珠樹夕分明身在閬風[illegible]玉
宇晶樓紙常擘柏梁和罷又芝房天馬大風賡瑤席
名園晝閉午橋莊落紅滿徑蒼苔積濠濮遊魚自得
情野鹿能迎山客屐白雲來往自無心春秋閒卻東
山奕珠江有客歸未能一榻高樓愛幽僻十年心慕
始相逢投閒夘久棲巖隙傾談共念玉峰師一代儒
臣聲望赫猶憶廣陵初識荊陽羨陳君話疇昔紅豆
歌成恨未終標置蒙公為鞭策門牆萬仞總難窺雲
泥北眺江湖隔孤蘆抱膝祇長吟撫景無端空自惜
花谿桃李千萬株飄蓬我作滄浪客

虎邱謁蔡忠襄公祠

蔡公忠烈超千古晉陽百戰缺斨斧猛士相從盡致
身白日黃沙捲旗鼓憶在鼎湖十八春羣盜如毛塞
寰宇中原千里無人煙處處堅城逼樓櫓秦中巽手
失函關赤眉百萬號豺虎臨邊將士心膽寒寶玉紅

硯鄉鈔本

顏恣賊取須臾一葦渡黃河太行搖動擎天柱中丞
竭蹶命出師裨將彎弓石沒羽摧鋒入陣屢敗[illegible]賊
勢遮天壓城府兵盡矢窮潛上疏孤臣力盡負英主
孔明陣裏將星流宗澤營邊忠鬼苦生為柱國死明
神今日酬功立兩廡湯公徧焚淫祀多改作公祠亦
英武吁嗟當日失廟謨掣肘封疆用閹豎緋衣常侍
講孫吴坐失事機由莽鹵寧武關前塞草黃英雄血
淚傾如雨大璫反為賊元勳九門迎罷開宮户此輩

平時挾主威臨危授命誰堪數中丞鐵漢睢陽風國恥未雪埋黃土只今祠廟虎邱間忠魂夜作胥潮怒

賦得花月春江十四樓

十四樓何在春江月尚明曾聞遺老説夜夜竹枝聲鈿粉幾時事興衰此日情秦淮佳麗地懷古益愁生

京口懷古

千載雄圖吴楚關中流天濶水潺潺樓臺迴出南朝寺煙雨長迷北固山牧馬羣嘶衰草路漁人獨釣碧

溪灣佛貍祠下無人問惟有神雅自往還

贈汪鈍菴先生

高樓百尺卧者英餘子紛紛慕姓名道德千秋歸碩果文章一代屬先生身逢山水頻營宅心厭榮華不入城著得太玄經始就問奇門外有人行

山塘送卓子任歸廣陵

送春時候送人歸惆悵臨歧指落暉幾夕未醒還貰酒今朝欲別又牽衣崖前野店楊花落樹裏紅亭燕子飛君去渡江吾尚滯舊山先已夢漁磯

姑蘇懷古

佳麗千秋憶闔閭吴王宫闕已荒蕪採香徑沒青山在響屧廊空夜月孤霸業不堪同逝水興亡何處問啼烏浪傳西子終歸越一片菱歌散五湖

秋晚同唐祖命先生渡鑾江夜次朱家口

秋老人同北路歸晚投荒浦思依依山雲繞寺塞鴻過漁火照江風荻飛客裏空囊添酒債月中涼露薄

征衣扁舟此夕追從處痛飲狂歌興不違

百花洲是宗方城先生讀書處

誰道荒涼滿目蒿百花洲上醉香醪松楸何處來孤鶴城郭依然響怒濤七子中原年最少八閩烽瘴績殊高從來才大難為用欲為先生賦楚騷

吴門即事

寒雨蕭蕭江上生西風愁絶闔閭城疏鐘尚憶寒山寺夢斷楓橋落葉聲

阻風江陰登君山北眺

他鄉已覺是春光盡日波濤阻客航時向君山望江北澄江一片雪茫茫

雨中攜樽過唐耕塢舍人雨花寓園

叢桂香中風雨稠攜樽相訪醉南樓六朝山色推窗見木末亭前一派秋

鸚鵡橋泊舟

踏屐歸來上畫橈酒醒常覺是中宵春聲到枕人難臥細雨斜風鸚鵡橋

硯鄉鈔本

黃陽生 字吔懷號晉漁仙裳子著月舫集

懷金孝章前輩

我愛金夫子行蹤類昔賢避秦歸洞口思晉隱籬邊虎阜三秋月邗江獨夜船相思隔烽火書信倩誰傳

醉里訪諸硯耘先輩園居

十載聞風義今來訪隱淪浪遊為俗累高臥足天真暗水趨池滿秋聲出樹頻會心何在遠魚鳥自親人

己亥秋深寓鄧孝威先生家園

亂後來深院荒林落葉平秋風欺破屋朔雁唳寒城酒傍陶家漉詩同謝客清豈知鼙鼓震幽興為君生

聞顧與治前輩訃音

相逢記得在秋前十日歸來事忽遷知己恨離三百里病身愁臥幾多年心傷伯道終無嗣世少鍾期已絕絃此後新詩更難見望風遙奠倍潸然

溪居望交三弟不至

東溪日夜水濚洄蘆葦蒼蒼繞釣臺小艇題詩孤對酒眼穿不見惠連來

硯鄉鈔本

和唐祖命先生見寄

山溪黃葉打秋窗北望銷魂水一江收過稻苗人事簡荻花叢裏放漁艭

月舫春夜寄白蒲諸子

春浦垂楊綠幾株每從清夜憶吾徒莫言客子孤帆遠明月依然滿白蒲

黃宮檀 字上木，號木庵，仙裳姪。諸生。木庵得母朱外舅田半園，嘗語人曰：溫恭之教，幼即為名諸生，入太學，授州司馬。其處世之法，我於上木得之。

春日宗梅岑先生同王孚嘉諸子過仙裳叔寓齋未遇分得六麻

偶過邗水駐星槎，日日僧樓聽暮鴉。肯向阮廚來舊好，直教謝屐到貧家。林飛細雨三春老，溪冷江梅一樹斜。塵事獨羈虛宴會，那能重過把流霞。

上孫司空夫子

看竹曾過大阮家，中宵劍氣識張華。未從東海終三策，仍返西清判五花。聖主獨崇師相禮，部民爭望使臣槎。為言邗上觀濤久，不得吳陵拜絳紗。

許彭年 字介眉，號鹿村，明經，修延子。著鹿村詩集。

訪黃儀逋不值

為訪幽棲客，行來路未賒。北窗喧鳥雀，曲徑入煙霞。客散茶聲歇，亭空樹影斜。主人何處去，落盡一溪花。

旅懷

青山策蹇日初沈，老大無家淚滿襟。況是空林蕭瑟夜，銷魂殘月一聲砧。

仲育 字遂生。宮節溪云：育家最貧，凍餒切膚，未嘗一告知己，清風高節，陋軒匹也。程幼文曾收其遺詩刻之，今詢其集，已無有能知其名者。何陋軒之幸而遂生之不幸也。

磬山冬夜別慧上人

清風吹送白雲還，半在高僧兩袖間。但見蓮花迎短杖，那知霜雪度重關。芒鞵復踐來時路，明月空留去後山。從此寒江千里濶，祇憑白舫載清閒。

鄧勗采 字扶風，號次德，孝威子。著我笑軒稿。

別姚舒恭

寂寞荒村裏，傾壺那復增。秋光連遠岸，水氣逼深燈。繫柳家家舫，沿溪處處罾。難為分手別，款款話吳陵。

九日之東皋省家大人即寄巢民先生

亦知逢令節，客舍倒壺觴。可惜猶歧路，無由話夕陽。夢隨雙槳動，心逐片雲長。寂寞秋江上，閒花強自香。

赤壁懷古

孫曹決勝地日夜大江流不見旌旗盛惟看麋鹿遊

空山支石枕絕壁蕩漁舟何限登臨意燒荒兵火秋

遊野寺

野寺人誰過禪燈到眼微蒼籐盤畫壁老樹隱柴扉

僧去鴉頻喚蟲鳴葉盡飛難堪秋水漲極目祇斜暉

鄧勵秀 字七友 孝威子

春日登太白酒樓

山衝江面出樹壓一樓荒猶覩風流跡曾傳供奉觴

祠堂啼獨鳥春色散斜陽無那宮袍杳千秋憶酒狂

句曲道中

不意茅城路歸裝如此難亂雲埋四野寒日辨千山

書劍風塵客乾坤冰雪顏蕭蕭多虎氣那復任躋攀

舟泊閶門

雪浪銀濤一葉舟忽經勝地暫淹留梯航萬隊趨吳

市絃管中宵沸畫樓事去猶懷傾國恨潮回頻打故

宮愁曾經麋鹿傷心地無限騷人總白頭

鄧勵相 字方回號冠城舊山第三子著文選樓稿

秋日遊阿育王山謁嵩巖禪師

野花盤石路訪道及高秋深壑龍蛇臥危峯虎豹遊

劫餘存古殿梵響雜溪流望望松篁暮禪房且滯留

天童寺

萬松圍古寺蚰徑勢迴環日黑長疑雨雲陰欲變山

仙禽穿澗浴翠竹繞亭閒極目窮滄海森奇任意攀

廣陵贈杜茶村

身經喪亂困干戈此日行吟意若何滿地軒車誰顧

問一時屠釣好相過黃金路盡頭全白老驥歌殘淚

自多卻喜風騷猶未絕常聞高調起巖阿

廣陵再贈杜茶村先生

青山未買欲何依閱歷深緣事事違江海兵爭耆舊

盡風塵世變管絃稀笑看彈鋏傾冠蓋喜共論心只

布衣浪跡一生詩滿篋百年吾道付漁磯

立秋日微雨送姚舒恭次原韻

涼秋鄭重鎖柴荊黃葉蕭蕭泊舫輕一代風流成舊夢六朝詞賦只虛名山村有路連雲合野陌無人帶雨耕憐汝遠投郊外宿客樓登望不勝情

鄧邵榮 字若雍號顧亭孝感子著鄧尉山人稿

送舒恭之潘村

寂寞柴門路飄然竟放船狂風吹野屋急浪打荒阡愁思誰堪語蕭齋只晏眠遥知吟句苦獨眺水雲邊

秋感

秋風颯颯落丹楓塞北黃沙攪亂鴻慘淡青烽猶戰壘蕭條白骨只秋風猿啼哀峽千村怨草沒荒郊萬里雄何處清砧敲永夜關山月照北邙空

單迅 字兆捷號百雄工詩得婦翁黃仙裳之傳

象文長兄遠歸對酒

兄弟經時別銜杯聚晚林那堪歸里日又動遠遊心桐葉驚秋早燈花覺夜深近來全閣筆大謝有佳吟

黃師憲 字若汪

喜天濤兄自燕京歸

舊好在棠棣新詩愧竹林但存今夕話還是隔年心露溼花枝重燈昏戍火深依依十日飲愁絕塞垣吟

張嶔 字石樓候選知州

壬戌孟冬巢民先生招同諸名賢四十九人為海陵讌集

天地間有磊落氣觸於作者為佳句六代盡驅來大江江城夜復諸賢聚主人館閣開沈沈菊花香透霜樹林青天夜半忽見月銀燭高燒客自斟麗眉皓首誰壓坐客多安石東山臥那知年少皆驚人揚子之濤白雲和興來放筆漏欲闌爛醉不顧神鬼酸蘭亭梓澤昔何盛滔滔逝波如急湍良會不飲且不賦古人白眼將怒看

朱光巒 字青嶽號竹林文人子廩貢生中書候選同知著牧鶴軒詩稿詩觀云青嶽神致如蘭與二三同志共事風雅詩既婉麗更極高超斯真得漢唐之遺法者

題文徵仲寒山飛雪圖

幽人長年不出户家住千峰最深處滿天寒雪灑空林一夜琪花生玉樹此時對酒懷抱開山南隱者獨未來樵青埽雪正相待幅巾曳杖銜莓苔茶鐺藥臼茅檐下百道飛泉半巖瀉松梢一點露紅樓古寺微聞鐘磬罷誰能放筆為此圖景物不異風神殊一皴一折皆奇秀待詔名高天下無

秋日重遊焦山

不負山靈約重來挂短蓬江空霜更白秋老樹能紅

歲月淹遊屐魚龍攪梵宫徵君何處去千載憶高風

瓜渚曉發

放棹煙波裏漁歌聽榜人孤城猶月色獨客正風塵山寺鐘聲早江花野店春昨宵瓜步酒歸夢幾回真

酬贈笪江上先生

避跡名山歲月遥多君相訪動輕橈著書頗愛陶潛酒弔古頻來許渾橋兩世情深蘭譜在百年人憶桂叢招江干種藥身將老回首京華夢亦消

真州口號

千艘雲集大江濱日日金陵山色新欲問英雄渡江處蘆中不見打魚人

牧鶴軒讀書

河聲夜靜響園扉茗盌爐香好下帷避跡荒齋人不到一庭月色正輝輝

朱光㽣 字魯瞻號葯圃又字子貢生候選訓導晉中書舍人著古香亭集

竹西春日偕陸拙菴聽李壺公彈琴

隴西高士邗江客幅巾杖屐神奕奕閒來步屧叩雙扉顧我時時露胸膈劇談一夕清風生梭拂芒鞵款斗笠靜掩茅齋一事無焚香瀹茗清無敵話久為吾撫素琴一彈再鼓鬼神泣流水泠泠指下生清入毫芒達呼吸恍如細雨咽秋江忽漫洶濤撼四壁同里陸生亦能此側坐微聞聲太息嗟予四條絃子邊關曲唱徹旗亭煙月白古調今人沓不彈傾心入耳倍蕭槭落花無數小窗前春雨聲中更寂寂歸棹來朝

攜陸生孤蓬悵望江天碧

報國寺雙松歌

咄嗟何地無松樹報國雙松天下奇橫拖倒映一千尺頓令蘭若回春姿一松偃臥無今古嘯傲巖阿類猛虎一松怒突勢奔放山魈水魅紛奇狀神龍夭矯幾千春屈鐵虬枝侵碧浪五陵豪俠當新秋肩摩轂擊訪林邱俯仰那知有人世坐臥渾疑蓬島遊我來招提偏繾綣日對雙松事筆硯殘鱗剝落風雨生禪燈梵唄飛霜霰松乎松乎何落落盤空翠黛森巖壑不知何日鬼魅侵一株攝取歸冥漠使我淚點滿心胸烏能突兀再見此雙松

杪春飲一琴樓同園雲蔚賦

春晴寒食後濁酒漫淹留石氣浮荒徑花光動小樓彈碁消永夜對月罷閒愁爛漫休辭醉歸來興未收

麻村

只在煙光裏行行路更賒驚濤從石轉老竹壓檐斜野黑高原燒晴香古陌花微吟羞白髮幽興寄桑麻

望太行

遥峰積翠倚巑岏俯視風煙萬派喧狐塞秋聲盤地軸燕臺雲氣接天門正思絕頂窺邊騎無那荒林繞斷猿紅葉青山方在眼高原躑躅又黄昏

登宏濟寺閣

潮聲寂寂擁青山雨過維舟試一攀傑閣身臨天地外荒江月出有無間但看脚底帆檣過靜覺眉邊鸛鶴還斧鑿不知何代力空王日夜洗煙鬟

送吕半隱先生歸蜀

峨眉山色望中寒獨客還家值歲殘老去滄桑應灑淚名成詩酒罷彈冠十年旅況羊腸慣千里歸途鳥道難隱矣西川廬墓好杜鵑聲急雨漫漫

王鴻藻 字彤颺號自山心齋貢生官中書舍人

長安歲暮行

天寒歲云暮風雪何霏霏霏霏冽氣侵慘淡冷征衣

太息沙中雁，胡為向南飛乘時會有數矰繳良不稀何如斂其翮奮身得所依雁兮為予答豈曰不懷歸憶昔秋風來翩翩逐上畿此時雖已失此志不終違長嘯一聲去天外秋雲微

與田半園丈夜話

我亦似飛鴻飛飛靡所止迴翔欣有託凝神且住此客歲遊京華戀戀家園裏驅車南與北日月迅如矢瞬息近三年曰歸且課子椿萱正向榮桑榆信可喜有叔中表行骨肉真知己笑予服轅下胡為不知恥今朝服官去爾亦慎行李揮手出里門時命復爾爾黃金聲價重文章生氣死叔氏為予惜勸進杯中旨歲暮欲何為四顧悲風起

硯鄉鈔本

聞孫大司空奉 命濬海口

聖主施恩日儒臣拜節時十年餘痛哭一旦起瘡痍沙擁春濤濶流通澤國宜遙聞旌蓋駐雙羽碧天垂

九日旅懷

登臨何處是高臺滿目秋光入望來客館又逢佳節到故園先負菊花開那堪舊路仍黃葉細把新愁付綠醅萬壑千山風雪裏空囊羞剩敝裘回

寄懷顧蔗園夫子

一別經年音問稀每將離緒對斜暉青山老滯先生夢紅雨輕沾客子衣放浪天涯書劍在蕭條身世薜蘿違京華二月春光麗欲賦長楊未忍歸

送友人之江右

整日都亭強送人送君今日倍傷神鶯花二月征衫薄煙水三江旅食貧帆落湖天呼舊侶枕欹風雨憶慈親莫言彈鋏歸來晚香滿河陽已及春

硯鄉鈔本

登北極閣

高峯一閣插晴空指顧金陵入望雄北極星河蒼漢外南天風雨碧煙中三山佳麗迷飛燕六代繁華冷斷鴻登眺不堪回首處朝陽殘樹月朦朧

瞻泰岱

疊嶂層巒急暮鐘千山一半削芙蓉氣通呼吸天門樹梯接雲霄日觀峰客到珠宮探漢碣鶴巢松頂話秦封欲擕謝眺驚人句直入煙霞十萬重

丁元會 字天敍 日乾姪

偶題

十載鬚眉異浮名只自知家貧親易老才短遇難期小閣孤燈夜疎窗細雨時每懷千里志拊髀動深悲

硯鄉鈔本

海陵詩彙目次

卷八

硯鄉鈔本

海陵詩彙卷八

里人鄒　熊選

周　虹 字虹起號天橋天橋先生工詩善射父之松為廣南參將天橋隨任海上有一箭雙珠事詳載州志身歿詩稿散逸於同人鈔本中檢得若干首

駱賓王墓

古碣橫衰草唐賢姓未殘墓門冬始見狼山麓草枯始見海氣晝常寒落跡江湖易憐才宰相難空餘憑弔淚千載為君彈

硯鄉鈔本

陽朔道上

南越還南去風光覺黯然長途傷倦羽故國渺疏煙四面獞猺地千山猿鳥天計時秋已盡桃綻滿堯田

別李總戎

登龍未半載長揖別君侯風雪關河路飄零羈旅愁青帘梅外肆紅板竹間樓有母嗟予季歸與不可留

贈黃漢儀

蒲柳邗溝路重來訪故人卅年空骯髒今日又風塵眼冷予非傲才多君自貧相逢惟拍手時事不須論

江東門訪舊

舊遊多白下訪舊繞江行沙輭留人蹟山空聚葉聲雙楡公子第百里帝王城相與同懷古秋風無限情

秋雨潰隄

隄潰秋來雨連綿幾月陰怒濤鳴釜底亂艇鬭湖心村落無高岸人家剩短林淮南十萬户與水共浮沈

硯鄉鈔本

冬城偶作

躡屐上高城天空眼界清雁投東海宿鐘出北山鳴卒歲愁衣褐消寒賴友生舉頭冰魄滿照我十分明

揚州晚泊

日落楚山遠秋殘暮氣清白花沽好酒紅樹望高城短短天涯棹茫茫客子情二更燈火裏何處玉簫聲

梅花

霜迴月冷二更過江上冰妃意若何半臂為誰搖縞素寸心只欲老煙蘿花經寒極開方豔香到清時夢

不多惟有孤山林處士相逢幾處起高歌

與鄧孝威寒窗小集賦贈

破帽高歌去早秋重來堅凍合長溝詩人易惹千年謗才子誰封萬户侯此日解裘同買醉何時作賦共登樓五陵笑煞諸紈袴被裏黄紬不出頭

廣州夜泊（時由海南返家大人署）

仙羊勝蹟已全消飄泊空驚艤短橈萬里獨看瓊海月二更初起穗城潮煙凝野巷秋炊薯燈滿山村夜剥蕉行路卻難思故國天邊如聽玉人簫

憶嶺南風景

六年車轍徧天南五嶺高低漸欲諳山寺路隨雲斷續土人語共鳥呢喃窗推蕉下聽秋雨書枕樓頭看暮嵐夢裏至今猶戀戀七星巖上酒初酣

人日登開化寺大悲樓

巍然高閣壓吴陵袖拂慈雲此共登瀕海天光全在水渡江山勢半歸僧靈辰雁解排人字初地花先綴佛燈極目浮螺冰欲泮東風吹徧白棱棱

落花六之二

辭柯逐影日悤悤凋謝何須怨晚風自是情多人易老豈因春去色皆空蕭踈江浦千家外骯髒山塘七里中可笑補巢雙燕子年年天末拾殘紅

舞袖蹁躚一抹齊為誰懊惱翠眉低繁絲促節春將暮剩粉零香日又西青草渡邊蝴蝶去黄陵廟裏鷓鴣啼寸心莫道灰同冷猶有餘香逐馬蹄

團鴻（本名鴻雯字雲霽廩貢生儀徵籍世居泰州著有練光草堂詩天放草堂集）

和潘雪帆留别韻

相逢正值菊開時孤詠淒涼事可悲風木皋魚空有淚參商杜甫更留詩極天關塞孤帆影捲地煙花兩鬢絲懷袖三年書不滅下言離别上相思

平原覽古

路入平原思渺然四君聲蹟至今傳處囊上客尊毛遂蹈海高風得魯連如許頭顱擲一硯向誰肝膽弔

千年賣漿飲博人安在日落荒城起暮煙

登文游臺

蕪城北去有高臺學士風流總劫灰但有王秦通雅會何須亶定識雄才川原落日牛羊下詞賦清秋鳥雀哀我羡師生衣鉢近平山相望鬱崔嵬

宮懋謙 字著英號杜洲官德州知州著嘯月齋詩集阮常生云杜洲嘗鎔鐵東琅邪臺秦中石刻至今歸然

渡沂水

白日落沂水欲去聊盤桓秋風散蒸暑凜凜生新寒手中竹馬鞭是昔青漁竿臨流不垂釣佇立興長歎

九日岳阜登高過雲谿精舍

志士感蕭晨騷人愛素節杖策事幽尋溪迴路多折捫蘿展遐眺佳興登高發山空雁影沈木落秋容潔下臨古蘭若花石轉幽絕上人足名理相對忘言說一悟清淨因永息馳驅轍牛羊下前山黯黯溪頭別回首晚林鐘疏煙淡微月

硯鄉鈔本

大通阻風

天意阻歸程狂飈挾雨聲浪花噴樹溼雲葉冪山平鄉遠書難到寒多夢不成誰知羇旅恨日日逐潮生

宮懋教 字念劬

春感

竟把閒雲視此身半生無夢逐風塵病當謝後客常少書到多時家已貧衰鬢似星難諱老愁心如草不逢春欲將蹤跡同支遁豈隔恒河未有因

宮壽平 字貽安夢仁長子著靜敬堂詩

議復靖海樓

東南形勝峙神邱文物由來最上頭何事高臺空茂草幾人長嘯漫登樓斗牛尚有衝霄氣棟宇能無借箸籌他日丹梯憑眺好海天一色望中收

宮懋德 字嵩嵐監生

雜詩

清秋好風日虛窗無雜塵瀟灑開奇懷長吟暢閒身

硯鄉鈔本

時復弄琴書，轉于幽獨親。既適目前興，喜與先哲鄰。天地真悠然，假我以良辰。忘言意自得，庶幾無悶人。

宮象宗 字友遠，貢生，官靈璧縣訓導。

歸燕

秋老難為客，愁看社燕歸。呢喃如惜別，來去信知幾。刷羽甘清露，辭巢正洛暉。明年春色好，還傍舊家飛。

儲澐 字山濤，文懿公玄孫，貢生，官含山縣訓導，著若霞詩文集。

詠史

漢帝得天下，豁達異凡主。區區斬蛇事，荒誕何足數。譎哉劉寄奴，奮迹起行伍。權力挾天子，恐為衆所阻。詐言新洲蛇，擊斬類高祖。皇天眷有德，符瑞自非古。茂陵封禪書，三代棄如土。

山水歌贈顧禹功

山峰遠樹何蕭森，洞庭之石蒼梧雲。先生寫畫先寫神，前身自是曹將軍。我常思買潛山麓，見此峰巒心已足。安得坐我高峰頭，直向懸崖結茅屋。

硯鄉鈔本

登大觀樓同黃交三趙憲吉澄鑑賦

天氣晴明曙色開，危樓高聳踞江臺。雲迷樹杪潮聲亂，窗對沙洲日影來。豪俠久埋横槊志，風流空負濟川才。湖山閱歷從茲始，好友銜杯亦快哉。

翁磊 字岱瞻

送秋浦胡崇娘歸里

哀妾自有夫，何為流異域。楚軍本横威，非妾美顏色。遥睇見故山，不敢覓消息。夜寂訴幽怨，有客潛然惻。告我東海守，殷勤卹孤跡。敫敫西北風，黃鵠奮歸翼。飄零非舊容，羞郎還辨識。問我别來愁，淚落不可拭。

李載可 號吟四

冬夜同雪江大弟晚泊青蒲閣

水閣蒼煙落照昏，扁舟投宿向孤村。老來未免勞形役，客路相依有弟昆。隔岸梅開僧舍徑，過橋柳禿酒家門。推篷夜色明於晝，光冷霜天雪一痕。

季堪倫 字小石，號伏堂

硯鄉鈔本

寄顧俠君太史

阿瑛高曠近如何聞說評詩臥薜蘿鵬倦應非修羽翼鳳飢知是避矰羅人生僻海才原少夢渡寒江路不多笑我年來疎嬾甚百花洲畔幾時過

海濱白社幾人存（謂陋軒仙裳孝威西齋勿齋大村恕堂諸前輩）剩得吾家老弟昆（謂家吟四）投刺客來旋下榻送茶僧去便關門看他遠岫雲千疊照我空梁月一痕有句寄君君莫笑居難居易任評論

硯鄉鈔本

春殘次家四兄吟四原韻

桃花落盡柳花殘又見庭前放合歡半榻風迴鶯午夢一簾雨澀怯春寒不堪遥集囊常澀自覺休文帶欲寬莫道貪遊常秉燭韶光九十指輕彈

季京泰（字芝彩）

送北垞還真州

天地能容幾輩閒雪風如此度閒關酒緣知己驅愁去詩重交情送客還永夕坐寒當户水孤舟夢老隔江山溪橋十六啼鶯早待訪垂楊綠一灣

王晉原（字雪樵雍正癸卯解元）

劉節婦詩

海濱有孤雁音斷葭蘆洲乳雛墮巢盡寒颸夜颼飀家本客星後節操素講求心安不奢望聲名乃所羞草莽甘埋没同穴蓬蒿邱春來蘼蕪長採之非一儔岐路隨所向誰肯相從遊蒼天浩無極悲風鳴松楸

癸卯春赴省應試題齋壁

硯鄉鈔本

一天雲勢擁奇峰萬丈文芒駕彩虹龍見初行梅節雨鳳飛遥舉麥秋風彈衣柳霧新沾碧映酒榴霞簇曉紅最是鶯聲催特賜櫻桃擘出蕊珠宫

劉九皋（字鶴亭著焚餘草）

范隄煙柳

鷗隄捍海舊縣延百里春潮隔柳煙歲歲鶯聲歌不歇口碑如見范公賢

天目晴嵐

蜀岡來脈跨郊坰嵐氣天光一色青鹿女不還深洞
鎖尚看龍尾接滄溟

沈龍翔 初名默康熙癸巳舉人少有異才詩賦古文為一時宗匠

天目晴嵐

天目本仙阜年來耕種平晴嵐杳何許井石自縱橫

泰堂明月

高堂俯一州去天纔尺五明月當空懸照徹窮檐苦

冒車書 字富五號硯癖

秋興

幾縷秋煙一抹霞空階涼雨似山家常憂來日不相
得詎是我生真有涯徑繞林皋封落葉宅連雉堞亂
歸鴉候蟲也似知遲暮鳴過牆陰藊豆花

岭山數葉且留餘猶記成童佩韘初王謝弟兄過絡
繹崔盧兒女笑軒渠蓼花水鹽中丞墓柿葉聲寒開
府墟 先中丞撫秦後家於海陵遂葬焉 吏部遺書亦寥落 先吏部藏書亦散失
我姑飽食到華胥

冒漢書 字七巒號小山

過友人園亭

鶯聲三月盡得此倚闌干江柳晚煙重棃花春夢寒
芳時真不再佳句最為難殊愧故人意殷勤致一餐

金珏 字蒲齋

冬夜晤補野老人

舉世誰憐作賦才百年生計總堪哀人如中酒心常
醉鬢欲添霜志未灰幾載吟魂悲楚客十年春夢臥

蘇臺明朝又發河干棹六幅蒲帆雪夜開

繆尊 字黃目諸生孝友耿介生平不營資產惟陶情詩酒琴書而已

郊行即事

遠水浮城郭悠悠適此心頹垣行處古老樹望中深
卻喜山光近還憐暝色侵去來煙霧裏何地不層陰

喜晤杜轂耕

陰晴屢換日初長有客停車到草堂花近江樓將破
蘂柳窺驛路未舒黃相逢不改交如石別久何由鬢

已霜此意無須多慰問開襟一笑共持觴

園　昇字冠霞，號鶴筱，儀徵人，居泰州。康熙庚子副榜，官訓導。著畫山樓詩文集。假年目録：程雙橋京兆以社中老斲輪稱之。晚年目病盲，惟日午就窗作詩文易米，字大如胡桃，得者寶之。卒年八十八。

春中過蘿園在真州

夜雪作餘寒朝曦薦微暖物候本向榮精舍况非遠
窗虛山翠明林靜鳥聲緩坐久寂無人繁花落空館

天門舟夜　硯鄉鈔本

已決歸期近愁心翻不眠水昏初月夜山響欲風天
客路依漁火人家認柳煙新涼醒殘醉坐整葛衣偏

李　頴字箕山

落雁峰

舉手開天門嵯峨上通謁置身最高巔雲霧與出沒
蒼甸環若盂黃河細為髮鴻濛盡虛無萬仞驚突兀
仙鳥飛莫至陽雁自回翩我觀謝朓詩聲如蝇蚋發
驚人尚不能安可呼帝闕

遊西山勝水庵

鳥道藤蘿接山深日易西人穿敲石出天向遠雲齊
是壁皆成畫無聲不到溪更憐蒼翠滴修竹壓門低

登兎耳峰

極目洪荒轉天涯近海東春濤奔萬馬初日馭雙虹
不見秦王渡曾聞漢使通罡風吹半醉清嘯倚長空

張　麋字九草，著知拙堂稿

柳枝行　硯鄉鈔本

河隄自古鐵與石近日河隄柳枝塞前歲河工未告
成今年柳埽又頒行官糧一石柳一束三倍稱來猶
不足胥吏如狼横索錢催頭那顧人家哭楊柳青青
滿舊隄連年斬盡不生稊滿船載向湖邊去積久堆
堆化作泥君不見邵伯鎮南幾千户晨炊半是吳陵
樹

黃鸞祥字瀛客，泰來子

王浩川昆季招集竹里同外祖宗梅岑先生國

博孔東塘先生鸞祥侍家祖父即席命賦分得十四寒

廣陵雨歇尚餘寒躡屐招尋春未殘曲浦漁舟吹笛過畫橋煙樹隔山看閒邀好友同高詠靜對芳樽締古歡此是幔亭投轄處不妨翦燭且盤桓

送繆墨初先生應試入都

父執多年追講席今朝相送薊門游和風御柳飄鶯閣曉日宮鶯出鳳樓對策廣川真慷慨懷才司馬最

風流千門九陌花如霧遥憶春光控紫騮

俞維植 字聖成 號學耕

放歌行

猗嗟哉男兒生愁一室真可哀夜半呻吟四壁靜不能乘風飛上黃金臺猗嗟哉彼蒼彼蒼抑何困我離奇放浪之形骸十年事業頹潦倒青雲折挫亦云早大風拔起東海椿繁霜壓死北堂草巢覆鷹嗟卵不完驚濤況打鴛鴦鳥二十不干謁三十無適從霹靂魍魎塞天地腰間徒有雙芙蓉君不見敝裘歸來蘇季子旁人大笑不知恥又不見終軍年少不讀書出關游俠能棄繻孳孳矻矻事黃卷英雄無乃為蠹魚舞我劍飛赤電撫我琴漫沈吟一喜復一怒天下無知音無知音且狂走平生志氣復何有崔巍立馬心轉傷茫茫煙水空回首

夏夜詠月

溽暑高林下時時駕鹿車遠過田父屋醉把故人書

落日長空赤清風別院虛所嗟詩未就皓月滿吾廬

俞壽 字為光 號知莊 著落落吟

山行

萬疊峰巒潑翠横分明人在畫中行驢疲却喜能知路山好何須更問名倚日孤松懸鶴睡入雲古木挂泉鳴悠然世外饒幽趣隨處勾留遺俗情

聽鶯

樓外風清日正遲春光潑眼夢差池聽來黃鳥雙雙

語知在垂楊第幾枝

劉　靖 字阮仙，九皋子，著太乙閣詩、槐陰堂草。阮仙為詩壇耆宿，凡文士至海陵者悉翕鐙闔韻，致骨月好，園蔬村酌，子弟供役，貧士好客，一時翕然稱之

古松吟

城南十里江村路，江水灌河日東注。尋春有客溯河流，河邊都是垂楊樹。樹裏聲聲雜雞狗，舟人指點寺巷口。板橋東去問山居，翁鬱幾難辨林藪。主人邀客入衡茅，客撫千章延竚久。回頭卻視樹如煙，風雨離迷蔽遠天。為言此地蒼松古，斷碣荒坵不計年。因向松陰冒雨走，走過麥疇三五畝。半空寒綠逼鬚眉，不顧淋漓但矯首。周遭一望十五株，俯仰向背意態殊。老虬屈曲蟠頭角，層鱗蝕鐵儼剝膚。鳥鵲不敢巢上有，天風颯颯如奔濤。牛羊未許牧下有，地祇冥冥護林麓。須臾索酒一開襟，吉氏山莊春草深。醉後狂歌興勃勃，揮毫各寫古松吟。古松吟，余技短，坐上在前珠玉滿。常司馬、李徵君，我讓詩人兼酒人，就中領袖究誰是。司馬才高筆有神。時維三月三十日，半為看松半送春。

硯鄉鈔本

新晴泰墩春望

晴光漸入杏花天，抖擻探春上絕巔。雪岸亂流歸壑水，寒峰初散隔江煙。帘搖疎樹村中市，網罣斜陽郭外船。安得雲谿北麓下，貫休容我共臞禪。

花朝後二日泰墩晴望

春光浪擲過花朝，且曳尋山杖一條。遠岫淡描新黛現，微風輕度薄雲消。半灣鴨綠浮波面，幾縷鵞黃入柳腰。好景漫云攜不去，望中收拾貯詩瓢。

硯鄉鈔本

陸大珩 字思白，號蔥門，年三十早世，著有蔥門詩存二卷

尋呂涼州江村故址

古樹斜陽淡一村，閒尋野老話黃昏。花階覓路今無主，水竹編籬舊有門。塞港依然飛荻絮，斷橋誰復見潮痕。可憐一代詩人地，衰草寒煙夜夜魂。

王　讓 字子謙，著菊村詩集

廣陵秋望

秋色蕭條四野空蒼茫何處認隋宮屐穿綠樹浮雲外潮落清江暮雨中曾憶寶釵埋廢隴還愁金雁逐飛蓬偶來邗水尋遺跡山市青帘送晚風

劉允祚 字永錫 號達庵

送倪周初之吳郡

客路難為別風霜促曉征岱雲千樹合吳月一帆輕落雁予同遠啼烏君獨行天涯知己在好續歲寒盟

中秋夜泊滕王閣

繞閣江光浸落霞蒼蒼雲樹接蒹葭人逢勝地詩難續客為浮名鬢易華帝子風流餘畫蝶才人詞賦問棲鴉重來攬勝知何日徙倚闌干對月斜

王梅 字鹽梅 號遯雪 山東候補州同 著吳陵集

燕城懷古

千古繁華地空餘一片秋雞臺猶斷碣螢苑已荒邱月冷將軍幕春深太子樓何人明月夜江上泛扁舟

天寧寺識子先上人

到門先見竹已識主人風座定塵囂淨窗開色相空雲多天不礙詩冷句偏雄我欲攜尊酒論心數落紅

王雍鎬 字京式

寄懷蔡九霞

江南忠烈舊門牆嶽嶽儒宗衆所望倒屣愧非王粲後執經先認鄭公鄉遙憐夢老平山路已報花飛響屧廊計到蘇臺勞貰酒卻看桃塢又斜陽

袁懋年 字仙客

別姑孰端子

攜手何堪秋月殘郵亭相送意漫漫歸時只恨江波闊常向青山斷處看

陳志樞 字柳塘

岳墩秋望

登眺何須五嶽遊城西乘興陟荒邱白蘋雙槳芙蓉渡黃葉千村絡緯秋清磬聲中瀠水寺夕陽影裏隔

溪樓凭欄春雨當年蹟不羨盧家有莫愁

硯鄉鈔本

海陵詩彙目次

卷九

硯鄉鈔本

海陵詩彙卷九

里人鄒熊選

田雲鶴 字輪長，號蓮壺居士，太學生。輪長嘗覽武夷、仙霞之勝，詩思沈厚，著金鎞集。

秋夜同葉善百步西橋望德香閣並半園舊址

薄雲如擘絮，孤月絕塵滓。年年悲秋客，又落秋風裏。吾家德香閣，窗户照清泚。當時雁塔人，焚膏曾繼晷。半園背其北，聲伎逝如彼。醉石倒青苔，荒林匝斷垝。入望煙景迷，連村彎一水。踈梵出破刹，柳岸無舟艤。今夕乃何夕，罾魚撥剌起。睡鴨驚我來，晚浦結沙嘴。露下何淒淒，籬根明素鷁。笛借桓伊弄，樹留吳質倚。但看今北垞，何如昔甫里。逝將齊得喪，灑筆淡憂喜。

聽鄰舍絃管

綺户光參差，明蟾奄將夕。月高絃索鳴，亞字闌干隔。初疑出塞愁，漸似霓裳格。檀槽恣悠揚，紅牙爭按拍。停杯一再聽，偃臥龍鬚席。露華散清影，桐花漾虛碧。歎怨迸飛來，愁絕牆東客。

高絙伎歌

鶯孳燕乳柳梢青，零落粉痕嬌娉婷。日薄煙濃罩亭午，蓮花步步生玲塀。掀空髣髴翠盤捷，香汗如珠承笑靨。自有肌膚耀紈綺，莫遺輕波鬬眉睫。不動驚塵致欲飛，回身墮地無停機。明璫小髻各合度，文杏破萼夭桃肥。浩態狂香忽無主，多情誰是樊川杜。彩雲夢斷何處尋，明月夜涼生北浦。

贈宫恕堂

供奉南薰四十年，尊鱸歸去興翛然。桂香郎壁讐書夜，杏雨宮隄入直天。標格舊同彭澤令，才名剛敵浣花賢。也知藝苑騰文藻，班氏還應數孟堅。

漁莊園河房落成兼與霽堂惜別

歎場聲伎肯銷磨，占得芳蹊屐齒多。豔冶水花傾我醉，風煙傑閣待誰過。未妨穠纖從狂態，乍可摒擋送睡魔。早晚主人羈靮去，卻分清景到漁蓑。

不隔天涯水一涯，三春攜笈獨辭家。何緣快讀宣城

句還喜同吟茂叔花名士長年淹旅食佳人終日惜鉛華明朝更向梁京去把臂真疑夢憶差

同園雲蔚飲宮天池和韻

烏衣人共説諸郎碎錦坊還接鄭鄉攜手卻當花爛漫開樽又到月荒涼萍蓬我恨身如寄點勘君看墨有香太息年光共流轉不嫌與古鬬强梁

冬暖

鄉關還帶嶺南心那有酸風襲素襟破暖早梅逢客綻經秋病葉醒空林雀喧簾外夜霜重枕倚閣前朝日深疊置羊裘頻質酒小春意趣滿庭陰

次韻王潛夫寄懷

躓踞迍邅贈無訛最喜聯吟羊與何墜地人誰占夢噩著書君亦患才多定中了悟漚浮水世界繁華蟻聚柯不信傳來牛渚客枯槎容易到天河

聞蛙

池塘添聒噪我亦久忘機人語轉寥寂荒亭月一圍

同雲蔚醉珍硯草堂

芳蹊無那值清遊僻巷經過興轉幽竟日相逢舊耆老數枝風柳曳涼秋

窗雨斜風老蕨薇清歌裂石到忘機醉鄉煞有羲皇意明月荒荒送爾歸（遺山詩獨餘醉鄉地中有羲皇淳）

紀愷（字翼庵號蓉村諸生著蓉村詩稿）

簡金鏡詞客（即田雲鶴）

少聞君名最耳熟長慕聲華挽車轆今則同鑽一故紙泫潁生涯校殘牘食單寧有八百里十日或啖黃雞粥可憐瘦沈減腰圍滿眼白茅雜林薮（近別西曹執法門扁大宅遷闢雞場鄭園圃）弔古常懷不死人八詠五君皆入幅家僮八百一何多陳門乃少將車僕丈夫有志奚足悲石可枕兮水可掬隱德不效王湛癡路岐不作揚朱哭黃金不鑄百年身白羊僅飽一脾肉詩人悠悠何足論惟信可倚言不宿煙霞深處好結鄰誓將終老杉皮屋

宮雝字柄和康熙乙未進士官中書著花嶼山房集徐太史陶璋云君詩竟體芳蘭有青邱之遺

春雨草堂感舊

寥落雲山一塢深先人卜築此園林百年風節投閒地十畝煙波退老心香草美人空悵望園有香草亭美人之居桃花流水漸銷沈傷心遺跡無人問一樹斜陽噪暮禽

口占

奉母攜家總未能居官風味似山僧飢寒不去憐癡僕形影相依仗夜燈有路歸田何繫戀非才入世合淩兢霜華也解相輕薄日向愁人鬢上增

繆棲字曉巖一字海峯少司寇沅之季子雍正己酉舉人任太平府左州知州慈以濟嚴頗稱良吏著自怡集

庚子春楚游早泊西梁山登最高峯名曰天門因賦長歌

大江逆上波光騰梁山萬仞盤崢嶸蒼藤刺袂紛糾縈飛鳥徑絕難憑陵攖身碧落峯高撐天門詄蕩開帝庭舉手似摸春天星俯視石磴紅泉清白雲縹緲逢山僧自言住此六十齡山路陡仄無人行江濤怒薄懸崖鳴夜深玄猿啼杳冥夷險不一視所經旅人念此心屏營壯游且勿談三生劃然長嘯青天横

謁湘山寺壬申春奉命之粵西舟抵全州念先公證前世為湘山寺老僧因往遊焉出西門里許即湘山寺佛塔內供像由塔入殿有主人常在忠孝是佛額湘老和尚種種靈蹟詳湘山六中噫先公歸道山已久香火前因河山綿邈撫今追昔愈難為懷爰成七古一章

春風吹船來全州卸帆冒雨同清遊西瓦窰邊日新霽千林格磔啼班鳩路出西門行略彴湘山寺影從天落百級延緣鼓勇登苔痕淨綠沾芒屩祇樹盤拏露蒼幹斜陽古塔穿叢薄遊人陟磴淩高空大筏三千額其閣此寺相傳昔王創無量佛住宗風暢煙穗停爐避已遲天銀著膝鏗難傍解脫常超風火輪跏趺依舊毘盧様垂去珠眉雕漆光聳來肉髻金精相

硯鄉鈔本

寺僧指點說當年摩尼寶氣橫空懸夢中早結三山緣徑山飛錫塵情捐食難遺跖江流淌擺落幻網紛糾纏黑雲夜出森如磐祥光五色空中騫禽吟獸吼崇山巔霜峯霍霍飛梯聯南油百斛膏火煎馭風游戲真神仙（十二句皆檃括湘山志中事）我有片語向僧告寂照工夫寓空要不受拈花悟去來只教揮麈談忠孝憶昔先公證前世呱呱墮地鍾靈異暫撒香林五蘊空曾摩寶頂三生記鐘魚舊業已飄煙卅載猶參清淨禪搗殘藥臼單居日嚼盡紅霞欲曙天心空及第耽幽趣拏音擬訪湘山去樓閣華嚴未許彈萬頃浮波杳煙霧（先公校士三楚擬遊湘山寺以地轄粵而未果）旗常勳烈終麟炳身如蟬殼從頭省憑欄往事一沾襟羈孤淚灑風旛影揭來宦海趁浮名香火因緣話此生昏鴉拍拍日西墜靈山欲別難為情冰花凍筍誰參透花開恰是春時候前劫摶沙意黯然山河千古人非舊

宮翼宸（字參兩號楓亭夢仁孫官光祿寺典簿著紅椒山房集八卷紀年詩一卷）

先大人春雨草堂遺集編次初就感賦

先君昔未遇苦心嗜文墨清時抱利器辛勤謁京國十上九不第風霜閱南北冬烘說頭腦鬢髮喜猶黑俯仰天地中知音信難得把筆託於詩用以舒鬱塞春朝花滿箋秋夜月盈幅身名待闔棺此志常悽惻俄馬臥漳濱羸疾四來逼參苓既無功盧扁不得力野曠何墳如頓成君子息宸方垂髫日銜恩知罔極家餘萬卷書一字不堪食稍長遊長安操繩大匠側折節學為文叉吟仰前式輪蹄秦贅間歲月去頃刻終軍棄繻年還鄉理耕植檢點舊縑緗裝潢倍整飭麈蒙一束詩青紅已剝色嗟嗟父遺編有子曾不識欲開既悽愴欲卷轉悲惻重之等隋珠封緘篋中匿今者幸閒暇編集心亟亟中分五六卷甲乙堪記憶鈔愁蜀紙薄裹畏吳綾仄插架嫌蟲穿束閣防蠹蝕常歎庚子山詞賦鉛華飾五存而五亡巧智不能測思將付棗梨庶不委荊棘

送程風沂北上

不及河橋餞知余病已深循陔雖子職補衮是臣心別路風沙熱空山水木陰阿連如見問知足任浮沈

觀成第時同事垣中

宿遷懷古

官柳連雲水滿坡蕭條舊跡重經過煙生遠戍迷殘壘日落寒城隱大河騎擁暮雲看射雁鈴驅秋草聽鳴駝古來白馬烏騅恨兩兩銷沈奈若何

濟南登太白酒樓

城上高樓敞畫楹魯雲如馬拂頭生江山但剩詩人蹟棟宇仍留酒客名濟泗聲催春日短黿鼉影入暮煙平醉魂縹緲知何處惟有長庚伴月明

謁周亞夫祠

細柳營空漢月留荒祠駐馬拜條侯藏弓不作前車鑒取著終遺少主憂古瓦霜凋蒼鼠竄神龕風閃畫旗收兩甄戰氣銷磨盡寂寞平沙感素秋

寄懷園雲蔚

浪蘂浮花競鬬春客中更憶素心人一從夜雨吟寒燭兩度秋風熟野蓴羇恨空連楓子鬼旅爻莫問竹王神崎嶇瘴癘天南路可了青鞵布襪因

喜園雲蔚丈歸自邗上

春流日日繞孤城游客歸艎趁早晴歲月烏頭先自白江湖魚尾為誰頳三生豈有揚州夢一笑聊傾力士鐺華髮青山須鄭重半犂花雨好同耕

同莊松峯吴卉長夜坐話昔遊

幸因趨事瑣闈中翦燭西窗得暫同越國風煙懷雁蕩蜀中花鳥説蠶叢春來舊友晨星散老去前塵俗夢空安得年年塗蠟屐鼓山常看海濤紅

泊韓莊聞同柄和用賓叔向裴氏莊話舊韻

猿鶴蕭條鎖舊庭滄浪噩夢幾番醒巴山夜雨船中話溢浦秋聲枕上聽往事隨波銷寂寞新寒得酒慰飄零三年重向韓莊泊惟有湖光似舊青

絶句

花開滿林紅花落一園空等是春風力何心怨化工

韓　鍊 字似鯉號訥庵拔貢生

寄懷俞棠村

憶昔漁莊園詩酒達昏曙臨流沁清脾枕石空俗慮轉眼千里遊蕭寂梅谿署相别春方來相思春已去階前紅藥華隄上白楊絮求友聲嚶鳴搏風翼軒翥遥想三鱣堂早收得士譽江花吐新妍謝樓任高據

硯鄉鈔本

獨予心耿耿悠然向誰語

晴海樓晚眺

岑樓縹緲接青雯躡屐登臨趁夕曛萬里山光迷海氣千行樹色接晴雲春塍負郭縱横見别浦歸帆遠近分何處鐘魚林外出文昌高閣暮氤氲

寫懷和田輪長

一搨翛然午夢清園林入夏變禽聲放懷自闢三千界守口如扃十丈城怪底蛛絲能結網憐他魚目本無晴此生只合常酣醉酒肆花關隱姓名

汪　崑 字東曙雍正癸卯武舉人

探花樓坐雨同朱東谿兄書圃作兼柬翁齊堂黄友鳧朱飲江

苦雨連朝暮潮聲湧岸流暑消忘六月凉近逼三秋縱欲期君酌其如滯客舟地無容足處脱屐坐高樓

汪　昺 字文山

寄懷俞棠村姑蘇

硯鄉鈔本

雁聲遥落水雲鄉此日懷君道路長何處青旗沽酒店誰家紅袖校書堂醉沈簾外三更月夢破階前五夜霜莫忘故人情悵惘早梅須寄一枝香

田　鉉 字太虚

春夜寒甚

帙散虚窗側短檠敝裘孤擁入三更漉將新酒何辭滿想到踈梅分外清燕子未來春已半雪花纔歇雨還生且從襆被耽高卧莫問明朝晴不晴

唐麟翔 字石郊，康熙癸未進士，蔚州知州

登天目山

蒼蒼旭日照名山鹿女孤蹤似可攀一望沈浮煙霧
裏六朝興廢水雲間嵐光自繞滄江宿壁影常隨青
草閒曾否學仙居此地重開丹竈綠溪灣

程應鵬 字翼天，諸生，著綠蔭園集。阮梅叔云：綠蔭詩如翠壁插天，蒼松積雪。

空碧亭夜眺

路出重林外長江一望平殘鐘催月上遠火雜星明
人在中流坐潮來四面聲如何天路近不見有吹笙

秋日憶戴星韓

念爾故鄉遊帆開紅蓼秋宣城多酒市浙水少羊裘
渺渺江空濶紛紛客去留何時來此地尋我話離愁

黄鍾 字長晉

過魯故宮

壞道存老槐傳是魯王殿畫棟酸風生寒光撲人面
洙泗潺潺入御溝年年依舊向西流晴山照落銅駝
暮月夜魂歸妃子愁荒涼園囿生青草宮門長閉經
過少塞馬千羣雜遝來彎弓喜射樓頭鳥哀哀惟聽
鳥飛鳴彷彿如憐故地情更愁風雨蕭蕭夜絕壁陰
房鬼火清

王而强 字乾庵

往莊有感

曾記昔時到為兒尚不愁今年過此地白髮已盈頭
細雨侵疎笠斜風妬小舟黄昏茅舍近牀側臥耕牛

同友尋燕子磯諸勝

十載重過燕子磯相攜登眺入斜暉青山不改當年
舊白髮偏疑此地非孤磬入樓常寂寂老僧迎客獨
依依須知世事浮雲滿莫訝書生拂意歸

朱璐 字式如

春思

晴峯靄靄水淙淙極目蒼涼思不窮池浴沙鷗吹細
浪亭翻紫燕舞輕風千年戰伐山川在一夕樽罍感

慨空那用孤城愁極目含香春芷碧煙中

仲　素 字芍坡諸生 著茗叟詩草

屏迹

屏迹荒園側門關客過稀傍階垂石髮侵路長垣衣詩許鄰僧和庭惟山鳥飛踈愚安我拙不是澹忘機

擁青樓夜坐

衆鳥杳無迹鑪煙入夜凝不聞一人語但見半溪燈品笛東鄰女敲鐘何處僧徘回巖月上窗紙白於冰

冬日口占

削面寒風厲幽窗未可憑葉空山盡露霜冷水初凝多病同王粲長貧擬杜陵蕭然幸無事呵手錄茶經

七夕感懷

種瓜何必擬東陵枯坐終朝百不勝令節忽隨秋雨至閒愁翻逐酒杯增雲軿𩣡𩣡星初度牛渚茫茫露未凝悵望天衢清夜永如鉤徒見月華升

題羅笠隱秋江垂釣圖

細雨溼長綸一棹秋江冷獨坐看浮沈西風吹鬢影

村望

烏英花放菱葉肥游魚跳波溪鳥飛日晚人家喧碌碡水牛曳得稻船歸

再題笠隱秋江垂釣圖

頂遮破繖手持鉤面目還從破處留借問阿誰舵後立滿江風浪不回頭

宮國華 字敬夫 歲貢生

玉山臺坐月

鄉園一望客愁濃雲樹蒼茫隔幾重百轉煙嵐開殿閣數聲鐘鼓靜魚龍空江人度吹長笛古寺僧歸踏亂峰此夜畫圖都省識玉山臺上月溶溶

陳時清 字老香 歲貢生

天印山詠古

天印山南王氣新下臨淮水石磷磷赭衣空費三千力地脈何曾更屬秦

王臣 字玉鉉

河亭坐雨

新水漲河濱河亭坐雨人酒帘沈落景花舫溼餘春鄉思愁邊遠吟情醉後真黃鸝如有約啼傍綠楊津

劉司夏 字夢渭

初夏夜

拂石撫瑤琴松風弄餘響移時月東升光輝亦何朗地僻遠市聲心清絕塵想仰視天宇空明河清且廣露坐夜涼生孤興憑誰賞

楊履仁 字體乾

金陵道上

幾株衰柳咽寒蟬翹首金陵快著鞭石路雲深山閣迴江村市遠酒旗懸鴻飛絕壁聲全斷月度危峯影半圓回想六朝興廢事空留青冢鎖孤煙

沈成垣 字惟渶

送潘悔橋歸天台省墓

煙雲萬里歎飛蓬歸夢依稀細雨中地險秦關思夜月花明隋苑見春風呢喃新燕穿青靄款乃輕舟繫綠叢好友分攜情戀戀離亭一醉濁醪同

張銓 字木庵

塞上曲

天涯盡處夕陽低萬里黃沙路欲迷望斷故鄉何處是行人今在玉關西

黃德溢 字沛四

春山

望望江天迴春山碧落中日晴嵐氣動雲淨石門通苔蘚鋪幽磴花枝冷梵宮杜鵑啼不住疑在最高峯

宋楷 字墨池

聞雁

颯颯西風淡暮雲泬寥天氣對斜曛鄉心已自難排遣那得餘愁更送君

蔣夢超

平山堂柳

一望平山碧四圍春風楊柳尚依稀不知種柳人何處嫩緑猶然惹客衣

劉司炎 字篁圃歲貢生

七夕

新月挂疎林星河迴復深人間兒女節天上別離心早雁傳秋思凉蟬帶苦吟虚檐風乍起清露欲沾襟

秋江載酒圖

載酒空江發棹謳蕭蕭落木下高秋人生快意須如此萬里驚濤一葉舟

硯鄉鈔本

劉司燮 字克柔

江鄉

景物江鄉好停車水一涯茂林山鳥語深竹野人家巷曲機聲細風輕酒旆斜年豐多笑語端可問桑麻

顔 釬 字羽階副貢生

題陳棲雲睡翁圖

半生青白對當時忽説疎慵最合宜不耐久煩推眼倦恐貪好夢誤書癡多情酒力花茵便無耐詩魔石枕敧我亦昏昏終日裏生憎鳥語噪高枝

陳明祚 字棲雲號睡翁監生

村莊即事

村落秋初暑漸消支笻陌上儘逍遥登場早稻舂新米撒網漁船趁晚潮古寺梵音三度磬夕陽歸牧一聲簫正思小飲愁孤寂鄰叟攜瓶過板橋

硯鄉鈔本

次和東行姪遣懷之作

北窗一枕臥煙霞拋卻詩書惜眼花老不復圖新局面貧羞再説舊繁華日疎世故聊藏拙時與僧遊頻出家更愧草居非杜築庭前亦有後棲鴉

黄 沆 字公言

聽韓經正彈羽化操

夜静羣聲寂枯桐響更停鶴鳴瑶草緑鸞舞玉山青霜咽橋邊笛風停月下箏空階音未絶梅影過春亭

羅克承 字德紹，一字芑塘，歲貢生

題觀海圖

到海情何極，山容接水渾。風掀飛席影，波走遠天痕。一氣迴蒼莽，雙丸自吐吞。乘槎須有日，萬里溯崑崙。

冬夜天香書屋小飲懷宮霜橋客邗上

寂寂寒宵迭唱賡，清樽開處憶詩盟。離筵語惜花陰短，遠夢愁從客路生。一曲邗溝停畫槳，二分明月隔蕪城。當軒不盡相思意，惟指遥天雁陣横。

黄元焯 字潤山

晰馬客舍書壁次抱甕軒舅氏韻

白板扉開綠樹間，江村事事助清閒。為貪睡味常横榻，纔放心閒得看山。破我旅愁花窈窕，驚人曉夢鳥緜蠻。此中自信能容嬾，鋤土編茅請署關。

周永安 字鎮邦，號晴溪

送蔣大歸里

綠水正殘陽，銷魂復斷腸。三春難握别，匹馬獨還鄉。風雨羈愁遠，鶯花去路長。河梁一分袂，初月又蒼蒼。

答江巽宮先生

河橋分手後，明月落空梁。小閣吟魂冷，春燈别夢長。開樽思舊雨，把劍對秋霜。又見魚書到，情深字亦香。

海陵詩彙目次

卷十

硯鄉鈔本

海陵詩彙卷十

里人鄒　熊選

程盛修字風沂，雍正庚戌進士，官順天府尹，著夕陽書屋初編、南陔松菊集。乾隆四年，風沂擬詠史樂府十二篇恭進，奉上諭：御史程盛修所進詠史樂府十二章，指事寓規，詞意婉摯，得獻納之意，與泛論經史者不同，甚屬可嘉，賞内用緞二疋、筆墨二種。嗣視通漕潞河，晉大京兆，以終養歸籍。

詠史樂府

斷罟匡臣按：傚非時也。魯宣公夏濫漁於泗淵，里革斷其罟而諫。公曰：吾過而里革匡我，是良罟也，為我得法。使有司藏之。師存侍曰：藏罟不如置里革於側之不忘也。

泗淵漁，里革匡，斷其罟，悟君王。君王聞言三歎息，皁物防貪良史職。有司藏之無忘規，庶幾見罟如見革。師存一言婉而風，置革於側無面從。不見朝聽忠言夕委棄，留衣留檻皆虚僞。前漢皇，後宋帝。

市價對臣按：過淫刑也。齊晏嬰宅近市，公曰：子近市，識貴賤乎？於是景公繁於刑，有鬻踊者，故對曰：踊貴屨賤。公為是省於刑。

臣近市，識貴賤，我后知不知，胡不採衢謗臨淄十萬

硯鄉鈔本

生齒多家家粥踊可奈何踊之價浮於屨不嗅味誰歌舞仁人一言省於刑頓教億兆無詛聲修德更不誅祝史海岱千秋思晏子

辟戟諍 臣按戟近侍也漢武帝置酒宣室使謁者引内賣珠兒董偃東方朔辟戟而前曰陛下方猜思六經而偃以靡麗奢侈極耳目之欲宣室者先帝之正處也非法度之政不得入焉上曰善

東方生能直諫守法度黜靡曼何物賣珠兒敢容宣室宴辟戟陳詞意氣雄侃侃尚有先臣風不見申屠

嘉坐丞相府執法猶能困鄧通

乘船戒 臣按勸持重也漢元帝欲御樓船薛廣德頓首曰宜從橋上不悅張猛進曰臣聞主聖臣直乘船危從橋安聖主不乘危大夫言可聽帝曰曉人不當如是耶乃從橋

從橋安乘船危千金之子坐不垂莫蹟於山蹟於垤舉步何必非嶮巇曉人言真可聽君不驕臣不佞灞陵西馳騁六飛諫草能教馬首迴

撤屏悟 臣按防色荒也漢光武帝御坐新施屏風畫列女帝數顧視之宋宏無見正容言曰未見好德如好色者上即為撤之

屏風新畫美人美人顏色傾國姿君王顧之情為移情可移即可誤賢臣獻規君頓悟不見精勤納諫唐太宗不畫蛾眉書奏疏

侍宴規 臣按抑華侈也唐諫議大夫蘇世長侍宴披香殿酒酣謂唐主曰此殿煬帝之所為耶唐主曰卿諫似直而實多詐豈不知此殿朕之所為乎對曰臣實不知但見華侈如傾宮鹿臺非興王之所為耳唐主深然之

披香殿是隋是唐臣莫辨臣雖似詐其實忠不聞興

主營離宮露臺百金儉德崇

從獵諷 臣按止遊畋也唐諫議大夫谷那律嘗從出獵在途遇雨太宗因問曰油衣若何得不漏對曰能以瓦為之必不漏矣帝為之罷獵

油衣則漏瓦不漏諫議微詞規乃后罷獵從茲慎馳驟禽荒垂戒古今同拒關不納羸馬供漢門侯魏箏公

佳鷹表 臣按杜徵求也唐太宗遣使至涼州都督李大亮有佳鷹使者諷使獻之大亮密表曰陛下久絶畋遊而使者求鷹若陛下之意深乖昔旨如其自擅乃是使非其

人上悅手詔褒美賜以荀悅漢紀

涼州鷹使者諷之獻王廷王者久不貴異物今日何與昔旹拂君無荒臣有表悉索徵求慎微小旅獒入貢載周書世間玩好無時無

宮體箴 臣按黜浮靡也唐太宗嘗作宮體詩虞世南曰聖作雖工體非雅正臣恐此詩一傳天下風靡不敢奉詔帝曰朕試卿耳

宮體詩廟堂首倡瓊琚詞詞雖綺麗體不正天下靡然歌詠之朕試卿卿果諫同時尚有王師旦翠微宮

硯鄉鈔本

頌不入選

用筆喻 臣按端心術也唐柳公權為司封員外穆宗政暇嘗問公權筆如何則盡善對曰用筆在心心正則筆正上改容知其以筆諫也

用筆在心不在筆結密矜莊露神骨司封員外侍書來片言足使君心一萬幾操縱總心生落筆端人正士形平原太守顏真卿

觀燈諫 臣按陳民瘼也宋太宗以上元御乾元樓觀燈賜宴見京師繁盛諭近臣曰朕躬覽庶政萬事粗理每念上天之貺致此繁盛呂蒙正避席曰乘輿所在士庶走集故繁盛如此臣嘗見都城外不數里饑寒者甚衆願陛下覩近以及遠蒼生之福也

乾元樓矚神京樂熙攘慶太平太平有象張燈宴君樂須教民樂徧焉得綺羅筵前千萬燈照見九州蔀屋鵠鳩形

三司告 臣按慮盛滿也宋真宗初即位陳恕久領三司常命條具中外錢穀恕久不進屢詔趣之恕對曰陛下富於春秋若知府庫充實恐生侈心是以不敢進也帝嘉之

領三司掌錢穀胡為不入君王目春秋鼎盛府庫餘豐亨豫大非良圖不見朝無先識李太初祥符中葉

硯鄉鈔本

進天書

西門觀落日歌 丁未下第留京師澧南繆公屢侍談讌為述居鄉時與姚君西夢黃君儀逋為郊外之游每夕陽在山紅紫萬狀則徘徊不能去有西門觀落日歌今忽忽數十年矣余請公詩讀之而猝不可得昨檢餘園鈔本亦復不見此詩佳句遺佚古今同慨已已假歸西郊縱步返照入林偶憶公言漫成長句非敢僭擬公詩亦非專詠落日語云對此茫茫百端文集余亦同此情也

秋卿下直談鋒起為湖江鄉林壑美西郊一帶足徜徉日落未落光銜水此間知己三兩人鋪茵藉草笑

言真浩歌一曲寫胸臆白日已匿天無痕一自馳驅事京國天門日射觚棱赤舊遊回首總茫然不見當時苦吟客酒酣迫欲把公詩南陔華黍亡其辭我亦緇塵三十載日車難駐流光馳歸來迆邐西郊路彷佛仙翁吟眺處姚黃一輩逐飄風獨立蒼茫煙景暮

同年顧震滄棟高授大司成賦贈

千佛曾通籍依然理釣緡非官能奪志有母足安貧稽古忘寒暑殊榮出苦辛一言資拜獻風俗未還淳召見時棟高所奏對

陳定先領袖南宮旋登狀頭作四絶調之

五更聲徹六街頭英妙輸君第一籌傳徧洛陽光價遠卅年重與說揚州謂樓村前輩

三載淒涼冷署秋此番高出衆仙儔教官金榜非難事難在蓬萊最上頭教官金榜挂名時諺語也

馬上昂藏七尺軀風飄絃管溢通衢捲簾紅粉知多少盡道鬑鬑頗有鬚

硯鄉鈔本

雄姿英發妙初時三十卿材認本師衣鉢相傳作公輔到來已是十年遲衣園先生以亞卿左遷分校年甫二十九君今已三十九矣

朱東啓字曉先號爽亭官雲南思南府知府

倒馬巖

六丁鏟鴻荒巨斧陡然缺始知兹山石鋒鍔如積鐵首路窮躋攀拭目驚恍忽羊腸挂天根坦途猶百折行行入深箐石勢向我嚙呼吸皆餘生跬步得傾跌我馬忽長嘶四蹄迸已裂咄哉李仙人曾未經險絶長歌蜀道難悲風生冽冽蜀道洵云難試與兹山埒

杜漸鴻字五沙一字南帆又字東坨

釣魚

釣魚如釣雪蓑笠一天風鶴氅者誰子羊裘或此翁遥情歸浩蕩朔氣又空濛定得奇寒句霏霏落短篷

俞元燈號妝隱侯補州同著南遊草

歸家後述懷

楓岸停舟夕照斜一肩行李問生涯多因宦薄難為

客纔聽年荒怕到家短棢半經蛛結網残籬猶有菊
開花市爐分熟知回棹便是更深酒可賖劍南詩市壚分熟通賖酒

王蘭字湘秋

秋日放舟湖上觀芙蓉

雲疎煙淡逼残秋整日尋芳愜勝遊幾曲銀塘風色
冷晚江牽引木蘭舟

杜明德字立人一字馨齋乾隆己卯舉人官建平縣知縣

硯鄉鈔本

題畫

一聲長笛滿汀秋荻葉蕭蕭客繫舟識得波心珠一
顆浮沈天地總無愁

張鴻文字青崖

友人久別重晤

別來多歲月相見各驚疑世路悲今日交情憶昔時
且傾花下酒莫看鬢邊絲此地惟余爾相依且勿離

繆永垣字時亮號蔔峰增貢生官廣西桂林府同知著嗜古堂集

秋日遊日涉園

秋光倒映一泓斜落日亭臺散綺霞隔座涼生雲竇
雪開樽風落石牀花當年金谷留餘韻今日平泉憶
故家最是層樓高處望一行白鷺起晴沙

費鶴鳴字鳴遠諸生

懷友

北風吹暮雨遊子衣上寒鴻雁遲不到籬花秋已残
名爭千古易貧借一官難知子欲歸久高堂殊未安

硯鄉鈔本

宮詔金字琴舫

送侄侗表兄之白門

西風蕭颯跨征鞍渺渺川途去故關紅葉千章瓜步
酒秋帆一片秣陵山衣隨遠道新霜染詩倩同舟舊
雨刪金粉南朝銷歇畫中間小謝好追攀

孫喬年字心山乾隆戊子舉人分縣後成辛丑進士官蘇州府學教授

于孝婦刲股詩

世有孝婦自生孝子闡揚母孝孝莫大矣我友于泗

逦年失恃泣思慈訓述其原委事在己酉病染祖妣貧費調護躬親藥餌吹燐劃電兩月不已脉蓐糾纏身幾近鬼母心憂煎面惟淚洗人急智生憤不顧體斯時宵昏燈冷如水號泣呼天拔刀而起引臂忍疼刀透肉裏淋漓血痕一臠置几調和羹湯具陳棘匕食盡病除神速無比股能勝藥於中有理精誠昭格在此非彼是以孝名被諸遐邇感母頌母迄今五紀乃得儒宗給額褒美余也作詩才愧中壘顧進輶軒以續女史

杜鵑花

絲絲新雨透胭脂想到羅中染赭時好泥秋娘花底醉紅牙低按稼軒詞

張應詔 字用予號買山 乾隆己卯舉人

過棲霞

筍輿越平楚招提敞幽磴蜿蜒淩松風軒窗抱峰影琳宮出層碧高眺得幽迴習習優曇香濤聲答孤磬信美此山川漁歌滿清聽寒翠入江煙月色在高嶺

侍　朝 字鷺川乾隆庚辰進士官國子監監丞改翰林院庶吉士

舟中秋懷

落日浮雲憶舊遊蒼山遠隔薊門秋獨孤年少方歆枕六一憂多恐白頭放眼晴霄來雁鷲側身大地感蜉蝣果然煙雨寒江畔千畝琅玕等列侯

翟　宣 字日三號應齋 乾隆戊午武舉

秋雨庵和同年袁簡齋

西風吹雨腳著屐出城南去繞溪邊路來尋竹裏庵話深人有幾秋老序當三消息黃花好疎籬仔細探

秋夜放舟

帶月乘清興扁舟水一灣秋來天以外聲在樹之間雁叫風初緊濤驚心自閒蕭蕭蘆荻岸夜泊不知還

送於亦川歸里

馬上誰吟行路難一吟一字一淒酸孤村夜雨山魈泣絕塞秋風戍鼓寒歸去有弓還射虎擇來無樹可

硯鄉鈔本

棲鸞與君醉倒江頭酒醒後離顏不忍看

李廷蔚 字蔚岑號霞山 乾隆己酉武舉

客感

四方男子志旅舍轉為家斷岸呼魚艇霜林集暮鴉關河鄉信杳風雨客情賒不禁頭顱白孤踪未有涯

獨坐

獨坐沈陰候閒窗寫寂寥報秋在桐葉聽雨有芭蕉世態看雲變名心對酒消詩成無賴甚寄記髮蕭蕭

硯鄉鈔本

弔徐希鄴先生

數仞門牆未易窺兒曹何幸得追隨一經秘授三更火廿載論交七字詩人去空懸高士榻魂歸猶傍讀書帷思君倍切彌留語泣指雙英好護持

沈光祖 字敬儀 諸生

九日客毘陵陳栩亭見招即席分韻

老去鬚眉別後真多君旅邸慰佳辰餐分苜蓿知官冷囊剩琴書笑客貧九日蘭陵增慷慨十年萍梗各風塵故園風景黃花瘦清影依依念主人

高獻可 字宸箴號介橋 附貢生官柳州通判

長沙換舟

年少深慚祖逖鞭一官匏繫劇堪憐驚過殘歲仍新歲憶上吳船又楚船曉渡暫辭雲夢樹暮帆猶帶洞庭煙長途況味經來慣柔櫓聲中睡正便

朱澍 字儕尹號春江 歲貢生

秋日周健庵招飲

不必歌長鋏居然食有魚夕陽新雨後籬落晚花初喚酒神俱聳開襟病忽除主人情特重歸袂故徐徐

硯鄉鈔本

葉雯 字蔚村號鈍夫 優貢生

愛山江總戎招遊白馬洞

佳遊不憚馬蹄勞愛訪遺踪興轉豪移徑竹陰森翠幄過溪泉響奏雲璈煙迷古洞千峯合寺俯危欄百尺高對酒聯吟天欲暮歸途清月動蕭騷

宮履基 字應乾號坦庵一字素軒乾隆庚辰舉人知浙江常山縣著素軒集

題節溪兄蒹葭秋水圖

春雨盪湖波先人詠獨寤披圖一洒然孰問秋江渡家學擅毛經大令紹芳步盛名南北馳馬希伯樂顧身世憂蓬萍美人隔雲路屢困無怨尤毋乃為君誤蓼莪增感傷葭湄動凝佇笑入蘆花叢於焉侶鷗鷺冷落萬古胸蒼茫向誰訴掉頭謝塵鞅余亦扁舟去

答霜橋姪

歲暮懷人百感增關心花萼更難勝情如海上孤飛雁跡似天涯有髮僧望到鄉雲縈汝切夢尋歸路記吾曾西泠好月容延佇屈指瓜期興欲騰

述懷

拙宦蕭騷鬢已稀孤懷惟戀野蓴肥三秋容與抽帆去一水長空見雁飛路轉青山難作別情因將母遽言歸炎涼一笑前塵夢自分江湖老布衣

舟中次答桐軒送行元韻

抱琴又別海陵城舟泊萸灣聽雨聲二月春寒雙槳去風吹香雪上孤檠

朱遵洛 字笋舫

送宮芍田省試

別酒易成醉征帆去莫留潮生瓜步月天擁石城秋玉殿三千賦紅箋十二樓空江煙水潤珍重放孤舟

黃景雲 字竹田 諸生

題畫

策杖入林壄行行路轉幽苔深人跡少地迥暝煙浮斜日空亭暮西風古樹秋何當躡高嶺萬里豁雙眸

朱學 字謹堂號 愚山廩生

送陳文軒表叔之官粵西

作尉南州去離亭悵別容江流分萬派嶺樹隔千重日落蠻煙合雲生瘴雨濃不辭滄海僻為覓紫泥封萬里辭家後三年報政餘遊經雲夢澤食供武昌魚海市朝常見鮫人晝共居若逢回雁處須寄一封書

潘必達 字德孚號 東園諸生

硯鄉鈔本

遣懷

莫向歸途説坎坷天於物我竟如何春風不為寒門少夜月偏從陋室多萬里雄心人漸老一腔生意鳥能歌隨時舊雨成詩約遠水平橋次第過

朱守正 字秋興 諸生

秋鴉

秋色滿柴門羣鴉噪晚昏蕭蕭驚柳影淡淡點波痕明月霜中店殘陽雨後村空巢棲未穩猶自繫愁魂

硯鄉鈔本

劉芳 字香南 歲貢生

安定學舍題袁嘯竹詩後

丹鉛日靡靡臨毫忽然止恍然有所思茫然翻故紙故紙多故人故人如逝水少者日以壯推袁在吾里翩然方舟來袁翁為倒屣作合有奇緣荒院同眠起示我一囊詩屬我分臧否我方憂采薪霍然頭有泚手口共披吟伐毛兼洗髓回思平生交得未曾有此淘北與淘南風人可屈指昔有陋軒翁今有嘯竹子

王瓚 字在中 號蓉裳 監生

秋雲和於亦川韻

奇峰何處斂片片不成陰各有炎涼境原無厚薄心隨風纔出岫觸石又為霖變態知難測悠悠自古今

漫興

東城古屋野人家門對青旗僻巷斜市隔魚鹽塵不到客來風雪酒頻賒圍碁常耐三更冷種菜渾忘兩鬢華差喜阿咸纔弄筆居然學我寫梅花 謂左亭姪

硯鄉鈔本

熊大年 號綠野 諸生

遲燕

禾蕭吹徹賣餳聲畫棟蕭蕭壘未成人正倚樓春欲暮梨花細雨又清明

王志遥 字伊人

潤州

大江鎖鑰自南朝百戰風雲氣未消曉色煙開京口樹霜天月上海門潮三吴地險關河壯六代陵荒草

木凋過眼興衰何處問沙邊攜酒話漁樵

韓　鶴 字皋白 諸生

謝與權彈琴

入席神先定泠泠十指間音能希太古心已脫塵寰斜日虛亭掩晴空獨鳥還謝君揮未已坐我在深山

韓文杰 字卓夫 諸生

題畫

千里巴陵咫尺間煙鬟裊裊水潺潺何時鼓棹秋風裏月照蒲帆一夜還

韓文焯 字質人 諸生

題徐硯耕畫梅

江橋春曉寒初破野寺雲輕月乍還誰是先生閒筆墨小窗煙篆寫孤山

單曾祺 字石樵 諸生

古意

妾有舊羅裳秋來不可著不敢怨秋風自愧羅裳薄

村中

習慣深知野趣偏不妨蓑笠伴青氈犬窺熟客當門臥牛飽生芻枕水眠十里好秋瓜市外幾家涼雨豆棚邊故園知已勞相問樸拙生涯在硯田

陳伯齡 字榮高

初夏望遠樓聞笛

春去情無著登樓問落花金樽方對客玉笛起誰家楊柳折難盡關山恨正賒不堪清聽處明月又西斜

蕉雨軒秋蘭

落落羣芳事已非一枝和露靄餘暉秋生空谷香宜遠人坐幽窗思入微騷客重來供雅佩春風迴憶舊書幃芳馨寂寞誰知己蕉雨深深靜掩扉

送劉克柔之金陵

隱隱蒲帆次石頭天香初滿一輪秋遙知獻賦簪花客吟徧紅燈十二樓

黃佐九 字遙徵 號西圃 乾隆甲午舉人

丙申重九後二日登高感賦

頻年逢旱暵，樂事轉咨嗟。酒薄人難醉，園荒菊未花。有詩圍故侶，無策壯生涯。試與村墟望，炊煙復幾家。

紀桂芳 字次荷，著慕韓軒詩集

中秋後三日送靜軒之館

別後重陽近，豳風詠授衣。江寒眠草閣，單薄故人幃。

黃蘭友 字起南，號馨田，諸生

送洪小泉歸皖上

河梁折柳向春風，別後相思自不同。無限江南好山色，憑君收入錦囊中。

錢芳 字蕙圃，號香谷，諸生

呈州牧林公

久從鄰邑仰賢聲（公曾宰興化），今日褰帷竹馬迎。百里金湯資保障（時公督修州城），兩江桃李荷栽成（公屢分校鄉闈，得士甚多）。隨車甘雨來雲谷，捧檄春暉映海城。願向龍門叨雅化，樗材敢借一枝榮。

錢咨 字香湄，號秋浦，乾隆己亥舉人

都中得香谷家兄手書

臨流遙望感秋深，快得雙魚抵萬金。弧矢四方男子志，音書千里弟兄心。雁辭塞北辭鄉遠，人夢江南怯病侵。報道陽春消息好，芳園桃李竟成陰。

沈經源 字望九，號琴川

將之江州留別友人

生計蕭條歲月徂，薜蘿門巷賦閒居。濟人老尚勤修藥，教子貧猶不賣書。海上鷺鷗盟散後，江干桃李手栽初。茫茫煙樹迢迢水，從此相思託鯉魚。

硯鄉鈔本

海陵詩彙目次

卷十一

於　震　陳　璨　桂天培

吳伊訓　俞　堉　冒維墀

陳炳蔚　袁來章　葉飲蘭

儲元燮

海陵詩彙卷十一

里人鄒　熊選

於　震字亦川號秋水本籍鎮江丹陽久居泰州遂入籍工詩古文乾隆乙酉南巡召試二等秋水雅好騎射性情豪邁時人以徐文長比之卒年五十四

古風二首

高樓有美人顏色若冰雪長袖揄春風當戶理清瑟再鼓不成聲餘音清以絕白日去不返所思隔天末天末多浮雲空房淚垂血嫫母炫新妝芳蘭自相擷

鳳凰從西來文采五色姿不飲亦不啄高棲桐樹枝王母一相見騎之向瑤池湯湯弱水波丹霞耀其儀歌鐘奮逸響華筵雜哀思瑤池詎不樂衆雛方苦饑

昌化大溜歌

唐昌地軸盤天高帶以古縣羣山包山泉萬道向空落奔騰爭赴錢塘潮灘迴石出鼓其勢盤渦往往妨行橈我來三月水正發行船半在山之坳於潛魚潭五六里晝抵半道來中宵撫膺悵然坐不樂蒼茫萬

緒紛煎熬舟人倚柁向余笑君乎乃未經風濤前途咫尺達大溜令人涉之朱顏凋乍説與君或不信明發鼓勇看吾曹半夜枕邊萬雷發地維劃斷天根撓熊咆兕鬬下沙岸百谷競沸千崖號披衣欲起脛骨顫倏忽篷背掀陰飈馮夷怒鞭雪山立排空倒瀉星辰漂中流巨石列奇鬼挺戈壁立爭相鏖纜夫挽船觸石上擺磨無計淩嶕嶢巉巉船頭仰天泊魄魄坐臥懸猿猱晨風吹水勢益烈厓根反走迎船艣舟人衆呼負船起一聲大叫窮青霄砉然船騰浪顛出忽登天上相招摇俯視萬檣短於笴浪底猶自喧羣舠始信舟人不我誑買魚沽酒酬其勞我昔扁舟過三峽巫峯十二煙嵐銷杳然徑渡無所苦胡為人世傳喧嘵祇緣杜老擅高詠意氣遂與山川豪此灘雖險頗奇特涵虛亦自瑩秋毫匝岸崩崖插天秀可作雷雨興蟠蛟奈何道路屆僻遠千秋記載空寥寥酒闌泊船獨攲枕緑窗彷彿語山魈偶聞君言故相慰名勝焉得終蔾蒿乾坤夷險境不一聲名顯晦隨其遭精靈歲久必有託君言毋乃太牢騷安知造物非有意遲汝萬壑幽光標

贈別宫四惺持

丈夫三十頭已白騎馬歲暮還作客君家半夜華筵開酒酣大叫臥君宅朔風吹雪鴉鳴悲石田茅屋還相思獨攜一劍渡江去飽飯射虎南山陲

遊金山

到此非無地平安大塊浮龍宫開絶島鳥道出懸流城郭天南壯蒹葭岸北秋吾身何處着長笛起漁舟

江上秋風起蕭蕭落木多天根連海没山勢帶江過關塞通牛渚波濤下鸛河歷朝爭戰地設險竟如何

妙高臺畔立黄葉滿寒皋水氣青天溼江光白日高風濤飛畫鷁鐘鼓起潛鼉浩蕩閑生事臨風落彩毫

孤雁

朔風吹廣漠古塞一星横湖海憐形影風霜隔弟兄

硯鄉鈔本

蒹葭連十月砧杵逼三更倍歷淒清意寧堪老此生

舟次富春

十里春江路推蓬倚夕陽波濤欺石勢城郭走江光對酒螢魚賤迴舟杜若香何須問身世聊此足清狂

贈葛峰

雲陰猶未散整纜對閒門岸壓濤聲起江懸雨氣昏菰蘆園釣艇煙火見沙村別有蕭騷意停杯子細論

送家兄啟人北發

家事不復道酒闌花滿林一劍曉初發孤帆春已深雲霄吾輩事門户百年心夢醒練塘月匡牀獨布衾

同家兄啟人登蒜山亭道別

如此江湖好令人憶舊遊那堪攜別酒從此上孤舟芳草人千里夕陽山半樓離情無可寄江水自東流

和讓林贈別

匹馬自茲去黄塵壓繡鞍山形連雪起天影入江寒漫道論心易仍嗟會面難行經浮玉頂北望一憑欄

硯鄉鈔本

圌山晚望

長江從此盡青壁倚高空山寺秋多雨江樓晚易風僧歸黄葉外人語白雲中聞說方壺勝巖西有路通

次葉儕雪寄懷韻

客愁言不盡落木下孤城屋挂秋星動窗搖海月明桂花香冉冉杕杜葉菁菁已隔青雲契能忘白水盟

泊舟左墓橋謁太沖先生祠

珥瀆帆檣接渺茫獨搴蘋藻一升堂聲名若不逢元晏詞賦何由重洛陽六代松杉門徑古一坏煙水石橋荒精靈前輩如相識能禁臨風涕泗滂

謁延陵季子祠在九里村

三吴霸業冷魚腸讓德於今尚耿光樂辨五音傳上國碑題十字照南荒松杉古廟衣冠肅荇藻空山俎豆香千乘從來如敝屣誰人猛省利名場

謁陳少陽先生祠墓

兩宫消息正茫茫廟算徒聞罷李綱不信九閽司虎

硯鄉鈔本

豹獨留三疏動風霜衣冠白晝悲東市松柏青燐照北邙過客漫增桑梓感里居從古説丹陽

霓旌南渡幾時歸遺廟悲風捲繐幃草野詎干興復計公卿無那諫書稀九重忌諱闌廷諍兩浙倉皇憶布衣往事秪今餘涕淚豐碑殘照亂鴉飛

寧記功名上鼎鐘結纓易簀本從容封章昔已羞臺省姓字今猶壯辟雍罷已尚傳如綍語綿田空繞若堂封漫言哀痛繇宸念忠武仍看䘏典重

閒氣從來應列星祝融猶自避精靈空傳野燒驚榱桷仍是忠魂走電霆（乾隆庚申祠被火堂廡廓然而鬚眉如故通邑傳為異事）練浦牲牢喧社鼓棲霞軒冕哭冬青千秋得失應頑辨萬壑寒煙擁翠屏

北固

江城木落戍樓高鴉帶長煙下古濠鐵甕樓臺橫夜氣金山鐘鼓出寒濤鄭虔才調空三絕庾信關山感二毛邱壑豈真容我輩仰天長嘯獨揮毫

辛巳九月河水大漲由海陵放舟淘上偕羅老薑葉儕雪兩丈暨諸同社海上登高即席拈韻八首之六

高樹橫空海氣開望中秋色接蓬萊日車曉碾之罘出樹杪煙浮碣石來東極天垂分野盡南荒山湧沃焦回無邊景象當佳節獨愧抽毫作賦才

西風砧杵一天霜客路登臨總斷腸王粲功名悲幕府杜陵舟楫老瞿塘時逢隆盛憂偏切夢繞鄉關路

倍長俯仰正多惆悵事不因災祲佩茱囊

曲阿深處隱柴扉辜負松杉碧四圍山繞神亭鷹始擊潮通練浦蟹初肥關河秋老書難寄薪水時艱計總非一例閒愁消不得征帆幾處挂斜暉

日落空原野戍高吴陵城郭渺秋毫吟壇赤幟開星斗柔櫓青天下海濤一路滄桑懷舊雨百年憂患隔同袍閬仙別有并州恨寄語知心共鬱陶

東南天地久飄蓬淘上秋光故國同赤岸千尋虹跨

海碧城十里市浮空衣冠接席仍前輩雞黍登堂見古風對景不須增感喟生涯滿目酒杯中

淮海風高一雁横層臺人語落秋聲波涵日月天無岸隄偃魚龍路入城萬古悲歌同莽蒼九霄雲物動崢嶸濁醪到此寧須勸醉裏能教五岳平

收回部

玉關雪點戰時袍纔洗征西帶血刀萬馬秋高肥苜蓿三軍月滿醉蒲萄何嘗内地知徵調但見邊民拜節旄久矣止戈稱大武册勳翻愧記微勞

過海上訪吴野人墓

日落平原野氣昏一坏蕭瑟對空村縱教大筆留天壤到底虚名誤子孫岸圻蛟龍移墓道潮來風雨弔詩魂當年冠蓋應俱盡獨認殘碑剔蘚痕

別儕雪葉丈

天涯十載歎長征淮海風流屬老成坎壈百年餘短鬢推敲五字敵長城樽前詩酒他鄉夢江上風煙故

國情賓碩相逢偏歲晚不知懷抱向誰傾

三汊河值雨

萸灣衝雨布帆開淮北秋聲匝地來雲動闕盤雙鳳起江分橋控九龍迴山川解祀歐公像風土原知杜牧才酒醒推篷成獨笑生涯歧路轉沿洄

夜次宜陵大雨

海風吹雨拂天來舟泊宜陵半夜雷仙客精靈騎鯉出陽侯金鼓射蛟回雖無燈火知村店可許心情付酒杯野柝沈沈秋欲曙早乘前路貰新醅

題撫松圖

日月本蕭閒塵埃苦羇束畫裏松風晴吹人衣帶緑

北郊口號

十里青山半墓田湖光晴逗柳條煙酒旗風雨清明路開過梨花又一年

寄懷胡丈西垞客吴門

高樓夢斷一聲鶯樸被天涯百感生誰料今朝消息

到春風蕭寺闔閭城

陳璨字開緒，號倥侗，貢生。著倥侗詩鈔、西湖遊草

春日舟中懷餐英社諸子

客身如浮雲飄飄不得住春風海上來吹落淮南路微雨下原隰芳草綠古渡輕舟去鄉關背指海門樹思君君不知遥情託毫素

雨中上華山

策蹇迷空翠高林護碧岑客囊經雨重樵徑入煙深霜露秋添色山雲曉弄陰上方鐘未動古剎費追尋

寄懷孫心山

老屋孤雲外相思每斷魂箪瓢千古業雞犬數家村秋水煙中渡蘆花月裏門考槃幽意足消息許誰論

金陵懷古

嵯峨鍾阜洛煙鬟閱盡繁華只等閒百戰英雄歸逝水六朝興廢見殘山舟橫白鷺煙波外詩在青溪柳色間更向雨花臺上望春林黃鳥正緡蠻

重集木末樓

三年兩醉此樓頭檻外風煙感舊遊石壁乍翻深淺色江聲淘盡古今愁陳遵湖海貧如故阮籍疎狂老更道謂東岑先生留得山川供倦眼漫將興廢問孫劉

西園雨霽

西郊雨過路成泥黃葉林邊獨杖藜遊子望煙尋酒旆園丁帶溼理花畦荒城斜日飢烏下古戍秋風病馬嘶惟有西湖數株柳幾枝憔悴似蘇隄

自潤州至白下舟中即事

西風一棹下嚴關客路新霜冷病顏自笑瓶無京口酒天教眼看秣陵山三秋寂寞騷人老六代興衰燕子閒性癖從來耽水石壯遊莫待鬢毛斑

蜀岡秋眺

勞人安敢慕高眠又上崇岡眺野煙怒馬踏殘黃葉路亂山橫斷夕陽天多栽老樹招雲鶴更鑿新塘引畫船正是秋懷無著處一行征雁下江田

桂天培 字仙巖，諸生，著天香閣遺草

城北舟次

秋水寒塘曲，蒼茫暮色昏。白蘆煙際艇，黃葉雨中村。冷落嗟生計，飄零愴別魂。無窮羇客意，誰與話清尊。

對月懷園大問山

獨坐清秋夜，燈殘酒欲闌。如何明月上，不對故人看。影逼棲烏冷，光衝雁陣寒。南樓凝遠眺，何處共盤桓。

寄懷椒燈客廣陵

細馬輕馱太瘦生，廣陵迢遞想離情。平湖日落秋無影，古樹風乾夜有聲。趙蝦詩名樓上笛，牧之酒珓席前箏。遥知高燭庭隅爛，應有相思到海城。

送家兄鄉麓之江右

臨岐慷慨發清吟，杯酒悤悤思不禁。千里夕陽羇旅恨，一塘秋草弟兄心。西江雁過聞朝雨，南嶺雲開見暮林。别後相思憑尺鯉，漫教消息太沈沈。

重九同人集碧蘿軒

銀牆垂徧碧蘿枝，九日招邀客過遲。烏帽清尊宣武席，玉山藍水杜陵詩。一樓風雨登臨日，半屋圖書坐嘯時。醉把茱萸倍惆悵，愁中雙鬢已如絲。

得椒燈白門手書

清風朗月滿幽居，寂寂空階露下疎。愁裏悲歌今夕夢，病中感慨故人書。芙蓉水榭闌紅處，楊柳山橋酒緑初。還念西樓高臥客，一窗秋雨恨何如。

僧舍

獨閉禪關卻舊盟，蕭蕭風雨滿荒城。僧房盡日無人到，一半鐘聲雜樹聲。

秋夜

千家夜月千家怨，一葉秋風一葉愁。不夜不秋愁怨極，那堪兼夜復兼秋。

吴伊訓 字步尹，號莘農，歲貢生。莘農夫子文壇耆宿，學粹品醇，詩辭特其緒餘耳。遺集散軼，僅從敝簏中蒐得數作存之

老將

何年便專閫白髮未投鞭泣血關門表驚魂瘴海鳶
宵人讒善飯天子壯籌邊兒女手難託終期馬革還

老儒

投筆復何日平生誤此冠風雲舊時夢粗糲百年餐
鐵硯尤堪拭青氈不記寒晚成徒慰藉其奈鬢毛殘

俞　堉　字容萬號蘅皋乾隆乙酉舉人官舒城縣教諭著類苑聯珠尚論管窺詩古文騷賦編年詩鈔憶舊感秋集吳陵郭北竹枝詞

張烈婦顧氏詩

正氣鍾巾幗大義明閭里哀哉張烈婦慷慨殉志死
我出城東門孤墳屹然起逢人相問答顛末略可紀
芳歲易沈埋歲月東流水用作烈婦詩永以朂桑梓
烈婦不知書生長在茅檐禮法自矜持跬步凜疑嫌
鉛華何所需春風冷香奩機梭鳴寒宵工素亦工縑
豈惟容貌端允矣四德兼
十九賦桃夭嫁為細民妻蕭條四壁立一室鼓樓西
夫復嗜閒遊酒食益昏迷煢煢妾與姑忍餓守空閨
妾餓何足言姑年臻眉梨典盡嫁衣裳鬻盡釵與笄
委心敦婦道黽勉共鹽齏何敢怨媒妁賦命本不齊
嚴霜欺貞松烈風撼孤竹禍患來無端深巷鬼夜哭
淡泊婦所甘勤勞婦所服何圖輕薄兒日向東牆矚
華佩雜瓊瑶新衣試綺縠揚揚去復來風流故矜鬻
蘆簾隔孟光目挑空躑躅
貪夫溺於財不得死不休狡童溺於色不得疾不瘳
鑽窺望已絶金帛運新謀殷勤結乃夫意氣重山邱

朝擕遊花田暮邀醉酒樓生計諮有無解囊欣相賙
芳餌飼遊魚何以避垂鉤
烈婦燭幾先幽閨愈斂約當今重利交勢焰相熏灼
蕭蕭貧賤居責報殊無著萍水驟委心人心不可度
夫也胡不良冥然付一噱感茲增欷歔顧影淚潛落
萬物祗此心心死復何述人生恃廉恥恥喪復奚詰
悲哉薄倖夫甘墮奸人術惡姑同構謀宛轉誘蕩佚
婦聞失精魂股戰肌膚慄泣血陳大節矢志皎白日

倉卒夫辭屈嗒然揮手出
慘慘雲中月昏昏案上燈唧唧階下蟲纍纍壁上繩
夫復搆謀歸高坐盛氣憑裂背申舊説勢震屋梁崩
三問婦不答毒手拄柔膺長繩已逆曳鉅結拴層層
唯諾劫呼吸直以死相陵苟非絶特操鮮不屈志承
幽蘭生空谷無言自芬芳皎皎烈婦名鄉曲久稱揚
宵來啼哭聲入耳何悽傷明發覘其室婦屍儼在牀
道路盡感泣奔愬邑侯堂檢屍擒二兇執法嚴秋霜
勘鞫得情實一死何足償題旌符定制　恩綍昭煌
煌墓阡峙高碣里門表崇坊草木含生氣日月爭精
光拜手薦溪毛千秋俎豆香

江上觀潮

潮來一片白沙岸沓難分駕浪沈高樹連天擁亂雲
千航平陸起萬馬遠空聞對此增豪氣凝眸日已曛

夏日感懷

衣狗紛紛不忍看窮年鏤琢起長歎微名直可同雞

肋仙藥何須覓馬肝一枕斜陽梧影靜半枰疎雨竹
聲寒適情無過閒中趣華髮羞彈貢禹冠

渡江謁高縣圃夫子歸舟有感

年來頻放秣陵舟江月江花總助愁顧兔有情常傍
桂芙蓉無語獨經秋琴聲漫詡調鸞鳳劍氣空聞燭
斗牛慨想梁公魂欲醉樂龍芩朮一齊收
窮途何幸遇宗工朗照高懸一鑑空織錦樣隨時俗
變焚香心與古人同十年綸閣揮毫紫五夜奎堂翦
燭紅從此鈍金歸冶鑄不教淪没亂沙中

金陵旅次偕陽羨儲丈開秀遊城南諸勝次晨
即買棹東歸留此志别

在陸高名震四方後賢聲價總琳琅龍蛇古塔瞻殘
佛風雨荒臺弔餓皇酒盡碧罍宵漏短帆懸紅樹暮
天長悤悤聚散為何事沙鳥江雲笑我忙

編類苑聯珠閱四寒暑未竣以手疾止感賦

四載江村載篋從勞勞搜輯夜燈紅熟聞虎觀分修

苦漫騁雞窗獨斷雄例破羣書期筏喻功隳半道等途窮何當卒業酬初志總付東風一笑中

登德州城樓晚眺和宫篤周韻

堅城雄峙鎖長空高步頻教鄉思融劃斷燕齊雙眼外包羅海嶽一樓中洪濤亂捲晴巖雨落日斜明遠寺楓勝概移人收不盡任他哀怨起賓鴻

園維墀 字尺威號問山學博昇子

秋晚聞蟬

已近清秋後還聽樹杪蟬何人賞孤調惟爾脱塵緣疎柳長橋外西風落葉邊驚寒時一響悄絶晚涼天

雲溪書屋題壁四首之一

半生行脚慣幽探夢繞燕南復楚南晚落怒濤帆帶雨晴登孤嶂袖飛嵐聞雞曾學當窗舞捫蝨誰容入座談堪笑逢山親埽石留題終覺姓名慚

陳炳蔚 字慎齋

雨後見夕陽有作

蒼苔着地點新斑小館西風一徑閒冷綠暗添秋雨樹晚紅斜抹夕陽山花前酌酒香初繞竹裏尋詩鳥未還老去吟人庾開府一樽相對感閒關

袁來章 字求山諸生

秋夜宿耕雲樓對月有懷俞蘅皋讓林昆仲暨宫三霜橋繆大晴嵐同客邗上

作客卻思客客翻將主看自從來下榻見許共登壇圖史懷先澤尊罍續古歡那堪旬日裏紅樹隔江干百里非云遠相思轉浩漫風塵空復爾寂寞且相安鶴語驚霜早燈花報夜闌歸帆何日挂天外已新寒

葉飲蘭 字楚佩號秋谷諸生才高性傲幼常受業於舅氏侍鷺川太史

瑞石山看雲歌

燭龍墮地化為石亘古不壞瑪瑙色又名瑪瑙山玲瓏洞壑相鉤連百千萬道雲出没我攜一條撥雲藤看雲直入雲巢穴身在雲中不見雲但覺滃滃衣上溼有時張口不及防雲氣與人共呼吸觸手一片兜羅綿

散作空花捉不得隨風吹送到半空樓閣虛無幻頃刻我欲上從丁仙遊俯視塵寰大海白目炫心摇不自持生平奇觀至此極歸來特作看雲歌冉冉一縷猶繞筆夜深忽夢白衣人招騎蒼狗看日出

徐州道中

逆旅如荒寺停車百感增雨穿三面壁人臥一牀冰山鬼夜窺戶秋蟲寒近燈此間爭戰地廢壘擬憑登

儲元夑 字琴臺

悼亡

提汲槐堂五十年一朝永訣劇淒然布荊不照臨池影風雪常炊過午煙老未含飴悲命薄病猶和淚囑兒賢為君草草營齋奠蓋篋慚無賣賦錢

海陵詩彙目次

卷十二

海陵詩彙卷十二

里人鄒　熊選

仲鶴慶 字品崇號松嵐乾隆壬申解元甲戌進士官大邑縣知縣著迨暇集大司成吳穀人松嵐先生傳云簿書之暇不廢謳吟歸田後詩益富三子二女一門風雅

雜感四首

天高不可呼地厚不可籲日游夢夢中牢落誰與訴
美人南浦來欲往傷遲暮閉户五年居我心畱如鶩
時雨解堅冰微風扇嘉樹向榮物且然居憂我如故
誰與布陽和為予轉寒沍

曉陟南山巔言瞻梓與喬俯仰各相依翁蔥蔭長條
對此傷予心涕泗鳴嘵嘵依岵三十年家室殊漂搖
辛勤曷其極顑頷每終朝菽水曾幾時深恩中路抛
北堂且衰邁飲泣不敢號出入啟陰帷心焉自忉忉
東鄰亦有母簇錦衣文綃溉釜酒漿沃凝脂翡翠調
嗟我獨居貧誰與伴無聊無聊未云極含淚尚終宵

千金買騂騂追風捲飛電掀蹏玉盃側汗血桃花絢
振策游薊門長途代勞倦登山絕磴縣渡水流波漩
既與共安危豈復殊貴賤歸來繫綠楊鬉鬣餘霜霰
食以南山豆絡以銀絲練何意久忽驕長鳴去郊甸
爾去不我留我心猶爾念念爾昔日勞中情殊眷眷

虛檐乾宿雨百鳥喧晝晴得食不苦飢喈喈弄和聲
微物尚如此人豈獨無情鼎鐘非所慕朝夕同所營
簞食起靈輙後車載侯嬴古人不可見翹首空悲鳴
不如汎清流長歌采杜衡

過葉序東小圃

散步石橋曲望見藏書樓修隄亙繚繞一水西南流
破苔入深徑闌檻環以周籬花淡將夕風樹吟寒秋
更登溪上閣一豁臨風眸山色四圍來白雲衣上浮
古木何槎枒歸鳥何啾啁隱居近幾年於此絕營求
暮為糟邱生朝為百城侯況有門前水可以汎輕舟
況有水邊石可以垂釣鉤人生行樂耳得失如浮漚
湖山亦我志役車苦未休風塵汙我襟霜雪白我頭

對此感茫茫悠然想林邱

憶兄

中年失怙恃惟餘親弟兄貧窶不家食遠道苦經營
猥以升斗累傷此天顯情昨夢過兄居垣頹櫨欂傾
狂叫遽驚覺餘悸心怦怦五月二日事 伏枕自占卜門户
苦支撑毋乃千鈞柱已難隻手擎兄誠若懸磬我復
如飄萍生死憂孤兒何以慰先靈

憶内

人無百年歡苦為離别悲憶我驅車日爾疾未窺帷
晨雞戒征旦對鏡强修眉理我春聚糧檢我寒燠衣
前途告珍重强笑淚已垂方春忽長夏彈指流光移
江海浩漫漫遠道何時歸三度擘來箋腰支較舊肥
其然其不然使我心如飢蕭蕭圭蓽門嗤嗤黄口兒
煢煢弱女子勉勉相支持草木皆有情人誰能不思
我思有酒卮爾思無解時

客中别李二齋二首

適從何所來倉卒與子遇歡言意未盡旋復别子去
三年斷音耗道路不可據十日共聯牀如雲暫依樹
我去君且留各各勉長路君家有老親為言爾如故
披襟趁晚凉送我達遠郊執手兩無言意索風蕭蕭
夕陽淡晴岫殘霞映繁條暝色亦已暮舟子苦相招
忼慨一揮去回首路已遥人生暫相見不如常相拋

遣懷

志大應難償志小當無誤鞍馬十年心久已歸塵霧
飢求一斗粟寒求一尺布勉力坐青氊依然不充數
前歸慰妻孥逋客羅門户冷眼向予笑褊心向予怒
輾轉不能言戚戚無生趣鳳藻久不揚鴻飛亦無路
閒閒流水邊不如鷗與鷺

扢搭謡

扢搭菜菜心辣食可侑酒可呷元老大勞軍各給錢
二文諭買扢搭菜一菜兩人分點水之恩古亦有破
囊不多利泉口八千君子有文豪軍前唱出扢搭謡

海上謠

海天荒海雲黄煮海作鹽白於霜鹽成大賈汎舟去嗷嗷窮竈餘空場夜來猛雨急如注並此空場不知處食無麥飯衣無袴來朝長吏催鹽賦鹽賦嚴鹽利普鹽賈樂鹽竈苦

離別難和吴鷗亭

離別難蒼煙落日蒹葭寒執手苦於邑聯影立河干河干昨夜西風急雨月不歸惱行客稚子傳經燈正紅老親扶杖頭俱白旅人拈柘枝載歌離別詩樂莫樂兮新相知臨歧把袂殊遲遲開函贈我五色芝無以報之青城絲中有一人前致詞欲語不語涕漣洏青蒲一束酒一巵為傷去時憶來時來時秋未老露浥芙蓉小西風菊綻遲明月鴻飛早與爾共題箋墨花飛舞生雲煙與爾共賭酒高天寂歷回珠斗與爾共乘舟紅燈夜月蘆花洲與爾共買笑貌姑未嫁文君少同心之言臭如蘭無端爾去予心酸西風吹秋秋漸殘忼慨為歌離別難離別難倉卒彤朱顔十六橋頭水潺潺行蹤不定如波瀾君不見勞勞亭斜陽芳草何青青又不見情盡橋垂楊離恨一條條古人淚接今人淚歌眉低壓雙峯翠孤棹先愁道路長華鐙且盡樽前醉明知相別還相逢眼前揮手太息息君歌我歌歌未終小橋流水悲秋風秋風悲流水咽離別難難離別

胡西垞醉僕行（僕陳姓小字德容）

生不願衣食豐亦不願囊橐充但願一日酒千鍾蒙頭曉日三竿紅主人見慣不嗔喝醉中每每無儀容屢舞既不已堅臥亦不起半袂零星盡唾餘吁嗟爾醉何如此僕言吾幼隨吾主揮鞭曾過金張府輦下名流側目看道旁貴戚平肩語主人得意僕亦雄樽中豈少琥珀釀青娥嬌唱不肯飲歸來款步隨花驄記得同時八九輩指揮號令予稱最秘意偏能一顧知趨承不倦三更睡何意宦游真草草十年舊事如

雲埽散盡黃金壯士貧嘔乾心血才人老年來落拓走江湖衣無文繡馬無芻昔日豪華不可説主猶如此予何如勞君苦口箴予醉予醉原來無世味試問當年不醉人甘貧幾箇隨前隊醉中歲月苦消除不醉光陰亦似駒人生只有糟邱樂富貴功名盡子虛我聞即往揜其口爾勿再言我有酒醉到參横月落夜深時仰對高天一聲吼

運糧行

將軍夜下催糧箭鄉城奔走如飛電掌握龍泉十萬兵一日無糧必中變地饒不慮糧有無蠶叢鳥道苦長途車不出行船無水火牌但索運糧夫丁男久已從戎去家家誰與當門户老弱齊行尚不敷可憐婦女亦充數吁嗟爾婦來何方衣裳敝垢髮焦黃鞠躬聳肩不能進尺趨寸步形羸尫婦言家在銀江口十里青溪半村柳記得太平無事時妝罷鄰姬鬬花酒去年六月飛戰雲兵書十二催從軍妾夫仗劍出門

去從此蛾眉洗翠紋今年大帥兵機失戰士沙場十無一妾夫僥倖得生還徧體創痍血猶滴運糧又到無次丁短衣妾願代夫行身雖跋涉千山險夫得平安妾命輕勞君俯首相憐惜妾本甘心無怨色君不見夫因戰歿婦飢死處處陰風鬼燈黑

九日同人集雨香庵

斜日下荒城開軒得遠情亂鴉迴莫色落葉散秋聲地僻心俱靜天空眼共明風塵復何意自笑誤浮生

題高鐵嶺畫水墨芙蓉

晚放芙蓉楫言采芙蓉花芙蓉隔秋水回首空煙霞西風此時暮美人何處家惆悵不歸去前溪孤月斜

客中送別胡西垞

故人不肯住一棹去江干不道辭家易偏逢別友難空囊雙鬢白短褐五更寒前路誰知己臨歧心自酸此會猶如夢誰能卜後期相逢即詩酒臨別看鬚眉人立斜風裏鴉昏細雨時孤帆江海濶心逐水波馳

同人踏月訪張鐵橋

路西三兩步，雲水小橋邊。倚玉一人影，淩虛萬里天。
叩門驚犬吠，埽葉起茶煙。清興老猶昔，相攜況少年。

寄京師諸舊好

交以淡尤重，情因久更牽。清尊曾兩月，短褐又三年。
耿耿熱腸血，蕭蕭冷竈煙。胥塵不相接，終老別離天。

題黃南村澄齋

息靜偏隅好，身安心自安。閒中知日永，世外得天寬。

硯鄉鈔本

木榻午常臥，氈簾夜不寒。俗塵都隔斷，松竹滿江干。

聞妻病書寄

短髮山妻老，愁魔復病魔。一餐猶有缺，百藥更如何。
接壤謀歸易，空囊負累多。飛書告兒女，好為養天和。

過潼關

百道走中原，權樞在一門。黃河落天際，太華倚雲根。
石碣周秦古，團營鼓角屯。遥知魚鑰啟，萬里望朝暾。

將赴滇別署中諸友

十載風塵久，三年老署閒。一朝持絳節，匹馬看青山。
土室蠻彝種，沙場戰血斑。遠遊丈夫事，我幸未衰顏。
瘴海標銅柱，蠻江鎖鐵橋。此行真忼慨，不必慮迢遥。
金印仍攜肘，弓衣各挂腰。諸君休惜別，門外馬蕭蕭。

遊近華浦

一碧水雲空，清暉四面同。岸鳴蘆葉雨，船颭蓼花風。
籬落深林見，溪橋曲徑通。殘碑數行字，猶紀漢時功。
繫纜當危檻，開窗近古滇。蒲香新雨後，漁唱暮雲邊。
倒影澄樓閣，虛光上几筵。俗塵飛不到，欲換小游仙。

硯鄉鈔本

贈坦園即以志別

宦情原落落，風度最閒閒。放眼塵氛外，無心得失間。
冷官同皁帽，荒署即青山。泯迹誰知爾，高懷未易攀。
執手怕言別，殷殷念故人。情因閱倍切，交至淡尤真。
君尚客中客，我安身外身。臨歧轉無語，聯影立江津。

調順港阻雨

江潤雲橫捲，灘高水倒流。人皆慶霖雨，我獨困扁舟。

遠道風波慮空囊旦夕憂村醪雖可醉何處雉頭裘

登木末樓

振衣長嘯叩天關石磴雲梯取次攀一塔高擎通七塔兩山對峙冠千山歸帆落日青蒲港野店晴煙綠樹灣遠近茫茫空半壁東南形勝此樓間

上王蘭泉同年凱旋晉封大行丞

捌管同登榜帖中籌邊大略遠從戎煙疆瘴海諸蠻地血飲塵餐十載功密箭似林身自在縣崖欲墮路能通而今唱罷平西曲萬里歸來髮未童

送盧竹圃奉母歸德水

十年浪迹負萱慈纔見歸帆載道時旅寄寧甘南國老艱辛不與北堂知關山落月人無恙禾黍秋風客有思里舍蕭條莫嗟歎重開事業古男兒

贈安東馬昭亭明府

西風一葦渡河津纔得相逢話屈伸萬里關山戎馬客十年鬚鬢雪霜人清標猶飲漣東水浪迹常孤海

上春幾日北窗同翦燭離懷消盡又風塵

春草

霜欺雪壓歷多艱又見重岡捧翠鬟野性不言萋菲事春痕多在有無間驚雷螾螘回身早落日牛羊得食閒只恐東來風力薄青青未度玉門關

書八寶王師李詩集後

氣本桓桓骨亦清能於忼慨見和平風雲以外有天地魚鳥之中見性情半世浮沈莊叟夢一尊邂逅廣陵城安閒總是田間老擬共長吟過此生

別葉詠亭

年來誰解重交情性命君真視友生別館消閒留一老寒燈清話每三更離懷侘傺分勞逸旅況綢繆即弟兄逼歲冰霜難再住片帆風便即歸程

函谷關

匹馬蕭蕭入漢關幾重流水幾重山蒼雲碧樹神仙氣赤石黃沙戰血斑喜得太平郊野靜奚辭鞅掌道

途艱山樵牧豎真堪羡高柳清風一覺閒

弔王景略墓

十八華彝擁戰塵中原内外歎無人草茅有客心懷晉冠履何妨身在秦磊落之中存正大亂離以後見經綸生平志業皆堪採不獨瀕危一語真

霽虹橋

萬丈深潭萬疊峰萬條鐵鎖挂長虹封碑不紀河山險驛吏惟稱關塞雄渡後似來人世外眼前疑在夢魂中誰言斷柱回頭去高勒雲臺第一功

硯鄉鈔本

秋月

一抹遥空素影流瀼瀼風露錦城秋三千鐵馬征人戍十二箜篌少婦樓白練倒垂蓬島外寒光飛上玉峰頭穹蒼洗出清虛體宿霧閒雲頃刻收

罷官歸里留别同人

三巴浪迹非吾事揮手仍歸東海東六載眼花應轉白五更腔血未消紅衣冠皮相何須戀泉石襟期自不同丞相祠前長揖去八千里路一帆風

兩著戎衣並佩刀蠻煙瘴雨下哀牢將軍幸得歌三箭書記歸來有二毛薄命人皆憐放廢投閒天或愛英豪古今幾箇封侯相不用燈前看戰袍

買得郫筒酒一樽蕭蕭落葉下江門敢言父老流碑淚未報諸君解網恩兩載煩冤都已雪千秋氣骨幸猶存南天幾日風光好綠柳樓臺紅杏村

妻孥共載鹿門車故老驚看客到家藜杖竹冠閒歲月酒爐詩社舊生涯翦殘斷錦猶成匹禿後秋毫尚有花帶得巫山雲一段與人歸去鬬繁華

硯鄉鈔本

九日登丹陽三義閣塔

不奈蕭條客裏秋憑高聊復遣閒愁雲邊山色剛平檻天外江聲欲上樓一帶煙林低夕照半空人語落寒洲鄉園回首知非遠籬下黄花開徧不

客中懷西垞

飄零書劍倚征鞍我客方知君客難牢落一身殊計

拙蕭騷兩鬢入秋寒夢回江店濤聲壯人去山城花
事残萬里羅浮行不得生兒何用說為官嗣君宰博羅欲往未
果

過大悲禪林贈禹平上人

聞知老衲無相識除是詩人只閒關行過長溪橋一
曲來尋深樹屋三間紛紛敗葉西風緊黯黯黃花落
照閒題得數行出門去空林鵶亂正歸山

遥題州倅泰瑶齋西山餘圃别墅

買山我亦欲輸金花塢魚池間竹林未學養生先種
藥但逢佳客便彈琴初心豈料風塵誤逸興猶因詩
酒深恨不與君攜手去西山山外聽鳴禽

游永濟寺

一山如削樹如蟠六代興亡剩講壇虛牖雲痕穿屋
去空廊苔氣襲人寒迢迢車馬城中遠疊疊帆檣坐
上看笑我本非忘世客貪幽亦欲借蒲團

春草

東風三日到池塘土脈纔蘇已透香不愛百花偏愛
草得春容易耐春長
百寶闌邊小茁芽一番夜雨一番加莫言野色無知
己我是歸田仲蔚家

寄署中諸友

山逢奇險峰偏翠水到清泠路亦艱幾日苦中皆有
樂歸來作畫與君看

山行遇風

南天不雨即風狂十丈飛沙蔽日黃一陣奇寒更奇
熱筍輿三度換衣裳

光禄鄉曉行

淡雲微雨遠山低十里平原信馬蹄籬落曉寒人未
起倉庚喚罷鵓鴣啼

得西垞書卻寄

瑶函尺一說還家客緒離愁徧海涯頭白人歸風雨
後鷓鴣啼落武陵花

無言坐到夜將分半是思君半慮君三徑如無舊松
菊還來江上看江雲

繆永煦 字方升號靜軒附貢生

同人集水竹居和團鶴篴先生韻

竹屋聚文履几案書肆陳通明方兩瞳下筆如有神
風騷契正始溯源必歸真孺子謂可教妙義時重申
心珠渺難求安得無點塵刻燭賦長句願言棄迷津
自茲良宴會吟苦寧艱辛

蛾術軒觀牛首松歌

墨雲怒出山骨裂插天巉嵯森雙峰懸崖老樹瞰奇
鬼濤聲夜走聲溟濛扶筇陟磴一諦睇乃是牛首百
尺之虬松桐軒好松具奇癖文殊洞前坐磬石半空
清響迴天風怒吼蒼龍盪精魄客囊不惜青銅錢買
取一枝幽翠滴歸來移置斗盎中小拂龍髯森似戟
摩挲古幹老苔厚猶帶嵐光照巾幘山齋昨夜風雨
來夢攀天闕高崖嵬彷彿舍身巖畔怪石罅萬松謖

謖聒耳如奔雷

吳 陵 字又徐號椒堂貧而豪詩才捷如夙搆脫口成什篋中不存片稿後老死僧舍同人殮之

馬劍池朱冠林繆晴嵐同集齋中小酌分賦

閑門如深山萬慮屏幽獨好風吹片雲欻闖來不速
一笑典敝裘酒漿羅百斛四座發狂吟咳唾落珠玉
豪氣不可干上下雲龍逐我先赴醉鄉客去我就宿
花影照滿身寒月上修竹

答友

丈夫重氣節那便受人憐窮到無錐地耕還有硯田
以詩為性命藉酒學神仙此外鴻毛事榮枯總淡然

過十二家兄別業

別館開三徑閒過續古歡鳥眠庭樹靜人語夜燈殘
世事秋雲薄交情蜀道難坐深羣籟寂江月滿天寒

春日郊行即事

雨霽人心快春風引杖藜野花沿路笑水鳥逐人啼

村近炊煙密城高落日低歸途清興發買醉畫橋西

送王魯石返武林

二月關河春正饒片帆高挂水迢迢行裝半載新詩卷歸輿仍攜舊酒瓢垂柳綠迎揚子渡長波暖接浙江潮臨歧獨有心千里直送行人到六橋

對酒

乾坤雙鬢禿江海一身孤事事皆捐棄關心只酒壺

宮協華 字芍田號晚香夢仁玄孫乾隆庚子舉人

赤岸登文昌閣

山僧蓮宇外傑閣倚斜陽海潤西風迴林深落葉荒煙光浮木末天影入青蒼不盡懷鄉意長歌付慨慷

題魏松濤進士春耕饁餉圖

紅雨青疇一徑斜百年風日屬田家桑麻儘有閒中趣肯學河陽只種花

常光宗 字厚直著克峻堂遺草

送袁懷堂之金陵

莽莽大江水書生膽不寒蕩舟入煙霧持幟下文壇筆可萬人敵誰言一第難者番須努力老淚莫輕彈

秋日送友人歸丹陽

又挾詩筒走飄然返故鄉風塵餘禿髮潦倒剩空囊江水連天白山花匝地黃息息鼓棹去明日是重陽

五十

一家十口九啼飢五十年來力不支憶舊閒翻點鬼簿斷炊且作課兒詩身如雞肋存何用人類鴻毛死恨遲卻笑老妻為我壽乞來新釀酒盈卮

弔查梅壑墓

草蔓煙荒鎖墓門棠梨花下弔吟魂牛羊慣傍斜陽出狐兔潛依短碣蹲愛客情當貧亦篤憐才心到死猶溫我來特薦溪毛拜牧唱樵歌遠近村

寄內

欲說不可說臨風淚自彈躊躇千萬徧循例報平安

海陵詩彙目次

硯鄉鈔本

海陵詩彙卷十三

里人鄒　熊選

宮增祜字篤周，號潔溪，副貢生，官東流縣教諭。先生早從方朴山、王己山兩太史遊，學醇品粹，老厭宦途，歸掌壇坫，士林奉為山斗焉。

辭家

街鼓靜無聲，荒雞叫深院。起促游子裝，行李殊簡便。山妻前致詞，中途調攝善。太息我命乖，風霜筋骨鍊。關河往來頻，回首淚如綫。忍淚別嚴親，晨昏汝無倦。母氏繐帳前，芳藻一杯奠。饑寒好為之，毋使遠人戀。揮手謁帝京，間歲即相見。

呈黃岡萬侍御年戊南泉

偉人間世生，山川復阻隔。夙夜切景行，苦乏鄭莊驛。歲昨來吉州，先生司講席。懷刺謁清光，所聞過於昔。義經萬彙涵，奧義誰與闡。圖說發其蘊，神解後天易。證以洪範書，疑是補天石。百世聖人起，淵源應一脈。餘事逮藝文，古勁鎔經液。抗疏肅朝儀，矯矯青銅柏。

硯鄉鈔本

挂冠浩然歸笑傲煙波宅桃李滿春風樗材荷嘘植
承命滋愧顔敢勿自鞭策别來曾幾時陌頭春草碧
天際望迴帆果敢希三益

題秋江坐月圖

秋氣若泬寥秋水何浩蕩伊人性殊俗扁舟任俯仰
蘆荻滿江皋飛鴻天際響明月皓以潔深心發妙想
嗟予不得志跋涉何擾攘悵望圖中人超然脱塵鞅

送友人南還

秋風催白日萬家急砧杵策馬鳳城隅談笑心悽楚
合尊每夜闌言别愧雞黍襆被逐行旌握手能幾許
羡子出都門而我尚羇旅豈不懷歸洛魄神消阻
堂上白髮親膝下嬌兒女霜天稻粱謀嗷嗷迷處所
薄暮對孤燈悲來不能語

梅竹杖歌為丹徒張曾石帆賦

石帆子今詩伯孤潔之性耽奧賾白髮飄蕭拄杖過
彷彿東坡先生笠屐之標格新詩贍逸源讁仙長歌
短謡相齊肩手摩青筠互往復告予來自西山巔體
堅色淨信無匹片片梅花若萌茁粤稽嘉名非溢美
斬根削節文而質憶爾蒼梧之野九疑之側日月照
臨霜露雕飾汀洲澧浦兮蕩磨芙蓉薜荔兮環翊既
韻勝而格高復中空而外直頃自盧洪江上來適與
石帆孤潔之性兩相得規圓久受削靈壽亦被污杖
兮杖兮爾何幸得與詩人作奚奴和靖之鶴日與俱
子猷之癖無時無夜半推敲繞菰蘆惟爾周旋差不
孤閒挂百錢買糢糊興酣一吸酒百壺帶月歸來仗
爾扶兩兩結為煙霞徒杖兮杖兮爾何幸數百年後
桃竹梅竹名並驅爭是植根八十四山上文貍赤豹
相喧呼

舟過大溜鎮

萬山壁立千仞高疊嶂重巒虎豹豪蒙密古樹不可
識下有汹湧不測之波濤巨石崚嶒意態雄排衙列
戟亘其中衆流如駛建瓴下雷雹交作聲摩空上有

戈公祠堂宇鼎修葺行者焚辯香靈爽拯危急榜人股慄傴僂前五體投地爭合十山巔理楫百丈牽解衣磅礴水中立贔屭呼號天吳驚孤舟攲側帆檣徑蠶叢鳥道曲而達跳珠盤渦屏呼吸舟石衝撞舟有聲鬼伯乘間伺梗澁客子心魂久蕩搖默禱如見真靈集力盡灘過水平鋪舟子披衣弄柔櫓水石盤互僅二里淩晨上灘日亭午

鄒耳山選芸香詩鈔索徵拙作先此報謝

耳山與我皆重聽於陵許掾憐同病胸羅萬卷文藻富瑤席奇珍生待聘前年秋賦逢超擢旋以微瑕惜破甑選勝特建吟壇幟俗工蟬噪那敢競高齋十友徐庾輩參稽考訂互糾證在昔詩觀推大成孝威慎墨謝酬應少後京兆雙橋公二鴻兩湘闢荒徑迄今歷有年所矣復見名僧闡大乘甎生幸少師宗工敦盤縞紵忝後勁登臨弔古望眼開廣搜秘冊罕遺賸誰知鎩羽依海澨如彼翻飛落深穽白髮鬅鬙今九十靜諷梵筴抉鐘磬寵命下降徵蕪詞披閱舊稿莫能定雨窗繕寫下里音離合是非先就政去者去之存者存否恐杜撰並餖飣切勿憐我龍鍾老欣附驥尾脫蹭蹬

過陋軒先生遺址

往哲乘雲去行人式此廬即今蕭瑟意想見浣花居風雨長吟夜親朋乞米書榮名身後事當日混樵漁

俞　圻　字越千號讓林副貢生清才碩望與令兄蔚皋先生齊名時論有惠連之目

秋夜登金山絕頂

長江八月江水清萬山倒影涵空明白雲淡宕秋天平人煙遠隔瓜洲青振衣直上淩崢嶸一聲長嘯天冥冥錚鏦陵谷金石鳴水怪夜出洪濤腥寥寥夜半江無聲回首海門秋月深

題友人琴鶴圖

海天春欲暮心跡寄瑤琴古調空流水疏風落遠林畫圖餘此意天地幾知音野鶴一聲唳蒼茫下夕陰

硯鄉鈔本

新寒

頓覺鶉衣薄，尤驚兩鬢秋。踈煙淡平野，孤月靜高樓。
楓落山無色，冰輕水尚流。圍爐試新火，莫惜酒盈甌。

冬日江干送客

小艇斜陽去，丹楓兩岸残。雙峯浮水靜，一雁落沙寒。
暮雨悲萍梗，春風失蕙蘭。倚欄頻悵望，江汐正漫漫。

月夜舟次憶宮霜橋客邗上

繫舟秋水岸，涼夜淨吟魂。孤月潔空碧，人家深閉門。
知心隔遠樹，客思滿荒村。反側不成寐，挑燈傾一樽。

秋山

萬卉俱蕭瑟，悠然見翠微。鳥隨黃葉下，僧與白雲歸。
悄悄鐘聲寂，迢迢樵路希。不須悲骨瘦，影儭夕陽肥。

瓜步寒潮送客

江城木落正蕭條，尊酒離情悵此宵。忍溯選樓同覓
句，可堪月夜獨聞簫。一天細雨飛孤棹，萬里寒山捲
暮潮。珍重相思莫回首，好乘風力快扶搖。

客懷

西風落葉氣蕭森，水驛維舟對遠岑。夢裏關河雙槳
月，天涯書劍五更心。浮雲有恨連鄉國，野鳥無情尚
好音。最是旅懷禁不得，寒砧迢遞出踈林。

宮王起 字御天，號素軒，乾隆丁卯舉人，甘肅平涼縣知縣，軍功陞署直隸泰州知州。

送友人入都

霜天月初落，高樓聞雁聲。雁聲正南歸，遊子遠徂征。
杯酒未盡歡，驅車向鳳城。鳳城隔千里，到日春風晴。
曉登黃金臺，超然暢遠襟。閶闔亦何迥，冠蓋紛相迎。
自有子虛賦，可以超羣英。皎皎上林花，映此客衣明。
一枝笑相折，揮手淩蓬瀛。

将之汴京過平山堂有作

十里平山路，煙花照眼明。香車羅綺影，畫舫管絃聲。
隄柳宜春雨，山花趁晚晴。何堪風日好，匹馬復長征。
望到紅橋北，深林酒旆斜。樓臺花處處，簾幙雨家家。
松影盤虛磴，濤聲落暮笳。海陵回首處，芳草接天涯。

無題戲贈友人

裊裊秋風繫我思故人歸去藕花遲闌干十二都臨水可是西泠夢到時

韓敬之 字治也號廉泉乾隆丙午舉人官上元縣教諭

送吴稼雲之嶺南

四馬去河干春風萬里寒孤鴻送遊子大雪滿長安天地存吾輩山川結古歡不知丹穴鳥何事擇琅玕

病後偶成

燈暗香消襆被寒荒雞喔喔夜漫漫書遙每悔離家易病劇方知作客難百種秋聲聽欲徧一樓滿月望將殘故鄉此際思羇旅應料豪情酒未闌

送儲玉琴適漢陽

那堪客裏送行舟直到西南漢水頭千里故人還遠別一天涼雨又新秋無邊蘆絮侵霜鬢不盡雲山湧暮愁君去試看彭蠡澗有無鴻雁起汀洲

硯鄉鈔本

九日

百年有幾重陽日每到重陽不在家破寂慣斟孤館酒多情空憶故園花萬山落葉催人老一片哀鴻逐月斜俯仰茫茫寒水濶晚煙迢遞數歸鴉

繆祖培 字晴嵐號敦川乾隆戊戌會元著修月樓詩稿

對菊

敗葉紛辭林空階餘冷綠荒園秋色佳愛此幾叢菊寒香採盈把高歌瀉醽醁陶公去我遠東籬久塵俗霜高夜氣清誰與伴幽獨

擬温飛卿曉仙謠

沈沈雲海光溟濛曉鴉亂叫翻罡風八萬户中斧聲歇翔陽逸駭紅日紅瑶臺露溼花含淚闌干十二堆深翠煙霧迷離玉漢間丹符寶籙模糊字鈞天樂奏隨輕煙娟娟餘香嬌列仙欲言不言理環佩鶴唳一聲天寂然

玉關行

驚沙撲面衰草死塞雁一聲天似水雲荒日澹玉關

硯鄉鈔本

西傷心譜入琵琶裏曲未終時雙淚零淚滴紅冰僵玉指霜寒雪重馬不行四野悲風殘角起

月夜獨坐

獨坐不成寐秋高夜氣清晚花涼度影落葉靜聞聲何處領真趣悠然見此情舉杯送新雁好月上前楹

送於大一川歸丹陽

乾坤書劍老風塵出處休嫌迥異人但有文章關性命何妨踪跡太沈淪馬空冀北原難遇璞抱荊南詎

硯鄉鈔本

足珍話到此生潦倒處幾番搔首倍傷神

年華蒼莽事無成五嶽填胸氣未平曠放原知招怨讟疎狂始解誤功名茫茫歧路傷楊子落落窮途哭阮生何況東風吹別淚蒼涼野色上行旌

雨中同人遊雨花臺

一天疎雨悔遊蹤蠟屐同登杳靄中松柏浮煙成隱現乾坤真氣只空濛四圍山色侵華鬢滿澗泉聲響暮風長嘯憑闌不歸去素心惟有託征鴻

朱慕渠 字布載號郇洲貢生清門弱裔失路才人故落筆輒含悲憤每於酒闌燭灺時讀其遺稿不覺泫然泣下

癸丑元旦京邸大雪謝鐵厓餽酒

春風一夜春光洩吹放梨花萬樹潔天上瓊樓玉宇高光明不許纖塵涅九門大道填欲平疲騾曳車車欲折北風刮面輿人僵凍手引鞭十指裂車中坐擁紫貂裘不覺雪寒怪雪熱我是長安臥雪人袁安門外人蹤絕何處吹來餺飥香屠蘇滿甕味清冽一吸

硯鄉鈔本

能回頭刻春人生有酒即佳節醉後吻燥思煮茶自起下階掃殘雪

九日黑窯廠登高同源鐵厓作

一醉酬佳節登臨強自寬山光西望合海氣北來寒往事悲歡集依人去住難鞠花頭上插忘卻鬢毛殘

京邸春日齋居感賦

長安十載賦閑居又觸鄉情二月初不可告人惟客況最難下筆是家書鷦鷯自分卑棲慣蝴蝶空驚好

夢虛日暮鳳城南望處海雲江樹渺愁予

俞　至 字樸人 副貢生

佳人

佳人起徘徊瑶瑟矜獨擅俗耳悅箏琶專房失寵薦蘭茝委穢墟遜彼桃李賤縑素異工拙良人詎一眄門前有逝波絃上無回箭自分妾命薄豈繫恩愛倦秋風亦多情未敢怨團扇

庚午冬移居白沙宫硯耘過訪舊廬寄詩一章賦此以答

富貴致身苦不早故鄉生長他鄉老淮南一去雞犬無更於何處題凡鳥美人相訪攜素琴一彈再彈傷我心雪棹猶夷剡溪曲桃花悵望仙源深我時被褐歷江汜如橘踰淮將變枳雙鯉殷勤尺素傳九天珠玉落懷裏把詩一讀酒一杯酒中影落山崖巍山靜常依白日渚酒酣不見黃金臺天地茫茫皆逆旅可恨關山隔儔侶牀頭明月起徘徊滿地相思共誰語

燕子磯

危磯高百尺挈伴共登臨山色連吴楚江流自古今片帆經雨溼孤鳥入煙深羨彼垂綸者終朝澤畔吟

歲暮客浦水雙杏堂

出門行不遠別業過橋尋一徑接溪響數家連竹陰茶煙熏畫壁人語雜幽禽坐久忘塵俗悠然見此心

早梅

纔轉東風第一程梅花消息問江城煙中雙寺夜鐘動雪後一溪春水生似畏峭寒猶隱約如尋殘夢忽分明試燈院落人相望幾點窗前瘦影横

秦淮竹枝詞

涼篷船小載笙歌人在玻璃鏡裏過一陣雨絲菱葉亂家家門外鴨兒多

孫廷颺 字虎山 諸生

贈張石帆先生

有唐詩人誰繼起皇甫許戴後張子青袍未履稱閒

身白髮蕭蕭垂過耳我從槐市躡清塵酒酣握手情相親自言丁卯橋邊住風月江山舊主人手折瑤華臨别贶三年離思隔煙浪長謡不改杜陵貧落魄江臯仍拾橡只今齒脱雙耳聾振衣一嘯來清風日暮留君君不住掉頭吟躡樵歌路

贈黄丈溪居

幽居無比鄰終日絶來賓秋水緑當檻蓼花紅傍人吟成參道味老去見天真自分漁堪隱清溪勝富春

答周種蕉

豈學牆東隱終憐硯北居累多生計拙貧極故人疏入世羞談劍逃名悔著書輸君能食力手自把犂鋤

頗識幽居好編籬護草堂入簾蕉影緑隔水稻花香此境君初遂何時我共嘗挑鐙話農圃那復羨南陽

上隨園夫子

蕭騷鶴髮老江濱舊是西清侍從臣解組竟拋三浙路買山權作六朝人中原壇坫誰同調海内靈光賸此身今日南都近山斗朱霞天半仰丰神

含香曾讀小倉詩萬軸琳瑯過眼時名到驚人何況早生當並世不嫌遲都將經濟歸風雅儘為雲山作主持聞道隨園開百畝願從三徑與追隨

聞雁

海天霜冷雁初飛旅館驚聞思轉微横槊健兒應解甲鳴箏少婦欲沾衣水雲身世家何在冰雪關河計轉非謀食年年爭似爾天涯空羨稻粱肥

題季給諫天中先生出關詩草後

九重鳴鳳出鵷班萬里投荒記犯顔晝室忽驚成死别孤臣原不計生還風沙日暮悲青海笳鼓秋深夢黑山只有吟囊殘稿在至今流播玉門關

孫鳴桂 原名駿字劍樵廷颺弟諸生

月滿軒二首

地僻可結茅虚齋目軒豁心閒機事盡夢轉歌聲發開窗天宇清林暝吐新月月色正泠泠素心託高潔

騂騮輕道途不如原上牛鴻鵠戀風雲不如水中鷗
束身入田園終日無妄求道機茍有會千古同夷猶

宮煥勲 字竹軒 諸生

懷人詩十之二

嗜酒愛醇醴藝蘭求素心一朝二美具對之開胸襟
陳以青玉案配之綠綺琴不惟名物貴氣味熏人深
孤窗破岑寂芳辰恣哦吟何當臨風望迢迢思不禁

李南阿 亨衢

雅望陳太邱一官江之涘鱣堂春風生欣榮看桃李
平生氣最華揮金如揮水縱酒放狂歌姬人快指使
取道會言歸息息一面耳江水深復深何處采芳芷

陳澧堂 變

寄余書屋消夏

粗知世故厭糾紛白首差强尚習勤片刻放閒還自
力瓜陳屋角自耰耘
何須幽隱向山深蒲箑相攜就夕陰坐到中宵天宇

硯鄉鈔本

淨爽然絺綌獨開襟

翟倫犀 字然明號蘭谷諸生

重陽後一日真州喜晤涇縣族弟鏡堂

蹤跡無端滯白沙飄蓬骨肉總天涯後來聚散知何
處話到艱辛各憶家節過蕭晨嘗菊酒居鄰潭水問
桃花鏡堂住桃花潭相逢爭忍輕相別紅樹江村日正斜

翟　鏞 字豐山 監生

餞秋

紅樹添行色黃花憶舊游那堪今夜酒又送一年秋
老雁苦催客新寒早戀裘無人獨搔首桐葉下西樓

六月一日夜坐即事

六月一日秋氣生颯颯細雨來初更微雲度河忽無
影涼風入樹時有聲三點五點蕉葉響一箇兩箇螢
火明虛堂岑寂客不寐酒闌燈灺難為情

韓柳村哀詞

凶年頻過費支持事事艱辛我獨知上學記從青鬢

硯鄉鈔本

日忘年交到白頭時生憐羅隱功名薄死惜方干際遇遲此後梅花風雪夜豈宜重唱澹園詩

芸味山房看牡丹即席分韻

山館春濃日未曛壓欄花氣晝氤氳樓臺湧起三弓地蓬嶠飛來五色雲傾國色宜絲障護染衣香擬御爐熏背風移燭耽幽賞可當瞿毹舞夜分

李亨衢 字雲谷號南阿歲貢生

美人風箏

偶爾凌虛縞袂温居然舒錦比天孫夢回蝴蝶千年化吐盡春蠶一綫存豈必飄零真薄命漫因遊戲亦銷魂歸來金屋還藏否風雨綢繆倩主恩

陸涵 字篠樓諸生

述懷

彈指勞生半百過塵沙空藉綠輀磨闌心歲月因仍老到眼雲煙變幻多讀塊等身時鍵户吟成脫口漫高歌婦無求去能偕隱只合蓬蒿嬾卻窩

硯鄉鈔本

牛馬紛呼小市譁一枝久已託桑麻客非問字誰攜酒僧為談禪卻鬬茶天末雁鴻賓水國風前杞菊豔霜花年來贏得維摩病料是刀圭綰鬢華

西園飛蓋憶當年兩度朋簪盍七賢 問山椒燈善夫樸人竹軒南阿 戰壘秋高星落落歌臺春盡草芊芊錐雖欲立曾無地管或閒窺別有天莫漫臨淵更欣羨有人早著祖生鞭

年年蹤跡付萍蓬彭蠡飄零又海東歸去阮孚雙屐嬾答來殷浩一函空夕陽倚杖思田舍前渡投竿有釣翁我已無聞兒長大起宗可許繼宗風

楊尊三 字方田號達軒監生

過天津

風俗魚鹽美遊蹤幾度過路通京國近岸泊海艘多夜市喧絃管春城鬬綺羅古稱東北地雄壯此關河

楊尊燮 字竹庵號漁亭監生

秋山

硯鄉鈔本

一片極天淨蕭然三兩重苔痕和石冷雲意失春濃落葉空林路西風古寺鐘楚天新到雁飛過夕陽峰

秋夜

涼風在高樹萬葉鳴空庭夜月半窗白秋燈一榻青浮生悲老大往事感飄零何處弄長笛淒清不可聽

上巳前一日同人集雲谿精舍

東風生蠟屐天氣近初三流水殘花徑空山破草庵春須如命惜詩可當禪參話久斜陽盡吟燈冷石龕

題聽秋圖

秋從何處來聲從何處響深夜立空庭月在梧桐上

葉夢蘭 字小畹 號漪谷

移家西河

移家新結瀼西鄰老屋三椽灑埽新敍水最甘因養父弟兄相得勝依人（謂家古軒）草堂論酒無虛夕芸社題詩步後塵最喜秋來添韻事不教孤負鞠花辰（余與古軒同有種菊之癖）

舟中即事

青山無數畫眉啼江草江花夾岸齊細雨瀟瀟人被酒一枝柔櫓過塘西

繆承鈞 字增緒 號善夫 貢生

別燕子磯

天載重江險瀾迴一水灣老漁欲終古燕子自青山記我維舟日秋風落照間舊遊似相識爭忍不躋攀

欲老

升天成佛願齊刪一晌驚心兩鬢斑不分年光如逝水強攜卮酒對春山紅藤映日新扶杖碧玉臨風舊佩環聞道淮南丹竈近可能大藥駐朱顏

歸與

歸與蹤跡等奔星幾見雲歸客尚停一夜秋心紅樹雨十年鄉夢綠莎廳香爐依舊隨荀令席帽分明戀管寧莫向前塵歎憔悴古人書劍亦飄零

宮 麟 字硯雲 號蘿莊 又號田庵 廩貢生

邗上懷古

鶻鵃初飛借一枝，青衣夜叱有人知。他年六鎮分符日，記否園蕉夢裏時。高歡宅

飛閣淩空繞畫欄，秋宵高讌出林端。座中只有秦淮海，吟取台星入廣寒。雲山閣

海陵詩彙目次

卷十四

海陵詩彙卷十四

里人鄒熊選

宫為坊 字言可號茘圃乾隆甲午舉人國子監學正夫子以年老不仕設講席於家從遊甚衆一時登第者多出其門文以秦漢唐宋為宗與熊談論每徹夜不倦而口不言詩及選是集其嗣君子梁寄一册來情韻極佳讀其詩如見其人

將至定陽和坦庵弟韻

朝日淡層陰山色何清越擬欲踏煙巒直上青雲窟路遠不可登對景惜華髮依依同心人攜手入城闕夜色照梅花疑是故鄉月

有感

晨起覽雲煙旭日上危石盤曲萬山中杳靄忽已夕來日不可期去日如過隙不見爛柯人旅懷難暫釋

同坦庵弟至淨慈寺訪寔蔭上人

古寺隔雲深中有高僧住一徑冷蒼煙鐘聲入遥樹不知城市囂但與詩人遇趺坐晚山青我亦忘遲暮

過嚴子陵釣臺

炎漢成終古先生有釣臺雲山千里濶風雨一帆來灘湧濤聲急霜催雁叫哀伊人不可見回望幾徘徊

喜晤莊舍人復旦

昔別真如夢相逢一洒然雲泥判此日風雪記當年我困羞營窟君行始著鞭揚州分手處依舊水潺湲

放鶴亭

處士今何在空留放鶴亭煙波如此濶一眺萬山青落葉飛無定梅花夢未醒我來為惆悵無語對林坰

疊韻別坦庵四之一

我逐浮生未有涯君於清況不妨賒停車幾日仍為客游宦經年即是家門隱蓬蒿馴鳥雀庭多巒岫引雲霞 謂廖古壇張華農諸詩人 天長水遠閒中味草長書幃花滿衙

喜晤何明府南英

欣逢何遜在揚州鳧舄蹁躚幾日留齋館潤分新賜俸雲山夢繞舊登樓書攤玉案生華髮官擁銅章已

硯鄉鈔本

硯鄉鈔本

白頭一別十年今乍見扶笻還上木蘭舟

得陳澧塘書卻寄

空江渺渺尺書來濩落誰憐曠世才官是鄭虔偏愛酒貧過杜甫獨登臺故園千里心如結長鋏三聲首重迴山水豫章誇絕勝春遊幾度笑顏開

酬家應乾弟舟中見懷作

出匣光芒曜太阿雙旌重向武陵過麟符報最蒙恩早鳧舄香山得句多贈我珠璣到吟榻懷人雲樹滿行窩宦遊未肯忘鷗鷺如此風流奈遠何

自分寧甘守硐阿眼前歲月易經過夢中舊識青山少鏡裏新添白髮多蠹簡有緣消永晝蝸居無賴號吟窩傳經浪說逢彭戴（原唱有課塾羨成佳子弟之句）冷雨荒煙謂我何

西湖口占

十里湖光一鑑清四圍山繞碧波平難窮水色兼天色不盡鐘聲與雁聲便少樓臺都秀絕偶逢邱壑覺情生此中大有高人在夢遠梅花鶴不鳴

惜別吟五十首之十（舟中雜感或書所見或有所思信筆寫出無先後無倫次也自記）

一行賓雁向南飛似向天涯說未歸到得歸時倍惆悵迴翔不為稻粱肥

無計分勞重感歔聊將心事付雙魚莎庭客去空山冷珍重衡陽一紙書（泊衡州札寄坦庵）

埧吹綠水可盟心（坦庵贈予有盟心此綠水之句）此日愁心較水深鎮夜喧闐奔萬馬一燈寒擁半溫衾

龍江東去是蘭谿漸覺灘聲入耳低獨有孤飛雲不斷泥人直接定陽西

水冷沙寒一鷺浮孤情暫寄此荒洲未能飛入雲中去不遇繁霜也白頭（吴王夫差時有白鷺出水中飛入雲中）

雲間消息久沈淪（謂松江廖古壇）平子重逢未有因（謂張華農）小阮不來（謂家芍田）余又去滿庭風雨只懷人

船頭月冷一燈青枯坐尋思入杳冥紅葉滿山高處

望問莊亭與樹心亭問莊亭在石硿寺樹心亭在康王廟在常山時與繆漁湖同遊
看山曾說遠山好佳境還於近處增與坦庵同舟時曾言山以遠者為佳一別雲峰舒倦眼煙波遮住影千層
詩成只好問山靈山為憐人特放青轉過富陽青未了孤帆一片為誰停
夜泊錢江月影織潮聲直欲到山尖愁吟落葉人非舊臥擁寒煙夢不甜

朱景泗字冠杯一字鐸斯以淹博馳騁名場終坎壈不遇予贈詩云回首京華事已非迂疎況與世相違胸羅萬卷無人諒贏得新霜滿鬢歸晚年着作極富惜其散軼故所選甚略

硯鄉鈔本

送吳黼臣歸湖州
悠悠春草生寸寸愁腸結嗟我同心人悵然從此別世路多坎坷天風吹鬢雪

平山堂瞻六一先生遺像
日暮遊蜀岡松濤起峻阪斜照上叢祠山光澹以遠載拜欽鬚眉高風留近晚經濟出文章予懷殊繾綣江月漸茫茫鐘聲催客返

太行山覽古
太行尺脊橫天長左魯右晉分中央邈綿石棧歷太古高厓巨壑撐磅礴行經尼父迴車處令人懷古多慨慷側身遥望長平里荒榛冪歷連崇岡同日趙卒四十萬髑髏血濺遥相望世言死生盡由命豈伊生命概不祥始知人謀毒于虎天道以次鋤其强趙高當軸祖龍死軹道朱綠秦亦亡行行落日隱高巘石門松栝煙蒼茫探碑始識孝侯墓再拜涕泗霑衣裳

硯鄉鈔本

銅官異人不世出改過不吝聖所臧從來陽一陰數二權奸鮮不妨忠良萬年陰謀竟何在將軍馬鬣猶堂堂舉頭回望白雲合停鞭試問來何方梁公思親此延佇征人過此仍懷鄉我亦經時疎問視勗哉前路慎行藏

經岳忠武故里
五國春深草不綠千秋誰洗青衣辱鐵騎宵馳北斗低黃龍塞上賢王哭璽書十二九天來河北英雄氣

盡懷只今再過生申處夜深喬木清猿哀

漁火

潮平江影黑漁火出蒼煙野岸疎星夜蘆花淡月天微茫寒水外明滅斷橋邊偏對孤舟夢殘更照不眠

過清寧道院贈皆春鍊士

曲徑攀蘿入花宮絕頂開亂松鳴古澗落日下荒臺山氣連雲動江聲帶雨來欣逢萍水合掃石坐蒼苔

讀晉史

西伐南征奏凱歌羊車便爾望恩多君臣正學唐虞禪兄弟偏操吳越戈但見廟堂揮玉麈已知荊棘沒銅駝張賓王猛才如用或免新亭喚奈何

遊白雲寺

鷲嶺盤空一磴斜白雲精舍帶晴霞幽期客至春鉏藥鄰屋煙生午焙茶山鳥啼殘紅杜宇僧樓開徧碧桃花紅塵此處飛難入卻恐方壺未足誇

夏日過西河草堂即席賦贈古軒妹丈

黃鳥聲中綠樹濃幽居不厭日過從識途我已懃疲馬論士君能辨假龍千里客囊留短劍十年塵夢破殘鐘（時余從京邸返里古軒亦自真州歸）埽愁拚醉梨花釀一洗平生塊壘胸

側帽風前鬢未華軒軒人似赤城霞著書屢換龍鬚筆話舊同消鳳爪茶可惜黃金皆鑄錯休將白璧更吹瑕秦淮風景燕山月孤負秋來幾度花

古意

飢驅向良友問我來何為坐久寂無語秋風吹鬢絲

王鈞斜

楊花尚未飛朱顏已消歇香魂何處歸猶傍迷樓月

歎逝

今古真成一擲梭咸池夜夜浴層波任教運盡齊頭覺催得英雄白首多

宮國苞（字渭川號霜橋監生世冑清才坎坷不遇晚年徧遊壇坫身負盛名詩如仙樂春雲不愧紅椒嫡派著有半紅樓北遊草諸集）

冬日過王平圃先生石畫軒

冷徑稀來客，高軒抱曲廊。石情生水墨，詩骨鍊冰霜。到眼無新豔，論交發古香。百城看坐擁，面面設吟牀。

春夜書懷

照石紅燈暗，盈頭白髮新。老生顛倒夢，春遠寂寥人。闌酒心猶壯，看花迹已陳。衰年驚節序，孤負此良辰。

僧舍避暑

倦遊來佛舍，小徑竹風清。夢向衰年破，秋從極熱生。

硯鄉鈔本

淺溪雙鷺立，高樹一蟬鳴。煮茗逢僧話，蕭然萬念平。

送胡丈西垞東遊

淚落不關春，春江又送人。窮來惡離別，老去怯風塵。舊國青山遠，他鄉白髮新。孤帆從此發，珍重百年身。

秋夜懷范松亭司馬

煩暑因風退，新涼入夜生。夢殘孤燭影，秋緊百蟲聲。落寞無新意，飄零感舊情。相思隔天末，官況水同清。

七夕感懷

一水迢迢外，煙波有故居。寄書遲塞雁，歸夢感江魚。落寞情偏愜，飛騰願已虛。天街涼夜永，清露溼衣裾。

宿王柳村郊居

迴環溪上路，幽寂四無鄰。水竹宜調鶴，煙霞能壽人。酒香剛卜夜，花氣不關春。一室聯牀處，渾忘話及晨。

棠湖晚泊

湖波清且潔，晚泊近沙洲。雙鷺白浮水，一花紅為秋。霜華消客路，生計羨漁舟。待月沽村酒，長吟破旅愁。

硯鄉鈔本

落梅

一樹橫斜隔水濱，東風吹散豈無因。收殘香片剛逢雨，辱到泥塗為占春。鶴去樓頭纔弄笛，琴橫竹裏不逢人。江南三月凡桃李，好借餘芳布錦茵。

東海旅次寄懷秀璣八弟客京邸

花前分手記春殘，冷月珠林悵獨看。千里關河孤夢遠，九門風雪一燈寒。年衰荒海謀生拙，米貴長安作客難。兩地相思各天末，尺書珍重勸加餐。

題儲玉琴畫溪春泛圖

青山面面翠沾天，佳處憐君未買田。兩岸桃花紅欲雨，一溪春水綠成煙。美人消息吟香草，詞客生涯託釣船。我有先人耕讀處，不扶歸棹十三年。

寒夜宿姚司馬官署偶成

一天寒月照冰池，偏是勞人睡獨遲。野寺鐘聲官閣鼓，十年聽得鬢如絲。

珠溪道中送黃小松歸江南

相思相見總生愁，況是河橋欲去舟。如此垂楊如此

別，銷魂何必定揚州。

送梁松坨歸里

酒醒虛堂燭影孤，秋風一夕起江湖。十年涕淚知多少，半為窮交送別枯。

夏震 字東起，號春舟，監生

秋夜東周晴溪

不寐空彈鋏，雄心感白頭。雨收半庭月，蟲響一階秋。可奈平生事，併教今夜愁。伊人夢何處，應在浪西樓。

秋日邗上晤葉古軒表弟

我問悲秋客，胡為澤畔行。懷才同一哭，痛飲竟三更。羞澀黃金盡，飢驅白髮生。壯心經百折，詩思益縱橫。

衰草

何處寫秋色，六朝蔓草荒。飛霜連塞白，落日極天黃。遠道歸期杳，清池舊夢長。寸心含冷綠，留取待春芳。

花朝雨中同人浣香軒小集

最喜聯吟舊草堂，夜來新漲滿池塘。一春晴好無三

日，百歲懽歌得幾場。上客偏多湖海別，謂魯石霜橋暨古軒表弟佳辰其奈雨風長。須教此會還珍重，難得花時共舉觴。

新夏集瑣香書屋懷方立堂汪劍潭

朱櫻綠豆年年會，小雨疎燈夜夜愁。往事難平將去水，離心易感未來秋。夢中芳草人千里，江上瓊簫月一樓。借問蕪城詞賦客，清尊還憶舊吟儔。

荔塘將有遠行寄詩留別奉和原韻

問君何事嶺南遊見說聊為八口謀萬里雲山空有夢五更風雨獨驚秋不愁前路無青眼其奈依人已白頭從此相思渺天末數聲征雁下西樓

春日思家

春風吹羅幕春夢全無着幾日不歸來山花開更落

同費東池傍花村探秋

去年花裏逢君處石徑行來我舊諳未免被他籬菊笑年年秋在客中探

夜泊聞鄰舟琵琶

孤舟夜泊酒初醒到耳哀絃不可聽商婦琵琶司馬淚秋風各自感飄零

常廷謌 字諍士號檢齋檢齋貧而耽吟不事生産中年瘻廢日坐敗牆老屋中嘯詠弗輟易簀前十日詠春月有句云深院梨花門半掩高樓楊柳笛將殘讀之幽冷有鬼氣余謂古軒曰檢齋病不起矣後果然其子繼香學富才敏耽吟綽有父風為刊檢齋全集

黃葉

硯鄰鈔本

黃葉下紛紛西風作暮陰衰遲應有恨搖落本無心雁到霜偏早蟬鳴秋已深江皋人別後斜日滿疎林

客中登高

旅思愁無着秋懷強自寬酒須今日醉花當故園看日落笳聲壯江空雁影寒悲風起天末吹我客衣單

秋柳

冶葉倡條事已非臨風無力尚依依少年空使黃金盡此日能邀青眼稀終古隋隄傷逝水一聲羌笛怨斜暉飄零莫問靈和事只有寒鴉作陣飛

四十

四十韶光似水流安貧已分復何求嬾從舊雨邀青眼漸有新霜上黑頭兒女未婚身臥病弟兄分爨母貽憂從今事事無爭競一任人呼作馬牛

黃金臺

臺上黃金盡惟餘百尺臺燕昭不復作惆悵我空來

韓一鳴 字柳村 諸生

硯鄰鈔本

登木末樓

絶壁危樓峙㩜蘿有路通羣峰開地勢萬木乳天風形勝南徐控旌旗北府空大江鳴咽水猶似弔英雄

將有遠行留别諸同人

故山不可住此别奈愁何歧路英雄淚浮名錩鐰歌蒹葭秋水濶鴻雁異鄉多去去重回首蕭然兩鬢皤

寄懷白下金曙帆

客思經秋苦還添别恨深關河孤館夢風雨一燈心

淚落尊中酒聲銷爨下琴人生似溝水各自感浮沈

嚴灘懷古

羊裘著去豈無因捷徑由來是富春七里煙波聊適跡一生心事託垂綸客星枉自占漁父天子何曾忘故人若使堂廉誠盛德何妨朋友亦君臣

賀筠原移居

卜居無地正茫茫卻羨君先搆草堂騷客最宜聯白社美人端合住西方閑來種菜門常閉老尚臨池學不荒茗盌爐香都位置一枰消受午風涼

懷黄淡溪

茆檐十載對門居來往曾無一日疎握麈談深人静夜坐花吟到月來初羊腸徧歷身纔定鴻爪重尋跡已虚别後生涯如念我清貧典盡舊琴書

雨中同楊竹庵再過且住軒小集分得春字

疎雨蕭蕭灑麴塵玄亭又見草成茵來如燕子重尋社開過桃花不是春嗜酒半生痴有癖縱談一夕語

驚人不知此會成佳話道路爭傳折角巾

暮春送别

離亭一别即天涯雲碧山青正憶家只有楊花飛不散紛紛如雪裏征車

李碧園 字八愚八愚性嚴而介疾惡如讎同人行一不義即終身不與之交世目為愚故自以八愚為字文境高卓二十年文場罕有識者某州侯激賞之將首拔焉而八愚病劇試竟不終詩文稿極富臨終前一日悉焚之

贈蔣三爽亭

徑已蓬蒿滿君徧誦讀勤耕耘三寸舌機杼一家文心痛鵑啼血（君患咯血之病）年荒雁失羣可憐潘岳鬢四十雪紛紛

陳　銘（字鼎鎬號柳門諸生）

讀項王本紀

崛起大江東烏騅怒嘯風三年成霸業一炬燬秦宮失計鴻溝劃悲歌虎帳空生還羞故土此語亦英雄

遣興

長日靜方覺閒身起較遲庭花收宿露籠鳥誦新詩有酒不妨飲無人有所思小窗清課畢坐到月來時

渡江

莽莽風煙接素秋茫茫身世一浮漚千層雲氣胸前盪萬派濤聲脚底流隱約樓臺連鐵甕悲涼鴻雁滿瓜洲卻憐江上頻來客難免青山笑白頭

對月

雪淨月孤明峭寒照帷幕衣邊露氣涼滿地桐花落

許　浩（字本泉監生）

讀椒堂遺集有感

猿鶴空山痛失羣重拋殘淚讀遺文生前心血搜應盡紙上吟魂喚莫聞卭有黃金能鑄骨斷無青眼不憐君蕭蕭宿草西郊路三尺殘碑伯道墳

俞國華（字蔚村）

贈李少白

疎狂猶似昔風骨本天生叵秘千金劍詩堅五字城青山羈客夢紅豆暮年情（少白新納姬人）聞道楚氛靖鄉園足釣耕

析

酒醒燈光暗疎更聽轉淒雨沈孤驛外夜靜六街西人擁寒衾數聲隨曉角低驚心傷往事何況更聞雞

西郊

短隄曲曲近西郊偶為尋秋俗慮拋山色遠從疎樹出水光低與暮雲交一帘酒市人探菊半角殘陽烏

認巢遊興漸慵詩興起草堂門在月中敲

冬夜病中有感兼柬友人

壯志蹉跎負此身聞雞夢裏覺酸辛峭寒風力能冰酒深夜爐灰不煖人藥尚可醫非是病袍多相贈豈為貧掉頭悟得三生幻舊雨箴規莫厭頻

詠史

江東已識無卿比關内如何失此賢太息桓温空跋扈竟將人傑讓苻堅

豆花

蔓牽屋角蔭蒼苔千點花從雨後開絡緯一聲涼似水秋風先上短牆來

高垂裕 字啟昆職監生

落花

紅雲宴散客遲遲青子成陰綠滿枝鎮日閒將銀絡索是誰吹斷玉參差年光已是啼鵑候天氣渾如中酒時望遠愁春雨悵觸故拈紅豆誤相思

舟中口占

推起船窗八扇紗山村遠近足桑麻養蠶門巷清明節一路濃陰聽紡車

宮瀚 字綠香諸生

贈梁希古

飄泊常為客垂青得幾人感君肝膽熱愛我性情真豪氣絲難繡清言座有春相逢一尊酒同洗十年塵

團維堅 字雁山諸生雁山與許筠園葉古軒及諸同人結芸香詩社於興隆庵每逢雅集達兩晝夜至於瞪目張口不能言笑猶惓惓留客其興豪如此

花朝雨中集浣香軒分韻

壓屋濃雲墨不如輕寒亭館最蕭疎聊拚花事三分減細數春光一半虛詩興漸豪中酒後茶煙忽散捲簾初料應添得門前漲流水平橋賣鱖魚

秋日同人再集雲谿精舍

一聲鐘響出林間同訪支公再叩關月色淡將化為水秋光瘦不過於山蘆花點我愁中鬢楓葉如人醉

後顔記得前宵共酩酊燈窗吟到夜深還

宮連錦字纈雲乾隆甲寅舉人

曉發攝山至金陵

江水接天清峰高曠野平遠山浮曉翠古木起秋聲

挂席辭輕舸風興又陸程太平門外路幾度笑間行

晚翠山房同人分賦九秋詩拈得秋柝

星河絡角夜三更殘醉初回客夢驚響入遥天新雁和敲來深巷亂蛩鳴相聞竟似邾連魯警衆何殊鐸與鉦從古關梁多下吏敢辭霜露憚宵征

硯鄉鈔本

儲霆鋭字時敏時敏爲柴墟先生裔孫九歲能詩詠參旗有錯認村中沽酒家之句未弱冠通經史善屬文以攻苦致疾夭折其尊人鳳衔明經持遺稿屬附梓之

桃源圖

路入桃源裏居人别有天桑麻疑太古雞犬亦神仙不與興亡劫焉知漢魏年再來峰壑變流水滿前川

吟盡江南煙雨春

零煙碎雨半晴陰夢醒江南子細吟金粉猶存春事杳鶯花無恙客愁深空濛山色裁詩境瀲灧波光感賦心踏徧石頭城下路樓臺罨畫畫沈沈

硯鄉鈔本

海陵詩彙目次

卷十五

硯鄉鈔本

海陵詩彙卷十五

里人鄒熊選

陳燮 字理堂嘉慶戊午舉人官邳州學正著憶園詩集王柳村羣雅集云謝少宰視學江淮目理堂為郭景純木玄虛之流畢秋帆吳會英才集云理堂一官奉檄十載攖憂仲宣登樓景行種韭繹其詩每悲其志阮梅叔珠湖草堂筆記云理堂題紅梅詩一笑相逢竹外枝斷霞殘照欲開時珊瑚筆格挑花紙細寫官齋雪後詩予愛誦之

謁儲柴墟先生祠

吾思柴墟公異才本天授便便孝先腹書味非飣餖射策掇巍科下筆海山走養望官南都蔚然松色茂中朝及嘉隆昌言轡屢搆疏薦四諍臣忠肝鐵石就至今諫草傳鬱為儒林首餘技及篇翰不落七子後惜哉用未竟銓衡職空守荒祠遺搆存殘碑臥苔甃夕陽下城闉海風肅圭竇典型去已遥鐘鼓知誰扣歸來讀公文簫韶九天奏

謁王心齋先生祠

餘姚昔講學高見卓不羣空山萬籟寂妙契由天真

硯鄉鈔本

良知獨提倡兩字張吾軍大業炳南紀浩氣淩紫氛
先生起布衣守道衆所親聞風益興起拾級趨龍門
長揖文成公論辨超常倫退就弟子列甘與草澤淪
力行久逾積坐忘理則存同遊二三子罔弗尋厥根
始信吾儒貴不借軒冕尊荒祠數百載海滋無替人
遐哉學樂歌讀之獲未聞

秋日同俞樸人繆善夫李南阿程稽亭過浴沂亭奉懷韓次山先生

孤亭出寒渌敗葉圜元關穿蘺度畧彴倚檻聞琤潺
淒迷失舊雨錩鏁輸華班及兹秋風悲每憶春風閒
濠梁官獨冷淮水波漩澴牽船作學舍釃酒臨荒山
知莊昔有惠苦孔今誰顏高情緬埏埴別夢仍追攀
黄鵠一再舉合并寧當慳

硯鄉鈔本

元夕後一日同黄仲則登天橋樓待月作

春風吹人人欲仙春月照人人可憐昨宵月出我醉
眠今宵待月爭月先城南尺五韋杜天鷩沙自起吹
寒煙天橋横貫入馳道忽開空曠無迴旋酒樓之高
高百尺登樓四顧心茫然冰輪欲上不肯上清光一
綫相連綿但見遠火出林際疏星錯落明遥天舉杯
呼月月在手月驚我頑我卻走脫貂付與酒家孃醉
引荆卿作死友坐中山谷今文雄風流卻似阮嗣宗
途窮偶爾痛哭返率意獨駕誰與同狂言霏霏落玉
屑高歌颯颯來天風排雲直上叫閶闔欲令真宰迴
洪濛嗟予抱病風塵下客裏良宵亦聊且對君長嘯
忽復悲欲起古人問來者素娥悄悄無一言照予清
淚如鉛瀉

射虎行

斐旻射虎妙無匹一日得虎三十一欻然怒馬叢薄
中衆虎屏息一虎出虎小而猛據地吼將軍墮弓辟
易走回頭卻顧封使君風號日冷起愁雲北平父老
笑相語君乃射彪不射虎

潘沙隄寄和雜詩仍疊前韻奉懷四首之一

硯鄉鈔本

天末雙魚到開箋獨倚闌龍虵隨筆落肝膽照人寒
遼海三秋老長城五字難多情千畝竹一一報平安

說劍

不是袁公術聊從莊叟遊齒牙飛古雪肝膽話清秋
鳴自匣中出言於天外留怪他持寸鐵細碎辨恩讐

老兵

百戰餘生臥草萊戍樓閒聽角聲哀迷離望極平安
火慷慨歌成阿濫堆至竟封侯無骨相何曾廝養不

英才記從故李將軍後夜夜山南射虎回

黃葉

秋老江南木葉稀六朝金粉未全非高峰瘦日不知
處古戍驚沙相間飛慘淡心情餘畫本蒼涼煙景入
荆扉卻憐草色河橋外又逐征塵上客衣

登戲馬臺

衣錦何年戲馬迴龍從怪石擁荒臺重陽風雨思高
會西楚山川出霸才浩蕩秋原看鹿走蒼茫戰壘見

花開阮生一掬英雄淚廣武吟成迴自哀

懷王雪圃同俞樸人宮竹軒韓柳村李南阿作

楝花風起思茫茫話到分襟感不忘鏡水無由歸賀
監（雪圃會稽人）吹臺空自弔梁王愁中歲月消杯酒客裏
山川對夕陽知否同心二三子懷人慵理舊詩囊

題張船山太史雜感詩後

王師四載出褒斜羣盜猶然恃井蛙天下奇才誰八
陣古來烽火畏三巴關山馬骨連雲棧風雪樓船走

浪花廿首新詩疏痛哭祇今惟有賈長沙

潘世求（字作人，號沙隄，乾隆戊申舉人，官和州學正。夫子正色寒芒，言笑不苟，孤峻不諧於俗，江淮人士羣奉為山斗焉）

旅寺送王雪圃往河南

對榻乍逢君分袂何太遽花落一江春鳥啼孤寺曙
淋漓斫地歌太息登車去此去過夷門為訪侯生處

淮陰齋中題友人白描牡丹圖

曾記東華春欲暮看花車馬紛紛度媿我緣慳第一

香牡丹時候淮陰住正倚闌干惜落紅且喜故人來尺素披圖驀見窈窕姿輕若籠煙淡籠霧伊誰龍眠點銀豪繪取天香成別趣富貴偏傳澹泊神等閒那許臙脂汚好將本色筆端留不博時人眼底顧魏紫姚黄爾自春此間幸免蝶蜂妬

中秋夜寓村寺口占

疏雨一番過蕭然坐上方乾坤真逆旅煙水亦家鄉月色原非色天香別有香禪機今夕悟塵夢喜俱忘

閒居詠懷適陳澧塘見過

豈有懷中玉空慚頭上冠詩書終日對風雨一窗寒壯覺聰明減貧知世路難元龍欣過我翦燭話更闌

下第後館潞河齋中即景感懷

游仙一夢付東風覺後塵灰劫未空耳聽驊騮鳴道上身如鸚鵡寄籠中百年槐蔭天餘綠三尺榴花爾自紅何日故園容笑傲村居翻欲羨冬烘

徐觀 字鶴峰原籍興化人負氣傲物而胸襟坦白無私槖筆遊江淮間四十餘年歸老海陵卒於城西僧舍同人斂之葬西行頭茶巷之西為立碣焉

四十

未敢言强仕蕭然韋布身乾坤空我拙骨肉有誰親野店荒雞夜秋風匹馬塵浪游知計左閉户守長貧

送周曙峰歸里

十載飄零感謀生事事難與君同作客先我上歸鞍風緊離歌咽天昏別酒寒臨歧無一語各指鬢毛看

落葉

西風太無情吹落萬樹葉辭柯當歸根緣何舞不歇

吴溭 字侍軒流寓甘泉遊於江淮諸壇坫間三十餘年至貧不能自給而晝夜苦吟不絕著枕流閣詩鈔

上方寺晚眺

躡屐步崇岡落木起寒色川原同莽蒼憑眺渺無極空亭澹夕暉歌吹久岑寂古人不可攀俯仰慨今昔入暮疎鐘鳴新月挂東壁

破屋歎

浮生五十顛毛禿釜底炊煙時斷續仄徑遶城根老樹遮破屋蝸牛篆壁案凝塵苦竹當窗伴孤獨秋風颯颯秋夜涼客來説鬼燈光綠燈光綠酒顏紅仰天大嘯天宇空天空客去月初起依舊軒軥破屋裏

贈潘介亭

介亭讀書超前賢胸羅萬卷何便便處困不知身世累耽吟慣結湖山緣甘與屠沽交恥受公卿憐往往披衣趿敝屣佯狂入市歌聲喧市上小兒不相識揶揄備至羣呼顛我愛君才世稀有每當晤對情留連進君酒拍君肩勸君努力祖生鞭古來有才必有用豈容兀傲終林泉

落葉歎

秋雨淅淅風蕭蕭委塵黃葉辭柯條飄入蒼煙翻屋角收拾秋心歸寂寞幾番惆悵倚闌看霜花著鬢悲搖落回憶芳園青滿樹不覺流光暗中度嗚乎人生遷變亦如此昔日少年今老矣

硯鄉鈔本

海州

古堞峙山椒山寒萬木凋茅棚皆近海鹽井自通潮問俗民情儉謀生竈户勞此鄉居僻壤處處有蓬蒿

送湯秀谷之豫章

江水自悠悠江帆送客舟相思千里別迢遞一天秋孤枕添吟興西風動旅愁歸期定何許深與話離憂

懷劉卧松

去歲重陽日黃花一送君秋風今又老白髮感離羣海氣杯中合山光夢裏分何時同倚劍細細説從軍

秋日喜蕭晴巖李漁莊張老薑見過草閣論詩

涼雲散盡新晴候月到疎林客到門把酒已孤三日約論詩不作一家言人間味讓藜羹美我輩交惟布褐尊千古寸心期共許白頭相對醉黃昏

蛾眉怨

勿怪郎意疎自歎妾年老昔日鏡中花今時路旁草

團維墉 字雉皋號蕉墩晚號退室儀徵人居泰州乾隆辛卯副榜安徽含山縣教諭

硯鄉鈔本

水遷詩

洪湖怒拍天一夜荷塘圮汹汹灌下河人魚半生死逃者為蜚鴻哀鳴鳴不已真州據上游小縣江山倚有客從東來負書擔行李倉皇前叩門我友吟香樸園諸君我弟子宿厓諸賢濯足爭煖湯招魂各剪紙為我誅衡茅為我安琴几妻孥笑盥櫛炊火冒林起甚愧故人厚此間矧故里驚定還泫然自我海濱徙五世聚族居邱墓紛纍纍豈意垂老別一朝付煙水東望白茫茫揮涕不可止

硯鄉鈔本

退室偶成

自我築退室於茲已三年主人久不歸如蓬逐風旋江湖涉未已上下層山顛朱門謝酒肉官閣迎歌絃兩耳塞欲走裾絕行復牽猿鶴既致怨松菊失其鮮北山有移文對之徒赧然

人事等亂絲所貴一力斬猛虎驅我行勇退無不敢整我芸架籤埽我苔階毯分無溟鵬望寧受腐鼠嚇默定一室中虛白漸生闇孤懷澹以清萬古一匊攬

恂恂蟠几側二子執經從大者委如蛇雖長不騰空小者本將種讀書莽且惷石頑鑿逾胉單絲繫危宗類我復類我三祝淚盈胸盈胸不惜淚口血啼鵑紅咿唔滿四壁齏粥安吾窮

聖賢有遺書名教有樂地人生匪骨董乃聽人位置新曦照晨盥薄月送殘醉竟日坐疎簾時有微風吹泊然形骸忘萬仞餘鐵臂鏗鏗誦且絃閉户別無事

硯鄉鈔本

將自龍亢告歸奉懷桐軒卻寄

海東天低雲漫漫我有老友臥其間行年七十不得意豪宕頗學頑仙頑自我西來定我怪倦鳥已倦無時還碁枰茗盌盡高閣有室不退門常關朔風吹雪大如掌夜起催轉車輪圜歸來萬事胸不挂沽酒且挈瓶雙鐶手排退室呼二子悔庵繼香與君大笑開愁顏耳中久不聞叱咤轟然疾雷一破山

次常繼香韻即贈二首

一賦閒居客少來車生黄耳席生埃百年病臥袁安老兩首詩投子建哀卻怪君為初脫穎爭如我歎不然灰相逢莫更歌兼哭但付高吟擊鉢催

拙速由來遜巧遲羡君年少感君詩有才似項何須說此事非袁孰可推寶劍自從星外吐濁醪且任掌中持頗聞篋滿雄文貯好共山翁一賞奇

潘煦 字螺村

客中喜晤袁冶山

一樣飄零可奈何故園門巷久張羅鬢眉我媿廿年改兒女君憐八口多客況挑燈惟對影愁懷彈鋏漫成歌柴扉相隔還相近莫惜衝泥踏屐過

送冶山之東亭館舍

送君不是故園歸又捲琴書賦式微百里煙波從此隔三年詩酒共相依老來我已甘雌伏貧後人多似葉飛他日錦囊得佳句雙魚莫惜寄柴扉

袁澄 字濟宗 監生

暮春過希誠書屋

步屧城南隅吟眺每長往向夕叩柴門一見形神爽築圃記初成堂西二畝廣煙籠竹樹深水漾菰蒲響相訪過高軒雅懷洽心賞今茲遠人歸謂蘿村胸襟為朗暢清言雜詼諧醉鄉得疎放不知歸已遲西林新月上

春草

一覽青無際蒙茸接遠天卻隨隄畔柳穿破隴頭煙好夢當三月懷人又一年香輪休碾碎留與醉時眠

己酉仲夏喜徐鶴峰再至吴陵

相逢又喜集城南客路風霜久亦諳我媿雕蟲存舊癖君非捫蝨不雄談平生鐵筆沈詩窖廿載萍蹤傍佛龕別後鬢眉皆老大醉吟莫負月初三

癸卯夏五李楓厓仲雲江雲浦招集天竺精舍分韻

薰風牽袂幾名流郭外尋來小寺幽煙水三分遥入

硯鄉鈔本

畫陂塘五月冷於秋壓枝果熟憐盧橘照眼花明到石榴遮莫晚鐘催六六不妨茅屋重勾留

丙辰春過北園玉蘭花下追悼團鶴筊先生

北園書館署辛夷瓊樹依然發舊枝春柳詞人推曰下畫山椽筆震當時風摇雜佩千層玉箋寫桃花五字詩（命賦玉蘭詩載繼聲集）隔水誰家吹短笛夕陽影裏故遲遲

雪後茅山道中

高下松厓不及攀石橋澗水幾迴環轔轔一路車聲裏飽看江南雪後山

謝偉儒（字玉孚，監生，著虹橋詩鈔）

訪友人即贈

風景蕭然水竹居閑將心事付禽魚淡懷與我同踈散習氣如君盡埽除一塢白雲尋藥後滿庭紅雨折花初頻來叩户無他事特展雲藍爲乞書

土城

彈丸何事借堅城識得當時此備兵海甸全銷烽火氣人家半作管絃聲闌門吏放三更鑰村郭農勤二月耕今日風光迴殊昔承平不用念開平（海安土城爲明初常開平築）

煮茗

庭外頻看鶴避煙石鐺松火潄新泉書聲歇處茶聲響人在春風縠雨天

山塘雜詩

禁煙節裏度清明桃李無言倍有情一夜樓頭新雨足幾家門巷賣花聲

輕霞薄暮欲横空山色煙光沓靄中寶勒鈿車人散後鳥聲無數夕陽紅

王純嘏（字松樵，精於製硯，貧而廉，非分所應得一介不取，居招賢鄉，結二三詩侶閒吟以自適）

秋日偕徐鶴峰周曙峰招賢橋晚眺並訪葉古軒

硯鄉鈔本

硯鄉鈔本

日色澹高秋秋風散客愁僧歸黄葉寺鳥下白蘋洲北郭千家暝西河一水流草堂知不遠訪菊暫勾留

吴會 字曉嵐甲子舉人

出門

男兒學干謁仗劍事奔走僕夫行製裝舉酒別親友堂上拜雙親見父不見母欲哭更吞聲徘徊膝前久門内戒家人晨昏託新婦弱女甫四齡依依戀懷袖誰云四方志至此不回首

秋江詞

芙蓉花秋江水美人期不來明月空千里千里木蘭橈山長水更遥遥情渺渺知何處芙蓉花落秋江暮

題李楓厓琴臨秋水彈明月圖

博羅老仙控赤鯉倒卷流霞挾焦尾天吴夜竄妖蟇饑三十六洞秋光死洪厓笑拍太白肩晶槃倒浴玻璃天駕鸞不飛颶不作請收萬籟歸冰絃君不見鐵龍道人撅鐵篴轟雷怒裂琅玕石又不見黑奴絃索花奴鼓夜攫蓬山老蛟舞生綃半幅頹秋雲吴絲蜀桐飛珠塵白鸞尾埽銀濤歇再整鳴璫貼寒月

海門觀日出歌

天門訣蕩開鴻濛天雞大叫扶桑東義馭欲上不肯上先遣海上彤雲紅紅雲忽被海風捲海上萬里澄青銅天光海氣相摩盪無端又遣潮頭障一落纔看千丈强一輪早躍三山上上有三足金烏奔下有百道驚蛇翻赤鐵出冶不再入火龍吐燄那復吞此時

上界欲卓午此時下界同初昏晴煙一綫走碧落萬户千門動魚鑰回首金焦兩點青一聲吹起城頭角

聽揚將軍說金川縛賊事 將軍名連浩成都人以金川軍功授泰州營游擊

將軍醉臨古戰場夜夜鐵篴吹青羌鐃歌親製十二章使筆如使梨花槍麾下健兒身手殭血洗刀劍衣裹創横磨十萬百鍊鋼不斫死賊驅生降不驅酋虜驅賢王驅之不異驅犬羊且驅且縛縛且扛有時縛

賊裂帶裳有時縛賊割馬韁縶兩手足弓反張白木梃子貫中央一貫五賊皆郎當五腹貼地五首昂五肩五背相銜撞四卒對舁行踉蹡騰越澗壑超山岡凱歌亂雜呻吟腔將軍斷後神飛揚軍門大轟開兩行兩翼散卒來扶將歸來十賊九欲僵解縛擲地關鋃鐺人各一賊監車箱將軍笑脱軍前裝帳下犒士羅酒漿酒中血瀝生黃麞歌嗚不辨伊與涼男兒到此真昂藏不爾野雀餞空倉祇今說賊聲琅琅意氣

磊落排天閶觀者聽者如堵牆論功策勳不可量掀髯一笑歸故鄉家有八百成都桑

恩張兩總戎歸自臺灣軍營

落日大旗紅刀環唱北風鯨鯢收海上韓范在軍中甲洗銀河澗文飛露布雄一聲鐃吹響天外兩歸鴻

山寺

不負尋幽約來為初地遊山靈如識我花裏喚登樓晴灑諸天雨涼生六月秋高吟誰屬和空外起樵謳

宿暨陽城外潮音庵

幽磬一聲響驚濤千疊消誰能清客夢我已宿僧寮夜色連朝色江潮接海潮舊遊何處覓山水意迢迢

京口送陳雲士入蜀

欲餞無家別征車且暫停他鄉兒女淚落日短長亭路入千盤細山銜一髮青斷腸今夜曲莫唱雨淋鈴

香雨樓

琳宮珠雨散青蒼盡護優曇入衆香四座祥輪迷海氣一龕寶月炫湖光天開迦葉三花界雲淨維摩十

笏房競羨講堂邀上客春風簪筆埽詞場

石城橋

石城橋外晚風微徙倚平林送落暉記得去年曾泊處繫船楊柳又添肥

韓光榮 字曉村 監生

白溝送客歸江南

昨日渡河來今日渡河去天寒雨雪多明日復何處

北風吹我心共入江南路

廢圃

數畝荒涼地城隅一帶偏春風吹不到秋月自孤圓鳥鼠爭陳跡蓬蒿起暮煙何人來牧馬衰草尚芊芊

答同社書

故人書到勸加餐去住其如事百端有母別當垂老日無衣行況晚秋寒空囊作客神先沮長路依人鋏怕彈到底壯心消不得一鞭風雪上征鞍

王壽康 字竹杉監生

金陵曉發

僕夫催上馬碌碌又晨征落月下鍾阜殘雞鳴石城鞭絲難指路馱鐸只聞聲去去東方白朝暾隔樹明

朱鳳藻 字瑞廷號廉江諸生

柳枝詞

一枝相贈抵黃金共說情同灞水深只恐柔條能繫馬短長繫不到人心

吴履厚 字載堂

春暮

名花開盡晚晴初種菜西園自荷鋤春有光陰如過客人非貧賤肯閒居少年風趣三分減回首雲程一半虛莫向通天臺上問此身原是不材樗

何 橋 號醉石居士

宿田家

藝麻一畝勝蘭畦太古空山少是非雁户昏燈春燕麥鹿門斜月話牛衣謀生半世横經拙好夢今宵負米歸幾欲躬耕隨野老悠然心息漢陰機

鍾爾敬 字竹樣

春草寄宫霜橋

東風連夕釀輕陰吹醒茸茸寸草心别後新愁增悵望夢中好句欲重尋情隨細馬千盤遠思與清波一樣深眼底穠華都不染任他花柳放成林

吴增禄 字錫藩號燮堂諸生燮堂弱冠負文名屢薦不售中年託詩酒以遣興性豪縱飲辛

以此致疾殞身悲夫

偶成

未醉我謀醉既醉我無事咄哉荷鍤人乃為身後計

雨中登高

佳節恐虛度登臨强自寬滿城迷宿雨雙屐破朝寒覓句空搔首逢人漫整冠濛濛煙樹裏誰把菊花看

秋日懷夏園耳山紅舫客秦淮

秋風楊柳拂青谿秋水空明夕照低料得酒樓燈欲上一船人語過橋西

硯鄉鈔本

海陵詩彙目次

卷十六

硯鄉鈔本

海陵詩彙卷十六

里人鄒　熊選

仲振奎 字雲瀾監生松嵐長子懷才抱潔學有淵源一時從遊者甚衆詩格在韋柳間其峭勁處則過之著有綠雲紅雨山房詩鈔

錦江雜詠二首

昨夜山雨急唐安水勢高兩岸居人稀欲渡無輕舠立馬大河側滿袂風蕭蕭童子識予意村南言有橋橋廣不及尺亘如虹在霄洪波撼其下目眴心神搖

硯鄉鈔本

錦江稱周道坎險在崇朝何況滇池路山川鬱迢迢溫江小城郭雙溪襟帶間山水晝夜至狂瀾吞遠天溪邊有父老臨流淚潸潸出者生死別居者朝暮難陽侯又鼓盪浸此百畝田居者不如出暫得免饑寒出者幸無恙歸來亦無餐

華陰西嶽廟

巍巍五鳳樓飛甍歒雲脚層城抱日月秋意滿鈴鐸金龍盤空起白鴿對檐落中有太皞宮神光晝歆溥

謁叔母

朝與族妹別暮登叔母堂不見叔母久鬢髮忽已蒼慟念先嚴逝相看淚滂洋悲定問慈母年時筋力強下及弟妹輩旁及姻婭行大妹入廚下洗手作羹湯小妹不識兄百喚羞出房鄰家訝生客婦孺環一牆廿年無戚族問我來何方阿弟耀來年村橋謀酒漿烹鮮摘蔬果斟酌傾中腸中腸不能罄衷回夜已央明日孤舟別悠悠雲水長

擬古

忽忽何所樂乃在天一方關山路緜邈何由知故鄉付書與鯉魚所言不能詳方春雁北飛方秋燕南翔遠別常經年歧路多旁皇萬物所不堪游子心以傷浮雲在風中欲往行復颺飄泊非長計男兒當自強

硯鄉鈔本

度梅嶺

雞鳴檢行裝駕言度山去曲折上重岡螺轉入雲霧縣磴歷千盤危梯經幾度兩峰相斷間中有登天路

梅關分南北疆域判雄庾擔負雖周途烽燧各有戍
振衣陵絶頂宇宙渺一顧千疊萬疊山十重百重護
小庾如兒孫嫦娥如僕婦長嘯陵天關東西走烏兔
徧地粤東花排天嶺南樹昔在張子壽鑿險便行步
亦越宋管銳種梅滿征路徙倚梅花國疇能得奇趣
我得梅花神高吟廣平賦

清灘

清灘一片石江水一百尺萬石水中排萬水石上立
天吳鞭撻龍一羣掉尾齊向東洋奔之而芒角勢天
矯吹沫直上天為昏扁舟觸險不得進有似鄒滕敵
齊晉曳兵早欲望風走摩壘更受该心困四分巨竹
聯一轄細裹密纏如鐵石三條總與百夫牽打鼓兩
聲金一擊忽焉一落千丈强金鼓倒擊聲驚惶重加
巨纜大於臂邪許一聲一倒退自辰達酉險始出舟
人相顧面無色安得秦王鞭驅石盡向東海填安得
錢王弩倒射驚濤不敢怒山頑水惡無傑人如何上

硯鄉鈔本

有明妃村琵琶出塞不復返粉潭妝閣今空存枕邊
潾透聽猿淚滿耳灘聲不能睡

軍牛行

田單一火好韜略五色龍文畫犀爆爾牛嶄然見頭
角好去立功莫前卻銅船駕海狎波濤竹甲環山輕
岸粤郭椒丁櫟雖有名出身戰場方磊落功成縱不
上雲臺卻勝春田老耕作牛兮努力食細草將軍正
在銀江道

抵家

去家咫尺皆風絮駕我扁舟海陵去一夜寒波畫槳
聲天明已見城頭樹行行登岸重猶疑未識家門在
何處前過藥肆得親人指點橋西深巷住到門籬落
安且閒舊時僮僕驚相顧阿母聞兒來牽衣撫臂淚
雙注弟妹聞兄來呼兄問嫂來何暮父客東皋尚未
歸前日書來念征路悲定生歡話别懷坎坷患難今
相聚重灑啼痕重感恩河山遠近心馳騖不得諸君

硯鄉鈔本

俠義心黑海誰能撥雲霧清貧雖甚不足虞骨肉團
欒有天數先報歸期慰大人臨河再拜魚中素

石城曲

美人在何處家在石城西石城艇子木蘭楫門前秋
水青玻璃芙蓉花落蓼花老江上秋寒游客少當窗
理鬢默無言眼底紛紛誰最好君不見東家好女嫁
作商人妻昨宵遣逐歸來啼西家阿妹能作婦夫壻
情多翁姥怒老守閨中良亦美妾心清似石城水石
城水尚有波瀾妾心乃如井水寒

醉歌行

天不能無酒星地不能無酒泉男兒磊落負奇氣不
醉何以全吾天癡雲似墨壓斗室大雪如手翻雕闌
商陸不紅燭無燄故人相對情闌珊青州從事舊知
己召之四座生溫顏脫衣遮莫作牛飲下箸那用烹
羊蹯人生萬事有定數醉中天地遂然寬嵇狂阮哭
未免隘焦談張草何其顛三萬六千一彈指四十五

十非華年聖賢當此亦頹廢富貴於我真雲煙醉鄉
極樂增壽命華胥酣夢輕神仙問天借取銀漢水問
地借取瓊芝田種秫釀作琥珀色駕鼉壓出真珠圓
渴龍翻身小四海長鯨鼓鬣吸百川一臥不妨一千
日置身恍在鴻濛先樂哉醉乎不可言請讀南華秋
水篇

夜泊蕪湖

孤月水天浮中江夜泊舟春星臨野大漁火入雲流
人坐一壺玉寒驚三月秋翛然不思臥更檢木棉裘

蛩

紅藤碧草陰蟋蟀以秋吟一覺空齋夢月明如水深
夜風輕不動人籟杳然沈淒切調宮羽天涯萬里心

月下登甘露山

手擘風雲氣來登第一山眼空江海窄心遠地天閒
七塔蒼煙窟孤帆綠樹灣與君高着脚莽莽是人寰

元日過馬當山

一片馬當石崚峋天半生縣厓落人語老樹扶風聲嶽雪籠寒色江春放晚晴張帆值元日應賦快哉行

九日北城高眺

經旬坐拳室放眼此登臨老樹發寒籟歸雲生暮心半畦叢細菊一雁度遥岑故國無消息秋風雨鬢侵

古宋

日落葵邱驛天空葛伯城古今一春夢王霸總虛名但有椒薑性終垂竹帛榮孤忠弔張許千載見平生

海門署中曉起觀荷

一片相思月雙溪菡萏天露華殘夜重花氣五更圓流水碧如此疎枝紅可憐衙齋同徙倚香繞茗甌前

水仙花

瑶釵新拾得欲以贈同心萬里寒雲外一江春水深相思不通語此恨恐難任寂寞憐交甫空成漢女吟

哭李生福海

愛汝真如子拋余何處行無從質脩短所誤是聰明

廢籍悲塵掩遺詩帶淚評空齋人定後燈火獨淒清

棲霞山寺

峰回來紺宇天末倚孤亭江氣涵虛白嵐光挹古青荒祠存靳尚隱迹問瑶星我欲誅茅住香燈讀道經

錦城晚眺

錦官城外錦江湄閒眺斜陽暮靄時緑樹千盤來灌口青山八字見蛾眉公孫樓櫓遺灰盡丞相祠堂古柏攲歸路自邀明月照市燈紅處酒懷宜

姜襄平侯祠

山路豁風古戍秋回天無力歎姜侯陰平石破孤臣在錦水城開落日收一坐英雄空拔劍至今鐘磬尚含愁興亡一論消炎祚不斬譙周恨豈休

荻莊芙蓉

紅牆依約見銀河一葉來探蜀錦窠閒處卻留真豔在開時未免薄寒多半江暮雨佳人老兩頰春風巧笑瑳寂寞自親鷗鷺伴排愁無那酒杯何

鯉魚風後水波澂，青鏡愁看白髮增。只合借春三度醉，消他照夜百枝燈。但逢青女盈盈語，安用紅顏籍籍稱。吟到窮秋最無賴，筆端猶有采霞凝。

至瓶城呈外父滌齋先生

踏破雲山十萬重，琴尊來傍丈人峰。河聲嶽色歸行笈，漢縣唐州有客蹤。西蜀清霜傳雁信，東牀明月借雲封。千秋天馬余吾地，消得登臨七尺筇。

謁余忠宣公墓

樹頭不喚陳皇帝，墓上猶留元歲華。大義自能輕一死，精忠難得在全家。靈旗白晝搖陰雨，斷碣蒼苔老石花。瞻拜卻逢冬欲盡，空江寒日亂飛鴉。

秋蛩

蕭蕭荒草粉牆隅，切切吟蛩竟夜呼。豈有悲涼成感慨，動人哀怨在泥塗。金籠玉管三生薄，碧館紅藤一逕孤。每到深秋聲愈急，滿天風露覺寒無。

將游邗上示弟妹

椿庭已買春江櫂，余亦重游保障湖。三處別離勞夢想，一家骨肉為飢驅。浮萍逐水風飄泊，飛燕依人壘有無。珍重晨昏北堂上，年來多病體清臞。

枯坐

枯坐虛堂靜掩扉，閒評物理得先機。秋當熱甚花終少，春在寒時蝶已飛。識字鄭牛空自老，能言隴鳥為人譏。思量放浪江湖去，七尺漁竿一釣磯。

王祥里

巍巍臥冰者，大孝動今古。萬一墮寒泉，誰為事其母。

漂母祠

千金報德渾閒事，一廟長年對碧流。到底熱腸青眼好，溪毛不到頡羹侯。

納妾

幻夢浮雲豈夙因，斷絃情緒又三春。今朝得踐糟糠約，轉對妝臺憶故人。（內人病重囑買妾自隨）

貧賤支離白髮疎，馬遷豈願有清娛。愁中醉裏難消

遺當取紅藤早晚扶

田　琳字林玉，號鶴舫，諸生。清癯玉立，善病工愁，詩多商音，讀之如聞三峽哀猿，其有才無命之徵與

擬古

中懷何耿耿，夷猶春江曲。杜若滿芳洲，欣欣隨意綠。將以遺所思，采之不盈掬。嗟我佳公子，涓涓隔煙水。期君君不來，落日暮山紫。

繆竹癡畫竹歌

竹癡畫竹胸無竹，走筆一隨興所觸。興來信手寫數枝，颯颯空堂起寒綠。有時畫以密為疎，尺幅之中千萬株。有時復以疎為密，徑丈之中只數筆。密密疎疎無定譜，揮毫直欲空千古。雨驟風馳筆正酣，其時自亦難為主。鶴舫齋中得一幀，氣骨神韻皆天成。涼秋高張雪色壁，疑有中宵風雨聲。

送韓曉村再遊大梁

大河日暮秋風起，怒捲驚濤疾如駛。還家是客客是家，雲山屢過成知己。秋興庭前酒再沽，夕陽渡口舟重艤。我欲因君訪軹里，金谷繁華近若何，銅雀荒涼復奚似。古人不見古跡湮，流水光陰一彈指。梁園行樂雖云美，不若還家侍蔬水。昨日登堂拜母時，白髮蕭蕭人老矣。

夜坐

雨洗碧空淨，煙光帶露流。誰家弄長笛，吹起故鄉愁。花影半簾月，蟲聲滿院秋。消除塵慮盡，此境最清幽。

老將

壯心猶未已，部曲幾人存。久醒封侯夢，難忘報主恩。據鞍雄顧盼，擐甲數瘢痕。定遠殊堪笑，徒思入玉門。

漫興

清健八旬母，嬌癡五歲兒。承歡妻作弟，課讀父兼師。地僻春來早，窗虛月過遲。閒門無剝啄，心跡水雲知。

送王魯石歸浙

漫唱刀環返故鄉，綠波二月下錢塘。帆懸楊柳東風

硯鄉鈔本

穩槳泛桃花春漲香生上愁分人兩地尊前珍重酒
三行遥憐别後相思夢越水吴山引恨長

白下寓齋友人留飲

衡泥來訪舊柴門長板橋頭柳半髡雨後虹如才子
氣月中花似美人魂（地為舊院遺址）重談往事經三載共趁
新涼潑一尊沈醉只愁歸路晚鷲峰鐘鼓報黄昏

答同社諸子書

雙魚遥寄五雲箋情愫聊憑七字傳詩境漸如淮橘
化風懷猶作海棠顛久拋舊雨連今雨纔到中年羨
少年為訂清秋重把晤鵲湖來放米家船

冒心田招集洪稚存孫淵如陳桂堂汪春田蔡
芷衫曹澹泉朱春生張遠春張寄槎鮑野雲
程禹山蔡琴叔王柳村諸先生秦淮水榭予
以病未赴約王冶城敦促成詩率占一律

十年頻放秣陵舟怕向秦淮說舊遊弔古只餘煙月
在看山恰值雨雲收人吟紅燭尊前句簾捲清溪水
上樓莫怪旁觀生健羨此間風景最宜秋

送友

無計留君竟别君相思從此悵離羣惱人最是風兼
水勾引浮萍合又分

客中情好正依依又理征帆挂夕暉身似落花留不
住與春來亦共春歸

隨園詠淮陰侯有英雄第一開心事撒手千金
報德時之句予偶有感為反其意作此

君重五錢臣一飯英雄原自不孤恩世間第一傷心
事報德人來拜墓門

新雨初霽池上納涼

夕陽返照雨初收漠漠煙光滿院流忽有清風生兩
腋再遲三日是新秋

懷葉古軒

錦帶吴鈎結客場十年妓館又僧房而今金盡無顔
色歸臥西河舊草堂

送梅芳亭

少長西川客大梁無端萍梗又維揚今朝又作維揚別何處他鄉是故鄉

程應佐 字秝亭嘉慶丁卯解元

春日沭陽道中

策蹇朐山道川原風景殊大河東向盡歸雁北行俱崇蔭歌袁老簡齋太史宰此邑有政聲鄰封接贛榆魚鹽饒土物天限此方隅

聽友人彈琴

四坐忘言靜不譁高山流水思俱遐夜闌聽到無聲處落盡桐陰一寸花

許秉銓 字右衡號蕓原博古耽吟狷介自守居西河陋巷中時與葉古軒豆觴夜集相對忘言意洎如也余贈詩有句云鷺鷗結伴貧交久藜藿生香世味疎可想見為人

楊花吟

青青陌上楊花開漫天飛天涯游蕩子春歸人未歸楊花如雪沾我衣蕩子甘心遠庭幃

春江

浩淼春江水揚舲趁好風草疑遙岸碧帆沒夕陽紅波暖魚龍活時清舟楫通北歸數行雁明滅亂流中

過項王廟

三年霸業竟無成占得江干屋數楹破廡尚圖千里馬短筵誰薦一杯羹鬚眉不減英雄氣風雨如聞叱咤聲笑煞東歸狂杜默敢將大略比浮名

卜築西郊有成題壁

水雲深處翦茅茨草草經營費搆思十畝種秫供釀

酒四圍泥壁待題詩故人風雨來能早老我疎慵起較遲但得安閒常住此不妨貧過太平時

中年

駒隙光陰過眼更半生樗散愧埋名詩繙舊稿刪輕薄友締新交近老成飲酒漸非當日量看花不減少年情可堪一事增衰拙兩鬢霜華鏡裏明

畫樓

畫樓咫尺粉牆東面面珠簾壓綺櫳一點癡情隨蝶幻十分幽怨託琴通雲來楚岫終慳雨舟入仙源竟阻風記得前宵凝立處海棠花外月如弓

古意

郎自理秦箏妾自調吴瑟絃聲雖不同一樣心淒惻

題畫

秋風起林薄夕陽在高嶺老屋閴無人軒窗眠塔影

初夏郊居即事

午風吹麥浪成紋較雨量晴日又曛行過柳隄身入畫一枝筇杖一溪雲

無題

裏湖湖裏荷花香外湖湖外郎船忙留郎住船看花去明日西風荷葉黄

鄒默 字存之號識堂廩貢生官溧水縣教諭候選通判性至孝先君棄世後篤愛季弟文境幽折與萬薌林相伯仲均以中年早歿時論惜之

聽雨

忽覺衾如水纔知雨氣寒蕭森侵夢醒淅瀝到更闌倚枕詩人坐挑燈旅客歎我愁籬畔冷一徑菊花殘

旅夜有感同唐廣文浦

書劍飄零旅況難夜深兩客共清寒高堂夢寐思遊子薄俗心情笑冷官聽雨懷人秋雁遠時家兄耳山游浙連牀覓句寺燈殘戟門安用書生拜閉户高眠曉夢安

詠古

年少須將盛氣除周旋長者要心虛不甘進履圯橋上孺子何從得受書進履

須憑寸管自抒奇三百竽教一一吹莫訝求才太苛刻本來聲氣有差池吹竽

萬榮 字薌林嘉慶丁卯舉人

題高樞仙西游集即送其省試

西馳匹馬三千里秦華岧嶢當面起攜來好句上峰巔高歌聲入蒼冥裏下視潼關六扇開秦宮漢殿多蒿萊殘碑斷碣摩挲徧側身望古徒生哀長吟曼嘯

時起舞石破龍門瀉秋雨秋雨秋風秋士懷忽發商聲調何苦集中秋懷三十首可以壓卷周南留滯不稱意兩載翻然整歸鑾琴書依舊一肩輕贏得詩囊壓飛騎今年來看月中山逢我一笑開心顔我欲展玩忘朝餐讀詩方悔識君晚君今又挂金陵帆君家兄弟稱三鳳季子承明先侍從君才應不慚驃騎此去青雲定飛鞚他年郊祀拜經幄著作還須推大宋請君收拾感遇詩好為清時播雅頌

舟發武林晚眺

秋色易成暝頽陽光忽微疎林纖月出遠水冷螢飛何處明漁火有人看釣磯勞勞吾自哂後此片帆歸

吴江夜渡

未近寒山寺鐘先夜半鳴薄陰微作冷殘醉不成酲楓葉落何許江流空復清儻逢高詠者燒燭待三更

喜晤李白樓出其手訂詩集見示即題二律以贈

邗江一別渺愁余千里來尋仲蔚居又借湖山供跌宕相看鬢髮總蕭疎我如柳晁名終薄君有元龍氣未除手把金杯教莫放酒痕連日上襟裾

絲竹聲殘燭影深披來袖底出球琳中年應定千秋業百劫難灰一寸心是處鶯花傳彩筆此邦山水助清音千將紫氣人終識莫歎無錢可碎琴

自姑蘇抵京口即事口占三絶

吴山越水往來經我亦飢驅未暫停忽見流民紛道左此身不敢怨飄萍

金閶遥接錫山城歌管聲喧雜市聲惆悵江南望江北澤鴻此夕正哀鳴

又見紛紛舴艋過江頭夜半哭聲多願并百萬哀鴻淚截住洪湖水不波

硯鄉鈔本

仲貽勤 字受之有簪賓遺草行世受之神清性敏髫齡脱口成詩隨父雲江進士之粤東任染疾垂危吟詠不絶口卒年一十有七

度梅嶺

林暗月未明旅舍催行客披衣立中庭露下侵衣溼高堂呼僕從姊妹駢肩立忽聞門外喧車馬紛紛出出店初上車天曉晨星沒行入兩峰間天關乍開闢千盤石磴危一綫雲梯直上有叱馭樓右有嫦娥壁人遠雁將回鎖鑰天南側傍午度梅關幽境通禪宅回首望江南蒼茫不可識

中秋舟次蕪湖

涼宵一棹泊江關千里行蹤數日間鴻雁一行依碧

水鷺鷥幾點下青山采菱歌隔金波影攀桂人分玉殿班想到秣陵今夜裏十三樓上動歡顏

羊城送臘

又見天涯逼歲除一春消息欲來初南交原少冰霜到東野先看草木舒橙子寒斟金液酒梅花香坼蠟丸書拈毫學寫宜春帖自署珠江仲蔚居

大通煙雨

秋煙秋雨壓江流彷彿尋秋到莫愁卻怪隔船聲潑剌鸕鷀飛過蓼花洲

泊楊梅村聞絡緯

蕭蕭絡緯滿林聲催作征衣萬里行想到故園秋七月豆棚杯酒話離情

鄒茂堅 字嘉穎茂堅性靈情摯未冠儼若成人竟以哀毁夭折惜哉篋中檢得是篇讀之心痛故梓存之

夜讀吟

去年夜讀時孃問寒與飢今年夜讀時飢寒孃不知

酸風滿窗燈閃無光讀不成聲掩卷呼孃撫孃棺淚如泉欲啼不敢啼啼時摧爺心肝

宸

海陵詩彙目次

卷十七

徐步雲	姜鳳喈	陳雁橋
李宸	鄒煥	袁振華
費復堅	儲夢熊	陳師慶
潘慶齡	仲振履	

臺　槊臺　緌櫓　覽　壯　菜

海陵詩彙卷十七

里人鄒熊

徐步雲 字禮華，興化籍，居泰州。乾隆壬午召試舉人，官內閣中書。著有燮餘詩草四卷、松壽閣文集二卷。

賦詩臺

當塗昔來運觀兵，蹈長淮阿瞞信神武。繼體亦雄猜，橫槊瞰大江，賦詩臨高臺。山川盪文藻，雲物相喧豗。貔貅十萬師，猛氣轟若雷。烽火照白門，樓櫓飛黃埃。天塹不可越，龍舟徂復回。誰言一葦渡，坐令心膽摧。至今立馬處，折戟深蒼苔。才華易銷歇，覽什空徘徊。彼廣武歎，豎子安在哉。

諷東徐西河

長安大道名場熱，西河使君懶干謁。五陵小兒衣裘鮮，西河使君囊無錢。使君愛民如愛子，才高肯與凡流齒。揮毫萬字何壯哉，白首一官今老矣。城北故人許倡酬，年來乞米生百憂。空谷有時煩問訊，感君絕勝覽河侯。相望百餘里，日夕詩篇至。飄飆凌雲盎盎春，滿紙無端海上霜風早。菜鱸

臺　蟀　鄉　遑　俟

魚殊草草（臺）省皆知老令賢吏民競説長官好百日耀盡太倉米妻子苦飢常不飽使君大笑還哦詩且向床頭醉一卮鄉夢已逐南雲飛紛紛朱墨夫何爲安知（失）失馬非爲福莫道無田更不歸

入關過西安呈謝畢秋帆前輩

昔歲河梁别依依贈遠行（戊子秋于蘭州城外黄河橋畔話别）今來歸絶塞歷歷有逢迎一氣嘘枯槁三年判（蟀）鷦何期瀕死者到此得更生

裘馬逢人寄（鄉）書託雁通飄零真到我懷慨歎如公乍見渾疑夢茲遊轄不窮新詩容快讀一笑酒顔紅

贈喬東齋（諱照時管理伊犁屯田）

三年曾此地萬里識邊霜角吟軍無夢星寒夜有芒太平稀戰伐甌脱亦農桑好去班都護封（侯）返故鄉

壽晤王少林

少日歡場比二難重逢白首卧江干君如老桂含館（香）潤我似春蠶作繭乾榆社鶯花歌暇豫平津閣

再

館話辛酸（謂盧雅雨劉圃三兩夫子）浮生萬事皆如夢且學空王自在觀

次少林韻奉答

自笑勞生（大）大海萍别來雙鬢感（週）周星天教馬角烏頭白人是寒松雪柏青（予出塞後君至興邑存問二老母）流水年華難留（留）少出山滋味舊曾經江關日暮重回首桃李春風在此庭（時君主安定書院講席）

專城列鵷我何能拄杖蕭然退院僧高座一時窺絳帳短檠七載記青燈（予與君同肄業自丙子至壬午凡七年）悲歡往事都銷盡老病餘生已慣曾所恨卜鄰猶未得射陵一水隔吳陵

己未八月過毘陵趙緘齋先生（留）留飲别後柬謝

徵泉閣外斂斜暉四十年前舊款扉（戊寅冬與王夢樓嚴冬友同寓徵泉閣始訂交）殘客再來如我少交情老去似公稀譙陪杖履星應聚（時蔣辛仲兄在座）悵望雲霄鶴未歸（是日擬謁劉少司空夫子暨公家祠瀛臚公祠未果）後會重期都好在夜闌分手更依依

刪去是

姜鳳喈 字胃儀，號桐軒，諸生，性剛直，面折人過，聲色皆厲，人敬憚之。詩筆古秀，為法時帆祭酒所器重，著詩學源流考、蛾術軒全集。

觀刈

種花得春華，種禾得秋實。水田稻花香，轉眼秀秔秫。夜闌呼婦子，月落曉星出。刺船載禦往，雜坐不容膝。秋風吹騷騷，腰鐮聲鋌鋌。驚起白鷗飛，黃雲堆落日。

鏡香井歌

北斗臨城列井宿，州有七星井。歲久闌干綠苔繡，更南古井名鏡香。宗明幾度更滄桑，洋池塔影已非舊，此水猶得鄰宫墻。憶昔何陳葺相繼，數典慈荒者人制。銀牀拾得泥沙中，依稀上有文曲字。君不見闌從隱扶清且澄，松風滿院伴老僧，天不見天日。山井賢且久，仙翁隱去名不朽。如何一泓照清影，常近齋盤味孤泠。汲古要須得修綆。

夏山欲雨圖

中夜夢雨雨如注，曉起看山山吐霧。翁翁鬱鬱山巾子，青蒼變黑山陡怒。防有山雨橫空來，南窗書丈須謹護。安得妙手黃子久，磨墨一斗畫滿之。鬱氣淋漓十指出，大哉造化真吾師。為真為幻俱不問，來朝跣足臨清池。

髮

登報恩寺浮圖歌

興邸龍飛初得國，雄心耿耿無人識。韜想建刹選佛場，天禧古寺生顏色。金錢不數萬工池，善財樓閣彈參差。飛甍畫棟煥初地，向鳥赤烏初建時。英主尚未愜懷抱，七級浮圖矗雲表。高撐江南半壁天，龍尾怒向空中掃。清遊聯袂披秋風，遂開梵宇鏗晨鐘。珠宮貝闕開簾櫳，石橋古水流淙淙。御碑絢爛碧瓦護，蟠龍夭矯凌高穹。樞衣拾級上傑閣，采繪鐵鳳盤虛空。陵危陟險興來已，歷境萬變如鬼工。入門陰森寂無譁，翻疑白晝成長夜。闇捫石級蕩心眩，蟻伏蛇行不知罷。懸空一綫鑿天光，紆迴百折窮微茫。飛梯愈轉勢愈陡，陡見萬里開洋洋。江流汩汩向東去，蜿蜒山骨撐低昂。棲霞牛首入方寸，一炊橫截千峯危。梯雲陟盡時日極，蒼茫不復分郡縣。仰視鴻濛只一氣，江山頃刻烟雲變。

衙泥
領

乃知龍蟠虎踞自千秋雄圖霸業空浮漚君不見
塔鈴自語江風急渡底老蛟夜深泣

燕子謠

燕燕來燕燕來來家畫樑無纖埃雙來雙去穿繡
户衙泥不惜污㲣臺搆得新巢爲育子采花掠魚
飼不止乳毛初脫各遠颺大抵生兒類如此詩人
觸撓增嘆吁終朝鹿鹿何爲乎饒汝白領封侯相
不及人家屋上烏

題相馬圖

少陵畫馬稱絕作紙上驚風動寒廓紀子繪圖有
精意想見壯懷劘磊落平生好馬復好詩即馬論
詩君自知畧去皮毛重神骨眼中不乏權奇姿

雁

天掃陰雲淨江涵樹影閑因知烟水興不爲稻粱
來落日迴戈地西風戲馬臺寞寞向寥廓鷗鷺莫
相猜

看劍　知繆漁湖

胸少不平事何爲橫膝看自從讀史後久識報恩

秣

難彈鋏星文動迎眸電影寒壯懷頻激烈只在酒
初乾

和霜泉立秋日江上即事

澂江清曉押沙鷗管領天光一葉秋細雨暗添瓜
步水好風先送秣陵舟牀聯玉局思前事余與霜泉讀書
清微道院篆擘松花紙勝遊去去莫教豪氣減元燈朗
朗照吾州前癸卯解元爲吾鄉王雪樵先生

登北極閣

臺高遠並北辰懸拾級徐登思渺然山色南來初
度鳥江聲西去欲連天空餘古堞環腰下直送浮
雲過眼前不識漏催元武夜繡襦人往幾千年

酬俞樸人繆霜泉陳秋槎見懷之作

閒門絡繹走郵筒尺素渡魚西復東塵事漸抛烟
水外春光却負別離中文如蘭臭三人合箋寫桃
花一色工行樂及時殊未晚不須細數幾番風

薄醉後題畫冊

水曲溪如帶茅屋八九間柴扉終日敞一任鶴飛
還

網

屋前多活水屋後多古木近知好名天不向此中
宿[illegible]
寫山多寫童寫樹多寫鬼不著一個字但覺意己
足

送漁湖全坦菴之常山官署三之二

嫩柳初芽怕折枝匆匆寫稿送行詩過江風物知
無限尺五刀魚上網時

桃花春水鱖魚肥指點桐江舊釣磯別得定陽春
正滿楝花風裏試單衣

陳佳橋字聞秋諸生

辛酉下第兼悼亡妻

俾馬驚流失閨人詠大刀相期同白首不恨悞青
袍故劍辭空匣新魂没野蒿中宵惟兀坐酣睡只
兒曹

壬子冬杪留别吕四場永弟亭先生

何時吹律使生春冰雪関河欲問津連夜挂帆催
旅客一家懸罄望歸人文章契合憑知己甘旨艱
難愧老親待到紅梅開有信相逢莫厭酒頻巡

八

辭友人招賞芍藥

看花不厭看將離(圈)兩字銷魂足繫思況是昨宵人
病酒曲欄亭角正開枝

酬耳山見贈元韻四之一

同病誰彈貢禹冠一回相見一悲歡六句謾道狂
稍昔興到逢君不敢闌

李宸字楓崖諸生

送韓晚村再遊大梁

一别十年又歸來意更親入門看髩髮剪燭說風
塵結客黃金盡哦吟白社新緣何留不得又作遠
游人

去去復何處梁園此再過晴雲開鐵嶺夜雨下黃
河屠狗英雄盡聞雞涕淚多平生豪俠氣客路半
消磨

答友

一别三年久他鄉入夢頻寸心攢旅思八口繫營
身愧我相看老知君不久貧前途須努力莫作倦
遊人

九

痼

月夜同人登燕子磯

名山屈曲枕金陵，此日同攀最上層。十丈奇峰盤古樹，一江秋水散漁燈。蹤蹤只許容吾輩，閒曠居然讓老僧。從倚莫嫌歸路晚，等閒高處得先登。

鄧煥字亮時，諸生

西城獨步

閒從野徑拂烟蘿，策杖湖山畫裏過。古阜林陰藏石磴，平橋花氣接春波。齋鐘樓閣忙雲步，鄙守桑麻化日多。味此風光成（錮）癖，治遊心性總消磨。

十

袁振華字怡山，諸生

客中留別朱琴軒

情重難爲別，杯深漫放歌。居才勝十倍，我髮欠消（雙）磨。風雨周旋久，星霜感慨多。春華須努力，老眼爲摩挲。

枯樹

零落驚看起暮愁，霜林還憶（有）時遊。寒雅飛到無聲處，高畫出斜陽一段秋。

費復堅字焱夫，諸生

鹽

題孫訒齋楚吟集後

海上詩名重，風塵把劍遊。雲吞江峽水，猿嘯萬山秋。弱弟埋青草，高堂感白頭。披吟一垂涕，悵望楚天愁。

湖州作

烟雲如畫遠天浮，路入平湖第一州。繞郭波明都見底，沿堤桑短半平頭。秀分越嶺吳山色，清合苕溪雪水流。滿市紅菱三尺鯉，此鄉風味最宜秋。

海村即事

十一

蕭蕭樸被此停車，茅屋相連四（五）家。一夜海風吹凍雨，曉來滿地結鹽花。

斜日荒涼第幾村，家家煮海避潮墩。三椽蘆屋初停火，牛拽（鹽）車直到門。

婁江舟次

水抱江城十里遥，臨江水閣夜（吟）（吹）簫。通波門外停船客，半等潮來半落潮。

儲夢熊字漁溪，附貢生，官（西）（兩）浙鹽運副使

瀛臺曲

續

朝上姑蘇臺去望五湖水不見錦帆懸魚罾挂烟
裏暮上姑蘇臺去望東山月出月照城市簫鼓聲
來歌

紹興偶成

軒館緣山麓交柯護深邃虛檐拓三面紛紛滴岩
翠偶露明月光照我成薄醉落葉響西風時驚山
犬吠

古歙吳素江於燕市得古琴磨其背有字曰
號鐘曰疊山曰東山之桐西山之梓合而

十二

為一再千萬禩知為謝文節公故物作序
徵詩因賦

劍浦名賢工審律異軫殊徽勤物色五百年前變
徵音三千里外高人得西山之梓東山桐佳製傚
古齋戚公沙湮土蝕日復日一朝復處歐囊中磨
洗鮮明二十字字痕宛猶孤臣淚拂指蘿鵑附木
聲撫琴懷鷙鶴摩霄志安絃宜及月華開亦宜風
雨空庭值正襟危坐彈清調當有忠魂駐聽來

望圖山

海門山下濤如雪奔流到此成曲折圖山摩峭高
出雲層峰俯瞰迴湍咽遙從十里覽烟螺斜陽照
處嵐光多搴衣走上大堤立東南一角紆嵯峨嵯
峨隔江恰當面箭洞東霞杳難見但見岑崟壁兀
涵澄波萬縷烟痕拖白練是時雨過郊原新稻畦
綠映垂楊汀我行一步一回首依依黛色隨人青

夏日讀書樂

溪雲釀雨飛廉織雨霽北窗涼意添篁梧交陰紛
重檐攤書小坐垂湘簾午餘欹枕到黑甜一聲夏

十三

庭鳴花犬覺來有興題牙籤書滿藜床信手拈

石佛寺

紹之羊山石佛為隋越公鑿石築羅城處
遺峭石三後人以最巨者刻為龕中座大
佛題曰靈鷲庵池凡數處亦開山所成寺
前池最深僧言其處石佳故取者窮其底
也

斷崖奇卓多天生千尺特立削不成羊山峭壁獨
鑿就滑處只借苔紋皴伊昔越公斮硬石開山力

嶢

士如五丁硐礌礌取猫玉筍倒插幾枝芙蓉屏流
雲走日摩頂過半壁天如三指擘更劈石髓通地
脉化池出作連珠形至今雲根供世用風前運斧
聲訇訇四山犖峭露骨照眼無復螺黛横水底
硪砄搜不已水深寒龍鬚眉青欄干略彴巧點綴
遊鱗飛鳥機空靈初來奇境一太息秀琢不似人
間能事到天然入妙處直與鬼斧神工爭支笻閒
眺記古語從來石破天還驚愧余未得滄洲筆敢
嚴巡為補平

北極閣

高閣何年構依山峻莫躋下臨湖水濶一瞰治城
低海日當松牖江雲擁石梯長懷雷處士舊館久
荒迷

呂城

朝過練塘去行行數里程秋風范蠡棹落日呂蒙
城小市千家聚長橋一水横我來尋故壘寂寞半
榛荊

通州

堤

鞭　巒

白日沙還郭黄雲海上城鮮船朝趁市獵騎夜歸
營江勢依山轉天光壓樹平當年候潮處重聽石
雞聲

河庄道中

日色黄於染嵐光淡足烟可堪稜游客又到杪秋
天病有相如渴貧輸祖逖先宦途翻作隐抱葉比
寒蟬

錢塘江

傳聞羅刹是江名到眼洪流十折成吴越霸圖蹈
太息東西人境劃分明衙堆沙溆粘天遠隔岸山
壓浪迎逆指海門頭洞處舟師爲說暮潮生

過鑑湖一曲登陸放翁快閣偶成

酒盞詩筒共一舟鏡中烟景望中收畫橋十里唐
人業修竹三間宋代樓水到不波偏瀲灧山當無
數倍清幽獨憐一棹傳呼去陳跡何年得再遊

若耶溪口

賀家湖畔絶風塵到此尋幽眼倍新異代尚譚鑄
劍事空山猶識采蓮人烟霞弄態溪彌靜篠鳥忘

詡

雙

機客共觀指點碧天深處路只疑原是辟雍身
偕定到亭司馬西溪看蘆花即訪蔣生淇園
居蝸飲
十八溪邊穩泛槎寥村小市靜無譁四圍山影柔
林影一片蘆花與荻花此日雁聲晴有雪何時鱗
水碧生芽伊人宛在勞洞湖竹徑新開蔣(翊)家
謝安結伴足開顏況得同心玉筍班客舫任穿雲
斷續僧樓剛任雪中間西溪歷過難為水南宋銷
沉賸有山最喜殷勤東道主百壺清酒醉忘還

十六

過楓橋遊寒山寺
詩人夜泊楓橋下橋為詩人換得名本名封橋因張繼詩改為楓
好向橋邊尋梵寺又從寺裡聽鐘聲千家橘柚烟
中住(闋)紫菱花鏡上行他日江南湖風景江楓漁
火此時情
夏日西湖雜興
泉聽六一響琤淙坐領松風久愈閒驀地遙天如
潑墨濕雲拖雨過南山
不為梅花艣棹也停緣楊無縫接西泠孤山山色原

飢

請極況在先生放鶴亭
錢王宮殿綠陰中遺像欣瞻異代雄遠嗣尚珍歸
國詔居人能說射潮弓
繁絃急管夕陽前來敗次金閶鉛畫船間卻一規明
鏡裡暮雲如水水如烟
陳師慶字煉堂嘉慶壬子舉人辛未進士
淮陰客邸冬夜雜感
溜(水)溜逝水感年華洶肉周妻累轉加艣頭鯿魚難
入饌長腰米貴未能賒田原是石荒三載屋亦如

十七

船住一家苦為(饑)驅滯淮海冷吟爛醉作生涯
潘慶齡字子亭嘉慶辛酉舉人官蕭縣教諭著有龍城消夏集
雨中游五洞山蕭縣八景之一
連山若奔濤到此勢欲滙中有古洞天晝陰忽如
晦五峯勢杳冥五洞遙相對盤盤入層巖目眩足
先退不知身何來冷然沁心肺雷雨注飛泉倒瀉
危石礙須臾起晴光詭譎非一一態去去山風吹殘
陽在鵶背
龍龍駒嘴在蕭縣天門山

罨

句

我來東山入雲林山到龍駒山乃深東連峭壁西遠岫南北屏嶂皆森森此山真成別洞天空中石磴鉤梯連上有拂雲蔽日之古木下有漬珠漱玉之清泉清泉兩道異甘苦泉分兩道中隔片石左甘右苦一樣寒漿清崔乳夏月能作秋雨涼散髮披襟日卓午傍泉逶迤石徑斜懸崖百尺樹如麻壞廟四幂藤蘿影空中現出菩提花菩提花白桂花黃滿山草木不敢香對此我亦有仙氣高歌還弄紫霞觴紫霞觴青山客醉眼忽失衆峰高不知身與蓬萊隔

九日邗江寓中懷彭石夫時石夫客京都

作客却思客邗江獨倚樓重陽兩地共千里一人秋黃菊自佳色西風生遠愁前程應努力勿為稻粱謀

遊東牛阪憩于佛菴

奇嶂忽當頭陰森滿院幽雲光(罨)嶺樹翠影落僧樓指(點)園中趣心(疑)物外遊來來弟子可許一句留

遊華嚴寺贈永芳上人

荒

節

飢

珊

一徑賸花市千峯對石林晝長無客到門閉似深山洗鉢窺潭影烹茶就竹陰碣來眈燕坐亦自脫塵襟

呈趙觀察鑑堂夫子時獨任荷花塘河務

西北洪湖石堰高海蒼東逝水滔滔江開芒稻(雙)分閘塘決荷花百丈濤頃便滄桑成變幻哀鴻雁共哀嗷可憐江左蒼生望久逐名臣擁節旄

按經治水力俱殫風雨那辭歲月寬堰海舟標填木石環隄父老拜衣冠泰鄭杜朕珠光冷邵伯湖連雪夜寒金玉泥沙都不惜下流泛此慶安瀾

遊天門山絕頂

振衣窮天門攀蘿沒木杪日落不逢人松風鳴謖謖

仲振履字雲江嘉慶戊辰進士官廣東東莞縣知縣

題程禹山南歸集

遊興亦已倦征人胡不歸風霜十年飽骨肉一門(饑)零落匣中劍閑(珊)身上衣應知(憔)悴伴含淚下鳴機

與葉古軒鄒升山話舊

昔　蹟　客　悠是本字

三十年交老弟兄回頭今惜總闊情泰山已絶終
身仰華農謂宮兩茘夫圃子吴洹水空傷舊日盟遊楓崖與雲桃門真亭繼
浦第俱家邪上愧我風塵書十上羡君詩酒蹟清宵深
共剪西窗燭意味如前白髮生

羊城旅次贈王雲程賈一樓劉蹇巖同年

記同走馬曲江隈瞬息雲泥亦怪哉笑我水天無
福到與君花地有緣來五人守惟江令者五惟嵐同年到粤
霞得官八口啼飢愧李悝到衣輸儇占風雅僑居獨
近越王臺

二十

覽勝何須計一官尊前兄弟且謀歡食無兼味心
原淡衣剩絺袍地不寒猱獲攀枝穿暗壁鯨鯢跋
水占狂瀾會當領受逍遥趣此是逢場一大觀

羊城偶興

玉局仙人此舊遊撇拚我亦儘風流簪花鬢禿烏
巾敬詠雪堂閒白戰收檢點香籠裝鳳蠟掃除竹
徑待羊求浮家到處皆堪住不問儋州與惠州

詠

海陵詩彙目次

丙

家

海陵詩彙卷十八

里人鄒熊選

葉兆蘭

字夢符，號吉軒，監生。吉軒少喜任俠，詩亦豪邁。中年頹氣歸神，閒吟壇於西河草堂，日與同人唱和，專尚醇雅清真，力掃浮靡之習，詩派自此一正。余贈詩云："拈毫得句鬼神泣，說劍當秋風雨生。淮海十年深閉詩，才心境兩知平。"近來杜門謝客，詩無存稿。所選多中年作。儀徵阮梅叔《琴言集》《珠湖草堂筆記》二書極爲推重。

擬結客少年場行

馬前金龍頭，腰下珊瑚鉤。相逢在道路，先問恩與仇。朝射羽林獵，暮爲俠邪遊。倚劍崆峒巔，探藥昆崙邱。萬事鴻毛輕，一笑凌九州。青史多英雄，景眾高(塚)浮。男兒但快意，何必爭封侯。朝露況易晞，浮雲安所求。請覆三百杯，一消遲暮憂。

補正平作鼓吏歌

丞相張燈大宴客，兩行甲士横刀立。有酒無樂客不歡，堂上大呼鼓吏入。鼓吏原是清白身，裸衣打鼓旁無人。嘗道痛數滔天罪，勝擊登聞叩九閽。罵聲愈高鼓愈急，滿座噴聲無人色。壯哉漁陽三弄譜，抵過陳琳十道檄。丞相殺人如蟲螘，何惜區區

艘

十鼓吏後來萬祖帳下刀鎗秘不出阿瞞意吁嗟
乎士可殺不可辱德祖狂作權門僕主簿何如跛
吏禁雙桴已奪奸雄魄罵以嫚罵尤狂生狂生之
狂神鬼驚至今鸚鵡洲邊水猶作淵淵金石聲

李將軍海洋擊賊歌

普陀山前戰鼓急將軍大破弓刀賊窮追直入漁
山洋萬艘齊開海水赤賊乘大舶勝堅城舵樓十
丈旌旗明將軍夜定掌中計一炬大燒赤壁兵四
鎮受令如山重水犀甲伏不敢動箪箕三陣聲鄉

縴腹

開戈船百道圍無縫別有一軍如生龍返蓬倒走
擊下風賊船尾大掉不及要時背後齊受攻小校
暗放連珠矢縴情紛紛墮水死渠惡雖逃釜底魚
潰師已墮舟中指將軍眼底無羣鼠誓縛長蛟蕩
水府浴血轉戰氣如雷身著六槍無痛楚同安船
小賊勢高以高視下逸待勞將軍兩臂不著翅仰
攻空折橫磨刀黃盤洋外颶風起白鷁師迴賊遁
矣將軍此戰十年無日走大洋八千里捷書飛上
甘泉宮　詔遣孔翠珊瑚紅指日凌烟添一座坐飛

魚

將軍配海澄公

乞兒行

六街閉戶風雪急傴僂乞兒簷下立褌子跣足妻
蓬頭三日一餐無人色誰知原是舊王孫卅年富
貴如浮雲還將往事逢人說父老驚心不忍聞為
言家世本齊魯父擁雙旌守茲土堂堂刺史生死
權一時苛政猛于虎催科那惜民力殫逢迎能結
大吏歡居然報最考上上從此官如磐石安上干
天怒災祲併虎不渡河蝗入境救荒來繪流亡圖

哭

養奸偏沽隹符命夜半飛來霹靂符全家催上廣
柳車聲伎雲散道路死覆巢完卵遺此孤孤兒生
長膏粱餍昨日鳴鐘今乞食一飯艱無漂母憐短
簫空下吳門泣舊時鷹犬曾受恩相逢不顧如路
人要知刺史既負國若輩負心何足論吁嗟乎惡
蛇猛獸食人肉遺害不如酷吏毒請聽蓮花一曲
歌償爾當年一路哭

重訪椒堂墓

一片劉伶土三年酒不澆斷碑迷宿草遺塚問村

斷

樵車過傷前約詩成當大招那堪聞杜宇同此恨
難消

秋聲

絶無風雨夜空外響颼颼知爾來何處教人併作
愁半生孤客耳萬事五更頭豈獨傷搖落區區草
木秋

吳門重晤少白

淮海一爲别風塵兩鬓絲重逢岐路客又值落花
時酒醉妥離緒簫吹短籌祠飄零無限恨寧獨是

四

鄉思

爲予言近況不覺淚沾裾旅病饑(飢)寒起文貧饋問
疎高堂有老母經歲斷鄉書早晚抽帆去空山守
敝廬

夏人過草堂觀桃花即事

去年君過訪種樹與薔薇今日重攜酒春風花滿
溪亂紅吹雨散新綠暗鶯啼記取武陵境漁舟勿
自迷

秋塞

遑

戰後陣雲平沙寒草不生一雕盤雨上萬馬逆風
行戍險邊笳急山空獵火明夜來尋虎跡已遍受
降城

送王蒻村之潤州舟中口占

送君歸鐵甕我向石頭城同此大江水何邉(遝)分道
行勞生各有事一别若爲情記取邗溝上重尋鷗
鷺盟

遠樹

盡裏城南路森森野色蒼冷圍雙寺碧秋指一山

五

黄歸鳥烟中沒人家葉底藏疎林遮不斷樓閣露
斜陽

重修黄鶴樓題壁

危樓敞接漢舉杖列此真成跨鶴遊詩對古人難
下筆身無仙骨敢登樓往來雲氣當簷落遠近江
聲入座流携得一枝吾鐵笛爲君吹破古今愁

長樂老

眼見河山四姓更著書猶自紀恩榮晚年官籍凝
頑貴亂世人看氣節輕顔命應慚承業死論功差

雨畫　侯

勝補澗生兒圃莫笑無經濟教諳能消耶律英雄

贈朱野雲

廿年京華滯京都千里單車返故廬骨肉情凋成碩果公卿交滿尚窮途一官夢阻游仙枕三絕名傳祭硯圖差幸故人何水部正開東閣待林逋

題春江送別圖為王魯石返浙

曉風初起浪花飛江上垂楊挂夕暉四五頁帆銜雨去一千里路看山歸仲宣鬚鬢塵中老景略功名夢裏非知憶蓴鱸鄉味好春波不畫鱖魚肥

不

新息侯

馬革雄心老未忘據鞍猶自氣飛揚廉頗幸免三遺矢定遠生還百戰場銅柱功難驕帝壻雲臺像不畫椒房明珠薏苡冤誰鄭風雨城西泣白楊

哭友

黃金到手散飛塵半眉笠歌半濟貧奉母無慙真孝子讀書便是大通人盛名獨享空時筆奇禍能消有夙因藉問向平何所累未遊五岳竟抽身

名士文游俠士風論人不在六經中平生雕飾背愁

此首可不存

應

難下一曲霓裳聽未終往事難言惟涕淚收場最好幾英雄此身莫道無關繫日後需才定憶公

讀小倉山房遺稿

少年金馬老漁樵五斗功名恥折腰山水緣能隨處結神仙福已及身消文章聲譽空三島君展風流占六朝愁絕清凉山下路酒旗歌板雨瀟瀟

鄦耳山聲玉山齋詩集題辭

著作平生已汗牛又編新稾細雕搜披沙不厭金重揀磨杵能教鐵化柔壇坫鼓旗三舍避（余久不入社）江湖風月一囊收（集中有浙遊草）畫山圖細雨仲諧家外此集公然另出頭

七 紅

新詞題遍總琳球忽訝徵詩到野鷗較我才原強十倍讓君名獨占千秋鮫珠意自和盤托馬勃曾勞破格收七字報瓊殊草草敢將同調擬劉

和耳山庚辰初春招集聲玉山齋代東元韻

鼓瑟慚予柱每膠尚餘結習未全拋忘思寸管爭壇坫那有千秋到草茅舊雨久疏人日會（草堂人日之會）又不復興春風還念歲寒交留連不覺歸來晚街鼓頻

删去是

鬧月下鼓

真州謁文丞相祠

江上停舟拜古祠，想公忽棄渡江時。小朝已入田横島，大義猶懸蜀相師。千里求援無一旅，三年忍死爲孤兒。只今逝水相嗚咽，似恨錢塘潮汛遲。

移梅

出山何必怨遷移，兩處寒酸性總宜。易地水雲都是主，通家猿鶴莫相疑。可能著手春長在，只有隨身月不離。從此又添松竹伴，消寒早訂賦詩期。

和夏紅舫春柳四之一

依舊長條踠地生，千絲萬縷纖難成。春遮燕小門前路，人指揚州畫裏城。南國新添眉黛樣，東風輕試剪刀聲。秋千牆角欄杆外，別有纏綿一段情。

朝朝臨水悟前因，傳出娉婷絕妙神。那有風情能似爾，縱無離別也愁人。碧拖寒食千門雨，紅襯桃花一路塵。愛煞江南二三月，家家樓閣總藏春。

抽盡相思是此條，含情脈脈若相招。怕看春去慵開眼，爲受風多易折腰。長袖可憐終日舞，好倉須

賦

趁少年銷十圍，手種西河樹獨聽，黃鸝慰寂寥。

送秋

怕折凋零柳一枝，悲秋人已鬢如絲。空江細雨愁中路，紅樹青山去後思。寒到絺衣成一哭，思餘紈扇没多時。劇憐白下閒花草，落盡方知賞識遲。

中秋後一夕月

河漢微雲淡欲侵，一分清減夜沉沉。天因太滿無餘力，人到重看有倦心。離恨慚從今夕起，秋光已較昨宵深。南樓珍重尊前賞，過此團圞不易尋。

贈李東來

客囊如水鬢如絲，湖海風流說項斯。碧血燈前三尺劍，青山馬上十年詩。貧猶作客家難問，老不封侯命可知。我有美人遲暮恨，與君分淚讀騷詞。

甲子春杪病肺甚劇，就醫幽塘徐君方桐，一藥即愈，試此誌謝，兼賀其復居清貧港舊宅

欲訪桃源處士蹤，時煩漁父作先容。（因李楓崖得交方桐）見君今日窺全豹，悔我當時好假龍。名士交心融水

壘

乳美人親手贈芙蓉一杯秋酒真丹藥消盡平生
塊壘胷

拔宅逃名竟十年買山仍用賣山錢移來竹可蔵藏
三畝讀過書剛載一船家有韓康爲子弟人稱鄰
邨是神仙寄詩權當門墻贄要乞長生錄綠字篇

次韻答繼香

才華斗骨肉兩無倚劍自鋒芒玉自柔敢屈斯人爲
弟子竟教前輩讓風流遑逢何患無青眼建樹還
須趁黑頭荅社故人多賣孟正需椽筆訂千秋

十

不愁萬卷不能該一種鑪錘要辨才選色須參天
女相伐毛先脫古人胎但看樓閣空中現自有風
雲筆底來還爾金針家法好莫翻花樣學新裁

豈徒説項爲虛名別有流連愛惜情兩世相知誰
我厚卅卅年僅見此才生説詩妙過陳驚座嫉俗狂
如阮步兵莫怪娥眉謹詠起而今月旦總私評

笑予猶作海棠顛無那風情是暮年碧海孤琴空
自抱寒山一鉢竟無傳貧思鄰富如闗巳老藉人
扶豈乞憐却怪飽吞丹篆客翻將鑪炭問顚仙

吳陵冶春詞

早春城郭雨瀟瀟州卅里龍溪漸長潮幾日不來寒
食近綠楊遮斷趙公橋

鶯飛草長晝初長蠶植家家上塚忙記得鳳凰墩
畔路[illegible]鶯風裏菜花香

烟雨城南鎖塢尖千家新綠正齊擔迎村小景都
如畫一樹桃花一酒帘

凾蔣山迎岳阜青小西湖水碧泠泠年年白社人
修禊賭取新詞唱阮亭

十一

哭吳楸堂

一棺蕭寺太荒涼寒食山僧麥麥飯香二十五故人知
已淚勝他兒女哭成行

馬嵬坡

漁陽鼙鼓動邊塵夜半宮車萬里巡老將生降妃
子死當時同是受恩人

秣陵城北口號

北城重到是深秋紅樹青山認舊遊落葉滿街人
跡少渡驢騎過唱經樓

州字斟酌

吳陵冶春詞

入郭雨蕭蕭州里龍溪漸長潮幾日不來寒
食近綠楊遮斷趙公橋
鶯飛草長晝初長蠶桂家家工琢忙記得鳳凰墩
畔路微鶯風裏菜花香
烟雨城南鎖塔尖千家新綠正齊檐遮村小景都
如畫一樹桃花一酒帘
圖蔣山迎岳阜青小西湖水碧泠泠年年白社人
修禊賭取新詞唱阮亭

十二

哭興教堂

一棺蕭寺太荒凉寒食山僧麥飯香三五故人知
已淚勝他兒女哭成行

馬嵬坡

漁陽鼙鼓動還塵夜半宮車萬里巡老將生降妃
子死當時同是受恩人

秣陵城北口號

北城重到是深秋紅樹青山認舊遊落葉滿街人
跡少渡驢騎過唱經樓

詠　　歐

俞國鑑字鑒夫嘉慶庚申科舉人官通州學正

詠古樵樂府

先人功高督八州今乃東帶見督郵叩門乞食亦
可喜何必區區五斗米衡山歸來甲子書醉鄉郤
在羲皇初
冊金輪設銅匭鏡殿開明堂毀女主昌歷二紀晉
陽向設美人計禍水相沒亦天意君不見鸚鵡翼
折不得飛宮中又唱桑條韋
前有六賊後汪黃朝廷那復相李綱登聞鼓擊聲
喤喤悲哉一死借歐陽諸生舉幡伏闕下漢唐有
人乃獲赦

十三

新安道中看山作歌

晴沙粼粼石齒齒水入桐江清見底朝携鐵笛坐
船頭不害無風七十里灘口已挹千重山山光郤
在㵳濛間狂奴故態亦何有只愛飽看烟中鬟一
峯未斷一峯出晴雲俄隨雨雲濕雨來頻助瀨聲
喧雲起全遮峯頂沒雲圍峰合疑水窮扁舟影落
澄潭中谿然一綫劃崖際石門洞豁還相通上灘

潤　　勳　　嵇

曲折波廻繞郡東，來船下灘好惱人。不是峽猿啼古樹，聲聲盡屬鳥聲歌。天黃昏斷霞魚尾明，前村秋晴處處山田潤。潮落家家水碓喧，幽花壓亂層崖放，狂笑能令衆山響。奇旁田來甲海東，新安爭似浮天上。明發天都最上頭，芒鞋竹杖宜清秋。回頭却望從來處，笑指烟波一葉舟。

題鄭湛若抱琴遺像

紙上鬚眉尚激昂，抱琴心事本非狂。離騷哀怨沈湘浦，銅柱勳名紀瘴鄉。亡命人皆惜張儉，絶交書畢類嵇康。莫從洗硯池邊過，浩浩天風海水涼。

十三

徐　寶　號古鄉，諸生

題呂林春燕圖

江南二月杏花紅，燕子尋芳碎錦叢。剪得一枝歸上苑，滿城桃李讓春風。

潘　濤　字曲江，諸生

登金山

一柱鎮龍湫，盤空結蜃樓。金鼇雲外現，白日水中浮。塔隨帆轉，江聲抱寺流。來朝登北固，烟樹指揚州。

朱成梁　字康泉，諸生

歌風臺懷古

大風四海共飛揚，臺上高歌氣慨慷。佐命英雄存有幾，翁文父老獨難忘。普天已莫非王土，此地猶傳是故鄉。豐沛至今遺跡在，楚猴秦鹿兩茫茫。

朱　澧　字蘭波

春漲

春雨添新漲，粼粼畫不如。那堪前日渡，不是別離初。嬌柳碧拖岸，落花香滿渠。故人從此去，珍重寄雙魚。

十四

瓢庵即事

精舍如瓢大，門迎水一涯。晚船僧問渡，隣圃客移花。風定鐘聲出，雲平雁字斜。忽聞歌欸乃，漁浦隔蒹葭。

送韓曉村之大梁

三疊驪歌酒正闌，愁將衰柳折江干。誰憐老大依人苦，同此飄零作客難。嵩岳千盤雲樹迥，黃河六

月雨風寒吟鞭迴指江南路多少青山馬上看

仲振猷字雲浦嘉慶戊辰舉人

相思曲

相思結子紅離離美人種入春烟裏子成還作相思樹知子相思自恨起相思不老人易老愁抱春雲泣青苹

偶成 二

繞屋濃陰益四圍杜鵑空喚不聞歸此身恰似營巢燕一口香泥一次飛

繆維鑲字在東號蓮溪廩生

夜泊青山

舟宿蘆花岸新塘入夜清推篷借漁火歎桃聽潮聲暝色四山靜江光千里明南飛有烏鵲應識此時情

王壽朋字心蘭諸生

蛩

啾啾復唧唧一聽一淒然亂草荒藤路涼風細雨天苦吟催夜短衰氣感秋先悵觸平生事殘燈照

獨眠

王鉤針

三千殿腳委泥沙堤柳依依想翠華無數香魂招不起春風吹落野棠花

亂鴉聲裏吊繁華坏土常埋大業花記得雷塘春雨後有人耕出玉琵琶

宮浙凱芹塘

海上

帆懸舟一葉晚發海天東萬竈炊烟白千家旭日紅濤聲疑挾雨蜃氣欲浮空何處聞雞唱蒼茫島嶼中

黄鑲字東序號冬□諸生

西城桃花

種菜人家半種花臨溪傍水一家家春風三月無拘管闖出城西一片霞

宮庭字彤九號盡舫乙卯舉人

乙丑下第南歸留別朱郇洲姑丈

孤負豐臺幾度春征袍重拂十年塵青山有約難

回

留我白首無家慣送人入市自慚非駿馬按圖閒
說得麒麐多情只有蘆溝月今夜還来照短輪

謝登甲字對峯號鶴莎監生

龍溪口占

綠楊陰裏雨初晴紅蓼花邊月正明隔岸櫓聲燈
影過兩三船在畫中行

陳晋元字少方諸生

登歌風臺

叱馬過豊沛高登漢帝臺飛揚雲氣合蒼莽泗流
洄衣錦真人去藏弓猛士哀四方誰善守屈指討
雄才

餘閒

動中思小静病後得餘閒細擘名香爇重搜舊稿
删推窓驚鳥散欹枕看雲還不覺殘陽下翛然又
掩關

孫光璧字二泉諸生

永濟寺

寺深聊策杖山險絕冥捜竹樹環僧舍峯巒壓佛

樓雲歸迷夕照木落響高秋不爲風濤急安能十
日留

閒居

近聞潘岳賦閒居少小浮華約略除絕口未嘗談
世事逢人只愛說吾廬柳堤風定和烟立蔬圃春
深帶雨鋤雨字功名都罷想拚將踪跡混樵漁

吳林蘭字畹芳副貢生

柳枝

小樓紅雨夕陽天陌上閑愁又一年知爾多情憐
爾瘦李樊南與杜樊川

王世豐字沂中嘉慶庚辰舉人通州學政

正學祠懷古

天心天心太慘刻忠良自古遭羅織高皇提劍牽
英從功成烏盡戕其翼殺氣数十年未除不殺讀
書種子殺不息天生燕王本英武令孫立子亦行
古皇孫安守藩服終蒼生亦免塗炭苦皇孫踐祚
燕飛来不殺之詔何迂腐勢去無力回天心成王
一問已千古君不見族可滅詔難遷舌雖摘血常

新讀書種子亘古存天殺其身成其仁

甲戌冬江上阻風

家堂愁艱食翻然乞拜官風濤千丈闊霜雪一衾單瓜步遊無地菜根咬盡酸挑燈思反覆底事悞儒冠

推枕呼舟子今朝可轉蓬夢驚宵柝急潮仗大風雄蘆岸花枯白漁舟火閃紅鄉關何處是鐵板唱江東

戈崇儒字鴻軒諸生

鳴鶴行

我聞牛鐸應黃宮鶴鸞交戛聲玲瓏鶴鶩喧啞作爭勢鵾鵬變化激長風蚌機夕推脫泥滓魚山梵落開心胸氣求聲應良有以胡為瘖啞泥塗中眼中犀角竟何有壁上蚖膏空自紅托興却借鳴皐鶴在陰求和將毋同箇中翩翩來羽客塞外蠨蠨走駢蝸在筊原不受羈縛杭鋼將欲破寒空有求斯應不能已我思古語心忡忡星翻漢回月將落翱翔須趁羽毛豐

會　經

耳山先生詩集題辭

看遍奇山水歸來稿已成餘音聽嫋嫋大集見航彙刻篇遍富重刪律更精舊並刪刻著書人未老莫漫羨虞卿

十載瞻師範毫敢自矜評非留月旦味喜辨淄澠諸老欣俱健鴻章又漸增心香分一瓣即此懷傳燈

和耳山先生早春招集代柬元韻

年來門酒不成酣踐約山齋喜挈柑寒会漸終圖九九春暉已滿經三三范家句屬降心和鄭衍天非信口談一事當前拋未得海樓梅信也須探

己卯冬日雅集盆梅早放分賦

紛紛臘雪舞斜風竟有盆梅早破紅為踐歲寒三友約一枝先發戶庭中

磁斗臨窗氣候溫紅苞綠萼返香魂今朝不算消寒會已有春光照酒樽

顧允厚字載之監生

惠山舟中作

日日春風送客槎，推篷處處聽倉庚。泉因解渴忘滋味，花到争看享盛名。山影壓船天欲暮，人聲喧渡雨初晴。回頭皇甫墩前望，宛似身從畫裏行。

食蒜

白於銀更辣於薑，下酒無如此味良。各有愛嫌人莫管，自家滷類自家香。

廿一

海陵詩彙目次

卷十九

羅克俊　夏　蘭　儲步雲

王　輔　楊　筠　田有孚

俞邑鑑

海陵詩彙卷十九　　里人鄒熊選

羅克俊 字靜安號夏園諸生性嚴直不阿論詩尚平正見刻燈海廉之作用濃墨濡大筆痛加批斥人苦其苛實于詩道不為無助

黃金臺

六國事紛爭燕昭志復古築臺禮英才黃金漫相興得士遊縱橫頗為人義語惜哉驚荒誕中道慕沖舉大業因克終賢才散如雨我來登此臺問名與心許未蒯古春交其適問賢取始進況已非成功安可覩憑弔發長嘆慨為歌杖杜

楊花吟

不見楊花開但見楊花落為花惜飄零為萍嘆飄泊飄零復漂泊春風總斷魂翻思不如黃葉落歸故根

鬻牛歎

垂首驅牛行相逢長太息頻年罹水災田廬盡漂沒卒族逃四方避荒就口食飯牛嗟無糧謀生苦無術鬻牛以資生急售甘賤值牛銜牧恩層身不敢惜人念耕耘功引手不忍釋倘獲水落歸春疇藉何力剜肉而醫瘡自慟非良策我見亟問之不覺聲嗚咽邑侯壓饑溺憂幸免爕理責

防水行

河渠執事當水立萬夫如蟻畚鍤集桃花水汛三月張十丈金隄勢不敵下游郡邑東作興大年小東俱未登低窪偏災已入告請蠲請卹憂填膺霖溢決月更不止崇堂生衣水生耳只疑上澤下泛會一期將為小小閭閻一劫爾連人此際猶夷然小民情迫恩安全恐隣或以我為壑大隄聚守夜不眠嗟嗟西南苦戰爭東南幸承平西南防兵勝防水何為乎使我東南防水如防兵天道人事難臆決盱衡惟有心怦怦

李將軍海上擊賊歌

黑雲壓海海水立霹靂聲訇電光赤艨艟破浪乘長風閩海將軍誓滅賊將軍如虎氣如龍出入重洋蹋賊蹤聞說神目世無比獨能炯炯驚濤烈焰迷濛中遙見賊舟拔碇起倂力抗戚冒一死大舟

奇

義戰難仰攻將軍飛上輕於矢兩手乘勢挾賊槍一心禽賊思禽王揆開萬夥神鞭疾一鞭到處賊首傷將軍翻身復飛落萬疊潮頭高立脚賈勇再接賊竟逃戰士百倍氣踴躍痛時偏將拏副舟生禽數百馘其酋浪裏救回新裒獨火中提出焦骷髏從來海寇殲難盡因風來去蹤無定以戰為守遠驅除乳揚我武戒輕進君不見寄奴無力制盧循梅林成功須婦人戚公毛帥俱不作域外誰復標奇勳祇今屈指第一捷閩海惟有飛將軍

周孝侯讀書臺

尋常數墨經博士定遠過之笑不止奇才弛不知古子明視之若無覩乃知讀書貴有用人不悍書書益重不見陽羨周孝侯雄武忠義無與儔少時為暴里中苦一語感悟即改悛入山殺虎水屠蛟勇敢精進真人豪至今折節讀書處層臺終古名俱高吁嗟乎猛虎不良今効能翻覽勝麒麟長蛟不為害呈祥亦可長鱗介男兒正欲終成生鄙士皆下風嗚呼何不改行正殿終

激闇

登歌風臺

萬乘還鄉日高歌樂此臺丈夫竟如是猛士亦堪哀井邑留湯沐風雲入酒杯我非狂阮籍望古獨徘徊

五人墓

抗法名難免成仁志所償逆謀寒此舉魏閹謀為逆崔呈秀止之曰不見去年吳門事乎公義激同鄉三學衣冠愧千秋市井香廢祠今改墓忠介益幽光

讀甌北集

袁蔣云亡後靈光尚此君弓衣旋萬里壇坫得三分閱歷增奇險搜羅炫見聞由來長揖者拜泣共殷殷

庚申省試莫愁湖雅集

打槳出西州名湖得莫愁晚荷當檻落秋水入階流時湖漲風雅徵同調江山引勝遊盛筵知不易扶醉復登樓

蘇屬國

節毛零落髮蒼蒼迴首丁年淚滿裳窮海帛書秋

窖　雞　激

繫雁寒種雪窖夜呼巢祇聞裂土褒劉敬空使圖
形殿霍光猶幸不同洪待制纔歸沙漠又炎荒

百子山樵故居

鷄鳴埭下路迢遥遺跡頻頻問野樵五夜芭苴尊
假父一家詞曲殿南朝紅牙獨按懷空詠堂名懷詠為其顧曲處鐵案全翻氣益驕但惜清流為己甚激成鉤
黨禍難消

白下

撥盡琵琶酒不勝留都遺事說頻仍汪黄有討爭
迎立管葛無人失中興内殿烏絲呈燕子中宵象
板按春燈風流占斷規模陋愁對鍾山憶孝陵

讀元遺山集

火起幽蘭國運艱亡金文獻有遺山行歌慷慨鬢
芝外老淚悲涼賣藥間一代中聲開至大百年孤
憤報完顏殘編讀罷杯頻酹海上遊魂招不還

汪蓮碧話少白近事

落魄江淮二十年一家迴首隅風烟重來罷唱寒
爐句此去長留寶劍篇張禄易名纔見貴陸機游
洛已交傳花前細述遭逢事結納清塵亦偶然

絡緯

一片秋聲颺遠空蕭蕭絡緯曳西風響驚纖手三
繅外怨入迴文百轉中豈有經綸遺草澤漫勞機
杼出昆蟲清吟我自慚才短軋軋如抽恐未工

春雪

老漁猶憶釣寒江忽漫空明映曉窓著樹有花開
頃刻到簷為雨滴淙淙乍疑絮舞風初轉似與梅
爭氣不降一曲陽春傳絶調及今誰和郢人腔

青帝來時白戰勞蟄蟲驚處玉龍鏖堅持昭質寧
非瑞化被陽和亦是膏霖雨有心需醞釀水山無
勢莫矜高欲知五出誰裁就聞說東風似剪刀

幾片霏微點玉階方圭圓璧費安排行人已覺餘
寒減高士尤耽曉卧佳梁苑賦開新艷體灞橋詩
遣舊風懷落花流水情多少祇惜青陽物候乖

暖閣全開翡翠簾萬花飛舞不勝拈時過雨水晴
為快貢出嵊山味更甜歸雁遍看留爪印辛盤欲
誤撒形鹽淺斟低唱琵琶滑卯復寒僵玉指纖

云

六十生朝客中口占寄耳山
風雨連宵旅榻虛勞勞身世足長噓漫嗟管子能謀
事不信虞卿但著書六十年華空復爾三千法界
果何如壯心未已精神減慷慨歌行思有餘
彈指韶光又十年（亦在郡時五十）舊游風景最淒然雨中
作客裘仍薄霜後尋花鞠尚妍老我疏狂餘白髮
故人寥落幾黃泉不堪重過留連處木葉蕭蕭古
寺前

按劍圖
淮陰逢惡少胯下一俯首原彼含忍時志不屑屠
狗

讀史記
衆說紛馳大道中聖賢距闢總難窮六經若在飛
灰外秦帝寧丟不有功
捭闔縱橫法術徒何嘗一箇是真儒可憐身試坑
中者半是浮名半是迂
金鑠室中常憾嫂杯分俎上漫呼翁一羹如此閑
心甚開國君王大度雄

袒

為劉為呂令堪識安呂安劉説本非倘使北軍皆
右袒不知太尉竟何歸

鄧耳山聲玉山齋詩集題辭
精華何忍付消沉訂頻煩木再鋟一字木安寧
劉叟贊數人共識虛心
裘熟妃豨及些翁摘摹魏晉與梁齊笑他盡是虛
車飾枉費工夫襲舊題
不許侯盧景始皇却憑張汲重賞郎縱橫寸管空
千古掃絕南湖與放堂
張皇扁行最為難那得驚心眯目看拈出幾章新
樂府幽光靈氣滿毫端
米珠薪桂習為常蕩婦遺孩極慘傷讀到痛深詞
激處居然言職告流亡
憂盛當思白髮親一病方知責守身脫口不嬈無
粉飾咄咄部覺是天真
香山叢説西湖好太白遥探禹穴奇名勝由來助
才藻卷終高唱漸游詩
我亦狂吟老未休獨憐無術可千秋半生碌碌空

飢

株守五岳何時結伴遊

夏蘭 字補生號紅舫又號缺翁筆提如風千言立就海陵社期同人一作未就紅舫壇諸作已全讀之皆工雅出群不落浮淺真芸飛將七近來格律愈精細而才致如故著作春鄉詩碧欺芳草萋萋色綫送流鶯嚦嚦聲白下濃陰遮酒旆青門細雨濕行塵阮梅叔呼為春鄉詩人 蒲選入珠湖草堂筆記

勵志詩

少小頗踰閑中年慚口實翻然杜柴門小築花間室一日守六時宅心無過失不落塵網中安知止止吉

一瞬五十年未展雲霄翼往往因饑寒浩然長太息達人貴自我為有胸中墨出門見同輩莫作可憐色

名士互相輕各逞懸河口李杜文章在亦復兼好醜但當擇善從何必執其咎毋為陶公唾相知不忠厚

去去光陰速而況多虛擲此日閒中過旨哉三可惜委心儻任運何必自刻責宿儒有三生吾其介於石

沐項

夏日山行

辟暑向山中微凉頗清適日午人不知曲磴濃陰碧欲將嶺上雲持贈熱中客

千金歌

天下紛紛逐秦鹿時未雄飛且雌伏關中相國能知人築壇一日三薰沐興劉滅項歸淮陰印如斗大輕千金記得微時有漂母千金來酬一飯恩一飯恩安足論母有語哀王孫哀王孫母語錯母視信何輕薄古之黔婁長太息有人不食嗟來食

昭陽婦

昭陽婦夫鬻酒兒啼饑婦出走將離覓食老鶂鳴老鶂成魅千里行終風吹人淚如雨刀環無日刀痕苦一片斜陽照縣鼓竟使明珠還合浦昭陽婦艱以貞古井水寒且清

朱盧侯

泒屬天潢位列侯生來將種足強劉私恩雖感如兒畜大事何曾與婦謀逃酒人難容竟去耕田歌不畏拾尤只因議立親昆弟鬱鬱常懷社稷憂

縁

新息侯

大志髫年即慨慷先平隴右後交方人中龍早知文叔井底蛙曾笑子陽南海有珠騰謗牘雲臺無地畫椒房謾言銅柱勳名盛薏苡誰來奠一觴

孔北海

北海徒傳譽望隆未能施展濟時功危劉權已歸曹氏薦禰書猶上漢宮座有清樽知客滿家無完卵嘆巢空可憐慷慨脂京兆獨記交情哭大中

鄒耳山督玉山齋詩集題辭

十一

四十年來鷗鷺盟傳箋分韻鬥心兵春風秋月無虛會流水高山有正聲一席能爭袁將趙三朝欲駕宋元明知君不恨功名薄詩卷強于竹帛榮

無題

記得珠簾掛綺疏别來消息近何如地名桃葉思前渡花認枇杷訪舊居悄住(緣)波三尺溪路通紅鯉一封書烏絲細疊無多囑好景平山四月初

迴廊曲檻會娉婷侍女傳言隅幙聽蕉葉有心多展轉楊花無力易飄零同心自可盟初日低首終難屈小星聞道使君原有婦不勝惆悵倚雲屏

論古小樂府四首

文武材兼擅威寧一代稱誰知左部帥更甚樹機能

周處兵方敗王戎酒正酣自從掾三語天下尚清談

八日洛陽北曾無救水共他年金屑酒依舊在金墉

吳越困勞役急宜解倒懸右軍憶遠慮曾上會稽箋

十二

王猛秦丞相張賓趙右侯江東門第盛只是重清流

回首華亭鶴悲哉不復聞蓴鱸歸去客江上笑機雲

讀史詩

百萬兵雖一炬燒焦頭爛額尚逋逃孫郎只要荊州地不肯思量大討曹

不知決策守關津誰是當時帷幄臣迨遍陰平七

泰

百里青天白日竟無人

家庭操作同辛苦耽酒先嘗淚滿衣純孝只傳王太保誰知悌弟古來稀

同泰君臣正捨身河南兵已破城闉不圖更有龍光殿佛老原來不救人

踏春詞

白袷翩翩霞體輕金鞍寶馬出春城天台儘有遊人誤莫向桃花多處行

儲步雲 字湘舫歲貢生

晚步

晚步郊垌外閒遊緩緩歸鐘鳴群鳥息月出衆星稀乘興不知遠清光時滿衣臨淵非有羨偶上釣魚磯

將携家就館留別里中諸友時同人有邗江之行

送別即杯屢唱酬行期已迫更勾留久知鉛槧非長策況挈妻孥事遠遊一徑桑麻湖上屋幾人風雨酒邊樓竹西歌吹憑君賞我向烟波覓釣舟

衙

清溪春泛

二月春雲醮碧波買舟剛趁曉風和柳花作雪桃花雨人在清溪畫裏過

緗書瀹茗好排當忘却迂迴客路長十斛塵襟捜滌盡歸來涼露滴衣裳

王輔 字左亭嗜酒好雄談耽吟累夜不倦辛未秋社課日大雨傾注平地水深三尺左亭衝雨西流血衣盡泥汙詢之則爲巷口屋倒所壓乃涼身浴血擁被高吟若不知痛者然其豪興如此

雪後同睛峯許筠圃李竹齋過訪

冷境罕轍跡踏雪來青鞵入門索酒漿高詠聯虛齋寒梅一枝破四座春風皆嗟彼熱中子鹿鹿天之涯何如枌榆樂素心晨夕偕既醉復命酌明月初當階

過盧蕙圃郊居即事

烟嵐羅浮青水抱范隄綠幽居阻漁梁書聲出茅屋暇日携琴來款関驚不速酌我軟脚酒開軒豁心目飛鳥倦高雲閑花媚幽谷物態隨機宜于懷澹無欲醉卧長松下清風聽謖謖

聞雁

酒醒燈殘後，嗱嗱聽雁聲。未消中澤歎，疑有不平鳴。地迥霜初重，天高月正明。關山千里客，此際若爲情。

答雪齋上人見懷作

長物詩千首，生涯酒百杯。草堂聽雨坐，蓮社寄書來。一別驚三載，重逢得幾回。木蘭花發日雪齋時掛錫邗上，應謁講經臺。

和羅夏園移居

十五

古屋冬郎宅宅村舊居孫韓曉，荒涼費掃除。別開新户牖，安頓舊圖書。飼鶴儲糧足，移花趁雨餘。不須慮岑寂，佳士對門居與周曙峯對居。

新燕

乍到如生客，重來當故鄉。主人尚無恙，茅屋又何妨。別緒憑誰訴，閒身底事忙。一枝棲便好，不必羨雕梁。

種菜

抱甕攜鋤取次忙，秋菘春韭及時芳。貧家風味原

辭

清淡，老去英雄著退藏。學圃未能聊復爾，閉門無事且相將。東陵瓜與南山豆，各占千秋地一方。

桃花庵即事

湖山佳處聳峥嵘，好與支公結淨緣謂甘亭上人。流水東西皆畫意，大江南北一詩禪。樓頭細雨黃梅熟，閣外清風白鷺眠。只恐俗塵消未盡，夕陽簫鼓棹歸船。

書桃花扇傳奇後

十六

殘山剩水雨瀟瀟，三百年來一夢消。亂世文章空復社，處堂燕雀笑南朝。春燈半夜傳新曲，野哭中元賦柒招。石馬銅駝無限感，只留遺史話漁樵。

常繼香招飲即席賦贈

雪後開樽折柬忙，故人有子繼芸香。門多父執交須慎，詩本家傳業不荒。立腳好當寒士境，出頭原讓少年場。謀生切莫辭艱苦，菽水先供兩世孀。

讀小倉山房詩集

今古才人筆幾枝，公然一手得兼持。性靈九冠三家首，風氣能令四海移。陸地神仙當代重，中原名

盥

士外曳知瓣香久奉思同社謂宫霜橋先生曾荷先生說

項斯

暮春登雨花臺

選勝高吟選佛場秣陵春盡石臺荒草園梁帝經壇碧花散雲公法座香遊子多愁雙鬢短青山無恙六朝牀登臨漫作興亡感釃酒淋漓送夕陽

病中作

卧病新猪折脚床閉門高枕送端陽平時交薄今纔見夢裏詩成醒易忘隣笛過墻偏觸恨瓶花隅坐不聞香偶然盥櫛憑欄坐蒲酒盈卮未敢嘗

十七

秋柳

曾拂壚邊换酒衣長條跣地事全非黄金莫贖韶華轉青眼重逢古道稀六代樓臺斜月冷五侯門第亂鴉飛可知賦命多憔悴能綰西風願已違

新柳

濯濯清姿楚楚腰不勝情緒正無聊一聲笛裏春猶淺二月樓頭雨乍銷對此風流原可愛別來消息又今朝揚州城郭金閶路緑到紅欄第幾橋

鉤　斷

楊蒨字蓀樓諸生

玉鉤斜

隋皇苦被風流誤一生只愛揚州住雷塘西去玉鉤斜云是舊葬宫人處我來憑弔正清秋獵獵悲風起樹頭一路芳魂招不得軥輈怪鳥啼荒坵居人指示三嘆息往往天陰聞掩泣舊時耕出玉搔頭埋土依稀在此側君不見螢苑凄凉跡已更垂楊無柳暮烟横三千殿脚今何處廿四橋頭月自明

十八

廢寺

不識何年寺蕭條絶四鄰碑猶存石帽佛不辨金身黄葉秋三徑白頭僧一人炊烟知久斷燈下已無薪

贈陳丈晤菴

憶昔制初識兆生髮已蒼居原稱比戶到即許升堂談俠更三鼓歸遲月半墻知君原不飲偏愛酒人狂

連歲水災紀事

簇簇秋苗秀已齊，洪湖又報水漫堤。新婚少婦無家別，失母嬰兒滿路啼。爭說漁舟衡屋過，可憐梁燕覓林棲。登高欲辨村墟影，一片蒼茫暮靄迷。

懷田鶴舫

遠向濠湖借一枝，逢迎是處有相知。最難作客能將母，却賴依人好課兒。寄到新詩多擬古，傳來餘事又工醫。結廬近得香山老，謂陳瞻翁 樽酒應多夜話時。

悼亡

坐盡殘更欲曙天，纖纖雨共淚如泉。夜臺那及人間苦，卿是長眠我不眠。

陳煉堂歸自清江，口占誌喜

又聞河決自清江，水信訛傳幸不妨。畢竟親衰子又少，故園安穩勝他鄉。

鬻婦謠

傷心處處石壕村，咫尺分明魚水恩。旁有老人垂淚說，去年此子正新婚。

鬻牛謠

賣妻買犢事堪哀，買得牛歸水復來。只恐水平牛又賣，更無人可換牛回。

田有孚 字才若，著書移村詩稿

寓郵送李夢巖歸高南沙

蘭亭同作愛春人，南浦如何喚渡頻。傾酒與君花下別，典衣知我客中貧。十年雁齒聯兄弟，一水魚書隔楚秦。為約維揚重握手，湖船踏破綠楊津。

俞呂鑑 字芝田

贈阮梅叔明經

彩筆飛騰五鳳樓，嗣宗華胄出陳留。交情對我真青眼，事業如君正黑頭。到洽名原齊劉溉，知幾才可敵知柔。狩魂聯報泥金捷，領袖群英給七騶。

和阮梅叔明經見贈詩韻

忽得交君又得詩，小園何幸墨淋漓。買絲作繡黃金鑄，添箇才人是我師。

諸墀才名艷齒牙，傳來文藻最高華。天生好語江南筆，管領春風十萬花。

秋日病中書懷

潦倒西風

寓蔵

晨起

海陵詩彙目次

卷二十

硯耕錄本

海陵詩彙卷二十

里人鄒　熊選

徐鳴珂字竹鄉，監生，興化籍，居泰州禮華舍人子。著有硯北花南吟草十二卷

自浦江返渡至瓦梁道中作

山行日移晷，空汀猶在眼。峰迴時出没，漸與濤聲遠。雨洗沙路淨，春盡征衣暖。紅留一樹稀，緑漲千陂滿。村舍帶餘潤，漠漠生煙晚。我憶輞川詩，長途興匪淺。

游攝山

石磴盤屈曲，蒼茫凌翠微。層樓夾林表，曦景明瓊扉。翠華行蹕在，草木含光輝。山禽鳴我前，天風吹我衣。煙嵐各異態，旦夕氣候非。邈懷康樂句，逍遥澹忘歸。玲瓏千佛巖，窅窕通絶壑。一氣爭變幻，神工試雕鑿。聚若恒河沙，金光出林薄。覆以六朝松，重重散瓔珞。閒雲時歸來，縹緲見鸞鶴。安得此棲息，塵緣萬念卻。山雨驟然至，樹杪飛流懸。長風送清響，吹作珍珠泉。琤琮戛寒玉，奚必管與絃。下臨桃花澗，空明共澄鮮。金陵此福地，來往棲真仙。洗耳塵不污，漱齒瑩且堅。何當一掬飲，笑指滄浪天。

杖策尋招提，小山容結搆。幽居塵跡少，名勝别新舊。懸厓驚坼裂，絶壁千仞透。中窺一綫天，媧皇補未就。石氣鬱磅礴，古木静而壽。晨露滴空翠，霽色發華秀。閒有買山人，寫山消永晝。妻江張玉川工山水，買幽居爲别業。我登最高峰，濟勝臨絶頂。江流束如帶，汲飲乏修綆。之子悵睽隔，歲月易馳騁。絳都夢遊仙，丹臺望延頸。扶踈雙老桂，金盤墜香影。疑近廣寒居，露挹衣裳冷。閶闔呼可聞，長嘯振鴻溟。

乙丑六月書事

五行迭相用，偏勝則有害。水以弱可玩，其禍乃更倍。江淮地卑下，氣白縈如帶。美哉神禹功，萬祺期勿壞。詎料巫支祈，鎖逸屢爲怪。去年秋風惡，狂瀾肆澎湃。遠村見孤點，中流渺一芥。禾稼幸早穫，場築差可曬。穀貴未妨農，猶得償逋債。方冬不歸壑，當春勢稍殺。

沮洳漸復舊播種敢云懈秋鍼露平疇微風交青靄
豬蓄既已盈奚似桔槔溉淫雨忽匝月淮源溢而大
江潮過其南北則大河隘如兩敵相持重圍不能潰
沛然趨下游湯湯洗埃壒維揚成巨浸孰辨溝與澮
緑雲沈萬井哭聲聞一派海若時正驕蜚廉揚其旆
助虐天為昏長飈捲高穢田廬半漂没存者亦空會
葦溼炊不然餅罄米焉匄老稚委溝壑丁壯走狼狽
萑苻乘間作吏胥緣奸獪古稱十年計兹則一已憊
甚矣臥治難盍思星月戴四境多瘡痍疾痛方求艾
吁嗟此邦人習尚侈且汰一食動萬錢於意猶未快
泉刀若糞土綺羅等菅蒯飲博雜聲伎流連忘歲邁
鬼神誠忌盈煢獨非其類胡然罹鞠凶人事良可噫
糠覈湛枯腸鳩鵠變形態哀此流民圖一一難具繪
得無生齒繁塵劫歷將届昨者西川擾暴骨滿厓砦
妖氛亟埽除橫流復顛沛蛟龍垂飢涎膏血恣一嘬
天心未饜暴斯民疇奠乂昔聞僧伽塔高矗泗州界
今已占滅頂豈但失尻背有時煙雨中往往聞梵唄
危隄如建瓴釜底寧久耐猨鶴與沙蟲恐適逢其會
而况災祲後戾氣餘疴瘵茍活即天幸那能色無菜
國奢當示儉否至終思泰俯仰生理艱使我憂心痗

寄張旂山參軍

剡中山水天下無天台靈奧神仙區人間風日不可
到雲屏窅窕開瓊疏誰與飛鳥獨來往羨君屢打錢
塘槳回首山陰道上行煙鬟處處連江城梅福一官
毋草草彈琴對飲境亦好（聖俞詩且獨與婦飲絕勝俗客對）想有新
吟數卷詩唱隨添得宦遊稿（聞濤香夫人集已付梓）

盂蘭盆歌桃花庵同江素山（翊）張老薑（鏐）江鄭堂（藩）顧芝山（麟瑞）作

炎炎盂底開青蓮鬘華香雨飛諸天中元作會亦何
意袒肩膜拜殊可憐西方異聞令人駭樂國何為有
苦海無端幻設盂蘭盆齊梁迄今俗不改綵竿百尺
穿雲房寶幢纓絡風影颭五果百味交芬芳一花一

葉如來光填城堙郭競祈禱欲報深恩除熱惱到處嬉遊竟若狂釵裾紛遝迷昏曉梵唄齊聲震地哀如聞九幽重重開作此狡獪愚黔首劍樹刀山安在哉目連之母詎如此釋氏當亦寓言耳凡有血氣罪其親一偏之害何所止布施金錢糜鉅萬道場共了清涼願幾曾餓鬼得充腸痛殺災黎無一飯大千塵劫循環生説法空存解脱名不救生時諸苦厄涅槃誰復知其情世俗茫茫終不悟孰為指覺歸真路好讀昌黎原道篇莫誇楊炯盂蘭賦砥柱中流得幾人惜哉饒舌頗黄門諄諄家訓傳千古亦復遺言供此盆

謝文節公琴詩 新安吴君素江購得古琴積土堅凝如石刮磨三日遍文畢見琴背有東山之桐西山之梓合而為一垂千萬禩上署號鍾下疊山凡二十字皆分隸書鐵畫古勁始知為宋謝文節公物素江喜甚繪圖徵詩焉

吴山一炬梁木燼嶧陽之材亦可憫西臺誰奏塞鴻曲東嚮招魂惟慟哭故人碧血埋荒煙餘生顛頷祇七年玉帶生已久亡命號鐘爾亦淪重淵奇冤上訴真宰泣鬼神呵護為珍惜昆明劫灰有時見土花漬闇何人識吴君嗜古特豪舉不妨人棄我獨取磋磨累日文始彰邈隸星布騰光芒乃知正氣不可掩龍吟鳳嘯穿久藏得之狂喜轉益悲不覺涕泗翻交垂卻聘終甘首陽餓信國知音公一箇當時遺跡唐石山橋亭賣卜逃塵寰茲琴得無伴岑寂山月照人同愁顏又或相隨入燕地風雨羈棲憫忠寺別鵠哀猨時一彈金石錚錚氣彌厲西湖縱好不歸來響寂音沈幾塵世我今見圖未見琴相思千里雲山深對此已欲亟下拜何況他日聞清音丞相遺琴圖亦在鞠通仙去五百載 海鹽陳文穆有信國遺琴圖詩序碑藏閣中何氏 乾坤留此兩完璧鼎彝槃敦無神采歌罷還將茵琴撫輸君玩好得奇古打窗落葉天風寒高山仰望空長歎

曉起

不知秋已盡惟覺曉寒深客久忘塵累病除生喜心風霜氣一肅鷹隼勢千尋晚節香仍好黃花耐冷吟

贈王寬甫敬之即送其之濟南官署

春風憐小別東郡喜趨庭實學從根柢兹遊見性靈
河流奔岸疾嶽勢接天青定有登高賦歸時洗耳聽

夜宿瓜步

樹影忽摇水涼雲微在天推篷山月上枕擢榜人眠
夜靜暗潮動秋澄清鏡懸不須吹鐵篴吾意已超然

晤洛下王友之聞說黔粵諸勝境

君耽山水窮陬壤我讀虞衡憶石湖荒服可憐人罕
到洞天聞說世間無峰當險絕煙嵐異花不冬凋氣
候殊坡老漫誇身萬里葛仙今日有雙鳬

喜晤趙味辛先生即送其之青州司馬任

感君枉過識君遲兩世交情重可知自有高文傳海
内莫愁晚達及清時相逢堂上俱強健怕聽樽前又
別離攜得活民書一卷訟庭花落更吟詩

高筠 字省存號紫嵐乾隆乙卯舉人官内閣中書紫嵐清才雅望名重一時羣以大用期之中年病盲閉户孤吟著作甚富多不存稿僅得其自況二章

彈琴吟

古人重典樂司聲必瞍矇夔明與般巧不及師曠聰
宣尼大聖人瞽襄北面從與摯復見冕階席禮度恭
樂自人心生和本天地同五音配五藏六氣應八風
七絃十三徽黄鐘旋相宫泠泠十指間哀樂感由中
全在以神運不在以形窮得心自應手默識乃心融
端坐靜塵滓天籟生虚空偶然一撫弄鳳鳴和雝雄
冷泉咽幽石清颸生古松夜靜響逾絶如撞寒霜鐘
鏗鏘發寂寞天海盪心胸虚室忽生白飄飄一仙翁歐陽永叔云予抱幽憂之疾退閒不能治學琴於友人孫道滋受宫聲數引久而樂之不知疾之在體也
乃知造物恩肓我不我聾收視萬感歇返觀衆妙通
陶得無絃趣孫鼓一絃工所以嵇中散目但送飛鴻
琴之為言禁禁邪以修身古君子不徹時共書策陳
胡為鳳求凰翻致挑淫奔可知兩漢時音已非古人
古音日以遠古調日以淪一曲廣陵散尚且杳莫存
何況三代樂箾韶復咸韺古調惟傳鹿鳴一曲關雎則音與詩不叶已非復房

中之樂昌黎所補諸琴操雖非舊製然詞意近古故音韻尚雅近世至以小令譜入絃歌不止鄭聲亂雅矣俗工圖悅耳變雅為新聲綽注雜瑣碎吟猱紛蝿蚊時作瓦缶響繁然琶與箏可懷玄酒味酸鹹亂太羹舊譜更沿謬傳音不傳文謂若有文字便同膠柱論豈知古聖賢絃與歌並聞東坡改作醉翁操嫌其元辭近俚音韻不雅可見音之不離乎曲也搏拊必以詠無詞詩惟笙空山寂衆響視少聽倍精操縵遵古法得譜在五經謦控比六轡靜安喻和平朱絃疏以越遺音三歎神悠然與古會古貌復古情寧澹毋纖巧寧緩毋慓輕放翁詩云琴調養心甘澹泊道徽詩云幾回拈出陽春調月滿西樓下指遲香山詩云慢彈數聲琴又云入耳澹無味愜心潛有情又云信意閒彈秋思時調清聲直韻疎遲近來漸喜無人聽琴格高低心自知可得彈琴之秘矣養以書卷氣韻出雅而清縱令知者稀識曲務聽真松窗時佇月安絃歌鹿鳴

馬呈圖字墨初號陶庵居士武庠生少時抱奇氣能拓弓弦作霹靂聲既壯折節讀書工詩善畫俱臻逸品近得東城隙地所謂蘆洲者擬搆數椽與諸名流觴詠其中作四律見示今錄其二

初營蘆洲別墅

置得蘆洲舊址存紅泥依約牖巢痕略添窗户居然閣纔有籬笆便是村五十華年嗟髮短二三知己許心論攜琴儻肯過余者茶竈香清手自溫

卌載萍蹤笑梗輕而今纔遂養慵情拈來楮葉生涯冷修到梅花氣味清一片詩機真活潑三分畫意任縱横買山那問逋多少留取嚶嚶聽鳥鳴

鄒元基字杏村戊辰舉人贛榆縣教諭

大雨行

天低日黑怒雲生狂風撼樹羣雅驚冰條擊地碎玉鳴陡然一注天河傾電掣長空雷奮地山鬼遁跡妖狐避疑是神龍互戰各張威白羽大箭紛紛至不然水府百神上朝天海氣直與天相連鮫人遥向空中泣亂抛萬斛珍珠圓滂沱大降朝復夕萬木煙昏萬山溼平地頃刻生風波溪水忽添四五尺城市寂寂行人稀我亦長吟晝掩扉東鄰嗟屋漏薄衾夜溼兒

女啼西鄰歎薪溼竈冷無煙晨斷炊居民惆悵農民喜桔槔不事田苗肥苦旱之歲欲雨不得雨雲勢空來終無補今年一雨溝澮盈不須問雨惟課晴但願陰雲散且速一輪紅日照林麓

莫愁湖

檻外無人盪小舟芰荷香裏泛輕鷗清波隔斷秦淮水不許胭脂混莫愁

勝朝湯沐古池臺歌舞勳名兩不灰到底英雄讓兒女梁間海燕為誰來

翁維圻字蓧山監生

書壯悔堂集後

翩翩濁世佳公子留得卮言一卷新結社居然推領袖著書應自悔風塵晚來出處疑輕舉亂後文章易感人品隲若從才調定夷門原不遜方陳

螺園題壁

窗軒一帶俯溪流詩境新開景色幽待月不妨常席地看山何必斷登樓移來修竹能驅暑聽慣芭蕉不覺秋更籍虎頭三寸管為君滿壁畫滄洲

歲暮

駸駸歲月又將闌陋巷孤吟感百端半世無成容我拙一年多事是冬殘質衣未置消寒酒賣字先儲奉母餐窮達久知由福命匣中長鋏不輕彈

瓶中落梅

折得南枝費翦裁春風何事苦相催早知金屋仍飄蕩只在空山雪裏開

彭壽山字石夫嘉慶丁卯舉人

蘇山秋望

山雨暮方霽分明知醲秋雲涼度溪散泉響入空流紅葉陰無盡斜陽澹不收一窗兼衆妙清臥復何求

李觀時字雨村廩生

擬古二首

造化本無始混沌居何處一朝方圓分茫茫累塵土

征伐太勞生揖讓亦辛苦貴賤從所遭榮辱孰司主
登高矚九州役役寄行旅不憾我生艱多事是盤古
貞松臥澗底繁華豔人間苟無金石姿富貴應赧顔
餓死亦常事夷齊在西山亮哉陶公言所懼非饑寒
緬懷捧檄意古人良獨難攬袂上高堂中夜起長歎

雜詠

燕許大手筆著作儀明廷豈是綴浮藻便擅一世名
餖飣牛鬼字掇拾草木榮按之了無得糟粕遺精英
毋怪皮相者事事逐虛聲禮數非不多意氣良足驚
土木飾冠裳焉得真性情
嘉樹植小盎枝葉苦束縛飛鳥閉樊籠羽毛戀寥廓
遏彼長養機就我耳目樂濯溉日以勤依棲得所託
靜觀所生理至竟異感若水必順其流智惡近於鑿
凡性有自然請以驗民瘼

即景

雨霽岸初綠新霧障溪左咿啞來櫓聲昏黃月華鎖
漁舟在何處蒼茫見微火

流民謠

一聲呼夜將半賊船來已到岸火炬明刀光爛兒亂
啼女爭竄破鑼唬醒夢中人户閉聲瘖不敢看後溪
疊次驚船奔傳言突入倉場村橫斫人頭棄溝壑簪
珥攫去身無褌同鄉守望宜相助東西急遣丁男傑
挑燈圍坐夜無眠平明訪賊無一箇幾隊逃災近邑
民聯犀遠在荒村餓

長歌寄黃霽山

吳陵楊柳垂青條中有小鳥聲何嬌嚶嚶求友繞樹
梢棲城入幕春風搖我憶故人心忉忉當年並坐彈
雲璈浮香亭子花周遭朗天晴日開紗寮讀書之暇
窮鎪雕有時岳阜同登眺一傾千斛紅葡萄深談濶
論何其豪三年聚散感萍飄予依澤畔君山椒何當
駕我以狂飈雲軿飛過彭蠡濤匡廬絕頂陟岧嶤長
劍橫天破寂寥那逢六翮借羽毛臨風興歎首頻搔

不然君肯來遊遨棠舟檜楫木蘭橈玲瓏重聽廣陵簫芙蓉花老雜瓊瑤日暮望彼岡之坳二者有志未可要引領西南蒼翠高且憑短札抒鬱陶

晚步

夕暝山光斂行吟到寺門垣崩虛老木煙暗失前村古塞鼪鼯竄寒風鳥雀喧不須鐘磬響歸路欲黃昏

月夜有懷

祇是前溪路如何會面稀每因塵事迫多趁急流歸對酒悲歡集論心故舊違那能明月下不憶謝元暉

遊仙

原是瑤池會上人絳霄天界證前身胸羅列宿朝金闕手握真符侍紫宸羽扇珠旗花作仗雲階月地玉為塵悤悤跨上青鸞背小別蓬山幾十春

朝來吹下佩玲瓏鹿駕雲車到海東瓊樹根孤難著土靈河草弱不禁風也曾白嶽參金母祇恐丹爐誤王童親見吳剛揮巨斧辦香心供廣寒宮

黃葉

霜華一夜染疎林蕭颯枝頭色暗侵古院西風搖落意空山斜日別離心尚餘碩果懸青幹可記遊人借綠陰轉眼東皇費裁翦垂垂芳蔭待春深

留贈朱範川

春風小艇載圖書柬道浮家託起居徐孺乍來懸榻待周郎相見飲醇如代耆藥竈深秋後坐對山窗永日餘三百六旬賓主共論交那更說情疎

送客

霜痕匝野雁聲稀一夕驪歌爾獨違珍重河梁分手急三年同客不同歸

葉鹿鳴 字賓國，號晴洲，諸生

小西湖

春風一曲小湖西拂拂垂楊跎畫隄此日樓臺歌舞歇夕陽無數亂鴉啼

夏瑄 字雲嶠，諸生

硯鄉鈔本

夏日山行

深亦不知山遠亦不知路火輪灼石焦十步怯五步仰視天無雲陰翳不少護招涼仄徑斜松杉相錯互下有幽泉鳴掬飲等甘霽絶頂欲攀躋夾脊汗如雨一事問山靈高寒在何處

高　瑩 字冶良 職監生

出門四首

端居屏萬慮出門思依依匪惜千里游所戀一寸暉我生迫少孤日惟侍慈闈上堂奉蘭𣏾下堂問裳衣但知歲月永爭忍晨昏違曷為戒行李一朝辭荆扉川塗方凜冽冰霜半韉鞿思之淚如雨夢逐江雲飛

蘭房剔銀燈未别先哽咽水萍與兔絲前生曾綰結合時如意環判若珊瑚玦古人重鄉里此情詎言説一朝出門去兩地倏隔絶行者望家園居者念雨雪老親託甘旨兒女藉補綴待報秦嘉書一字一心折

生女事織紝輾轉機上絲生男解章句青熒燈火帷嬌小不知念高堂能追隨父兮將遠適聞之雙淚垂温語故昵昵牽衣翻遲遲此誼出肝膽天性非矯持孤征如得已何事輕分離

一夔蚿或憐負蟨蛩所致亦如金石交短褐論古誼端居悒歡悰多難見風義數聲唱黄雞曉缸青未墜慷慨賦同車間關與並轡殘星古渡間落月停雲地珍重故人情一一征途記未報雙南金深慚入夢寐

元夕觀燈有感

旱潦頻經後春來得乍安如何耽佚樂曾不念飢寒樓閣虛無造魚龍變幻看撫時憂盛滿未免一長歎

紀宜堂 字琴舫 監生

白荷花

出水清姿玉琢成風敧翠蓋見盈盈香從太液池邊冷月在鴛鴦夢裏明賜玉人調宮粉潔淩波襪剪素羅輕臨流莫訝無顔色曾與沙鷗訂舊盟

許汝弼 字贊亭 諸生

新蝶

豔陽三月媆晴天橘蠹新成粉翅妍南國春風如有約西園芳草隔經年酒酣張綽偏疑幻夢醒莊周忽證仙一縷香魂能再返與花重結後來緣

新鶯

二月隋隄正媆晴金衣公子御風輕鶯兒柳色渾難辨何處飛來第一聲

紀士謨 字湘圃 諸生

書容賓遺草後

五千里外寄遺編詎料神童不永年直以聰明還大造忍將珠玉墜深淵文因太瘦才疑鬼詩不同埋句欲仙媿我未能謀一面金荃捧讀倍淒然

朱慶荼 字薌樹

得家大人京邸書

天上家書到開緘淚滿巾加餐知父健廢讀慮兒貧骨肉悲歧路功名誤遠人何當隨北雁飛傍白頭親

錢鹿鳴 字野莘號鶴亭 一號芝田監生

吳中和贈秣陵蘭樨林返里省試

年來踪跡類飄萍客路逢君兩鬢星性戇敢尤人毀謗氣投深荷語丁寧我慚齒長才華少君有聲蜚姓字馨此去白門應努力讀書清夜月窮櫺

王世履 字敦夫諸生 候選員外郎

己卯仲冬自京都歸里淮浦舟中感賦

長板青溪悵舊游神山兩度引回舟黃粱又醒邯鄲夢秋水芙蓉秪自愁

見說吹壎已得仙纔知此事總由天歸來且覓園林趣好種梅花待月圓

硯鄉鈔本

海陵詩彙目次

卷二十一

海陵詩彙卷二十一

里人鄒　熊選

湯治昭字懋齋，廩生

永寧泉

客身如浮雲，吹落鍾山巔。道旁一泓水，疑是蛟龍淵。大瓢與小杓，汲者盈萬千。縛亭甃白石，活火瓢茶煙。竭來事茗戰，一飲腸胃湔。諸天散花雨，高岡横其前。瞻望博士祠，悲來不能言。松枝作麈尾，敗壁留詩篇。斜陽照歸路，蕭散仙乎仙。

靈谷寺

芒鞋破坱圠，山色相招要。松風萬壑來，掊擊聲蕭蕭。摳衣石徑滑，拂面巖花飄。入寺寂無人，紺殿殊蕭條。誌公不可作，浮圖凌層霄。滔滔八德水，清美繁珠跳。初地焚辯香，梵音聆海潮。晴曦射叢薄，天宇清寥寥。老僧檢經藏，悠然謝塵囂。

鄒耳山選刻芸香詩鈔賦此奉酬

中聲在天壤擊颺為風詩昭昭古作者殊途同其歸崢嶸百年念寸筆恒河沙叶新城逮秀水泰華爭崔嵬雲龍欻驤首北宋南有施江浙兩大老伯仲差肩隨流風鬱相望照耀侯褘而吾鄉盛風雅東海存遺黎崛起菰蘆中苦調含悲悽把臂挈黃鄧抗手為歌詞氣求聲則應後輗前為推大雅一以邈僞體潛流滋浸淫數十載蚓竅寒蟬嘶風騷久鬱勃突起蒼頭師芸香集英彥墜緒勞撐搘刻苦厲程課彷彿前良

規余方踏江海乞食東西馳屈首干祿文格格攢雙眉既敝禰生刺時作梁鴻噫酒酣拂衫袖浩歌天為低吾廬傍煙水拍拍驚鳧鷖今始見鄒衍文雅縱橫飛作詩有奇氣謦欬成虹霓大將建旗鼓我亦儕偏裨精心勤述造麗藻森葳蕤采擇不余棄錯落傾玫瑰崇雅去浮豔朱墨提綱維君意良不薄把卷頻嗟咨哉哉諸鉅公大集光芒垂鏘鏘出金石窈窈窮皇羲得君互揚搉叶應吹塤箎為君快披讀起舞傾金卮

江村

雨過林塘淨江村事事幽幾行新綠樹無數夕陽樓雛燕能來往閒雲自去留斷橋垂柳下兩兩繫漁舟

寄呈法梧門先生

逝矣倉山叟先生替總持安排三寸管裁翦一朝詩河嶽英靈聚聲華朝野知官銜清似水時復撚吟髭

袁江旅次

潮落烏啼月一林相逢淮上共題襟人聯白社俱名士詩近黃河有北音客路自然輕聚散名場容易感升沈數行寫向黃泥壁留取重來擁鼻吟

贈姜丈桐軒

日日籃輿繞薜蘿畫除豪氣養天和牽聯野老逢迎熟消受名山供養多勝事屏風任圖寫遺編箧衍待蒐羅功名兩字浮雲淡不作南山叩角歌

贈葉古軒

湖海元龍迴不羣此才差足張吾軍鬚眉純化幽阡氣旗鼓閒收翰墨勳早歲功名同逝水中年哀樂等浮雲輞川吟社招裴迪來聽清談浣俗氛

西河壇坫主齊盟許住螺園客亦清苦為風騷留正派不緣標榜博時名為龍我願偕東野射虎誰能起北平有酒盈樽詩萬首狂吟痛飲足浮生

文姬

絕代紅顏絕塞行哀笳彈作斷腸聲美人國士同淪落尚有生降李少卿

包湖

湖水清泠碧四圍幽人破曉放船歸數聲漁笛不知處野鴨一雙相背飛

常　增　字益之，號繼香，諸生。奇情盛氣，下筆如風，有不可一世之概。

田家雜興

草廬結墟落榆柳蔭深院薄田不在多取供數口膳得稻舂作米得麥磨作麪家人食有餘客來可留讌胥月歡團圞桑梓足眷戀春耕亦忘疲解聽鵻鳩囀人生隴畝中何必憂貧賤

晨起飯老牸星斗猶在天催牸出華門人語喧陌阡去叩鄰家扉鄰云已下田荒埂菖葉溼茅屋雞聲圓耒耜各力作竟讓他人先夕歸飽飯睡明晨戒貪眠

約湯悔庵遊牛首山阻雨未果

覽徧金陵山遊蹤慕姑孰傳聞牛首勝翛然拔塵俗秋晴得閒暇會當訪層麓刱復偕我友共豁萬里目遙想雲煙中茅庵歇信宿未赴神倏馳茍至意必足

詰朝催早行涼雨羈塵躅山妙想亦奇何以展遐矚幽興儻不倦茲遊庶可續

寄耳山先生

寸心絡萬象宣洩惟聲詩境地各有造安用分籓籬吾鄉一隅僻瀕海詩人希寥寥三百年屈指徒歔欷宮公尚風雅春雨留遺基陋軒一窮士突起蒹葭湄同時富纂輯乃有鄧孝威前賢略可睹才士間有之

其後恕堂集闡為時所推餘園最清逸聲名江左知大雅漸衰歇纖穠鬬新奇客來小壇坫鄭谷一字師昔人誚張華半多女郎詞我憶陳夫子（理堂先生）温恬繫人思前年邳州回往謁頻愆期所幸靈光存三叟長追隨（圃丈椒墩繆丈善夫姜丈桐軒）姜丈溯源流鴻篇曾見貽（桐軒丈撰海陵詩學源流考一篇）遂有網羅志一邑搜芳徽虛願竟莫副貧乏雕鐫資（僕擬有海陵詩鈔之刻未果）此事欲有託君乃慷慨為今春柳村來敦促防君遲君心由此堅我心遂其

硯鄉鈔本

私秋風石城裏逢君話孜孜不圖商盛業乃在矮屋時片帆返江北樂此應不疲我友湯悔庵淡雅其本姿哦詩數百首讀之情為移每覺掩卷後餘音裊如絲瀌瀌幽澗響淰淰春雲滋所惜太古琴不免流俗嗤惟君具藻鑑采擇幸勿遺君詩綜衆妙雄傑胡可追往往興所到氣盛言皆宜光芒熾文燄壁壘輝旌旗將軍躍馬出其鋒當者誰時復露秀樸超妙闢天機以君彩鳳叫印彼綠綺揮同工不異曲蹊徑豈云歧兩美知必合饒舌當見譏區區説士心茲役慎所司斯人佐編選或不以為非讐校襄微勳吾儕責難辭歸來近十日念君渴且飢黃鞠雖未花瘦蠏今漸肥當君得意日來醉重陽卮

由桃葉渡放舟至城北

渡口午乘舸煙水愜逸興蒼蒼見離落竹柏媚幽徑初行景已異屢轉境殊勝征雁起荻湄孤鳥入蘿磴村荒罕喧雜嶂遠遞綿亘不辨寺何處雲中響清磬

硯鄉鈔本

欲返有餘戀城郭日將暝

自述

人心如田園不闢將自蕪世事如蔓草不治將難除賤子守遺訓以書為畬畬有人哀我貧勸我入歧途譬之不學圃而使往種蔬

飢烏行

作鵲亦飽作雞亦肥作烏常苦飢雞非惡聲鵲可喜惟有烏啼惱人耳烏之遺怨本如此豐年家家盈倉

箱牆頭屋角飢烏翔飢烏雖飢聲不改安能悅人求稻粱竹實不生嶰谷荒人間尚有飢鳳皇

河兵謠

安瀾有柱河兵如虎狂瀾莫禦河兵如鼠解一修隄築堰年年忙下河往往多流亡大吏小吏心皇皇河兵日夜守河梁解二東家健兒長七尺募作河兵去供役秋來塘決多笞責解三猾者得錢身軀肥拙者束手常苦飢有事一樣聽指揮解四河水落河兵樂河水來河

兵灾河兵之灾時有財流民一去何時回解五東南海道塞已久淮黃汎漲經年有實力能收治水功辛勤即是迴瀾手如釜低田億萬畝性命全在河兵守日賞河兵一斗酒解六

自延陵歸姜桐軒先生詢遊跡賦此呈之

男兒生不能徧遊五岳覽盡天下奇山水胸中邱壑從何起昔年汪子仲玉招余遊黃山擬登蓮峰任徙倚麼事束縛難遠離遊山之興倏然止又聞友人歸話西泠遊跡多清奇語未及竟神往矣儼如奇巖峭壁羅當前不能以目但以耳余年弱冠初離家買舟出門從此始赴郡以外無遠遊終日戚戚困閭里附近異縣足未經何異醯雞處甕底今年四月遊延陵瓜皮小艇煙波裏兩岸田高河水深荒溪曲港相迆邐窺人水鳥時一飛燕子去水不盈咫車聲轆轆隄上過老牛臥倒河之涘夕陽在天來船稀船頭坐看霞成綺晚來天瞑風雨狂此時寂寂無比擬雞聲破

夢遠近啼睡裏聞道舟已艤入城咸訝客蕭條幾卷殘書壓行李一路闤闠無繁華可憐冷落日中市三日遊徧城西隅舊時閥閱多傾圮居人半不識姓名相逢祇有盧秋士琳宮梵宇搜無遺譬如嘗鼋非染指興盡忽然歸思生雙槳夜搖水瀰瀰曉來紅日懸城頭笑指敝廬已密邇秋風八月赴金陵飽看峰巒高巍巍吸盡長江瀾汗之洪濤一洗舊遊舊渣滓

和鄒耳山招飲即席同周綺村

我不知海内詩人誰最雄海濤噴薄鳴天風搖嶽淩滄動天地百靈騰躍歸環中我不敢謂大雅至今竟寥落遺棄精華尚糟粕箏琵嘈雜琴聲希聲悅煇煌古色薄賤子壯年局閭里頗想元音返正始鄒丈大集排觥觥鄧黄以後一幟起前年鐫詩忝校讎妙處讀罷餘音留卷終新篇半登覽披吟似共西泠遊今年周丈客聲玉新篁濃密一牀綠招我談藝來山齋唱酬許和陽春曲其時細雨天沈沈新詞雒誦兼徵吟辯香喜接兩夫子胸中頓少纖塵侵纔驚雄論談天口旋訝健才斬蛟手小子相逢不僵走願盡先生一杯酒

硯鄉鈔本

送張老薑繆返江都

風雅瞻前輩相逢值歲寒到門纔艤棹持幟即登壇白戰三冬課清樽十日歡何期歸思迫又憶路漫漫

長安道

馳驟諸陵下聊從劇孟遊鬭雞趨柳市彈雀過長楸鞭影侯家馬箏聲戚里樓小車能入殿丞相只千秋

攝山

幽壑徵君宅寒林靳尚祠六朝餘幾寺終古此清奇境比山陰道人來暮雨時低徊想江令傳誦是何詩

朝天宫觀沈道士畫梅

丹竈赤松家高廊午焙茶道人春在手閒坐畫梅花我為浮名累相看感歲華暫時豁懷抱滿袖有煙霞

夏紅舫移居

深巷別楊柳舊居楊柳巷紅橋近杏花室無多點綴人帶舊煙霞地僻生新草城高聽暮鴉市河何日濬打槳到君家

硯鄉鈔本

歸鶴亭

當時歸鶴有亭在鶴去不歸亭亦空今日春風上荒冢行人無復說神翁迷茫溪水綠三里斷續菜花黄幾叢此地神仙不可見催耕時節雨濛濛

書海陵詩彙後寄呈耳山先生

別裁偽體要清道采擇應如集腋裘梓里人才存大概海濱詩卷得長留前賢就晦幽光發此事觀成我願酬豈似近來瞰名伯雞毛三寸論千秋

梅花和蕪湖韋約仙前輩原韻

前身曾許嫁逋仙生與西湖又結緣寂寞空山三里雪淒清残月一溪煙詩成更索茅檐笑夢醒還參紙帳禪占得十分春最早幾曾賞識未開先

鄒耳山聲玉山齋詩集題辭

苦吟一字必求安此事功深轉覺難知費鮫人多少力冰綃織與萬人看

詩到能真世必傳此心悱惻與纏綿古人奥旨如窺破請把紛紛俗論捐

句工原不要人知風雨高歌足自怡只惜蔣袁凋謝久未留老眼選公詩

我與前賢癖共深誦詩遥證妙明心草茆嬾作千秋想閉户聊為蟋蟀吟

硯鄉鈔本

句容道中

四圍山影落茅廬柏下楓前雨霽初回首秣陵暮煙遠秋風吹野客騎驢

佘氏塾前菊

恥與春花鬬綺羅秋煙秋雨意如何幽懷淡味真標格不要人來賞鑒多

登北極閣曠觀亭

獨登高閣俯郊坰下界羣山作畫屏到此猶嫌眼界小天風吹上曠觀亭

康發祥 字瑞伯諸生瑞伯長身玉立雅度清才詩文華而不砌健而不粗宜屢為宗工所拔識指日青雲直上未可窮其所至也

勵志詩

勵志以蓄德昔有張茂先我今拾唾餘附驥思能傳浮海溯其源升嶽造於巔造化有終始神智何能偏譬如操一藝名譽由精專弋必稱蒲且釣迺贊便嬛精或盡於弓魚思忘其筌不然涔蹄水寸鱗無生全

硯鄉鈔本

桑榆惜鳥影弩發驚離弦智愚雖異質各以全其天
非敢必有功勿為見異遷誠心金石開古人良有言

鄒耳山聲玉山齋詩集題辭

我昔學蟬嘶詩成聊覆瓿大雅媿希聲願從諸賢後
芸香結詩社客已蜚聲久我亦來于于追陪竟非偶
須知璠璵美不遺碔砆醜鄒君氣磅礴五字堅城守
苦吟必終日心虛益能受及之甫脫稾觀者僵而走
特立閬風岑衆峰盡培塿近從游覽歸吟稾篋中厚

示我以全集欲以垂不朽齋名曰聲玉取義亦非苟
音韻出球琳宮商逸瓊玖不媿幽燕將斯真霹靂手
有時摻土風如擊秦王缶有時韻琤琮如撞鴻門斗
有時鸞和鳴有時鑮鐘扣要之天籟發俱出談天口
今之刊集者黙數為某某事必極虛無書必託岣嶁
古義雜繁蕪奇字竊蝌蚪究之性靈中真摯竟無有
雌黃不必分優絀無勞剖君雖苦重聽聲譽君知否
持此靜蛙聲復勞以斗酒

舟過黃天蕩

汩汩打船石尤起聲若轟雷震人耳我生二十纔渡
江忽經此險顏色死舟人倚柁向余言黃天蕩口即
是此昔年過敵韓蘄王軍中有女兵氣揚援桴擊鼓
鼓聲鏜海舟出沒如飛蝗相拒四十有八日烏珠膽
落心皇皇士卒全無枕戈暇巨艦爭馳晝復夜還我
疆土二聖歸總在將軍此戰下誰知飛箭篛蓬焦壞
雲壓艦烈焰飄宋家火德嗟何用雖能燒寇亦自燒

祇今波浪立如堵未消餘怒韓忠武我來一葉落中
流收斂驚魂還弔古乞君喝退波濤平一夜江寧下
柔櫓

射虎行

郵亭一聲鼓將軍百戰身林昏月黑不知處將軍射
虎無其倫山南一箭鵂鶹叫父老咨嗟少年笑爾戴
爾頭不畏虎凡有虎處頻徵調君不見錦襠繡袴稱
元戎琵琶玉面氍毹紅三更或入醉鄉去不來射虎

真英雄

秋風曲

秋風至秋雲飛儂家葛衣漸嫌薄歡今製帛猶未歸樹梢萍末忽然起紈扇之歌歌不已秋風縱起殿西頭秋風只在儂心裏

讀袁丈野杉觀海詩

天雞大叫扶桑東金睛射浪鯨鯢紅中有人兮氣似虹解衣磅礴聲隆隆雙足不畏颶母風把酒為友呼碧翁珊瑚捧出馮夷宮真珠瀉盡蜃海窮大聲疾呼天亦聾下風五百拜蛟龍先生欲語羞雷同咄咄怪事書長空羲輪高駕十二峰渾疑峰峰成芙蓉見者目眩天迷濛如此大筆誰繼蹤前有作者東坡公

岳墩看雪

曠野雕盤勁彤雲自往還風聲搖古壘海氣失前山恍立冰天外疑來雪窖間不須誇白戰遺像有刀鐶

謁方正學祠

但把麻衣著何知白帽尊一言詢孺子十族感君恩骨肉冤聲起風雲氣色昏淮清橋下水猶有未招魂

河埠旅夜

吟懷當夜靜展轉恰誰親饑鳥聞啼樹寒星來瞰人旅情太蕭颯身事半沈淪不及相逢客西溪理釣綸

不寐

一榻屋西頭蕭然屋似舟亂螢流到枕疎雨滴成秋漏轉聞檐鐸燈明見瓦溝懷人當此夜天末不勝愁

水亭懷古

延賓亭館沒荒蕪惆悵臨風想霸圖江水已量樊進士爐灰曾畫宋司徒踏殘草色春將晚吹落楊花日又晡多少杜鵑啼不止聲聲猶似弔彭奴

讀陋軒詩集書後

蹤跡蕭疎海上行閉門著述盡餘生衰年已見盈頭雪長律難攻五字城餉饁田間惟冀缺結交世上有程嬰（謂程雲家先生）和平都是承平語休認淒涼杜宇聲

記夢

夢飛瓊句劇魂銷（許渾有夢飛瓊詩）河上楊枝抗手招一片衣裳如著水三層樓閣聽吹簫朱軒不閉葳蕤鎖碧浪剛生宛轉橋老我心情渾似鐵夜深有淚亦如潮

感事示弟

夷吾鮑叔分金日張耳陳餘刎頸時相狎相優曾有幾為雲為雨盡如斯盟心何處堪投轄飲酒從來貴滿卮我有弟昆居室久請君三復脊令詩

送程鶴衫之真州戎幕

青年詞客竟從軍槖筆時酬翰墨勳馬上功名如可共江頭風景許同分懷人定見初三月弔古還過柳七墳何日草堂來共飲也應回首海東雲

秋雲

颯颯西風趁往還無心終日自閒閒輕原似葉常飄岸嬾亦如人怕出山鴉背幾重遮暮靄馬頭一片度雄關江東落照淮南樹都在蒼茫指顧間

促織詞二首與鄒耳山夏補生李雨村常繼香同賦

露下微蟲泣草根幾回促織近黃昏里兒不解無衣苦更買官窯蟋蟀盆

嬾婦驚聞恐未安牆陰相對話辛酸明年傳語秋風早好占人間金井欄

擬塞上四時曲

青草墳前急暮笳清明有客盡思家燒痕一片斜陽

裏認作窮邊二月花

玁狁曾勞六月兵貔貅到處朔方平炎風忽解陰山雪推向交河助水聲

無邊落木似潮來撲面黃沙向夕開明月高高天尺五鐵簫吹上李陵臺

朔雪填平路嶮巇椎牛大幕犒熊羆苦寒不獨冰鬚斷凍破真珠丈八旗

秣陵城北

清涼山色望中收挈伴來登水上樓不別是蟲還是草江南偏地一聲秋

魯嘉祥 字雲卿號楓橋監生

荷花塘

上壩五下壩五高堰支流分十股下流之衝誰其當樊汊鎮對荷花塘丁戊兩年防未密橫流湧出蛟龍窟工料如山役萬人數層黃土間枯荻缺處纔完完處崩只道治水無善策入春以來猶汪洋最爾吳陵

硯鄉鈔本

成澤國秋成姑勿論有無眼前栽插已難得下鄉原屬沮洳區況復養成頭上疽如此災祲曷有極對水太息吾其魚

富春江

萬嶂桐廬道紆迴繞富春雲山開畫意今古一高人此水清無比高臺迴絕塵客星如斗大常照大江濱

新燕

南國遙遙別東風得得來情難忘故舊身不傍樓臺小壘容棲息春衣待翦裁主人延望久為爾草堂開

無錫道中

紅藕花間客夢回聲聲柔櫓曉潮催泉從陸羽茶經品山自倪迂畫本來鴨艇橫斜停野渡浮屠縹緲插香臺梁谿絕似山陰道六扇篷窗面面開

春日書懷

風花泥絮各浮沈對此茫茫百感侵漸覺嘗完惟世味最難看破是名心匣中空有思魚鋏市上寧無買

硯鄉鈔本

駿金過眼青春留不得遣愁還仗酒杯深

唐成緒 字纘亭

江上夜泊

沈沈夜氣肅江天樸被清寒破客眠雨外析聲連岸驛煙中人語待潮船飄萍蹤跡愁前路逝水光陰失少年酒醒獨推篷背望荻花楓葉正無邊

周聯奎 字蝀彩

新鶯

花梢風暖細調笙百囀今纔第一聲記得去年柑酒路午橋煙柳正清明

高　錞字琴夫

詠綠草寄懷劉鶴峰

色轉苔階草漸肥池塘煙暖綠成圍不知迢遞天涯客可有思鄉好夢歸

海陵詩彙目次

卷二十二

宮婉蘭　邵　笠　陳傅姜
張　瑛　周貞媛　周淑媛
周姞媛　仲蓮慶　俞廷元
趙箋霞　仲振宜　仲振宣
仲貽鑾已上閨秀　德　源　上　思
上　崇　炳　一　圓　能
雪　幢　真　實　慶　延
定　運　啟　堂　理　堂
覺　燈已上方外　蔣　葵　蔣　蕙已上女尼

海陵詩彙卷二十二

里人鄒　熊選

宮婉蘭 紫陽女諸生冒褒室著梅花樓集竹淨軒詩話冒家貧夫人製扇以給晨夕極工巧時爭購之至今雉皋刮絨扇蓋夫人遺製也

元宵喜晤十六姪如岡

汝來恰值傳柑節我老驚看兩鬢銀回首弟兄多隔别相逢子姪獨情親梅殘正好迎新月柳放何堪又暮春帶水家鄉原不遠衰年惟有淚沾巾

邵　笠 字澹庵諸生黄杜若室淮海英靈集澹庵工吟詠中更家難四壁蕭然爐香茗盌靜坐讀書病中悉焚其稿故流傳絶少

和夫子貸米詩

莫以貧為病吾儕本寂寥缾罍雖久罄意氣不全銷張子仍存舌陶公肯折腰有鄰難貸米相對慰清宵

陳傳姜 竇應朱澤况室淮海英靈集傳姜賢而早夭其詩中佳句如煙月淡相照竹深人夜歸亂竹不知路好山多抱樓一庭芳草迷行路萬點桃花送好春千里關河初過雁四山風雨獨登樓皆可述也

憶母

膝下相依慣劬勞力已殫不緣今日别那識舊時歡霜落長河冷心懸兩地難惟憑諸弟妹早晚問親安

中庭

中庭四無人高梧自清舉夜來起秋風蕭蕭葉如雨

題畫

兩峰峭入雲數里盤樵徑深處見幽居地與人相稱

登樓

庭樹迎霜葉漸黄秋風颯颯思茫茫登樓幾點離人淚付與雲鴻寄故鄉

病亟呈夫子

花方破蕊因風落鳥忽離巢帶葉飛揮淚向君頻屬付老親多病幼兒癡

張　瑛 字玉英張符驤女弟

午日弔屈原

汨羅千古恨深深此日靈均何處尋角黍徒充饞鬼

腹蒲觴不醉怨臣心洶騰海浪翻風雨慘怛愁雲變
古今澤畔行吟人不見離騷讀罷淚沾襟

中秋

旱潦何堪兩事并縱當好節亦愁生花經暴雨如相
妬月避寒家不肯盈肴核自成荒歲景酒漿猶費老
人情莫嫌此夕無佳讌尚有饑民乏菜羹

周貞媛 字瑶石施千里室著閨閣集

哭童幽蘭

春風秋雨幾神傷寥落空閨憶曉妝益信有才天也
妬可憐無語骨猶香玉簫聲咽三更淚銀燭光搖五
夜霜碧落黃泉皆是恨何須鶴唳斷人腸

周淑媛 字又洲詩載沈歸愚先生國朝別裁集

元日哭先大人

一夜思親淚天明又復收恐傷慈母意暗向枕邊流

周姞媛 字室楨名媛詩話人知海陵瑶石又洲才名鮮有知其妹室楨者殆亦有幸不幸耶

夏日

茶竈正飛煙棋聲驚晝眠日長無意緒傍水弄荷錢

仲蓮慶 字碧香仲素女洪仁遠室

喜松嵐二弟歸里

經年懸望眼今日見歸人莫話升沈事猶留磊落身
心清何所撼道在不憂貧一酌蔬盤酒黃粱夢後真

送春

繡倦當軒望纔知春事終草荒三徑雨花落一簾風
甌茗新烹綠山櫻競染紅東郊迎餞日歸去太怱怱

春草

東皋昨夜廉纖雨綠淺香微處處春白馬踏來初有
跡黃羊臥處未成茵煙浮古道青驄輭日落遙山翠
靄新只恐王孫歸未得天涯望斷玉樓人

自歎

强支瘦骨度朝昏積漸年衰積漸貧八口飢寒憑指
力半生辛苦是鍼神方書空檢寧心藥茗盌難消渴
肺塵垂老何堪愁又病暮雲西望未歸人

秋日雨中口占

樹底風來全散暑，簾前雨過驟生涼。無人小立迴廊下，落盡一庭秋海棠。

俞廷元 字素蘭，舉人墳女兄

送衡皋讓林兩弟北上

阿姊閨中數去程，翩翩兄弟又長征。燕臺此去三千里，珍重聞雞破曉行。

哭夫

一閑桐棺倏五年，相依形影繐帷前。紛紛血淚啼枯後，又到春深聽杜鵑。

硯鄉鈔本

趙箋霞 字書雲，仲振奎室

寄外

百里未云別，高懷且自由。詩書能快意，風雨漫牽愁。夜讀休傷酒，春寒莫典裘。蕭條家室慮，缾綆自能籌。

立春

東風消息到迴廊，春日曈曨滿畫堂。芳草漸回游子夢，彩人新上女兒妝。未消積雪垂珠幙，尚怯餘寒泛玉觴。我正披裘庭畔立，巡檐味取早梅香。

春水

碧迢迢處浪粼粼，細雨飛花一問津。十里綠楊春漲滿，東風喚起打魚人。

秋塞

一聲羌笛戍樓空，萬里關山落日紅。戰馬不嘶金甲冷，西風吹老幾英雄。

硯鄉鈔本

仲振宜 字綺泉，進士鶴慶女，崔爾封室

懷雲礀大兄

我昔辭親舍，兄時久別家。年華馳電影，骨肉尚天涯。鬱鬱長飢鳳，凄凄薄命花。風塵嗟落魄，何日汎歸槎。

寄懷雲江六弟

去歲與爾別，關河雨雪霏。最憐分手後，又值落花飛。春草愁中長，家山夢裏歸。一帆東下艇，何事久相違。

寄呈姑母

尺書寫就意忡忡，一種離愁兩地同。靈鵲晚啼吳苑月，杜鵑朝喚蜀江風。三千夢自通淮右，萬疊山難見海東。何日扁舟歸故里，挑燈笑語小窗中。

盼雲弸大兄不至

擲碎金錢人未來，闌干倚徧更徘徊。經年別恨都叢集，昨夜燈花又浪開。百結暗愁殘黛鎖，五更歸夢曉鐘催。傷心獨羨天邊雁，已逐春風一一回。

寄書雲大嫂

愁中病裏好扶持，人在天涯繫遠思。月慘澹時休抑鬱，夜深沈後莫淒其。滿腔別緒憑誰訴，一枕鄉心有夢知。寂寞紅閨如問我，闌珊瘦骨更支離。

寄芝雲三妹

相思相憶更相憐，一樣離懷兩地牽。虎阜那堪人寂寞，留雲空自夢纏綿。久拚薄命隨流水，不忍回頭悵昔年。幾度夜深眠又起，山鐘村柝總淒然。

一番顛頓冷臙脂，薄命何堪又此時。自分幽芬埋淺土，不隨飛絮入春池。紅塵易了生前債，金屋誰描病後姿。為問瑶宮花侍史，綠陰幾得子盈枝。

梅花

南國神仙萼綠華，香寒玉潔冠羣葩。知音不遇林和靖，開作人間薄命花。

春雨

碧苔芳草盡油油，細雨無聲溼瓦溝。燕子不來春寂寞，晚煙空鎖杏花樓。

仲振宣 字瑶泉，鶴慶次女，張祥鳳室

杏花

官梅冷落舊時妝，芳信俄傳碎錦坊。幽夢暗催三日雨，曉寒輕吐一分香。旋凝采蠟融春色，薄翦冰綃護綺裳。不似桃根易飄泊，賣餳天氣日初長。

露珠

溥溥零露復瀼瀼，肅氣猶輕未結霜。聚入荷盤無定跡，綴將花瓣有餘香。漢宮玉唾凝仙掌，寶甕瓊漿耿

硯鄉鈔本

夜光只恐易晞愁洛女晶瑩萬斛盡朝陽

蟋蟀

古砌空階處處鳴短長吟出斷腸聲難忘悲感前生怨未免低回此夜情煙鎖藤蘿秋一徑草荒亭院月三更只愁寥落知音少休苦啾啾訴不平

歸燕

吉纈棃雲事已非香巢零落冷珠幃江南夢斷應無賴塞北家寒尚可歸疎雨疎風情黯黯秋山秋草影

依依社公酒熟春光好遲汝花前上下飛

水仙花和雲碉大兄韻

低回無語自凌波遠浦人歸竟若何閬苑夢酣霄雪淺楚天風起夜寒多自安月性依蘭友合著雲衣翦越羅只恐年年春恨重仙根金屋易蹉跎

仲貽鑾 字金華振奎女宮淮室

新柳

東風吹醒灞橋春縷縷朝霞染未勻不放長條青到地柔情怕贈別離人

德 源 字巨潭泰州人

癸卯暮春同東谿北垞泛舟紅橋

木槳輕拏處處通一溪柳絮颺春風酒沽別墅青帘裏詩在平山翠靄中野水無情隨眼綠村花何意戀人紅橋頭明月依然好可許清遊到夜終

上 思 字雨山號雪悟泰州人上人主天寧寺聖祖南巡御書蕭閒二字顏其閣復賜金一時榮之時稱其詩比之李何

登圖山絕頂

極目微茫接遠天山光水色兩悠然風塵不到煙蘿裏雲月時來梵座前僧影獨依幽澗樹鐘聲疑上夕陽船相看舉世同蕉鹿三歎孤峰仰昔賢

送馬高陵北上

竹院閒過說遠遊獨攜書史去皇州一身歧路當長夏幾日他鄉又早秋冀北煙塵徒倚劍江南風月待歸舟故園梅信春光發莫向天涯久滯留

上　崇（字石靈，泰州宗氏子，淮海英靈續集：上人受法天寧寺巨渤，主興教寺，繼主覺永寺）

讀黃仙裳秋槎唱和詩

建功何似建言奇，老將殊勳有了期。不及先生拈好韻，亂離直到太平時。

炳　一（字幻雲，光孝寺僧）

過訪草衣上人

侵曉城西徑，閒尋隱士居。雲生山徑冷，秋入草堂虛。靜對神逾健，清吟興有餘。更偕過嶺去，花事問村墟。

紫峰閣

紫峰開疊嶂，高閣傍巖陰。黃葉色偏冷，青山意自深。泉聲聞暗壁，鐘韻爽幽襟。坐使塵囂盡，渾忘去住心。

留別躍雲

春雨寒生夜，山花吐葉遲。一龕留宿處，萬里挂帆時。但去休傷別，重來渺後期。白雲渾莫定，此意兩相知。

三官洞懷靜上人

石洞藏山腹，懸厓側徑通。潮聲喧客枕，鐘韻出花宮。室小雲光淺，江深夜氣空。我來尋古意，不復見生公。

酬西林歲暮來訪

垂老棲江岸，終年苦病侵。感君忠厚意，相識歲寒心。歸路煙波渺，扁舟雨雪深。幸欣故鄉士，相伴客中吟。

圓　能（字牧庵，號西林，泰州光孝寺僧）

登觀音巖俯瞰大江

攝衣淩巉厓，下瞰江之滸。極目風浪生，盪胸層雲吐。帆影落東西，江光走吳楚。捫石俯危巒，勢欲探前渚。

凜然毛髮寒，天險自今古。回首憩松寮，鐘聲僧飯午。

雲谿山房納涼

小閣層城外，千章樹木森。雨餘新漲濶，雲淨遠山深。修竹暗長夏，高梧生晝陰。翛然忘溽暑，涼氣動衣襟。

登寶華山望大江

路自懸厓上，盤迴一徑通。春歸千樹綠，日落半江紅。臺樹雲煙裏，山川指顧中。初登歡喜地（山有歡喜嶺），已覺氣沖融。

初夏憶平山舊遊

風雨夜蕭蕭羇人不自聊閒心寄湖水幽思隔江潮花影二分月波光廿四橋年年櫻筍會空負客相招

送寶林弟回里

秋風瑟瑟啟行裝相送歸帆下楚陽出郭四圍蘆荻滿到城十里芰荷香孤村野水添新漲細雨青燈入晚涼客裏閒情俱莫問好憑詩思寄滄浪

登寶華山絕頂

攀蘿捫葛陟孤岑喬木風高萬壑深徑轉松篁穿鳥道人從霄漢見天心琤琮碧澗雙流合晻靄斜陽一路陰策杖渺然塵世外更聞清磬出疎林

早秋泊舟江口

征帆六幅下真州小泊沙汀暫逗留萬里岷濤連岸濶九華山色隔江收青燈旅館人愁夜白露危檣客枕秋何處笛聲最淒切一天涼月水邊樓

野望口占

硯鄉鈔本

山空木葉稀地幽情愈僻野徑少人行樹杪寒鴉立

憶昭陽故里

勝湖春望雨初收木塔霞明照水流記得夕陽停畫舫白蘋紅蓼滿城秋

題墨竹

高節清風愛此君煙梢露籜出峻嶒笑他桃李爭顔色不及心空是上乘

雪幢 號語庵光孝寺書記

宿金山寺

山似談禪者江心豎一拳樓臺低讓塔星月倒浮天雲靜龍應臥潮喧客未眠勞勞雙鬢白何處覓坡仙

曉登大觀樓

天涯游子獨登臺一帶江光拂曙開京口浪迎帆影出海門霞捧日輪來風塵憔悴新霜鬢山水留連濁酒杯莫問六朝興廢事斷鐘殘角有餘哀

真實 字雪齋，焦山僧，精於書法，耽吟，至廢寢食。自遊五嶽歸，後遇於邗上，出詩見示，讀之

硯鄉鈔本

知上人已徹悟境余贈五古二篇中有句云十載名山遊機趣超凡域談詩不談禪詩造禪之極非胸中有詩魔不克臻此

江上聞雁

山暝夕陽盡尋幽倚石樓忽聞新雁至如報故園秋積雨催黃葉懷人欲白頭多情今夜月分照幾家愁

讀耳山先生見示之作奉和

新詩清到骨何止擬蘇州妙譬能醫俗仙才不寫愁燈明黃葉寺漏轉碧山樓欲和無佳句空添兩鬢秋

吳中憶西河草堂

詩客如星聚園林隔世情心惟甘小隱志不在浮名蘭嶼花時茗松亭月下箏追陪應有日鷗外結新盟

阮梅叔同黃小秋枉過山中作此奉贈

香雪詩人境春風韻士心嶺雲如有待湖水作知音白璧論新什朱絃玩古琴茫茫塵世外何事更情深

雨中憶梅

寒勒梅花放春陰雨正酣不知香雪海曾有幾人探伴鶴琴横一登樓笛弄三横斜枝最好何日愜幽耽

乙亥元日

山深鐘已曙餘響入晴煙窗竹綠於染庭梅紅欲然逢春纔一日算老又經年縱使東風煖難消雪滿顛

賞梅

孤山清且峭幾樹壓羣芳月澹雲留客春寒雪滿堂骨高非為傲品重不因香難和林逋句古今最擅場

寄呈吳山尊

蓬萊宮闕渺塵寰跨鶴揚州任往還碧落夢飛天上月滄江人臥畫中山樓高莫謂星難摘巖峻何嘗桂易攀住得名園秋繞郭多情我亦叩松關

張舸齋司馬招集桃花庵和阮梅叔詩韻

希賢詩社結新盟文似論山不喜平三面湖波當檻綠千竿竹影向人清季鷹大雅耽乘興阮籍多才合擅名不負羣公來訪舊閒雲野鶴識高情

和友人西山來鶴寺賞桂

賞秋聞說此山深佳處輸君與客尋黃雪飄蕭松翠合白雲聚散鶴聲侵世從閱後方甘隱詩到工時忘苦吟準擬追陪坐禪寂三生石上惜分陰

寄舊里故人

隱隱青山渺渺波眠雲身寄此巖阿十年不見鄉書到空聽江天雁語多

喜晤雪幢

曾記同登煙雨樓惜春遥指百花洲年來怕見風中柳猶為閒人織舊愁

慶　延　字沛野芝山舍僧

焦山伊樓夜坐

地迴諸天靜宵深六月寒江雲歸草閣山月墮蒲團塵夢消除易詩禪證印難此時誰領略露氣滿幽蘭

渡江

瓜步潮迴浪捲沙過江風健一帆斜遥知細雨青山外開徧汀洲杜若花

定　運　字曷亭號煥然光孝寺僧

歲杪送南坡弟歸里

山寺歲云暮難留歸客心片帆牽夢遠雙屐入雲深野鶴身何託孤鴻信莫沈遥遥望天末幽思付瑶琴

月夜江上

大江橫匹練明月湧晶盤旅客舟初泊春城夜未闌夢隨鷗鷺遠心共水雲寬何處一聲笛離愁滿荻灘

遊平山堂和戴湘嵐

得與高人共欣從勝地遊山光幽在竹湖氣碧成秋覓句雲雙屐彈琴月一樓梅花花下客清福幾生修

戊辰賑廠即事

中澤哀鴻徧年饑乞食難為營半日飽先受五更寒踐踏愁童稚呼號畏長官來年歌大有湖水慶安瀾

山寺

不辭路滑叩禪關萬疊松濤十里山犬吠夕陽花影定鐘聲飛出白雲間

啟　堂 字木村

贈誠齋上人

東閣煙開後高峰月朗時僧歸幽竹院鶴舞古松枝
射覆頻傾酒鬮題各賦詩此間行樂好願以老為期

理　堂 字悟本號誠齋芸香社僧

四十初度感懷

春風吹短衲鬢髮生新霜淹忽四十載碌碌無一長
精廬在城市閒雲翻為忙博得囊中資聊以奉高堂
蔬筍幸無缺甘旨未備嘗敢云祝法臘紛然陳壺觴

覺　燈 字秋屏

平山看梅

我來問消息春已滿平岡一塢積成雪四山都是香
心惟向泉石骨自鍊冰霜待把殘英埽歸來當鶴糧

題阮梅叔珠湖漁隱圖

萬頃煙波一釣徒夕陽紅處酒頻沽欲知此地秋多
少先問君家覓社湖
雨細風斜一棹過蘆花如雪捲滄波他時恐有人來
訪不著羊裘著綠蓑

蔣　葵 字冰心生而聰慧甫識字即能解大意為詩無師承輒工後為尼著有鏡奩十詠等集

夢醒聞雁卻憶女弟

依稀蓮步夢中來忽聽孤鴻意自哀爾為失羣予憶
妹煩君寄淚到妝臺

蔣　蕙 字玉潔葵之女弟後亦為尼字德月

閨怨 限谿西雞齊啼韻並一至十百千萬兩雙半丈尺字

十丈深情四繞谿風光二月六橋西八千路遠三秋
別百萬愁驚一夜雞白璧五雙盟尚在青絲七尺結
難齊半生兩處成孤夢九折柔腸烏夜啼

硯鄉鈔本

雨後夢與冰心女兄話舊

孤窗閒臥不勝愁夢逐嬌癡舊地遊繡閣牽衣欣聚
首妝臺倚膝倩梳頭驚魂夜半蕭疎雨分袂更殘寂
寞樓枕上傷心無數淚曉來寧忍一舒眸

道光辛丑初冬至壬寅初冬寫成文田記

硯鄉鈔本